U0598636

庄子见独

曾品元◎著

吉林出版集团股份有限公司

图书在版编目（CIP）数据

庄子见独 / 曾品元著. —长春：吉林出版集团股份有限公司，2020.4

ISBN 978-7-5581-8301-0

Ⅰ. ①庄… Ⅱ. ①曾… Ⅲ. ①道家②《庄子》—研究
Ⅳ. ① B223.55

中国版本图书馆CIP数据核字(2020)第047973号

庄子见独

著　　者	曾品元
责任编辑	齐　琳　李晓华
策　　划	周　骁
封面设计	中尚图
开　　本	710mm × 1000mm　1/16
字　　数	666千
印　　张	39.5
版　　次	2020年4月第1版
印　　次	2020年4月第1次印刷
出　　版	吉林出版集团股份有限公司
电　　话	总编办：010—63109269
	发行部：010—85173824
印　　刷	河北盛世彩捷印刷有限公司

ISBN 978-7-5581-8301-0　　　　定价：128.00 元

目录

逍遥游

一

【文本归元】[①]

北冥有鱼，其名为鲲。鲲之大，不知其几，千里也。化而为鸟，其名为鹏。鹏之背，不知其几，千里也。怒而飞，其翼若垂天之云。是鸟也，海运则将徙于南冥。南冥者，天池也。

《齐谐》者，志怪者也。《谐》之言曰："鹏之徙于南冥也，水击三千里，抟扶摇而上者九万里，去以六月息者也。"

且夫水之积也不厚，则其负大舟也无力。覆杯水于坳堂之上，则芥为之舟。置杯焉则胶，水浅而舟大也。风之积也不厚，则其负大翼也无力。故九万里则风斯在下矣，而后乃今培风，背负青天而莫之夭阏者，而后乃今图南。

蜩与鸴鸠笑之曰："我决起而飞，抢榆枋，时则不至而控于地而已矣！奚以之九万里而南为？"

适莽苍者，三餐而返，腹犹果然。适百里者，宿舂粮。适千里者，三月聚粮。之二虫又何知？

小知不及大知，小年不及大年。奚以知其然也？朝菌不知晦朔，蟪蛄不知

① 《庄子》一书因其独树一帜而引来众多的解注者，这就无可避免地造成了其在二千多年的传承中，杂入了诸多原本不属于原著的符、字、词、句、段、章等，同时还非常可能因误抄或是遗漏而导致文本的难以理解或是主旨偏离，这就要求解注《庄子》的首要前提是对文本进行归元。本书全部【文本归元】都是订正之后的产物，凡有订正处，【见独】均有详细解释说明，尽量做到没有遗漏，以充分尊重《庄子》的可能原样。订正本身则基于三大原则。其一，行文必须合符庄子瑰玮、参差、充实、弘大而辟、深闳而肆的整体风格；其二，逻辑必须自洽；其三，义理必须经得起事实验证。

春秋。楚之南有冥灵者，以五百岁为春，五百岁为秋。上古有大椿者，以八千岁为春，八千岁为秋。而彭祖乃今以久特闻，众人匹之，不亦悲乎？

汤之问棘也是已。汤问棘曰：“上下四方有极乎？”棘曰：“无极之外，复无极也。穷发之北有冥海者，天池也。有鱼焉，其广数千里，未有知其修者，其名为鲲。有鸟焉，其名为鹏，背若太山，翼若垂天之云，抟扶摇而上者九万里，绝云气，负青天，然后图南，且适南冥也。斥鴳笑之曰：‘彼且奚适也？我腾跃而上，不过数仞而下，翱翔蓬蒿之间，此亦飞之至也，而彼且奚适也？’”

此小大之辩也。

故夫知效一官、行比一乡、德合一君而征一国者，其自视也亦若此矣。而宋荣子犹然笑之，且举世誉之而不加劝，举世非之而不加沮。定乎内外之分，辩乎荣辱之境，斯已矣。彼其于世，未数数然也。虽然，犹有未树也。夫列子御风而行，泠然善也，旬有五日而后反。彼于致福者，未数数然也。此虽免乎行，犹有所待者也。

若夫乘天地之正，而御六气之辩，以游无穷者，彼且恶乎待哉？

【见独】

北冥

凡庄子虚拟的地名和人名，都是有思想含义的。读不出这些思想含义，要准确理解《庄子》，就完全没有可能了。北冥这个地名明显就是庄子虚拟出来的。它的思想含义，是想表达一种极致境界。仅从本章本段来看，庄子要表达的极致境界，就是物的最原始状态。这个最原始状态的文字表达，就是冥。冥，就是“冥冥之中自有注定”的冥。用庄子自己的话来阐释，就是《知北游》中的冥冥：“视之无形，听之无声，于人之论者，谓之冥冥，所以论道而非道也。”从这个意义上说，冥就是冥，绝不能通假为“溟”。否则，冥的隐幽、本原的含义，就没有了。“南冥”的冥，也是在这个意义上使用的。北冥表开始，南冥表结束。北冥南冥的共名，就是天池。另外，北冥中包含着最北之北的含义，南冥中包含着最南之南的含义。这层思想，从“汤问棘曰：‘上下四方有极乎？’棘曰：‘无极之外，复无极也。穷发之北有冥海者，天池也。’”这段话中，是可以明显看出来的。《齐物论》“有始也者，有未始有始也者，有未始有夫未始有始也者”是又一有力证明。不能读出这层隐含但又十分确切的思想，就不能理解庄子的逍遥是无穷时空里的逍遥的思想。

化而为鸟，其名为鹏

真正天才思想家的思想，是需要慢慢品才能品出某些字词的深刻用意。于作者本人，这或许是一种心灵的自然流露。于普通读者，很可能会觉得有些晦涩甚或高深莫测。这里庄子自然就流露出一种万物皆种和万物皆化的思想。万物皆种的思想，《寓言》中有原话：“万物皆种也，以不同形相禅，始卒若环，莫得其伦，是谓天均。”万物皆化的思想，本章寓言“庄周梦蝶”就是明证。

鹏之背，不知其几，千里也

注意，这里用的是“鹏之背”而不是“鹏之大”。庄子这里想要以大鹏来喻大知，所以，鹏的气势，比鲲要更大。光鹏的背，就得以千里为计量单位来形容。不这么写，小知跟大知的差别，就没有办法凸显出来。几，询问数量多少的疑问词，与“千里也”断开，语气及语境契合度更好。

怒而飞

怒，就是“心花怒放”的怒，很有气势同时又很自然的样子。

垂天之云

如何跟实景对应起来呢？漫天乌云不是垂天之云，因为垂的感觉没出来，所以云大的气势也就出不来。垂，就是“垂直”的垂。到过西藏又有幸偶遇过一大片遮天蔽日的乌云从天而降就如万丈悬崖立于眼前的人，自然就很有感触。如果没有亲眼见过这样的云，那可以到美国电影《垂直极限》去间接感觉一下。

海运

究竟是一种什么样的自然现象，庄子不重生，没人可以给出使人信服的确切答案。但根据语境，把海运理解为一种类似季风一样的有规律的自然现象，应该八九不离十。关键是，这样理解，已经可以满足文章的义理需要。《天道》

中说："书不过语，语有贵也。语之所贵者，意也。"

南冥者，天池也

这句话乍一看，很像是后人注语。细一想，庄子原话的可能性更大。逍遥游游的就是天，天池就是天的象征。大鹏生于北冥，是天。飞于青天，是天。息于南冥，还是天。唯其如此，才堪称"乘天地之正，而御六气之辩，以游无穷者，彼且恶乎待哉？"

《齐谐》

很可能是庄子为了自己思想的需要而虚拟出的一本书名。这从庄子的措辞中可以明显看出。一方面，书名叫《齐谐》，很可能隐喻"齐物论"的齐，"和谐"的谐。就这个且齐且谐的书，却是用来志怪的。任何一个认真阅读并惯于思考的人，看到这么戏剧性的前语后句，想不产生想法都不可能。

水击三千里

理解为大鹏起飞时翅膀击打水面使水激起三千里高的浪花，还是理解为大鹏起飞要贴水飞行三千里才能完成起飞这个动作好呢？从文学性需要看，前者也行，但不好。因为，后者的文学性需要同样得到了满足。但后者的理解里，更多地包含了大鹏起飞的飞行原理。蜩与鸴鸠很可能垂直起降，大鹏很可能就不行。

抟扶摇而上者九万里

理解这句话的关键，不是"搏"是原字还是"抟"是原字，或扶摇究竟是什么意思。理解这句话的关键，是大鹏是不是"乘天地之正，而御六气之辩，以游无穷者，彼且恶乎待哉？"的逍遥游者。答案：是。从上下文中我们完全可以肯定，大鹏就是大知。大鹏的化、飞、击、搏、息等，都是乘天地之正而御六气之辩。大鹏从北冥飞落南冥，就是游无穷。整个过程，大鹏没有死守一种状态，就是有待中无待，就是逍遥。搏，就是"搏击长空"的搏。扶摇，当是用来形容大鹏水击三千里后再图起飞时的艰难。想象一下，光翅膀就若垂天之云的大鹏，在水击三千里后要再飞到九万里高空去的情景，眼前自然而然就会浮现出大鹏在云气中且扶且摇斜飞而上的艰难。知道难，行道更难，这是

《庄子》的基本思想。

去以六月息者也

要是没有后面“野马也，尘埃也，生物之以息相吹也。天之苍苍，其正色邪？其远而无所至极邪？其视下也，亦若是则已矣”句中的息，应该是没有歧义的，就是“停息”的息。三千里形容起飞距离远，九万里形容图南高度高，六月形容飞行时间长，行为连贯，逻辑清晰，义理明确。

野马也，尘埃也，生物之以息相吹也。天之苍苍，其正色邪？其远而无所至极邪？其视下也，亦若是则已矣

怎么理解也没办法跟语境协调。如果删除，则文章立马显得非常紧凑。但这段话历来为好庄者所爱，且单独看，确实很有思想价值。从小局服从大局原则出发，最好还是把它看作是某位有思想者的旁注而予以删除为好。

坳堂

相当于现代汉语中的凹凼（dàng），小水坑的意思。

芥

就是芥菜。在这语境中，应该指芥叶。

培风

这个“培”字，用得实在没有根据。勉强可以类比的，是培土，但不通。估计庄子原本是想用“凭”字，即凭风。

夭阏

庄子才情四射，不顾俗议。类似夭阏这样的词的具体含义，是一定要在语境中才能把握到的。从大鹏要飞到九万里高空背负青天后才向南飞行来看，夭阏的含义，应该是阻碍的意思。大鹏背负青天，就意味着大鹏已经在云气之上而非云气之中了。风是有阻力的，九万里高空，风的阻力就非常小了。所以，也就没有什么可以阻碍鹏的自由翱翔了。这个道理跟现在的物理学飞行原理可能不符，但无碍庄子思想的表达。阏，音 è，壅塞的意思。

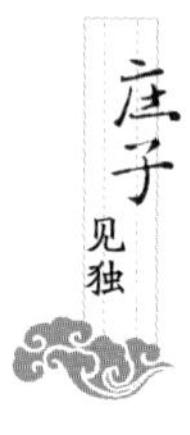

而后乃今图南

原文为"而后乃今将图南"，多了个"将"字。考诸前句为"而后乃今培风"，两者形成对语，故"将"字很可能冗余，何况乃今本来就含有将的意思。

蜩与鸴鸠

究竟是什么动物，不影响对文本的解读，知道是个飞不高也飞不远的小动物就可以了。

我决起而飞，抢榆枋，时则不至而控于地而已矣

决，就是"坚决""决心"的决，使尽全力的样子。抢，就是"拼抢"的抢。榆枋树虽不高，但相对于蜩与鸴鸠的飞行能力而言，已经够高的了。所以，这二虫要使劲飞才能飞上去。即便如此，也还不能保证每次都能成功，时不时会跌落下来。因为是跌落，所以要控。"控于地"的控，就如体操中落地动作的控。不控或控而未制，就会倒地，能力不济的明显表现。

奚以之九万里而南为

语义不是十分清晰。九万里很明显就是指高，南为所指就不明显。它既可以理解为九万里的并列语，就是到南冥那么远的地方去，也可以指飞到九万里高空后才开始向南飞行。从"故九万里则风斯在下矣，而后乃今培风，背负青天而莫之夭阏者，而后乃今图南"句看，明显是后面那个意思。但因这时讲话的主角已经发生变化，所以，还是不能太肯定是哪种。

适莽苍者，三餐而返，腹犹果然

适的本义为往、到的意思。莽，就是"莽草""莽原"的莽，草茂盛的样子。苍，就是"苍松翠柏"的苍，深青色的样子。莽苍作为合成词，结合这里的语境，应该指的就是城郊。城里就是建筑、道路等，城外就是野草、树木、庄稼等。野草、树木、庄稼等，看上去都如青草一般的颜色，故叫莽苍。三餐如何理解呢？一看就大概知道，它指的是需要准备三顿饭或是整一天的粮食，因为后面有"三月聚粮"句。"果然"的果，应该就是"食不果腹"的果，饱的意思。

宿舂粮

这三个字的准确含义，绝不能望文生义地理解为先天晚上就得舂捣粮食。宿，就是“一宿未眠”的宿。一宿未眠不是要简单表达先天晚上没睡，而是要强调整个晚上没睡。宿舂粮，不是要简单表达先天晚上就舂捣粮食，而是要强调得花整个晚上舂捣粮食。想必庄子时代，舂捣粮食的效率是比较固定的。舂，音 chōng，把东西放在石臼或乳钵里捣掉皮壳或捣碎。

三月聚粮

不能理解为花三个月来准备粮食。因为，粮食准备的多少，与所花时间不是直接正相关的关系。效率高，三天就好。效率低，三月也未必行。从三餐的粮食，到花整晚舂捣粮食，到准备三个月的粮食，语义逻辑是完全一致的。

小知不及大知，小年不及大年

这不是平行的两句，而是主次的两句。主句是小知不及大知，次句是小年不及大年。小知不及大知是对前述寓言的寓意提炼，小年不及大年是以打比方的方式，对小知不及大知主题的进一步解释说明。从义理文脉看，小知自然是指笑大鹏的蜩与鸴鸠等，大知自然是指高飞远徙的大鹏。小年自然是指朝菌、蟪蛄、彭祖、众人等，大年自然是指晦朔、春秋、冥灵、大椿等。注意，换一种对比，小年就可以是大年，大年就可以是小年。有些过往解注本里，句中加“此小年也……此大年也”显然是没有理解到庄子思想的本质。理解言语，一定不要受言语的束缚。老子、庄子、柏拉图三个思想天才，在这点上是完全一致的。

奚以知其然也

从后面整一段都只言及年的大小来看，这句话仅仅是针对小年不及大年来说的。

朝菌不知晦朔，蟪蛄不知春秋

朝菌的年寿是一天，自然不知道一月里的事。蟪蛄（huì gū）据称是一种小蝉，其年寿就是一个夏季，自然不知道春秋两季里的事。

冥灵

究竟是一种龟名还是一种树名，对文本思想的理解影响不大。

彭祖

中国传说人物。自夏代至殷末，活八百余岁，旧时视为长寿的象征。

穷发之北

其实就是北冥，极北之北的意思，呼应的是“无极之外，复无极也”。

此小大之辩也

必须把这句话看作是它之前全部寓言的总结。小大之辩，不是说大就是对，就是好。这句话的关键点，不是大与小之别，而是大与小之辩。《齐物论》里说，道昭则不道，言辩则不及。大鹏不辩，它逍遥游。蜩、鸴鸠、斥鴳等小知辩。小知不是因为它们小才是小知，而是因为它们因不知道而笑大知，才是小知。大鹏如果笑蜩的自由自在，也就小知了。

知效一官、行比一乡、德合一君而征一国者，其自视也亦若此矣

三个层次世俗小知的象征。这句话，乍一看，很好理解。细一想，很难理解。很难理解的原因，是看不到这三类小知怎么就是小知了。要是能看到他们不是“若夫乘天地之正，而御六气之辩，以游无穷者，彼且恶乎待哉”，则很难理解立马就变成很好理解了。此，指的是蜩、鸴鸠和斥鴳。世俗社会里的人，如果能有一官半职，如果能名闻乡里，如果能担当一国之君且取得一国之民信任的人，就会笑一些有远大抱负的人不现实，大而无用。

而宋荣子犹然笑之，且举世誉之而不加劝，举世非之而不加沮

理解这句话的关键，是要先给宋荣子定对位。宋荣子在《庄子》里是个什么人呢？从本章本段里可以看出，宋荣子是一个有一定道行但尚未到达最高境界的人。有一定道行，是指宋荣子“定乎内外之分，辩乎荣辱之境”；没有到达最高境界，是指宋荣子“犹有未树”。《天下》里也有一个有一定道行但没有到达最高境界的人，叫宋钘（xíng）。《天下》是这样论写宋钘的：“不累于俗，不饰于物，不苟于人，不忮于众，愿天下之安宁以活民命，人我之养，毕足而止，以此白心……周行天下，上说下教。虽天下不取，强聒而不舍者也。故曰上下见厌而强见也。”对比看，宋荣子跟宋钘很可能就是同一个人。如果确实就是同一个人，那“举世誉之而不加劝，举世非之而不加沮”的意思，就是“周行天下，上说下教。虽天下不取，强聒而不舍者也”。句首的而，“因而”的而。犹然笑之，犹就是“记忆犹新”的犹，一直、仍然的意思。“笑之”的之，指代前面言说的三类小知。注意，宋荣子的笑，不同于蜩、鸴鸠、斥鴳的笑。蜩、鸴鸠、斥鴳的笑，是不理解而不接受。宋荣子的笑，是理解而不接受。劝就是“劝勉”“劝进”的劝。沮就是“沮丧”的沮，灰心失望的样子。

定乎内外之分，辩乎荣辱之境，斯已矣

这是庄子对宋荣子的正面评价，即宋荣子是一个对内外和荣辱有分别有坚持的人。这种人比起一般世俗的小知还是要高出一筹的。一般的世俗小知，总那么自以为是却又意识不到自以为是，嘲笑他人却又意识不到在嘲笑他人。总之，他们分辨不了内外与荣辱。可能够分辨内外与荣辱的宋荣子又有什么不足呢？他即使比起不那么得道的列子来，都差太远了。列子可以“御风而行，泠然善也，旬有五日而后反。”宋荣子就无法免乎行。

未数数然也

要理解这句话，最好转换一下语境。即如果理解了世人是数数然，也就理解了宋荣子未数数然。世人的数数然是什么意思呢？无论从这句话的语境，还是从我们现实里观察，数数然就是斤斤计较的意思。数数然怎么就有斤斤计较的意思呢？数数然不是一锱一铢地算吗？所以，数数应该是个动宾词组。前数就是“数米而炊”的数，后数就是“数字”的数。

夫列子御风而行，泠然善也，旬有五日而后反

这里插入列子，是为了在比较中说明宋荣子道行的不高，同时又衬托出即使能如列子般御风而行，也不是最高道行的表现。一些武侠影视作品里，把一个顶尖武林高手描绘成能飞檐走壁，这在庄子看来，实在算不上顶尖功夫。“泠然”的泠，就是《齐物论》里“泠风”的泠，用来形容列子御风而行时就如微风般不急不骤。

此虽免乎行，犹有所待者也

列子的所待，就是风。没有风，列子的行，就不大可能“泠然善也，旬有五日而后反”。列子就如风筝，没有风就飞不起来。所以，列子“虽免乎行，犹有所待者也”。那宋荣子有待，列子有待，那怎么才能无待呢？大鹏算有待吗？下句话将要给出关于这个问题的终极答案。这个终极答案，是庄子的核心思想。

若夫乘天地之正，而御六气之辩，以游无穷者，彼且恶乎待哉

仅凭这句话本身，是根本不可能理解这句话的。仅凭这篇文章，也是根本不可能理解这句话的。那凭《庄子》整本书就能理解这句话吗？也不行。如果请出庄子的祖师老子呢？还是不行。那如何才行？理解天地大道并坚信人要终极皈依天地大道的人，才行。这里仅就文字的字面意阐释一番。乘，就是“乘胜追击”的乘。“天地之正”的正，要真正理解，得有些实体观察并有所领悟才行。凡天地所生所赋，皆是正。比如，我们人的手指，正常情况下是弯曲的，这就是正。是可以伸直的，这就是正。能曲能直，就是正。但如果一直是弯曲着的，就不正。如果一直是伸直着的，就不正。总之，无待就是正。不化以待，就不正。自然界的正跟人类社会里的正，是有很大差别的。人类认识的终极状态，就是将人的正建立在天地的正上。《齐物论》彻底终结了关于这个问题的答案。宋荣子、列子都是有待的人，都是固守的人，都是小成的人。所以，他们谈不上乘天地之正。现说的这些文字，相对于乘天地之正的内涵来说，简直就是“用管窥天，用锥指地也，不亦小乎！”(《秋水》)。御，就是列子“御风而行”的御。六气，就是前后左右上下全方位，跟气其实关系不大。气在这里是个哲学概念，正如招呼语“你好”，其实跟你好不好是没有关系的。辩，不可以理解为“变”的通假字。庄子用到N多“变”字，没必要在这里用“辩”来通假“变”。那辩是什么意思呢？就是“分辨”的辩。分辨的能力，是人的理性的基本能力。没有分辨，就没有知识。分辨能力越高的人，理性能力就越强大。一切糊涂蛋，都是分辨能力低下的结果。世界无时无刻不是处在变化之中，但不管变化有多么复杂，道总是寓于其中。诚如老子所说：“道者，万物之注也。”所以，要辩。不辩，就不善。能辩，就善。要提醒的是，分辨不是争辩。以游无穷者，就是在无尽的时空里，尽情地遨游。大鹏从北冥迁徙到南冥的整个过程，就是游无穷。恶乎待，不是没有待。没有待是不可想象的。那些将庄子理解为无须任何依凭地逍遥的人，是绝不可能在自己的内心相信自己所说的话的。那庄子所言说的无待，究竟如何理解呢？真正理解大鹏从每一次有待以实现其从北冥到南冥，就理解了庄子的无待。人如果能每一次恰到好处地利用了当下的条件以实现自己的意图和目标，就是无待。过往解注本本句后有句看上去很具思想性的话："故曰：至人无己，神人无功，圣人无名。"深度沉思，这句话没有思想性，也不知所云，后人注语混入正文的可能性非常大。

【今译】

最北的北边，有个大海。大海里有一种鱼，它的名字叫作鲲。鲲的那个大呀，真不知道如何来形容，有上千里那么大。到了某个时候，这个原本是鱼的家伙，就会化作一只鸟，它的名字叫作鹏。光鹏的背就那个大呀，真不知道如何来形容，有上千里那么大。它飞起来的那个气势，光它的翅膀，看上去就像头顶那遮天蔽日的云。也就是这只鸟，季风来临时，就将随季风迁徙到最南边一个叫天池的地方。

有本叫《齐谐》的古书，是专门用来记载那些稀奇古怪的事情的。它上面就记载着这么一段话："大鹏迁往天池的时候，光贴水起飞，就得三千里。然后借助风力，斜上到九万里高空，竟然要在整整六个月飞行之后，才会降落下来停歇。"

要是水的深度不够，那它就无力承载大船。这就好比把一杯水倒在一个小小的凹坑里，就只芥叶之类的东西，才能浮于其上。即使放一只杯子，也会搁浅。原因无它，就因为水太浅而船太大了啊。同样道理，要是风的厚度不够，那它就无力承载大翼。正因为如此，唯有当鹏飞到九万里高空时，风才有足够的厚度。也只有到了这时，鹏才便于顺着风势，背负青天而毫无阻碍地一路南飞。

蜩与鸴鸠不解地对大鹏笑着说："我奋力上飞，也就飞个榆枋树之高而已，时不时还飞不了那么高，以至于会踉踉跄跄跌落到地面。你为何要飞到九万里上空并还要飞到那么远的南边去呢？"

到一城之郊走走，准备三餐的食粮也就够了。返回到家时，说不定肚子还饱着呢。要是到百里开外的地方走走，那就得花整一个晚上准备食粮。要是到千里之外的地方走走，那可就得准备三个月的食粮。这些道理，蜩与鸴鸠又怎么能够懂得呢？

蜩与鸴鸠这样的小知，自然难以理解鹏这样的大知。就好比，活的时间比较短的生命，自然就难以理解活的时间比较长的生命。凭什么就可以这么说呢？那朝生暮死的菌类植物，是根本不可能知道月晦月朔的。那只活在夏季的蟪蛄，是根本不可能知道春来秋往的。楚地之南有种叫冥灵的树木，以五百岁为春，五百岁为秋。上古有种大椿树，更是以八千岁为春，八千岁为秋。可直到今天，彭祖还以长寿著称，大家竟都希望能与彭祖共寿，这不也太悲催了吗？

商汤在咨询他的贤臣棘时，棘也提到了这个。商汤问棘："这上下四方有没有边界呢？"棘答道："边界之外，还有边界。顺便给你讲个寓言听听吧。在已经是边界的北边，有个别名叫冥海的天池。就在这天池里，有一种鱼，它的体积极为硕大。就其宽度，就可达数千里。要问其长度，则无人能知道。这种鱼的名字，叫作鲲。天池里还有一种鸟，它的名字，叫作鹏。这鹏鸟，光它的背，就大若太山。而它的翅膀，则大若头顶的遮天之云。它有时会顺风而上，直达九万里高空，似乎凌驾于全部云气之上，背向着青天，然后谋求向南飞行，一直要飞到最南的南边去。一只小小的燕雀不解地笑着对大鹏说：'这大鹏究竟想飞到哪里去呢？我腾跃而上，也才不过数仞而已，能够翱翔于蓬蒿之间，就已经是我飞的极限了，这大鹏究竟想飞到哪里去呢？'"

这就是小知跟大知的区别啊！

所以说，那些识见能够胜任一职，品行能够冠绝一方，德行能够担当一君且能取得一国之人信任的人，他们的自我感觉，也就跟这类小知差不多。正因此，宋荣子对这类小知们一直不以为然，且不会因全天下人对他予以赞同就洋洋得意，也不会因全天下人对他予以反对就灰心丧气。宋荣子确实能定乎内外之分，辩乎荣辱之境，这诚然不错。为什么呢？因为他比起那些世俗的人来说，确实不那么斤斤计较。但即便这样，宋荣子还是有不到位的地方。列子可比宋荣子强多了。他可以御风而行，就如和风一般轻松自在地在空中待个十天半月。列子对于所谓世俗的福分，可以说不是那么斤斤计较的。只不过，列子虽然无须像世人那么贴地行走，但他还是得有所依待。

要是能因顺天地万物自身的本真面目，且随就上下四方全方位的千变万化，以逍遥于无边无际的时空之中，那还需要依待什么呢？

二

【文本归元】

尧让天下于许由曰：“日月出矣，而爝火不息，其于光也，不亦难乎？时雨降矣，而犹浸灌，其于泽也，不亦劳乎？夫子立而天下治，而我犹尸之，吾自视缺然，请致天下！”

许由曰：“子治天下，天下既已治也，而我犹代子，吾将为名乎？名者，实之宾也。吾将为实乎？鹪鹩巢林，不过一枝。鼹鼠饮河，不过满腹。归休乎，君！予无所用天下为。庖人虽不治庖，尸祝不越樽俎而代之矣。”

【见独】

爝火不息

就读者对《老子》《庄子》这样伟大经典的阅读而言，死抠一字一词的精准含义，会因小失大。就学者对《老子》《庄子》这样伟大经典的解注而言，唯有死抠一字一词的精准含义，才能体现出解注者的专注与赤诚。有些事态度重要，如人际关系。有些事能力重要，如工程技术。有些事态度能力缺一不可，如老庄解注。过往解注者因为不专注不赤诚，就风风火火把“爝火”理解为火把或烛火，进而把“息”通假为“熄”。其实，这里的爝火应该是动宾词组，就是点火照明的意思。如果把“爝火不息”同“而犹浸灌”结合看，就会更明白些。那照明的意思又是哪来的呢？由日月的天然作用来，由后面光字的本义来。光的本义就是光芒、光亮的意思。顺理成章，息就是“停息”的息。把“爝火不息”理解为火把不熄灭，虽然对文本的思想理解影响不大，但它反映出解注者的问题很是不小。

夫子立而天下治，而我犹尸之，吾自视缺然，请致天下

文脉上看，夫子立的不是天下，而是尧的王位。立了王位当然也就能立天下，但王位就是王位，天下就是天下。尸，就是“尸位素餐”的尸，在其位

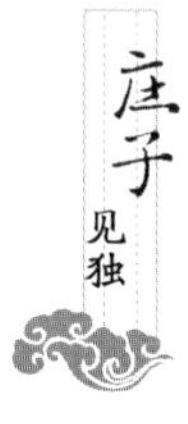

而无所作为的意思。缺然，明显是尧把自己同许由对比后得到的结果，所以，“缺然”的缺，就是“缺点”的缺，不足的意思。“请致”的请，就是“请问”的请，礼貌用语。致就是“致敬”的致。致敬就是给敬，致天下就是给天下。请致天下，就是请允许让我把天下送给您来治理。

子治天下，天下既已治也，而我犹代子，吾将为名乎

这句话一定要接上上句话的“气”才能很好理解。上句话是说，尧想把天下让给许由来治，而许由打心底里认为，天下是不能拿来治的。如果能拿来治，你尧治好了吗？如果治好了，那你让我再来取代你治，我图什么呢？图名吗？如果不能治，那就不是你尧的能力问题，而是天下能不能治的问题。就如人要死了，能不能治，就不是医生的医术问题，而是人必然都要死的问题。所以，既然尧的想法是治，那在许由看来，即使让他来治，也治不了。不是许由治不了，任何人都治不了。《老子见微》第 29 章有同样的思想：“将欲取天下而为之，吾见其弗得已。夫天下，神器也，非可为者也。为者败之，执者失之。”

吾将为实乎？鷦鹩巢林，不过一枝。鼹鼠饮河，不过满腹

先得把这个句子的外在结构和内在结构厘清。外在结构是，它跟“吾将为名乎？名者，实之宾也”句式上相对应。内在结构是，“鷦鹩巢林，不过一枝。鼹鼠饮河，不过满腹”是对“吾将为实乎？”的回答。“鷦鹩巢林，不过一枝”原文为“鷦鹩巢于深林，不过一枝”现删除“于深”两字，以使鷦鹩巢林与鼹鼠饮河一致。理由是，形式上具有对称美，内容上没有任何丢失。不喜欢对称美而喜欢参差美的读者，持保留意见好了。这句话的含义，同《老子见微》第 12 章“是以圣人之治也，为腹不为目”等同。人的需要，有自然而必要的，有自然而不必要的，有既不自然也不必要的。老庄显然都是追求一种自然而必要的生活方式。

归休乎

“休”如何理解？过往解注本多解注为“回去休息吧”，这么随意的解注，该回去休息的，不是尧，而是这类解注者。哪来的要尧回去休息的语境呢？想象一下这里许由与尧对话的语境，大致就能猜出这时许由想对尧说的意思是：

您还是回去吧，别再说什么了，我不会接受您送给的天下的。

予无所用天下为

古文功底不好的读者，转换一下理解方式就行了：“鹪鹩无所用林为，不过一枝。鼹鼠无所用河为，不过满腹。许由无所用天下为，不过一人。”

庖人虽不治庖，尸祝不越樽俎而代之矣

庖人，官名，职掌供膳。尸祝，官名，职掌祭祀。供膳当是俗职俗务，祭祀当是神职神务。庖事是俗务的象征，樽俎是神务的象征。樽是酒器，俎是肉器。这里许由应该没有把自己看作是尸祝而把尧看作是庖人的意思。想必许由只是打个比方，方便理解而已。意思是说，您尧有尧的生命价值，我许由有许由的人生追求。

【今译】

尧在想把自己的江山交给许由来治理时说：“太阳月亮都已经出来了，如果有人还在那里点火照明，那它对于光亮这件事来说，不是太过微弱了吗？及时雨都已经从天而降了，如果有人还在那里挑水浇灌，那它对于润泽这件事来说，不是太过徒劳了吗？要是许君您来担当君位，那天下必将大治。现在，我却霸占着君位一直没放，我反思了一下，觉得这很不合适，现在还是请您把天下接过去治理吧！”

许由回答说：“尧君您说要治理天下，大概是您已经把天下治理好了吧！如果您已经把天下治理好了，现在让我来接替您的君位，难道是我想图一个名分吗？名分这东西，只不过是实利的附属品罢了。又或是我想图一个实利吗？鹪鹩的实利，当它筑巢于林时，最多也就一枝。鼹鼠的实利，当它饮水于河时，最多也就满腹。尧君您还是回去吧，别再说什么了！天下对我来说，可是一点用处都没有的。主厨的人虽然不在处理厨事，主祭的人也还是不会越过自身的职责，而去替代主厨的人啊！”

三

【文本归元】

肩吾问于连叔曰:“吾闻言于接舆，大而无当，往而不返。吾惊怖其言，犹河汉而无极也。大有径庭，不近人情焉。”

连叔曰:“其言谓何哉？”

“曰‘藐姑射之山，有神人居焉。肌肤若冰雪，绰约若处子。不食五谷，吸风饮露。乘云气，御飞龙，而游乎四海之外。其神凝，使物不疵疠而年谷熟。’吾以是狂而不信也。”

连叔曰:“然！瞽者无以与乎文章之观，聋者无以与乎钟鼓之声。岂唯形骸有聋盲哉？夫知亦有之。是其言也，犹时女也。之人也，将磅礴万物以为一，世蕲乎乱，孰弊弊焉以天下为事？之人也，物莫之伤，大浸稽天而不溺，大旱金石流、土山焦而不热。是其尘垢秕糠，将犹陶铸尧舜者也。孰肯纷纷然以物为事？宋人资章甫而适诸越，越人断发文身，无所用之。”

尧治天下之民，平海内之政，往见四子藐姑射之山，窅然丧其天下焉。

【见独】

大而无当，往而不返

《知北游》里“道不当名”的同义语。当，就是“旗鼓相当”的当，相称、相配的意思。具体点说，大就是“藐姑射之山，有神人居焉。肌肤若冰雪，绰约若处子。不食五谷，吸风饮露。乘云气，御飞龙，而游乎四海之外。其神凝，使物不疵疠而年谷熟”这段话。无当，就是找不到眼睛可以看到的现实依据。“往而不返”可以看作是“大而不当”的同位语，类似于“我们大家都是一家人”的我们大家。如果不看作同位语，“往而不返”就当理解为只看到它去而没有看到它回。因为，在常规思维看来，任何东西都是循环往复的，就如春去秋来。

河汉

传统解注都理解为银河，也不知道根据是什么，也无法理解河汉何以就可以表达银河。但根据本句中“而无极也”的字样看，理解为银河很可能不会太错。《古诗十九首·迢迢牵牛星》也有用到河汉的：“河汉清且浅，相去复几许。”从诗的意境看，好像又不可以理解为银河，银河怎么可以清且浅呢？《齐物论》也有一处用到河汉的：“河汉沍而不能寒。”单从这句话看，河汉是绝无可能理解为银河的，银河怎么冻呢？那它可能指什么呢？理解为黄河跟汉水较为可信些。如果两个河汉的含义要一致，那本句中的“而无极也”又不好理解。黄河和汉水怎么可能用无极来形容？所以，还是各走各路吧。

大有径庭，不近人情焉

径，门外小路。庭，门内大堂。径庭合用，形容大不相同，就如词语泾渭分明一样。人情，不要跟我们现代汉语中的人情相混。这里的人情，特指接舆所讲的那事，不符合人的真实情况。

藐姑射之山

藐，理解为姑射山的前置定语似乎更好，遥远的意思。因为，这个寓言需要地理上遥远的语境，以形容神人的神。

肌肤若冰雪，绰约若处子

人的外貌最重要的部分，不是五官，而是肌肤。现实中观察，肌肤好的，大都没有病的，也没有丑的。庄子用神人的肌肤如冰雪般白净剔透来形容神人的健康与美丽，应该是观察现实的结果。绰约，就是“风姿绰约”的绰约，形容体态柔美。处子，就是“静若处子，动若脱兔”的处子，指未嫁的女子。今天的女子，即使未嫁，也未必就体态柔美。庄子时代的女子，很可能未嫁时，确实就体态柔美。其实，这只是一种文学表达，跟真实情况吻合与否，关系不大。

其神凝，使物不疵疠而年谷熟

非常不好理解。但即使不理解，也已经不妨碍对本段大意的把握。

瞽者无以与乎文章之观，聋者无以与乎钟鼓之声

瞽者，就是盲人。“文章”，《庄子》三处用到，另两处分别在《骈拇》和《胠箧》中。综观三处的“文章”一词，理解为今天常规意义上的文章，或是理解为图案色彩，似乎都能成立，且不影响文本解读。

是其言也，犹时女也

这句话确实歧义很大。只是，即使产生了很大歧义，但对庄子思想毫无影响。如果“是其言也”的其言，指的是“瞽者无以与乎文章之观，聋者无以与乎钟鼓之声。岂唯形骸有聋盲哉？夫知亦有之”，则“时女”，自然指的就是肩吾。时，就是“时下”的时，眼前的意思。女，同汝，指肩吾。但这样理解，单独看，没有问题。上下文看，就有问题。肩吾是谁？是知的瞽者与聋者吗？如果是，那尧往见四子于藐姑射山的四子，指的又是谁？肩吾如果不是其中的一个，那四子的语境在哪里？所以，肩吾不太可能是知的瞽者与聋者，何况“肩吾”的吾，就有道的象征义在其中，就是《齐物论》中“吾丧我”的吾。如果“是其言也”的其言，指的是“藐姑射之山，有神人居焉。肌肤若冰雪，绰约若处子。不食五谷，吸风饮露。乘云气，御飞龙，而游乎四海之外。其神凝，使物不疵疠而年谷熟”，则时女自然就是对这段话作评判后的评语。时女作为评语的意思是什么呢？简单说，就是时髦女子吧。时髦女子引申点说，就是妙龄女子吧。妙龄女子再引申点说，就是美好吧。从上下文看，这个引申义是完全成立的。

之人也，将磅礴万物以为一，世蕲乎乱，孰弊弊焉以天下为事

原文“之人也”三字后有“之德也”三字，现已删除。理由有二。其一，“之人也”两次就近连用，后一次没有“之德也”三字。形式一致，更合逻辑。其二，“之德也”三字所包含的意思，本来就在“之人也”之中。它的具体含义，就是“将磅礴万物以为一，世蕲乎乱，孰弊弊焉以天下为事？”从文章的简练性要求上，一句话，可有可没有，没有好。

读懂这句话的关键，是有正确的句读。句读正确了，句子的结构就跟着出来了。结构出来了，意思也就出来了。过往解注本的句读是这样的：“之人也，之德也，将磅礴万物以为一。世蕲乎乱，孰弊弊焉以天下为事？”只要这样断句，就不可能有正确解读。按归元后的句子解读，意思就十分清晰了。它的结构是拿神人跟世人对比。神人是顺其自然而将竞相勃发的万物视为一体，而世人则基于人的意愿而将人事搞得乱成一团。对这因人的欲求而乱成一团的俗务，神人哪里有什么心思来治理它？

磅礴

就是“气势磅礴”的磅礴，气势盛大的样子。磅礴万物，就是磅礴的万物。这里的万物明显是指天造的万物。天造的万物，无论其大与小，高与矮，硬与软，挺与垂，直与弯，都是磅礴的，都是气势盛大的。一棵小草，一只蚊子，一片雪花，一缕风，都有其盛大气势。单个时，看不太出来而已。一连成片，就赫然在目。凡生命，都气势盛大。任何对大自然有细心观察的人，都会承认并接受这一点。《齐物论》是对这一主题的终极论证。庄子这里用“磅礴”一词，重点在强调万物的生命感。凡生命，都有其自身的生理和生存逻辑，人无力也不应横加干预。

以为一

以为是“以＋为”。“以为一”的一，即“道通为一”的一。

世蕲乎乱

理解的关键点，不在“乱”字，而在“蕲”字。蕲，就是“蕲求”的蕲，同“祈求”的祈。蕲怎么就会乱呢？人的祈求往往是天道的背离，天道都是有序的。与天道背离，自然就乱了。《在宥》有极其精彩的论证：

黄帝立为天子十九年，令行天下，闻广成子在于空同之上，故往见之，曰：“我闻吾子达于至道，敢问至道之精。吾欲取天地之精，以佐五谷，以养民人。吾又欲官阴阳以遂群生，为之奈何？”广成子曰：“尔所欲问者，物之质也。尔所欲官者，物之残也。自尔治天下，云气不待族而雨，草木不待黄而落，日月之光益以荒矣，而佞人之心翦翦者，又奚足以语至道！”

是其尘垢秕糠，将犹陶铸尧舜者也

话虽然很独特，但一看就知道什么意思，高手中的高手。同样的意思，庄子在《让王》篇中，还有另外的表达方式：“道之真以治身，其绪余以为国家，其土苴以治天下。由此观之，帝王之功，圣人之余事也，非所以完身养生也。”

宋人资章甫而适诸越，越人断发文身，无所用之

章甫有两种可能解释。一种是指商代的一种冠，一种是指儒者之冠。取哪种好呢？结合庄子对儒学所持的否定态度看，取儒者之冠似乎更好些。更何况，《论语·先进》中还有“端章甫”这样显明的文字。从后文越人用不着章甫的事实逆推，章甫应该不是一种帽子，因为帽子戴不戴跟头发有没有没有关系。从儒服的头上装束看，章甫很可能是簪子之类的东西。簪子，是一种绾住发髻的条状物，用金属、骨头、玉石等制成。文身，不太可能是现在所谓的文身，也不太可能是裸体，越地再热，也不可能不穿衣服。这里的文本很可能有误，但正确的究竟是什么，不得而知，暂且放过。

尧治天下之民，平海内之政，往见四子藐姑射之山，窅然丧其天下焉

原文为：“尧治天下之民，平海内之政，往见四子藐姑射之山，汾水之阳，窅然丧其天下焉。”现删除“汾水之阳”，强烈感觉这四字是后人对藐姑射之山作地理位置解释而被误入正文。

四子

如果我们必须坚持语境说，则四子应该就是本寓言里提到的四子：肩吾、连叔、接舆、神人。

窅然

本义是深目，形容深深地凹陷。结合语境，窅然应该是修饰“丧”字的。窅然丧，就是深深地丧。整句话的意思是说，尧在拜见四子之后，心有所悟，怅然若失，几乎完全忘记了自己矢志治理过的天下。

【今译】

肩吾问连叔说：“我从接舆那里听过一番话，觉得空洞无物，不着边际。我自己对他所说的话，确实是惊诧莫名，就好像一个人走在没有尽头的时空里。这太不合常理了，太难以置信了。”

连叔于是问：“他究竟说了些什么呢？”

肩吾回答说：“接舆说，在那遥远的一座叫姑射山的地方，有位神人居住其中。他的肌肤就如冰雪般洁净，他的风姿就如姑娘般柔美。他不像我们凡人一般要吃食五谷杂粮，他吸风饮露就可以了。他因云顺气，随形就势，逍遥于五湖四海之中。他的心神始终凝聚不散，万物都不会因为他的行为而受到任何伤害，所以，他那里年年五谷丰登。接舆的这番话，我以为太过轻狂了，简直难以置信。”

连叔回答说：“这么回事呀！盲人就不要给好看的了，聋人也不要给好听的了。难道只有形骸才会看不见听不到吗？人的认知也会有呢。接舆的那番话，可妙着呢，一如妙龄女子。他所说的那位神人，其所表现出的德性，是将竞相生发的天地万物混同一体。世人就因为欲求太多反而导致世事纷乱不堪，神人哪里会陷入这种简直让人崩溃的窘境当中去呢？任何外境都伤害不了神人，即便是洪水滔天也淹不到他，即便是大旱将金石土山都烤焦熔化了，他也不会觉得热。他即使拿出最差的东西，也可以打造出尘世间最好的东西。都这样了，神人哪里还肯忙忙碌碌地为物所役？宋国曾经有人想将一种簪子贩卖到越国去，结果呢，越国人都根本不留头发不束发髻，根本就用不上簪子之类的玩意儿。”

尧原本一直醉心于天下治理这事，政绩不可谓不卓然，但当他前往藐姑射山拜会神人、肩吾、接舆、连叔这四人后，不自觉地忘记了自己曾经矢志要加以治理的天下。

四

【文本归元】

惠子谓庄子曰：“魏王贻我大瓠之种，我树之成而实五石。以盛水浆，其坚不能自举也。剖之以为瓢，则瓠落无所容。非不枵然大也，吾为其无用而掊之。”

庄子曰：“夫子固拙于用大矣。宋人有善为不龟手之药者，世世以洴澼纩为事。客闻之，请买其方百金。聚族而谋曰：‘我世世为洴澼纩，不过数金。今一朝而鬻技百金，请与之。’客得之，以说吴王。越有难，吴王使之将。冬与越人水战，大败越人，裂地而封之。能不龟手一也，或以封，或不免于洴澼纩，则所用之异也。今子有五石之瓠，何不虑以为大樽而浮乎江湖，而忧其瓠

落无所容？则夫子犹有蓬之心也夫！”

【见独】

魏王贻我大瓠之种，我树之成而实五石

这则寓言的事情经过很可能是虚拟，但惠子、庄子、魏王三个人物应该真实。惠子，约公元前380—300年。庄子，约公元前369—286年。惠子长庄子约11岁，庄子晚死惠子约15年。魏王，约公元前369—319在位。惠子任魏王之相约在公元前340—322年。庄子安排惠子以“魏王贻种”起兴，就已经把惠子绑定在世俗层面了。贻，本义为赠送。庄子用贻，很可能双关怡，以嘲讽惠子以魏王赠物为怡而不以大道为怡。大瓠，从后面的文字表达来看，这个大瓠的东西，半真半假。所谓真，确实有葫芦存在。所谓假，确实没有大到可以装600斤重东西的葫芦存在。既然是寓言，就得有这种效果。五石，石是古代的计量单位，一石约合今天120斤。

非不枵然大也，吾为其无用而掊之

庄子看不起惠子，不是因为惠子是魏王之相，而是因为惠子以魏王之相的身份看不起庄子，才导致庄子看不起惠子。庄子的人生观和价值观是：“以天下为沉浊，不可与庄语。以卮言为曼衍，以重言为真，以寓言为广。独与天地精神往来，而不敖倪于万物。不谴是非，以与世俗处。”

这里，惠子就如那蜩与鸴鸠，庄子就如那大鹏。蜩与鸴鸠笑大鹏为什么要飞到九万里高空并还要飞到南冥。大鹏大是大，但飞那么高那么远，没有用。就如庄子的《庄子》，那么高那么远，远没有惠子的魏王之相有用。枵，音xiāo。有些解注本写作“呺”，意思是声音的高而响。哪个对呢？不要离开语境理解语言。这里的语境，很显然是在言说大瓠的大而无用，以类比庄子思想的大而无用。在惠子看来，庄子的思想与大瓠有共同特征，那就是大而空。枵，空虚貌。枵然大也，就是空而大也。所以，庄子原字基本可以肯定是“枵”而不是“呺”。掊，音póu/pǒu，前面的“剖”好理解，这里的“掊”不太好理解，很可能与“抛摔”的抛同义。

不龟手

龟，音jūn，“龟裂”的龟，皲裂的意思。现代城里人已不太知道这种病了。冬季寒冷且干燥，手脚如果经常在冷水中浸泡，就会生出一种皮肤病，看上去像乌龟背上的裂纹一般。

洴澼纩

音 píng pì kuàng。洴澼，很明显就是对漂洗声的模拟。纩，麻絮之类的织物。

何不虑以为大樽而浮乎江湖，而忧其瓠落无所容

汉语的词，意境是其优，含混是其劣。万幸的是，再含混的词，只要在具体的语境中，都可以辨析出其中较为确凿的含义。本句中“大樽”的确凿含义怎么辨析出来呢？有把大樽解释为大酒器的。这酒樽要浮乎江湖，能理解吗？将大樽理解为带着酒壶在江湖上豪饮，有语境吗？融入语境，庄子要替惠子解决的问题，是“忧其瓠落无所容”。所以，大樽应该就是指大瓠没有被剖开之前的自然状态，是密封的。密封的大瓠，自然就可以浮乎江湖了。用大樽来代替大瓠，庄子的用意当是，大瓠浮乎江湖，就像密封的大酒瓶浮乎水面。大瓠再大，大不过江湖。人再大，大不过天地。大瓠浮乎江湖，人浮乎天地。这，就是逍遥游的真实含义。

则夫子犹有蓬之心也夫

逍遥游的真实含义，是有待中无待，无待中有待。惠子反之。他死死地待在人世之间，待在俗务之间，待在蓬艾之间，待在惯性思维之间。总之，惠子待在小成之间，没有待在大道之间。所以，《天下》篇庄子评述惠子时说：“由天地之道观惠施之能，其犹一蚊一虻之劳者也。其于物也何庸！夫充一尚可，曰愈贵，道几矣！惠施不能以此自宁，散于万物而不厌，卒以善辩为名。惜乎！惠施之才，骀荡而不得，逐万物而不反，是穷响以声，形与影竞，悲夫！”

有蓬之心

对比“茅塞顿开”的茅塞，就心领神会“有蓬之心”的有蓬了，脑子进水是它的另一种直观表达方式。

【今译】

惠子有次对庄子说："魏王曾经赠送过我一把大葫芦种子，我把它们播了下去，结果很不错，收获了一个可以装载六百斤重物的大葫芦。我本想把这个大葫芦拿来装水，后来发现它太不结实了，根本就装不了水。于是，我又把它切开，想当作一个瓢来用。可这个瓢又确实太大了点，没有地方可以摆放。庄子呀！不是这个葫芦不够大，而是这个葫芦没有用，我才把它给摔了啊。"

庄子回答说："惠子呀！你真是有点笨拙，怎么就不知道如何用大呢？宋国曾经有户人家长于熬制不会皲手的药。就凭这药，他们世世代代得以漂洗为业。有客人听说有这等好事，想出价百金购买它的配方。这户人家遂将整个家族聚拢起来商议说：'我们干漂洗这个活都好几代了，才不过赚得数金。现在只要把药方一卖，就能够赚得百金，那还是卖吧！'客人得到这个药方后，前去游说吴王。那个时候，越国和吴国正在交战，吴王顺势就把统帅大军的重任交给了这位客人。待到冬季来临，吴军跟越军展开水战，吴军大获全胜，客人于是摇身一变成了一位封疆大吏。不皲手这同一种药方，有人就因之成了封疆大吏，有人却因之世世代代以漂洗为业，差别就在于使用方式不同。现在，你手上有六百斤之瓢，为什么不考虑将它当作密封的空樽以浮游江湖，却反而忧心它没有地方摆放呢？难道是你惠子脑子进水了不成？"

五

【文本归元】

惠子谓庄子曰："吾有大树，人谓之樗。其大本臃肿而不中绳墨，其小枝卷曲而不中规矩。立之途，匠者不顾。今子之言，大而无用，众所同去也。"

庄子曰："子独不见狸狌乎？卑身而伏，以候敖者。东西跳梁，不避高下，中于机辟，死于网罟。今子有大树，患其无用，何不树之于无何有之乡，广莫之野，彷徨乎无为其侧，逍遥乎寝卧其下？不夭斤斧，物无害者。无所可用，安所困苦哉？"

【见独】

樗

音 chū，臭椿。

今子之言，大而无用，众所同去也

要仔细体味庄子这里措辞的精准与精妙。在惠子眼里，庄子的言合道不合道不重要。重要的是，庄子的言有没有用，有没有被大家所接受。完全可以设想，爱因斯坦要是给惠子讲相对论，惠子很可能对爱因斯坦说同样的话。可见，人多与有用，是惠子继而也即普通大众价值评判的标准。这个标准，仍然顽固而普遍地存在于中国的文化与现实里。

狸狌

音 lí shēng。有把它解读为野猫的，有把它解读为黄鼠狼的。哪个对呢？《齐物论》说，是非标准得照之于天。从《秋水》篇“骐骥骅骝一日而驰千里，捕鼠不如狸狌，言殊技也”看，狸狌显然是一种捕鼠动物。照之于天，黄鼠狼和野猫都捕鼠。所以，作野猫可，作黄鼠狼也可，既不作野猫也不作黄鼠狼而作另外一种能捕鼠的动物，还可。如从后世有狸猫一词来看，则庄子心中狸狌为野猫的可能性较大。

今夫斄牛，其大若垂天之云。此能为大矣，而不能执鼠

这句话原本接在“死于网罟”之后，现予以删除。删除的原因，是实在看不出这句话在句中有什么作用。如果是庄子原话，则必是庄子糊涂时候的话。庄子天分再高，也不是神，一定有错。是错就当改正。当然，按过往解注本的解读，这句话不删，也是勉强可通的。为文还是那个原则，一句话可有可无时，无。

无何有之乡

按过往解注，“无何有之乡”就是什么都没有的地方。这话除了解注者自己和人云亦云者梦里会偶尔相信一下以外，恐怕就没人会相信了。理性强大的人除了不信外，还能给出不信的理由。《庄子》有三次用到“无何有之乡”，另两次在：

《应帝王》："以出六极之外，而游无何有之乡，以处圹埌之野。"

《列御寇》："彼至人者，归精神乎无始，而甘瞑乎无何有之乡。"

综合三次用到的"无何有之乡"，它的意思极为清晰，就是天地大道。天地大道有无限多样性存在，每一种存在都有道在其中。照《知北游》的说法，就是道"无所不在"。我们人要做的，就是认识你当下的道，顺从你当下的道。唯其如此，你才能在有待中实现无待，以致逍遥。结合本段来说，惠子认为，只有直的树木才有用，曲的就没用。为匠者所用的才有用，不为匠者所用的就没用。这完全反映出惠子的有蓬之心，有待之心。有道者就不然。他会认为，直有直的用，曲有曲的用。直被匠者顾有用，曲不夭斤斧也有用。匠者有匠者的用，逍遥者有逍遥者的用。逍遥者的用，更加符合天然，符合人性，更能体现出大匠不斫的思想。所以，庄子这个寓言的寓意，重心不是物各有用，而是物各有用基础上的无为逍遥。

广莫之野

单独看，它既可理解为"无何有之乡"的同位语，也可将"莫"视为"漠"而理解为广漠的原野。结合"无何有之乡"在《应帝王》中的意思看，则"广莫之野"明显就是圹埌之野的意思，也就是广漠的原野的意思。

无所可用，安所困苦哉

这句话的前面用的是句号，过往解注本多用逗号。有什么不同呢？用逗号，则针对惠子的"樗树无用"来说。因为庄子回答惠子说，把樗树栽到"无何有之乡""广莫之野"就有用了。用句号，则针对惠子的庄子之言无用来说。或者这么说，用逗号，就具象些。用句号，就抽象些。鉴于《庄子》是思想著作，舍小取大，所以，还是句号好。也就是说，不要为"无所可用"所困苦，是一种思想而非理论。理论具有局限性，思想具有绝对性。

【今译】

惠子又有一次对庄子说："我家有棵大树，人们都管它叫臭椿。这棵臭椿的树干长满了疙瘩，没有任何笔直的地方。它的小枝也是卷卷曲曲，同样没有任何笔直的地方。它虽然就长在路边，可过往木匠连看都懒得看它一眼。现在，庄子你所说的那些话，就如这臭椿一样，大则大矣，但要说到用处，就谈不上了，大家自然就弃而不听了。”

庄子回答说：“你难道没见过狸猫吗？它蜷缩着身子伏在地上，等待着它要捕获的猎物出现。猎物一旦出现，便东蹿西跳，完全顾不上地势是高是低。结果呢，要么被机关捕获，要么被网罟掠杀。现在，你有了这么棵大树，还很是担心它没什么用处，你怎么就想不到把它移植到合适它的地方？比如天地大道或是广漠的原野，这样，你不就可以自由自在地在它的周围玩耍，或是无忧无虑地在树底下安然入睡？既不要担心它遭刀斧之患，也不要担心它遭到其他祸患。当一个东西被无所可用时，哪里还需要为之忧心呢？”

齐物论

一

【文本归元】

南郭子綦隐几而坐，仰天而嘘，嗒焉似丧其偶。

颜成子游立侍乎前，曰：“何居乎！形固可使如槁木，而心固可使如死灰乎？今之隐几者，非昔之隐几者也。”

子綦曰：“偃，不亦善乎而问之也。今者吾丧我，汝知之乎？汝闻人籁而未闻地籁，汝闻地籁而未闻天籁夫！”

子游曰：“敢问其方。”

子綦曰：“夫大块噫气，其名为风。是唯无作，作则万窍怒号。尔独不闻之翏翏乎？山林之畏崔，大木百围之窍穴，似鼻，似口，似耳，似枅，似圈，似臼，似洼，似污。激者謞者，叱者吸者，叫者譹者，宎者咬者。前者唱于，而随者唱喁。泠风则小和，飘风则大和，厉风济则众窍为虚。尔独不见之调调、之刁刁乎？”

子游曰：“地籁则众窍是已，人籁则比竹是已。敢问天籁？”

子綦曰：“夫吹，万不同而使其已也。咸其自取，怒者其谁耶？”

【见独】

南郭子綦隐几而坐，仰天而嘘，嗒焉似丧其偶

凡属庄子所虚拟的人名、地名、物名，多是有象征意义的。揣摩出其中的象征意义，对正确理解文章义理极为重要。南郭子綦（qí）这个人名，就是得道的象征。先看这个“綦”字，庄子只把“綦”字用在子綦身上，表示基、极，明显是得道者的象征。再看这个“南”字，它就象征道之所在。且看《庄子》中用南象征道的地方：

《逍遥游》：是鸟也，海运则将徙于南冥。南冥者，天池也。

《在　宥》：广成子南首而卧，黄帝顺下风膝行而进。

《天　地》：黄帝游乎赤水之北，登乎昆仑之丘而南望。

《天　运》：孔子行年五十有一而不闻道，乃南之沛见老聃。

《秋　水》：南方有鸟，其名为鹓鶵。

《至　乐》：吾安能弃南面王乐而复为人间之劳乎！

《山　木》：市南宜僚见鲁侯，鲁侯有忧色。

隐几有作“隐机”的。如作隐机，则隐喻得道状态。机，就是“天机”的机。但这样理解，单看可以，前后照顾着看，就不可以。因为，《庄子》其他地方也有用到“隐几”，如《知北游》篇中就有“神农隐几”。作几，则取“几”的本义，象形字，即古人席地而坐时有靠背的坐具。“几”不能理解为“茶几”的几。现代的茶几，都没有靠背。庄子这里用“隐几”一词，意在表达南郭子綦悟道后的慵懒形态。《应帝王》“泰氏其卧徐徐，其觉盱盱。一以己为马，一以己为牛。其知情信，其德甚真，而未始入于非人”就是自证。其实，机与几，在庄子心中或许就是一个意思，《人间世》“无门无毒，一宅而寓于不得已，则几矣”的几，是最直接、最显明的答案。

嗒焉有作“荅”的。作“荅”，找不到能吻合本句义理需要的任何依据。作“嗒”，则可以找到好几个吻合本句义理需要的依据，如“嗒然若丧”。

偶有作“耦”的。作“耦”，没有《庄子》自证，容易导致随意解读。作“偶”，则有自证，且含义可完全贯通，就是下文中的“彼是莫得其偶，谓之道枢”的偶。丧其偶，就是“彼是莫得其偶”。

何居乎！形固可使如槁木，而心固可使如死灰乎？今之隐几者，非昔之隐几者也

仔仔细细考校“何居乎”三字语境，句末不能用问号，必须用惊叹号。如果用问号，则表示子游没看出子綦今昔的不同。用惊叹号，则表示子游看出了子綦形如槁木、心如死灰的合道状态。何，“何等重要”的何，表感叹。居，非“居位”的居，而是“居然”的居。“何居乎”的意思，就是子游看到了但没看明白子綦的入道状态后，情不自禁发出的感叹，类似口语中的“居然可以这样”。固，在这里就表强调，原来、真的之意，以突出子游的惊讶。想象一

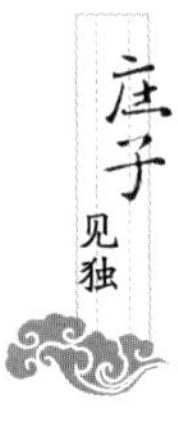

下子游站立在子綦旁，一眼看到他的老师子綦那形如槁木、心如死灰的状态，就立马能把握到庄子此处用词的用意。如此推理，“今之隐几者，非昔之隐几者也”句末就不能用问号，必须用句号。子游是完全直观感知到了子綦今与昔的不同，用不着问。其后子綦答之以“不亦善乎而问之也”，也可以反证子綦认为子游的判断是对的。

偃，不亦善乎而问之也。今者吾丧我，汝知之乎？汝闻人籁而未闻地籁，汝闻地籁而未闻天籁夫

“不亦善乎而问之也”有作“不亦善乎？尔之问也”的,属擅改擅篡。“而”也不通假“尔”。庄子很多地方直接用到“尔”，没必要这里用“而”，其他地方又用“尔”。“而”在这里就是连接词，就是“隐几而坐”的而。子綦的回答核心在于“吾丧我”，吾就是整体的子綦。整体的子綦由两部分构成。一部分是天的子綦，一部分是人的子綦。人的子綦，以人眼看万物，我就是那以人眼看万物的子綦，于是产生了彼是、是非。天的子綦，以天眼看万物，看出了万物一齐。吾要丢弃我，要以天观万物，而非以我观万物。由此引出了子綦对天籁的阐述。“汝闻人籁而未闻地籁，汝闻地籁而未闻天籁夫！”句末不能用问号，必须用惊叹号或是句号。天籁是子綦才悟到的道，子游肯定是闻所未闻的。从子游立马问道“敢问其方”来看，也可以确定子游未闻天籁。那么，天籁是什么呢？接下来，子綦就对其进行绘声绘色地描述。

翏翏

该字好像只有庄子用到。孤证难信。所以，非常难以定出庄子在这里究竟想表达什么。但既然它已经在一个语境里，那就应该可以通过具体语境找到可能的正确答案。深度沉思，翏，音 liù，从羽，从人三。人三，意为众、多。再结合语境，用万千情状来白话翏翏，似最恰。

山林之畏隹

山林如果理解为山上之林木，就会跟下文大木百围相重复。山林的意思其实非常明确，就是对群山高低远近的形容。其构词法，与石林、树林等构词法完全等同。

畏隹有作“畏佳”的，这明显不合现代人的视觉习惯，并造成无谓妄解妄注。更或许原本就是“嵔崔（wēi cuī）”二字，只不过后人抄成了“畏佳”。嵔崔的本义，就是形容山的高矮大小不同。

似枅，似圈，似臼，似洼，似污

全取五字的本义。枅（jī）的本义是柱子上支撑大梁的方木，圈的本义是围栏，臼的本义是中部下凹的舂米器具，洼的本义是深池，污的本义是小水坑。这五个本义，完全符合这里语境的需要。“似洼，似污”过往解注本都写作“似洼者，似污者”似乎没有必要，可能是抄写者承后诸者字错。

激者滈者，叱者吸者，叫者譹者，笑者咬者

这几句各版本多有不同。由于它们只是对万窍怒号的生动描写，因而对文本思想的理解影响不大，可以不必深究。或者说，大自然的声音千千万万，怎么描摹似乎都可以。

前者唱于，而随者唱喁

于、喁没有任何深刻思想含义，只是一些拟声词，类似于我们日常生活中讲风的呼呼声。

泠风则小和，飘风则大和，厉风济则众窍为虚

“飘风则大和”后不能用句号，必须用逗号。这牵涉到泠风、飘风、厉风三风的关系，从而直接影响到对这三句的理解，最终影响到本节旨趣的把握。泠风为小风，飘风为大风，厉风为狂风。济，就是“济济一堂”“人才济济”的济，形容多得到了拥挤的地步。用文字顶尖高手来形容庄子，好像还是低估了他。虚，就是后文“虚出乐”的虚。众窍在风的作用下，就变为虚，无论这风是人吹的还是天吹的。庄子行文不拘常理，一定要在具体语境中和庄子的总体思想中，去准确理解庄子某个字词的超常含义。

尔独不见之调调、之习习乎

习习，过往解注本多作“刁刁”，导致文意十分难解。也有作“匀匀”的，虽然文意可解，但缺乏美感。庄子对文字的美感追求，不亚于二八少女对美貌的追求。这不是刻意，而是理智觉醒后的道法自然。调调，就是“协调”的调。习习，就是“凉风习习”的习习。调调、习习合用，表示万窍怒号时无论是因为泠风、飘风还是厉风，都显得非常的和谐。这，正是对万物齐一的隐喻。所谓天籁，就是天吹万物的和谐。没读懂这一层，就一定没读懂《齐物论》，更别说《庄子》了。

地籁则众窍是已，人籁则比竹是已

句中的“已”，不宜解读为完成义，它其实就是“死而后已”的已，就是庄子中很多地方都用到的“而已矣”的已。如《骈拇》：“吾所谓聪者，非谓其闻彼也，自闻而已矣。”

比竹绝非排箫之类的乐器。这太望文生义了，它对不起庄子的严谨与精细。“比竹”显然跟“众窍”为对语。众窍当然就是很多窍，比竹当然就是很多竹了。竹，就是丝竹之音的竹，竹管乐的总称。地籁不是一窍而是众窍形成的，人籁不是一竹而是比竹形成的。比，“比比皆是”“鳞次栉比”的比，形容多，一如“众窍”的众。

夫吹，万不同而使其已也。咸其自取，怒者其谁耶

过往解注本多是这样的：“夫吹万不同，而使其自已也，咸其自取，怒者其谁耶？”或是“夫吹，万不同而使其自已也。咸其自取，怒者其谁耶？”或是其他什么的，全都因为完全不理解。归元后，一个是标点做了更改，一个是去掉了“使其自已也”中的自字，因为使与自语义矛盾。是自就不会被使，是使就不能自。本句中的已，才可以作完成义解。吹，就是那怒者，就是天籁。万不同就是前面的众窍。众窍能够怒号，就是因为吹的存在。要是众窍都可以自己发声了，那还需要吹干什么呢？众窍怒号之所以能调调、习习，就因这吹的存在。吹使众窍怒号齐，道使万物齐。庄子正是在这个意义上，试图引出齐物论。否则，这段开篇语显得毫无意义。怒，就是《逍遥游》“怒而飞”的怒，就是“心花怒放”的怒，形容行为本身很有气势。

【今译】

南郭子綦不无慵懒地紧贴靠背椅坐着，抬起头长长地嘘了口气，接着又缓缓地低下了头，一副若有所失的样子。

颜成子游恰巧就侍奉在子綦旁边，不禁问道：“真了不得！一个人难道真的可以进入形如槁木、心如死灰的状态吗？老师，刚才我看到了椅子上坐着的您，已经不是之前椅子上坐着的那个您了啊。”

子綦说：“偃，你问得简直太好啦。你知道吗？刚才我体悟到了物我没有对待的虚静状态。人籁，想必你听说过。地籁你听说过吗？即使地籁你听说过，那天籁呢？”

子游问：“老师，那就斗胆请您开拨一下好吗？”

子綦答道：“这茫茫大地，时不时会向外吐气，这就形成了所谓的风。这风，不发作时倒也没什么。要真发起作来，则万窍怒号，你难道不曾感受到过它的万千情状吗？那连绵起伏的群山，那百围大木的窍穴，或似鼻子，或似嘴巴，或似耳朵，或似斗拱，或似围栏，或似石臼，或似深池，或似浅坑。其发出的声音，或似水激浪涌，或似长吁短叹，或似大呼小叫，或似欢声笑语。前声唱于，后声和喁。小风则小和，大风则大和，狂风劲吹则万窍齐鸣。你难道没有从中看出它们总体上的和谐齐一吗？”

子游说：“看来老师所说的地籁，只不过是众窍为之罢了。就如人籁，只不过是比竹为之罢了。那请问老师您，所谓的天籁，又是怎么回事？”

子綦答道：“所谓的天籁，其实就是那吹啊。就因为这吹，万窍虽然各不相同，但都可以发出声音。要是万窍都确实发出了自己的声音，那请问最初的发动者会是谁呢？”

二

【文本归元】

大知闲闲，小知间间。大言炎炎，小言詹詹。其寐也魂交，其觉也形开。与接为构，日以心斗，缦者，窖者，密者。大恐缦缦，小恐惴惴。其发若机栝，其留如诅盟。其杀如秋冬，其厌也如缄。其溺之所为之，不可使复之也。喜怒哀乐，虑叹恋慹，摇曳启态。虚出乐，蒸成菌，日夜相代乎前，而莫知其所萌。已乎已乎！旦暮得此，其所由以生乎？

非彼无我，非我无所取。是亦近矣，而不知其所为使，若有真宰，而特不

得其眹。可行已信，而不见其形，有情而无形。百骸、九窍、六藏，赅而存焉，吾谁与为亲？汝皆悦之乎？其有私焉？如是皆有为臣妾乎？其臣妾不足以相治焉。其递相为君臣乎？其有真君存焉。如求得其情与不得，无益损乎其真。一受其成形，不化以待尽。与物相刃相靡，其行尽如驰而莫之能止，不亦悲乎！终身役役而不见其成功，苶然疲役而不知其所归，可不哀耶？其形化，其心与之然，可不谓大哀乎？人之生也，固若是芒乎？其我独芒，而人亦有不芒者乎？夫随其成心而师之，谁独且无师乎？愚者与有焉。未成乎心而有是非，是今日适越而昔至也。是以无有为有。无有为有，虽有神偊，且不能知，吾独且奈何哉？

【见独】

大知闲闲，小知间间

首先，大知是为庄子所肯定，还是为庄子所否定？答案是肯定。请看《庄子》其他篇中对大知的正面肯定描述：

《逍遥游》：小知不及大知。

《秋　水》：是故大知观于远近，故小而不寡，大而不多，知量无穷。

《则　阳》：虽有大知，不能以言读其所自化，又不能以意其所将为。

《外　物》：去小知而大知明，去善而自善矣。

小知呢？自然不言自明。

其次，“闲闲”如何理解？很简明，就是“气定神闲”的闲。把“闲闲”理解为闲，就如把“高高兴兴”理解为高兴。

最后，“间间”如何理解？也很简明，就是《人间世》的间，就是“无间道”的间，指代行为局促，不舒展，艰难，也就是接下来庄子大篇幅所描写的俗世间的种种不堪。

大言炎炎，小言詹詹

理清庄子这里的思维逻辑非常重要。因为句中存在“大知闲闲，小知间间”“大言炎炎，小言詹詹”“大恐缦缦，小恐惴惴”句式，让人很容易就把它们三者看作是三句排比。仔细斟酌，反复研磨，就会发现，它们并非三句排比，而是以“大言炎炎，小言詹詹”“大恐缦缦，小恐惴惴”来阐释“小知间间”在“言”和“恐”上的具体表现。炎炎，一看就大致明白八九分，形容一个人说话盛气凌人的样子。詹詹，怎么看也摸不着头脑。结合语境，再从“詹”的字形上想，还是可以大致摸到头脑的。詹的字形不是带“言”吗？“言”不是躲在“危”字头底下吗？当詹詹对应炎炎用来形容一个人的言谈时，大致就知道应该是形容一个人说话谨小慎微的样子。

其寐也魂交，其觉也形开

寐既然是睡觉的意思，那觉当然就对应着醒觉的意思。小知睡觉时是个什么状态呢？魂交，意思就是灵魂不得安宁。醒觉时又是什么状态呢？形开，意思就是心身分裂，凭什么呢？就凭它得跟魂交对称。正确的人，应该是《大宗师》所说的“其寝不梦，其觉无忧”的美好状态。诚如苏格拉底所说，人生最美好的时光，就是无梦的睡眠。

与接为构，日以心斗，缦者，窖者，密者

首先，“日以心斗”后不可用句号。用句号，则“缦者，窖者，密者”无所落脚。后三句应该是对前两句的补充说明。

其次，“与接为构”是庄子的独特用法，准确的意思实在难以把握，只能意会为结构，即小知与他所接触到的一切相互打结，用以形容小知不能摆脱外境而逍遥自在。日就是天天、时时刻刻的意思。心斗，从其前为“与接为构”，其后为“缦者，窖者，密者”来看，不是自己的心跟自己斗，而是自己的心跟他人斗，就是成语钩心斗角的意思。

最后，“缦者，窖者，密者”三句，太简，太单，以致理解起来太难。缦，本义为无花纹的丝织品，不好引申。不得已，还是得用引申，就取遮掩的意思吧。毕竟，布的主要作用，就是用来遮掩的。窖，本义为收藏东西的地洞或坑。这完全无须引申，一看便非常适宜形容小知的言行。密，或许就是“密谋”的省称。

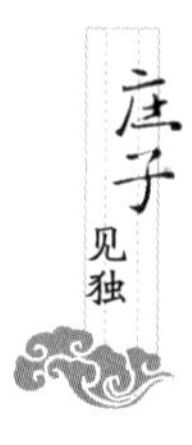

大恐缦缦，小恐惴惴

原文为“小恐惴惴，大恐缦缦”，归元后，跟前面的“大知小知、大言小言”形式上更为一致些。这句话仍然是对“小知间间”的论说。小知总处在大大小小的恐惧当中。当他们遇到大点的恐惧时，便脑海空白一片，是谓缦缦。遇到小点的恐惧时，便心慌得如小兔子在跳，是谓惴惴。缦的本义为无花纹的丝织品，缦缦作形容词时，理解为它的引申义，白茫茫的一片，还是挺形象的。

其发若机栝，其留如诅盟。其杀如秋冬，其厌也如缄。其溺之所为之，不可使复之也

原文该段后加了“其厌也如缄，以言其老洫也。近死之心，莫使复阳也”，细品慢嚼，觉得其跟庄子文风不一，当有后人解注语误入，遂修改之。修改后的原文，简明清晰，已近似白话，且不漏思想。整句话的白话意思就是，他们攻击他人时，就如利箭离弓。固守自我时，就如赌咒抱团。他们的生命就如秋冬来临般萧杀凋零，他们被人厌弃就如行将就木。他们陷溺在他们自己所营造出的万千不堪之中，无法自拔。

喜怒哀乐，虑叹恋慹，摇曳启态

过往解注本该段原话多为“喜怒哀乐，虑叹变慹（zhí），姚佚启态”，两者的不同在哪里呢？改“变”为“恋”，当然是“贪恋”的恋更符合这里的语境和生活的实情些。改“姚佚”为“摇曳”，主要是认为传统的解注，应该是错误理解了本句的义理。深度沉思，“摇曳启态”跟“喜怒哀乐，虑叹恋慹”不是平行关系，而是分总关系，也即后句是对前两句的总结。整句话翻译过来就是，或喜或怒，或哀或乐，或虑或叹，或恋或执，难解难脱，心无所寄。

虚出乐，蒸成菌，日夜相代乎前，而莫知其所萌

乍一看，这句话放到文中特别突兀。但如果想到庄子这里只是想打一个比方，就非常顺畅了。原来，“虚出乐，蒸成菌”只是想直观解释“日夜相代乎前”这句话的。另外，“虚出乐”原文为“乐出虚”。“虚出乐”跟“蒸成菌”应构成对语。如按原文，则明显不合语言逻辑。类似这样的错误，很可能就两种原因。一种是庄子本人有疏忽，一种是后人抄写失误。两种原因都是可以理解并可以接受的。白话翻译这句话就是，这种种情状，就好比那空穴里发出的声音，又好比那湿地里冒出的蘑菇，一天到晚交相更替在人们眼前，但就是没人能知道其所产生的缘由。

已乎已乎！旦暮得此，其所由以生乎

“已乎已乎！”如果顺手就理解为：“罢了罢了！”或是：“算了吧，算了吧！”则语义显得含混不清，要是翻译为：“不说了，不说了！”那就非常清晰了。

非彼无我，非我无所取

这句话字面看上去十分简单，但义理上要理解到位，却十分困难。主要难点有二。其一，在“彼、我”两字的具体所指上。理解了“彼、我”两字的具体所指，一下子就会豁然开朗。彼是什么呢？就是前面所列举小知的种种不堪情状。我是什么呢？就是前面的小知。吾没丧我时，我就是那小知，有着以上种种不堪情状，大知的吾没有呈现出来。只有否定了彼，才能摆脱我。同样，否定了我，就不会有以上的彼。其二，在省略了的“彼”字上。原话要完整表达应该是：“非彼无我，非我彼无所取”。

是亦近矣，而不知其所为使，若有真宰，而特不得其朕

首先，“而不知其所为使”后面一定不能用句号。唯有用逗号，语义才会连贯而不会被隔离。

其二，否定彼我就能够彻底摆脱以上种种不堪情状吗？这只是相近的答案。不知道“非彼无我，非我无所取”为何所使，就离终极之道还差那么一点。

其三，真正的答案是什么呢？庄子在这里指出，是“真宰”。但如果有真宰，我又不得其朕。朕（zhèn），就是“征兆”的征，迹象的意思。

可行已信，而不见其形，有情而无形

理解这句话的关键，是找到这句话的言说对象。那这个言说对象可能是谁呢？暂且称之为真宰。这个真宰，已经通过我那种种不堪情状的表现，让我感觉到它是真实存在的。可是，我就是看不到它的模样。它或许本就是一个真实而无形的存在吧。接下来的一段话，就是我试图在我的身体里去找它，结果

没能找到。庄子这里暗含的隐喻是：我就如那众窍之一，我无法自取。唯有待吹，也即天道，我才能成为自己。

百骸、九窍、六藏，赅而存焉，吾谁与为亲？汝皆悦之乎？其有私焉？如是皆有为臣妾乎？其臣妾不足以相治焉。其递相为君臣乎？其有真君存焉。如求得其情与不得，无益损乎其真

把这段话看作一个不可分割的整体，对理解这段话十分重要。如果脑海中没有这样的一个整体意识，那句读就会出现巨大问题。句读有问题了，则要正确理解本小段话的含义，就完全没有可能了。百骸，人体的各种骨骼。九窍，两眼、两耳、两鼻、一嘴、一尿道、一屎道。六藏，心、肝、脾、肺、肾、命门。

汝皆悦之乎？其有私焉

必须把这两句看作是对“吾谁与为亲？”的反问式回答。我本想在我自己身上来找到这个真宰。我的身体无非就是百骸、九窍、六藏。如果在这百骸、九窍、六藏里没有找到，则意味着这个真宰就不在我的身上。那怎么找呢？于是作者问：“吾谁与为亲？”意思是说，我把它们中哪个当作这个真宰呢？对这个问，作者自己又试着回答：是把它们全都当作真宰呢，还是只是把它们其中某一个或某几个当作真宰？接下来，庄子从两个方面回答了这个问题。

如是皆有为臣妾乎？其臣妾不足以相治焉

必须把这句话看作是对“汝皆悦之乎？”的回答。意思是说，我如果把我的“百骸、九窍、六藏”都看作是那可能的真宰的话，那它们就不可能是真宰，只可能是臣妾。因为它们既然都可以成为真宰，那一旦它们轮到不是真宰时，就又是臣妾了。如果都可能沦为臣妾，那最终谁都是臣妾。而臣妾，就不可能相互宰制。所以，“皆悦之”显然是不行的。

其递相为君臣乎？其有真君存焉

必须把这句话看作是对“其有私焉”的回答。意思是说，我如果把我的“百骸、九窍、六藏”中某一个或某几个看作是真宰的话，那就意味着我身上存在着一位真君。这样的一位真君，不管我能找到还是不能找到，应该都不会影响到它的真实存在。这么说，还是很难理解。主要是真宰和真君两词，庄子都只有一用，无法通过其他语境来揣度庄子的真实意图。怎么办呢？只能在对本段语义反反复复的思考中，在对庄子总体思想的把握中，来获得可能的正确答案。

以庄子微妙精准的用词风格来看，真宰和真君一定不是同一存在。区分了真宰和真君，也就自然能够把握本段的脉络了。在开头，庄子先假定真宰是存在于我们身上。宰，即主宰，颇有我的主观意志的内涵，这与庄子的思想相悖，也就暗指对其是否定的。既然我无法从身体的每个器官找到这个真宰，因此它一定不存在我们人自己身上。如果那样的话，谁都可以是自己的君王。这就意味着，谁都可以以自己的成心为师。显然，庄子在这里明确否定了真宰。因此，与其称之为真宰，倒不如称之为真君。宰，是以我治我。君，是以天顺吾。否定真宰，认可真君，正因为这明确的否定与肯定，万物齐一的结论才得以成立。所以，“有私焉”显然也是不行的。

一受其成形，不化以待尽

化有作“亡”或“忘”的。忘跟化，都是《庄子》的关键词。用在此处，两可。现归元为化，为的是跟后面的“其形化”的化相一致。那本句如何理解呢？太有难度了。是真命题，就有真答案。这个真答案，就藏在《大宗师》里：“夫大块以载我以形，劳我以生，佚我以老，息我以死。故善吾生者，乃所以善吾死也。特范人之形而犹喜之？若人之形者，万化而未始有极也，其为乐可胜计耶？今大冶铸金，金踊跃曰：‘我且必为镆铘。’大冶必以为不祥之金。今一范人之形，而曰：‘人耳人耳。’夫造化者必以为不祥之人。今一以天地为大炉，以造化为大冶，恶乎往而不可哉？”庄子在这里的意思是说，吾如果不能丧我，那我就只是死守着我，而没有回到使我成为我的吾。如此，就不能逍遥，就只有间间如小知了。其，指真君。不化，就是不能够随物而化，守人形，守己形。待尽，指直到老死。

与物相刃相靡，其行尽如驰而莫之能止，不亦悲乎

靡有作“磨”的，“磨刀石”的磨，不取。靡是庄子里多处用到的字，含义清晰可辨，摩擦的意思。

终身役役而不见其成功，苶然疲役而不知其所归，可不哀耶

原文此处后有“人谓之不死，奚益？”句。细体慢会，觉得是后人评语可能性很大，遂删之。“终身役役”的役役，不好理解，但单字“役”好理解。那就按役理解，即“劳役”的役。在此文中役就是上文中我的那种种不堪情状。苶（nié）然疲役，庄子只此一用，汉语中其他地方也非常罕用。所以，要定下苶的具体含义，似乎没有可能。要仅凭分析，则句中的役，应该就是“终身役役”的役。这么说，还是不清楚“终身役役”和“苶然疲役”的差别。只有将“苶然疲役”中的役看作是“终身役役”，就会明白多了。所以，“苶然疲役”就决然不是对“终身役役”的重复强调，而是指我陷入终身役役中已经非常疲惫却又无力自拔。庄子的意思是说，终身役役而不见其成功还不足以哀，对终身役役感到疲役却又找不到解脱办法，才足以哀。

其形化，其心与之然，可不谓大哀乎

首先，语感上要把不亦悲乎、可不哀耶、可不大哀乎看作是层层递进的整体。然后，细细琢磨这句话本身的思想。这个思想仅从本句看，是无法看明白的。要是能结合《知北游》“古之人外化而内不化，今之人内化而外不化”就很容易看明白。古之人就是吾，今之人就是我。我受真君而生，原本就应该形化而心不化。可我因为没有意识到真君的存在或者找不到真君的存在，于是我就会形化而心与之化，这就违背了真道。违背真道，当然就是大哀了。

夫随其成心而师之，谁独且无师乎

原文本句后有“奚必知化（代）而心自取者有之？”句。考校上下文，应是后人注语误入，删除为宜。删除后，文章语义完整，且行文紧凑。成心，就是我那“一受其成形，不化以待尽”的心。成心的反面，就是道心。成心不可为师，道心才可为师。任何一个人都为道所分施，任何人从道那里都只分施了道极其微小的一部分。要是我死守自己的这一小部分，就会无视他人同样从道那里所分施的那一小部分。其结果，容易劳神明为一。这个结果的现实表现，就是强权，偏见。所以，道会隐于小成。成心就是小成的一种。唯道心，才能大成。

神偊

原文为“禹”。“禹”在庄子心目中不是得道者的象征，而“偊”却是，即《大宗师》篇“南伯子葵问乎女偊”的偊。

【今译】

大知才会逍遥自在，小知必定局促难安。小知怎么个局促难安法呢？他们说起话来，要么气焰嚣张，要么谨小慎微。睡着之时，心神不宁。睡醒之后，身心分裂。待人接物，无时无刻不猜度算计，或遮遮掩掩，或躲躲藏藏，或神秘兮兮。遇到大点的恐惧，便茫然一片。遇到小点的恐惧，便惴惴不宁。他们攻击他人时，就如利箭离弓。固守自我时，就如赌咒抱团。他们的生命就如秋冬来临般萧杀凋零，他们被人厌弃就如行将就木。他们陷溺在他们自己所营造出的万千不堪之中，无法自拔。或喜或怒，或哀或乐，或虑或叹，或恋或执，难解难脱，心无所寄。这种种情状，就好比那空穴里发出的声音，又好比那湿地里冒出的蘑菇，一天到晚交相更替在人们眼前，但就是没人能知道其所产生的缘由。不说了！不说了！一个人天天过着这样的日子，难道这就是生命的本来面目？

谁要是否定了以上这种种不堪情状的存在，也就意味着否定了我的存在。否定了我的存在，也就意味着否定了以上这种种不堪情状的存在。这彼我对立的存在，似乎就是问题的答案所在，其实不是，只是近似而已，就好像有另外一个真宰存在着，只是我们还没有找到。这个真宰，已经通过以上种种情形，显示着它真实可信，但就是看不到它的模样。它或许就存在于我们人体里吧。人体无非就是百骸、九窍、六藏而已。那谁会是这个真宰呢？是每一个都是，还是其中某一部分是？如果每一个都是，那它们不都是臣妾般存在吗？臣妾怎么可以相互管控啊！如果只是其中某一部分是，那它们不是递相为君臣吗？那就意味着有个真君存在啊。这个真君，你找到或没找到，它就在那里，一点都无损于它的真实存在。而这个不堪的我呢，一旦为这个真君所赋形，便试图守着自己，直到老死。终其一生，都与外物相杀相搏，其行为就像一匹脱缰的野马，完全不知道何处是岸，真是悲催呀！一个人要是终其一生都这样活着而又找不到那个真君，疲惫不堪却又不知归宿在哪，真是痛心呀！我的形体在一天一天地老化，而我的心也跟着在老化，人世间还有比这更大的不幸吗？人的一生，难道注定就是要迷茫的吗？是否只是我才迷茫，而事实上有人却并不这么

迷茫？我该怎么办？我难道要拜我自己的成心为师？自己的成心都可以为师，那谁没有自己的师呢？即便是蠢人也有自己的师啊。我要是没有成心，心中却又生出了是非，那岂不是等于说我今天打算去越国昨天就到了啊？这不是以无有为有吗？以无有为有，即使神仙下凡，也不得而知，何况人呢？

三

【文本归元】

夫言非吹也。言者有言，其所言者特未定也，果有言耶？其未尝有言耶？其以为异于鷇音，亦有辩乎？其无辩乎？

道恶乎隐而有真伪？言恶乎隐而有是非？道隐于小成，言隐于荣华。故有儒墨之是非，以是其所非而非其所是。欲是其所非而非其所是，则莫若以明："物无非彼，物无非是。彼是，方生之说也。方可方不可，方不可方可。因是因非，因非因是。是以圣人不由，而照之于天。是亦彼也，彼亦是也。彼亦一是非，是亦一是非。果且有彼是乎哉？果且无彼是乎哉？彼是莫得其偶，谓之道枢。枢始得其环中，以应无穷。是亦一无穷，非亦一无穷也。"故曰莫若以明。以指喻指之非指，不若以非指喻指之非指也。以马喻马之非马，不若以非马喻马之非马也。

道恶乎往而不存？言恶乎存而不可？恶乎可？可于可。恶乎不可？不可于不可。道行之而成，物谓之而然。恶乎然？然于然。恶乎不然？不然于不然。物固有所然，物固有所可。无物不然，无物不可。故为是，举莛与楹，厉与西施，恢恑憰怪，道通为一。唯达者知通为一，为是不用而寓诸庸。其分也，成也。其成也，毁也。凡物无成与毁，复通为一。劳神明为一，而不知其同也，谓之朝三。何谓朝三？狙公赋芧，曰："朝三而暮四。"众狙皆怒。曰："然则朝四而暮三？"众狙皆悦。名实未亏，而喜怒为用。亦因是也。

是以圣人和之以是非，而休乎天钧。是之谓两行。

【见独】

夫言非吹也。言者有言，其所言者特未定也，果有言耶？其未尝有言耶？其以为异于鷇音，亦有辩乎？其无辩乎

现在，庄子试图开始为我寻找我找不到的那个有情而无形的真君。这个真君，其实就是吹。吹是什么呢？就是那能让“众窍怒号齐一”的吹。言是什么呢？就是那众窍。言不是吹，正如众窍不是吹。言者有言，就如那众窍有声。众窍的声是定的吗？不是。泠风有泠风的声，飘风有飘风的声，厉风有厉风的声。人的言也是如此。言的人不同，言的对象不同，那言的内涵就不同。所以，“言者”的言是一定定不下来的。这样的话，你说了话，究竟是说了呢？还是没说？它其实跟刚孵出的小鸟的叫声没有什么不同,有得辩吗？鷇（kòu），初生的小鸟。比方说，就“我爱你”这简单三字来说吧，我可以对道说，我可以对祖国说，我可以对党说，我可以对人们说，我可以对情人说，我可以对亲人说，我可以对玩偶说，我可以对花说，我可以对天空说，我可以对大海说。总之，我可以对任何对象说，任何人也可能对我说。这万万千千的说，究竟能表达什么，谁能说得清？柏拉图极度反感的古希腊的所谓智者，就藏在这言的黑暗角落里。一代宗师老子一语到位：“信言不美，美言不信。”意思是说，再可信的话，都不要试图去美化，任何美化了的话，都不那么可信。极具讽刺意味的是，世传本《老子》本身就被美化到几乎完全不可信的地步。

道恶乎隐而有真伪？言恶乎隐而有是非？道隐于小成，言隐于荣华

原文在“道隐于小成，言隐于荣华”后有“道恶乎往而不存？言恶乎存而不可？”句，隔断前后语义，移至下段首句则刚好。道本身有大小之分，但没有真伪之分。道一旦被人认知时，产生了言，就有了真伪之分。言永远没办法是道本身，就如照片或录像，永远没办法是原物一样。但作为人，离开了言，也就无法认识和表达道。这样，道的真理的唯一性和言的谬误的多样性，就注定产生了。于是庄子问：道被什么遮蔽了，就有真伪了呢？言被什么遮蔽了，就有是非了呢？要强调的是，这里的言，是指对小道的正确、唯一的言说。接着，庄子极为简明而确定地回答说，道被小成遮蔽了时，就有了真伪。言被百家遮蔽了，就有了是非。

小成

就是道在某一方面的显现。一条鱼是小成，一朵花是小成，一块石头是小成，一只鸟是小成，一个人是小成。人之外的小成，没什么。因为它们都是一种自在。有什么的，是人。因为只要是人，就会有真伪，有是非。人一旦小成，就容易以为是大成。这个自以为是的大成，首要且主要的表现，就在言上。

荣华

千万不要把这里的荣华，同“荣华富贵”的荣华等同起来。庄子才高十斗，几乎任何人都差他两斗以上。所以，一定要在《庄子》语境和意图中，来理解庄子的话。从接下来的“故有儒墨之是非”看，这里的荣华，显然就是指代道术将为天下裂时百家蜂起的状况。“言隐于荣华”这句真言，在传媒无孔不入的今天，显得尤为深刻。任何东西，说法多了，就一定意味着错误的存在。是真理，就一定是一定的，就如数学公式。数学公式可以有很多不同，但一旦是某个具体的数学公式，就一定只有一个是对的。世俗的是非之争，始终不能明白这个原本极为简单的道理。

故有儒墨之是非，以是其所非而非其所是

“儒墨之是非”的是非，跟“是其所非而非其所是”的是非，好像又起了是非。其实没有。是非，可以是对与错，也可以是肯定与否定。它们的差别，跟后面的可与然的差别，是一样的。儒墨当时虽是显学，但在庄子看来，都是小成。小成如果不跨界，则各自基本都能成立。但儒墨成为显学后，很可能都想吃掉对方，以唯我独尊。其结果，小成欲跨界而为大成。于是，是非之争便不可避免了。其具体表现就是，肯定对方所否定的，否定对方所肯定的。

以明

接下来，庄子为平息儒墨两家无谓之争，提供了终极理论依据，就是“以明”。“以明”的内涵再清楚不过，就是原文引号里的那段话。前以“以明”开始，后以“以明”结束，标识及其范围十分清晰。传统解注的以明之争，恐怕就连“言隐于荣华”都不配。毕竟，儒墨的言，还是有荣有华的成分。而传统注家的言，看不到一丝半豪的荣华成分。以明就在手上，就在眼前，可传统注家就是连看也看不见，更别说理解明白了。怪不得庄子在论证天下百家学术的《天下》篇中感叹说：“以天下为沉浊，不可与庄语。”

物无非彼，物无非是。彼是，方生之说也。方可方不可，方不可方可。因是因非，因非因是。是以圣人不由，而照之于天。是亦彼也，彼亦是也。彼亦一是非，是亦一是非。果且有彼是乎哉？果且无彼是乎哉？彼是莫得其偶，谓之道枢。枢始得其环中，以应无穷。是亦一无穷，非亦一无穷也

庄子的“以明”究竟是什么含义呢？就是这整段话。先对其文本进行校正。其一，原文此处后有“自彼则不见，自是则知之。故曰彼出于是，是亦因彼”句，考校上下文，与前文语境不搭，疑似后人注语，删除为宜。删除后，言语紧凑，义理清晰，思想未失。其二，原文“彼是，方生之说也”之后有“虽然，方生方死，方死方生”句，疑似后人受启发后的注语，意思虽然不错，但与前后语义不搭，故删除为宜。

物无非彼，物无非是。彼是，方生之说也。方可方不可，方不可方可

敲定文本后，再来看庄子是如何以明的。整句话就是说，没有什么东西不可以叫作彼，也没有什么东西不可以叫作是。彼与是，只是说辞不同而已。以彼看彼，则可。以是看彼，却不可。以是看是，则可。以彼看是，却不可。因此，无论彼和是，都能说其可或不可。注意这里的“方”，按原文，如果中间有“虽然，方生方死，方死方生”，则方容易理解为“方才”的方，等同于“刚才”的刚。但如果以第一句“物无非彼，物无非是”为起始点来看，则方就只能理解为同时的意思。即彼与是双方是同时产生的，没有时差。一说出彼，就一定同时产生了是。一说出是，就一定同时产生了彼。所以，方就是“一方与另一方构成双方”的方。

因是因非，因非因是

这是一句总结性的话。总结的对象，不是彼与是，而是彼的是与非，是的是与非。也就是说，是与非的终极原因，是以彼看是的是非，以是看彼的是非。这样就将外境看作是彼与是的对立，而不是彼与是的齐一。

是以圣人不由，而照之于天

由，就是“缘由”的由，具体所指就是“因是因非，因非因是”。照，就是依照之意。这话太概括，要反复观天察地并深度沉思，直至会心一笑，才能体悟其高屋建瓴。世界极其丰富多彩，人从上天那里分有的认知能力极其有限。就在这极其有限的认知能力范围之内，人的认知也很难保证正确。情绪不同，情感不同，情景不同，认识的角度、强度、频度和持久度等，就会不同。但无论怎样的不同，我们始终都要相信，我们要认识的对象，不会因我们认知的不同而不同。圣人的认知跟常人的不同，就在圣人能始终认识到，任何事情都有其内在的道，也即天。人要由天，而天不会由人。人只有在随了天后，天就立马会随人。诚如《知北游》中所说：“若正汝形，一汝视，天和将至。摄汝知，一汝度，神将来舍。德将为汝美，道将为汝居。汝瞳焉如新生之犊而无求其故。”这科学得不能再科学的思想，竟然在被扭曲成听天由命后而成为中国文化的一部分，真让圣人不胜哀愁。

原文此处后有“亦因是也”句，应是后人不解文意而妄增妄注的结果。正本清源是解庄的最大困境，非庄学的极致爱好者，绝无任何勇气可以为之，更没能力可以为之。那么，“照之于天”的结果是什么呢？既然万物齐一，则“是亦彼也，彼亦是也”。彼、是的名字不重要，关键在于彼有彼的是非，是有是的是非，而非以彼看是的是非，以是看彼的是非。

彼亦一是非，是亦一是非

原文为“彼亦一是非，此亦一是非”，改“此”为“是”。细辨之，觉得如用“此”字，则不合上下文彼与是相对待的行文逻辑，当是后人擅改。这话最容易成为指称庄子为相对主义的罪证。罪证，很多时候是伪证。伪证，有故意的，有无意的。就《庄子》解注而言，都是无意的。无意，多数时候比故意更邪恶。因为，故意是道德的产物，无意是能力的产物。没有人故意犯错，因为无知才犯错。而道德，首先是一种能力。诚如老子所言说的善，首先是一种能力。为理解方便起见，我们需要用具体的事例来阐释本句。大自然一旦创生某个物，就给定了这个物的质的规定性。比如，大自然创生一个人吧。这个人无论跟他人如何相同，都有其与人不同的地方。同时，这个人无论跟他人如何不同，都有其与人相同的地方。当这个人被叫作彼时，这个人显然拥有属于这个人自身的是与非，比如是男的而非女的，是慢性子而非急性子的，是长于绘画的而非长于音律的，是黑色人种的而非白色人种的，是地球的而非外星的，是活的而非死的等。同时，这个人也可以被叫作是。这个时候，彼与是叫法的不同，并不会导致这个人是与非的改变。这就是“彼亦一是非，是亦一是非”。万物尽然。

彼是莫得其偶，谓之道枢

偶就是“对偶”的偶，就是“嗒焉似丧其偶”的偶。彼是莫得其偶，就是彼是不相对待，而还原为道通为一。枢，道的象征。道无上无下，无左无右，无前无后，无始无终，不存在枢不枢的。庄子这里要在“道”后加“枢”，是为方便道的理解起见。道就好比那圆环的中心，可以应对圆的任何部位。审视并沉思圆就会发现，虽然圆上的任何点都彼此不同，但其中有一个点的不同，不同于其他任何一个点跟任何一个点的不同。这个不同就是，它是唯一一个处于中心位置的，且只有一个中心点。也只有这个点没有彼、是对待，同时又能对待所有彼、是。圣人，就是那个自觉且永恒占据这个点的人。

以指喻指之非指，不若以非指喻指之非指也。以马喻马之非马，不若以非马喻马之非马也

乍一看，这句话显得特别突兀。但细细思量且透彻理解后，就不那么突兀了。只是这个透彻理解，却是十分的难。但任何难的问题，如果是真问题，就一定有真答案。因为，道在万物之中。凡有道之物，就一定可以理解。这句话应该是有道之语。怎么理解呢？一旦能认识到这句话是接在“以明”后，就容易理解多了。它其实说的就是指与所指的关系问题，也就是实与名的关系问题。这个问题，也就是道与名的关系问题。《老子见微》第 01 章就试图解决这个问题，也完全解决了这个问题。

“以指喻指之非指”，前“指”、中“指”都指的是物的名，后“指”（非指）指的是物的实。“不若以非指喻指之非指也”前“指”（非指）指的是物的实，中“指”指的是物的名，后“指”（非指）指的是物的实。尽管这已经讲得很清楚了，但庄子以为听者未必清楚，就接着以马这个具体的“指”来打比方。“以马喻马之非马”，前“马”、中“马”指的是马的名，后“马”（非马）指的是马的实。“不若以非马喻马之非马也”前“马”（非马）指的是马的实，中“马”指的是马的名，后“马”（非马）指马的实。这么说，估计仍然没有

几人能读懂。这里试图用字母来演绎一下，看看能不能好懂一些：A= 指 = 物的名 = 马的名，B= 非指 = 物的实 = 马的实。于是，上句可以改写为以 A 喻 A 之非 B，不若以 B 喻 A 之非 B。但这里要强调的是，此句话中的前“指”、中“指”和前“马”、中“马”可表示不同的名，不需拘泥于某一特定的指和马。这样解读也正对应上文的“彼是，方生之说也”。

估计还是没几人能懂。怎么办呢？那就再换一种讲法。庄子这里的意图，是想解决实与名的关系问题。他要强调的意思是，究竟是实先还是名先。他的答案显然是实先。也就是说，与其用“名”来指“名不是实”，还不如用“实”来指“名不是实”。儒墨都只是名，而不是实。现在，儒墨的是非之争，就是各自都试图用自己的名来否定对方的名。对方的实，都在各自对对方的争论中落空了。按庄子的意思，儒墨如果要打败对方，不要用自己的名来批驳对方的名，也不要用自己的实来批驳对方的名，而要用对方所指的实来批驳对方的名。儒有儒的名与实，墨有墨的名与实。怎么能够以儒的名来批驳墨的名呢？又怎么能够以墨的名来批驳儒的名呢？真正有效的批驳，是用儒的实来批驳儒的名，或是以墨的实来批驳墨的名。因为彼亦一是非，是亦一是非。道不同，不相为谋。

天地一指也，万物一马也

这句话原本位于“不若以非马喻马之非马也”之后，归元后，予以删除。删除的理由一，实在不知道它什么意思。硬要给个意思，那就把它看作是“物无非彼，物无非是”的同义语好了。理由二，原本就没什么意思，很可能是某个《庄子》解注者妄解妄注的结果。后人不解，又抄入正文之中。

道恶乎往而不存？言恶乎存而不可

这跟过往解注本有巨大差异。原解注本直接为“可乎可，不可乎不可。道行之而成，物谓之而然。恶乎然？然于然。恶乎不然？不然于不然。物固有所然，物固有所可。无物不然，无物不可”，但按照这一解注本，此处根本无解。故将“道恶乎往而不存？言恶乎存而不可？”移至本段开头。道怎么就往而不存，言怎么就存而不可了？有道，就有小成。有小成，就有言。有言，就有百家。有百家，就有荣华。有荣华，就有是非。言也就在是非、对错的辩论中存而不可了。这里的往，也就是“来来往往”的往，也暗指大道游而不定的状态。正是道的这种属性，我们才总是对其捉摸不定，看不见它的存在，以至于停留在小成层面。

一旦到了言的层面，则有可与不可。百家争鸣，从对立的角度看，每一家都能说成可或不可。“恶乎可，可于可。”说它可，它就可。“恶乎不可，不可于不可。”说它不可，它就不可。这正与前文的“彼是，方生之说也。方可方不可，方不可方可”的意思吻合。

道行之而成，物谓之而然

非常难理解的一句话。难理解也得理解。怎么理解呢？从较为容易且能较为肯定的地方入手。这个容易且能较为肯定的地方，就是物谓之而然。从后面的语境来看，物谓之而然，当是讲物被转换成言后，怎么都可，怎么都不可。这个意思应该是基本可以肯定下来的。既然“道行之而成”跟“物谓之而然”构成对语，则道的行就如物的谓，是人的产物。从后面的语义看，庄子这里的重点不是“道行之而成”，而是“物谓之而然”。所以，“道行之而成”只是起兴。接下来就有：“恶乎然？然于然。恶乎不然？不然于不然。”整句话的意思就是说，如果说，道只能在人的行为中才能彰显的话，那物只要人说它什么样它就什么样了。请深度沉思“夫子以为孟浪之言，而我以为妙道之行也”中言与行用法的微妙用意。

由此可见，一旦到了言的层面，可与不可、然与不然，都是说辞而已。但物到底有没有可，有没有然呢？庄子明确提出：“物固有所然，物固有所可。无物不然，无物不可。”这里的固，可理解为当然之意。这里的可与然就从根本上与前文的可与然区分开来。这里的可，是一种客观存在。这里的然，是主观与客观的吻合。比如说，一片雪花可，一瓣梨花也可。一本书可，一本正经也可。任何物，只要有了，就有可的理由。然，则是你以这些客观存在的可为然。

故为是，举莛与楹，厉与西施，恢恑憰怪，道通为一

解决了最根本的可与然的问题，才能观万物。这句话作为整体，其实质所指，就是万物齐一。“恢恑憰（guǐjué）怪”，庄子本人不再世，谁都无法肯定这四个形似神亦似的字究竟是什么意思。要是想象性理解这四字，大概相对于今天所说的“不论它是何方神圣”的意思。举，是庄子较为常用的字，没有

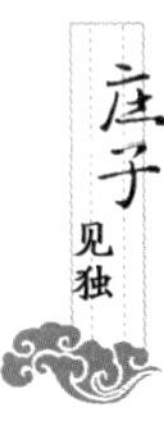

统一的含义，都随语境的不同而不同。这里的举，最好由这里的语境来定。庄子这里的意思，是想要说明一切小的与大的，丑的与美的，或是其他一切什么稀奇古怪的东西，一旦到道的层面，都齐于一。所以，举，大意就应该是“举凡”的举，也可近似解读为“举例说明”的举，其涵盖范围为“莛与楹，厉与西施，恢恑憰怪”。莛，草本植物的茎，形容小。楹，就是“楹联”的楹，堂屋前部的柱子，跟前“莛”字对用，应该是形容大。厉，从西施乃美女象征的传统含义中，大致可以看出厉指的是丑女，相当于“厉鬼”的厉。

唯达者知通为一，为是不用而寓诸庸

这句话其实很简明清晰，就是前面“圣人不由，而照之于天”的变文表达。唯达者知通为一，就是圣人。为是不用，就是“不由”。而寓诸庸，就是“照之于天”。庸，就是“中庸”的庸，永恒不变的意思。唯有天才永恒不变。过往解注本此处后有“庸也者，用也。用也者，通也。通也者，得也。适得而几矣，因是已。已而不知其然，谓之道”句。细考慢究，其语义含混且没有任何思想价值，疑似后人评语或注语，删除为宜。

其分也，成也。其成也，毁也。凡物无成与毁，复通为一

对这句话的理解，不能离开这句话所在的具体语境。这句话是接道与物的关系来说的。其，指物。分，指物从道那里分有。成，指物自身得以形成。毁，指物只是道的分有，物合道，但不是道。物是道的小成。但人作为物，无知情况下，很难认识到自己的小成，因而总是越过小成。于是，就毁了大道。无，即可理解为“无论”的无。这时，句子的含义是，凡物，无论成还是毁，只要通达道的层面，就都是齐一的。也可理解为没有的无。这时，句子的含义是，凡物，只有在没有成也没有毁时，才能通达到道的齐一层面。但根据前后语境来看，“无”取无论之意更恰当。正是因为人们没有认识到无论成与毁，万物从本质上都是归一的，才会“劳神明为一，不知其同也，谓之朝三”。

劳神明为一

要在意念中读为“劳神＋明为一”。劳神就是口语中的劳神，整句话的意思，就是非达者总喜欢把原本是一的东西，人为地搞乱，以从中获取个人的好处。狙公这号人的存在，诚然有其道德上的缺陷，但关键点，还是猴子们的无知。

名实未亏，而喜怒为用

这句话是这个寓言的寓意。狙公象征劳神明为一者，猴象征小知。很多时候，很多人都喜喜怒怒于其实质并没有什么不同的可悲状态中，无论意识到了还是意识不到。任何人都有喜的时候，也都有怒的时候。可喜的可能正是正在失去的，或是根本就什么也没有得到，怒的可能正是正在得到的，或是根本就什么也没有失去。这个朝三寓言中的猴子，喜时得到了什么？怒时又失去了什么？

是以圣人和之以是非，而休乎天钧。是之谓两行

这句话是对本节的总概括，而不是对就近段的概括。唯有这样理解，两行的含义才清晰明白。天钧，有作“天均”的。从语义上讲，“钧”“均”古语相通。从语感上讲，用“天钧”比“天均”更能显示天尊的自然含义。“休乎天钧”等同于“寓诸庸”，天钧就是天，天就是庸，庸就是永恒。“两行”的两，就是彼与是的是与非。“两行”的行，就是“可行”的行，可的意思。两行，就是两可。

【今译】

所以说，话语这东西，跟吹很不一样。说话的人说了话，当他所言说的对象如果并没有什么定准时，那他是真的说了什么，还是什么都没说？他自己认为他所说的话跟雏鸟鸣叫很不一样，那究竟是有得争辩，还是没得争辩？

道被什么遮蔽了就生出了真伪？言被什么遮蔽了就生出了是非？道被小成遮蔽了就生出了真伪，言被百家遮蔽了就生出了是非。儒墨两家的是非之争，原因就出在这里。它们的行为表现就是，肯定对方所否定的，否定对方所肯定的。如果想肯定对方所否定的而否定对方所肯定的，还不如明白下边这个道理：“任何物都可被说成彼，任何物都可被说成是。彼与是的区分，只是双方的说辞而已。也就是说，有了这彼与是的区分，当一物被说成是彼时，说可也可以，说不可也可以。当一物被说成是是时，说不可也可以，说可也可以。就因为这彼与是的区分，肯定的时候，否定就产生了。否定的时候，肯定就产生了。圣人就不落这种窠臼，他仅仅依据事物的本来面目来作区分。其原因，就是是可以看作彼，彼也可以看作是。彼有彼的是非，是有是的是非。再说，物真的可以区分为彼、是双方吗？物真的不可以区分为彼、是双方吗？唯有彼、是不被看作是有你无我的对待关系时，才可以说彼、是关系的枢纽被把握到了。这个枢纽，也即彼、是关系内在的道，就好比那圆环的中心。只有它，才能应对彼、是对立所生出的万千是非。为什么呢？因为肯定可以是无穷无尽的，否定也可以是无穷无尽的。”这才是我们要明白的大道理。不是有“以指喻指之非指，不若以非指喻指之非指也。以马喻马之非马，不若以非马喻马之非马也”这种说法吗？

大道去了哪里就不在了呢？言语怎么在却又不可了呢？怎么才算可？说它可它就可。怎么才算不可？说它不可它就不可。如果说大道要被人践行才算显现的话，那物却可以被人言说它什么样它就什么样了。物怎么才算是？说它是它就是。怎么算不是？说它不是它就不是。物本来就有它的是，本来就有它的可。没有物可以不是，没有物可以不可。就因为这个道理，小如草茎，大如庭柱，丑若厉女，美若西施，或是其他什么稀奇古怪的东西，从道上看，都是齐一的。道一旦分施，就生成了物。物一旦生成，就毁了道。一切物只有无成无毁，才又归于齐一。但如果有人劳心费神强明万物为一，而没有认识到万物原本就是齐一，这种行为可以称之为“朝三”。那什么叫朝三呢？说的是一位养猴老头的事。这个老头有天在给猴子喂食时说：“朝三而暮四。”猴子们听后大为不悦。于是老头改口说：“那朝四而暮三怎样？”猴子们听了皆大欢喜。老头的名实可什么都没亏，而猴子们的喜怒却为其所用。这就叫劳心费神强明万物为一。

由是知道，圣人对是非怀而不辩，仅仅依据事物的本来面目行事。这就叫彼有彼的是非，是有是的是非。

四

【文本归元】

古之人，其知有所至矣。恶乎至？有以为未始有物者，至矣，尽矣，不可以加矣。其次以为有物矣，而未始有封也。其次以为有封焉，而未始有是非

也。是非之彰也，道之所以亏也。道之亏，爱之所以成。果且有成与亏乎哉？果且无成与亏乎哉？有成与亏，故昭氏之鼓琴也。无成与亏，故昭氏之不鼓琴也。昭文之鼓琴也，师旷之杖策也，惠子之据梧也，三子之知几乎？皆其盛者也，故载之末年。唯其好之也，以异于彼其好之也，欲以明之，彼非所明而明之，故以坚白之昧终。而其子又以文之纶终，终身无成。若是而可谓成乎？虽我无成，亦可谓成也。若是而不可谓成乎？物与我无成也。是故滑疑之耀，圣人之所鄙也。为是不用而寓诸庸，此之谓以明。

今且有言于此，不知其与是类乎？其与是不类乎？类与不类，相与为类，则与彼无以异矣。虽然，请尝言之。有始也者，有未始有始也者，有未始有夫未始有始也者。有有也者，有无也者，有未始有无也者，有未始有夫未始有无也者。俄而有无矣，而未知有无之果孰有孰无耶？今我则已有谓矣，而未知吾之所谓，其果有谓乎？其果无谓乎？天下莫大于秋豪之末，而太山为小。莫寿乎殇子，而彭祖为夭。天地与我并生，而万物与我为一。既已为一矣，且得有言乎？既已谓之一矣，且得无言乎？一与言为二，二与一为三。自此以往，巧历不能得，而况其凡乎！故自无适有，以至于三，而况自有适有乎！无适焉，因是已！

【见独】

古之人

古，一定不能理解为“古代”的古，而应理解为“古始”的古，即万物的开启点。老子经常用到“古”字，全都是在这个意义上用的。也只有在这个意义上，才能说得通。第 36 章，老子诗意而深邃地表达了这个思想：“将欲翕之，必古张之。将欲弱之，必古强之。将欲去之，必古与之。将欲夺之，必古予之。”由是，古之人，就不能理解为古代的人，而应理解为真正的有道之人。

其知有所至矣

知，不能通假为“智”。古文中的通假字远远没有我们已经学到的多。之所以看上去多，是因为我们后人做了错误理解。这在《老子》《庄子》两部极为重要的经典著作中，表现得尤为突出。其实，这个知，就是“知识”的知，就是“大知小知”的知。

恶乎至

内涵涵盖在“有以为未始有物者，至矣，尽矣，不可以加矣。其次以为有物矣，而未始有封也。其次以为有封焉，而未始有是非也。是非之彰也，道之所以亏也。道之亏，爱之所以成”这个范围。

有以为未始有物者

这关涉到万物的起源问题。任何人要为万物齐一找到终极依据，就必须来到这里。要是物的终极点是物，那物就一定不能齐一。要是所有的物，其终极点不是物，那所有的物才在理论上有可能齐一。《老子见微》第 41 章有相同的思想：“反也者，道之动也。弱也者，道之用也。天下之物生于有，有生于无。道，生一一，生二二，生三三，生万物。万物负阴而抱阳，冲气以为和。”总之，庄子认为，万物的起始点，不是物，而是非物。诚如《知北游》中所说：“有先天地生者物邪？物物者非物，物出不得先物也，犹其有物也。”

至矣，尽矣，不可以加矣

不能理解为“这就是知的最高境界了”，而应该理解为“这已经是这个世界最开始的状态了，不可以再有之前的状态了”。

其次以为有物矣，而未始有封也

这是个什么状态呢？必须要有具体的例子，一般人才会更明白些。任何东西都可以作为例子的。比如，就以书为例吧。这世界原本根本就没有书存在，这时，书是一个未始有物的状态。注意，未始有物的状态，不是没有的状态，而是有物之前的状态。它是先验地存在着的，只要有人，就一定会有书出来。当世界上第一本书出来时，书并没有什么史书、医书等之分的。这时，书是一个未始有封的状态。

其次以为有封焉，而未始有是非也

接着，书就开始分门别类了。但这个时候，书还是对客观现象的真实反映。没有什么对错之分。就如《易经》的卦爻，哪有什么对错之分呢?

是非之彰也，道之所以亏也

接着，书的是非对错就出来了，就如儒书与墨书之相争。这时，大道就隐于儒书或墨书这样的小成而看不见了。

道之亏，爱之所以成

“道之亏”原文为“道之所以亏”。按语义逻辑，“爱之所以成”对应上句“道之所以亏也”。相应地，“道之亏“应对应上句“是非之彰也”。大道一旦出现亏欠，那偏爱就开始涌现了。为什么呢?人们总不能喜欢它完全看不见也想不到的东西吧?现实里，相信每个人都有爱吧！是否有任何人爱宇宙中的任何东西呢?或者说，爱你所遇到的任何东西呢?不可能吧。为什么不可能?不是你不能，也不是你不想，而是你根本就不可能看见或者理解人世间的全部。而你本身又只是从道那里分有那么极其小的一小点，所以，偏爱就一定自然而然地发生。唯有圣人，才能超越他自己所分有的一切而将自己融于大道之中。就这，也只能是思想中的，行动中绝对没有可能。

昭文之鼓琴也，师旷之杖策也，惠子之据梧也

昭文、师旷、惠子三人都是真实存在的历史人物。昭文以琴技见长，师旷以音律见长，惠子以辩术见长。鼓琴就是琴技，杖策并不就是音律，据梧也并不就是辩术。但因为三人均是真实历史人物，所以，还是大致可以肯定“三子之知”是什么。就这里的语境看，这么理解“三子之知”，也应该不会太错。而如果单看惠子据梧的技艺是什么，则《德充符》可以旁证：“惠子曰：‘不益生，何以有其身?’庄子曰：‘道与之貌，天与之形，无以好恶内伤其身。今子外乎子之神，劳乎子之精，倚树而吟，据梧而瞑。天选子之形，子以坚白鸣！’”

三子之知几乎

庄子在这里先提出了这样一个问题，以此引发后文的论述。这三个人的认知真的达到了极致吗？几，就是“隐几”的几，就是《人间世》“无门无毒，一宅而寓于不得已，则几矣”的几，指合道、得道状态。

皆其盛者也，故载之末年

针对“三子之知几乎？”这一问题，庄子先说“皆其盛者也，故载之末年”。盛，就是“盛名之下其实难副”的盛。载，就是“载誉归来”的载。末年，有理解为历史的，有理解为晚年的。三子之知载誉历史，有点过。三子之知载誉晚年，则很有可能。但三人享誉晚年就能说明其知几吗？再看庄子接下来又是如何从另一角度回答这个问题的。

唯其好之也，以异于彼其好之也，欲以明之，彼非所明而明之，故以坚白之昧终

过往解注本此处句读多为“唯其好之也，以异于彼。其好之也，欲以明之。彼非所明而明之，故以坚白之昧终”，如此句读后，过往注家无论谁，都没能厘清文中的论证逻辑。现作这样的句读归元，也只是一种新的尝试，不敢肯定这种新的尝试就一定正确。这种新的尝试的根据，就是“故以坚白之昧终”这句尾语。可将“故载之末年”和“故以坚白之昧终”当作“三子之知几乎”的回答。“坚白之昧终”就是指对物的认知停留在坚白之辩的层面，始终不明大道。那到底是谁“坚白之昧终”呢？是他们三个人还是其中的某一个人？暂且指这三人都是“坚白之昧终”。这点如果能肯定下来，那整句话的“其”，应该就是指这三人。整句话的意思是说，他们三人都以为自己所掌握的是世界上最好的技艺，所以，总想让另外两人理解并学习，可对方并不能理解自己所理解的，一如惠施的坚白之论。

而其子又以文之纶终，终身无成

这句话同样难以理解。但当前句话作那样的理解后，这句话跟着就好理解多了。理解的难点有四：“其子”指谁？“以文之纶终”的文指谁？“以文之纶终”是什么意思？“无成”的成具体所指是什么？反复揣度原文，觉得“其子”还应指昭文、师旷、惠子三子。正是他们三人无法明白己之所好非他之所好，因而在行为上也就以昭文鼓琴般的技艺告终。这样的解读可以前面突出提到过的“有成与亏，故昭氏之鼓琴也。无成与亏，故昭氏之不鼓琴也”为证。

纶，如何理解？仔细研读上下文就会发现，“坚白之昧终”与“文之纶终”可分别指这三人在思想和行为上不合道的表现。昧，指不明白。“文之纶”的文，当是昭文的简称。文之纶，就是昭文的琴。至少在语意上，将纶看作是琴的替代，是没有任何问题的。以文之纶终，就如以坚白之昧终，都是技艺上小成，而非道上的大成。无成的成，就是指没有达到古之人认识的高度。要注意的是，这里的“而”，是表递进，前面说了三人“坚白之昧终”，进而“文之纶终，终身无成”，这样前后语义就十分连贯了。

若是而可谓成乎？虽我无成，亦可谓成也。若是而不可谓成乎？物与我无成也

由是，就引出了庄子对于成与不成的判断。何为成？如果他们三人都可算作成的话，那即使我无成，也可算成。如果他们三人技艺如此高超也不算成的话，那物与我皆无成。这里有关成与不成的探讨正回应了“三子之知几乎”这一问题。到底是成还是不成呢？他们三人到底有没有达到对大道的极致认知呢？只有以永恒不变的大道为标准，才有答案。

是故滑疑之耀，圣人之所鄙也

于是，庄子提出了“滑疑之耀”。任何训诂用在这里都会失效，只能根据语境和庄子总体思想来揣度这句话。首先揣度这个“耀”字，应该是指三子之知。因为他们三子之知盛到能享誉晚年，所以耀。“滑疑”又会是什么意思呢？应该是指三子之知的耀，是滑疑的。从滑疑的字面意思看，就是指三子之知，不那么恒定，没通达到道上去，既滑且疑。而事实上，昭文的琴技、师旷的音律、惠子的辩术，相比于圣人的照之于天来说，确实是既滑且疑的。现实生活中，如果有谁有昭文的琴技、师旷的音律、惠子的辩术，一定会在“百家讲坛”或是“星光大道”或是“出彩中国人”等电视节目中崭露头角并大放异彩的。这或许就是滑疑之耀。如果这个解读基本靠谱，则庄子所处的时代，一定是一个类似柏拉图所处的时代，看上去是百花齐放，百家争鸣，其实是黄钟毁弃，瓦釜雷鸣。鄙，有作图的。哪个才是庄子的真义？得由“耀”的含义来定夺。《刻意》篇中有“光矣而不耀”句，老子也有“光而不耀”思想。所以，圣人是会鄙耀而不会图耀的。

【今译】

真正的有道之士，他们对世界的认知，可谓达到了极致。怎么说呢？得分不可分割的四个层次来说：其一，这个世界的初始状态是不存在任何有形物质。这已经是这个世界最开始的状态了，不可以再有之前的状态了；其二，一个有形物质世界出现了，但它是一个没有分割开来的整体；其三，作为整体的有形物质世界被分割了，但被分割的各个部分并没有什么是非之分；其四，当是非得以彰显时，道就出现了亏损。道的亏损出现了，爱的偏成跟着就出现了。人们真的可以认为爱有偏成而道有亏损吗？人们又真的可以认为爱无偏成而道无亏损吗？爱的偏成和道的亏损可能存在，当昭氏鼓琴时就是如此。爱的偏成和道的亏损也可能不存在，当昭氏不鼓琴时就是如此。昭文的琴技、师旷的乐艺、惠施的辩术，能说达到极致了吗？就他们个人来说，算是达到了极致，所以才会享誉晚年。但他们三人之所长互不相同，如果硬要他们三人相互完全理解对方，可对方并不是那块料，其结果，就只会停留在对事物的表面理解上，一如惠施的坚白之论。他们三人的行为，都以类似昭文鼓琴的结果告终，直至终老，也没能达到对世界的极致认知。就他们三人的行为，难道能说是成功的吗？如果这也算成功，那一个人即使完全没有成功，也称得上成功。就他们三人的行为，难道不能说是成功的吗？如果连他们三人都不算成功，那就没人称得上成功。所以，对于这种含有不确定性的耀眼才干，圣人其实是不屑的。圣人舍弃这类不确定性的耀眼才干，而始终与大道为伍。这才叫真正让人明白的道理。

现在，有这么个说法，不知道它与古之人所说的，是相同的类，还是不同的类？不管是相同的类还是不同的类，只要这两种说法关联起来构成一类，则我的这个说法与古之人的说法，就没有什么不同了。虽然说没有什么不同了，但这里还是试图表达一下。万物总得要有一个开始点，总得要有一个还没有开始的开始点，还没有开始的开始点还得有个没有开始的开始点。也就是说，万物总得有一个有的时候，总得有一个无的时候，总得有一个还没有无的时候，还没有无的时候之前还得有个没有无的时候。任何物一旦有了无的时候，我们就难以确知这个无，究竟指的是有呢，还是指的是无？所以，一旦我现在说了什么，真不知道我所说的，是说的有，还是说的无？如此一来，天下之物，即使小如毫末，也可把太山看作是小的。即使是个短命人，也可把彭祖看作是夭的。在天下之物看来，就好像天地与其并生，万物与其为一。要是天地万物真的都合而为一了，那还有谁在说话？既然已经说了天地万物合一了，那又怎么能说没有说话？天地万物本身就是一与把天地万物说成是一，这就是二了。二再跟一一起，就有说法三了。按这样子一直演绎下去，即便是算数高手也没有终结的时候，一般人就更别提了。所以说，从无到有，就可以有三种说法。要是从有到有，就不知能有多少种说法了。找不到尽头的，还是不说了吧。

五

【文本归元】

夫道未始有封，言未始有常，为是而有畛也。请言其畛：有左有右，有论有议，有分有辩。六合之外，圣人存而不论。六合之内，圣人论而不议。先王之志，圣人议而不辩。故分也者，有不分也。辩也者，有不辩也。何也？圣人怀之，众人辩之以相示也。故曰：辩也者，有不见也。夫大道不称，大辩不言，大仁不亲，大廉不嗛，大勇不忮。道昭而不道，言辩而不及，仁常而不周，廉嗛而不信，勇忮而不成。故知止其所不知，至矣。孰知不言之辩、不道之道？若有能知，此之谓天府——注焉而不满，酌焉而不竭，而不知其所由来。此之谓葆光。故昔者尧问于舜曰：“我欲伐宗、脍、胥敖，南面而不释然，其故何也？”舜曰：“夫三子者，犹存乎蓬艾之间。若不释然，何哉？昔者十日并出，万物皆照，而况德之进乎日者乎！”

【见独】

夫道未始有封，言未始有常，为是而有畛也

首先，得把这句话的前两句看作是后一句的结论得以成立的条件。“为是”的为，就是“因为”的为；是就是“夫道未始有封，言未始有常”。这句话等同于“其次以为有物矣，而未始有封也。其次以为有封焉，而未始有是非也”，封即“分封”“封闭”的封，常即“恒常”的常，畛（zhěn）即“畛域”的畛。

有左有右，有论有议，有分有辩

原文此处后有“有竞、有争，此之谓八德”句。就《庄子》全书来说，此语义理无可印证。就本章本节而言，此语义理没有语境。思来想去，删除为宜。“论、议”有作“伦、义”的。考校上下文，作“论、议”，更贴前后语境。

六合之外，圣人存而不论

这句话一看便懂，一想便难懂。难懂也还是要懂。六合是指物的实体层面。凡实体，都有前后、左右、上下六个维度，故叫六合，其实就是物理学上的三维空间。六合之外，就是物的实体之外。物的实体之外，就是使物存在的那个存在。这个存在，就是道。老子“万物互阴而抱阳，冲气以为和”说的就是道的作用原理。至于这个作用原理又是怎么来的，即便是神若圣人，也只能是承认它的存在，而无力加以论证。牛顿的万有引力定律，爱因斯坦的相对论，都只是阐明了原理，而无法解释原理为何得以存在。不可思议的终极存在使理性的人走向信仰。

六合之内，圣人论而不议

六合之内，就是物的实体。道所生成的物，人们是可以通过实践来认识的。认识正确了，到位了，这个过程，就叫论。原本意义上“学术论文”的论，就是这个意思。可惜，当今中国的学术论文，多数完全称不上论文，充其量就是议文。论文是对规律和原理的真理性探究，议文则基本上就是个人的浅薄意见，完全经不起理性在规律和原理上的真理性追问。黄钟只属于少数时代里的极少数人，瓦釜则是一切时代里的最强音。

先王之志，圣人议而不辩

过往解注本这句话写作“《春秋》经世，先王之志，圣人议而不辩”，义理难通。就庄子对孔子的总体评判而言，《春秋》不是道的象征，见《天运》篇末段。归元后，将“《春秋》经世”予以删除。这里的议，就是“评议”的议。毕竟是先王之志，一定有合道的地方，所以圣人还是要在议中来借鉴先王之道的。但即便是先王之志，也有时代和地理局限，所以“圣人”对之“议而不辩”，不去区分不同时期、不同地区先王事迹的优劣好坏。

故分也者，有不分也。辩也者，有不辩也。何也？圣人怀之，众人辩之以相示也

一定不能脱离语境来单独理解这句话。这句话是接前面全部句子的意思来说的，句首的“故”字就是明证。圣人有分有辩，但分中有不分，不分中有分。辩中有不辩，不辩中有辩。一言以蔽之，圣人对分辨采取的是怀之也即包容之的态度。要是用自然哲学来印证，可以这么说：花从树的枝叶中长出来之前，它就被树怀在自身的枝叶之中。这时，花与树的枝叶，是分中有不分，不分中有分。辩中有不辩，不辩中有辩。众人反圣人而行，他们不是怀之而是辩之以相示。什么意思呢？众人陷于言的畛域中，也即陷于分与辩的畛域中，只知分与辩的表象，不知分与辩的对立统一。

辩也者，有不见也

庄子就是庄子，一针见血。凡是有分有辩的地方，就一定有人存在盲点。俗话说，英雄所见略同。怎样才会略同？见到了事物的全部，自然就会略同。见到了事物的全部，自然就是英雄。万物之所以不齐，不是万物本身不齐，而是小知对万物的偏见，才导致不齐。齐是天，不齐是人。其实，这句话的意思，更多的是从哲学层面论证，人天生就有所不见。不知道这个天生的有所不见，就有分有辩。知道这个天生的有所不见，就少分少辩，甚至达到圣人境界，分中有不分，不分中有分，辩中有不辩，不辩中有辩。

夫大道不称

意义完全等同于《知北游》的道不当名。道创生万物，万物都是道的分施。唯有分施了道的物，才可名可称。比如说，你能说道是人吗？道是花吗？道是海吗？道是太阳吗？道不能是任何有形的物，但任何有形的物，都在大道之中。这就叫“大道不称”。那为什么要大道不称呢？按庄子自己给出的答案，就是后文中的“道昭而不道”。

大辩不言

这个“辩”字，就是“圣人辩中有不辩”的辩。大辩，就是真正的辩。真正的辩要不言，又是为什么呢？后文“言辩而不及”就是答案。

大仁不亲

“亲”有作“仁”的。考诸前后语境，并参考《天运》篇中的“至仁无亲”句，去“仁”取“亲”。大仁，就是真正的仁。大仁要不亲，又是为什么呢？答案就在后文的“仁常而不周”。

大廉不嗛

嗛的原字究竟是什么，很费心思。有作“磏”的，有作“谦”的，莫衷一是，无法归元。取嗛（qiàn），实不得已。那嗛作何理解呢？嗛明显是个古字，现在已经没人用这个字了。那古字的嗛又是什么意思呢？通“歉”，就是“歉收”的歉，不足的意思。《谷梁传・襄公二十四年》：“一谷不升谓之嗛，二谷不升谓之饥，三谷不升谓之馑，四谷不升谓之康，五谷不升谓之大侵。”《荀子・仲尼》：“满则虑嗛。”大辩、大仁、大勇都不是一般意义上的辩、仁、勇，而是合大道的辩、仁、勇。因此，大廉也应合大道。那么，如何理解大道之廉洁、清正的特征？大自然从不做徒劳无益的功。它不浪费，因而也就廉。它不吝啬，因而就不嗛。

大勇不忮

大勇，就是真正的勇敢。忮，音 zhì，虽然不常见，但庄子其他地方有用，且含义清晰可辨。所以，“大勇不忮”还是比较好理解的。《天下》篇“不累于俗，不饰于物，不苟于人，不忮于众，愿天下之安宁以活民命，人我之养，毕足而止，以此白心”中的忮，就是这里需要的忮。忮本有违逆的意思，但因为“大勇不忮”的忮没有宾语，所以，把忮理解为狠或许更好。整句话的意思就是，真正的勇敢不好勇斗狠。

廉嗛而不信

过往解注本几乎一概写作“廉清而不信”。究竟谁可信呢？从结构上看，这句话根据“勇忮而不成”应该是“廉嗛而不信”，但因为“仁常而不周”也不是“仁亲而不周”，所以，这句话原文究竟是什么，很难定夺。如果考虑文脉和义理的双重要求，则取“廉嗛而不信”最好。它的意思是说，廉洁过头到不足的地步，就不那么可信了。过往解注本此处后有“五者无弃而几向方矣！”或“五者圆而几向方矣！”句。细推慢敲，觉得其为后人评语的可能性较大。

兼之它本身没有任何思想含义，又不能肯定句子本身模样，故删之为上。

故知止其所不知，至矣

这句话与前面的“辩也者，有不见也”互相呼应并互相阐释。

孰知不言之辩、不道之道？若有能知，此之谓天府——注焉而不满，酌焉而不竭，而不知其所由来。此之谓葆光

天府也就是“注焉而不满，酌焉而不竭，而不知其所由来”，这样的状态又可以称之为“葆光”。葆光不好白话翻译。实在要译，只能意译为大道之光。并且可以肯定，这个意译不会太错。庄子可能一看自己突然用了这么个新鲜词，别人不好理解，于是又补了个寓言。接下来的寓言，就是对“葆光”的直观阐释。

故昔者尧问于舜曰：“我欲伐宗、脍、胥敖，南面而不释然，其故何也？”舜曰：“夫三子者，犹存乎蓬艾之间。若不释然，何哉？昔者十日并出，万物皆照，而况德之进乎日者乎！”

这个寓言其实十分难以理解，主要是把握不到它的寓意。即使理解它的寓意为葆光，也还是不知道庄子想说什么。但如果把这个寓言的寓意，提至前面的“道未始有封”，感觉上就明白多了。宗、脍、胥敖虽是小若蓬艾之国，尧之国或许大它们许许多多，但从道的未始有封来看，其实是没有什么差别的。既然没有什么差别，那尧你坐在君位上，还一天到晚心不安神不宁干吗呢？你要是像天上那太阳那样无所不照，不是很好吗？何况尧君您的德行比太阳更光辉呢？

【今译】

正因为道原本就无法分割，而言语原本就没个定准，由此就产生了分歧。这些分歧归类来说就是：有左有右，有论有议，有分有辩。什么意思呢？凡有形物质世界之外的存在，圣人就只是肯定它的真实存在但不对它加以论证。凡有形物质世界之内的存在，圣人就只是对它加以论证但不对它加以评议。至于史书上所记载的先王的那些丰功伟绩，圣人就只是对它加以评议但不会对它加以辩驳。如此一来，分中就有了不分，辩中就有了不辩。为什么会这样呢？圣

人对分与辩采取的是融汇态度，众人对分与辩采取的是争辩态度并标榜自己的正确。所以说，那些爱争来辩去的人，一定有其没有看到的地方。真正的大道，没有相对应的名称。真正的辩论，无法用言语表达。真正的仁义，没有亲疏远近。真正的廉正，对人不会太苛刻。真正的勇敢，无须斗勇好狠。大道一旦拘于名了，就不是大道了。言语一旦相辩了，就难到位了。仁义一旦定于亲上了，就难周全了。廉正一旦摆明了，就不可信了。勇敢一旦斗勇好狠了，就难成功了。所以说，一定要知止，止于一个人所不知道的地方，这才是知的最高境界。谁能知道不言之辩、不道之道？要有谁真能知道，那他就配得上天府这个美誉了。你看那天府，任你怎么往其中加注，它都永远不会满溢。任你怎么从其中取拿，它都永远不会枯竭。至于为何会这样，则谁都不知道。这就叫“保有大道之光”。再举一个小小的寓言来说明什么是“保有大道之光”吧。尧曾问于舜说：“我老想着去征伐宗、脍、胥敖这三个小国，我都已经是君王了，可为什么就不能释怀这等小事呢？”舜回答说：“这三个国家，确实是小如蓬艾。你已经是大国之君了，对之就是不能释怀，要问为什么？我只能说，天上曾经一共有十个太阳，任何物体都因此而得到了它们的照耀。你的德行比起那十个太阳可强多了，更应该普照万物啊！”

六

【文本归元】

啮缺问乎王倪曰：“子知物之所同是乎？”

曰：“吾恶乎知之！”

“子知子之所不知耶？”

曰：“吾恶乎知之！”

“然则物无知耶？”

曰：“吾恶乎知之！虽然，尝试言之。庸讵知吾所谓知之非不知耶？庸讵知吾所谓不知之非知耶？且吾尝试问乎汝：民湿寝则腰疾偏死，鳅然乎哉？木

处则惴栗恂惧，猿猴然乎哉？三者孰知正处？民食刍豢，麋鹿食荐，蝍蛆甘带，鸱鸦嗜鼠，四者孰知正味？毛嫱西施，人之所美也，鱼见之深入，鸟见之高飞，麋鹿见之决骤，四者孰知天下之正色哉？自我观之，仁义之端，是非之涂，樊然淆乱，吾恶能知其辩！

啮缺曰："子不知利害，则至人固不知利害乎？"

王倪曰："至人神矣！大泽焚而不能热，河汉冱而不能寒，疾雷破山而不能伤，飘风振海而不能惊。若然者，乘云气，骑日月，而游乎四海之外。死生无变于己，而况利害之端乎！"

【见独】

啮缺

这明显是庄子虚拟的人名，所以，它本身就是一种象征。象征什么呢？象征一个人向道但尚未悟道。注意了，啮缺是被世人啮后才缺的。现实生活中，很多极其聪明的人过得非常不愉快，就是他们与生俱来的禀赋被世俗啮得东缺西损而导致的。

王倪

不一定是庄子虚拟的人名，但一定是庄子特地选取的一个人名，明显是有道者的象征。这个象征，能贯通《庄子》全书。王，就是"王者"的王。倪，就是"天倪"的倪。天倪又是什么意思呢？凡天造之物，既是一体的，又是分离的，就如人体，是分与合的对立统一。这个分与合对立统一中的分，就是倪，自然的分际。

同是

指共同的标准。问题是由啮缺提出来的，啮缺是一个向道而未悟道的人，所以，啮缺心中所问的"物之所同是"，显然是指"以物观物的时候，物有没有共同的标准"。王倪是一个已悟道者，从他最后说"至人神矣"看，物是有共同标准的，那就是天。

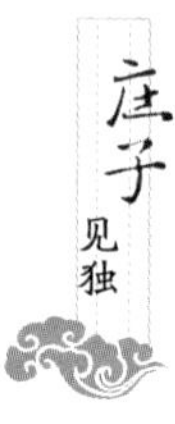

针对啮缺提出的种种问题，王倪发出感叹："吾恶乎知之"！但他是真的不知道吗？他知道的是什么？不知道的又是什么？于是，他说："庸讵知吾所谓知之非不知耶？庸讵知吾所谓不知之非知耶？"庸讵，是岂、怎么，表反问的意思。这句话的意思就是说，怎么知道我所谓的知道其实不是不知道？怎么知道我所谓的不知道其实不是知道？接着，王倪又列举了不同的处、味、色来告诉啮缺知道与不知道。这句话作为本段的开头语，蕴含着深刻的思想。王倪之所以能清楚地知道，是因为他直观地看到了不同的处、味、色，我们能够知道的也就是我们的感官和理性思维能够把握到的部分。而王倪之所以能清楚地不知道，是因为他不知"三者孰知正处""四者孰知正味""四者孰知天下之正色哉"。天下万物齐一，既然都是道所创生，我们也就没法知道谁为正，也就不要去辨别谁为正。知与不知，都有其界限。

偏死

过往解注全都人云亦云将偏死解读为半身不遂或是偏瘫，且完全不给出任何理由。人世间有些错误是那样的顽固，以致一旦某个清醒的人想去纠正一下，便会遭到全体错误者的最强烈反击。怪不得神不愿意跟人混住。神要是住在人群当中，一定会神经并夭折。只要我们稍微考量一下泥鳅的天然生存条件，就当知道"湿寝"的湿，不是指陆地某块潮湿的地方，而是指水中某块潮湿的地方。人的湿寝跟泥鳅的湿寝如果不是同一个地方，那两者是不能进行比较的。所以，庄子说的民湿寝偏死，一定是讲民要是睡在泥鳅那样的泥水中，就会偏向死亡。

猿猵狙以为雌，麋与鹿交，鳅与鱼游

过往解注本在"四者孰知正味"后都有该句。考校上下文，应该有脱误。但既然脱误了什么已经不得而知，那就索性一并删除为宜，免生干扰。

刍豢

音 chú huàn，牛羊犬豕之类的家畜，泛指肉类食品。

荐

音 jiàn，过往解注本一律为"荐"。这里归元为"薦"虽然没有任何历史文本或者所谓权威依据，但一定比“荐”要好，坚信庄子的原字就是“薦”而非“荐”。“薦”的含义，应类似于“夫三子者，犹存乎蓬艾之间”的蓬艾，蓬蒿或艾草之类的野草。

蝍蛆

音 jí qū，有说是蟋蟀，有说是蜈蚣。哪个对呢？要由它们所甘的“带”来反推。带是什么呢？太不好定了。因为动物界里带状的东西太多了，但小蛇一定是其中的一种。这个意思放在这个句子中够用吗？够用。够用就好了。毕竟，这并不关乎思想内容。如果带是小蛇可以确定，那蝍蛆就只能是蜈蚣而非蟋蟀了。因为只有蜈蚣才会以小蛇为美食。

鸱鸦

音 chī yā。从前面民、麋鹿、蝍蛆单指一个动物看，鸱鸦也应该单指一个动物，而不是鸱与鸦两个动物。它可能是一种类似猫头鹰的动物。猫头鹰就喜欢吃老鼠。但麋鹿、蝍蛆原本也很可能是指两种动物。因为这不影响文本的正确解读，也就不太细究了。

毛嫱西施

单从此处看，无法搞清楚毛嫱（qiáng）跟西施究竟是同一个人还是不同的两个人。但据《管子》“毛嫱、西施，天下之美人也”，应该是两个不同的人。还好，这完全不影响文本的正确解读。

自我观之，仁义之端，是非之涂，樊然淆乱，吾恶能知其辩

理解这句话的关键点，在“我”字。这里的我，就是“吾丧我”的我，就是小知的我。以小知的我看这个世界，仁义、是非之类的东西，其实都是混乱不堪的。混乱不堪是个什么样子呢？樊然。樊，本义为篱笆。篱笆能形容混乱不堪吗？篱笆难道不是让事物有序的吗？不是说好篱笆产生好邻居吗？其实，这只是世俗的看法。在道看来，有篱笆就有隔阂，有隔阂就有混乱。仁义、是非就是一道道的篱笆。《养生主》“泽雉十步一啄，百步一饮，不蕲畜乎樊中”中的樊，也正是用樊不好的象征义。因此，王倪以“吾恶能知其辩”为结束语来否定“自我观之，仁义之端，是非之涂，樊然淆乱”这一状态。大知的吾又

怎会以自己所知道的去辩呢？这正好与本段开头的“吾恶乎知之”首尾呼应。

【今译】

啮缺问王倪：“您知道万物都有一个共同的标准吗？”

王倪答道：“我哪里知道！”

啮缺又问：“那您知道您不知道吗？”

王倪又回答说：“我哪里知道！”

啮缺追问：“这么说，万物是不可知的啰？”

王倪遂说：“我哪里知道！虽然如此，我还是试图论说一下。怎么知道我所谓的知道其实不是不知道？怎么知道我所谓的不知道其实不是知道？还是让我来拷问拷问你好了。人要是睡在潮湿的地方，就会腰痛甚或倾向死亡，泥鳅会吗？人要是爬上高树，就会胆战心惊，猴子会吗？它们三者哪个才是标准住处，谁能知道？人爱吃肉，麋鹿爱吃草，蜈蚣爱吃小蛇，猫头鹰爱吃老鼠，它们四者哪个才是标准味道，谁能知道？毛嫱和西施，人见了就称羡，鱼见了就深潜，鸟见了就高飞，麋鹿见了就逃离，它们四者哪个才是标准美色，谁能知道？因此，单从一己之立场来看，仁义是非之争，一如篱笆交错般混乱不堪，我确定无法分辨出它们共同的标准究竟是什么。”

啮缺于是问：“您不知道利害，难道至人也会不知道利害吗？”

王倪最后答道：“至人可神了！即使大泽都燃烧了，也不会觉得热。河汉都冰冻了，也不会觉得冷。迅雷把山都击破了，也不会受到伤害。飘风把海都卷起了，也不会受到惊吓。至人就这么神，所以他自然可以乘云气，骑日月，而游乎四海之外。就连生死这样的人生大事，都无变于己。那小小的利害，哪还会放在心里！”

七

【文本归元】

瞿鹊子问乎长梧子曰：“吾闻诸夫子：圣人不从事于务，不就利，不违害，不喜求，不缘道，无谓有谓，有谓无谓，而游乎尘垢之外。夫子以为孟浪之

言，而我以为妙道之行也。吾子以为奚若？”

长梧子曰：“是皇帝之所听荧也，而丘也何足以知之？且汝亦太早计，见卵而求时夜，见弹而求鸮炙。予尝为汝妄言之，汝以妄听之。奚傍日月，挟宇宙，为其吻合，置其滑涽？众人役役，以隶相尊。圣人愚钝，参万岁而成一纯。万物尽然，而以是相蕴。予恶乎知悦生之非惑耶？予恶乎知恶死之非溺而不知归者耶？丽之姬，艾封人之子也。晋国之始得之也，涕泣沾襟。及其至于王所，与王同筐床，食刍豢，而后悔其泣也。予恶乎知夫死者不悔其始之祈生乎？梦饮酒者，旦而哭泣。梦哭泣者，旦而畋猎。方其梦也，不知其梦也。梦之中又占其梦焉，觉而后知其梦也。且有大觉而后知此其大梦也，而愚者自以为觉，窃窃然知之君乎牧乎，固哉！丘也与汝皆梦也，予谓汝梦亦梦也。是其言也，其名为吊诡。万世之后而一遇知其解者，是旦暮遇之也。既使我与若辩矣，若胜我，我不若胜，若果是耶？我果非也耶？我胜若，若不吾胜，我果是也？若果非也耶？其或是也？其或非也耶？其俱是也？其俱非也耶？我与若不能相知也。则人固受其黮暗，吾谁使正之？使同乎若者正之，既与若同矣，恶能正之？使同乎我者正之，既同乎我矣，恶能正之？使异乎我与若者正之，既异乎我与若矣，恶能正之？使同乎我与若者正之，既同乎我与若矣，恶能正之？然则我与若与人俱不能相知也，而待彼也耶？化声之相待，若其不相待，和之以天倪，因之以曼衍，所以穷年也。”

“何谓和之以天倪？”

曰：“是不是，然不然。是若果是也，则是之异乎不是也亦无辩。然若果然也，则然之异乎不然也亦无辩。”

【见独】

瞿鹊子

庄子虚拟的人名，象征向道但尚未悟道。

长梧子

庄子虚拟的人名，有道之人的象征。

吾闻诸夫子

我把我所听到的话，讲给孔夫子听。闻应是使动用法。

圣人不从事于务

这句话跟“不就利、不违害、不喜求、不缘道、无谓有谓、有谓无谓、而游乎尘垢之外”是并列关系呢，还是总分关系？如果是总分关系，则“务”的含义，就是后面所列举的那些内容。如果是并列关系，则“务”就是事务、俗务的务。两种理解都可以。总之，不太可能是“务必”的务。

不就利

趋利避害是人的本性。圣人不就利，岂不是圣人要违背人的本性？不是的。圣人不去刻意追求本身并非是自己利益的东西。比如，活着是人最大的利益吧？俗人怎么去就这个利呢？去爬山，去游泳，去打球，去跳舞，去食疗，等等，不一而足。这就叫“就利”。真正的利，是就不来的，是顺来的，是因来的。人的寿命有个定数，圣人不去破坏这个定数就可以了，完全无须去增加这个定数。那圣人怎么就知道这个定数是多大呢？圣人无须知道。他只需知道，人的寿命有个定数，他把人生各个方面的事打理好了，不忧愤，不悲伤，不暴躁，不固守，不奢望，就行了。

不违害

比如，死是人所必须面对的最大的害，但圣人把死生视为一体。庄子很多篇章中，都论及了死生一体的观念。就在这个寓言本身中，庄子也说道：“予恶乎知夫死者不悔其始之祈生乎？”通俗解释这三字就是：“天要下雨娘要嫁人，随它去吧！”

不喜求

不是太好理解这三个字的准确意思。但据观察，世人或多或少都会在力所能及范围内因被求助而内心喜悦，它或许源于人有被需要的天然心理。圣人不以被求为喜，也不以不被求为喜，他独与天地精神往来，以有道为喜。如果不把“不喜求”的主语看作圣人，而把“不喜求”看作一种社会现象，则“不喜求”思想显得更伟大。因为任何求的出现，一定是道受到破坏了的结果。一朵花，如果能自在地开，它需要求什么呢？一个人，如果能自在地活，他需要求什么呢？

不缘道

这三个字更加不好理解。主要是因为“缘”字没有语境。在没有其他更好办法的情况下，以“缘”在这里显然是动词来理解这句话，似乎更靠谱一点。缘作动词时，有文饰的意思。“不缘道”就是不文饰道。就是说，圣人真实，有道就有道，不会为了从世人那里获得谦虚的虚名，就掩饰说自己不在道。如果圣人有道，偏要说自己无道，那怎么才能显道并传道呢？所以，圣人无须谦虚，只需真实。有真人而后有真知（《大宗师》）。是真理就敢于坚持，是天才就敢于自负，是圣人就敢于立道。

无谓有谓，有谓无谓

这才是真正让三皇五帝听了都会感到困惑的一句话。这句话有很多角度可以理解，这里只讲最可能切合庄子在这里所要表达的思想。整句话的意思，其实就是：“有有也者，有无也者，有未始有无也者，有未始有夫未始有无也者。俄而有无矣，而未知有无之果孰有孰无耶？今我则已有谓矣，而未知吾之所谓，其果有谓乎？其果无谓乎？”

奚傍日月，挟宇宙，为其吻合，置其滑涽

奚，相当于何必。傍和挟，可能是庄子信手拈来的字，也没有怎么细想，就用在这里了。所以，含义不是太大，大概就是表示很费力的样子。两个“其”，应该就是指日月和宇宙，也即万物。吻合是什么意思呢？就是双唇闭合，比喻自然而然地两相符合。滑涽，庄子也只此一用，极难把握。但从“置”字上入手理解，似乎能找到一点蛛丝马迹。置，应该就是“置之度外”的置。置其滑涽，就应该理解为置日月、宇宙的滑涽于不顾。那日月、宇宙的滑涽又是个什么状态呢？想到庄子在《在宥》篇中有用到“涬溟”，又想到庄子在《天地》篇中有用到“浑沌”，将滑涽、涬溟、浑沌三词连在一起看，似

乎可以看出点门道，那就是这三词可能是同一个意思，即天造之物的自然结合状态。整句话的意思，大致可以翻译为：哪里用得着对日月、宇宙费那么大的劲去强力为它们吻合，而置其本来就浑然一体于不顾？

众人役役，以隶相尊。圣人愚钝，参万岁而成一纯

我们首先要看出这里庄子想拿众人和圣人作对比，这个意念如果没有在脑海中建立，便会照过往解注本，将这句话合前句，看作“奚傍日月，挟宇宙，为其吻合，置其滑涽，以隶相尊。众人役役，圣人愚钝，参万岁而成一纯”。就这样语义完全支离的句子，几千年里千百人照读照解而毫无疑心，真叫人替庄子着急。另外，过往解注本“参万岁而成一纯”为“参万岁而一成纯”，未能顾及“参万岁”与“成一纯”的对语关系。其结果，也会导致文理难解。

役役，就是忙忙活活、劳劳碌碌的样子。隶，当是“奴隶”的隶，这里应该就是指众人。相，就是“相亲”的相。相的本义是察看的意思，这里可引申为对待。尊，从语境看，应该就是以日月、宇宙为象征的天地万物，或就是大道。

圣人的愚钝，绝非凡人的愚蠢与迟钝。圣人的愚钝，其实就是浑沌，是万物了然于胸后的不分彼此。参，就是“参悟”“参透”的参。万岁，一定要在庄子的语境中来理解，不可以想当然。先秦时代，万岁表示永恒存在的万能之天。一纯，就是万岁。或者说，万能之天的本性，就是一体而纯白不杂的。一只苍蝇，一只老鼠，也是一纯的吗？当然是。如果不是，它们何以能够成为一只活生生的动物，以至于无论何种发达科技，都根本无法制造？任何天造之物，都是由纯白不杂的单一体组合而成，人没有必要劳心费神地去为其吻合而置其滑涽。

万物尽然，而以是相蕴

这句话放在这里，乍一看，好像多余。细一思量，则必不可少。因为，接下来要讲的是人事，而刚言说的是天理。由天理过渡到人事，就需要一个过渡语。这个过渡语，就是“万物尽然，而以是相蕴”。那么，庄子所要阐明的人事是什么呢？

予恶乎知悦生之非惑耶，予恶乎知恶死之非溺而不知归者耶

人事之一，生死。我们对待生死就要像圣人对待万物一样，“参万岁而成一纯”。若不明白生死乃人之常情，就会“众人役役，以隶相尊”。于是，就有了“予恶乎知悦生之非惑耶，予恶乎知恶死之非溺而不知归者耶”。原文此句为：“予恶乎知恶死之非弱丧而不知归者耶？”语义含混，前后不搭，且没有庄学义理根据。改“弱丧”为“溺”，则有庄学自证。溺，也即《缮性》篇中“文灭质，博溺心，然后民始惑乱，无以反其性情而复其初”的溺，沉溺或陷溺的意思。

丽之姬

为进一步阐明生死之理，庄子举出了丽之姬的故事。该故事虽不是有关生死，却表达了同一个意思，那就是，厌恶、担忧尚未出现的事情就是一种惑，一种溺，正如悦生恶死一样。丽之姬，不能简单地理解为一个叫丽姬的女子。虽然，即使这么看，对文本理解没有任何影响。但从学术内在的严谨性要求上看，还是必须把丽看作是对姬的修饰说明。姬，古代只是对妇女的一种美称，相当于今天人们口语中的靓女。靓女其实跟女子的靓不靓没有必然联系。而丽之姬，就一定是美女了。从庄子要表达的思想来看，姬嫁的是国王，所以，一定是丽姬才行。

予恶乎知夫死者不悔其始之祈生乎

乍一看，这句话仍旧在言说生死之理，实则不然。庄子想以此为引，以梦为喻，来阐述何为大觉状态。梦，最大的特征就是不真实。何为不真实？一朵花、一棵树、一滴水，真实还是不真实？花要谢，树要枯，水要干，忽生忽死，游移不定，怎能真实？真正真实的，是永恒不变的大道。而人却总死守着这些可变之物，就如在梦中一样，一会儿喝酒，一会儿哭泣，找不到皈依。更可悲的是，人在梦中全然不觉自己在梦中，还会在梦中去追求其他不真实的事务，如在梦中占卜。更愚蠢的人就还以为自己没有做梦，整天不离君啊牧啊这类俗事。唯有大觉后回归真实，才会发现自己曾经是在做梦。生死如梦，有乎生，有乎死，摆脱梦的不真实，回归大道，才能将生死视为一体。

是其言也，其名为吊诡

“吊诡”一词为庄子所创也仅为庄子所用，所以被后人解得稀奇古怪。人类语言中很多莫名所以的词汇，或许就是这么来的。要理解庄子这个词的本义，首先得理解“吊诡”的具体所指。要理解“吊诡”的具体所指，就得先理解“是其言也”的具体所指。从紧接着“万世之后而一遇知其解者”这句话来看，“知其解者”的其，应该与“是其言也”等值，也即它们应该都是指：“圣人不从事于务，不就利，不违害，不喜求，不缘道，无谓有谓，有谓无谓，而游乎尘垢之外。”这番话，孔夫子以为是孟浪之言，瞿鹊子以为是妙道之行，而长梧子以为是吊诡。这个思路一旦厘清，那“吊诡”一词，就不会是什么荒唐之言或是什么不可思议之言了。如果硬要用白话来表达一下的话，该怎么说呢？还是“稀奇而不古怪之言”较好。

万世之后而一遇知其解者

过往解注本多为“万世之后而一遇大圣知其解者”，多出“大圣”两字，不太可能是庄子笔误，而疑似后人擅自添加。

人固受其黮暗，吾谁使正之

人事之三，则是我与若辩之事。从我与若相辩的结果来看，人与人是无法完全相知的。原因何在？“人固受其黮（dǎn）暗，吾谁使正之？”人固受其黮暗，最好理解为人天生就蒙受某种局限。固，就是“固有”的固，指与生俱来的。黮暗，昏暗无光的样子，比喻人天性上的某种局限。如果这种解读较为靠谱，则“正”就不能理解为纠正，而应据文章义理，理解为补正。人的黮暗显然无法纠正，而只能借助他人补正。所以，《老子见微》第 23 章说：“不自视，故章。不自见，故明。不自伐，故有功。”白话说就是：“不仅凭一己之眼看，所以能看得完整。不仅凭一己之心想，所以能想得明白。不仅凭一己之才干，所以能干得成功。”

化声之相待，若其不相待，和之以天倪，因之以曼衍，所以穷年也

同乎若者、同乎我者、同乎我与若者、异乎我与若者都不能弥补人天性上的局限。什么才可以？庄子在这里给出了终极答案：“化声之相待，若其不相待，和之以天倪，因之以曼衍，所以穷年也。”化声本应该是相待的，但也有可能因为人的原因而不那么相待，就如你与我与人不能相知又不能相正。这时，该怎么办？“和之以天倪，因之以曼衍。”唯其如此，人生才能尽享天年，逍遥自在。因为不相待，才需要和。

“化声之相待”的化声，《庄子》中只此一用，难以归元其准确含义。根据这里的语境，结合本章的齐物主题，应该就是指造化之声，也即人籁或是地籁，也即你、我、人的自然之言。人籁或是地籁，都是天籁也即吹的结果，都是相待的，也即相协调的，一如万窍怒号的调调刁刁。只是，这里是长梧子在讲话，前面的天籁是子綦在讲话，两者必须通过庄子才能统一。和，就是“调和”的和。天倪，人与人的言语之间，就如物与物之间，有一条天然的分际线。这条天然的分际线，就叫天倪。因，就是“因顺”的因。“和之”的之，指若其不相待。“因之”的之，指和之以天倪。曼衍，意思相当于今天人们常说的彻底、全面、持续，唯有道才如此。穷年，如果能理通此处的文脉，则把穷年理解为穷尽天年比较靠谱。

原文在“所以穷年也”后有“忘年忘义，振于无境，故寓诸无境”句，既无思想内涵，又与语境不搭，疑似后人注语，故删之。

【今译】

瞿鹊子问长梧子：“我听说过一种说法，并转告给孔夫子听：圣人不在俗务中打转，不刻意趋就好处，不刻意逃避害处，不以被求为喜，不掩饰自己的道行，众人眼中的有，或许就是圣人眼中的无。众人眼中的无，或许又是圣人眼中的有。总之，他游心于尘世之外。孔夫子听后，以为大而无当。我却觉得这恰恰是开悟大道之后的行为表现。不知道您的看法会怎样？”

长梧子回答说：“这番话即使是三皇五帝听了，也会倍感困惑，孔丘怎能听得明白呢？你也心太急了，才看到蛋就想要雄鸡报晓，才看到弹就想要烤鸮美味。现在，就让我来为你随便说说吧，你也就随便听听好了。何必要对日月、宇宙使出那么大的劲，去强力将它们捆合在一块，而置它们原本就浑然一体于不顾？那些普罗大众们一天到晚忙个不停，总想以自己奴隶般的地位来粗暴对待至尊的天地大道。圣人就不这样。他将天地万物融为一体，并坚守万物本真的纯然状态。万物本身就纯然不杂，却又相互聚合在一起。就拿生死这原本就是一体的事来说吧。我怎么知道对生的喜悦就不是一种迷惑呢？我又怎么知道对死的憎恶不是一种陷溺而不知所归呢？这就好比那艾封人的漂亮女儿姬对待自己的婚事。在她刚要嫁到晋国之时，她哭得连衣服都湿了。待后来进到了王宫，她与晋王睡的是硕大木床，吃的是美味佳肴，一下就后悔曾经哭了。我怎么知道已经死去了的人不会后悔他活着时对长生的祈求呢？你看那梦。要是梦见自己在梦中有酒喝，醒来后也很可能会哭泣。要是梦见了自己梦中在哭泣，醒来后也很可能去狩猎。当他正在梦中的时候，他其实不知道自己在做梦。做梦的时候还很可能会去占卜他的梦，直到醒来后才知道原来那是梦。如此说来，一个人只有在真的醒来后才知道自己在做梦，愚蠢的人还以为自己没有在做梦，一天到晚口不离君啊牧啊这类俗事，真是死心眼啊！孔丘与你其实都是在梦中，我说你在梦中也还是在梦中。你对孔夫子说的那些话，哪里是什么孟浪之言，其实是吊诡之言啊。所谓吊诡之言，其实就是奇而不怪之言。这些言，待到某天一旦遇到真能彻底解读明白的人，其实也只不过是些日常之言罢了。现在，我说的这些话你跟我有得辩吗？那好，就先假使我与你发生了争辩。要是你胜了我，我胜不了你，那能说明你真的就对了吗？我真的就错了吗？要是我胜了你，你胜不了我，那能说明我真的就对了吗？你真的就错了吗？或者说，你我有些是对的？有些是错的？又或者说，你我都是对的？都是错的？这说明你我其实是无法完全相知的。由是可知，人天生就蒙受某种局限。这种局限由谁来弥补？由跟你一样的人来弥补？既然跟你一样了，又怎么能弥补？由跟我一样的人来弥补？既然跟我一样了，又怎么能弥补？由跟我和你不一样的人来弥补？既然跟我和你不一样了，又怎么能弥补？由跟我和你一样的人来弥补？既然跟我和你一样了，又怎么能弥补？这样一来，我跟你跟人都不能相知，那就只有依靠天倪了？合乎大道的言语，原本就是相协调的。要是不相协调了，那就要借助天道，使之相协调，并由此而彻底贯彻下去。这样，人生就可以尽享天年了。”

瞿鹊子接着问：“您刚才提到的和之以天倪是什么意思啊？”

长梧子回答道：“肯定不肯定的，认可不认可的。肯定的东西如果真是肯定的，则肯定的之不同于不肯定的，用不着争论。认可的如果真是认可的，则认可的之不同于不认可的，也用不着争论。”

八

【文本归元】

罔两问景曰：“曩子行，今子止。曩子坐，今子起。何其无特操欤？”

景曰：“吾有待而然者耶！吾所待又有待而然者耶！吾待蛇蚹蜩翼耶！恶识所以然？恶识所以不然？”

【见独】

要理解这个寓言，首要任务是定出“景”的象征意义。首先，单从这个寓言本身看，景说的“恶识所以然？恶识所以不然？”应该看作是一句话真言，它同“物固有所然，物固有所可。无物不然，无物不可”等值。真言当然只有真人才能说出。所以，景是真人的象征。然后，这个寓言有个姐妹版，寓于《寓言》篇中。《寓言》篇中的那个寓言，景的身份是十分肯定的，就是有道者的象征。所以，综合两个相似寓言一起看，可以肯定景就是有道者的象征。唯有把这个定下后，这个寓言的其他字词，才能准确把握。罔两指责景无操，说明他完全不知道道是什么。由此，罔两是庄子虚拟的人名，其“罔”字，应该就是“学而不思则罔”的罔，迷惑的意思。两，就是不一。罔与两一起构成“罔两”一词，应该就是处于迷惑中的“其不一也一”（《大宗师》）的小知。景，就是“景色”的景，不是“影”的通假。要“景”通假“影”，则寓言的整个寓意就完全不知是什么了。而如果就是景，则这个景字，用得真是一绝。绝在哪里呢？绝在景可以指代任何物的存在。什么物的存在不是一种景呢？什么景不能成立呢？有两种相同的景吗？或许正因为如此，罔两才会不解地问景：“过去你是走动着的，现在你又停留了。过去你是坐着的，现在你又站起来了。你怎么这么没有操守呢？”景是可以以任何形式存在的，所以，景轻描淡写地回答罔两：“我之所以会这样，是因为我有待呀！我所待的又有所待，才会这样的呀！我所待的，就如蛇蜕了的皮，蝉蜕了的壳。要问我为什么会这样，为什么又不是这样，我哪里知道！”注意“吾”字的使用。这个吾，应该就是“吾丧我”的吾，悟道并悟到了道的象征。曩（nǎng），从前、过去的意思。操，就是“操行”的操。罔两不理解景，它对景无操的判断，正是罔两自身因无知而无操的反映。任何景，都要依待物才能存在。任何物，都要依待道才能存在。景之所待，就是物。物之所待，就是道。道，无待。而道究竟是怎么回事，谁知道呢？景，不挑不选，随物而动，随物而安，这就是道，就是逍遥，就是以万物为齐。

【今译】

罔两对景发问：“以前您是走着的，现在您又歇足了。以前您是坐着的，现在您又站起来了。请问您的举止怎么就这么没有定准呢？”

景答道：“我是有所依待才这样的啊！我所依待的又有所依待才这样的啊！我所依待的就如蛇蜕了的皮，蝉蜕了的壳啊！我哪能知道我为什么是这样子的呢？我又哪能知道我为什么不是这样子的呢？”

九

【文本归元】

昔者庄周梦为蝴蝶，栩栩然蝴蝶也，不知周也。俄然觉，则蘧蘧然周也。不知周之梦为蝴蝶欤？蝴蝶之梦为周欤？周与蝴蝶，则必有分矣。此之谓物化。

【见独】

一方面，人都有做梦的经历。另一方面，蝴蝶是世界上最美的动物。这两厢一结合，再加上庄子天才思想的注入，这个寓言几乎就成了中国文人心中的寓言之王。对于王的理解，需有一颗王者的心。

昔者

不可以将“昔”通假为“夕”，进而将夕解读为夜里，虽然通假不通假对寓言理解影响不大。梦不是非得是夜里才做的，况且夕也不一定就是夜里。

栩栩然、蘧蘧然

这两个词要结合起来看，才能看出其中的味道。庄子这里的意思十分明白，就是当庄周梦为蝴蝶时，觉得蝴蝶是很真实的。当庄周醒来时，觉得自己还是很真实的。要不然，周与蝴蝶必有分，就没有语境。所以，要把“栩栩然蝴蝶也”理解为蝴蝶的存在，就如栩一样真实。“蘧蘧（qú）然周也”理解为周的存在，就如蘧一样真实。《田子方》“吾始也疑子，今视子之鼻间栩栩然，子之用心独奈何”是最好的证明。栩，本义是柞（zuò）木，柞是栎（lì）的通称，即栎属的乔木或灌木。蘧，古同“蕖”，即芙蕖或荷花。

物化

这个寓言的寓意，在庄子这里，其实很明确，很简单，就是万物齐一。因为，凡物，蝴蝶也好，庄周也罢，其实质，都只不过是物的转化。庄周的死，可能就是蝴蝶的生。庄周的生，可能就是蝴蝶的死。是蝴蝶，就可以栩栩。是庄子，就可以蘧蘧。栩栩难道就没有蘧蘧好吗？柞木就没有荷花好吗？蝴蝶难道就没有庄周好吗？一个人如果死守蝴蝶或者死守庄周而不化以待尽，可能吗？有必要吗？能逍遥吗？合天道吗？如果不是，那就“体尽无穷，而游无朕，尽其所受于天，而无见得，亦虚而已。至人之用心若镜，不将不迎，应而不藏，故能胜物而不伤”（《应帝王》）。庄子把这样伟大的思想，以梦的方式呈现，想必是以梦攻梦，警醒人们不要老活在梦中。人亦有不茫者也！后人对这个寓言的万千演绎，应理解为思想家对人类思维与想象的伟大贡献，而不应理解为思想家本身的思想。一个人把自己对思想家思想的想法与思想家本人的思想相混淆，与其说是对思想家的推崇，不如说是对思想家的诋毁。思想家如果要靠其被误解来成就自身的伟大，则意味着整个社会陷入在普遍的迷茫当中。

原文在“昔者庄周梦为蝴蝶，栩栩然蝴蝶也”后有“自喻适志欤”句，语义含混难清，且与语境不调，删之更好。

【今译】

有一次庄周梦见自己变成了一只蝴蝶，真真切切就是一只蝴蝶，完全意识不到庄周自身的存在。一会儿醒了过来，才发现还是这个实实在在的庄周。真的搞不清楚，究竟是庄周做梦变为蝴蝶了呢，还是蝴蝶做梦变为了庄周？不管怎样，庄周与蝴蝶，一定是存在分别的。这就叫物化。

养生主

一

【文本归元】

吾生也有涯，而知也无涯。以有涯随无涯，殆已。已而为知者，殆而已矣！为善无近名，为恶无近刑，缘督以为经，可以保身，可以全生，可以养亲，可以尽年。

【见独】

吾生也有涯，而知也无涯

这话的准确含义非常不好把握。

吾生也有涯，是指我的个体生命有限呢，还是指我从上天那里所分有的性情有限？如果是后者，则有庄子《齐物论》“人固受其黮暗”自证。如果是前者，则有坚实的事实依据。这一般意义上的两可，放到本章具体语境中，还是两可。如果说真正的思想理当取大不取小的的话，就取含义更大些的我的个体生命有限吧。

知，是指知识呢，还是作为个体生命要知道的这个世界？就庄子在本章中的意图看，后者更为合适。就读者对知识的接受体验来看，前者更合适。普通读者也即无须深度沉思的读者，就按自己的思维习惯，理解为知识好了。特殊读者也即总喜欢观察思考的读者，建议按后者理解。毕竟，我们要理解的，不是知识，而是世界。这个世界，诚如《德充符》中所说：“死生存亡、穷达贫富、贤与不肖、毁誉、饥渴、寒暑，是事之变，命之行也。日夜相代乎前，而知不能规乎其始者也。”故“知也无涯”。一些解注者意识到前人的任何解注都不合事理逻辑，遂将“知”理解为是非之知，或是《人间世》里“知出乎争”的知，这里就不打算去陷入一场新的脱离语境的无谓争辩了。毕竟，吾生也有涯。

以有涯随无涯，殆已

随，理解为追随好，还是理解为跟随好？追随的主动意味更强些，跟随的被动意味更强些。以庄子对天道的热心程度看，追随好。本章的后三个寓言，主旨都有追随天道的意味。

殆已（jǐ），我们得首先把本章当作一个整体进行研读，任何真正的思想作品都应该这样进行研读。本章主题显然就是养生主。养生主是什么意思呢？养生当然就是我们习以为常的养生，即如何善待自己的生命。主，应该就是“主次”的主，关键或是核心的意思。养生的关键是什么呢？这就是第一段要回答的问题。后面的三个小寓言，都是为了使第一段的义理得到更充分的理解。要回答这个问题，天才思想家庄子首先看到了人的一个宿命，那就是人的个体生命的有限性跟人所处的环境的无限性矛盾。解决这个矛盾的根本方法有没有呢？有。那是什么？是殆已（jǐ）。也就是说，人不得已要以有涯随无涯，那如何做才好呢？殆已。这个绝妙的词，应该风行起来才对得起庄子的天才创造，就如“庖丁解牛”成为人们耳熟能详的成语或典故一样。那殆已如何理解才符合人正常的理性思维要求呢？殆，《庄子》中一个常用字，大概的意思。已，就是“自己”的已。殆已，就是立足自身但无法完全立足自身，只是个大概而已。能完全做到立足自身的人是不存在的，所以只能是大概。

已而为知者，殆而已矣

不要说大概就容易做到，它其实比精准更难做到。为什么呢？人的难以理解。人的难以理解，首先表现在对自己的难以理解上。所以，古希腊德尔菲神庙最具智慧的话是：认识你自己。庄子这篇文章要论证的思想是养生主，答案是如何认识你自己，养生理所当然是养自己。已，就是“自己”的己。殆，还是大概的意思。而已（yǐ）矣，句末语气词，表强调。庄子试图以这种类似文字游戏的方式，强调以有涯随无涯，最重要的，就是已和殆。接下来的几句话，是这个思想的现实运用。接下来的三个寓言，是对这句话义理的情景解释，庖丁是殆已，右师是殆已，秦失是殆已。不殆已，就是遁天悖情，忘其所受。

为善无近名，为恶无近刑，缘督以为经，可以保身，可以全生，可以养亲，可以尽年

任何行为，念头错了，结果就必定是一连串的错，而不会是单个的错，此即所谓的祸不单行。这几句话的解注五花八门，没有一花可看，没有一门可进。这个判断不是某个人的独断，而是任何一个理智正常的人，在看到各种版本的解注后，其神的自动判断。

给不出正确答案，对错误再严厉的批判，也是意见。唯有给出正确的答案，才是真理。解注这句话技术上首先是句读，“为恶无近刑”后面，不能是句号，而应是逗号。“为善无近名，为恶无近刑”说的是不要怎样，“缘督以为经”说的是要怎样。那如何理解不要怎样的“为善无近名，为恶无近刑”呢？太有难度了。过往解注因为打一开始念头就错了，所以，错的连环里，这一环错为“做好事不要到了出名的地步，做恶事不要到了触犯刑法的地步”，或是其他类似的基于经验事实的解注。就好像庄子不是一个思想家，而是一个空洞的道德说教者，又或是一个经验老到的混世魔王。有几个关键字理解不到位，就不会有真知。这几个关键字就是：善与恶、名与刑及近字。

先看善与恶。善与恶都是多义词，具体的含义，要在具体语境中来理性选取。这里的语境是，前面是：“已而为知者，殆而已矣！”后面是三个寓言。于是，善，就是喜爱或是善于的意思。为善，就是做自己所喜欢或是自己所擅长的。那恶呢？不能读为è，而要读为wù，“好恶”的恶。《庄子》中有大量的“恶”字，大多是疑问词，相当于何，如《齐物论》：“恶识所以然？恶识所以不然？”少数是动词，相当于“好恶”的恶，如《人间世》：“行事之情而忘其身，何暇至于悦生而恶死？”也有形容词的，相当于“美恶”的恶，如《人间世》“美成在久，恶成不及改”，结合本章本节语境，这里的恶，理性选取的结果，是“好恶”的恶。与为善相对，为恶，就是做自己不喜欢的事。自己不喜欢的事，为何还要做呢？人生也有涯，而知也无涯。知识从来不以人的不喜欢而不存在。

再看名与刑。结合本章本节语境，这里的名，就是《大宗师》里“殉名失己”的名（己也就是殆己的己）。刑呢？就是《老子见微》第40章“天象无刑，道褒无名”的刑，义同《老子见微》第28章“大制无割”的割。割，就是硬碰硬，就是庖丁解牛寓言中良庖的割和族庖的斫。

最后看近。庄子遣词造句不拘一格，如坐忘、心斋、见独等，用字也是一样任性。这里的近，要在本节的语境中，且揣且度才能把握到庄子的本原含义。前面说，以有涯随无涯，要殆己。所谓殆己，就是大概的自己。基于此，那做自己喜欢的事或做自己不喜欢的事，该如何呢？就是要注意近。究竟多远的距离才算近？要靠人的理性的督才行，没有具体的尺度要求。比如，请勿近水、不近人情、关系很近等，都没有具体的准确的尺度要求。正因此，庄子告诫人们，做自己喜欢的事也好，做自己不喜欢的事也好，都不要太近，太近必受拘束。其实，近是个正反相成的字。就是说，当告诫不要太近时，是已经近了。没有事不是名，也没有事不刑，关键在于尺度的把握。那这个尺度如何把握呢？天才庄子给出的答案是：缘督以为经。

缘督以为经

督的本义是察看、督促、监督。这个本义，是既可以完全吻合本段前后语境的需要，也可以完全吻合后面三个寓言的需要。庖丁解牛就是督的结果，右师的独就是督的结果，秦失的号就是督的结果。现代词汇里总督这个词，最切合这里的督的含义。要是我们能总督我们生活的方方面面，那不就是最好的养生之道吗？不就“可以保身，可以全生，可以养亲，可以尽年”吗？相反，为善要是近了名，为恶要是近了刑，那就是没有“缘督以为经”的结果。

缘，就是“缘木求鱼”的缘，就是《田子方》“人貌而天虚，缘而葆真，清而容物”的缘，因顺的意思。经，就是“经纬大线”的经。

【今译】

一个人的个体生命是有限的，而知识是无限的。以有限的个体去应对无限的知识，最好的办法，就是管理好大概的自己。自己管理好了，再去应对无限的知识，也就只是个大概而已。做自己喜欢的事情不要受到名称的限制，做自己不喜欢的事情不要硬碰硬，始终将自己的行为建立在观察督导的基础之上，这样，就可以保身，可以全生，可以养亲，可以尽年。

二

【文本归元】

庖丁为文惠君解牛。手之所触，肩之所倚，足之所履，膝之所踦，砉然响然。奏刀𬴂然，莫不中音。合于《桑林》之舞，乃中《经首》之会。

惠君曰："嘻，善哉！技盖至此乎！"

庖丁释刀对曰："臣之所好者道也，进乎技矣。始臣之解牛之时，所见无非全牛者。三年之后，未尝见全牛也。方今之时，臣以神遇而不以目视，官知止而神欲行。依乎天理，批大郤。技经肯綮之未尝，而况大骨乎！良庖岁更刀，割也。族庖月更刀，斫也。今臣之刀十九年矣，所解数千牛矣，而刀刃若新发于硎。彼节者有间，而刀刃者无厚。以无厚入有间，恢恢乎其于游刃必有余地矣，是以十九年而刀刃若新发于硎。虽然，每至于族，吾见其难为，怵然为戒，视为止，行为迟，动刀甚微，謋然已解，如土委地。提刀而立，为之四顾，为之踌躇，善刀而藏之。

文惠君曰："善哉！吾闻庖丁之言，得养生焉。"

【见独】

庖丁为文惠君解牛

庖丁，结合本章语境，应理解为一位姓丁的职业庖人。这种用法现代汉语还普遍存在，如王工，就很可能是一个姓王的工程师。丁处，很可能就是一个姓丁的处长。不同的只是，古今汉语的语序往往出现差异。很多词汇的语序，粤语跟普通话是反过来的，比如"谢谢先""走先"等，就因为粤语跟古汉语更接近。那为什么说庖丁是一位职业庖人呢？从庖丁所用牛刀已经有十九年且解牛数千头看，不是职业庖人是做不到的。庖，本义是厨房的意思。

文惠君是庄子虚拟的还是历史中实有的，对文本理解没有任何影响，故就此放过。

解牛，结合本章语境，应理解为将已经杀死了的牛再做肢解。现代汉语中用牛劲来形容力气大或是耐力强，说明牛的力量及耐力是非常好的。庖丁解牛如果解读为庖丁宰牛，那庖丁无论如何都不可能做到"合于《桑林》之舞，乃中《经首》之会"，更不可能"每至于族，吾见其难为，怵然为戒，视为止，行为迟，动刀甚微，謋然已解，如土委地"。更何况，庄子这个寓言的主旨，不是要说明力量大有多好，而是要说明"缘督以为经"有多对。

手之所触，肩之所倚，足之所履，膝之所踦，砉然响然

准确理解这句话的关键，在于通过想象还原庖丁解牛的场景。庖丁不但技高，而且道好。技高而且道好的表现形式之一，就是动作娴熟，全身协调。协调到什么地步呢？就如流水般哗哗作响。流水般哗哗作响的意境来自文本哪里呢？来自“砉然响然”。砉，音 huā，很可能就是“哗”，象声词。这在文字本身上没有什么特别根据，但在意境中是完全符合义理逻辑的。

踦，音 yǐ。本义是一只脚，名词。做动词时，是庄子的独用，不太能清晰解释其含义。根据文脉，应该是顶的意思。因为，当说用膝顶的时候，经验告诉我们，往往是用一只脚，另一只脚要作支撑用。

奏刀騞然，莫不中音

这里的句读非常重要。说非常重要，不是指思想上的，而是指思维上的。过往解注本，本句合上句，中间用逗号隔开，是独立的一句。现在，两句中间用句号隔开，是并列的两句。有什么差别吗？厘清本段结构，差别便一目了然。“砉然响然”是用来形容“手之所触，肩之所倚，足之所履，膝之所踦”的。“莫不中音”是用来形容“奏刀騞然”的。“合于《桑林》之舞，乃中《经首》之会”是发感叹的。

騞，音 huō，呼呼作响且有节奏的意思。从对应关系看，“奏刀”对应的是“手之所触，肩之所倚，足之所履，膝之所踦”，騞然对应的是“砉然响然”。从义理逻辑看，“莫不中音”是对“奏刀騞然”的总结性赞语。“奏刀”的奏，应该就是“奏乐”“演奏”的奏。显然，在庄子心中，庖丁是一个整体的形象，刀就是庖丁手中的乐器。庖丁乐器般的刀，不是用来割的，也不是用来斫的，而是用来解的。解，又是依乎天理。天理，就必定是乐章。是乐章，表现出来，就得奏。任何依乎天理的行为，都是一段美妙的乐章。所以，庄子的莫不中音，在常人看来或许是刻意使然。而在庄子本身，则必定是长期观察思考后，心灵在文字上的自然流露。

嘻，善哉！技盖至此乎

善，就是庖丁应答文惠君时所用的“好”，好、真的好的意思。

“技盖至此乎”后不能用问号。庖丁解牛技盖至此，是文惠君看在眼里、赞在心里、定在嘴里的事，不用问。从后文庖丁回答说“臣之所好者道也，进乎技矣”来看，文惠君也没有想要问庖丁的解牛之技怎么就可以这么牛的意思。

臣之所好者道也，进乎技矣

好，不能解读为“爱好”的好，而应解读为“好坏”的好。从语境看，这个“好”字，对应的是文惠君的“善”。文惠君的善，显然不是“善于”的善，而是“美善”的善，好的意思。从义理上看，爱好的未必就好，好的一定是爱好的。庖丁解牛之技明显就是好的，也一定是爱好的结果。所以，解读为好坏的好，也就一并包含了“爱好”的好。

进，庄子中的常用字，它的常用含义之一，就是超越的意思。本句及《大宗师》“夫孟孙氏尽之矣，进于知矣”等的进，就是超越的意思。

始臣之解牛之时，所见无非全牛者。三年之后，未尝见全牛也。方今之时，臣以神遇而不以目视，官知止而神欲行

字面意思非常容易理解，真正的内涵，需要读者结合自身经验去感悟、去沉思，才能真正明白。一个人天赋的完美实现，需要启蒙，需要引导，需要长时间训练，需要终极一跃。不启蒙，再好的天赋，所见也无非是全牛者。文盲就在这个层次。启蒙后，需要引导。否则，到了“未尝见全牛”很可能就打止了。业余就在这个层次。引导后，需要长时间训练。否则，能够目视很可能就打止了。专业就在这个层次。长时间训练后，需要终极一跃，与道合一，以神遇而不以目视。进乎技或说道，就在这个层次。

未见全牛，是没有看到牛有节且节与节之间的空隙。

神遇，指牛的结构了然于胸，即使眼睛完全没有看到牛。

官知止，不能太准确把握到庄子这里用词的用意。如果官知止而神欲行压缩为官止而神行，就好理解多了。加了知和欲后，欲好理解，知就不好理解了，大概就是指人的感知器官吧。

依乎天理，批大郤

原文这句话后面紧接有“导大窾，因其固然”，因为实在解不通“大窾”的含义，遂谨慎而智慧地删除了它。总不能说庄子的文章就好到一字不可改，一句不可删吧？说谨慎，是说删除不是随意的，是理性审视后的结果。说智慧，是说“导大窾，因其固然”的含义，任你怎么解读，都必定完全包含在“依乎天理，批大郤”的含义之中。牛的天理，就是有节且节与节之间存有空隙。郤，即隙，音同。解牛的关键，就在督到这个天理，且顺从这个天理。千万注意了，这个节，不是骨节。要理解为骨节，则解、割、斫的不同，就没有语境了。

批，找不到能完全对应的现代词，只能根据文脉，将就解注为批解。大郤，特指牛的节与节之间的厚度相对于庖丁的刀口厚度，是大隙。按常规，这个隙其实是一点都谈不上大的。大自然造物都非常紧凑。即使竹子、葫芦、椰子等中空天造物，还是非常紧凑的。

技经肯綮之未尝，而况大骨乎

要彻底理解这句话很难。一是“技”的原字是什么？这又直接影响到“经”字的正确解读，二是“肯綮”如何理解？

如果原字就是“技”，则它就是“技盖至此乎”的技。于是，经就是“经过”的经。如果原字是“肢”或“枝”，则它就是“肢节”与“枝节”的肢或枝。于是，经就是“经络”的经。取哪个好呢？先定原则。合乎逻辑且义理更丰的好，那就取技。于是，经就是“经过”的经。义理更丰好理解。因为“肢”或“枝”以及“经络”，跟“肯綮”在本句中的作用等值。而如果是“技”，则增加了新的含义，同时，所需“肢”或“枝”的含义，并没有丢失。那逻辑在哪呢？如果是“肢”或“枝”，则需要通过想象补加含义，句子的意思才清晰。而如果是技，则无须任何补加，句子直接就有清晰的含义。这个直接就清晰的含义是，我的刀技就连肯綮都挨不到，哪还会挨到大大的骨头呢？于是，问题转换为肯綮是什么？从“肯”字的字形看，应该跟肾、肝、肺等同属一类结构。从啃的本义为用牙齿剥食坚硬的东西看，训肯为它的本义着骨之肉，是一定不会错的。那“綮”呢？音 qìng。庄子实在太任性了，使用些这么偏僻的字，简直难倒了一切英雄好汉。大自然从来不造独一无二的物。造一必造二，造二必造三。没有任何人的思想是终极不可理解的，只有神才终极不可理解。庄子是人不是神，他用的字词再怎么偏僻，但只要是真实的，就一定可以被理解。正如天下第一难《齐物论》中所说：“万世之后而一遇知其解者，是旦暮遇之也。”原来，綮的本义是细密的丝绸。如果有引申义，那就是细密，就如铁的引申义为紧密一样。所以，肯綮应该就是像肯一样綮，就如瓷实应该

就是像瓷一样实，铁紧就应该是像铁一样紧。把肯綮放到句中来理解，就非常贴切自然了。全句白话翻译过来就是，我的牛刀就连骨头旁最为细密的肉都没挨到，哪里还会挨到大大的骨头呢？

良庖岁更刀，割也。族庖月更刀，斫也

良庖，有将其翻译为优秀的庖人，肯定不对。割的庖人如果被庄子定位优秀，那庖丁的解如何定位？正确的解读应该是，解牛为优秀，割牛为合格，斫牛为拙劣。

族庖，指普普通通且数目众多的庖人。族庖怎么就有这么个含义呢？由族的含义所决定。族在《庄子》中有聚集的含义。比如，本节中的“每至于族”，《在宥》中的“云气不待族而雨”。既然叫聚集，那当然就众多了。众多了，当然就普普通通了。真正的优秀之士，都是独的，而非族的。独不是独一，而是极少。

割，就是“割肉”的割。一块完整的牛节单元，比如牛肚，要再分解的话，就得割。

斫，过往解注本都写作“折”。折在解牛过程是个怎样的情景呢？完全不清楚。要是还原为“斫”，就是《老子见微》第76章“代大匠斫”的斫，音zhuó，相当于“剁”或“砍”。

虽然，每至于族，吾见其难为，怵然为戒，视为止，行为迟，动刀甚微，䂦然已解，如土委地

这段话能充分说明庖丁解牛的道，是在有待中实现无待，在无名与无刑中实现为善与为恶。牛的天理是其结构有节，而不是人的感官所初步看到的全牛。牛的每节又都各不相同。这各不相同，需要人通过理性也即神才能充分把握到位。这个环环相扣的过程，就叫督。坚守这个督，就叫经。这个思想用文字完整表达，就叫缘督以为经。

䂦，原文都写作“謋（huò）”。深度沉思，这个䂦应该就是“奏刀䂦然”的䂦。

如土委地，不是指牛被批解后如土委地，而是指牛族也即牛节集聚的地方被批解时发出的声响。土堆倒下了的声响，一般形容为哗的一声，也即庄子所说的䂦然。

提刀而立，为之四顾，为之踌躇，善刀而藏之

这段话如果不作细想，就很可能认为是冗句。那细想的结果怎样呢？有两点。其一，“提刀而立”与“善刀而藏之”。庄子想表达什么呢？想表达庖丁对刀的爱惜。刀是庖丁手中的乐器，牛的天理是庖丁演奏的乐章。庖丁要一直演奏好乐章，哪能不爱惜手中的乐器。所以，他解完牛后，不是像一般庖人那样，顺手将刀就地一丢，而是将刀拿在手上，并小心翼翼地将刀收好。其二，为之四顾，为之踌躇。庄子想表达什么呢？想表达庖丁解牛能与道合一的喜悦与骄傲，也即道对合道者的鼓励与奖赏。正如《知北游》中所说：“若正汝形，一汝视，天和将至。摄汝知，一汝度，神将来舍。德将为汝美，道将为汝居。汝瞳焉如新生之犊而无求其故。”

“为之踌躇”的原文为“为之踌躇满志”，估计是笔误，现据《田子方》“方将踌躇”改。再者，从形式看，文本归元后也美感很多。

吾闻庖丁之言，得养生焉

文惠君看庖丁解牛，只看到了技。听庖丁之言，悟到了道。那庖丁之言，怎样就让文惠君豁然开朗而得养生之道了呢？庖丁解牛是庖丁用牛刀去解有节的牛，解牛之道就是因乎天理，不割不斫。其结果，就是刀用了十九年解牛数千头而刀刃依旧无厚，也即无伤。那人的养生之道呢？当然就是将人自身看作是一把刀，将整个社会看作是一头牛。牛的天理是有节，社会的天理也是有节。节与节之间有隙，人刀与牛刀都要在隙中游走，而不是在节内或是骨内割斫，才不会受到致命损伤。

整句话是庄子为呼应前文的“以有涯随无涯，殆已”而特设的。“己”是人生全部价值里最为基础的价值。《老子见微》第 13 章将这个思想阐释得十分到位：“故贵为身于为天下，若可以橐天下矣。爱以身为天下，女可以寄天下矣！”

【今译】

庖丁为文惠君特做全牛解剖表演。其手之所触，肩之所靠，脚之所踩，膝之所顶，就如流水般哗哗作响。而当他运刀解牛时，也是呼呼有声，没有哪刀不像一个流动的音符。总之，庖丁解牛时的一整套动作，看上去就像《桑林》临场起舞，听上去就像《经首》临场合奏。

文惠君不禁赞叹说："哈哈，真是好啊！解牛技术竟然可以达到这等境界！"

庖丁放下解牛用刀，接着回答说："我真正的好是道啊！是对技的超越呀！我刚开始解牛的时候，眼里看到的，无非就是一头完整的牛。待我解了三年的牛之后，我就再也看不到任何一头完整的牛了。而到如今，我根本就无须用眼睛看而只需用神去会了。换句话说，我即使关闭了我的感官系统，但我的神依旧在正常运行。这样，我在解牛的时候，就完全可以做到因顺牛的天然结构，在牛自身结构的空隙处将牛批解。我的刀技好到连骨头上的最细小的肉都挨不到，那大块大块的骨头，就更加挨不到了。一般说来，好点的庖人要一年更换一把刀，其原因就在于不是批而是割。差点的庖人要一个月更换一把刀，其原因就在于不是割而是砍。现在，我所用的这把刀，已经有十九年之久了，所批解的牛也有好几千头了，但刀口就好像刚刚磨过一样。牛的结构是分节的，节与节之间是有空隙的，而我这把刀的刀口几乎没有厚度。以这几乎没有厚度的刀口进入到牛的节与节之间的空隙，那节与节之间大大的空隙相对于我那游走其间的无厚刀口来说，还大有余地呢，这就是我的刀用了十九年还是那么无厚的原因了。即便如此，每每遇到牛节交汇集聚的地方，我立马就能意识到它的艰难所在，于是会打起精神，小心翼翼，眼睛微闭，动作迟缓，用刀细微，最终各个牛节被批解时，发出如土堆倒地一般的哗响。也只有到了这个时刻，我才会手持牛刀站立起来，眼睛环顾四周，显出一副得意扬扬的神态，然后再倍加小心地将我的刀收藏起来。

三

【文本归元】

公文轩见右师而惊曰："是何人也？天与？其人与？"

曰："天也，非人也。天之生是使独也，人之貌有与也。以是知其天也，非人也。泽雉十步一啄，百步一饮，不蕲畜乎樊中。神虽王，不善也。"

【见独】

公文轩见右师

理解这两个人的人名，先要理解这两个人的对话含义。理解这两个人的对话含义，先要把握这段话的主题。这段话的主题不在本段，而在开篇。开篇的主题是殆己。所以，这段话的主题就是殆己。两人中谁殆己？显然是右师。右师的反衬者，显然是公文轩。由于右师明白无误地将自己比拟为野鸡，则作为反衬者的公文轩，就是朝鸡。于是，公文轩就可以看作是庄子虚拟的人名，名字隐含的象征意义是，坐在笼子里的公文办理者，也即体制内的高官。公文，就是现代意义上的公务文件。轩，本义为中国古代一种前顶较高而有帷幕的车子，供大夫以上乘坐，这里比喻为笼子。右师，有说是春秋时宋国的六卿（右师、左师、司马、司徒、司城、司冠）之长，这个说法无论如何都不能跟本寓言的主旨相融合，故不取。那右师究竟有什么特别的含义？他应该就是一个以右为师的乡村隐居者，也即《则阳》篇中的“是自埋于民，自藏于畔。其声销，其志无穷，其口虽言，其心未尝言。方且与世违，而心不屑与之俱”的陆沉者。古代中国左贵右卑，庄子取右不取左，故《秋水》篇中有说：宁生而曳尾于涂中，也不宁死为留骨而贵。左贵右卑或右贵左卑，都是世俗文化，而非道家文化。

恶乎介也

过往解注本多因没有把握到本文的主旨，进而把握不到本寓言的主旨，遂致本句中的“介”不知所云。结合本章殆己的主旨，从后文“天之生是使独也”句看，训介为独特，完全吻合义理逻辑。所以，训介为独脚，义理逻辑匮乏，故不取。

天之生是使独也，人之貌有与也

这句话明显是对“天也，非人也”的解释说明。那它究竟是什么意思呢？它是公文轩的自问自答语还是右师的话呢？要是公文轩能说出这么具有思想性的话，就不会是公文轩而是右师了，就不会是樊雉而是泽雉了。所以，这话肯定是右师说的。其意思是，天要是使某个人看上去特别，那就相应地会在这个人的外貌上给出特征。与，就是给予的意思。这只是这话的表层意思。那深层意思是什么呢？任何生命体，一旦有内在的神，就一定有外在的形。内在的神是第一因，是天性。天性一旦被扭曲或是被压制，就会通过形的不善表现出来。本寓言中的右师和泽雉，就是天性自然的象征。公文轩和樊雉，就是天性被扭曲或是被压制的象征。

神虽王，不善也

这句话乍一看，好像是后人注语，理当删除。认真一想，也可能就是正文。如作正文解，神就不应理解为“神色”的神，而应理解为“神气”的神。为什么呢？这话要放到本寓言的语境中来理解。本寓言的对话双方是，一个在朝的公文轩，一个在野的右师。公文轩看到右师很特别，不解。右师能理解自己的特别，只不过是殆己，顺应了自己的天性。既然是天性，自然是天而非人。公文轩不特别，只不过是失己而合俗，违反了自己的天性。凡人的东西，就如流水线上出来的产品，没有特别的。泽雉十步一啄，百步一饮，形虽不善，但自由。公文轩虽然坐着轩车，神气不完，但违背了自己的天性，就好比笼鸡，看上去神气，事实上不自由。

公文轩不解右师的独，终极原因是不能缘督以为经，为善近名。

【今译】

公文轩刚见到右师的那一刻，不禁心头一惊，于是问道：“你到底是什么样的人啊？怎么可以这么独特！是天生的？还是人为的？”

右师回答说：“是天生的，不是人为的。天要是让一个人显得独特，那它会通过人的外貌表现出来。就凭此，就知道我的这副独特模样，是天生的，不是人为的。你看那水边的野鸡，十步才能觅到一口食，百步才能喝到一口水，可它就是没想要被关在笼子里。关在笼子里的鸡，即使显得很神气，也还是不那么好的。”

四

【文本归元】

老聃死，秦失吊之，三号而出。

弟子曰：“非夫子之友邪？”

曰：“然”。

“然则吊焉若此，可乎？”

曰：“然。始也吾以为至人也，而今非也。向吾入而吊焉，有老者哭之，如哭其子。少者哭之，如哭其母。彼其所以会之，必有不蕲言而言，不蕲哭而哭者。是遁天悖情，忘其所受，古者谓之遁天之刑。适来，夫子时也。适去，夫子顺也。安时而处顺，哀乐不能入也，古者谓是帝之县解。脂穷于为薪，火传也，不知其尽也。”

【见独】

老聃死，秦失吊之，三号而出

老聃是《庄子》常用人名，可以肯定就是老子。秦失是什么人，《庄子》其他地方未有提及。单从寓言本身看，应该是一位殆已且能缘督以为经的有道者。失，有写作“佚”的。作“失”好，因为秦失很可能是庄子虚拟的人名，其隐含的意思是，失之于野的人，即陆沉者。

三号而出，字面意思非常简单，但要清晰理解庄子的真正用意，并不容易。其一，“三号”的三，不是指多，而就是三。其二，是“号”，不是“言”，也不是“哭”。其他人言而哭，秦失号。唯有用“号”，才能体现哀乐不能入。其三，三号，不多不少，礼数到位。一号太少，二号不足，三号刚好，四号太过。表明秦失能缘督以为经，立于世融于世又高于世，得以尽年。其四，“三号而出”的出，表明老聃的弟子为老聃的死搭了灵堂。这说明，老聃的弟子其实并没有得到老聃的真传，忘记了老聃当初从何而来。老聃关于生死的真正思想，其实就是庄子的生死观。庄子的生死观是什么呢？《庄子》很多地方有提到。如《大宗师》中有："孰能知死生存亡之一体者，吾与之友矣！"《列御寇》中有："庄子将死，弟子欲厚葬之。庄子曰：'吾以天地为棺椁，日月为连璧，星辰为珠玑，万物为赍送。吾葬具岂不备邪？何以加此！'"

弟子曰："非夫子之友邪？"

这里的弟子，一定是指老聃的弟子，而绝不可能是秦失的弟子。秦失已经前来吊唁老聃了，他的弟子怎么可能傻到会问老聃是不是老师的朋友？秦失很可能是个陆沉者，所以，老聃的弟子并不知道他是谁。在看到有人三号而出而明显区别于他人的如丧母子似的吊唁时，禁不住问秦失是不是老聃的朋友。

始也吾以为至人也，而今非也

这话非常不好理解。首先是文本上难以归元，因为有些解注本将"至人"改写为"其人"。即使是改写为"其人"，也还是无解。所谓的有解，那是自以为是，极其勉强。其次，即使归元为"至人"，也要绕很大圈子，才能把文章的脉理理顺。

这话明显是秦失在看到灵堂内的情景且又被质问是否为老聃朋友时临场作出的结论。单从这句话的回答对象看，至人应该就是指老聃的弟子们。在秦失看来，弟子的思想观念应该跟其所追随的老师一样。可从老聃弟子的质问中和秦失在灵堂内看到的情景看，老聃的弟子并非如老聃本人一样，是至人。这里的"至人"，是特指对生死一体观念有认同的人。

彼其所以会之，必有不蕲言而言，不蕲哭而哭者

彼指的是谁呢？明显是前句中所言及的老者和少者。其，起音节调节作用，无实义。会，"聚会"的会，聚集在一起的意思。之，指灵堂里面。蕲，就是"祈求"的祈。一讲蕲，就应该指真心，没有不真心的蕲。不蕲言而言，应该就是言的老者和少者中，一定有不是出自真心的，当然也不是假心，是无意识，就如我们日常生活中所感受到的，看到别人哭得那么伤心，自己跟着就哭起来了。其实，这个跟着哭的哭，没有什么特别的情感含义，但有伤身体。那庄子用这段话想表达什么思想呢？老者和少者是老聃的弟子吗？仔仔细细地反复琢磨，才终于琢磨明白，老者和少者之所以会吊得看上去那么伤心，是因为他们没有被启蒙，忘记老聃从何而来。老者和少者并非老聃弟子，而很可能是老聃的亲朋好友或是左邻右舍。他们的言哭，不是他们内心的真实反映，而可能是言哭给老聃弟子们或其他人看的。也正因如此，我们才能想明白，为什么秦失三号而出时，老聃的弟子会质问："非夫子之友邪？"这就为善近名为恶近刑了，且原因就是没有缘督以为经，没有看破生死原本一体。

是遁天悖情，忘其所受，古者谓之遁天之刑

遁，音 dùn，就是"逃遁"的遁，逃避的意思。遁天，就是逃避大自然的规律。"忘其所受"的其，语境下特指老聃。如果泛指，指言哭者自己或是任何人也可以。受，指人从上天那里所分有的身体，含义与《齐物论》中"一受其成形，不化以待尽"的受，完全等值。古者，不是指古代的人，而是指真正的有道之士。任何时间里的人，只要他与道合一，就是古人。天之刑，就是自然的刑杀。花谢就是花的天刑，草枯就是草的天刑。

帝之县解

"帝"字不好理解，但瞻前顾后，还是能够理解，应该等同于"遁天"的天，自然的意思。县，会意字，倒首，本义悬挂。解，就是"解脱"的解。县解，即悬解。人之生是人之倒悬，人之死是人之倒悬的解脱。庄子的意思，不是死比生好，或是生比死好，而是生死原本一体。人要是督到了这一点，便不会因生死变化而哀乐入心。

脂穷于为薪，火传也，不知其尽也

这话单独理解，不难，就是成语薪尽火传的意思。合语境理解，不容易。换个思维方式理解，或许就容易。脂，要理解为薪与火的合一。作为薪的脂，烧完了，就没了，就如人的身体。作为火的脂，它可以作为火种代代相传，就如人的精神。人的根本性区别，不是身体，而是精神。老聃死了，只是身体没了。但他的精神，却依旧活着。所以，活着的人对老聃的死，没有什么好痛哭的。不殆己，不缘督以为经，就会近名近刑，伤天害己。

【今译】

老聃去世后，秦失前往吊丧，干号了三声就走了出来。

老聃的一位弟子不解地问："您莫非不是老聃的朋友？"

秦失回答说："是呀！"

老聃的这位弟子又问："既然是老聃的朋友，那您这么做，合适吗？"

秦失于是回答说："当然合适。原先我还以为你们这些人跟老聃一样，都是些达道之人，现在看来，不全是。刚才我进去吊唁时，看到有老者哭丧，就像哭自己的儿子。少者哭丧，就如哭自己的母亲。那些聚集在灵堂里吊唁的人，一定有原本无须说却说了的，一定有无须哭却哭了的。这明显就是逃避天性违背实情，忘却了老聃从何而来，真正的有道之人会把这种现象称作逃避上天的刑杀。老聃活着时，只不过是应时而生。老聃死去了，也不过是顺时而化。安心于应时而生而又坦然于顺时而化，那无论悲伤与喜乐就都不会进入内心了，真正的有道之人会把这个看作是大自然的自然演化。就好比，树脂作为薪柴有燃尽的时候，但作为火种传递，就永远没有穷尽之时。"

人间世

一

【文本归元】

颜回见仲尼，请行。

曰："奚之？"

曰："将之卫。"

曰："奚为焉？"

曰："回闻卫君，其年壮，其行独，轻用其国，而不见其过，轻用民死，死者以国量，民其无如矣。回尝闻之夫子曰：'治国去之，乱国就之，医门多疾。'愿以所闻，思其所行，庶几其国有瘳乎！"

仲尼曰："嘻！若殆往尔刑耳！夫道不欲杂，杂则多，多则扰，扰则忧，忧而不救。古之至人，先存诸己，而后存诸人。所存于己者未定，何暇至于暴人之所行！且若亦知夫德之所荡，而知之所出乎哉？德荡乎名，知出乎争。名也者，相轧也。知也者，争之器也。二者凶器，非所以尽行也。且德厚信矼未达人气，名闻不争未达人心，尔强以仁义绳墨之言炫暴人之前者，是以人恶其有美也，命之曰灾人。灾人者，人必反灾之。若殆为人灾夫？且苟为悦贤而恶不肖，恶用而求有以异？若唯无诏，王公必将乘人而斗其捷。尔目将荧之，色将平之，口将营之，容将形之，心且成之。是以火救火，以水救水，名之曰益多。顺始无穷，若殆以不信厚言，必死于暴人之前矣。虽然，若必有以也，尝以语我来！"

颜回曰："端而虚，勉而一，则可乎？"

曰："恶！恶可！夫以阳为充孔扬，采色不定，常人之所不违。因案人之所感，以求容与其心，名之曰日渐之德不成，而况大德乎？将执而不化，外合

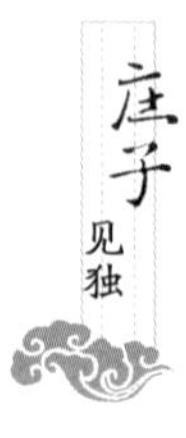

而内訾。其庸讵可乎？”

曰：“然则我内直而外曲，成而上比。内直者，与天为徒。与天为徒者，知天子之与己皆天之所子，而独以己言祈乎人善之、祈乎人不善之邪？若然者，人谓之童子。是之谓与天为徒。外曲者，与人之为徒也。擎跽曲拳，人臣之礼也，人皆为之，吾敢不为邪！为人之所为者，人亦无疵焉。是之谓与人为徒。成而上比者，与古为徒。其言虽教，谪之实也。古之有也，非吾有也。若然者，虽直而不病。是之谓与古为徒。若是，则可乎？”

仲尼曰：“恶！恶可！太多政。法而不牒，虽固亦无罪，止是耳矣，夫胡可以及化？犹师心者也。”

颜回曰：“吾无以进矣，敢问其方。”

仲尼曰：“斋，吾将语若！有心而为之，其易耶？易之者，皞天不宜。”

颜回曰：“回之家贫，唯不饮酒不茹荤者数月矣。如此，则可以为斋乎？”

曰：“是祭祀之斋，非心斋也。”

回曰：“敢问心斋？”

仲尼曰：“若一志！无听之以耳而听之以心，无听之以心而听之以气。耳止于听，心止于符。气也者，虚而待物者也。唯道集虚。虚者，心斋也。”

颜回曰：“回之未始得使，实有回也。得使之也，未始有回也。可谓虚乎？”

夫子曰：“尽矣。吾语若，若能入游其樊而无感其名。入则鸣，不入则止。无门无毒，一宅而寓于不得已，则几矣。绝迹易，无行地难。为人使易以伪，为天使难以伪。闻以有翼飞者矣，未闻以无翼飞者也。闻以有知知者矣，未闻以无知知者也。瞻彼阕者，虚室生白，吉祥止止。夫且不止，是之谓坐驰。夫循耳目内通而外于心知，鬼神将来舍，而况人乎！

【见独】

死者以国量，民其无如矣

原话为“死者以国量乎泽若蕉，民其无如矣”，被删除的四个字，无论怎么解，都非常勉强。关键是，删除后，文本的意思没有任何丢失。

以国量，跟口语中的以斗量是同样的用法。无如，就是无奈，《秋水》篇中有很明显的印证：“吾以一足趻踔而行，予无如矣。今子之使万足，独奈何？”

医门多疾

从文脉看，医门多疾是乱国就之的逻辑依据。乱国相当于疾，颜回相当于医。医门，不是指医生，而是指医学这门技艺。门，就是“分门别类”“入门”的门。硬说是指称医生，也可以。多，推崇的意思，古汉语里的常用义。疾，就是“疾病”的疾。医门多疾，就是医学这门技艺，本来就是为疾病服务的。所以，它遇到疾病不是躲开，而是靠近。真正意义上的医生，就如真正意义上的科学家，任何问题的出现，都是进步的良机。颜回正是在这个意义上，想向老师表白并前往卫国劝说卫君的。

夫道不欲杂，杂则多，多则扰，扰则忧，忧而不救

这是一句具有普遍真理性的话，不是单就颜回要去卫国所用的方法来言说的。这话一看就非常明白，但如果要翻译成白话，就非常困难。有鉴于此，白话照抄。

古之至人，先存诸己，而后存诸人

古之至人，不是指古代的至人。一切时间里，都可能有至人。道在，至人就在。古，就是道。道是一切物的生成者，当然古。先存诸己，就是先存之于己，诸是之于的合音。之，就是指代前面的“夫道不欲杂，杂则多，多则扰，扰则忧，忧而不救”。凡是没有看出这两句之间的内在逻辑关系的，都是离题发挥。解注经典，凡是离题发挥的，都是没有读懂经典本身。

且若亦知夫德之所荡，而知之所出乎哉

原文为“且若亦知夫德之所荡，而知之所为出乎哉？”现去掉了“为”

字。理由是，一，形式逻辑的一致性要求。后文明明就是“德荡乎名，知出乎争”，各解注本在这里是高度一致的。二，义理逻辑的一致性要求。德之所荡的意思，就是德性因为什么发生了偏差？荡，就是“摇荡”的荡。知之所出的意思，就是知识因为什么就出现了问题？出，就是“出格”的出。知之所出，不是说知识的出处是什么？按这种解读，知识的出处是争，这太言不及义了。

名也者，相轧也。知也者，争之器也。二者凶器，非所以尽行也

名，不是名分，也不是名声，就是一般的名称。名称这个东西很诡异，容易相互碾压而造成巨大的社会苦难。《齐物论》里有专门且极其深刻的论证，比如“名实未亏而喜怒为用”。《养生主》里庄子则告诫我们说：“为善无近名。”知，这里并非指真正的知识，而是指人们自以为是的充满各种错误的所谓知识，就如过去的科举考试，是知识，但其中有很多错误。这样的知识，就容易沦为争斗的工具。还是《老子见微》第 73 章说得好：“知不知，尚矣。不知不知，病矣。”正因为如此，庄子才会说“名”与“知”这两个世俗社会里特别受关注的东西是凶器，完全不能用来完善人的品格。非所以，不要看作是“非 + 所以”，而要看作“非所 + 以”，“以”字后面承前省略了名和知。尽行，不是千百遍地研读原文并整体上把握文章主旨，是无论如何都找不到正确答案的。知道尽善尽美吧？尽行就是尽善尽美的用法。颜回要前往卫国劝谏，很可能就是拿名和知来做工具。而这两个东西，原本就是凶器。你颜回拿着这个凶器般的名与知，想完善卫君的品行，怎么可行呢？

且德厚信矼未达人气，名闻不争未达人心，尔强以仁义绳墨之言炫暴人之前者，是以人恶有其美也，命之曰灾人

德厚信矼，德厚的意思好理解，就是德性修养得很有厚度。信矼呢？与德厚为对语，就是信用矼矼的，也即信誉很好。矼，音 qiāng，坚实的意思。炫，原字难以考究，有说“术”的，有说“術”的（术的繁体字），有说“衒（xuàn）”的，莫衷一是。考虑到颜回想以自己的是来劝谏卫君的非，取“炫”字似乎要稍微好那么一点点。是以人恶有其美也，有说是“是以人恶其有美也”（有、其位置互换），有说是“是以人恶育其美也”（改有为育），各说法虽有差别，但对庄子思想都没有根本性影响，其意思很清晰，等同于《达生》里的“今汝饰知以惊愚，修身以明污，昭昭乎若揭日月而行也”。

苟为悦贤而恶不肖，恶用而求有以异？若唯无诏，王公必将乘人而斗其捷

这段话的意思极难把握。难点有三。其一，恶用而求有以异。如果改写为恶用而有以异求，恐怕要好理解一些。有以异求，就是以异求，有无实义，就如“有宋以降”的“有”没有实义一样。异，就是“异国他乡”的异。颜回是鲁国人，对卫国来说，就是异。其二，若唯无诏。如果“诏”字就是原字，则诏就应该是指颜回不是卫君诏来劝谏的。从文章开始看，颜回确实就是自告奋勇要前往卫国劝谏的。其三，王公必将乘人而斗其捷。只有正确理解了其一其二，才能理解这句。王公，就是卫君身边的大臣。乘人，就是“乘人之危”的乘人。斗其捷，就是斗颜回的走捷径。颜回不是想要以仁义绳墨来规劝卫君吗？那仁义绳墨自然而然就包含了君臣礼仪。现在，你颜回竟然在没有受到邀请的情况下，就私自到他国对他国国君进行劝诫，这不是明显违背了仁义绳墨之道吗？

尔目将荧之，色将平之，口将营之，容将形之，心且成之

这段话不多想，就大致明白。要一细想，就好难解释清楚。要庄子在世，将强烈建议他把全句压缩为“尔色将平之，心且成之”。其实，这句话的意思，也就压缩后的那个意思。意即颜回在受到有理有力的攻击后，外表上不得不随之平息先前那高亢的进劝打算，心理上不得不认同王公们的指责。

且昔者桀杀关龙逢，纣杀王子比干，是皆修其身以伛拊人之民，以下拂其上者也，故其君因其修以挤之。是好名者也。昔者尧攻丛、枝、胥敖，禹攻有扈，国为虚厉，身为刑戮，其用兵不止，其求实无已。是皆求名、实者也，尔独不闻之乎？名、实者，圣人之所不能胜也，而况若乎

这整段话原本在“虽然，若必有以也，尝以语我来”之前。现予以坚决删除，理由有三。其一，这段话没有语境。这段话的核心意思是，名、实者，圣人之所不能胜也。可颜回前往卫国劝谏，并没有实的问题存在。其二，这段话里所包含的意思，文章前面已经讲得很清楚了，无须再讲。即使是为前面的义理找历史事实依据，也用不着用两个例子。其三，非常关键的是，这段话的存在，极其粗暴地隔断了“顺始无穷，若殆以不信厚言，必死于暴人之前矣。虽然，若必有以也，尝以语我来”原本极为紧凑完整的文脉。所以，这段话为后人注语的可能性极大。即使是庄子原文，也属冗语，删除为上。无论怎样的文

章高手，都有可能出现冗语冗句。

虽然，若必有以也，尝以语我来

这话的意思，原本简单直接，无须任何解释，可就是因为有些过往解注本莫名其妙的解注错误，所以才不得不啰唆一下。没有人喜欢啰唆，但当啰唆能指正错误时，啰唆就有了存在的价值。

对这话的理解，不能从本句着手，而要从后面颜回的回答着手。颜回接连回答两个前往卫国劝谏的方法："端而虚，勉而一""内直而外曲，成而上比。"可见，这句话的大意是，孔子猜想颜回必定心里有了前往劝谏的方案，在自己讲了那么多后，想马上让颜回讲出来听听。

端而虚，勉而一，则可乎

没有使命感的人，是绝无可能攻下这句上着了天、下着了地但就是不知所云的话的。也就是说，语境在，答案就是找不到，任你怎么"端而虚，勉而一"都不行。

那这句话究竟该如何解读呢？必须在语境中求解。只是，这个语境有点大，大到必须把自己想象为庄子本人，才有可能把握到。

"端而虚，勉而一"的语境是，颜回想以仁义绳墨之言劝谏卫君，但因为颜回无诏，所以会遭到卫君身边王公们的攻击。鉴于孔子分析出的这个局面，颜回就想，那我端还是要端，即端上仁义绳墨之言。只是，我这仁义绳墨之言，会因名不正言不顺而受到攻击，所以，我就不那么自以为是好了，尽量谦虚点。又因为我受到攻击是必然的，所以，我只能勉力而为。但即使是勉力而为，我也始终如一，绝不放弃。唯有如此解读，才既着了前面的天，又着了后面的地。否则，根本不可能理解接下来孔子回答的话。

恶！恶可！夫以阳为充孔扬，采色不定，常人之所不违。因案人之所感，以求容与其心，名之曰日渐之德不成，而况大德乎？将执而不化，外合而内訾。其庸讵可乎

这段话在没有被理解之前，简直就是天书。但在理解了之后，还是简明清晰的。庄子这人也太过任性，似乎完全不想顾及我们常人的理解能力。

很显然，这段话是用来解释说明为什么"端而虚，勉而一"是行不通的。

行不通的原因，就卫君这方面来说，他的行为虽然很公开，很跋扈，但没个定准，所做的事情，多是些一般人想不到的。有些人的跋扈，很阴险，有定准，都是些常人能想得到的。阳，就是“阳奉阴违”的阳，公开的意思。从前面讲卫君“其年壮，其行独，轻用其国，而不见其过，轻用民死”看，这个理解是靠谱的。充孔扬，完全不知所云。勉力而为，大概就是飞扬跋扈的意思。以阳为充孔扬，“以……为……”结构，就是以公开的方式飞扬跋扈。常人之所不违，要意念为“常＋人之所不违”。常，作动词用，常为的意思。人之所不违，一般人不会违背的事。

行不通的原因，就颜回这方面来说，你的端而虚，勉而一，只不过是“因案人之所感，以求容与其心”而已。白话说就是，跟着他的脚步起舞，以求能与他的心相一致而已。如果用庄子自己的话来解释，那就是本章后面的“形莫若就，心莫若和。虽然，之二者有患。就不欲入，和不欲出。形就而入，且为颠为灭，为崩为蹶。心和而出，且为声为名，为妖为孽。”这么个做法，即使想改变一个人的日常小毛病都不行，何况是卫君这样的人那么大的改变？日渐之德，大德的对语，小德的意思，应该是指日常生活里衣食起居、待人接物等方面的德行。大德，应该指卫君这样的原本要治国安邦、经天纬地等方面的德行。

所以，无论从卫君方面看，还是从颜回方面看，“端而虚，勉而一”方法的结果，卫君一定还是那个卫君，不会有任何改变，即使他表面接受你的劝导，但内心里其实也是无可无不可。“将执而不化，外合而内訾”的主语，一定是卫君。訾，音 zǐ，本义为毁谤、非议。有些解注本“訾”字前有“不”字，于是“訾”解为考虑，不取。

内直而外曲，成而上比

要说这汉语世界里谁是顶级造词高手，庄子要说自己第二，那真的就没谁敢说自己第一了。好的词语，含义深邃，清新自然，内直、外曲、成而上比就是这样的好词。好在哪呢？所谓内直，就是与天为徒。天在内，人在外，故言内。天必直，人必曲，故曰直。同理，所谓外曲，就是与人为徒。天在内，人在外，故曰外。天必直，人必曲，故曰曲。所谓成而上比，就是与古为徒。凡古，就是成。援古证今，就是比。

与天为徒者，知天子之与己皆天之所子，而独以己言祈乎人善之、祈乎人不善之邪

知天子之与己皆天之所子，其实是对“与天为徒”的解释，这个容易理解。比较难以理解的，是接下来的一句。理解的关键，是“己言”的己，指谁？是天子还是己？是卫君还是颜回？如果是指颜回，那颜回前往劝谏的意义何在？与天为徒的价值又何在？所以，“己言”的己，一定不是颜回，而只能是卫君。那如果是卫君，义理上能讲通吗？当然。正因为天子与平民百姓都是为上天所生，那作为天子的卫君，你凭什么就要别人接受还是不接受你说的话呢？卫君正是因为没有与天为徒的意识，所以才独断专行，草菅人命。

恶！恶可！太多政。法而不牒，虽固亦无罪，止是耳矣，夫胡可以及化？犹师心者也

过往解注本这句话的原话多为：“恶！恶可！太多政，法而不谍。虽固，亦无罪。虽然，止是耳矣，夫胡可以及化？犹师心者也。”其中有些句读会有不同，比如“太多政，法而不谍”句读为“太多政法而不谍”。但不管怎么不同，其解读最终都不能使文脉贯通。学理上的斗争，如果不能呈现真理，都是形与影竞，悲如惠施。

三徒法为什么行不通呢？就是法子太多了，都三呢。要是相比于孔子最终提供的心斋一法来说，显然就是太多了。开头的时候，孔子还说过“夫道不欲杂，杂则多，多则扰，扰则忧，忧而不救”。所以，三徒法不可。孔子接着解释说，你所说的三徒法，虽然所效法的都很不错，但要分清主次，就很难了。当然，即使分不清主次，由于这三法非常高明，你颜回还是可以避免杀身之祸的。但避免杀身之祸不是你颜回的初衷，你的初衷是使卫君发生转化。你这三法显然无法达到这个目标，你这还是以你自己的成心为手段。

太多政，政的本义为匡正。三徒法的每一法，都是用来匡正卫君的。所以，太多政，就是匡正法太多。

法而不牒，法，就是“取法”的法，作动词，宾语为与天为徒、与人为徒、与古为徒。不牒，就是纲目不明。牒，就是“牒谱”的牒，多数过往解注本为谍。牒谱，就如家谱，枝叶分明。

虽固亦无罪，意思是确确实实不会得罪卫君以招来杀身之祸。固，就是《逍遥游》“夫子固拙于用大矣”与《齐物论》“物固有所然，物固有所可”中的固，表肯定。有解注为“固陋”的固，不取。三法都好到可以让暴人卫君不加罪于人，怎么可能是固陋的呢？也有解注固是针对“法而不牒”来说，就是法而牒的意思，但这明显跟语境不合。

犹师心者也，就是《齐物论》“夫随其成心而师之，谁独且无师乎？”这句话显然就是为紧接着登台的“心斋”作铺垫用的。

斋，吾将语若！有心而为之，其易耶？易之者，皞天不宜

这是孔子对颜回“敢问其方”的回答，简单、直接，掷地有声，原本无须多作解释，但过往解注本竟然无一沾边，简直难以思议。

孔子说出斋的答案，很显然不是拐弯抹角，而是正面回答。所以，这个斋，就是心斋，意即你先心斋，我才能告诉你。要是你不能心斋，也即你心没有斋，那你就听不懂心斋。心没有斋，就是有心。有了心来听心斋，就不容易听懂心斋。要是容易听懂，就不合天道了。皞天不宜，就是连老天都不会答应的意思。这话乍听上去很诡异，要心斋才能理解心斋？是的，正如要有爱才能爱一样。“有心而为之”的为之，不是指颜回前往卫国劝谏这件事，而是指理解接受心斋这件事。脱离语境的话，无论其有多么丰富且深刻的内涵，都是没有什么意义的，就如脱离具体的人空谈丰富而深刻的人生一样。

是祭祀之斋，非心斋也

这句话本身直白得无须任何解释，但庄子的意图却需好好琢磨一下。

心斋寓言明显是庄子虚拟的产物，其目的，就是阐明到底什么是心斋。阐明心斋的方法可能有很多，但都没有将它与“祭祀之斋”对比看，更能让人快速明白。所以说，与其说孔子想借心斋不是祭祀之斋否定颜回，不如说孔子想借祭祀之斋让颜回明白心斋。祭祀之斋是个什么斋呢？就是祭祀前整洁身心。真正的思想天才，只会把语言看作是灵魂的物化，而绝不会受制于语言的牢笼。

若一志

最简明、最精准的解释，是庄子《达生》里的一句话：“用志不分，乃凝于神。”

无听之以耳而听之以心，无听之以心而听之以气

千万不要照字面意思简单理解。庄子的本意，听时不是要舍弃耳与心，而是要超越耳与心。离开了耳与心，不可能凭空将听通达到气。后文“夫循耳目内通而外于心知”是最好的证明。

耳止于听，心止于符。气也者，虚而待物者也。唯道集虚。虚者，心斋也

耳的功能只是把声音捕捉到，至于声音的含义，耳是无能为力的。心会对耳捕捉到声音进行处理，分辨其中的含义。但心仅仅只能分辨出自己已经理解和接受了的含义，对未知的或者跟自己不契合的含义，会不自觉地过滤掉。这个过程，就叫“耳止于听，心止于符”。这个时候，我们需要理性出场帮忙，让心放弃自己的成见。理性是心灵的理解者和超越者，高度理性的人，接近于圣人。理性本身空无一物，就如气，总是虚位以待，但它有追求真理的自动性，道即真理。理性只有在完全排除一切外来干扰的情况下，才能认识到某个真理。这个完全排除外来干扰的过程，就是虚。所以，心斋的科学含义，其实就是纯粹理性。

回之未始得使，实有回也。得使之也，未始有回也

回之未始得使，其实就是回未始得使之。之，就是心斋。整句话的思想价值，等同于《齐物论》里的“吾丧我”，或等同于《大宗师》里的“堕其肢体，黜其聪明，离形去知，同于大通”。

尽矣。吾语若，若能入游其樊而无感其名

尽矣的意思，是说孔子认为颜回已经完全理解了心斋的含义。在这个前提下，孔子自然而然同意颜回前往卫国劝谏。只是要密切注意，卫君是个“以阳为充孔扬，采色不定，常人之所不违”的人，你不要随着他的脚步起舞。句中两个“其”字，都是指卫君。其樊，指卫君所在的国，即卫国。其名，指卫君的行为方式。“端而虚，勉而一”就是因为感了卫君的名，才不会成功。

入则鸣，不入则止。无门无毒，一宅而寓于不得已，则几矣

这是讲已经明白心斋后的颜回前往劝谏时要注意的事项，就如庖丁解牛，关键点，是要缘督以为经，官知止而神欲行。卫君听得进就说，听不进就立马打止。不要受到某门某派某医某药的束缚，坚守心斋之道，只做迫不得已要做的事，就如《刻意》中所说：“感而后应，迫而后动，不得已而后起。去知与故，遁天之理。故无天灾，无物累，无人非，无鬼责。”

无门无毒，字面意思无法理解，很可能文本有误。但根据语境，门，应该就是“门派”的门，或是《知北游》“其来无迹，其往无崖，无门无房，四达之皇皇也”中的门，“房门”的门。毒，应该就是“毒手”的毒，手段的意思。

一宅，坚守心斋之道。

则几矣，完全等同于《大学》里的“则近道矣”。几，就是《齐物论》里“三子之知几乎”的几，表示非常接近。

绝迹易，无行地难。为人使易以伪，为天使难以伪。闻以有翼飞者矣，未闻以无翼飞者也。闻以有知知者矣，未闻以无知知者也

完全解读不通，等待高手出现。

瞻彼阕者，虚室生白，吉祥止止。夫循耳目内通而外于心知，鬼神将来舍，而况人乎

原文为：“瞻彼阕者，虚室生白，吉祥止止。夫且不止，是之谓坐驰。夫循耳目内通而外于心知，鬼神将来舍，而况人乎！是万物之化也，禹、舜之所纽也，伏羲、几蘧之所行终，而况散焉者乎？”

现删除的有“夫且不止，是之谓坐驰”和“是万物之化也，禹、舜之所纽也，伏羲、几蘧之所行终，而况散焉者乎”，删除的理由是，两句都与前后语境不搭，义理矛盾，明显是后人不懂原文而又妄加的注语，狗尾续貂。

理解这句话的关键，是要找到前后两句的主语。前一句的主语是心斋者的感受者，比如卫君，后一句的主语是心斋者本人。一个人完全做到心斋后，别人看上去，他就如阕者，满屋子的光辉，让人感觉十分吉祥。这样，就心斋后的颜回对卫君的劝谏来说，卫君自然就能被感化进而自愿被转化。最后，心斋者本身借助于耳目感知外境且通达内心，同时又超越自己的内心而同于大通，那即使是鬼神都会来归宿，何况人呢？比如卫君。

瞻，本义为向远处或向高处看，带有敬仰义。阕，本义为祭事结束而闭门。必须把瞻和阕宗教般的含义读出来，才能更好理解“虚室生白，吉祥止止”。虚室生白，应该是指祭祀用的屋子在完全打扫干净后所显示出的一种亮

堂感。这种亮堂感的直接结果，就是让人觉得吉祥连连。循耳目内通而外于心知，意思完全等同于“无听之以耳而听之以心，无听之以心而听之以气”。

【今译】

颜回拜见孔子请求远行。

孔子问：“打算去哪？”

颜回答：“想去卫国。”

孔子问：“去干什么？”

颜回说：“我听说卫国的国君，正当盛年，独断专行。治国轻率，不思反悔。草菅人命，死者之多，遍布全境，百姓被逼走投无路，但又无可奈何。我曾从老师您这里听说过：‘治理得好的国家，最好离开。治理不好的国家，才要前往。真正的医技，见病则喜。’我希望能以我从老师您这里听到的这个道理，前往卫国劝说卫君，或许只有这样，卫国的重病才能得以好转。”

孔子说：“这样呀，你很可能招来杀身之祸啊！夫道不欲杂，杂则多，多则扰，扰则忧，忧而不救。真正的有道高人，一定是在将这个道理了然于胸后，才谈得上将这个道理施之于人。要是自己都没能先坚定自己的这个信念，哪里还谈得上去劝服卫君这样的暴人呢？再说，你知道‘德之所荡而知之所出’吗？德就是因为名才出现了偏差，知就是因为争才出现了问题。名这个东西，总会相互冲突。知这个东西，总是带来争斗。无论是名还是知，都不是好东西，都不能靠它来完善一个人的品行。更何况，虽然颜回你这个人德性憨厚，诚实可靠，可人气不足，兼之你又与世无争，无人知道你是何方人士，而现在，你却要强行以仁义绳墨之言，来规劝一个像卫君这样的暴人，这不明明就是以自己的美德来反衬别人的不足吗？这可是灾人的行为啊。凡是灾人的行为，别人一定会反灾他。你难道想成为一个这样的灾人吗？还有，要是卫君本来就是一个悦贤而恶不肖的君王，哪里还用得着要靠一个外国人来指正？你要是没有得到邀请便私自前往劝谏，那卫君身边的王公大臣们，一定会以你这方面的礼仪缺失而对你大加攻伐。到那时，你唯一能做的，就是目将荧之，色将平之，口将营之，容将形之，心且成之。这就叫以火救火，以水救水。换句话说，就是好心帮倒忙。有了这样的开始，那就有无穷的后患，所以说，你很可能会因为没有取得信任却又讲了重话，而招来卫君对你的杀身之祸啊。不过，你一定有你的打算，现在就说来听听如何？”

颜回于是说："那我即使心有原则也态度谦虚，即使勉力而为也始终如一，可以吗？"

孔子回答说："呵，怎么可以！卫君这个人的行为虽然很公开，但总是没个定准，常常做出一些非常出格的事。你这么做，其实就是跟着他的脚步起舞，以求能与他的心相一致。这么个做法，即使想改变一个人的日常小毛病都不行，何况是卫君这样的人那么大的改变？其结果，卫君一定还是那个卫君，不会有任何改变，即使他表明接受你的劝导，但内心里其实也是无可无不可。这怎么能说是可以呢？"

颜回于是又说："那我就内直、外曲、成而上比好了。所谓内直，就是与天为徒。所谓与天为徒，就是深深知道，天子与我，都为上天所创。既然如此，作为天子的卫君，怎么能够强行要求别人一定要怎么样或一定不能怎么样呢？我要是这么做了，卫君可能认为我只是个孩子。这就叫与天为徒。所谓外曲者，就是与人为徒。跪拜起扣，人臣礼数之当然，大家都这么做，我哪敢不这么做？我做了大家都做了的，大家自然就不会挑我的毛病了。这就叫与人为徒。所谓成而上比，就是与古为徒。我对卫君所讲的话，虽然带有劝导意味，但其实都是有根有据的。古人早有这个说辞，并非是我自己这么说的。所以，即使是我说了的，也只是直接了点而已，但话本身并没有错。这就叫与古为徒。做到了这三条，想必算是可以了吧？"

孔子说："唉，还是不行的，方法太多了。方法太多而分不清主次，充其量也就免招杀身之祸而已，要说使卫君能得以改变，那怎么可能呢？你这还是以你自己的成心为手段。"

颜回说："那我确实没招了，还是恳请老师您点拨点拨吧！"

孔子说："斋！然后我再告诉你！要是你的心不先斋我就告诉你，那你能听懂吗？要是能听懂，就连老天都不会答应！"

颜回于是回答说："我的家境一向贫寒，我已经有好几个月没有喝酒吃肉了。这是否就是老师您说的斋？"

孔子说："这只是祭祀之斋，哪里会是心斋。"

颜回又问："那请问究竟什么是心斋？"

孔子说："你听好了！无听之以耳而听之以心，无听之以心而听之以气。听之以耳，只是能听到而已。听之以心，只是能相印而已。只有听之以气，才能虚而待物。而唯有道，才能虚而待物。虚而待物，就是心斋。"

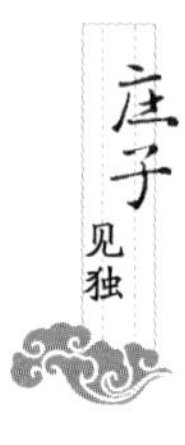

颜回说："我在没有虚而待物时，我就是我。在我虚而待物时，我已经没有我了。这就是虚而待物了吧？"

孔子说："完全正确。我告诉你，你是完全可以前往卫国劝导卫君的，只是不要受到卫君个人行为的影响就对了。他听得进你就说，听不进你就停住。你无须坚守哪家哪派，只需坚守一个心斋理念且随机应变，这就已经是一种极致了。绝迹易，无行地难。为人使易以伪，为天使难以伪。闻以有翼飞者矣，未闻以无翼飞者也。闻以有知知者矣，未闻以无知知者也。你看那祭祀过后被搬空了的屋子，空空荡荡才会显得亮堂，亮堂了的屋子，才让人感觉幸福吉祥。要是一个人能经由耳目通达心灵同时又超越自己的心灵，那即使是鬼神都将前来归附，何况普通的人呢？"

二

【文本归元】

叶公子高将使于齐，问于仲尼曰："王使诸梁也甚重，齐之待使者，盖将甚敬而不急。匹夫犹未可动，而况诸侯乎！吾甚栗之。子常语诸梁也曰：'凡事若小若大，寡不道以欢成。事若不成，则必有人道之患。事若成，则必有阴阳之患。若成若不成而后无患者，唯有德者能之。'吾食也执粗而不臧，爨无欲清之人。今吾朝受命而夕饮冰，我其内热欤。吾未至乎事之情，而既有阴阳之患矣。事若不成，必有人道之患。是两也，为人臣者不足以任之，子其有以语我来。"

仲尼曰："天下有大戒二。其一命也，其一义也。子之爱亲，命也，不可解于心。臣之事君，义也，无适而非君也。是以，夫事其亲者，不择地而安之，孝之至也。夫事其君者，不择事而安之，忠之盛也。自事其心者，哀乐不易施乎前，知其不可奈何而安之若命，德之至也。为人臣、子者，固有所不得已。行事之情而忘其身，何暇至于悦生而恶死？夫子其行可矣。丘请复以所

闻：凡交，近则必相靡以信，远则必忠之以言。言必或传之。夫传两喜两怒之言，天下之难者也。夫两喜必多溢美之言，两怒必多溢恶之言。凡溢之类妄，妄则其信之也莫，莫则传言者殃。故《法言》曰：‘传其常情，无传其溢言，则几乎全。’且以巧斗力者，始乎阳，常卒乎阴，泰至则多奇巧。以礼饮酒者，始乎治，常卒乎乱，泰至则多奇乐。凡事亦然。始乎谅，常卒乎鄙，其作始也简，其将毕也必巨。故《法言》曰：‘无迁令，无劝成。’迁令劝成，殆事。美成在久，恶成不及改。且夫乘物以游心，托不得已以养中，至矣，何作为报也？莫若为致命，此其难者。”

【见独】

叶公子高

这人究竟是谁，原本无关宏旨，无须解注，奈何过往注家多将之看作历史真实人物，所以才需辨析一番。过往注家有说，叶公，楚国人，姓沈，名诸梁，字子高，因在当时叶县当县令，故称叶公。至于这么说的根据在哪？则没人提及。过往中国学人解注经典，好像总是只顾使劲，而完全不顾使得是不是地方，对不对方向。其结果，看上去是百花齐放，实质上是万木凋零。

再说，按过往注家对叶公子高的这个解注，那最能让人想起的典故，就是叶公好龙了。这个典故里的叶公，就是庄子这里叶公子高的历史依据。这个典故出现在汉刘向《新序·杂事五》里：“叶公子高好龙，钩以写龙，凿以写龙，屋室雕文以写龙。于是天龙闻而下之，窥头于牖，施尾于堂。叶公见之，弃而还走，失其魂魄，五色无主。是叶公非好龙也，好夫似龙而非龙者也。”之所以要全引这个典故，是想中国无论哪个领域，都太多这样的叶公子高了。只是可惜，《庄子》里的叶公子高怎么可能是“好夫似龙而非龙者也”的叶公子高呢？解注经典而玩穿越的人，实在太多，实在不高。

凡事若小若大，寡不道以欢成

寡，就是很少的意思。原话如果改写为不道以欢成寡，就好理解多了。整句话的意思是说，无论什么事，大也好，小也罢，如果不合道而能让涉事各方都感到满意的，就一定很少见。

事若不成，则必有人道之患。事若成，则必有阴阳之患。若成若不成而后无患者，唯有德者能之

人道之患，不难理解。就语境来看，应该是指事情如果没办成就会受到君王的处罚。难以理解的，是阴阳之患。如果必须紧扣文脉来理解，则“今吾朝受命而夕饮冰，我其内热欤”是理解阴阳之患的钥匙。再白话点说，就是当一个人遇到难办而又必须办的事时，因内心焦灼而阴阳失调的一种病症。如何医治这种病症呢？最好的办法，就是认清事情的真相。照《养生主》里的思想，就是缘督以为经。如此，可以保身，可以全生，可以养亲，可以尽年。能够做到这一点的人，就叫有德者。有德者，就是有道者的别称。

吾食也执粗而不臧，爨无欲清之人

完全照字面理解，无解，只能在语境中了其大意。叶公子高受命出使齐国，他的主人又特别看重他的这次出使，于是，叶公子高非常焦虑。他为什么会非常焦虑呢？那就是因为他这个人原本是一个不怎么有抱负的人。这种没有抱负，反映在生活中，就是他粗茶淡饭就够了，清心寡欲就好。臧，好的意思。不臧，就是不好。不好是什么意思呢？要结合前面的执粗一词来理解。就是说，我对于吃饭这事，也只是执粗而不执臧，执承前省。爨的本义是烧火做饭，爨无，应该就是没大吃大喝。欲清，应该就是“清心寡欲”的缩写。理解爨无欲清的关键，是要意念其为“爨无 + 欲清”，一如“清心寡欲”词法结构，而不要意念为“爨 + 无欲清”。

吾未至乎事之情，而既有阴阳之患矣

离开语境，很容易就将“未至乎事之情”理解为没有把握到事情的真实情况。如果结合语境，则只有唯一一种解释，那就是我还没有出使齐国，就已经有了阴阳之患。从后面有“自事其心者，哀乐不易施乎前……”句看，这个解释更加靠谱。

无所逃于天地之间，是之谓大戒

这句话原位于“臣之事君，义也，无适而非君也”之后，典型的冗句。是庄子原话的可能性也有，但更大可能性，是后人的注语误入正文。故予以删除。

哀乐不易施乎前

正如人们总容易将希望和恐惧带向未来，人们也容易将焦虑和喜悦从未来带向现在。大考前的焦虑不安、憧憬成功的满心喜悦，就是典型的哀乐施于前。

夫子其行可矣

其行是什么行呢？各种解注很多，都脱离了语境。其实，这话的含义非常明确，就是孔子在告诉叶公子高作为人臣有不得不要做的事后，建议叶公子高接受出使齐国的诏命。叶公子高虽然没有说不接受诏命，但他因无法承受两患，所以很犹豫。在解释了人的大戒后，孔子明确告知说不要犹豫。一般来说，焦灼产生于犹豫。横下一条心，困难再大，也不会内热焦灼。

凡交，近则必相靡以信，远则必忠之以言

这句话只有句读做好了，逻辑才会清晰，理解才会容易。有句读为“凡交近，则必相靡以信，远则必忠之以言”，有句读为“凡交近则必相靡以信，（交）远则必忠之以言”，以庄子的语言风格，不犯错误的情况下，归元后的句读，应该是最完好的，主语清晰，逻辑严密。

交，很明显就是指国家与国家之间的关系，即外交或邦交。离开语境，理解为人与人的交往，似乎更好。近，就是近邻国家。只有近邻国家才会相靡。靡，就是《马蹄》“夫马陆居则食草饮水，喜则交颈相靡，怒则分背相踢”的靡，接触或是摩擦的意思。远，与近相对，显然就是指不相邻的远方的国家了。远方国家因为不相邻，所以不能相靡以信，而要忠之以言。叶公子高所在的国家究竟在哪，文中没有交代。但可以肯定，它与齐国不相邻。从语境看，这句话的重点不在信，而在言。叶公子高有两患之困，就是因为他出使齐国需要传言。就这显明得不能再显明的事理，叶公子高其实并没有认识到。所以，孔子在建议叶公子高接受出使齐国诏命后，立马告之以《法言》。

《法言》

要是庄子把它虚拟成《言法》或《言之法》或《言经》，就好懂了。

传其常情，无传其溢言，则几乎全

常情不好理解，溢言好理解。形式逻辑上，常情明显是溢言的对语，所以，常情就是不溢之言。不溢之言，就是没有添枝加叶的话。两喜两怒之言，都非常情，都是溢言。情，就是“情况”的情。溢，就是“满则溢”的溢。则几乎全，就是接近完美。具体点讲就是，传常情而不传溢言，则涉事各方都会满意。人永远只是在接近道，而不能与道合一。合一不是结果，而是过程。

且以巧斗力者，始乎阳，常卒乎阴，泰至则多奇巧。以礼饮酒者，始乎治，常卒乎乱，泰至则多奇乐

以巧斗力不好理解，斗力以巧就比较好理解。以礼饮酒不好理解，饮酒以礼就比较好理解。前句是普遍性真理，后句是通过具体事例来形象解释前句。

夫言者，风波也。行者，实丧也。风波易以动，实丧易以危。故忿设无由，巧言偏辞。兽死不择音，气息勃然，于是并生厉心。剋核太至，则必有不肖之心应之，而不知其然也。苟为不知其然也，孰知其所终

这段话原本位于“凡事亦然。始乎谅，常卒乎鄙，其作始也简，其将毕也必巨”之后。归元后予以删除，理由一，文字非常晦涩难懂，这其实难以构成理由。理由二，这话没有增加庄子任何思想，但放到文中后，隔断了文脉。删除后，文章立马显得紧凑而完整。如果理由完全成立，则理由一立马成立。

无迁令，无劝成

原话为“无迁令，无劝成。过度，溢也”，考诸后语“迁令劝成，殆事”文脉，“过度，溢也”明显赘余，后人旁注误入正文的可能性极大。迁，应该就是“见异思迁”“变迁”的迁。劝，应该就是“力劝”的劝，略带强迫性。

可不慎欤

原在“美成在久，恶成不及改”之后。虽然删不删对文本影响不大，但熟悉文本本身后，还是觉得是外来语的可能性大些，故归元后予以删除。大道从简。

且夫乘物以游心，托不得已以养中，至矣，何作为报也？莫若为致命，此其难者

这句话非常难以解读。这里的解读也只是解读者本人觉得比过往解注要稍好点，但并不意味着就一定会对，期待更对的解读出现。

要解对的前提，是断句。其中还会因句读的不同，而有不同的解读。这里，不想陷入对错误进行过多批判的错误当中，只想直截了当地呈现可能的正确。尼采曾经说过："与恶龙缠斗过久，自身亦成为恶龙。"

乘物以游心。其实就是在有待中实现无待，义理完全等同于"逍遥游"或"庖丁解牛"。游心是对成心的否定。

托不得已以养中。托，就是"寄托"的托。不得已，就是现代口语中的不得已，吃喝拉撒睡，就是不得已。为人子要孝，为人臣要忠，就是不得已。中，与心对语，就是"中心"的中，心的意思。中是指，心是中的所指。

至矣。就是至高无上的至，指最高境界。

何作为报也。只有接前面的语气，才能得到比较完好的理解。意思是，何必因为报而发作。报，应该是特指叶公子高出使齐国后将出使情况向君主汇报。意思是说，叶公子高自事其心的功夫未到家，哀乐施乎前，于是甚栗之。如果能做到"乘物以游心，托不得已以养中"，那内心就不会因为要回国报告而发作了。这个解读十分勉强，不得已而为之。

莫若为致命，此其难者。确实"此其难者"！既然已经怀着使命感解注《庄子》，那再难，也要为致命，做命中注定要做的。致，就是"此致敬礼"的致，完成的意思。命，就是"知其不可奈何而安之若命"的命。致命作为合成词，等同于命中注定。莫若为致命，就是"为人臣、子者，固有所不得已。行事之情而忘其身，何暇至于悦生而恶死？夫子其行可矣"，当然了，这确实很难，但人在江湖，身不由己。

【今译】

叶公子高将出使齐国，向孔子倾诉说："王对我这次出使齐国非常看重，可齐国国君对待别国使者，向来是表面尊重，实际上老拖着不办事。就是一般的普通百姓都很难说动，更何况齐国国君这样的一方诸侯。我内心极为煎熬。夫子您常常对我说：'无论大事还是小事，很少有因为不合道而能让各方都高兴的。一件事如果干不成，则必有人道之患。干成了，则必有阴阳之患。成或

不成而没有任何忧患的，只有有道的人才能做到。’我这人一向粗茶淡饭，可以说是清心寡欲之人。现在倒好，一接到要出使齐国的诏命，就感觉要喝冰水似的，我内心焦灼呀！我还没有开始我的齐国之使，就已经染上了阴阳之患了啊。要是出使齐国这事没有办好，那必有人道之患。这两患，作为人臣者的我，确实有点承受不了，还是请夫子您开导开导我吧。”

孔子于是说：“天下有大戒二。一个叫命，一个叫义。孩子对双亲的敬爱，就是命，不可能在心中将它彻底消解。臣下对君王的侍奉，就是义，无论走到哪里心中都念着主子。正因此，如果就侍奉自己的双亲来说，无论自己处于什么样的境地，都要让自己的双亲安心，那就称得上孝之至也。就侍奉自己的君王来说，无论遇到什么样的事情，都要让自己的主人安心，那就称得上忠之至也。就侍奉自己的心情来说，无论什么样的哀乐都不事先出现，知道它无可奈何而安之若命，那就称得上德之至也。就人臣与人子这个身份来说，人天生就有不得已的时候。遇到事情如果能尽力而为且忘记自身的存在，那哪里还有时间来想生好或是死不好这个问题？所以说，你还是奉命出使吧。我再把我听闻过的一些话说给你听：凡邦交这事，近邻国家得靠信用来和睦共处，远方国家则得靠言语来体现忠诚。言语又得靠人来传递。人要传两喜两怒的话，可难啦。为什么呢？两喜的话必多溢美之言，两怒的话必多溢恶之言。任何言语，一旦过了，就类似于妄，而妄言就没人会信。没人信的话，则传话的人就要遭殃了。所以《法言》说：‘传话要是能传常情而不传溢言，则三方都能照顾到。’干事情如果借助的只是技巧，刚开始时往往还比较公开，到后来常常转向阴谋，甚至到最后诡计迭出。这就好比饮酒时如果要借助于礼仪，刚开始时往往还秩序井然，到后来常常转向混乱，甚至到最后难以收拾。什么事都是这样。刚开始时往往能够相互体谅，到后来常常相互鄙视，刚开始时事情显得比较简单，到结尾时往往搞得令人头疼。所以《法言》说：‘不要改变命令的内容，也不要强力促成一件事情。’改变命令的内容与强力促成一件事情，是件很危险的事。成就一桩美事需要时间，事情一旦搞砸就难以收拾。要是一个人能始终依凭事物的本来面目而逍遥于其间，总把自己的心思寄托在不得不为的事情上面，这就足够了，不必将心思放在如何向主子汇报这事上。你还是下定决心接受主人的使齐诏命吧，这才是这件事里的难为之处。”

三

【文本归元】

颜阖将傅卫灵公太子，而问于蘧伯玉曰：“有人于此，其德天杀。与之为无方，则危吾国。与之为有方，则危吾身。其知适足以知人之过，而不知其所以过。若然者，吾奈之何？”

蘧伯玉曰：“善哉问乎！戒之！慎之！正汝身也哉！形莫若就，心莫若和。虽然，之二者有患。就不欲入，和不欲出。形就而入，且为颠为灭，为崩为蹶。心和而出，且为声为名，为妖为孽。彼且为婴儿，亦与之为婴儿。彼且为无町畦，亦与之为无町畦。彼且为崖，亦与之为崖。达之，入于无疵。汝不知夫螳螂乎？怒其臂以当车辙，不知其不胜任也，是其才之美者也。戒之！慎之！积伐尔美者以犯之，几矣。汝不知夫养虎者乎？不敢以生物与之，为其杀之之怒也。不敢以全物与之，为其决之之怒也。时其饥饱，达其怒心。虎之与人异类，而媚养己者，顺也，故其杀者，逆也。夫爱马者，以筐盛屎，以蜃盛溺。适有蚊虻仆缘，而拊之不时，则缺衔，毁首，碎胸。意有所至，而爱有所亡，可不慎邪？”

【见独】

蘧伯玉

历史上实有其人，《论语·卫灵公》有载：“君子哉蘧伯玉！邦有道，则仕。邦无道，则可卷而怀之。”但本寓言其事，一定是庄子虚拟，蘧伯玉没有能力讲出如此思想性的话来。庄子为什么要选蘧伯玉为寓言的主人公呢？因为蘧伯玉名字里带有“伯”字，表示次序最高。按中国传统辈分文化“亦唯伯仲叔季图之”兄弟排行的次序，伯是老大，仲是第二，叔是第三，季是最小的。且看《庄子》带“伯”字的人名还有哪些：

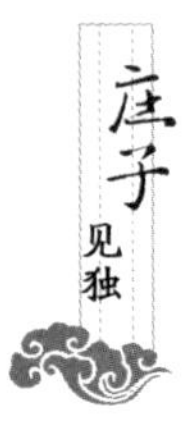

《人间世》：南伯子綦。

《德充符》：伯昏无人。

《天　地》：伯成子高。

《田子方》：温伯雪子。

《让　王》：子州之伯。

《列御寇》：伯昏瞀人。

这些人都是有道者的象征。当然，《庄子》中也有带“伯”字的人名而不是有道者的象征的，比如《秋水》篇中的河伯。

其德天杀

读懂这句话是读懂本寓言的关键，过往解注从没人在这里好好思考过。卫灵公太子是个其德天杀的人。这种人，德性天生就不是很好，按俗话来说，胚子就是坏的。对这种人，教育劝说是没有用的。诚如《德充符》篇所说：“天刑之，安可解？”如果他恰好就在高位，与之打交道的唯一办法，就是顺从他，就如顺从天道。其后蘧伯玉的话，都是以此为前提来说的。看不到这关键的一层，就绝无可能读懂蘧伯玉的话。本寓言的主旨与庖丁解牛寓言的主旨完全一样：“以有涯随无涯，殆已。已而为知者，殆而已矣！为善无近名，为恶无近刑，缘督以为经，可以保身，可以全生，可以养亲，可以尽年。”

其知适足以知人之过，而不知其所以过

过往解读有两种，一种比较直接，一看便知是错，大意是：太子的智力足以知道别人的过错，但不知道自己为什么会犯过错。知道别人的过错和知道自己的过错是同样的智力，怎么会有转折呢？将其解注为自己，又有逻辑上的根据吗？一种比较间接，看上去相当有理，但还是错，大意是：他的智力仅仅足以发现别人对他有所责备，而不能认识到责备他的原因。这种理解与前一种理解的差别在于对“过”的不同解读上，它把“过”从直接的过错理解中解放出来，理解为责备，思路不错，但语境不在。按语境，这句话是要说明太子其德天杀的具体表现，就是他只是能知道一件事或一个人的表面，而没有能力知道一件事或一个人的实质。注意，这不是太子的过错，是天造如此。《齐物论》中有说：“然则我与若与人俱不能相知也。”所以，蘧伯玉给颜阖的建议里，没有任何要颜阖去教化太子的意思，只要求颜阖去顺从。

正汝身也哉

这已经是蘧伯玉对颜阖给出的最直接的答案，只是从来没有人读懂而已。因为太子“其德天杀”，所以，奈何这件事的方法，不是从太子着手，而是从自己着手。正，就是“正确”的正，这里做动词用。整句话的意思，就是还是把自己做对吧。

形莫若就，心莫若和

怎么正身呢？形莫若就，心莫若和。形，表面上。心，内心里。莫如，不如。就，就是“迁就”“将就”的就。和，就是传统意义上“和光同尘”的和。这是总的原则，也是普遍真理。但任何普遍真理，都要结合具体情况才能真正发挥作用。这个具体情况，就是太子其德天杀。

就不欲入，和不欲出

“形莫若就，心莫若和”普遍真理同太子其德天杀的具体情况相结合，就产生了“就不欲入，和不欲出”。用庄子自身的话来印证的话，就是适人而不失己。

庄子这里的思想，与老子的思想极为吻合。《老子见微》第02章有说：“天下皆知美，为美，恶已。皆知善，斯不善矣。”意思是说：“要是全天下人都知道好是什么，并按照所知道的这个好去行动，那就太恶劣了。要是全天下人都认为我这句话说得对，那这句话也就不那么对了。”

形就而入，且为颠为灭，为崩为蹶。心和而出，且为声为名，为妖为孽

深度沉思，这段话的语境是，应对其德天杀的太子，唯一可行的办法，就是殆己，亦即正汝身。正汝身的指导原则是：形莫若就，心莫若和。具体实践时，要就不欲入，和不欲出。那要是没能做到呢？就是形就而入，心和而出。要是“形就而入，心和而出”了，后果会怎样呢？形就而入的后果是，为颠为灭，为崩为蹶。心和而出的后果是，为声为名，为妖为孽。这两个后果如何解读呢？难就难在这里。要是这里的问题是真问题，那就一定有真答案。假使这里的问题是真问题，那可能的答案是，为颠为灭，就是颜阖表面上迁就太子而

太过投入后，就会随着太子的颠而颠，随着太子的灭而灭。颠与灭是什么意思呢？不是太清楚，大概就是疯疯癫癫，采色不定吧。当这种情形出现时，那你颜阖会怎么样呢？为崩为蹶，意思就是会崩溃。这种情形，想必任何人都有切身体验。按同样的逻辑理解后半句，则要是颜阖你内心里依顺太子而露了马脚的话，太子就会认为你只不过是个名利之徒，那结果呢，颜阖你简直就是妖孽了。注意，太子其德天杀，没有道理可讲的。

彼且为婴儿，亦与之为婴儿。彼且为无町畦，亦与之为无町畦。彼且为崖，亦与之为崖

理解这段话的关键，是要把这段话看作是前面几段话的结果。什么意思呢？就是说，你颜阖只有在做到形就而不入、心和而不出时，才可以形就而心和，诚如《达生》篇中所说："不内变不外从，事会之适也。"形就而心和的具体表现就是："彼且为婴儿，亦与之为婴儿。彼且为无町畦，亦与之为无町畦。彼且为崖，亦与之为崖。"直白点说就是，大智若愚。事情了然于胸而因顺外境，就是大智若愚。以庄子自己的话来印证，就是《天下》篇里的"独与天地精神往来，而不敖倪于万物。不谴是非，以与世俗处"。

町畦，音 tǐng qí，田间地头的界限。其德天杀的太子，自然分不清界限什么的，意为进退不知道分寸何在。

崖，就是"崖异"的崖，指人性情、言行不合常理。这个意思放到"彼且为无崖，亦与之为无崖"句子里，会出现与文脉相反的义理。崖对应的是婴儿、无町畦，所以，崖前的"无"字很可能是庄子一时粗心笔误的结果，后人抄错的可能性不是没有，但不大。如果这个解释不成立，那无崖更无解。《庄子》的文本归元难，但远没有《老子》难。大自然的诡异之处，就是再难的事，总安排有人去做，就如安排由女人去生孩子一样。

达之，入于无疵

达，就是"通达"的达。注意，不是"达到"的达。通达与到达的差别，明白了的人自然明白，不明白的人再怎么解释也还是不会明白。有些人其德天杀，有些人其德杀天。之，就是"彼且为婴儿，亦与之为婴儿。彼且为无町畦，亦与之为无町畦。彼且为崖，亦与之为崖。"

汝不知夫螳螂乎？怒其臂以当车辙，不知其不胜任也，是其才之美者也

句子本身非常容易理解，但过往解注者从来就没有人理解对过。错的原因，是把这个寓言当作是与后面的养虎者和爱马者寓言相平行的寓言了。这个寓言其实只是用来解释说明它之前那一大段的话的，“戒之！慎之！积伐尔美者以犯之，几矣”是很明显的分际线。

是其才之美者也。是，就是《齐物论》里“以是其所非而非其所是”的前一个“是”字，做动词用，肯定的意思。

积伐尔美者以犯之，几矣

从“犯”字逆推，知道这话是蘧伯玉针对颜阖将傅太子说的。句子本身非常不好理解，只能连蒙带猜。

积，应该就是“累积”的积，相当于总是的意思。

伐，就是《徐无鬼》“之狙也，伐其巧，恃其便以敖予，以至此殛也”的伐，炫耀的意思，相当于“尔强以仁义绳墨之言炫暴人之前者”的炫。

之，指的是卫灵公太子。

几，表示非常接近，相当于几乎、差不多。意思是，你颜阖要是总是想通过显示你的美德去冒犯太子，那结果就跟螳臂当车差不多。

时其饥饱，达其怒心

关键点，在理解“时”与“达”。那如何才能时与达呢？还是《养生主》的主旨最管用：“为善无近名，为恶无近刑，缘督以为经。”

虎之与人异类，而媚养己者，顺也，故其杀者，逆也

看上去容易理解，但一旦真正去理解，就发现其中非常有问题。问题表现在两个地方，一是媚养己者，一是故。

“媚养己者”前面一定掉了一个字。究竟是什么字，不知道，但句子的大意是清楚的，就是老虎不会伤害媚养自己的人。照过往解注本理解，老虎怎么可能讨好献媚养己的人？好养是养，坏养也是养，只要是养，老虎就会讨好献媚？文章完全没有这样的语境。文章极其明显的语境是“不敢以生物与之，为其杀之之怒也。不敢以全物与之，为其决之之怒也。时其饥饱，达其怒心。”这么做的养虎者，就叫媚养者，即养虎者向老虎讨好献媚。对于这样的养虎行

为，庄子才管它叫顺。否则，就叫逆。逆的结果，就是故其杀者，就是显出老虎嗜杀的本性。故，做动词用，还原出本性的意思。

适有蚊虻仆缘，而拊之不时，则缺衔，毁首，碎胸

理解这话的关键，是要还原场景。而要还原场景，就得有养马的经验。如果没有养马的经验，养牛的经验可以借用。蚊虫都喜欢叮咬牛马，牛马都不会因为蚊虫叮咬而“缺衔，毁首，碎胸”，如果有人将这话解读为马因被蚊虫叮咬而没有及时拍打，那马就“缺衔，毁首，碎胸”，显然是不符合基本事实的。基本事实是，马被蚊虫叮咬而人拍打的不是时候，则马因受到不明原因的惊吓，可能会“缺衔，毁首，碎胸”。这就叫“意有所至，而爱有所亡”，相对于爱马者的意图而言，马德是天杀的。

蚊虻仆缘。蚊虻，蚊子与牛虻（méng）；仆缘，叮在马身上的叫仆，飞在马周围的叫缘。

拊之不时。拊，音 fǔ，拍打的意思；时，时机。整句话的意思，就是拍打的不是时候。

缺衔，毁首，碎胸。不是太能清晰理解它的具体含义，但大致含义想必大家都清楚，那就不具体解释了。

【今译】

颜阖将要去给卫灵公的大公子当老师，不得已而向蘧伯玉讨教：“有这么个人，他的天德实在是有点问题。我要是不以一定的规矩方圆约束他，其结果就是国家会受到危害。而要是以一定的规矩方圆约束他，其结果就是我个人会受到危害。他的识别能力也就大概能知道别人的过错，但无法知道别人过错的原因是什么。就这样的一个人，我该如何对待是好？”

蘧伯玉说：“问得好啊。戒之！慎之！关键是将自己把握好！表面上不如迁就他，内心里不如依顺他。但即使这么做了，还是会有所隐患。迁就的时候注意不要太过投入，依顺的时候注意不要露出马脚。迁就的时候如果太过投入，那你将随他的颠而颠，随他的灭而灭，结果呢，你自己就会走向崩蹶。依顺的时候如果露出了马脚，他就会说你为声为名，结果呢，你自己就成了妖孽一般。做到了“就不欲入，和不欲出”后，你就可以形就心和了：他要是表现得像一个不懂事的小孩，你也就跟着表现得像一个不懂事的小孩。他要是表现得没有分寸，你也就跟着表现得没有分寸。他要是表现得十分怪异，你也就跟着表现得十分怪异。你要是能完全做到了这三点，你就一定不会有什么危殆。你知道螳臂当车是怎么回事吗？它高高地举起自己的臂膀，试图挡住车的前进，它其实是不知道它根本没这个能力的，它太过盲目地高估自己的能力了。戒之！慎之！你要总是想通过显示你的才干来阻止太子的胡作非为，其结果，就跟螳臂当车差不多。你不知道养虎者的事吗？养虎者从来就不敢以活物喂养老虎，怕的是老虎杀活物时带来的恼怒。也不敢以全物喂养老虎，怕的是老虎撕吃时带来的恼怒。养虎者总是能在适当的时候让老虎吃饱，以使老虎不会发怒。老虎作为与人不同的物类，都知道不伤害媚养自己的人，就是因为养虎者依顺了它呀。要是它展示出原本嗜杀的那一面，就是因为养虎者违逆了它啊。再者，你看那爱马的人，爱到要用框去接马拉的屎，要用蜃去接马撒的尿。但当有蚊虫叮咬爱马时，他要是拍打的不是时候，则马会缺衔，毁首，碎胸。爱的意识到了，可爱的结果却没有，你难道还能不意识到，凡是都要谨慎从事吗？”

四

【文本归元】

匠石之齐，至乎曲辕，见栎社树。其大蔽数千牛，挈之百围。其高临山十仞而后有枝，其可以为舟者旁十数。观者如市，匠石不顾，遂行不辍。

弟子厌观之，走及匠石曰：“自吾执斧斤以随夫子，未尝见材如此其美也。先生不肯视，行不辍，何耶？”

曰：“已矣，勿言之矣！散木也。以为舟则沉，以为棺椁则速腐，以为器则速毁，以为门户则液满，以为柱则蠹。是不材之木也，无所可用，故能若是之寿。”

匠石归，栎社见梦曰：“汝将恶乎比予哉？若将比予于文木耶？夫柤梨橘柚，实熟则剥，剥则大枝折，小枝泄。此以其能苦其生者也，故不终其天年而

中道夭，自掊击于世俗者也。物莫不若是。且予求无所可用久矣，几死。乃今得之，为予大用。使予也而有用，且得有此大也耶？且也若与予也皆物也，奈何哉其相物也？尔几死之散人，又恶知散木？”

匠石觉而诊其梦。弟子曰：“趣取无用，则为社何耶？”

曰：“密！若无言！彼亦直寄焉，以为不知己者诟厉也。不为社者，且几有翦乎！且也彼其所保与众异，而以义誉之，不亦远乎？”

【见独】

匠石之齐，至乎曲辕，见栎社树

庄子常常会以“谬悠之说，无端崖之辞”（《天地》）来深刻描画自己的伟大灵魂在这个无奈世俗社会里的深度无奈。任何没有深刻意识到这一层的解注者，都是完全不可能读通《庄子》的。

匠石，看上去一个普普通通的名字，其实是庄子千沉万默的结果。从文本看，匠石显然是一个见多识广且经验丰富的木匠，但庄子为什么要安排他姓石呢？这由石头的性质所决定。凡石头，多实心，正是虚心的反面。匠石在未受栎社树送梦之前，就是这样一个石头般实心的人，就如《逍遥游》里“有蓬之心”的惠施。凡石头，多坚实，正是始终如一的象征。匠石在感悟到栎社树之后，就是这样一个石头般坚实的人，就如《庄子》里的孔子。这种写作手法要在旁人看来，觉得高不可攀，而在已经养成这种思维习惯的天才庄子看来，只不过是轻车熟路。一个超级钢琴师，一定不会受到琴键的束缚。一个超级思想家，一定不会受到文字的束缚。诚如《老子见微》在第 40 章所说：“大器免成，大音希声，天象无刑，道褒无名。夫唯道，善始且善成。”

齐，为什么要选齐而不是宋或是楚呢？曲辕一词的需要。为什么一定要用曲辕这个地名呢？它暗含曲阜这个地方。曲阜是什么地方？孔子所在地。孔子是《庄子》的一个常见角色，象征向道但又不知道是什么因而达不了道的人。要是有人质疑，孔子不是鲁国的吗？那这里就不做申辩了。好心的人，总喜欢为他人留点想象空间。

曲辕，它除了暗含曲阜这个地方外，还有更大的含义。曲，暗含了“内直而外曲”的外曲。外曲，与人为徒。与人为徒，就难以与天为徒。这话的详细解读，就在本章前面部分，不再赘述。辕，让人想起公文轩（《养生主》），轩跟辕一起，叫轩辕。轩辕，象征世俗社会。世俗社会，正是这个寓言的发生地。离开了世俗社会的发生地，本寓言无法成立，寓意也没有立足基础。

栎社树，庄子独创的一种树名，是栎树与其神社地位的合一。庄子的意图，旨在说明所谓的神社，只不过是世俗社会里的神社。离开了世俗社会，人的何种价值取向都是没有价值的。试设想，任何宗教能脱离世俗社会而单独存在吗？

其高临山十仞而后有枝，其可以为舟者旁十数

过往解注本多是这样断句的：“其高临山，十仞而后有枝，其可以为舟者旁十数。”也可，反正都能反映树的高。只是归元后的断句，把临的意境体现出来了。这个临，有居高临下的意味，反映出树在高出山头十几二十米后才开出枝杈。仞，古代计量单位，周尺八尺或七尺，周尺一尺约合二十三厘米。后句的“其”字，指代枝。舟，小船。旁十数，应该就是近十数的意思。十数，应该就是十几。枝而可以造小船，不仅是夸张说法，而有可能是事实。

弟子厌观之，走及匠石曰

“厌”字该如何解读才好呢？过往解注本多将它解读为看够了，依据应该是将厌理解为“学而不厌”的厌，但这完全没有语境。要是能默念出这件事发生的场景，弟子看到观拜这棵神社树的人多得就如集市，而他的老师竟然径直前行，头也不回一下，弟子当是不解而生厌。当然，弟子不可能厌恶老师的行为，庄子这里用厌，应该取“厌气”的厌，心中有不解而不满。所以，将厌理解为看不过去比较符合语境。走及，靠上去。弟子对老师不能大呼大叫，故言走及。

液满

过往解注本多写作“液樠（mán）”，并将樠解读为脂。从形式逻辑看，液樠当与沉、速腐、速毁、蠹（dù，虫蛀）等词性一致，作动词。如果是液樠，则动词词性难以成立。但如果改樠为满，就完全一致了，而原来的意思也得到完全保留，液就是脂汁之类的液体。

汝将恶乎比予哉？若将比予于文木耶？夫柤梨橘柚，实熟则剥，剥则大枝折，小枝抴

过往解注本的原话多为“汝将恶乎比予哉？若将比予于文木耶？夫柤（zhā）梨橘柚，果蓏（luǒ，草本植物的果实）之属，实熟则剥，剥则辱，大枝折，小枝泄”，改动的地方有三处。

一是将“柤梨橘柚，果蓏之属”改为“柤梨橘柚”。理由是，果蓏之属没有语境，其与后文“大枝折，小枝抴”相冲突。因为果蓏之属大意是指地瓜、西瓜等瓜类的东西，这些东西没有什么大枝小枝一说的。它应该是后人对“柤梨橘柚”四字的解注，庄子笔误的可能性也不能排除。

二是将“实熟则剥，剥则辱，大枝折，小枝泄”改为“实熟则剥，剥则大枝折，小枝抴”，理由是，“辱”字无解，更没有义理需要。所以，有谨慎点的注家，干脆对“辱”字或视而不见，或见而不译。

三是将“泄”字改为“抴（yè）”。小枝泄无解，小枝抴则是指小枝因被曳而折断的意思。

《庄子》的文本究竟怎样，这是一个终极不可解的难题。最接近的文本，就是与庄子灵魂最接近的解注者的文本。而这，唯有有信仰者才能理解和接受。

文木，应该是为“散木”一词的需要而特意设定的，具体意思不是太清楚。文脉上看，应该就是山楂树、梨树、橘树、柚子树等果树类的树木。有将它解注为有纹理的木，容易让人想起文盲与木然两词。

且也若与予也皆物也，奈何哉其相物也

这句话的意思其实非常清楚，就是《在宥》篇中的“明乎物物者之非物也”或是《知北游》篇中的“物物者与物无际”的“物物者”中后一“物”字。物物者是道，被物者是物。栎社树认为自己跟匠石都是被物者，都是一齐的，奈何要被指称为散木呢？这正是《齐物论》的核心意思。解注《庄子》而对庄子的思想体系没有把握，那就是试图仅仅通过研究人的毫发而想研究人体，不亦难乎！

尔几死之散人，又恶知散木

正确理解这句话的关键，是不要将“几死”连读，“几”要单独出来，“死”

跟后面几个字构成一句话，意念为“几 + 死之散人”。几，就是本章寓言三里“积伐尔美者以犯之，几矣”的几，差不多的意思。死之散人，就是死散人。死散人，就是死人。死人，不是指死去了的人，而是指心智没开发的人，就如口语中对不开窍的人说的“你这个死人”或“死家伙”，就是匠石的石之死心眼的象征含义。

散人没有什么特别含义，仅仅是栎社树在遭到匠石的诟厉后，对不理解自己的匠石的一种反唇相讥。栎社树是木，匠石是人。匠石诟厉栎社树是散木，栎社树于是反讥匠石为散人。匠石眼中的散木是无用之木，栎社树眼中的匠石于是就成了没用的散人。散人与散木在《庄子》中仅此一用，简单的名词而已，没有思想含义。后来有人据此而自称散人以自彰，确实散人得可以。

趣取无用，则为社何耶

“趣”有极为坚实的庄子自证基础，完全等同于《秋水》篇中“以趣观之，因其所然而然之，则万物莫不然”的趣，价值取向的意思。社，就是“社稷”的社，古代指土地神和祭祀土地神的地方、日子以及祭礼。理解本句问话的突破口，在匠石的回答。理解了匠石的回答，就理解了这句问话。

密！若无言！彼亦直寄焉，以为不知己者诟厉也。不为社者，且几有翦乎！且也彼其所保与众异，而以义誉之，不亦远乎

这句话虽然理解起来极为困难，但还是可以获得非常清晰的答案的。

密，单单的一个字，就如地上一粒滚珠，如果不先设定方向，往哪里滚似乎都很自然。但若是放到这个语境里，就几乎只有一个意思，义同《达生》里“公密而不应”的密，闭嘴的意思。再结合我们中国人口语里的表达习惯，将它翻译为小声点，最形象。如果将它与后面的若无言搭配着看，则更有递进感。

彼亦直寄焉，以为不知己者诟厉也。彼，指栎社树。直，副词，只、仅仅的意思。寄，寄生。焉，指栎社树所在的地方。以为，不要错将其理解为现代汉语里的以为，以相当于而。不知己者，不理解自己的人。诟厉，无端指责。整句话的意思很清晰，就是说，它也只是暂时寄生在这里而已，而那些不理解它的人便对它进行了无端的指责。这明显是针对前面的问话“则为社何耶”而作的回答，也是匠石诊梦觉醒后的自责。

且也彼其所保与众异，而以义誉之，不亦远乎？保，就是“保全”的保。有注家将它通假为“宝”，义理即使有据，文脉也无据，它明显就是连着“不为社者，且几有翦乎”的义理而来的。义，显然就是一种名而已。名是世俗社会里的毒药，道是这种毒药的解毒剂。栎社树本来活在道里，现在有人用“义”来评判它，当然是风马牛不相及了，就如本身就是一个追求台球技艺的人，有人却用球台技艺去评判他一样。

对于栎社树既然趣取无用却又为社的矛盾，《山木》篇中的一段话是最权威也最契合的答案：“周将处乎材与不材之间。材与不材之间，似之而非也，故未免乎累。若夫乘道德而浮游则不然，无誉无訾，一龙一蛇，与时俱化，而无肯专为。一上一下，以和为量，浮游乎万物之祖，物物而不物于物，则胡可得而累邪！”

【今译】

一位姓石的木匠到齐国去，走到一个叫曲辕的地方，看到一棵栎社树。这棵树可真大，光树冠就可以遮盖好几千头牛，树干要一百人才能合抱。要说到它的高度，高出一般山头十几二十米才开杈，可以用来造小船的枝杈竟达十数个之多。虽然前来观看的人跟赶集一样，但匠石看后头也不回一下，径直前行。

弟子看不过去了，靠近匠石问：“自我拿着刀斧跟随先生学艺以来，还从来没有见到过如此壮美的树木，可先生径直前行，没有一点想多看一眼的意思，请问这是为什么呀？”

匠石回答说：“算了，不用多说了！散木罢了。要是拿它造船则沉，造棺椁则速腐，造器具则速毁，造门户则水渗，造柱子则虫蛀。这是棵无法取材的树，没什么用，所以能活得这么久。”

匠石回家后，栎社树托梦给他：“你想把我比作什么啊？想把我比作文木不成吗？文木，比如柤、梨、橘、柚之类的果树，一到果实成熟时节，就遭采摘。一采摘，就大枝折，小枝断。这正是因为它能结果而导致它遭受的苦难啊，也正是因为这个，它才没有活到它该活的寿命而中途夭折了啊，这可是它自己招来的世俗横祸啊。万物莫不如此。就我个人来说，我追求无所可用已经有很长一段时间了，中间差点被世俗弄死。直到现在我才终于得以无所可用，也终于成就了我现在的大用。要是我被世俗社会觉得有用，我难道还能长得如此壮美吗？再说啦，你跟我都是万物中的一员，干吗要凌驾于我之上？你也就一个死心眼的散人而已，哪里谈得上知道散木是怎么回事？”

匠石醒来后同弟子一起对这个梦进行了一番诊断。弟子于是问：“既然栎社树以无所可用为价值取向，那它还长成为一棵神社树干嘛呀？”

匠石回答说：“说话得小声点，最好别说话。它也只是恰好就长在这里罢了，才导致一些不理解它的人对它进行无端攻击。长在这里要是又不把自己长成一棵神社树，那它就很可能会被世俗社会里的人砍掉！它对自己的保全方式与世俗社会完全不同，你却以世俗社会的“义”为标准来评判，这不就离题万里了吗？”

五

【文本归元】

南伯子綦游乎商之丘，见大木焉有异，结驷千乘，将隐庇其所藾。

子綦曰：“此何木也哉？此必有异材夫！”

仰而视其细枝，则拳曲而不可以为栋梁。俯而见其大根，则轴解而不可为棺椁。舐其叶，则口烂而为伤。嗅之，则使人狂酲三日而不已。

子綦曰：“此果不材之木也，以至于此其大也。嗟夫，神人以此不材！”

宋有荆氏者，宜楸柏桑。其拱把而上者，求狙猴之杙者斩之。三围四围，求高名之欐者斩之。七围八围，贵人富商之家求椫傍者斩之。故未终其天年而中道夭于斧斤，此材之患也。

【见独】

南伯子綦游乎商之丘

南伯子綦，就是《齐物论》中南郭子綦，向道并悟道的象征。游，扣的就是“逍遥游”的游，就是“乘物以游心”的游。游而不荡，即是逍遥。

商之丘，有注家认为就是商丘，没有根据。但即使这么认为，对文本影响也不大。

结驷千乘，将隐庇其所藾

结，应该就是“集结”的结。驷，四匹马拉的车。隐庇，隐藏庇护。藾，音 lài，庄子独用，很可能就是荫的别字，意思就是荫。

轴解

与拳曲对应时，大致可以猜到它的意思。拳曲，就是如拳头般弯曲。轴解，就是如轮轴被剖开，构词法同“土崩瓦解”。轴的本义为轮轴。庄子时代是否有轮轴，不得而知，有的可能性大。如果有，则此解对的可能性十之八九。凡轮轴，都是弯曲的。而轮轴被剖开，就更加弯曲了。解的本义为剖开。其实，只要意思没有丢失，我们完全可以不受文字拘禁。而如果不同的文字会带来不同的意思，则一定要受文字拘禁。这就好比，一般画师一定要讲究技法，而一流画师则超越技法。

嗅之，则使人狂酲三日而不已

从“仰而视、俯而见、舔其叶”看，嗅之一定是走近嗅。远远地闻一闻，是不可能使人狂酲三日而不已的。酲，音 chéng，本义是酒醒后神志不清有如患病的感觉。

此果不材之木也，以至于此其大也。嗟夫，神人以此不材

不材之木不能径直就解注为无用之木，这容易引起误会。综观庄子的整体思想，很容易就知道，庄子只是要将我们从狭隘的世俗观念中解放出来。不要以为有用就有用，无用就无用。而要深刻地知道，有用有有用之用，无用有无用之用。当生而为大用时，就当大用。当生而为小用时，就当小用。无论大用还是小用，都要以所谓无用的存在为前提，就如太阳的有用必须以太阳的无用为前提一样。总之，用庄子本章结尾的话概括说就是：“人皆知有用之用，而莫知无用之用也。”当然，这话说着容易，真正实行起来，只有圣人或是神人才能彻底。正因此，南伯子綦才有“嗟夫，神人以此不材”的感叹。神人以此不材，很不好理解。强行理解且大致能通，有三种结果。一种是，神人以此不材为然。“为然”两字可能漏掉了。其思想依据，完全可以来源于《齐物论》的“恶乎然？然于然。恶乎不然？不然于不然。物固有所然，物固有所可。无物不然，无物不可”。一种是，神人似此不材，“以”是“似”的形误。意思是，神人就如这不材之木一般。一种是，不材已经是一种价值象征，象征无用之用。此，就是不材之木。意思是，神人以这不材之木为无用之用。综合起来看，第一种理解简单直接，且根据相对充足。

宋有荆氏者，宜楸柏桑

荆氏者，很容易理解为人。但如果“宜”字没有新的出土文献作证的话，就只能将宜理解为“适宜”的宜，进而荆氏者就只能理解为地点。其实，两种理解，都不会导致文本意义根本上的差异。

其拱把而上者，求狙猴之杙者斩之

拱，应该就是“拱手相让”的拱，两手之围。把，就是“一把菜”的把，一手之围。拱把，根据后面的三围四围、七围八围语境，应该就是一围二围的意思。杙，音 yì，小木桩。

三围四围，求高名之丽者斩之

丽，音 lì，正梁的意思。高名之丽，就是高大华丽的大房子的正梁。

七围八围，贵人富商之家求樿傍者斩之

樿傍，就是棺材。樿，音 shàn，同椫。庄子独用词，这个意思也只是猜，孤证难信。

故解之以牛之白颡者，与豚之亢鼻者，与人有痔病者，不可以适河。此皆巫祝以知之矣，所以为不祥也。此乃神人之所以为大祥也

此话与语境完全不搭，且完全没有增加任何思想含义，后人旁注误入正文的可能性极大，遂删之。即使是庄子原文，也属冗语叉文，必须删除。

这两个寓言，一正一反，说明无用之用可为大用，有用之用可致大祸。注意，庄子不是在否定有用之用，而是在否定无用之无用。

【今译】

南伯子綦有次到一个叫商的地方的一座小山丘上游玩，发现那里有棵大树长得特别不同，即使是四马之车达到千辆之多，也都可以全部隐蔽其下。

子綦不禁叹道："这到底是棵什么树呢？其必有与众不同的地方！"

于是子綦抬头仔细察看它的细枝，都如拳头般弯弯曲曲而难以用作栋梁。低头再察看它的大根，则歪歪扭扭而难以制作棺材。稍微舔食一下它的树叶，则会立马引起口腔溃烂。要是凑近闻闻它的味道，则会让人像喝多了酒一样，三天三夜都醒不过来。

子綦于是再次叹道："这棵大树世俗社会确实无法取用，也正因此，它才可以长得如此高大。嗟乎！只有神人才会认同这棵大树的无所可用！"

宋国有个叫荆的地方，很是适合栽植楸树、柏树、桑树。这些树木大凡长到一围两围的，就会被耍猴的人砍来作拴柱了。三围四围的，就会被建高屋大楼的人砍来作横梁了。七围八围的，就会被富贵人家砍来作棺材了。所以说，要是没能活到该活的岁数就招致刀斧之祸而中途夭折了的，就是因为其能为世俗社会所取用的结果。

六

【文本归元】

支离疏者，颐隐于脐，肩高于顶，会撮指天，五管在上，两髀为胁。挫针治繲，足以糊口。鼓筴播精，足以食十人。上征武士，则支离攘臂而游于其间。上有大役，则支离以有常疾不受功。上与病者粟，则受三钟与十束薪。夫支离其形者，犹足以养其身，终其天年，又况支离其德者乎？

孔子适楚，楚狂接舆游其门曰：

"凤兮凤兮，何如德之衰也！

来世不可待，往世不可追也。

天下有道，圣人成焉。

天下无道，圣人生焉。

方今之时，仅免刑焉。

福轻乎羽，莫之知载。

祸重乎地，莫之知避。

已乎已乎，临人以德。

殆乎殆乎，画地而趋。

迷阳迷阳，无伤吾行。

吾行郤曲，无伤吾足。

山木自寇也，膏火自煎也。

人皆知有用之用，而莫知无用之用也。”

【见独】

全段

天才没有独创的自由，只有自由的独创。因为天才的独创不是天才自己想出一个什么特别的东西，而是从大自然里发现了什么特别的东西。一个人只有摆脱了世俗枷锁而获得了彻底的精神自由，才有可能从大自然里发现什么特别的东西。庄子就是个这样的人，《庄子》就是一本这样的书。要真正理解庄子，首先就得自己受创为类似庄子这样的人。

这部分极为晦涩难懂，过往解注本多因这个晦涩，而有意把它简单化了。其实，与其说是把它简单化，不如说是把它随意化了。当一件事远远超出一个人的能力时，随意的行为就如秋天里的落叶，到处都是。

支离疏者，颐隐于脐，肩高于顶，会撮指天，五管在上，两髀为胁

支离疏，庄子虚拟人名，用以形象说明一个人即使形体支离也还是可以养身尽年，寓意一个德性被支离的人如果不能养身尽年，是不应该的。支离，就是“支离破碎”的支离。疏，“疏通”的疏，寓意为即使形体支离了，还是可以把生命疏通。

颐，脸颊或是下巴。据这里的语境，取下巴更好。因为脸颊隐于肚脐眼不是太合常识，尽管下巴隐于肚脐眼也不是很合常识。

会撮指天，单就本身看，无解。借助于《大宗师》的“句赘指天”，“会撮”很可能就是句赘。句赘的意思又不是很清晰，很可能指屁股。于是，会撮很可能就是指屁股。解释为头上的发髻，不好。发髻是人为的，而其他明显都是天生的。

五管在上，五管不好理解，借助于《大宗师》的“曲偻发背，上有五管”，五管很可能就是指心肝脾肺肾。不过，这实在太勉强。

两髀为胁，完全不知道具体所指，幸好不影响文本解读，也就索性挥一挥手，将它轻轻放过，【今译】仅供参考。髀，音 bì，大腿骨。胁，音 xié，腋下肋骨所在的部分。

挫针治繲，足以糊口。鼓荚播精，足以食十人

挫针治繲，仅从字面意义看，就知道大致是世俗社会里收入最微薄的活，即针线缝补活。大致说来，这活是专为穷人干的，所以，收入相当微薄。但即使相当微薄，养家不太行，糊口就没有大问题。繲，音 xiè，庄子独用字，字典里注释为洗衣服，根据就在这句话里。而根据本身，就很没根据，繲字无论象形还是会意，怎么也不像洗衣服啊。那治繲可能的含义会是什么呢？很可能就是古代的手工纺纱或捻线。

鼓荚播糈，过往解注本多作“鼓荚播精”，文本归元后，改“精”为“糈”。如果是精，有解为精米的。既然是精米，就无须播。有将播精解为看命算卦的，进而跟着就将“足以食十人”解读为可以养活十来个人。有这么好的活计，哪里还需要上面救济？其实，播糈就是过去农村里最劳苦的筛糠播米活，二十世纪七八十年代，这种现象在中国乡下还普遍存在。糈，音 xǔ，粮食的意思。荚，音 jiá，即豆荚。鼓荚，就是鼓捣豆荚，也是过去乡下最劳苦的活，多在炎日下干，非常累。

足以食十人，不可以理解为可以养活十口之家，那太不合常理了，尽管庄子很多时候的话确实就非常不合常理，比如鲲鹏展翅九万里，但那都有意境的需要，不是随便说的。正确的理解当是，支离疏鼓捣一次豆荚或是筛一次米，可以供十个人食用。

夫支离其形者，犹足以养其身，终其天年，又况支离其德者乎

理解这句话的关键，是扎扎实实、彻彻底底跟上庄子的思维节奏。

跟上庄子思维节奏的关键，是得将支离疏寓言同狂接舆游孔子之门寓言摆放在一块。然后，把支离疏寓言中的支离其德者跟孔子对应上。最后，要把握后边寓言的寓意为，一个支离其德者，如何能做到像支离其形者那样，养其身并终其天年。

孔子适楚，楚狂接舆游其门曰

理解本寓言的关键，是把本寓言同前寓言结合起来，并把孔子看作是支离其德者。狂接舆的游吟诗，如果离开了具体的孔子这个对象，是无论如何都解读不通的。狂接舆，就是《逍遥游》“吾闻言于接舆，大而无当，往而不返。吾惊怖其言，犹河汉而无极也。大有径庭，不近人情焉”的接舆，就是《应帝王》“肩吾见狂接舆”的狂接舆，有道者的象征。孔子适楚，很显然就是指孔子周游列国而到了楚国。

凤兮凤兮，何如德之衰也

凤，指代孔子，不仅世人，很可能包括孔子自己，都将孔子看作是人中龙凤。其实，在有道者看来，这世俗的凤名，就是一道枷锁，让人迷失方向。用天才庄子自己的话一词以概之，就是迷阳。

何如德之衰也，意思是怎么到了德性已经这么衰败的地方来呢？如，到的意思。德之衰，特指孔子到来时的楚国。这是否有历史事实依据，不得而知。即便没有历史事实依据，也没有关系，反正道理在。

来世不可待，往世不可追也

来世应该特指孔子所向往的“大道之行也，天下为公”的理想社会。往世应该特指孔子所推崇的“郁郁乎文哉，吾从周”的周代时期。

福轻乎羽，莫之知载

唯有把本句同下句放到“方今之时，仅免刑焉”的语境中，才能充分理解。脱离这个语境的理解，都是无的放矢，不知所云。有了语境后，整句话的意思就是，福气即使轻如鸿毛，人们也感受不到。下句的意思相应地就是，灾祸即使重若大地，人们也避开不了。

已乎已乎，临人以德

已，就是《齐物论》中“因是已”的已，就是已的本义，停止的意思。

临人以德，就是总想以一己之德强加于他人身上。临，就是“居高临下”的临。

殆乎殆乎，画地而趋

前句是指孔子对他人而言，本句是指孔子对自己而言。殆，“危殆”的殆。画地而趋，就是在自己的地盘里打转转，也就是画地为牢。

本句合上句，是对孔子周游列国宣讲仁义行为的理性判断。

迷阳迷阳，无伤吾行

本句合下句，完全就是天书。天书只有天人能写就，也只有天人能读懂。即使天人解读出来，也未必会为世人所接受。就如柏拉图的伟大思想，来到人世间已经有一千多年了，听说过的人不少，理解的人不多。

最让人伤透脑筋的，当属这横空出世的“迷阳”二字。有注家将其解读为荆棘，或有刺的小灌木，并一举奠定这一解读的权威地位。相信采纳此无根无据解读的解注者，其实是没有一个人内心真心信服的。不信服又采纳，什么原因？心力不济。还有把它解注为无所用心、诈狂的，真是太不用心，太诈狂了。一个人胡言乱语，可以理解。很多人跟着胡言乱语，难以理解。

要给出这无依无靠“迷阳”二字的正确答案，最有效的办法，还是语境。语境有大小之别。小语境，小智力就堪应对。大语境，大智力才能驾驭。这里需要大智力驾驭大语境，从而获得问题的大解决。

“迷”是庄子里的常用字，就是“迷惑”“迷失”的迷。阳呢？实在太不阳光了，让人找不到北。但如果你内心真的很阳光，那温暖的真理，就一定会在你心里驻扎。真理驻扎了什么含义在这个“阳”字里呢？结合本章的主题和本寓言的寓意，阳，就是俗世间，即阳间。迷阳，就是让人迷失的俗世间，就是让人支离其德的俗世间。整句话的意思就是，这让人晕头转向的俗世间啊，可不要伤害了我的身体。

吾行郤曲，无伤吾足

迷阳的俗世界里，一个有道之人如何才能免遭刑戮呢？郤曲。郤曲，就是郤且曲。郤，就是《养生主》里“依乎天理，批大郤”的郤，间隙的意思。曲，就是老子“曲则全”的曲。凡天理，都是曲，大自然里没有直线。如果说大自然里没有直线，那人类社会里就更没有直线。在一个没有直线的社会里行走，全身之道，就是曲。曲之道，就是郤曲，就是庖丁解牛时的依乎天理。人类社会的天理，就如牛的天理，节与节之间有空隙。解牛要使牛刀在牛节间的间隙里游走，养身尽年要在社会的人节或事节的间隙里游走。要是做到了这一点，那一个人的生命，就如庖丁的那把牛刀，不会受到任何损伤。无伤吾足，类似口语“连一个指头都不会伤到”。

桂可食，故伐之。漆可用，故割之

即使是庄子原文，也要删除，明显的冗语。后人注语的可能性也有，但不大。这无关乎对庄子尊重与否，只关乎事理本身正确与否。

【今译】

有个叫支离疏的驼背人，他的下巴都驼到肚脐眼上去了，双肩比头顶还高，屁股都朝向了天空，五脏六腑都好像跑到背上去了，两条大腿骨就像两根肋骨。就这副模样，他给人缝缝补补，就足以糊口。打豆播谷一次，也足以供十人吃上一顿。上边要是征用兵役，他大摇大摆走在路上也没人要他。上边要是征调劳役，他因为一年四季都这副模样而不被征用。可要是上边以米粮救济残疾人时，他每次都能得到三钟米与十捆柴。一个如支离疏这样支离其形的人，都足以养其身并终其天年，那一个支离其德的人又能怎样呢?

有次孔子到楚国去，楚国有个叫狂接舆的人在其门口游吟道：

“凤啊凤啊，干吗来到这个德行衰败的地方!

未来的世界不可期待，过往的世界追不回来。

天下有道的时候，圣人才能成就自身的使命。

天下无道的时候，圣人只能保全自身的生命。

眼下这个时候，能做的也就是免除刑罚而已。

幸福比羽毛还要轻微，可人们就是无法享用。

灾祸比大地还要沉重，可人们就是无法躲开。

收手吧，收手吧，老将自己的德行强加他人。

危险啊，危险啊，老在自己的天地里打转转。

乱世啊乱世，我得想办法不让自己受到伤害。
我要虚而待物，连个脚趾头都不让受到伤害。
山木是自我砍伐了的，膏火是自我燃烧了的。
世人就知道有用有用，没人知道无用也有用。”

德充符

一

【文本归元】

鲁有兀者王骀，从之游者，与仲尼相若。

常季问于仲尼曰：“王骀，兀者也，从之游者，与夫子中分鲁。立不教，坐不议。虚而往，实而归。固有不言之教，无形而心成者耶？是何人也？”

仲尼曰：“夫子，圣人也。丘也直后而未往耳。丘将以为师，而况不如丘者乎！奚假鲁国，丘将引天下而与从之。”

常季曰：“彼兀者也，而王先生，其与庸亦远矣。若然者，其用心也独若之何？”

仲尼曰：“死生亦大矣，而不得与之变，虽天地覆坠，亦将不与之遗。审乎无假而不与物迁，命物之化而守其宗者也。”

常季曰：“何谓耶？”

仲尼曰：“自其异者视之，肝胆楚越也。自其同者视之，万物皆一也。夫若然者，且不知耳目之所宜，而游心乎德之和。物视其所一而不见其所丧，视丧其足，犹遗土也。”

常季曰：“彼为己，以其知得其心，以其心得其常心，物何为聚之哉？”

仲尼曰：“人莫鉴于流水而鉴于止水，唯止能止众止。受命于地，唯松柏独也正，冬夏青青。受命于天，唯尧舜独也正，幸能正生，以正众生。夫葆始之征，不惧之实，勇士一人，雄入于九军。将求名而能自要者，而犹若是，而况官天地，府万物，直寓六骸，象耳目，一知之所不知，而心未尝死者乎？彼且择日而登假，人则从是也，彼且何肯以物为事乎？”

【见独】

鲁有兀者王骀，从之游者，与仲尼相若

兀者，解注为受了刖刑而失去了脚的人，这其实没有什么根据，不得已而依从过往解注本而已。硬说要有比较扎实可信的依据，那就是本章下个寓言里有“申徒嘉，兀者也……人以其全足笑吾不全足者多矣”这句话，这也只是以庄解庄的结果。就算以庄解庄，也还是不知道失去的脚，究竟是两只还是一只，抑或只是失去了脚趾头（无趾）。至于庄子何以就以兀者来表达受了刖刑而失去了脚的人，庄子不复生，就没人知道了。兀的本义为高耸特出的样子，其他引申义都得不出庄子这里所需要的义。人类历史总有某种诡异的真实，某些人的任性是独创，某些人的任性是毒药。

游者，估计原文应该是“遊者”。两者的区别在哪里呢？游者，容易让人想到游手好闲。而遊者，则有追随的味道。请注意，“遊”跟“追随”字形上高度相似。凡讲追随，则多指有价值的事。

固有不言之教，无形而心成者耶

这句话最简明易懂的阐释，莫过于庄子《田子方》中的原话：“若夫人者，目击而道存矣，亦不可以容声矣！”不言之教的具体所指，十分清晰，就是前面的“立不教，坐不议”。这种行为的结果，就是受教者“虚而往，实而归”。这个现象，就叫“不言之教，无形而心成”。无形就是“立不教，坐不议”，是相对于教与议的有形而说的。心成就是“虚而往，实而归”。

彼兀者也，而王先生，其与庸亦远矣

而王先生，不能按字面意思解，而要按语境解，且不受字面意思束缚。解注《庄子》这样的天才作品，得有一颗天才的心。天才的心解天才的作品，不脱离文字但又不死抠文字，就如对一个人的爱，不脱离语言但又不死抠语言。这句话，是常季紧接着孔子要“将以为师”来说的，意思就是老师您竟然要拜王骀为师。

其与庸亦远矣，只有跟上上面所说的思路，才能正确解读。过往解注多把庸解注为“庸人”的庸，大意是“比一般人高出很多了”，这纯属隔空取物，障眼法而已。那养眼的解读会是什么样的呢？庸，就是它的最常用义，平常的意思。整句话的意思就是说，他王骀已经是一个失去了脚的人，可老师您竟然要前往拜他为师，这也太不合常理了。现实生活中，有太多常季这样的人，他们总是无意识地仅从一个人的外貌来判断一个人的内心世界。

若然者，其用心也独若之何

这极为明显就是针对“彼兀者也，而王先生，其与庸亦远矣”所发的问。发问的核心，是问王骀的用心究竟有什么独到之处。接下来孔子的回答，极为明显就是针对这个发问而作出的。

死生亦大矣，而不得与之变，虽天地覆坠，亦将不与之遗。审乎无假而不与物迁，命物之化而守其宗者也

整句话就是直接而具体地回答王骀用心的独到之处。这句话，在场的常季没听懂，那不在场的过往解注者，更没几人听懂了。所以，它因完全脱离语境而被解注得天花乱坠。

“死生亦大矣，而不得与之变，虽天地覆坠，亦将不与之遗”好懂，不解。要有不懂的，看看后文的【今译】便懂。难懂的是后半句。

审乎无假。审，就是“审视”的审，含义与《养生主》里的“缘督以为经”完全等同。聪明的读者，对此一点便通。但即使是聪明的读者，对无假的含义，恐怕要反复点才能明白一二。但如果心斋了的话，也还是一点就通的。它的含义，其实就是大道。根据呢？只有大道才会无假。小道有假，物体有假，唯大道无假。假，就是“假借”的假，依凭的意思。《大宗师》说得很直接：“夫道……自本自根，未有天地，自古以固存。”

命物之化而守其宗者也，句中“命”字，错字的可能性极大，原字很可能是“因”或“顺”或“随”，这些都是庄子的常用字，也是庄子极为显明的思想，更完全吻合这里的义理需要。要是结合语境来具体解释说明，命物之化，就是王骀把他失去了的那只脚，看作仅仅是大地坍塌了的一块泥土而已。被砍一足，是物之化。命物之化，就是王骀因顺这一变化，在心里将它看作仅仅是大地坍塌了的一块泥土而已。心这么用就够了吗？那是绝对不行的。如果这样，那就跟阿Q的精神胜利法没有什么两样了。那该怎么做？守宗。宗，就是《老子见微》第72章“言有宗，事有君”的宗，就是“大宗师”的宗，其实就是无假，就是大道。

夫若然者，且不知耳目之所宜，而游心乎德之和

这句话，先作具象理解，后作抽象理解，就能很好理解。具象理解是，正因为王骀能“自其同者视之，万物皆一也”，所以，他不会受他感觉器官如耳目等的影响，把他被刖的脚死死地放在心里，而是将他的心用在德之和上。德之和，就是大道。德是道的分施，德之和就是为道所分施的全部的德有机统一体。具象理解后，脱离语境作提升，就是抽象理解，因为这句话非常有概括性。

物视其所一而不见其所丧，视丧其足，犹遗土也

理解这句话的关键，是句子的语序。它其实是一个典型的被动语态，宾语物被前置了。如果句子改写为“彼其于物，视其所一而不见其所丧，视丧其足，犹遗土也”就非常容易理解了，一如《知北游》中的“于物无视也”。物，就是指整个客观世界。视其所一的意思，就是将客观世界看作一个整体。这样看的结果，就是物即使局部有丧，整体上仍然没丧。以王骀为例的话，王骀是他所生活的世界的一部分，他这一部分的一部分，比如脚如果被砍了，那相对于这个世界的整个来说，其实是什么都没掉。中国有句古话，可以很形象地表达这个意思：肉碗倒在鱼碗里。

彼为己，以其知得其心，以其心得其常心，物何为聚之哉

这句话的理解难度确实很大，过往解注无一正确，就是因为太大的难度，而可以原谅。不是所有的错误都不可以原谅，正如不是所有的错误都可以原谅。

要正确理解这句话，把握文脉才是关键。这个文脉的外脉，是常季紧接孔子“自其异者视之，肝胆楚越也。自其同者视之，万物皆一也。夫若然者，且不知耳目之所宜，而游心于德之和。物视其所一而不见其所丧，视丧其足，犹遗土也”这句话来说的，常季的话为“彼为己，以其知得其心，以其心得其常心”。内脉是常季在一句话概括孔子的回话后，再问：“物何为聚之哉？”内脉里面又有个文脉，即为己跟物相对为语。整句话的意思白话表达就是，就他自己的行为修养而言，他确实就是借助于自己的知识而获得了自己的心，并借助于自己的心而保有了自己的心，但那些追随他的人，又做何解释呢？接下来孔子所说的那整一段话，是孔子就常季“物何为聚之哉”之问而作的答。这个脉如果没有接上，那孔子的话又会被解得天花乱坠。

人莫鉴于流水而鉴于止水，唯止能止众止

前半句好理解。后半句乍一看好理解，细一想，就不好理解。不好理解的原因，就是众止的含义难以把握。根据语境，“唯止能止众止”的第一止，就是“止水”的止，静止的意思。第二止，明显作动词，使什么止住的意思。第三止，实在难以明白它的具体所指，估计是多出了一个止。原话如果是“唯止能止众”，就比较好理解些。但从形式上看，唯止能止众止非常具有美感。一个非常具有美感的话，错的可能性不是很大，因为真理总是以形式上的美感来呈现自己的。

受命于地，唯松柏独也正，冬夏青青。受命于天，唯尧舜独也正，幸能正生，以正众生

这句话在过往解注本里的原话多是这样的：“受命于地，唯松柏独也正，在冬夏青青。受命于天，唯尧舜独也正，在万物之首。幸能正生，以正众生。”改动的地方是，“在冬夏青青”的“在”和“在万物之首”被删除了。“在”字被删的理由是，明显是个冗语字。“在万物之首”被删的理由，则是因为它的存在隔断了文脉，让句子的意思显得模糊不清。如果删除，则“幸能正生，以正众生”与“冬夏青青”相对成文，就如“受命于地，唯松柏独也正”与“受命于天，唯尧舜独也正”相对成文一样。

这句话中的“正”跟前句话中的“止”，不是很搭，但义理明显相连。怎么办呢？把两个字强行拼成一块，创生出一个新词“止正”以解决这个问题。很多新词就是在碰到类似这样的困难时，而被意外地创造了出来。

夫葆始之征，不惧之实，勇士一人，雄入于九军。将求名而能自要者，而犹若是，而况官天地，府万物，直寓六骸，象耳目，一知之所不知，而心未尝死者乎

太难理解的一段话了。但既然已经坐在解庄这条船上了，就必须奋力划行，否则，就到不了对岸，这或许就是另一种形式的“葆始之征，不惧之实，勇士一人，雄入于九军”吧。那这句话本身是什么意思呢？要理解它，先要把它看作是用来对比说明“官天地，府万物，直寓六骸，象耳目，一知之所不

知，而心未尝死者”的。葆始之征，就是保持一个人最原始的本性。这个最原始的本性，是一个人无所畏惧的根源。一个人要是能保持着他最原始的本性，那他所表现出的无所畏惧，就好比一位孤独的勇士而敢称雄于千军万马之中。九军，意思不是太清晰，应该是名字形容词化，意谓千军万马或百万雄军。如果硬要循名责实的话，这个实可能就是“天子六军，诸侯三军，故名九军”，“将求名而能自要者”是对能雄于九军的勇士的评价，意思是他只是想求得名声并对自己有所要求（这个解释实在勉强，但又毫无其他办法）。“官天地，府万物，直寓六骸，象耳目”要整合着理解才行，“官天地，府万物”的官与府，庄子的独特用法，应该就是将官府两字拆开并作动词用，意思是将天地万物都纳入内心之中。“直寓六骸，象耳目”之直，应该修饰“寓六骸，象耳目”两个而不是“寓六骸”一个。“寓六骸，象耳目”的意思，就是以六骸即身体为人生的暂时安放之所，以人的耳目为有形的象征性存在。一知之所不知，过往解注本多写作“一知之所知”。如果是一知之所知，那就跟庄子的总体思想相违背了。人对大道，是终极不可知的。《庄子》通书里都有这个思想。而心未尝死者，呼应的是前面常季“其用心也独若之何”的发问。显然，在孔子看来，王骀虽然失去了脚，但他的心并没有随脚的失去而死亡，而是“视丧其足，犹遗土也”，正如《田子方》中所说：“夫哀莫大于心死，而人死亦次之。”要特别注意的是，庄子这里完全没有任何为王骀失去脚而赞美的意思，他只是想给出这样的一个思想：“知不可奈何而安之若命，惟有德者能之。”（本章下一个寓言）

彼且择日而登假，人则从是也，彼且何肯以物为事乎

要是能接上文脉，这句话的义理，还是十分清晰的。两彼，都指王骀。择日，就是很快的意思，相当于“指日可待”的指日，估计原文就是“指日”。登假，就是修道而得以登堂入室，就是《大宗师》中“登假于道者”。人，就是前面讲的“与之游者众”的众。是，指代前面的“彼且择日而登假”，从的原因。何肯以物为事，就是对常季“物何为聚之哉”的直接回答。意思是，王骀哪里会有意让人们聚集在他的周围呢？这就是唯止能止众止。王骀自己正了，自然就有很多人跟着来了。至于他是有脚还是没脚，关系不是很大。道德的充实与否，才是根本。

【今译】

鲁国有个因受刖刑而失去了脚的人，名叫王骀。跟随他游学的人，跟孔子差不多。

常季于是不解地问孔子："王骀，一个失去了脚的人，然跟随他游学的人，竟然与老师您平分了鲁国。他站不施行教诲，坐不发表议论。但跟随他的学生，都空空而来，却满载而归。难道真的有'不言之教，无形而心成'这回事吗？这是个什么人啊？"

孔子回答说："这个人，圣人啊。我孔丘只是晚了一步，还没来得及前往拜访。我一定要以他为师，那些不如我的人，就更不用说了。何止鲁国，我还想倡议全天下的人，都向他学习。"

常季于是说："他一个失去了脚的人，可老师您竟然要前去拜他为师，这也太不合常理了。就他这样的一个人，难道其用心有什么独到之处吗？"

孔子回答说："死生算是人生最大的事情，可他的心完全没有跟着死生的改变而改变。即使是天地都塌陷了，他的心却不会跟着塌陷。他用心于对天地大道的审察而不随外境的变迁而变迁，始终因顺事物本身的变化而坚守在事物的本原上。"

常季更加不解地问："这话又是什么意思啊？"

孔子于是说："要是从不同这个角度来看待这个世界，那即使近若肝胆，也远若楚越。要是从相同这个角度来看待这个世界，则万物原本就是一体。既然世界原本就是一体，那就不要受限于自己的耳朵所听到的以及自己的眼睛所看到的，而要游心于天地万物之所合一。如果把万物看成了一个合一的整体，那就没有什么所谓丧与不丧的。当王骀这么看待他所处的世界时，他就把他失去了的那只脚，看作仅仅是大地坍塌了的一块泥土而已。"

常季于是又问："就他个人的修为而言，他是以这样的见地皈依了他自己的心，并将它保持在恒常状态，那跟随他一起游学的人又怎么理解呢？"

孔子回答说："正如没有人会把流水当镜子而只会把止水当镜子，只有自身止正的东西，才能使他者也止正。生长在大地上的植物，就数松柏最止正了，无论冬夏，都郁郁青青。生长在天底下的人类，就数尧舜最止正了，能以自己的止正让万民止正。一个人要是能保有他自己的本真，那他所表现出来的无所畏惧，就如勇士称雄于百万大军。一个只是想求得名声且能自我要求的勇士，都可以表现出称雄于百万大军，那要是一个能'官天地，府万物，直寓六

骸，象耳目，一知之所不知，而心未尝死者’的人，又会是怎样呢？王骀说不定很快就可以登堂入室于大道了，人们跟随他就因为这个啊。而他个人，哪里会以让人追随为打算呢？”

二

【文本归元】

申徒嘉，兀者也，而与郑子产同师于伯昏无人。

子产谓申徒嘉曰：“我先出则子止，子先出则我止。”其明日，又与合堂同席而坐。子产谓申徒嘉曰：“我先出则子止，子先出则我止。今我将出，子可以止乎，其未耶？且子见执政而不违，子齐执政乎？”

申徒嘉曰：“先生之门，固有执政焉如此哉？子悦子之执政而后人者耶？闻之曰：‘鉴明则尘垢不止，止则不明也。久与贤人处则无过。’今子之所取大者，先生也，而犹出言若是，不亦过乎？”

子产曰：“子既若是矣，犹与尧争善。计子之德不足以自反耶？”

申徒嘉曰：“自状其过，以不当亡者众。不状其过，以不当存者寡。知不可奈何而安之若命，惟有德者能之。人以其全足笑吾不全足者多矣，我勃然而怒。而适先生之所，则废然而反，不知先生之洗我以善耶。吾与夫子游十九年矣，而未尝知吾兀者也。今子与我游于形骸之外，而子索我于形骸之内，不亦过乎？”

子产蹴然改容更貌曰：“子无乃称。”

【见独】

伯昏无人

明显为庄子虚拟的人名。那它的含义是什么呢？伯，自然还是“伯仲叔季”的伯，表示最高地位。昏，就是《在宥》“至道之极，昏昏默默。无视无听，抱神以静，形将自正”的昏。无人，就是本章第五自然段“无人之情，故是非不得于身。渺乎小哉，所以属于人也。傲乎大哉，独成其天”中的无人之情。伯昏无人是本寓言未曾出场的主角，他未说一句话，但整篇寓言都在为他说话。或许正因此，庄子选取了两个实名制人物，即申徒嘉和子产，出场代伯昏无人说话。

今我将出，子可以止乎，其未耶？且子见执政而不违，子齐执政乎

庄子本寓言要实现的意图，就是要借助子产执政大臣的身份，来说明世俗社会里的人，无论其地位有多高，人品有多好，总是如何不自觉地索人于形骸之内。

本来，按子产的说法：“我先出则子止，子先出则我止。”他与申徒嘉好像谁先出谁后出都可以，但轮到真的实践了，就立马显出了子产的自贵其身：我先出。理由是：“子齐执政乎？”解注如《庄子》这样的绝世经典，这些小细节是万万不可忽略的。对经典细节的忽略，比对航天飞机细节的忽略，后果要严重亿万倍。航天飞机的影响一时一刻，经典的影响千秋万代。

执政，本寓言语境下，应该就是执政大臣，职位相当于今天的国务院总理。子产，公元前 543 年到 522 年执掌郑国国政，是当时最负盛名的政治家。

子悦子之执政而后人者耶

天才庄子这轻描淡写的一句话，道尽了社会里的痼疾——官本位。官本位的实质是，人本身不重要，人的职位才重要。只有有了职位，才有人的尊严。于是，整个社会的风气，人不是尽力去实现上天的美好禀赋，而是孜孜以求世俗的职位。其结果，诸多上好天赋的专业人才被埋没。子产才干冠绝，人品上佳，浸淫世俗社会日久，不自觉地把职位看得比人本身重要。

子既若是矣，犹与尧争善。计子之德不足以自反耶

对尧的理解，颇多歧义。是指历史上真实的尧呢？还是指子产自己？从子产要是在挖苦申徒嘉这个角度看，应该是指历史上真实的尧。但从语境上看，子产把自己比作尧的可能性更大。口语中，人们常会这样说话：“你什么东西？

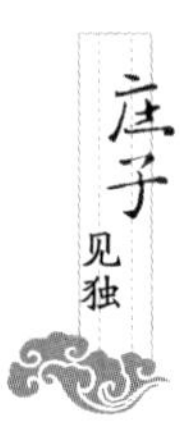

敢跟老子这样说话？”句中的老子，显然就是说话者自己。以子产未悟道前的心理状态，他在申徒嘉面前把自己比作尧，是很自然的，也是完全无意识的。

自状其过，以不当亡者众。不状其过，以不当存者寡。知不可奈何而安之若命，惟有德者能之

要把这三句话看作一个意群，并且很明确意识到它们作为一个整体，是在直接回答“计子之德不足以自反耶”这句质问，才能看得明白。被省略了的背景是，你都受了刖刑而没有脚了，你的德行已经不如人。

状，就是“告状”“状子”的状，带有申诉的意思。一个人犯了错，总喜欢把原因归于自己之外，以为自己的过错开脱，这类人是社会中的多数。有反思的人，可能会客观地把过错归到自己身上。于是，会认为自己所遭受的刑罚，原本活该。这类人，应该是社会中的少数。有沉思的人，他会对反思进行超越。超越什么呢？那些认为自己受刑活该的人，也许会活在懊悔或痛苦里。但有沉思的人，知道往世不可追（《人间世》狂接舆游孔子之门寓言），于是知不可奈何而安之若命，不懊悔，不痛苦，勇敢向前看。申徒嘉正是这样的一个人，一个有德者。这里的有德者，其实就是有道者。

游于羿之彀中，中央者，中地也。然而不中者，命也

这句话原本放在“惟有德者能之”之后，现坚决予以删除。理由是，其一，句子本身义理完全不通。那些强作解注的，通不通，自己心里明白。其二，它跟语境完全不搭。搭不搭，删除后，再看原文，就非常清楚。其三，如果我们往它就是旁注这方面想，就立马可以看出，它一定是某个时期某个读者的时代感叹。《庄子》这碗饭里，掺杂了太多难以看清的沙子。粗粗一看，看不出什么。细细一嚼，才发现味道不对。味道不对怎么办呢？把这碗饭倒掉吗？谁想倒？谁敢倒？都不能。唯一能的，是有那么个人，他为《庄子》而生，愿意为它花半生的时间，细选慢挑，乐此不疲。大自然的创造，花与枝之间的连接已然神奇，人与人之间的连接更为不可思议，就如男女而被安排为天造地设的一对。

而适先生之所，则废然而反，不知先生之洗我以善耶

过往解注本的原话多为：“而适先生之所，则废然而反。不知先生之洗我以善邪？吾之自寐邪？”不取的理由，看完归元后的解释，就明白了。

申徒嘉在师从伯昏无人之前，他的境遇是，那些双脚健全的人，老笑话他的独足，他因此而经常处于一种雷霆震怒的情绪当中。现在，他拜师在伯昏无人门下之后，就再也没有遇到这种情况了。这是什么原因呢？不是伯昏无人拿什么大道理安慰他，开脱他，而是根本就没有把他看作是一个独足的人。伯昏无人的育人之法，跟王骀一样："立不教，坐不议。"其结果，就是"无形而心成"（本章第一个寓言）。所以，"不知先生之洗我以善耶"的意思，就是不言之教。洗，就是"洗心革面"的洗。申徒嘉给子产说这话的时候，他跟随伯昏无人已经十九年了，不可能还认识不到他"废然而反"的原因，究竟是"先生之洗我以善"，还是"吾之自寐"。《庄子》中掺杂了很多这样增补成训的旁注，大大增加了后人理解的难度，尤其加剧了后人理解上的偏差。

今子与我游于形骸之外，而子索我于形骸之内，不亦过乎

过往解注本里的原话多为："今子与我游于形骸之内，而子索我于形骸之外，不亦过乎？"内外的位置进行了互换。不管原话究竟是什么，解注后的结果，其实都差不多。因为语境就摆在这里，要想犯错都不是那么容易。只是，归元后的文本，直接就可以通达正确的解注。而没有归元的文本，要转弯才能通达正确的解注。有直路不走，干吗要走弯路呢？

子产蹴然改容更貌曰："子无乃称。"

蹴，音 cù，就是"一蹴而就"的蹴，本义为踩、踏。就这里的语境看，这个意思明显不吻合这里的需要。庄子用到"蹴"的地方共 7 处：

《德充符》：子产蹴然改容更貌曰："子无乃称。"

《大宗师》：仲尼蹴然曰："何谓坐忘？"

《应帝王》：阳子居蹴然曰："敢问明王之治？"

《天　运》：子贡蹴蹴然立不安。

《田子方》：诸大夫蹴然曰："先君王也。"

《庚桑楚》：南荣趎蹴然正坐曰："若趎之年者已长矣……"

《寓　言》：阳子居蹴然变容曰："敬闻命矣！"

考察这个七个“蹴”字，都跟然连在一起用。如果要找一个可以通用的意思，那就是肃然起敬。传统惊恐、惊奇、惊讶、吃惊等解注，都应该自动放弃。

子无乃称，就是你不要再这么说了。乃，指示代词，指代前面申徒嘉对子产说的那些道理。称，就是“称呼”的称，说的意思。

【今译】

申徒嘉，一个因刖刑而失去了脚的人，与郑国执政大臣子产一起师从伯昏无人。

子产对申徒嘉说：“要是我先走，你就待会儿再走。要是你先走，我就待会儿再走。”第二天，两人又碰巧坐到了同一张席子上。子产又一次对申徒嘉说：“要是我先走，你就待会儿再走。要是你先走，我就待会儿再走。现在，我马上就要走了，你是待会儿再走，还是硬要和我一起走？你难道在执政大臣面前都不知道回避吗？你难道认为你跟执政大臣一样大吗？”

申徒嘉回答说：“都已经同在伯昏无人老师的门下了，难道还有你这样的执政不成？你难道是把执政这个职位看得比人还重要吗？我听说过：‘镜子如果是明亮的话，就意味着上面没有尘垢。如果上面有尘垢的话，那镜子就不会明亮。跟有道之人在一起时间久了，就自然而然没有大的过错。’现在，你既然已经拜在老师门下了，竟然说出这等话来，不也太过过错了吗？”

子产又说：“你都混成了这样子，竟然还要跟我辩嘴。看看你这德性，难道还不足够去好好反省吗？”

申徒嘉回答说：“就受刖而失足这事来说，为自己申辩而认为自己不该被刖的，是多数。不为自己申辩而认为自己就活该被刖的，是少数。被刖后认为是无可奈何于是便安之若命的，就只有有道之士了。人们因为自己脚是全的就嘲笑我没有脚的人，多了去了。为这事，我曾经老是大发雷霆。自拜师于老师门下后，我就再也没有发飙过，回到了自己正常的生活状态，也完全没有意识到老师对我有什么洗心革面的教诲。我拜在老师门下都已经有十九年了，一直没有被看作是一个受刖而失足了的人。现在，你与我同在老师这游方之外学习，你竟然以游方之内的眼光看我，你不也太过过错了吗？”

子产肃然起敬，改容更貌对申徒嘉说：“请别再说了，我知道错了。”

三

【文本归元】

鲁有兀者叔山无趾，踵见仲尼。

仲尼曰："子不谨前，既犯患若是矣。虽今来，何及矣！"

无趾曰："吾唯不知务而轻用吾身，吾是以亡足。今吾来也，犹有尊足者存焉，吾是以务全之也。夫天无不覆，地无不载，吾以夫子为天地，安知夫子之犹若是耶？"

孔子曰："丘则陋矣。夫子胡不入乎？请讲以所闻！"

无趾出，孔子曰："弟子勉之！夫无趾，兀者也，犹务学以复补前行之恶，而况全德之人乎？"

无趾语老聃曰："孔丘之于至人，其未耶！彼何宾宾以学子为？彼且祈以諔诡幻怪之名闻，不知至人之以是为己桎梏耶？"

老聃曰："胡不直使彼以死生为一条，以可不可为一贯者，解其桎梏，其可乎？"

无趾曰："天刑之，安可解？"

【见独】

鲁有兀者叔山无趾，踵见仲尼

仅据本段文字，不太能肯定无趾究竟是没有脚趾头还是没有脚。趾，可以是"趾高气扬"的趾，脚的意思。无趾，就是无脚。无脚怎么能叫踵见孔子呢？踵见，就是用脚后跟走路去见，但也可以是一种象征用法，形容叔山无趾因受刖刑失去了脚而行走艰难。就整体语境看，把无趾看作没有脚比看作没有脚趾头要好。但就本章本段看，把无趾看作是没有脚趾头也行。

子不谨前，既犯患若是矣

过往解注本多句读为“子不谨，前既犯患若是矣”，归元后的句读，要更好些。因为，子不谨，是对叔山无趾作了全称否定判断。子不谨前，则只是对叔山无趾作了特称否定判断。以孔子在《庄子》里的一向行为看，后者的可能性更大。

吾唯不知务而轻用吾身，吾是以亡足

不知务，究竟是不知事务还是不知时务，难以确定，但其结果都是一样，都是没有很好地对待自己的身体，从而失去了自己的脚。

今吾来也，犹有尊足者存焉，吾是以务全之也

这是针对孔子“虽今来，何及矣！”来说的。这个寓言里，庄子把孔子定位在游方之内。所以，当孔子刚刚看到叔山无趾时，索他于形骸之内。可叔山无趾来的目的，不是形骸之内的事，而是形骸之外的事。这形骸之外的事，就是比脚要尊贵的事。犹有尊足者存焉，说的就是这个意思。务全，就是务必补全。叔山无趾的意思大概是，他过去没有缘督以为经，也就是“不知务而轻用吾身”，所以，落得个未能保身全生的下场。他来拜访孔子，就是想学习过去不曾认识到的保身全生之道。“务全之”的之，指比有形的脚更尊贵的东西，也就是无形的大道。

夫子胡不入乎？请讲以所闻

前半句的意思很明确，就是孔子在听到叔山无趾的回话后，觉得自己理亏，于是很客气地请叔山无趾赶快进屋坐。后半句的意思就不那么明确了，要仔细斟酌一番，才能比较肯定“请”字后面应该是孔子还是叔山无趾。从后文叔山无趾跟老子的谈话中，几乎可以肯定，请讲以所闻的人，是孔子。理由一，叔山无趾是前来拜见孔子的，当然要听孔子讲，而不是自己讲。理由二，无趾回去后，拜见了老聃，并对老聃说孔子“孔丘之于至人，其未耶！彼何宾宾以学子为？彼且祈以諔诡幻怪之名闻，不知至人之以是为己桎梏耶”，这话一定得是叔山无趾在听了孔子所讲的话后，才可以得出的结论。理由三，请讲以所闻的用法，非常类似《人间世》里的“丘请复以所闻”，这句话里的主语很清晰，就是孔子。

而况全德之人乎

理解这话不能死于字下。要照字面意思，全德之人都无须再学习了。那它是什么意思呢？从文脉上看，明显就是指没有受刖刑而身体健全的人。言外之意就是，他叔山无趾——一个失去了脚的人，还这么老远跑来求取大道，而你们就在这里，还身体上什么都没缺，那就更要努力求取大道了。

孔丘之于至人，其未耶！彼何宾宾以学子为

难点在两个地方，一个是"宾宾"如何解？一个是"学子"如何解？

深度沉思全寓言语境和孔子在庄子心目中的位置，再结合人类社会的鲜活现实，句中的宾，就是它的本义，地位尊贵、受人尊敬的客人，比如贵宾。宾宾连用，就成了名词性形容词，形容很尊贵的样子。学子，就是"莘莘学子"的学子，这里特指孔子的弟子，包括名下和非名下的弟子。句子的字序很可能出现了错误，原文应该是这样的：彼何为学子以宾宾？什么意思呢？整句话翻译过来，就立马明白了：孔子应该还没有达到至人的境界，是吧？但为什么他的弟子竟然还把孔子看得那么尊贵？言外之意是，叔山无趾在被孔子请进屋子后，孔子大概是向他讲授了一通仁义之类儒家的东西。这些东西在叔山无趾看来，其实是一些諔（chù）诡幻怪的东西，是一些害人的东西。他本人所遭受的刖刑，很可能就是以仁义之名进行的。就这么一个人，竟然还有那么多的追随者和赞美者，这才是让叔山无趾想不通的地方，才想到要去求教老聃。

这个解读能经得起老庄总体思想的检验吗？当然能。就老子来说，《老子见微》第 38 章有说："失道矣而后德，失德而后仁，失仁而后义，失义而后礼。夫礼者，道之华而乱之首也。"就庄子来说，《庄子》几乎通书都在批判儒家的仁义之道。比如《骈拇》中就有说："多方乎仁义而用之者，列于五藏哉！而非道德之正也。"

胡不直使彼以死生为一条，以可不可为一贯者，解其桎梏，其可乎

这话是老聃针对孔子没有认识到"物视其所一而不见其所丧，视丧其足，犹遗土也"而说的。要是一个人把握到了庄子思想的实质，它其实就没有什么好解释的。死生一条的思想，《庄子》一书里到处都是。比如，《天地》里有说："万物一府，死生同状。"可不可为一贯的思想，也到处都是。比如，《寓言》里有说："恶乎可？可于可。恶乎不可？不可于不可。物固有所然，物固有所可。无物不然，无物不可。”

天刑之，安可解

如果对《人间世》中“其德天杀”有所感悟的话，就立马可以把这两句话对应起来，它们其实是一对孪生子。言外之意是，上天给孔子的智力就那么多了，人哪有能力让他明白更高深的道理呢？这句话的道理看上去极为简单，但真的没有几个人能懂。道家两部最重要的经典《老子》《庄子》的解注历史，已经是最为充分的证明。如果说《老子》《庄子》的理解，有文字上的困难的话，那《柏拉图》就没有任何文字上的困难了。可是，真的能读懂《柏拉图》的，又有几人呢？人类道德文明在思想上的终极状态，早已如泰山般呈现。但人类道德文明在现实上的表现，仍在山脚下爬行。人类最大的悲剧，不是贫穷，不是战争，而是使贫穷和战争得以发生的原因。这个原因，就是人类普遍的理性缺失，个体多桎梏于自己狭隘的成心里。

【今译】

鲁国有位因受刖而失去了脚趾头的人，名字叫叔山无趾。他靠脚后跟走路，老远过来想拜见孔子。

孔子见到后说：“你以前也太不谨慎了，才会导致这么严重的后果。现在你虽然来了，但已经晚了！”

无趾说：“我过去确实是有点不识时务而轻率地对待了我的生命，导致我现在失去了脚趾头。但我今天能来，就是因为有比脚趾头更重要的东西存在，我得尽力把它保全。人说天无不覆，地无不载，我一直以为孔子您就好比那天地，哪想到先生您却会这样说话？”

孔子说：“请原谅我的浅薄。您赶快请进，好让我讲讲我所听闻到的一些道理。”

无趾告辞后，孔子接着对弟子们说：“你们可得上心呀！无趾这个人，可是被砍了脚趾头的，连他都知道要努力学道以补救他之前所犯下的过错，更何况你们这些身体健全的人！”

无趾后来跟老聃说：“孔子应该还算不上是至人吧？可为什么竟还有那么多学子把他看得那么尊贵？他难道不知道他所希望获得的那些稀奇古怪的名声，在至人看来不过是自戴枷锁吗？”

老子说：“那你当天为什么不直接告诉他，死生原本是一回事，可与不可是完全可以贯通的。用这种方式去解除他自戴的枷锁，难道不可以吗？”

无趾说：“这枷锁可是上天给戴上的，人哪里可以帮他解除？”

四

【文本归元】

鲁哀公问于仲尼曰：“卫有恶人焉，曰哀骀它。丈夫与之处者，思而不能去也。妇人见之，请于父母曰‘与为人妻，宁为夫子妾’者，十数而未止也。未尝闻其有唱者也，常和而已矣。无君位以济人之死，无聚禄以望人之腹。又以恶骇天下，和而不唱，知不出乎四域，且而雌雄合乎前，是必有异乎人者也。寡人召而观之，果以恶骇天下。与寡人处，不至以月数，而寡人有意乎其为人也。不至乎期年，而寡人信之。国无宰，寡人传国焉。闷然而后应，泛然而若辞。寡人愧乎，卒授之国。无几何也，去寡人而行。寡人恤焉若有亡也，若无与乐是国也。是何人者耶？”

仲尼曰：“丘也尝游于楚矣，适见豚子食于其死母者，少焉眴若，皆弃之而走，不得类焉尔。所爱其母者，非爱其形也，爱使其形者也。今哀骀它未言而信，无功而亲，使人授己国，唯恐其不受也，是必才全而德不形者也。”

哀公曰：“何谓才全？”

仲尼曰：“死生存亡、穷达贫富、贤与不肖、毁誉、饥渴、寒暑，是事之变，命之行也。日夜相代乎前，而知不能规乎其始者也。故不足以滑和，不可入于灵府，使之和、豫、通而不失于兑，使日夜无隙而与物为春。是接而生时于心者也，是之谓才全。”

“何谓德不形？”

曰：“平者，水停之盛也。其可以为法也，内葆之而外不荡也。德者，成和之修也。德不形者，物不能离也。”

哀公异日以告闵子曰：“始也吾以南面而君天下，执民之纪而忧其死，吾自以为至通矣。今吾闻至人之言，恐吾无其实，轻用吾身而亡吾国。吾与孔丘，非君臣也，德友而已矣。”

【见独】

卫有恶人焉，曰哀骀它

从语境看，恶人明显不是指邪恶的人，而是指长得极丑的人。那庄子为什么不用丑字而用恶字呢？估计只有用恶字，才能将丑的极致表现出来，义同恶丑。现代口语中“恶补”一词中的恶，就是表示程度。

哀骀它，明显是庄子的虚拟人名。从字面看，庄子一定想借这个名字隐喻什么。但苦苦思索之下，也不能获得肯定性答案。勉力为之，哀，取“哀公”的哀，以喻姓哀而心不哀。骀，音 dài，使人舒畅，就如春天的景物。词语春风骀荡还保留骀的这层含义。后文与物为春，很可能就是为了呼应这个殆。它，就是其他的意思。整个名字所隐喻的含义大概就是，一个人即使形哀姓哀，但只要心不哀，也能给他人带来春天般的和悦。

妇人见之，请于父母曰‘与为人妻，宁为夫子妾’者，十数而未止也

《庄子》里有些话，简白得似乎完全无须讲解。但要是深入研究就会发现，一些似乎完全无须讲解的话，非常容易发生误读。误读的结果，有时候无关痛痒，有时候却很致命。从学术意义上说，只要是误读，就都很致命。因为，它关乎的不是事情本身，而是学术的本质，也即对真理的矢志追求，有没有被尊重。

首先是“见”字。几乎一切过往解注本，都有意无意地解读为见到或遇见。以哀骀它的丑骇天下，怎么可能让女子一见便请于父母宁为其妾呢？哀公也是相处差不多一个月才有意于其为人的。那见的正确解读是什么呢？应该就是见识的意思，就是见到并很想认识的意思。

其次是十数而未止也。这话本身的含义，即使理解出现差异，也差异不大。大意就是以十数还不止，得上百。问题是，话的主题是什么？是形容妇人请于父母的人数之多，还是形容妇人请于父母的次数之多？看上去两种都对，但其实只要反复细读，就会发现只有一种可能，那就是后一种。也只有后一种解读，才能最大程度上说明哀骀它对妇人的吸引力之大。有句餐饮广告语说得好：与其千人吃一回，不如一人吃千回。

未尝闻其有唱者也，常和而已矣

这话只是哀公在未闻至人之言前对哀骀它的浅见而已，所以，不能仅从字面理解。要仅从字面理解，好像哀骀它只是个和事佬。其实，哀骀它是个才全而德不形的人。他和的背后，有强大的道在作支撑。当不能和的时候，他就逃。他的和，是为于不得已。

无君位以济人之死，无聚禄以望人之腹

原话为“无君人之位以济人之死，无聚禄以望人之腹”，不改也行。但改过后，更符合《庄子》通书一贯简明凝练的语言风格。

济人之死，不应理解为解救人的死亡。人的死亡，不是有君位的人就可以解救得了的。那死是什么意思呢？这句中的“死”大概就是“急死人了”的死，比喻十万火急或是十分危险。

与寡人处，不至以月数，而寡人有意乎其为人也。不至乎期年，而寡人信之

不至以月数，要是贯通语境看，明显就是还不到一个月的意思。字面意思是，不到用月来计数。

有意，相当于粤语中的“钟意”，也相当于普通话里表达男女双方情感上比较有感觉的有意。

不至乎期年，明显与不至以月数为对语，不到一年的意思。

寡人愧乎，卒授之国。无几何也，去寡人而行

文本中的愧，过往解注本一律作“丑”。作丑，完全无解。估计原字为“愧”，同丑的古体字“醜（chǒu）”相混了。解注完全句，自然就知道为什么是“愧”而不是“丑”了。

哀公先是将宰相位授予哀骀它。这在世俗看来，已经是最高荣耀了。可是哀骀它呢，并不是那么接受。这让哀公感到很羞愧。哀公为什么要感到羞愧呢？很可能是哀公想多了。他以为哀骀它的不接受，是他给哀骀它的位置还不够高。所以，他决定索性把整个国家也就是君位让给哀骀它。句中的“卒”，很好地表达了这个意思。也只有这样理解，文本才有递进关系，才能说明哀公和哀骀它这两哀的哀与不哀。哀骀它和而不唱，本来是已经接受了宰相位的，只是很不情愿而已。现在，哀公看到他那么不情愿，感到好像自己没有尽力似的，以至于觉得有些羞愧，于是就干脆把国家都授让给他。这时，哀骀它就不是和而不唱了，他去哀公而行。他为什么要这么做呢？要是哀骀它成了国君，他和谁呢？更何况：“死生存亡、穷达贫富、贤与不肖、毁誉、饥渴、寒暑，是事之变，命之行也。日夜相代乎前，而知不能规乎其始者也。”哀骀它真的接受了鲁国君位，他能坐得住吗？缘督以为经，要保身，要全生，要尽年，唯有逃离。

寡人恤焉若有亡也，若无与乐是国也

恤，忧虑的样子。

若有亡，意思不是太清晰，按文脉，理解为像是丢了什么东西似的，比较贴。不能说君王什么都有，丢了什么东西并不会在意。人都有偏爱。自己偏爱的东西丢了，总是会感觉不舒服。

若无与乐是国也，要意念为“若无 + 与乐 + 是国也”。若无，好像没有。与乐，与……乐。是国，就是鲁国。全句的意思就是，好像整个鲁国都没有什么东西能让我开心的了。

丘也尝游于楚矣，适见豚子食于其死母者，少焉恂若，皆弃之而走，不得类焉尔。所爱其母者，非爱其形也，爱使其形者也。今哀骀它未言而信，无功而亲，使人授己国，唯恐其不受也，是必才全而德不形者也

过往解注本，这段话的原话大致是：“丘也尝游于楚矣，适见豚子食于其死母者，少焉眴若，皆弃之而走。不见己焉尔，不得类焉尔。所爱其母者，非爱其形也，爱使其形者也。战而死者，其人之葬也，不以翣资。刖者之屦，无为爱之。皆无其本矣。为天子之诸御，不爪剪，不穿耳。娶妻者止于外，不得复使。形全犹足以为尔，而况全德之人乎？今哀骀它未言而信，无功而亲，使人授己国，唯恐其不受也，是必才全而德不形者也。”

改动的地方主要有三处，其一，改“眴（shùn）”为恂“（xún）”。“眴”也可以通“恂”。恂，受惊的意思。眴，《庄子》只有一用。而恂，《庄子》有四用，另三用分别为《齐物论》的“木处则惴栗恂惧”、《田子方》的“今汝怵然有恂目之志”、《徐无鬼》的“恂然弃而走”。所以，抄写出现的错误可能性极大。其二，改“不见己焉尔，不得类焉尔”为“不得类焉尔”。首先，“不见己焉尔”语义含混难解。再者，就文本本身所需要的义理而言，“不得类焉尔”已然满足。《老子见微》第22章说得好：“余食赘行，物或恶之，故有欲者弗居。”其三，删除了一大段话：“战而死者，其人之葬也，不以翣资。刖者之屦，无为爱之。皆无其本矣。为天子之诸御，不爪剪，不穿耳。娶妻者止于外，不得复使。形全犹足以为尔，而况全德之人乎？”删除的理由，主要是原文已然完整，这段话加进去没有起任何作用。另外，被删的这段话，语义累赘，事例生僻，难以理解。最后，它置入句中后，会导致整段义理前后矛盾。总之，解释越多越是不能让人信服。只是如果一对比归元前后的文本，严肃的读者，立马就能看出其中的优劣所在。

适见，恰巧见到的意思。豚，本义为小猪。豚子的用法，就如儿子、桃子、被子的用法。儿子就是儿，桃子就是桃，被子就是被，豚子就是豚。

不得类焉尔。这话含义真是深刻透顶。明显可以看出，庄子不是按形来分类的，而是按神来分类的。人以群分，当然就是按神来分的。动物没有理性，它活在本能里。也就是本能性的动物，不会因认识上的错误而犯错。小猪按其本能，就发现它形体还是完好的母亲，已经不是自己的同类了。对动物而言，不是自己的同类突然出现，往往会受到惊吓。

才全而德不形，一定不能在这个地方译成白话，因为文本本身就已经展开了充分的阐释。

死生存亡、穷达贫富、贤与不肖、毁誉、饥渴、寒暑，是事之变，命之行也。日夜相代乎前，而知不能规乎其始者也。故不足以滑和，不可入于灵府，使之和、豫、通而不失于兑，使日夜无隙而与物为春。是接而生时于心者也，是之谓才全

整个这段话就是专门用来阐释才全的。因为话语本身非常深奥难懂，以至于这么清晰的逻辑，竟有那么多的专家学者看不出来。人要找对自己的位置，说起来就是上唇搭下唇的事，践行起来其实比登天还难。

“死生存亡、穷达贫富、贤与不肖、毁誉、饥渴、寒暑”，这些明显就是人世间凡俗事务的选择性列举。

是事之变，命之行也。是事，就是前面所列举的那些事。命，就是“命定”的命。全句话的意思就是，这些事情是始终处于变化之中的，而且是一定会发生的。这个社会环境不只是哀骀它要面对，任何人都要面对。

日夜相代乎前，而知不能规乎其始者也。任何人都要面对的这个社会环境，就好比白天黑夜交相更替一样发生在人们的面前。可是，没有任何人能够在这些事情的起点上，就能把它们规范好，以便按自己的心愿变化发展。规，不宜通假“窥”。这些注定要发生在你我身边的事情，不是能窥不能窥的问题，而是能规不能规的问题。“死生存亡、穷达贫富、贤与不肖、毁誉、饥渴、寒暑”这些事，说起来应该都有一个起始点。但起始点究竟在什么地方，没有人知道。老子深刻地认识到这一点，《老子见微》第58章就有说：“祸福之所倚，福祸之所伏，孰知其极？其无正也。正复为奇，善复为夭。人之迷也，其日固久矣。是以圣人方而不割，兼而不刺，直而不肆，光而不耀。”巧合的是，老子这段话跟庄子这个寓言，文字表达方式不一样，但主旨完全一样。真理的唯一性是英雄所见略同的天然基础。

故不足以滑和，不可入于灵府，使之和、豫、通而不失于兑，使日夜无隙而与物为春。这段话太难埋解了，单要断好句就是一件非常困难的事。但理性的人，即使遇到再大的困难，也不足以滑和，也就是说，不足以搅乱自己的心智。滑，不是太能准确给出含义。但因为语境清晰，所以，其意义也就比较能够肯定，大致可以理解为使和滑。使和滑，就是和不是那么稳定。灵府，虽然《庄子》只此一用，但具体语境下的含义，是十分明确的，就是“是接而生时于心者也”中的心。“使之”的之，就是灵府。“使日月无隙”的使后承前省略了之，也即灵府。和、豫、通，字面的意思，就是和顺、愉悦、通达。字里的意思，就是哀骀它给人的感觉是和顺、愉悦而通达。不失于兑，“兑”字不是太好理解，《庄子》又只此一用。无可奈何之下，只好照句子本身义理要求，将兑理解为“和、豫、通”可能的副产物。因为人一旦“和、豫、通”过度了，就很可能失去了自己的本真。这种情况下，庄子给出的思想是，适人而不失己。与物为春，物，就是指人所处的社会环境，它的具体含义就是，同他人相处而始终让人感觉像春天般温暖。当然，即使是春天，也有不温暖的时候。要不然，哀骀它怎么就让哀公“恤焉若有亡也，若无与乐是国也”了呢？

是接而生时于心者也，完全不知道具体含义是什么，暂且置之不理吧。还好，它对本寓言主旨的理解，几乎完全没有影响。

平者，水停之盛也。其可以为法也，内葆之而外不荡也。德者，成和之修也。德不形者，物不能离也

整个这段话就是用来阐释德不形的。

平者，水停之盛也。这话没有什么深刻的思想含义，只是一个很形象的比方罢了。它的意思是，水只有在它绝对停止不动时，才会出现真正的平直。

内葆之而外不荡也。水真正处于平直状态时，它同时保有了两个特征。一个是，它内在的本质完全得以保持。一个是，它处于完全不动之中，也即没有任何摇荡。这话纯粹是为德不形作铺垫的。

德者，成和之修也。深度沉思，原话要是改为“德之修者，成和也”或许就不会引起那么多怪里怪气的解读了。德要如何修才行呢？要以水在绝对静止时所表现出的特性为效法对象。这个特性就是“内葆之而外不荡也”。成和，就是使内葆之和外不荡相统一。哀骀它之所以那么受欢迎，就是因为他不但才全，而且还德不形。德不形了，那就万物都想跟他在一块了。天地其实就是最大的才全而德不形者。

今吾闻至人之言，恐吾无其实，轻用吾身而亡吾国

最后的“吾”字，原为“其”。基于简明清晰并不丢原意原则，遂改之。

难点在“恐吾无其实”的实，指的究竟是什么？是指哀公的治国之道，还是指哀公的修身之道？这个问题能问出的话，答案就有了。在哪里呢？就在后面紧接着的那句话里：“轻用吾身而亡吾国。”

【今译】

鲁哀公问孔子说：“听说卫国有个长得特别丑的人，名字叫哀骀它。一个大男人要是与他相处一段时间，就会舍不得离开他。要是一个女子见识了他，就会对自己的父母请求说：‘与其做他人的妻子，还不如做哀骀它的小妾。’反反复复不下数十次。人们并没有听到他有什么特别的倡议，也只是看上去常常附和他人而已。哀骀它既没有什么高高在上的君位以救人于水火，也没有聚敛什么大的财富以让人吃饱喝足。再说，他丑得实在是让天下人都不敢直视，即使是在附和他人而自己不做任何倡导时，他所表现出的学问，也都在大家的常识范围之内，但就是让男男女女都想跟着他，这事的背后，一定有他异于常人的地方。我以权力把他召来看了看，确实够得上是丑冠天下。可他与我相处还不到一个月，我就喜好上他的待人方式了。不到一年，我就打心底里信任他了。国家当时正好宰相之位空缺，我就把这个职位给了他。可他并没有欣然接受，而是闷了一段时间后，才应承下来，看得出他很不情愿。我觉得有点不好意思，最后干脆就把国家授让他了。没几天，他竟然离我而去，不知所踪。现在，我这心里很不是滋味，就像丢了什么宝贝东西一样，又好像整个国家内再也没有能让我高兴起来的事情了。这哀骀它究竟是个什么人物呢？”

孔子回答说：“我曾经到楚国游历时，碰巧看到一群小猪在一只刚死去了的母猪身上吸奶，不一会儿，小猪们像是受到了惊吓，纷纷离开母猪而逃离开去。原因就是小猪已经看不到与自己同类的东西存在了。小猪所爱的母猪，不是母猪的形体，而是使母猪的形体能得以形成的那个东西。现在，这个哀骀它什么都没说就能取得他人的信任，什么都没做就能获得他人的亲近，有人想把国家授让他还唯恐他不要，这可是个才全而德不形的人。”

哀公于是问：“什么叫才全啊？”

孔子回答说：“死生存亡、穷达贫富、贤与不肖、毁誉、饥渴、寒暑，诸如此类事情的变化，是注定要发生的。它们虽然就如日夜交相更替似的发生在我们眼前，但任何人都无法在起始点上就规范好它们。所以，人们能做的，就是不要让这些事搅乱了自己内心里的天然平和，最好就是根本不让它们进入到自己的内心，使内心始终处于一种和顺、愉悦、通达同时又不失率直的状态，使内心不论白天还是黑夜始终同万物相处而让人感觉如沐春风。唯其如此，才能称得上‘接而生时于心’，这就叫才全。”

“那什么叫德不形呢？”

孔子答道：“所谓平，就是水的绝对静止状态。这种状态，人们是可以效为法则的，就是说，内在要保持自己的本性不变，外在要不出现摇荡。所谓德，就是要通过修养而使内葆与外不荡达致像水停之盛时的平和状态。达到了这种状态，就叫德不形。达到了德不形的境界，那就万物都离不开它了。”

隔了几天，哀公把这事同闵子讲了并对他说：“原来我一直以为，作为一国之君，无非就是死守朝纲并为老百姓的生死大事操心，我还一直以为这就是治国安邦的至高之道了。现在，我在听闻了孔子这番高言后，觉得我其实并没有达到我的目的，我太轻率地对待自己了，以至于连国家都有可能丢掉。我与孔子，可以说不是什么君臣关系，而是道德上的朋友。”

五

【文本归元】

闉跂无脤说卫灵公，灵公悦之，而视全人，其脰肩肩。瓮㼜大瘿说齐桓公，桓公悦之，而视全人，其脰肩肩。故德有所长，而形有所忘。人不忘其所忘，而忘其所不忘，此谓诚忘。故圣人有所游，而知为孽，约为胶，德为接，工为商。圣人不谋，恶用知？不斫，恶用胶？无丧，恶用德？不货，恶用商？四者，天鬻也。天鬻者，天食也。既受食于天，又恶用人？有人之形，无人之情。有人之形，故群于人。无人之情，故是非不得于身。渺乎小哉，所以属于人也。謷乎大哉，独成其天。

惠子谓庄子曰：“人故无情乎？”

庄子曰：“然。”

惠子曰：“人而无情，何以谓之人？”

庄子曰：“道与之貌，天与之形，恶得不谓之人？”

惠子曰：“既谓之人，恶得无情？”

庄子曰：“是非吾所谓情也。吾所谓无情者，言人之不以好恶内伤其身，常因自然而不益生也。”

惠子曰：“不益生，何以有其身？”

庄子曰：“道与之貌，天与之形，无以好恶内伤其身。今子外乎子之神，劳乎子之精，倚树而吟，据梧而瞑。天选子之形，子以坚白鸣！”

【见独】

闉跂无脤

首先，它不会是闉跂支离无唇。理由一，庄子虚拟人名时，很有讲究。既要符合语境需要，又要简明扼要。比起景、罔两、支离疏、温伯雪子来，闉跂支离无唇显然是长得格格不入了。理由二，如果是闉跂支离无唇并依过往解注，那他在游说卫灵公后，为何就会让卫灵公觉得他人脖子细长细长了呢？理由三，既然是没有嘴唇了，那他如何游说卫灵公呢？难道用肢体语言？肢体语言诚然可以表达情感，但好像不足以去游说。其次，“支离”二字的存在，可以十分肯定是某个注家的产物。因为“闉跂”两字十分怪异，为庄子所独用。在没有旁证可以参照的情况下，某个注家，就随性把闉跂注解为支离了，再后人就将之抄入正文了。最后，正确答案一定是归元后的这个样：闉跂无脤。理由一，这个名字明显是在“闉跂无脤说卫灵公，灵公悦之，而视全人，其脰肩肩。瓮盎大瘿说齐桓公，桓公悦之，而视全人，其脰肩肩”的语境下来使用的。什么意思呢？它明显得与瓮盎大瘿相一致。瓮盎大瘿的含义十分确切，就是大瘿如瓮盎，意思是脖子上长着一颗犹如大瓦罐般大的瘤子。这种病症现在还不是太罕见。相应地，闉跂无脤的含义，应该就是无脤如闉跂。那它会是什么意思呢？先得提请注意，是无脤，不是无唇。无唇是后人不解无脤的含义后，将“脤”通假为“唇”的结果。无脤是什么意思呢？无肉的意思。脤，音shèn，肉的意思（《广雅》）。闉跂是什么意思呢？多余的弯曲的脚趾的意思。闉，音 yīn，就是《马蹄》“闉扼”的闉，曲的意思。跂，音 qí，就是《骈拇》“合者不为骈，而跂者不为枝”的跂，多生的脚趾的意思。在没有任何文献凭证的情况下，我们唯有借助于观察与想象：弯曲的多生的脚趾，是不是很没有肉呢？闉跂无脤，就是一个瘦弱得皮包骨就如弯曲的多生的脚趾一样的人。庄子用词也太“谬悠、无端崖”了（《天下》）！就这智力，后人别说超越，就连模仿都困难重重。

其脰肩肩

过往解注本大致有两种解读。一种是，脖子细长细长的。一种是，其头由肩掮着。

千沉万默的结果，它的正确解读应该是，左右摇头。怎么来的呢？脰，本义是脖子。肩肩，就是人的左肩与右肩。其脰肩肩，就是脖子左肩一下，右肩一下。什么意思呢？就是我们平时常见的对某个人或某件事不以为然的不自觉的身体语言。

人不忘其所忘，而忘其所不忘，此谓诚忘

理解这句话的关键点，在如何坐定“忘”字的含义。无论多少人的千种解万种注，都不及庄子自己的解与注。“忘”在庄子里的思想含义十分明确而肯定，就是《人间世》的心斋，就是《大宗师》的坐忘。坐忘，就是诚忘，就是“堕其肢体，黜其聪明，离形去知，同于大通”。所以，人不忘其所忘的意思，就是人不要忘记人很容易就忘记的东西，也即德。而忘其所不忘的意思，就是人要忘记人总是不容易忘记的东西，也即形。只有这样了，才能达到坐忘的境地。坐忘了，就德有所长，而形有所忘。

故圣人有所游，而知为孽，约为胶，德为接，工为商

“游”是庄子所喜欢用的一个字，就是无待的意思，就是乘物以游心的意思。乘物以游心，不是在物之外游心，而是在物之中游心。当然，这只有圣人才能彻底做到。而圣人，只是一种假设，没有真实存在的圣人，就如上天，只是一种假设，没有真实存在的上天。接下来的四句，比地球上的四大洋还要难跋涉。但既然已经出发，就勇往直前。

知为孽。这个知，特指世俗社会里的凡人的知。任何世俗社会里凡人的知，都是片面的知，局部的知，或是错误的知。即便不是错误的知，也只是世界本身微不足道的知。要用老子的话说，就是《老子见微》第 73 章“知不知，尚矣。不知不知，病矣”的知。要用庄子自己的话说，就是《知北游》：“弗知深矣，知之浅矣。弗知内矣，知之外矣。”孽，本义为宗法制度下家庭的旁支。在知为孽的这种语境下，应该是指任何世俗社会里任何凡人的知，都只是总知识世界里的旁支。

约为胶。约，应该特指世俗社会里凡人间的誓约或是契约。胶的含义很直白，就是“如胶似漆”的胶。

德为接。德，明显特指世俗社会里凡人个人的德。它的思想含义，《老子见微》第 38 章说得极为清晰明确：“上德不德，下德失不德。”接，从后文圣人无丧句看，将其理解为拼接似乎不错。

工为商。从“商”字的含义逆推，大致可以猜测到工的具体含义为“工于

心计”的工，机巧的意思。俗话说，无奸不商，无商不奸。又说，在商言商。所以，凡商，未有不耽于算计之下的。当然，有算计，不等于害人。自己的利益自己最关心，所以，不得不动点心机。

圣人不谋，恶用知？不斫，恶用约？无丧，恶用德？不货，恶用商

原话为：“圣人不谋，恶用知？不斫，恶用胶？无丧，恶用德？不货，恶用商？”无论从形式逻辑还是从义理逻辑还是从思想本身看，都应该对原文进行修改。否则，完全无法理解。

圣人不谋，恶用知？不谋，就是不刻意谋求个人的私利，就好比《庚桑楚》中所说：“至知不谋。”凡俗之人的知识，都只是为个人的利益来服务，所以要谋。

不斫，恶用约？斫，就是《养生主》“族庖月更刀，斫也”的斫，砍削、切割的意思。不斫的思想含义，老子说得好：“夫代大匠斫者，则希不伤其手矣。”一个把世界看成是一个整体的人，哪里还会需要什么契约之类的东西。契约或是誓约之类的东西，是道术已为天下裂的产物。

无丧，恶用德？圣人无丧，是指圣人自己没有丧失什么还是指不让物丧失什么呢？开悟了的人，立马就能明白，是后一个意思。任何天造物，都是自洽自足的。只要它的本性没有受到任何人为破坏，那就根本无须别的任何人施用道德仁爱之类的东西。庄子在《知北游》里引用老子的话说：“失道矣而后德，失德而后仁，失仁而后义，失义而后礼。’礼者，道之华而乱之首也。”

不货，恶用商？货，这里明显作动词用，买入或卖出的意思，其实就是买卖。圣人因为把世界当作一个整体，所以没有买卖。没有买卖，也就无需数数然（《逍遥游》），更没有囤货居奇、投机倒把等工于心计的需要。

四者，天鬻也。天鬻者，天食也。既受食于天，又恶用人

有三个难点。其一，“四者”的具体所指？其二，“天鬻”的真正含义？其三，“天食”的真正含义？

“四者”的具体所指，仔细考量，还是指不谋、不斫、无丧、不货较贴文脉。

“天鬻”的真正含义，非常不好把握。有解注为天育的，这明显是一遇到不解便通假的做法。“鬻”都可以通假“育”的话，那“鬻”通假“愚”更好。

深度沉思，鬻还是用其本义粥较好。于是，天鬻的意思就是，四者就如上天赐予的粥。这明显是一种象征性的说法，跟天降甘露的用法完全一样。

“天食”的真正含义，多数注家就径直照字面理解，也有剑走偏锋而将“食”理解为蚀的。就这语境，好像不应该有更多的歧义。既然天鬻就是上天赐予的粥，那天食自然就是上天赐予的食物了。这一由具体到抽象，由个体到一般的过程，正是庄子思想一贯的表达方法。

有人之形，无人之情。有人之形，故群于人。无人之情，故是非不得于身。渺乎小哉，所以属人也。傲乎大哉，独成其天

没有什么特别的难点，但要有精细的理解，却并不那么容易。具体含义，请到【今译】中去慢慢品味吧。

道与之貌，天与之形，恶得不谓之人

人的样貌是上天给的，也即人这一类是上天创的。“道与之貌，天与之形”是个拆分句，就如天崩地裂是将天地崩裂拆分开讲一样，原话其实就是“天道与之形貌”。拆分开讲后，文字上要美感很多。

不益生，何以有其身

这句话看上去普普通通，平平常常，要理解到位，还真的非常考验一个人的思考力。不益生，难道就径直理解为“不增益生命”？这能理解吗？何以有其身，难道就径直理解为：“怎么还会保有身体？”这能理解吗？就这样的问题，天才庄子会摆到台面来论？不会的。那庄子想表达什么思想给我们？他借助一问一答的形式，试图告诉我们，人不应该在上天赐予的生命之外，再增加什么额外的东西。哪些东西是额外的东西呢？一切人为的、非自然的、多余的，都属于额外的东西。比如，买不住的房，喝高了的酒，讲多了的话，操过了的心，陷深了的情，等等，惠施就是其中的典型。那“何以有其身”又是什么意思呢？这句话的重点在“有”字上，且“有”字的理解，绝对不能死抠字眼，否则，庄子后面的回答，完全接不上茬。从语境与文脉上看，这个“有”字，应理解为体现的意思。整句话的意思于是可以白话为：如果不在生命之外再增加什么的话，那我们何以体现生命的存在？这跟世人对老庄的无为思想的诘问是完全相同的。

今子外乎子之神，劳乎子之情，倚树而吟，据梧而瞑。天选子之形，子以坚白鸣

句中的“情”，是根据文脉改过来的，原字为“精”。有人据此就以为精神一词，就来自庄子的这段文字里，这让人老想把肖邦和刘邦看作是一帮。

梧，不可望文生义理解为“梧桐树”的梧，这会与前面的树相重复，它本身有斜柱的意思。根据惠施的好辩之性，将惠施看作是一个辩累了就靠着柱子昏昏欲睡的人，比较合乎实情。瞑，义同《知北游》“神农隐几，阖户昼瞑”的瞑，打盹的意思。结合语境，惠施才不全而德形，所以，理解为昏昏欲睡、疲惫不堪比较好。

天选子之形，子以坚白鸣！既然上天把惠施已经造为了人，那你就应该始终因顺自然而不以好恶伤害自己的身体。可现实的惠施，一味地以坚白之论，而与万物竞。这不明显是以一己之好恶而内伤其身吗？诚如《天下》篇中所说：“由天地之道观惠施之能，其犹一蚊一虻之劳者也。其于物也何庸！”坚白论，名家著名哲学命题。核心论点是，坚是触觉的产物，白是视觉的产物，坚白因而不能同时存在于石头之中。

【今译】

一个瘦弱得就如弯曲的多生脚趾一样的人游说卫灵公，灵公喜不自禁，以至于他看到那些形体健全的人时，会情不自禁地左右摇头。一个脖子上长着一颗瓦罐般大瘤子的人游说齐桓公，桓公喜不自禁，以至于他看到那些形体健全的人时，会情不自禁地左右摇头。所以说，一个人要是德行方面有其独到之处，那他的形貌就可以被人暂时遗忘。人只有在不忘其总是忘记的，而忘记其总是不忘的，才算得上真正的坐忘。也正因此，圣人在游心于物时，会把个人的认知看作是旁支，把个人的誓约看作是粘胶，把个人的德性看作是拼接，把个人的机巧看作是算计。圣人不谋求什么，哪里用得着个人的认知？不切割什么，哪里用得着个人的誓约？不曾丧失什么，哪里用得着个人的德性？不做买卖，哪里用得着个人的机巧？不谋求、不切割、无丧失、不买卖这四种行为，原本就是天鬻。所谓天鬻，就是上天给予人的食物。上天既然已经给予人以充足的食物，哪里还需要那么多人为的东西呢？人虽然从上天那里分有了人的形貌，但最好还是不要带有人的私意。人的形貌，只是起将人归于一类的作用。不带人的私意，才能使得外在的是是非非不入于内心。一切人为的东西，都是多么的渺小啊！唯有与生俱来的东西，才是真正的伟大！

惠子对庄子说：“人难道本身就是无情的吗？”

庄子说：“当然。”

惠子说：“人要是本身就是无情的，那还能叫作人吗？”

庄子说：“天道都已经赋予了人以形貌，怎么能不叫作人呢？”

惠子说：“都已经叫作人了，难道还能做到无情吗？”

庄子说：“这可不是我所说的无情啊。我所说的无情，是说人不要因自己个人的好恶而伤害了自己的生命，要始终因顺自然而不在生命之外再增加什么。”

惠子说：“不在生命之外再增加什么，那怎么才能够体现生命的存在？”

庄子说：“天道已经赋予了你以形貌，你要做的，就是不要因自己个人的好恶而伤害了自己的生命。现在你倒好，一天到晚在你的界限之外劳心费神，一会儿倚着某棵树唾沫横飞，一会儿又靠着某根柱子昏昏欲睡。老天给予了你人的样子，而你却以坚白之辩到处叽叽喳喳个没完！”

大宗师

一

【文本归元】

知天之所为，知人之所为者，至矣！知天之所为者，天而生也。知人之所为者，以其知之所知，以养其知之所不知，终其天年而不中道夭者，是知之盛也。虽然，有患。夫知有所待而后当，其所待者特未定也，庸讵知吾所谓天之非人乎？所谓人之非天乎？且有真人而后有真知。

何谓真人？

古之真人，不逆寡，不雄成，不谋事。若然者，过而弗悔，当而不自得也，是知之能登假于道者也若此。

古之真人，其寝不梦，其觉无忧，其食不甘，其息深深。

古之真人，不知悦生，不知恶死。翛然而往，翛然而来而已矣。不忘其所始，不求其所终。若然者，其心忘，其容寂，其颡頯，凄然似秋，暖然似春，喜怒通四时，与物有宜而莫知其极。

古之真人，其状义而不朋，若不足而不承，与乎其觚而不坚也，张乎其虚而不华也，炳乎其似喜也，催乎其不得已也，滀乎其进我色也，与乎止我德也，广乎其似世也，傲乎其未可制也，连乎其似好闭也，闷乎忘其言也。

何谓真知？

夫道，有情有信，无为无形。可传而不可受，可得而不可见。自本自根，先天地生而不为久，长于上古而不为老。

南伯子葵问乎女偊曰："子之年长矣，而色若孺子，何耶？"

曰："吾闻道矣。"

南伯子葵曰："道可得学耶？"

曰：“恶！恶可！夫卜梁倚有圣人之才而无圣人之道，我有圣人之道而欲以教之，庶几其果为圣人乎？不然。吾犹告而守之，参日而后能外天下。已外天下矣，吾又守之，七日而后能外物。已外物矣，吾又守之，九日而后能外生。已外生矣，而后能朝彻，朝彻而后能见独，见独而后能无古今，无古今而后能入于不死不生。”

南伯子葵曰：“子独恶乎闻之？”

曰：“闻诸副墨，副墨闻诸洛诵，洛诵闻诸瞻明，瞻明闻诸聂许，聂许闻诸需役，需役闻诸於讴，於讴闻诸玄冥，玄冥闻诸参寥，参寥闻诸疑始。”

【见独】

全段

本段文字做了前无古人的巨幅改动，但它不是标新立异，而是正本清源。日日夜夜反反复复的百沉千思，最终敲定，唯有如此，才能勉勉强强将本段文本基本解读通顺。

为了不授人以毁经坏典之口实，现将过往解注本的原文附录于下：

知天之所为，知人之所为者，至矣！知天之所为者，天而生也。知人之所为者，以其知之所知，以养其知之所不知，终其天年而不中道夭者，是知之盛也。虽然，有患。夫知有所待而后当，其所待者特未定也，庸讵知吾所谓天之非人乎？所谓人之非天乎？且有真人而后有真知。

何谓真人？

古之真人，不逆寡，不雄成，不谋事。若然者，过而弗悔，当而不自得也。若然者，登高不慄，入水不濡，入火不热，是知之能登假于道者也若此。

古之真人，其寝不梦，其觉无忧，其食不甘，其息深深。真人之息以踵，众人之息以喉。屈服者，其嗌言若哇。其嗜欲深者，其天机浅。

古之真人，不知悦生，不知恶死。其出不欣，其入不拒。翛然而往，翛然而来而已矣。不忘其所始，不求其所终。受而喜之，忘而复之。是之谓不以心损道，不以人助天，是之谓真人。若然者，其心忘，其容寂，其颡頯。凄然似秋，暖然似春，喜怒通四时，与物有宜而莫知其极。

故圣人之用兵也，亡国而不失人心。利泽施乎万世，不为爱人。故乐通物，非圣人也；有亲，非仁也；天时，非贤也；利害不通，非君子也；行名失己，非士也；亡身不真，非役人也。若狐不偕，务光伯夷、叔齐、箕子胥馀、纪他、申徒狄，是役人之役，适人之适，而不自适其适者也。

古之真人，其状义而不朋，若不足而不承，与乎其觚而不坚也，张乎其虚而不华也，邴乎其似喜也，崔乎其不得已也，滀乎进我色也，与乎止我德也，广乎其似世也，傲乎其未可制也，连乎其似好闭也，悗乎忘其言也。

以刑为体，以礼为翼，以知为时，以德为循。以刑为体者，绰乎其杀也。以礼为翼者，所以行于世也。以知为时者，不得已于事也。以德为循者，言其与有足者至于丘也，而人真以为勤行者也。

故其好之也一，其弗好之也一。其一也一，其不一也一。其一，与天为徒，其不一，与人为徒。天与人不相胜也，是之谓真人。

死生，命也，其有夜旦之常，天也。人之有所不得与，皆物之情也。彼特以天为父，而身犹爱之，而况其卓乎！人特以有君为愈乎己，而身犹死之，而况其真乎！泉涸，鱼相与处于陆，与其相呴以湿，相濡以沫，不如相忘于江湖。与其誉尧而非桀也，不如两忘而化其道。

夫大块载我以形，劳我以生，佚我以老，息我以死。故善生者，乃所以善死也。夫藏舟于壑，藏山于泽，谓之固矣！然而夜半有力者负之而走，昧者不知也。藏小大有宜，犹有所遁。若夫藏天下于天下而不得所遁，是恒物之大情也。特犯人之形而犹喜之，若人之形者，万化而未始有极也，其为乐可胜计邪？故圣人将游于物之所不得遁而皆存。善夭善老，善始善终，人犹效之，又况万物之所系而一化之所待乎！

夫道，有情有信，无为无形。可传而不可受，可得而不可见。自本自根，未有天地，自古以固存。神鬼神帝，生天生地。在太极之上而不为高，在六极之下而不为深。先天地生而不为久，长于上古而不为老。

狶韦氏得之，以挈天地。伏羲氏得之，以袭气母。维斗得之，终古不忒。日月得之，终古不息。勘坏得之，以袭昆仑。冯夷得之，以游大川。肩吾得之，以处大山。黄帝得之，以登云天。颛顼得之，以处玄宫。禺强得之，立乎北极。西王母得之，坐乎少广，莫知其始，莫知其终。彭祖得之，上及有虞，下及五伯。傅说得之，以相武丁，奄有天下，乘东维，骑箕尾而比于列星。

南伯子葵问乎女偊曰："子之年长矣，而色若孺子，何耶？"

曰："吾闻道矣。"

南伯子葵曰："道可得学耶？"

曰："恶！恶可！子非其人也。夫卜梁倚有圣人之才而无圣人之道，我有圣人之道而无圣人之才。吾欲以教之，庶几其果为圣人乎？不然。以圣人之道告圣人之才，亦易矣。吾犹告而守之，参日而后能外天下。已外天下矣，吾又守之，七日而后能外物。已外物矣，吾又守之，九日而后能外生。已外生矣，而后能朝彻，朝彻而后能见独，见独而后能无古今，无古今而后能入于不死不生。杀生者不死，生生者不生。其为物，无不将也，无不迎也，无不毁也，无不成也。其名为撄宁。撄宁也者，撄而后成者也。"

南伯子葵曰："子独恶乎闻之？"

曰："闻诸副墨之子，副墨之子闻诸洛诵之孙，洛诵之孙闻之瞻明，瞻明闻之聂许，聂许闻之需役，需役闻之於讴，於讴闻之玄冥，玄冥闻之参寥，参寥闻之疑始。"

知天之所为，知人之所为者，至矣！知天之所为者，天而生也。知人之所为者，以其知之所知，以养其知之所不知，终其天年而不中道夭者，是知之盛也。虽然，有患。夫知有所待而后当，其所待者特未定也，庸讵知吾所谓天之非人乎？所谓人之非天乎？且有真人而后有真知

对于《庄子》这样冠绝天下的思想作品，很多地方的解读，必须先要找到思想的藤，顺着这根藤摸，才能摸到原本就是藤上的瓜。不去找这根藤，或者找而未着，那很多瓜很可能根本就不是这根藤上的，是假瓜，是死瓜，是傻瓜。本小段就是本节的藤，后面的任何一个瓜，都只有长在这根藤上，才算是真瓜，是活瓜，是顶呱呱。我们要想吃到好瓜，必须先将不是藤上的假瓜、死瓜断然剔除。要想吃到真正好的东西，光牙齿好胃口好还不行，关键是眼光得好。

整个这段话的字面意思好像谁都能懂，但真正的含义，也即能贯穿整个文本的含义，却是极其难懂。天之所为到底指的是什么呢？人之所为又指的是什么呢？这两者之间的关系又如何呢？唯有在反反复复的细推慢敲中，才能把握到它的真正内涵。所谓的天之所为，按庄子自己的话说，就是天而生。天而生怎么理解？就是人天生就知道的。哪些东西是人天生就知道的呢？这就涉及知识的源头问题。人在没有任何文明的情况下，如何产生了自身的知识呢？这其中一定有一个被注定的东西，即只要是人，就一定会产生某类知识，这也是人类某些知识能够共通的先验基础。具体点说，人的衣食住行、喜怒哀乐、生离死别等方面的知识，就是天之所为。任何民族，不论它产生在地球的何处，它一定都会产生这方面的知识。有智慧的人，从来不把这方面的知识看作智慧，而只是看作人的本能。本能，就是天而生。那“人之所为”指的又是什么？按马克思在《一八四八年经济学——哲学手稿》中的话说，就是动物以自身种属的尺度来适应自然，人则以自然本身的尺度来创造。按庄子自己的话说，就是以人先天就知道的知识，来获得人先天所不知道的知识。这些知识是些什么东西呢？比如电脑、化学、物理或是数学的定理或公式等一切科学知识，不包括基于臆想而产生的所谓知识，如裹足、烧香拜佛等。人类的全部知识，也就这两类。一个天的，一个人的。但问题是，真正的人的知识，只是天的正确的反映。如果大自然不创生真人，或是即使真人被创生但没有发育成功，又或是大自然本身就是杂乱无章而完全没有规律可言，那就不可能有真正的知识。本自然段后面的全部文字，都要为这个主旨服务。看不到这一点，就会被后人不断注入的杂乱文字，或是可能的庄子自己对主旨的偏离，打断本段的内在文脉，从而导致即使翻译成白话文，也没有任何人可以哪怕是基本看懂。当然了，那些极力主张如果能看懂就不是好的思想作品的人，应该一边歇息去。

古之真人

古，一定不能够径直理解为古代，它其实一个哲学名词而不是时间名词。其含义，就是“古朴”的朴，即万物开始时的样子。古之真人，就是原本意义上的真人。老子对“古”字的用法，几乎跟庄子完全等同。

不逆寡，不雄成，不谋事

看上去简单，要理解顺当，困难重重。最好的解决办法，是从庄子的思想体系里来找寻答案。不逆寡，就是不以寡小而违逆，其《庄子》依据，就是《秋水》篇的：“是故大知观于远近，故小而不寡，大而不多，知量无穷。”不雄成，就是不凭蛮力而强成。其《庄子》依据，就是《应帝王》篇的：“顺物自然而无容私焉。”不谋事，就是不为物事而谋虑。其《庄子》依据，就是《德充符》篇的：“圣人不谋，恶用知？”或《逍遥游》篇的：“孰肯纷纷然以物为事？”

翛然而往，翛然而来而已矣

理解的难点在“翛”字。从翛字本身的字形看，似乎跟羽毛有关，它其实就是羽毛残破的样子。从本句的语境看，翛跟生死有关。那究竟怎么相关呢？庄子自己的思想是最强有力的证据。就在本章的后半部分，庄子这样说：“彼以生为附赘悬疣，以死为决肒溃痈。”所以，在真正的真人眼里，生与死，就如残破的羽毛般飘来又飘去一般。就庄子这等绝世的文学能力，即便是智力卓绝之人，也得千思百虑才能望其项背。

其心忘，其容寂，其颡頯

既然是真人，他的心忘，自然就是诚忘，就是坐忘，就是心斋。那真人的容寂又怎么理解呢？容，应该就是“面容”的容。寂，应该就是《刻意》篇“夫恬淡寂漠，虚无无为，此天地之平而道德之质也”的寂，安详平静的样子。颡，音 sǎng，额、脑门儿的意思。頯，音 kuí，新华词典里将它解释为颧骨，根据就是不知是谁对庄子这里的这个字所做的注。也有人解读为质朴，也没有什么根据。想想有些后人将有些前人的有些愚昧当传家宝所显出的真诚，很让有些人很后怕。那这个“頯”字究竟该作何解呢？它是庄子的独用字，没有其他语境的情况下，只能设想有个能试图走入庄子灵魂的人，凭借勇气和使命，将它解注为敞亮。脑门儿敞亮，有些地方的土话就是这么说的，意思就是脑子好用。巧合的是，历史上有个人看上了这个“頯”字，把它用在一个人的名字里。其结果呢？似乎名字冥定了命运，他的晚年表现出了高度的頯感，这个人就叫作张頯（1236—1302），元代著名学者。据载：“頯气宇端重，音吐洪亮，讲说特精详。”人世间有些事，真实存在，很难理解。真人一定会在某些方面，相信天启。

古之真人，其状义而不朋，若不足而不承，与乎其觚而不坚也，张乎其虚而不华也，炳乎其似喜也，催乎其不得已也，滀乎其进我色也，与乎止我德也，广乎其似世也，傲乎其未可制也，连乎其似好闭也，闷乎忘其言也

本段文本因为太过诗意又太过哲理而无法归元。文本归不了元，那文旨也就难以归元了。文本归元虽然竭尽全力贴庄解读，但是否贴对了位置，实在没有足够信心。事实上，再过一万年，也没有人敢说他就能贴对位置。

义，应该就是“义气”的义。朋，应该就是“朋党”的朋。承，应该就是

"承受"的承。觚，音 gū，本义为商代和西周的一种酒器，腹部和足部各有四条棱角，引申义为棱角。坚，应该就是"坚硬"的坚，不知道变通的意思。炳，原字不可考，归元为炳，取其"彪炳千秋"的炳的含义，光明的意思。滀，音 chù，形容水积聚。结合"进我色"的可能含义，勉强将其理解为涵养自我心性。色，应该就是"本色"的色。与，应该就是给予的意思。德，个人的德性。广，应该就是"广大"的广。世，应该就是"世界"的世。傲，应该就是"孤傲"的傲。制，应该就是"控制"的制。连，完全找不到相对应的词。只能根据后边的语境，将其理解为"与人打交道"的与。闭，应该是"封闭"的闭。极个别人因为天分极高，知识极渊，他在与人打交道时，看上去自我封闭，其实内心里气象万千，只是他觉得没有必要表达而且即使表达也不被理解而已，老子、康德便是这样的人。闷，不是"郁闷"的闷，而是《老子见微》第 20 章"鬻人昭昭，我独若闷呵"的闷，闷不作声的意思。

何谓真知

这四个字一切过往解注本里都没有，归元后增加这四个字的理由，是为了使文本条理清晰。它跟"何谓真人"相对应后，文本的整体感大大增强。什么意思呢？前面庄子有发问："夫知有所待而后当，其所待者特未定也，庸讵知吾所谓天之非人乎？所谓人之非天乎？且有真人而后有真知。"就是说，如果要知识可靠的话，得有两个条件。一个是真人的存在，故问："何谓真人？"一个是真知的存在，故问："何谓真知？"那接下来为什么就说道了呢？因为，在庄子看来，所谓真知，其实就是道。本自然段如果不照这个思路理解，则文本完全没有脉络可言。大自然绝不造没有脉络的山水，思想家绝不写没有脉络的文章。

夫道，有情有信，无为无形。可传而不可受，可得而不可见。自本自根，先天地生而不为久，长于上古而不为老

本句起承上启下的作用。承上，就是回答"何谓真知"。启下，就是引出下面的寓言，连接点就是道"长于上古而不为老"。

情，就是"情况"的情，真实的意思。信，就是"信风"的信。信风有什么突出特点呢？凡它所及的地区，每年只要到一定季节便会应期而来。所以，"信"字寓有规律的内涵在其中，"信用"一词或许也取意于此。可传，是指道是能够传递的。不可受，是指道不能像有形物体那样，是可以直接授予的。

这层意思，《天运》解说得极为到位：“使道而可献，则人莫不献之于其君。使道而可进，则人莫不进之于其亲。使道而可以告人，则人莫不告其兄弟。使道而可以与人，则人莫不与其子孙。”

南伯子葵问乎女偊曰：“子之年长矣，而色若孺子，何耶？”

有两点需要着重强调一下。其一，女偊不能解读为某个叫偊的女子。其二，色若孺子，不是指女偊的身体看上去像孩子一般，而是指女偊的精神状态或是行为方式看上去像孩子一般。从接下来的一问一答当中，它明显是指女偊闻道后呈现给他人的一种非肉体印象。

恶！恶可！夫卜梁倚有圣人之才而无圣人之道，我有圣人之道而欲以教之，庶几其果为圣人乎？不然

理解这句话的关键，在理解才与道的差别究竟何在。有些人弹钢琴的才，完全可以用顶级一词来形容。但如果要他说说弹钢琴的道，则未必就会。这例子举得还是有点高远，来点低近的。比如，一个优秀的农民，假设他总是能够知道如何及时引水灌溉，培土栽植，杀虫施肥，以至于总是能够获得好的收成，这就农民本身来说，够有才了吧？但是，他知道其中的道吗？他又一定能够通过学习，就知道其中的道吗？应该是不一定的。体育、医学、武学、艺术等几乎一切技艺，似乎都是如此。照佛家的说法，成道与否，取决于根器大小。不是那块料，无论怎么努力，充其量就是掌握了一门技艺而已。要将技艺升华到道，决定性的因素，就是根器。解牛的庖丁，是道与才的合一。善辩的惠施，是道与才的分离。这么解释，估计还是没有几人能懂。要是我们能以非人来打比方，可能就好懂多了。比如一只健康的鸟，它是能够自由地飞翔的。它的这个自由地飞翔，就是这只鸟的才干。可是，这只鸟能够懂得飞翔的道也即飞行的原理吗？绝对不行的。为何不行？鸟的根器不行。也就是说，大自然根本就没有为鸟安排认识飞翔之道的能力。人也是如此。所以说，有真人而后有真知。女偊就是这样的真人，他所说的成道之道，就是真知。自然科学领域里，牛顿和爱因斯坦就是这样的真人，经典力学和相对论就是这样的真知。社会科学领域里，柏拉图和庄子就是这样的真人，他们各自的思想著作，就是这样的真知。

吾犹告而守之，参日而后能外天下。已外天下矣，吾又守之，七日而后能外物。已外物矣，吾又守之，九日而后能外生。已外生矣，而后能朝彻，朝彻而后能见独，见独而后能无古今，无古今而后能入于不死不生

如果不作删减，则按过往解注本，本段话只能理解为卜梁倚而不是女偊的成道过程，这就完全跟前面的文理脱节了。所以，我们必须先在心理上将这个成道过程看作是女偊自己的亲身感受，才能使文章首尾相顾，浑然一体。

犹，尚且的意思。意思是说，女偊不是靠自己首先参悟到了道，而是靠从别人那里听闻到道并坚守道才最终得到了道，是“有真人而后有真知”的另一种表达方式。参日、七日、九日的具体含义不是太能把握。照常理，即使是根器上好的人，也不太可能如此快就可以登堂入室。所以，它们应该都是象征性说法。外，就是“置之度外”的外。守，含有坚信并坚守的意味。天下、物、生，分别指代社会、自然、自身。朝彻，太过晦涩。迫不得已，只能半带猜测半带想象将其理解为太阳升出地平线的刹那而使整个大地一片亮堂的那副场景。令人略感安心的是，这个解读非常吻合文本本身的义理需要。见独，就是见道。没有什么能独，除了道。道自本自根，故独。而其他一切，都为道所创，故不独。照老子的话说就是：道“独立而不垓，可以为天地母”。照庄子自己的话说就是：道“自本自根，先天地生而不为久，长于上古而不为老”。

子独恶乎闻之

独，特指女偊所讲的真知，乃闻所未闻。其实，这些真知，全都是真人庄子自己的真知。真人不发自己的声，只代替真理发声。

闻诸副墨，副墨闻诸洛诵，洛诵闻诸瞻明，瞻明闻诸聂许，聂许闻诸需役，需役闻诸於讴，於讴闻诸玄冥，玄冥闻诸参寥，参寥闻诸疑始

这段闻所未闻的话，乍看上去完全就是一段天书。细细考究起来，义理却是十分清晰的。庄子再怎么任性，也只是真知基础上的任性。认识了真知，也就认识了庄子的任性。

这段话可以说是认知论的终极之论。理解它的关键，就是能够深度沉思到人类知识的源头及其演变过程。

副墨，指文字，这个意思现代汉语里仍有存留。

洛诵，洛，通“络”，应该指一代一代的传诵。络即“络绎不绝”的络，诵即“诵读”的诵。文字未产生前，人类对世界的认知，就是通过这种方式来世代相传的。

瞻明，庄子应该特意通过字形来让人联想到它的基本意思，跟眼睛相关。瞻，就是“瞻仰”的瞻。因为瞻的是天，所以，才要仰。明，就是“耳聪目明”的明。古汉语里的聪明，本来就是指的耳目。

聂许，同瞻明一样，庄子也是想通过字形让人联想到它的基本意思，跟耳朵有关。许，应该就是“许可”的许。

需役，需要而被奴役。庄子本身可能只需要“需要”的意思，奴役只是顺带的思想。对人来说，人的任何需要，都构成一种奴役。借用卢梭的话说就是：人生而自由，但枷锁无处不在。枷锁无处不在的原因，就来自无人不需要需要。

於讴，原字是否就是这两字，非常值得怀疑。在没有其他依凭的情况下，勉强解注之，於，义同“呜”，表示想发而不能明确发出。讴，就是“讴歌”的讴。於跟讴合而成“於讴”，应该就是内心里真实的声音，就是大自然在人内心先天就安排好的一些声音，即天之所为。如果可以类比，就是如同动物发出的种种声音。只是动物很不幸，没有被上天赋予将这种声音转化为语言文字的能力。人在刚出生时所发出的声音，大概也就是於讴的意思。

玄冥，相当于“易有太极，是生两仪”的两仪。玄，就是《老子见微》第01章“两者同出，异名同谓。玄之有玄，众眇之门”的玄，构成万物最基本的有与无双元。冥，就是“冥冥注定”的冥，作玄的修饰语，表明玄是一种上天注定。

参寥，参字的具体含义不是太好理解，估计原字有误。寥好理解，就是本章后面的“乃入于寥天一”的寥，高远空旷的意思。作为合成词，它的含义应该就是《应帝王》里的“浑沌”，或是《在宥》里的“涬溟”。白话说，就是物未始有分的状态。

疑始，望文生义即可。要找庄子自证，也非常容易。既可以是《齐物论》篇中的：“有始也者，有未始有始也者，有未始有夫未始有始也者；有有也者，有无也者，有未始有无也者，有未始有夫未始有无也者。俄而有无矣，而未知有无之果孰有孰无耶？今我则已有谓矣，而未知吾之所谓，其果有谓乎？其果无谓乎？”也可以是《则阳》篇中的：“夫圣人未始有天，未始有人，未始有始，未始有物。”

如果要用现代的话来讲这同一个意思，似乎可以这样说：自己看书，就是闻诸副墨。人不是天生就能看书的，得先听他人传讲，就是闻诸洛诵。讲解的知识来自哪里呢？来自人的观察。观察显然是用眼睛，就是闻诸瞻明。大自然里的真知，很多不是眼睛能看到的，需要借助耳朵，就是闻诸聂许。人为什么想要去瞻明去聂许呢？因为需要，就是闻诸需役。需要怎么产生的？上天安排的。上天将人的需要安排在人的内心里，人于是有发声的本能，就是闻诸於讴。於讴来自哪里呢？来自大自然的双玄构成，即有与无的相冲相合，就是闻诸玄冥。玄冥又是怎么来的呢？来自浑沌。大自然最开始的状态就是万物一体，无分彼此，深远辽阔，就是闻诸参廖。参廖又是怎么回事呢？不知道。它应该有个开始，但又不知道这个开始开始于什么时候，也即康德所讲的时间的开始是个二律背反，就是闻诸疑始。

后记

本段文本因为大删大减而遗漏了很多非常深邃的思想。这些深邃的思想，很可能就是庄子自己的，也完全吻合庄子的一贯风格。既然是庄子自己的，那为何还要删除呢？估计庄子在写这段文字时，只顾表达自己的所感所悟，而忘记了文章主旨的约束。也可能是庄子写这段文字时，被什么事情打断了，写得断断续续。现特将被删除了的但思想含义非常深邃的话节选如下：

其嗜欲深者，其天机浅。

不以心损道，不以人助天。

故其好之也一，其弗好之也一。其一也一，其不一也一。其一，与天为徒，其不一，与人为徒。

死生，命也，其有夜旦之常，天也。人之有所不得与，皆物之情也。

泉涸，鱼相与处于陆，与其相呴以湿，相濡以沫，不如相忘于江湖。与其誉尧而非桀也，不如两忘而化其道。

故杀生者不死，生生者不生。其为物，无不将也，无不迎也，无不毁也，无不成也。其名为撄宁。撄宁也者，撄而后成者也。

【今译】

知道人的哪些知识是先天给定的，又知道人的哪些知识是后天人为的，这就已经是知识的全部了。所谓知道人的哪些知识是先天给定的，指的是人天生就知道的那些知识。所谓知道人的哪些知识是后天人为的，则指的是人以天生就知道的知识，来获得人天生所不知道的知识。如果终其一生都能始终如一，则就可以说已经是后天人为所能获得的知识的极致了。即便达到了这样的极致，也还是有让人不安的地方。任何知识都只有在某种条件下才有可能是妥当的，如果这种条件本身没有得到确定的满足，那怎么就知道我所谓的先天知识不是后天人为的呢？又怎么知道我所谓的后天人为的知识就不是先天的呢？只有在真人存在的条件下，真理性的知识才有可能。

那什么样的人才配称真人呢？

真正的真人，不以寡小而违逆，不凭蛮力而强成，不为物事而谋虑。就因为这样，他即使遭遇指责也无怨无悔，即使受到赞誉也不自鸣得意。这等行为，只有那些知识达到了道的高度的人才能表现出来。

真正的真人，睡觉不做梦，醒着无忧愁，吃饭不挑食，呼吸不急促。

真正的真人，不认为活着就是一件多么令人喜悦的事，也不认为死去就是一件多么令人不快的事。死去，就如一片羽毛飘走，活着，就如一片羽毛飘来而已。不忘自己从哪里来，也不刻意追求自己最终归向何处去。就因为这样，真人的心是坐忘的，表情是安详的，脑门是敞亮的。悲伤如秋到，和暖似春来，喜怒无时无刻不自然而然，跟万物同步而从不知道边际在哪儿。

真正的真人，他所表现出的行为，讲究情谊但绝不拉帮结派，总显不足但绝不接受额外赐予，棱角分明但绝不刚愎自用，气势恢宏但绝不华而不实，光明磊落总好像喜事在心，感而后应就好像逼不得已，涵养心性只求还原自我本色，帮助他人只是出自本性，心胸广阔就如浩渺乾坤，孤傲不群而又无拘无束，与人打交道总好像自我封闭，一副闷闷的样子，总好像忘记了自己想要说的话。

那什么样的知识才是真理性知识呢？

真理性的知识其实就是道。道，它真实存在，带有规律性，自然而然，没有形体。它虽然可以口口相传，但就是不能手手相授。它可以让人得到，但就是不能让人看到。它以自己为本，又以自己为根，它比天地都要先生但并不显得久远，比上古都还要有年纪但并不显得衰老。

南伯子葵问女偊："你都一大把年纪了，表现得还像个孩子，因为什么呀？"

女偊答道："我听闻了大道的缘故。"

南伯子葵接着问："道难道是可以学来的吗？"

女偊答道："不！不可以的！曾经有个叫卜梁倚的人，很有圣人般的才干，但就是没有圣人的道。我于是想用圣人的道去教导他，那他就真的能成为圣人吗？当然不行的。就我的成道过程来说，我曾经在听闻大道并严格遵守三天三夜后，才能做到丧忘天下。已经丧忘天下并严格遵守大道七天七夜后，才能丧忘周遭事物。已经丧忘周遭事物并严格遵守大道九天九夜后，才能丧忘自我。只有在彻底丧忘自我的情况下，才能如日出东方般豁然开朗。豁然开朗后才有可能见到真正的大道，见到了真正的大道然后才能没有时间概念，没有了时间概念就相当于进入了不死不生的境地。"

南伯子葵又问："您这是从哪里听闻来的啊？"

女偊回答说："我是从文字那里听闻来的，文字又是从传诵那里听闻来的，传诵则是从观察者那里听闻来的，观察者是从倾听者那里听闻来的，倾听者是从需要者那里听闻来的，需要者是从内心的声音那里听闻来的，内心的声音是从自然的玄元那里听闻来的，自然的玄元是从浑沌那里听闻来的，浑沌则是从不知是开始还是不是开始那里听闻来的。"

二

【文本归元】

子祀、子舆、子犁、子来四人相与语曰："孰能以无为首、以生为脊以死为尻？孰能知死生存亡之一体者，吾与之友矣！"四人相视而笑，莫逆于心，遂相与为友。

俄而子舆有病，子祀往问之。曰："伟哉夫造物者，将以子为此拘拘也！"曲偻发背，上有五管，颐隐于脐，肩高于顶，句赘指天。阴阳之气有沴，其心闲而无事。跰而鉴于井，曰："嗟乎！夫造物者又将以予为此拘拘也！"

子祀曰："汝恶之乎？"

曰："亡。予何恶！浸假而化予之左臂以为卵，予因以求时夜。浸假而化

予之右臂以为弹，予因以求鸮炙。浸假而化予之尻以为轮，以神为马，予因以乘之，岂更驾哉？且夫得者，时也。失者，顺也。安时而处顺，哀乐不能入也，此古之所谓悬解也。而不能自解者，物有结之。且夫物不胜天久矣，吾又何恶焉？”

俄而子来有病，喘喘然将死，其妻、子环而泣之。子犁往问之，曰：“叱！避！无怛化！”倚其户与之语曰：“伟哉造化！又将奚以汝为？将奚以汝适？以汝为鼠肝乎？以汝为虫臂乎？”

子来曰：“父母于子，东西南北，唯命之从。阴阳于人，不啻于父母。彼近吾死而我不听，我则悍矣，彼何罪焉？夫大块以载我以形，劳我以生，佚我以老，息我以死。故善吾生者，乃所以善吾死也。特范人之形而犹喜之？若人之形者，万化而未始有极也，其为乐可胜计耶？今大冶铸金，金踊跃曰：‘我且必为镆铘’，大冶必以为不祥之金。今一范人之形，而曰：‘人耳人耳’，夫造化者必以为不祥之人。今一以天地为大炉，以造化为大冶，恶乎往而不可哉？”成然寐，蘧然觉。

【见独】

孰能以无为首、以生为脊以死为尻？孰能知死生存亡之一体者，吾与之友矣

理解这句话有两难。一难在句读，一难在“以无为首”。

过往解注本的句读多是这样的：“孰能以无为首，以生为脊，以死为尻？孰能知死生存亡之一体者，吾与之友矣。”这么句读后，显然是把“以无为首”“以生为脊”“以死为尻”看作三个义理价值等同的句子了。如果这样，那“以无为首”无论如何都不能理解，进而“以生为脊”和“以死为尻”也就难以理解。并且，这么句读后，两个“孰能”的分总关系也看不见了。以常人的粗糙，是无论如何都理解不了天才的精微的，就如以蜩与莺鸠的榆枋之才，是无论如何都理解不了鲲鹏的九万里之道的。归元后的句读，首先解决了两个“孰能”的分总关系。前孰能是分，后孰能是总。即“以无为首、以生为脊以

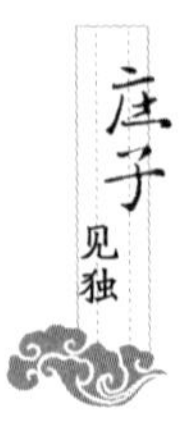

死为尻”是分说，“知死生存亡之一体者”是总说。清楚了这层关系，也才能借助意思极为明确的“知死生存亡之一体者”，以明确不那么明确的“以无为首、以生为脊以死为尻”的意思。那“以无为首、以生为脊以死为尻”怎么就体现出了死生存亡是一体的呢？要充分理解“以无为首”的精确含义才行。句中的首，很容易就被理解为与脊和尻相对应的头。其实，完全不是这么回事。“首”在这里的含义是开始的意思，即“首先”的首。为什么要这么理解呢？由“无”在这里所必需的含义来决定。无，就是使死生能够为徒的那个存在，其实就是道。它在这里的哲学义理，完全等同于老子“天下之物生于有，有生于无”的无。理解了以无为首，那“以生为脊以死为尻”就非常好理解了，就是生与死可以是任何有形存在物，比如脊、尻、鼠肝、虫臂等。这么说，估计绝大多数人还是不理解。再清楚点说，以生为脊以死为尻，要是被说成是以生为尻以死为脊，义理是完全等同的。

俄而子舆有病，子祀往问之。曰：“伟哉夫造物者，将以子为此拘拘也！”

需要加以解注的是：“伟哉夫造物者，将以子为此拘拘也！”这是子舆还是子祀说的？如果是子祀说的，则句中的“子”，应该就是子，指代子舆。如果是子舆说的，则句中的“子”，应该是“予”，也指代子舆。虽然最终都指代子舆，但因主语不同，是“子”是“予”就不同。归元为“子”，乃是认为主语是子祀。那主语为什么是子祀而不是子舆呢？这得从后句：“嗟乎！夫造物者又将以予为此拘拘也！”的主语说起。这句话的主语非常明确，就是子舆。子舆是在与子祀一起到井边看到自己在井中的影像后，才清晰地意识到自己的拘挛。问，“探问”“慰问”的问。拘，拘挛的意思。

曲偻发背，上有五管，颐隐于脐，肩高于顶，句赘指天。阴阳之气有沴，其心闲而无事

曲偻，望文生义应该就是指驼背。曲偻发背，则是指驼背生发于背部。“上有五管”不好理解，强行理解，上指曲偻，五管则指心肝脾肺肾。心肝脾肺肾本在胸前，因为驼背，都跑到背部去了。颐，指下巴。脐，原文为“齐”，直接就用“脐”好了，没必要用“齐”再通假“脐”。顶，应该就是“头顶”的顶。句赘两字的原字估计有误，结合语境，理解为屁股较为合适。沴，音lì，灾害的意思。估计是“诊”的误字，训为“症状”的症较为合适。

跰而鉴于井

跰，无论是字形本身还是使用语境，它都应该理解为并足行走。并足行走的，不是一个人，而是两个人，也即子舆跟子祀。鉴，就是《德充符》“人莫鉴于流水，而鉴于止水”的鉴，以水作镜子的意思。

浸假而化予之左臂以为卵，予因以求时夜。浸假而化予之右臂以为弹，予因以求鸮炙。浸假而化予之尻以为轮，以神为马，予因以乘之，岂更驾哉

浸假而，就语境看，理解为“假如”一定不会有错。但为什么它有假如的意思，则不得而知。卵，本义为卵子，特指蛋。过往注家多将其径直解注为“鸡”，让鸡好生着急，时夜才有鸡的意思。解注老庄，小不一心，便酿粗心。鸮，音xiāo，鸟名。究竟是什么鸟，庄子没明说，那就算了，反正不影响文本解读。炙，音 zhì，烤的意思。鸮炙，就是把鸟烤来吃。尻，音 kāo，屁股的意思。

而不能自解者，物有结之。且夫物不胜天久矣，吾又何恶焉

物，就语境看，明显与天相对为语。天，明显又是指的造物主，造物主显然就是道。所以，这里的物，一定特指有形存在。人是有形存在的一种，它万化而未始有极。不明白这个道理，就叫作物有结之。结，“纠结”的结，这里特指万物之一的人，将自已纠结在物的层面，而不是上升到“万物一府，死生同状”的道的层面（《天地》）。

子犁往问之，曰：“叱！避！无怛化！”

或许有人质疑，作为有道之人的子犁，怎么能够以这样不礼貌的语气，同朋友的家人说话。事实上，庄子原本就是想以这样极端的方式，来表达他们间的莫逆于心。叱，音 chì，本义为大声呵斥。避，“回避”的避。回避什么呢？不是回避人，而是回避造化。怛，音 dá，本义为痛苦，也有忧伤、悲痛的意思。子来的老婆孩子围着他哭，自然是怛的表现。

彼近吾死而我不听，我则悍矣，彼何罪焉

彼，明显就是指造化。连这都有注家解错，真不知道这样的注家哪来的勇气与底气，来解读《庄子》如此这般宏大深邃的思想绝品。悍，径直解读为“彪悍”的悍就行，很吻合语境。罪，过失、错误，古汉语常用义，如《左

传》："不替孟明，孤之过也。大夫问罪？且吾不以一眚掩大德。"

故善吾生者，乃所以善吾死也

从未被解注对过的，是句中的"善"字。照过往解读，造物主把子来造为人时，是上天对子来的善待，那这跟《齐物论》的思想就完全背离了。有蓬之心的人可以这么认为，有道之人就不会这么认为，子来在这里明显是以有道之士的形象出现的。那"善"是什么意思呢？它其实就是"善于"的善，一种能够接近于事物的道的能力。《老子》全书无一处的善可以解注为"善良"的善。老子在其最后一章也即第 81 章，还以总结性的话语"夫天道无亲，恒与善人"结束全书，这其中的善，显然不是道德，而是能力。没有能力的道德，是无能的人的自我掩饰和自我欺骗。

特范人之形而犹喜之？若人之形者，万化而未始有极也，其为乐可胜计耶

把握到了文脉，自然就知道这是子来在讲不会为造化而悲伤的理论依据。人形只不过是万形中的一形，每一种形都有其快乐的地方，未必就只有被创生为人才会感到喜悦。

镆铘

古代宝剑名，泛指宝剑。常跟干将并用，一如倚天屠龙并用。白话翻译为刀剑之王比较贴合。

成然寐，蘧然觉

单就字面意思看，简直摸不到风。但要是从庄子整体思想和本段文脉来把握，则简直风清月明。成，就是"完成"的成，特指子来说完就睡着了，也即说着说着就睡着了。然后，当他醒过来时，就如绽放的荷花。绽放的荷花怎么来的呢？蘧然来的。蘧然，就是《齐物论》"俄然觉，则蘧蘧然周也"的蘧然。不同的是，那里的语境下，蘧然是用来表达一种真实。这里的语境下，是用来表达一种心境。蘧，音 qú，古谓荷花。庄子这么说的用意是什么呢？无非是呼应本段的主题："孰能以无为首、以生为脊以死为尻？孰能知死生存亡之一体者，吾与之友矣！"以及本章的主题："且有真人而后有真知。"

【今译】

子祀、子舆、子犁、子来四个人相聚一起并宣示说："谁能把无看作是万物的开始，然后又能把生看作只不过是脊骨同时又能把死看作只不过是屁股一样的存在呢？要是有谁能够知道生死存亡原本就是浑然一体的，那我就会把他看作是自己真正的朋友！"四个人相视而笑，莫逆于心，于是交结成了真正的好友。

不久，子舆病倒了，子祀前去探问。子祀说："造物主也真够伟大啊！竟然把老友变成这等拘挛模样！"只见子舆佝偻着身子，五脏六腑都好像跑到驼背上来了，下巴都埋到肚脐眼里去了，双肩比头顶还高，屁股都朝向天空。尽管阴阳二气已经出现了错乱，但子祀的心境却闲而无事。他俩并肩来到井边，子舆透过井水看到了自己的模样，感叹说："真是呀！造物主竟然把我变成了这等拘挛模样！"

子祀于是问："你讨厌这副模样吗？"

子舆答道："怎么会呢！我不会的。要是造物主把我的左臂化作了蛋，我就顺势把它孵为一只可以报晓用的鸡。要是造物主把我的右臂化作了弹，我就顺势用它打下一只可以烤着吃的鸟。要是造物主把我的屁股化作了轮，又或是把我的神化作了马，那我就顺势把它当作一匹马，这不就连马都不用再找了？人生所谓的得，只不过是某段时间的产物。所谓的失，只不过是时间的顺流而逝。得也好，失也罢，都得处之泰然，悲哀与欢乐都不应入于内心。这在真正的真人看来，只不过是大自然对人的倒悬之苦的自然解脱。那些不能自我解脱的人，只不过是把自己绑定在物的层面罢了。既然物从来就没有拗扭过造物主，那我作为物的一种存在，怎么会讨厌我这副模样呢？"

不久，子来也病了，气喘吁吁的，好像快要死了，他的老婆孩子围着子来哭个不停。子犁前去探问，对他的老婆孩子不由自主地大声说："别哭了！到一边去！不要为造化而感到痛苦！"然后，依着门户对子来说："造化也真是伟大呀！它又将把你造化为什么呢？又将把你送往何处去呢？想把你再造为鼠肝吗？想把你再造为虫臂吗？"

子来说："孩子之于父母，无论身处哪里，都应该听从他们的心愿。阴阳之于人，就好比人的父母。造化已经到了要我死而我不愿听从，那只是我过于强悍罢了，造化本身哪里有什么过错？大自然把我创生为人的样子，又让我有劳动能力以养活自己，还让我渐渐变老以使我乐享安逸，最后让我死亡以让我彻底休息。所以说，凡是有能力让我生的，也同样有能力让我死，我怎么能够因为被创生为人就感到特别的高兴呢？就人这类有形之物而言，它是可以转换为任意有形之物而完全没有极限的，每一种有形之物都它自身的乐趣，这难道是可以计算得出来的吗？假如一代匠师在打造某块金属时，这块金属竟然腾跳着说：‘一定要把我打造为刀剑之王。’那匠师一定会认为这块金属非常的不吉祥。同样道理，我现在偶然被打造成了人的样子，于是我就总是对造物主说：‘一定要把我打造为人。’造物主一定会认为我就是一个不吉祥的人。现在，要是我们能始终以天地为大炉，以造化为大冶，那被打造为任意之物有什么不可呢？”子来说着说着就睡着了，醒来时就如开放的荷花。

三

【文本归元】

子桑户、孟子反、子琴张三人相与语曰：“孰能相与于无相与，相为于无相为？孰能登天游雾，挠挑无极，相忘以生，无所终穷？”三人相视而笑，莫逆于心，遂相与为友。

莫然有间而子桑户死。未葬，孔子闻之，使子贡往侍事焉。或编曲，或鼓琴，相和而歌曰：“嗟来桑户乎！嗟来桑户乎！尔已返其真，而我犹为人猗！”

子贡趋而进曰：“敢问临尸而歌，礼乎？”

二子相视而笑曰：“是恶知礼意？”

子贡返，以告孔子曰：“彼何人者耶？修行无有，而外其形骸。临尸而歌，颜色不变，无以命之。彼何人者耶？”

孔子曰：“彼游方之外者也，而丘游方之内者也。外内不相及，而丘使汝往吊之，丘则陋矣。彼方且与造物者为人，而游乎天地之一气。彼以生为附赘悬疣，以死为决肒溃痈。夫若然者，又恶知死生先后之所在耶？假于异物，托于同体。忘其肝胆，遗其耳目。反复终始，不知端倪。彷徨乎尘垢之外，逍遥

乎无为之业。彼又恶能愦愦然为世俗之礼，以观众人之耳目哉？”

子贡曰：“然则夫子何方之依？”

孔子曰：“丘，天之戮民也。虽然，吾与汝共之。”

子贡曰：“敢问其方？”

孔子曰：“鱼相造乎水，人相造乎道。相造乎水者，穿池而养给。相造乎道者，无事而性足。故曰：鱼相忘乎江湖，人相忘乎道术。”

子贡曰：“敢问畸人？”

曰：“畸人者，畸于人而侔于天。故曰：天之小人，人之君子。天之君子，人之小人也。”

【见独】

孰能登天游雾，挠挑无极，相忘以生，无所终穷

这四句话要一一对应翻译成白话，几乎没有可能。挠挑究竟是何含义？估计原字有误，要是“遥眺”就比较好解了。想庄子作文时，文字尚没有统一，发音相同但文字不同的可能性极大，就如现在的粤语与普通话一样。相忘以生也很不好理解，估计原话是“相忘乎生”。无所终穷，是与“相忘以生”构成对语以表示死，还是修饰“孰能登天游雾，挠挑无极，相忘以生”以表示自始至终呢？所以，这段话在【今译】时，就只有意译了。

莫然有间而子桑户死

有人想将“莫”通假为“漠”以隐喻他们三人“相与于无相与，相为于无相为。登天游雾，挠挑无极，相忘以生，无所终穷”，属于典型的过度阐释。思想家的思想虽然深邃，但它多是思想家心灵的自然流露。一些字句虽然会反复推敲，但多数情况下是心发手应，自然而然，“莫”字就是这样自然而然出来的。它的含义，就是否定词“不”的意思，“然”在其中起调节音律作用。莫然有间，就是“莫有间”，没过多久的意思。

尔已返其真，而我犹为人猗

《天地》篇中庄子有说："书不过语，语有贵也。语之所贵者，意也。意有所随。意之所随者，不可以言传也。"有人单就字面意思说庄子在鼓吹喜死恶生，真是不可理喻。这无非是通过极端手法，来表达死生原本一体而已。它有针对性，那就是常人都认为生才好，死不好。庄子没有说生好，也没有说死好，只是想说死生都只是物的一种存在形式而已，都处在物化当中。人从无中生出来，又从有中返回去，这就叫返其真。诚如《周易》所说："无平不陂，无往不复。""真"在这里的含义，其实就是无，就是"天下之物生于有，有生于无"的无。猗，音 yǐ，句末语气词，相当于"矣"。

子贡趋而进曰："敢问临尸而歌，礼乎？"

趋，本义快步走。子贡看到他从来没有看到过的治丧场景，遂迫不及待地上前质问。进，应该含有"进劝"的意思在其中。只有这样理解，才能把子贡的方内形象充分显示出来。

二子相视而笑曰："是恶知礼意？"

理解的难点在："是恶知礼意？"深度沉思，从二子相视而笑的文字表达中，应该是二子连看都没有看子贡一眼。所以，"是恶知礼意"应该是一句戏谑性的话，意思是说，我们这么做难道知道什么是礼仪吗？这场景，现实生活中非常常见。当几个人对另外个人或几个人表示不满或不屑时，往往以自我挖苦的方式来挖苦对方。所以，是，指的是"临尸而歌"，多数注家将它指代子贡。因为是的所指不同，遂导致"是恶知礼意"句尾的标点符号是问号还是惊叹号或是句号的不同。经典的精微，只有分有经典的作者的灵魂的人，才能近似地把握到。那些说经典能把握到其中的大意就可的人，最好远离经典。因为经典就是坏在一帮这样的人的手里。

修行无有，而外其形骸

引起争议的地方，是"修行无有"是动宾结构还是主谓结构？主张动宾结构的人，将"无有"理解为虚无主义。老庄思想里没有任何虚无主义的主张，一些没有任何责任感的解注者，信口雌黄就将虚无主义加在老庄身上并传之于世，应该是中国文化史上的最大丑闻。当然，如果把"无有"理解为老子里最基本的两个概念，那也不算错。只是，子贡那时是不可能有老子的无有概念的。那如果是主谓结构，“修行无有”又该如何解读呢？修行，理解为修养就好。无有，就是没有。修行无有，就是没有修养。当这话由子贡说出时，显然是特指没有儒家关于礼仪方面的修养。

彼游方之外者也，而丘游方之内者也。外内不相及，而丘使汝往吊之，丘则陋矣

结合本章主旨“知天之所为，知人之所为者，至矣……且有真人而后有真知”及本段末句“畸人者，畸于人而侔于天。故曰：天之小人，人之君子。天之君子，人之小人也”来看，游方之外当指天，游方之内当指人。所以，外内不相及。孔子在庄子眼中，一直是个亦正亦反的人。正时，道家代言人。反时，道家评判对象。本段里，孔子以道家代言人的身份，反思孔子自己曾经的一些行为表现。

彼方且与造物者为人，而游乎天地之一气

前半句的意思就是说，他们临尸而歌的行为，并没有违背造物者的意志。造物者是按死生死生来造人，死是生，生是死。死死生生，无所终穷。后半句的意思就是说，他们遨游在万物一体当中。

夫若然者，又恶知死生先后之所在耶？假于异物，托于同体。忘其肝胆，遗其耳目。反复终始，不知端倪。彷徨乎尘垢之外，逍遥乎无为之业。彼又恶能愦愦然为世俗之礼，以观众人之耳目哉

理解这段话的难点，在主语不清晰。“假于异物，托于同体”“反复终始，不知端倪”的主语是死生。“忘其肝胆，遗其耳目”“彷徨乎尘垢之外，逍遥乎无为之业”的主语是人或孟子反、子琴张。怎么会觉得有点乱呢？其实一点都不乱。“假于异物，托于同体”是“忘其肝胆，遗其耳目”的天理依据。“反复终始，不知端倪”是“彷徨乎尘垢之外，逍遥乎无为之业”的天理依据。愦，音 kuì，昏乱、糊涂的意思。观，有作“欢”的，不影响文本的最终解读。彷徨一词前原文有“芒然”二字，纯属多余，遂删之。

孔子曰："丘，天之戮民也。虽然，吾与汝共之。"

天之戮民，是孔子的自谦词，也是真理性的事实。其意思，类似于《人间世》里的"其德天杀"，也类似于《德充符》里的"天刑之，安可解"。戮，音 lù，"杀戮"的戮，杀的意思。

吾与汝共之，一定要在语境中来解。语境一，虽然，表转折。语境二，敢问其方？表顺承。意思是，虽然我乃上天罪人，但我和你还是要一起皈依方外才好，义同"虽不能至，但心向往之"。之，指代游方之外。

鱼相造乎水，人相造乎道。相造乎水者，穿池而养给。相造乎道者，无事而性足

这段话反反复复看，仔仔细细地想，意思远没有乍看时那么高深莫测。它其实就是以鱼的天然生活条件打比方，来比喻说明人的天然生活条件应该怎样。正如鱼被造在水里，人被造在道里。当然，被造在水里的鱼，也就被造在道里。水是自然界里最具道的抽象特性的具象物。既然鱼打个水池就够了，那人按照天道行事就够了。

子贡曰："敢问畸人？"

子贡怎么突然就问了这话，不太清楚。好像原文有丢失。但就思想义理而言，已经够了。就如维纳斯，少了胳膊，依旧漂亮。

天之小人，人之君子。天之君子，人之小人也

有些解注本的原文为："天之小人，人之君子。人之君子，天之小人也。"句中的君子与小人，不要从传统道德意义上来理解，而要在庄子这里的语境中来理解，它只是一个真理性的描述。其意思，完全等同于《德充符》篇里的"眇乎小哉，所以属于人也。謷乎大哉，独成其天"。

【今译】

子桑户、孟子反、子琴张三人相聚一块并宣示说："谁能够相与于无相与，相为于无相为？谁又能够登九天之高而遨游在云雾之上，在无所终穷的时空里，将死生之别抛到九霄云外？"三人说后相视而笑，莫逆于心，遂结为好友。

没过多久，子桑户死了。还未下葬，孔子获悉后，便打发自己的弟子子贡前往悼念。只见孟子反和子琴张一个在编曲，一个在弹琴，相和而歌道：“哎吆桑户呀！哎吆桑户呀！你已回到老家啦，我俩还在人间爬！”

子贡快步上前进言说：“请问你俩如此这般临尸而歌，合乎礼仪吗？”

孟子反和子琴张听后，相视而笑说：“你这是唱的哪门子戏啊？”

子贡悻悻而返，把这事告知孔子并问道：“他俩究竟什么人啊？一点好的修为都没有，好像完全不顾自己的形象。临尸而歌，面不改色，真不知道该如何评说他们才好。这究竟是怎么回事啊？”

孔子回答说：“他俩本是游方之外的人，而孔丘我只是游方之内的人。方外方内可是两个不同的世界，而我竟然让你这方内之人前往悼念，显然是我有点浅陋了。他俩那么做，与造物主赋予人的本质是完全相一致的，人原本就应该在浑然一体的天地万有中自由遨游。在他俩眼中，生只不过是皮肤上多余的瘤子，死只不过是瘤子发生了溃烂。既然都这样了，他们哪里还会在意死生到底是哪个在先哪个在后呢？死生都只不过是物体的不同存在形式而已，它们都是道的产物。肝胆也好，耳目也罢，在他俩心中，都已经被忘得干干净净。他俩深知，生生死死本是一个往复循环的过程，既不知道开端在哪儿，也不知道结束在哪儿。所以，他们遨游于尘世之外，自在于人的无所作为之中。就这等见识，怎么能设想他们会浑浑噩噩地遵循世俗社会的固有礼仪，而看大家的脸色来料理丧事呢？”

子贡进而又问：“这样说来，那老师您倾向于哪方？”

孔子回答说：“我呀，可是上天的罪民。不过，我想我们还是应该倾向于方外。”

子贡接着说：“那怎么就能到达方外？”

孔子回答说：“鱼被造在水中，人被造在道中。被造在水中的鱼，只要打个水池就充足了。被造在道中的人，只要清静无为也就充足了。所以说，鱼只有在江湖里才能相互忘记对方，人只有在道术里才能相互忘记对方。”

子贡还问：“您能解释一下畸人的意思吗？”

孔子说：“所谓畸人，只不过是跟人相畸而跟天相一致罢了。正因此，那些在上天看来是小人的人，在人看来却是君子。而那些在上天看来是君子的人，在人看来很可能就是小人。”

四

【文本归元】

颜回问仲尼曰：“孟孙才其母死，哭泣无涕，中心不戚，居丧不哀。无是三者，以善处丧盖鲁国。固有无其实而得其名者乎？回壹怪之。”

仲尼曰：“夫孟孙氏尽之矣，进于知矣。唯简之而不得，夫已有所简矣。孟孙氏不知所以生，不知所以死。不知孰先，不知孰后。若化为物，以待其所不知之化已乎。且方将化，恶知不化哉？方将不化，恶知已化哉？吾特与汝，其梦未始觉者耶？且彼有骇形而无损心，有怛宅而无耗精。孟孙氏特觉，人哭亦哭，是自其所以宜也，相与吾之耳矣。庸讵知吾所谓吾之非吾乎？且汝梦为鸟而唳乎天，梦为鱼而没于渊，不识今之言者，其觉者乎？其梦者乎？造适不及笑，献笑不及排，去排而安化，乃入于寥天一。”

【见独】

本段文字不可解。或者说，本人暂没有能力解。这里仅提出几个问题：

1. 孟孙才的处丧方式应该是不被世人所理解和接受的，可颜回说孟孙才以善处丧盖鲁国，他自己觉得奇怪，难道别人会不觉得奇怪？如果大家都是跟颜回差不多的人，孟孙才怎么会以善处丧盖鲁国呢？问题有问题。

2. “且方将化，恶知不化哉？方将不化，恶知已化哉？”想说明什么道理？主语是什么？针对什么说？完全没有文脉。一朵花而没有枝，要么是假花，要么是真花的掉落。

3. “吾特与汝，其梦未始觉者耶”位置好像不对，放置在“庸讵知吾所谓吾之非吾乎”前才似乎合乎脉理。

4. “有旦宅而无耗精”完全不能理解。

5. “是自其所以宜也，相与吾之耳矣。”的文本难以统一，有些解注本的文本为：“是自其所以乃。且也相与吾之耳矣。”取后一文本的占多数。

6. “造适不及笑，献笑不及排，去排而安化，乃入于寥天一。”简直就是天书，既不知道本身是什么意思，也不知道它在文章中想表达什么。

7. 文本被伪造的可能性几乎不存在。无论是义理还是字句，都应该是庄子的手笔。难道是庄子喝多了？睡少了？眼花了？心乱了？抑或是被篡改了？

多想庄子活在当代，这样，他的手笔就能保留真迹。但要是庄子真的活在当代，还能有《庄子》这样伟大的作品吗？就当代这样的学术环境，庄子的任何一篇文章，都不可能得到发表。原因无它，谁叫你"独与天地精神往来"呢？

五

【文本归元】

意而子见许由。

许由曰："尧何以资汝？"

意而子曰："尧谓我：'汝必躬服仁义而明言是非。'"

许由曰："尔奚来为只？夫尧既已黥汝以仁义，而劓汝以是非矣，汝将何以游夫遥荡转徙之途乎？"

意而子曰："虽然，吾愿游于其藩。"

许由曰："不然。夫盲者无以与乎眉目颜色之好，瞽者无以与乎青黄黼黻之观。"

意而子曰："夫无庄之失其美，据梁之失其力，黄帝之亡其知，皆在炉锤之间耳。庸讵知夫造物者之不息我黥而补我劓，使我乘成以随先生耶？"

许由曰："噫！未可知也。我为汝言其大略：吾师乎！吾师乎！赍送万物而不为义，泽及万世而不为仁，长于上古而不为老，覆载天地刻雕众形而不为巧。此所游矣。"

【见独】

尧何以资汝

“资”字一眼看上去就懂，用心一想就难懂。结合语境，许由明显是一种调侃的语气来同意而子对话的。所以，这个资，大概就相当于你到别人家做客，别人打发你什么东西的意思。

汝必躬服仁义而明言是非

躬服。躬，亲自的意思。服，当然就是服从了。合而为词，就是时时刻刻记在心上用在行上的意思。

明言是非。注意了，不是明辨是非，而是明言是非。差别是什么呢？言非吹也，即言永远都不是真实本身。所以，真正的是非是言不了的。言不了，还要明言，其结果，就是更多的是非。《齐物论》对此有终极论证。

夫尧既已黥汝以仁义，而劓汝以是非矣，汝将何以游夫遥荡转徙之途乎

原文“遥荡转徙”为“遥荡恣睢转徙”。之所以要删除“恣睢”二字，是因为它的存在没有必要，已有文字已经够用了。够用就好。

黥，音 qíng，古代在人脸上刺字并涂墨之刑，后亦施于士兵以防逃跑。

劓，音 yì，割鼻的刑罚。

何以，可以理解为以何的倒装，也可以理解为怎么能够。前者更契合语境一些。

遥荡，乍一看，还以为是“摇荡”呢，太顺口了，其实是遥荡。遥，就是“遥遥无期”的遥。荡，不是“放荡不羁”的荡，而是“动荡不安”的荡。遥荡，非常近似屈原的名句“路漫漫其修远兮”的意思。

转徙，应该就是“转移迁徙”的简缩，相当于“人生真是折腾”中折腾的意思。

整句话的意思，从没有任何人丝毫接近过它的本意。人如果被仁义是非黥劓过了，哪里还会有正常的思维呢？正常思维情况下，这句话的意思是，既然尧已经通过仁义是非将你弄得面目全非，那你将拿什么来应对这漫长飘忽、千回百折的人生旅途呢？意即你怎么能逍遥游呢？

虽然，吾愿游于其藩

深度沉思，将“虽然”理解为正因为如此，才比较地道。虽，古文有“唯”的意思。所以，虽然，就是唯然。当然了，就按常规理解，把“虽然”理解为即使如此，也对，但不好。其藩，指许由所代表的道，也就是造物者。

夫盲者无以与乎眉目颜色之好，瞽者无以与乎青黄黼黻之观

不借助高倍的望远镜，就看不到遥远的星空。不借助精细的心力，就理解不了深邃的《庄子》。这句没有特别的思想但有特别的用心的话，至今还没有发现有任何一个人动过一秒钟心力去精细地推敲过。到底是什么样的精细需要精细的心力去精细推敲呢？首先，这盲者跟瞽者，差别在哪？盲者不就是瞽者吗？其次，好与观，明显是对语，对在什么地方？最后，眉目颜色之好与青黄黼黻之观，具体是什么意思？

对于首先，盲者指盲人，这文盲大概都知道。但瞽者指盲人，恐怕只有文化人才知道。但文化人最大的问题，就是容易心盲。不用心，心自然就盲了。那如果用心，这“瞽”字该如何理解呢？它其实是表示一个人没有识别力，是“盲”的引申义。看完全部三点解说，自然就明白。

对于其次，好，明显就是形容词，表示好看。那对应地，“观”也应该就是形容词。那它表示什么？大观的意思。看完全部三点解说，自然就明白。

对于最后，眉目颜色之好，应该意念为“眉目＋颜色之好”。同样，青黄黼黻之观，应该意念为“青黄＋黼黻之观”。眉目，就是“眉目分明”的眉目，特指人。因为从来不会用眉目分明来形容任何动物。颜色之好，就是长得好看。青黄，不是“青黄不接”的青黄，很可能是庄子的独用词，要结合语境做独特理解，大概就是指帝王和高官所穿之服，说不定“黄袍”的黄，就是这个黄。依据在哪呢？在“黼黻”二字。黼黻，音 fǔ fú，绣有华美花纹的礼服。既然是绣有华美花纹的礼服，那自然就是大观了。一个没有识别力的人，怎么能识别礼服上的华美绣纹呢？

这两句话不是并列关系，而是本体与喻体关系。前是本体，后是喻体。它跟《逍遥游》篇中的“瞽者无以与乎文章之观，聋者无以与乎钟鼓之声”形同而神异。

庸讵知夫造物者之不息我黥而补我劓，使我乘成以随先生耶

“乘成”的成，不是太好理解。将就着理解，应该就是“息我黥而补我劓”后我的情形。这个情形，就是完好的我，也即一个成的我。乘，就是“乘风破浪”的乘。使我乘成以随先生，就是使我得以以一个完好的我来追随先生您。

噫！未可知也。我为汝言其大略：吾师乎！吾师乎！赍送万物而不为义，泽及万世而不为仁，长于上古而不为老，覆载天地刻雕众形而不为巧

未可知也。一定要接上“庸讵知”的语气，意思是说，确实不是确切知道造物者会不会息黥补劓。也只有这样理解，文脉才能自然过渡到后面的言其大略。

赍送，一切过往解注本都不是这两字，要么为赍，要么为韲。不管为哪个，都完全不通。归元后取“赍送”，依据在《列御寇》：“吾以天地为棺椁，以日月为连璧，星辰为珠玑，万物为赍送。吾葬具岂不备邪？何以加此！”那它是什么意思呢？赍，音 jī，把东西送给别人的意思，也即赠予的意思。“赍送”的赍，作名词用。《老子见微》第 27 章也有用到赍：“故善人善，人之师。不善人善，人之赍。不贵其师，不爱其赍，唯知乎，大眯，是谓眇要。”句中的赍，也是赠品的意思。

此所游矣

人体的真正连接者是气，气不在了，人体早晚解体。文章的真正连接者，无疑也是气。文章的气不在了，文章就已经解体了。要理解这句话，就要把握到本段文字的气。这个气，就是游。意而子被黥以仁义而劓以是非，自然无法游乎遥荡转徙之途。要想游乎遥荡转徙之途，怎么办？“吾师乎！吾师乎！赍送万物而不为义，泽及万世而不为仁，长于上古而不为老，覆载天地刻雕众形而不为巧。”掌握这个了，就能游了。

【今译】

意而子拜见许由。

许由问：“尧打发你什么宝贝啊？”

意而子答：“尧跟我说：‘你必须时时刻刻把仁义之道放在心上，且在言语上要把是非说得明明白白。’”

许由接着又问：“那你还到我这里来干什么呀？既然尧已经以仁义对你施了面刑，又用是非对你施了鼻刑，你将拿什么来应对这漫长飘忽、千回百折的人生旅途呢？”

意而子答：“正因为如此，我才希望能从您这里学点什么。”

许由于是答道：“这哪里能行。一个盲人是无法分享到人的姣好容颜的，正如一个没有识别力的人是无法分享到礼服上的华美花纹的。”

意而子接着说：“无庄丧忘了自己的美丽，据梁丧忘了自己的力量，黄帝丧忘了自己的知识，都是在大道之炉中锤炼出来的。怎么就知道造物者不会把我的面刑抹去而同时又把我的鼻刑补好，这样我就可以以一个完好的形象来追随先生您呢？”

许由最后回答说：“唉，说得也对。那就让我为你说说造物者的大概吧：我的老师呀我的老师，您礼赠万物而不自以为义，泽及万世而不自以为仁，长于上古而不自以为老，覆载天地刻雕众形而不自以为巧。做到了这个，你就能应对这飘忽不定千回百折的人生旅途了。”

六

【文本归元】

颜回曰：“回益矣。”

仲尼曰：“何谓耶？”

曰：“回忘礼乐矣。”

曰：“可矣，犹未也。”

他日复见，曰：“回益矣。”

曰：“何谓耶？”

曰：“回忘仁义矣。”

曰：“可矣，犹未也。”

他日复见，曰：“回益矣！”

曰："何谓耶？"

曰："回坐忘矣！"

仲尼蹴然曰："何谓坐忘？"

颜回曰："堕其肢体，黜其聪明，离形去知，同于大通，此谓坐忘。"

仲尼曰："同则无好也，化则无常也。尔果其贤乎！丘也请从而后也。"

【见独】

堕其肢体，黜其聪明，离形去知，同于大通，此谓坐忘

说了这么多，其实就是《齐物论》中的一句话："吾丧我。"《齐物论》是庄子思想的总原理。理解了《齐物论》，其他各章的理解虽然仍然极具难度，但大方向不会太过偏离。

相同的意思，《庄子》其他篇章也有说到：

《在宥》："汝徒处无为而物自化。堕尔形体，吐尔聪明，伦与物忘，大同乎悻溟，解心释神，莫然无魂。万物芸芸，各复其根。各复其根而不知，浑浑沌沌，终身不离。若彼知之，乃是离之。无问其名，无窥其情，物故自生。"

《天地》："汝方将忘汝神气，堕汝形骸，而庶几乎！"

大通，无疑就是道。道创生一切，当然也通达一切。

庄子为什么要用坐忘这个词来表达它所要表达的意思呢？这首先要把握忘的庄学含义。在庄子思想体系里，忘是一种境界。怎么说呢？脱俗的、无形的东西，人们往往容易忘记。而世俗的、有形的东西，人们往往难以忘记。我们只有忘记难以忘记的东西，才能较好地不忘容易忘记的东西。诚如《德充符》篇中所说："故德有所长，而形有所忘。人不忘其所忘，而忘其所不忘，此谓诚忘。"颇具道家色彩的巨著《红楼梦》说得更具体：

世人都晓神仙好，惟有功名忘不了！
古今将相在何方？荒冢一堆草没了！

世人都晓神仙好，只有金银忘不了！
终朝只恨聚无多，及到多时眼闭了！

世人都晓神仙好，只有姣妻忘不了！
君生日日说恩情，君死又随人去了！

世人都晓神仙好，只有儿孙忘不了！
痴心父母古来多，孝顺儿孙谁见了？

同则无好也，化则无常也

同，很显然是“同于大通”的省略语。大通就是大道，大道创生一切，自然没有任何偏好。

化，不是“造化”的化，而是“与物俱化”的化。还是庄子自己的话说得最到位，《天地》篇中有说：“方且本身而异形，方且尊知而火驰，方且为绪使，方且为物絯，方且应众宜，方且与物化而未始有恒。”

【今译】

颜回说：“我这回可有收获了。”

孔子问：“什么收获？”

颜回说：“我可以把礼乐忘得一干二净了。”

孔子说：“嗯，不错，但还不够。”

过段时间，颜回再次拜见孔子说：“我这回可有收获了。”

孔子问：“什么收获？”

颜回说：“我可以把仁义忘得一干二净了。”

孔子说：“嗯，不错，但还不够。”

过段时间，颜回再次拜见孔子说：“我可以坐忘了！”

孔子肃然起敬说：“那是什么？”

颜回说：“形如槁木，心如死灰，不拘耳目，不恃己知，同于大通，这就叫坐忘。”

孔子说：“同于大通，就不会有个人的偏好了。与物俱化，就不会有个人的固执了。颜回你果不其然就是一代贤人！请允许孔丘我跟随你后。”

七

【文本归元】

子舆与子桑友。

而霖雨十日，子舆曰：“子桑殆病矣！”裹饭而往食之。

至子桑之门，则若歌若哭，鼓琴曰：“父耶？母耶？天乎？人乎？”有不任其声而趋举其诗焉。

子舆入，曰：“子之歌诗，何故若是？”

曰：“吾思夫使我至此极者而弗得也。父母岂欲吾贫哉？天无私覆，地无私载，天地岂私贫我哉？求其为之者而不得也！然而至此极者，命也夫？”

【见独】

而霖雨十日，子舆曰：“子桑殆病矣！”裹饭而往食之

霖雨是什么雨呢？单从“霖”的字形上看，就大概知道是指雨水很多，多得就像林子一样。但有人竟然不可思议地将“霖”通假成“淋”，而说子桑淋了十天的雨。就这能力与态度，还真该罚他淋雨十天！

子桑殆病矣的意思呢？从子桑能歌能哭能鼓琴看，应该不是指子桑病倒了，而是指子舆担心子桑会出事。因为大雨连续下了十天，贫穷的子桑很可能断了炊火。所以，前话“子舆与子桑友”是不可缺少的。

裹饭而往食之，则是为子桑的贫作铺垫的。意指子桑的贫，不是智力的贫，也不是精神的贫，而就是物质的贫。

父耶？母耶？天乎？人乎

简简单单的四句八字，竟然也从来没有被正确解读过，简直难以思议。正确理解这句话的关键，是不要将文章的文脉割裂。子桑自顾自地哀声吟唱这四句八字，子舆听到后，觉得不解，遂问：“子之歌诗，何故若是？”子桑于是回答说，难道是父、母、天、地在贫他吗？不会的。那究竟是什么在贫他呢？

不知道啊！所以，“父耶？母耶？天乎？人乎？”不能写成“父耶！母耶！天乎！人乎！”如是后者，则明显跟后面的语境不搭。

有不任其声而趋举其诗焉

非常不好理解的一句话。千沉万默，觉得有两个点需要突破。一是“不任其声”究竟想表达什么？二是“趋举”做何解释？突破的要点，在静默出子桑哀声吟唱的场景。子桑不是在为自己的贫穷哀叹，而是因找不到自己贫穷的原因哀叹。所以，“不任其声”应该就是想表达子桑那种千百次问而不得其答的内心几近撕裂的状态。因为贫穷本身是一种让人觉得非常不好的感觉，所以，理智发达的人，一定会对之进行追问，就如理智发达的人对死亡的追问一样。那趋举又该做何解释呢？“举”字容易理解，语境中大概就是吟的意思。“趋”字非常难以理解，有把它解为“仓促”的促，有把它解为赶忙，明显都非常将就。仔细考察文脉发现，子桑虽然未能寻找到使他贫穷的原因，但还是能控制自己的情感。所以，他在哀声吟唱时，虽然几乎不任其声，但还是能够控制歌诗的节奏的。趋，就是节奏的意思。这离谱了吧？好像有点，但还是有那么一点点的根据，尽管这样的根据，一般来说纯粹就是瞎扯。新华字典关于“趋”有这样的条注：“节奏：足蹀《阳阿》之舞，而手会《绿水》之趋。——《淮南子》。高诱注：趋，投节也。”

求其为之者而不得也

解注经典而完全正确，完全没有可能，这由文字本身总会带来众多的歧义所决定。但有些话的含义，意思是极为明晰而肯定的，且完全不应该出错，可就是从来没有被正确理解过，这才是让人唏嘘的地方。本句话就是例证。几乎全部过往注家都将它理解为子桑想求得自己贫穷的原因而没有做到。如果是这个意思，那原话一定要是“求之者而不得也”才行。可原话就是有“其为”两字呀！总不能置之不理吧？一定要理的。不理，就是脱离文本自娱自乐。如果自娱自乐都可以用来解注经典，那任何经典的解注不都是废话吗？对这种现象，庄子在《齐物论》中已经做了极为深刻而尖锐的批判：“夫随其成心而师之，谁独且无师乎？愚者与有焉。”

那正确的解读是什么呢？其，就是指代前面所提及的父母和天地。为之者，就是使子桑贫穷。整句话的意思是说，父母、天地是绝无可能故意让子桑贫穷的，即使子桑恳请他们那样，也不可能那样。无论文脉还是义理，都只有做这样理解，才合乎人的正常理性思维逻辑。

然而至此极者，命也夫

句末不宜用句号或是惊叹号。如果是那样，好像意味着子桑已经找到了答案似的。其实，即使子桑心中相信命中注定，但还是可能不那么坚定。

命的问题，是一个终极不可解的问题。举贝多芬为例来说，他确实通过音乐方面的努力，而成就了自己伟大的音乐成就。但就是同一个他，能通过自己同样的努力，而成就自己牛顿般伟大的物理学成就吗？又或是康德般伟大的哲学成就吗？完全没有可能的。这就是命中注定。有些人是思想的命，有些人是艺术的命，有些人是科学的命，有些人不努力，没命。子桑说不定就是鼓琴的命，或是思想的命。但因为他所处时代不是一个物质财富如今天般发达的社会，所以才会发出他的贫穷是命中注定的感叹。

【今译】

子舆与子桑是多年的至交。

有次，雨连续下了十天。子舆心里想："子桑恐怕有事。"于是带上饭菜前往看望。

刚到子桑家门口，就听到子桑若歌若哭，还一边弹着琴说："父吗？母吗？天吗？人吗？"几乎失去了情感的控制但还是很有节奏地唱着。

子舆走进屋里，问道："你唱诗就唱诗，怎么会唱出这种调调来？"

子桑解释说："我刚刚一直在想，我究竟因为什么而落到了这种地步，可就是没找到答案啊。父母怎么可能想要我贫穷？天无私覆，地无私载，天地怎么可能单单让我贫穷？我即使求他们让我贫穷都是不可能的啊！可我就是落到了这种地步，这难道是命中注定的吗？"

应帝王

一

【文本归元】

啮缺问于王倪，四问而四不知。啮缺因跃而大喜，行以告蒲衣子。

蒲衣子曰："尔乃今知之乎？有虞氏不及泰氏。有虞氏其犹藏仁以要人，亦得人矣，而非始出于非人。泰氏其卧徐徐，其觉盱盱。一以己为马，一以己为牛。其知情信，其德甚真，而未始入于非人。

【见独】

啮缺问于王倪，四问而四不知

啮缺和王倪人名的内涵，以及"四问而四不知"具体所指，请回看《齐物论》相关部分。

有虞氏其犹藏仁以要人，亦得人矣，而非始出于非人

这话要配合着泰氏的行为来理解。庄子的意思是说，泰氏心中已经没有仁不仁的观念，而有虞氏心中则有。这个思想与老子的思想非常吻合。《老子见微》第 05 章说："天地不仁，以万物为刍狗。圣人不仁，以百姓为刍狗。""有虞氏"的有，其实就是没有坐忘，因而也就不能同于大通。不能同于大通，就容易产生偏好。而作为王者，心中对百姓是不能有偏好的。这个意思，《老子见微》第 49 章说得极为到位："圣人恒无心，以百姓之心为心。善者善之，不善者亦善之，德善也。信者信之，不信者亦信之，德信也。圣人之在天下，歙歙焉为天下浑心。百姓皆属耳目焉，圣人皆孩之。"

"要人"的要字，具体含义非常不好理解，但因为它的使用语境清晰，所以意思还是非常清晰的，类似于要好的意思。

"出于非人"的出于，不能理解为"青出于蓝"的出于，而应该理解为"从……中走出来"即摆脱的意思。非人，千沉万默后，理解为非人性的也即人为的，还是较为靠谱些。也就是说，仁，并非人天生就具有的东西。《天道》

中有这么一段极为深刻的话：

孔子西藏书于周室，子路谋曰："由闻周之征藏史有老聃者，免而归居，夫子欲藏书，则试往因焉。"孔子曰："善。"往见老聃，而老聃不许，于是翻六经以说。老聃中其说，曰："大谩，愿闻其要。"孔子曰："要在仁义。"老聃曰："请问仁义，人之性邪？"孔子曰："然，君子不仁则不成，不义则不生。仁义，真人之性也，又将奚为矣？"老聃曰："请问何谓仁义？"孔子曰："兼爱无私，此仁义之情也。"老聃曰："意，几乎后言！夫兼爱，不亦迂乎！无私焉，乃私也。夫子若欲使天下无失其牧乎？则天地固有常矣，日月固有明矣，星辰固有列矣，禽兽固有群矣，树木固有立矣。夫子亦放德而行，循道而趋，已至矣！又何偈偈乎揭仁义，若击鼓而求亡子焉！意，夫子乱人之性也。"

泰氏其卧徐徐，其觉盱盱。一以己为马，一以己为牛。其知情信，其德甚真，而未始入于非人

"其卧徐徐"好理解，就是上床或是起床时不慌不忙，气定神闲。"其觉盱盱"很不好理解，原因是"盱盱"两字构成了障碍。盱盱，音 xūxū，过往解注本多作"于于"，更加不好理解。作"盱盱"，至少字形上看上去就比"于于"要合语境些。再者，"盱"在《寓言》中有出现过："尔睢睢盱盱，尔谁与居！大白若辱，盛德若不足。"其意思，就是眼睛睁得大大的。这个意思放到这个语境里，合适吗？有解吗？没有。怎么办？得赋予它一个新的含义，如果原文就是"盱盱"两字的话。那赋予一个什么样的含义好呢？当然是能满足句子内外在的需要好。从"一以己为马，一以己为牛"的含义看，这个内外的需要，当属"昏昏默默"为最好。眼睛睁得大大的还要昏昏默默？正是！要眼睛看得清清楚楚但心里又要混混沌沌。"一以己为马，一以己为牛。其知情信，其德甚真"不正是这个意境吗？语言就是在这样的需要中丰富发展起来的。这其中起决定作用的，就是现实需要下人的能动性的充分发挥，这同恣意妄为是完全不同的两回事。

其知情信，其德甚真，而未始入于非人

知，特指泰氏的知。就是说，凡泰氏所知道的，都是经过检验了的，可信的。凡泰氏他不知道的，他就不会说自己知道。总之，泰氏知知且知不知。

情，与“甚”相对为语，就如“信”与“真”相对为语。所以，将“情”理解为副词诚是合适的，确实、的确的意思。

德，就是泰氏从天地中所分有的个人的德。

入，就是“陷入”“落入”的入。

【今译】

啮缺有次向王倪一连问了四个问题，可王倪都回答说自己不知道。啮缺高兴坏了，一路跑着跳着要把这事告诉给蒲衣子听。

蒲衣子听后说：“你到如今算是明白了吧？有虞氏赶不上泰氏。有虞氏靠的是心怀仁义以获取人心，也确实获得了人心，但终究没能摆脱非人性的东西。泰氏呢，睡时慵慵懒懒，醒时昏昏默默。任凭他人将自己称作马，也任凭他人将自己称作牛。凡他所知悉的都瓷实可信，而其所表现出的德性也真实无伪，故始终没能落入到非人性的俗套中去。”

二

【文本归元】

肩吾见狂接舆。

狂接舆曰：“日中始何以语汝？”

肩吾曰：“告我君人者以己出经式义度，人孰敢不听而化诸？”

狂接舆曰：“是欺德也。其于治天下也，犹涉海凿河而使蚊负山也。夫圣人之治也，治外乎？正而后行，确乎能其事者而已矣。且鸟高飞以避缯弋之害，鼠深穴以避薰凿之患，而曾二虫之无知？”

【见独】

日中始

明显是庄子的虚拟人物。那它的含义会是什么呢？日，当然就是指太阳的日。中，就是“中午”的中。始，就是“开始”的始。日中始，就是太阳从中

午开始。什么意思呢？太阳能够从中午开始吗？不行的。人的治理能够从人开始吗？不行的。可日中始偏偏就要“以己出经式义度”，这怎么可能治理好天下呢？所以，正确的治理方式是：“正而后行，确乎能其事者而已矣。”也就是说，要从天开始。何谓正？跟天一致，就是正。

告我君人者以己出经式义度，人孰敢不听而化诸

以己出经式义度，就是经式义度自己出。什么意思呢？就是统治者完全按照自己的意志来制定经式义度。所谓经式义度，其实就是规章制度，包括法律法规。过去家族政治下的中国，这可是真实的历史写照。他们的愿景，当然也就是谁敢不服从自己的统治而得以教化？事实上，人类历史就从来没有为这种统治能得以长治久安做过脚注，无论古代还是现代，也无论是西方还是东方。为什么不行呢？《老子见微》第 29 章说得太好啦：“将欲取天下而为之，吾见其弗得已。夫天下，神器也，非可为者也。为者败之，执者失之。物，或行或随，或炅或寒，或强或羸，或培或堕。是以圣人去甚，去大，去诸。”老子这段话理解起来颇有难度，不妨方便大家一下：“依我看，那些想把整个天下拿来加以治理的人，是根本不可能获得成功的。天下这个东西，真是神得很，是任何人都不可以拿来加以治理的。要是有人硬是想要拿来加以治理，那一定会失败的。如果有人不甘心，执意要拿来加以治理，那还是会失败的。天下万有，且行且随，且热且寒，且强且弱，且成且毁。所以，圣人就绝不会去治理这么一个大而复杂的天下。他要做的，就是不仅要去甚，不仅要去大，而且两者要同时都去。”

是欺德也

是，指代前面的：“君人者以己出经式义度，人孰敢不听而化诸？”

欺德，欺骗人的德行。从语境看，不是日中始有意要欺骗，而是因为无知才欺骗，既骗人又骗己。柏拉图说得好，无知是最大的邪恶。

夫圣人之治也，治外乎？正而后行，确乎能其事者而已矣

治外，意指治理圣人自身之外的老百姓。狂接舆的意思是，圣人首先不是治他人，而是治自己。所以，要正而后行。正，就是统治者自己首先要正。这意思，《德充符》表达得很是到位：“受命于地，唯松柏独也正，冬夏青青。受命于天，唯尧舜独也正，幸能正生，以正众生。”后行，就是将自己治理好了后，让天下百姓也自己治理自己。百姓对自己的治理，也只是按他们自身的能力来进行，外人或外力是不能强行加入其中的，这就叫“确乎能其事者而已矣”。

且鸟高飞以避缯弋之害，鼠深穴以避薰凿之患，而曾二虫之无知

原话为：“且鸟高飞以避缯弋之害，鼷鼠深穴乎神丘之下，以避薰凿之患，而曾二虫之无知？”意思其实是完全一样的。之所以要做改动，实在是不明白作为语言天才的庄子，为什么要在这里写得这么啰唆。

缯弋，音 zēng yì，过往解注本多作“矰弋”。缯，古代对丝织品的总称。矰，古代射鸟用的拴着丝绳的箭。之所以取“缯弋”而弃“矰弋”，是为了跟“薰凿”相一致。既然薰凿是两个行为，那缯弋也就应该是两个行为。如果作“矰弋”，就只一个行为了，即用箭射。因为，弋就是用带绳子的箭射鸟的意思。

而曾二虫之无知，好像语句有点问题，但既然意思已经清晰明白，也就不追究了。它的意思是，人还能比这两种小动物还要无知吗？

【今译】

肩吾拜会狂接舆。

狂接舆问：“日中始都对你说了些什么呢？”

肩吾回答说：“他告诉我说，统治者要按照自己的意志制定出规章制度，这样，谁还敢不听而受到教化？”

狂接舆说：“这纯粹就是假把戏。以这种方式来治理天下，就好比在海中开凿河流，或是叫蚊子去背负大山。难道圣人的治理会是对外吗？他首先应该是把自己治理好，然后再去教化他人，就这，也只是确保在他人的能力范围之内才可行。即便是鸟都知道通过高飞来躲避罗网和弓箭的杀害，老鼠都知道躲进深深的洞穴以逃避烟熏和挖凿的祸患，人难道会比这两个小动物都还要无知吗？”

三

【文本归元】

无根游于殷阳，至蓼水之上，适遭无名人而问焉，曰："请问为天下？"

无名人曰："去，汝鄙人也，何问之不豫也！予方将与造物者为人，厌则又乘夫莽眇之鸟，以出六极之外，而游无何有之乡，以处旷埌之野，汝又何以治天下感予之心为？"

又复问，无名人曰："汝游心于淡，合气于漠，顺物自然而无容私焉，而天下治矣。"

【见独】

无根

明显是庄子虚拟的人名。过往解注本多写作"天根"，估计是误将"无"看作"天"了。无的繁体字本就有作"无"的。无根，象征一个人还没有找到自己的根性的状态。人都有其自身的根性。好的治理方式，就是让人回到各自的根性。人只有回到各自的根性上面去，才会幸福并整体和谐。《老子见微》第16章中有说："天物芸芸，各复归于其根，曰静。静，是谓复命。复命，常也。知常，明也。不知常，妄。妄作，凶。知常，容。容乃公，公乃王，王乃天，天乃道。道，乃没身不殆。"

无名人

明显是庄子虚拟的人名，意思是不受事物的名称所束缚的人。

去，汝鄙人也，何问之不豫也

去，最可能的意思，应该是个语气词，表示不太认同。日常生活中，直至现在还有很多人本能地使用这种说法，相当于"呿"的拟声。因为这种说法尚没有任何语言学根据，只是平常观察的结果，所以，【今译】中还是按常规，将其翻译为口语中的"待一边去"。

鄙人，不能作单一名词理解，那样显得无名人非常不礼貌，不合道。正确的解读，应该是将其看作一个动宾词组。意思是说，看低人了。

豫，不能理解为愉快，而应理解为“凡事豫则立，不豫则废”的豫，思考的意思。

【今译】

无根在殷阳游玩，来到了蓼水边，碰巧遇到了无名人，于是借机问道：“请问如何才能治理好天下？”

无名人应答说：“一边待着去，你真是把人看扁了，问问题也不过一下大脑。没看到我正在按照造物者造人的原样做人吗？我这样做，已经感到非常满足了。这不，我正设想乘着莽眇这只大鸟，到无何有之乡去游玩一番。那里虽是郊野，但广阔无垠，你怎么可以拿如何治理天下这样的俗事来打扰我的心境呢？”

无根不甘心，问个没完，无名人于是说：“你的心气不要过于强烈，最好将它同无限大道合于一体，凡事都要依顺事物本身的样子且不带个人的偏好，这样，也就天下大治了。”

四

【文本归元】

阳子居见老聃曰：“有人于此，向疾强梁，物彻疏明，学道不倦。如是者，可比明王乎？”

老聃曰：“是于圣人也，胥易技系，劳形怵心者也。且曰虎豹之文来田，猿狙之便来藉，如是者可比明王乎？”

阳子居蹴然曰：“敢问明王之治？”

老聃曰：“明王之治，功盖天下而似不自已，化贷万物而民弗恃，有莫举名，使物自喜，立乎不测，而游于无有者也。”

【见独】

有人于此，向疾强梁，物彻疏明，学道不倦。如是者，可比明王乎

“向疾强梁，物彻疏明”十分难解。难解并非无解，因为本段整体意思还是十分清晰的。就是说，阳子居以俗观，一个“向疾强梁，物彻疏明，学道不倦”的人，应该就算得上明王了。但老聃以道观，则一个“功盖天下而似不自已，化贷万物而民弗恃，有莫举名，使物自喜，立乎不测，而游于无有者也”的人，才算得上真正的明王。所以，“向疾强梁，物彻疏明，学道不倦”的人在世俗意义上来说是高度正面的，只是没能达到圣人的高度而已。

那它本身是什么意思呢？如果文本本身没有问题的话，“向疾强梁”的向，应该是“一向如此”的向，疾是“疾恶如仇”的疾，憎恨的意思，强梁就是“强梁世界，原无皂白”的强梁，强横凶暴的意思。

物彻疏明为庄子独造词语，庄子其他地方也没有用到，因而十分难解。勉强为之，物应该就是“事物”的物，彻就是“透彻”的彻，通彻的意思，疏就是《知北游》“疏瀹尔心，澡雪尔精神，掊击尔知”的疏，疏浚、疏通的意思，明就是“明白”的明，疏明就是试图去弄明白的意思。

这句话一定要跟后面的话贯通着看才能看明白。庄子只是想告诉我们一个简单而非凡的道理，明王之治，不是明王自己要怎样怎样，而是要依天地大道，让人民成为他们自己本来的样子。在这个意义上，庄子所说的明王，就是柏拉图所称誉的成了哲学王的国王。

是于圣人也，胥易技系，劳形怵心者也。且曰虎豹之文来田，猿狙之便来藉，如是者可比明王乎

阳子居心目中的明王，如果以圣人的标准来衡量，只不过是一个小官吏的一技之长而已，其结果一定是身心疲累。胥就是“胥吏”的胥，职位很低，干技能活的小官员。易就是《人间世》“绝迹易，无行地难”的易，容易的意思，技就是“技能”的技，系就是“系缚”的系。劳就是“疲劳”的劳，形就是“身形”的形，指代肉体的身体，怵就是“发怵”的怵，恐惧的意思。《养生主》“臣之所好者道也，进乎技矣”是对这句话的最好印证。

“虎豹之文来田，猿狙之便来藉”的本意是虎豹身上的花纹容易招来猎杀，猿猴的灵便只会招来捆绑，寓意是小官小吏的技能性技艺招致的不是自由而是束缚，明王是王者的技艺，不能像小官小吏那样为一般的普通技艺所束缚。

明王之治，功盖天下而似不自已，化贷万物而民弗恃，有莫举名，使物自喜，立乎不测，而游于无有者也

“功盖天下而似不自已，化贷万物而民弗恃”一定要看作是对语才能理解其中的精微之处。功盖天下与化贷万物相对，不自己与民弗恃相对。所以，功跟化相对，盖与贷相对，天下与万物相对，已跟民相对。功就是“功绩”的功，盖就是“覆盖”的盖，化就是“教化”的化，贷就是“贷施”的贷，施与的意思。

“有莫举名”非常难以理解，千思万虑后认为，“有”应该就是“而游于无有者也”的有，可见世界里一件一件具体的事物，莫举名应该就是老子“道，恒无名”的思想，即道始终不受名的制约，有莫举名的整体意思，就是后面的总结语“无为名尸”。如果还嫌不清晰，将“有莫举名”改写为“莫举有名”，就应该清晰多了。

不测是什么呢？解答问题最好的思路是问，什么才是不测的呢？只有道是不测的。所以，立乎不测就是立于道。立于道后，就能在万有中逍遥游而不受某一有的束缚。具体到本小节，一个人要是“向疾强梁，物彻疏明，学道不倦”就是立于可测，一个人要是“功盖天下而似不自已，化贷万物而民弗恃，有莫举名，使物自喜”就是立于不测。不测不是不确定，而是对一个一个确定的超越，因为一个一个的确定是相互不同且是无限的。

整段文章的中心思想，跟《老子见微》第65章几乎一样：

古之为道者，非以明民也，将以愚之也
民之难治也，以其知也
故以知知邦，邦之贼也
以不知知邦，邦之德也
恒知此两者，亦稽式也
恒知稽式，是谓玄德
玄德深矣，远矣，与物反矣，乃至大顺

【今译】

阳子居拜见老聃时问：“有这么一个人，他一向疾恶如仇，总是试图是去通透事物所包含的道理，可谓是学道不倦。这样的人，跟明王有得比吗？”

老聃回答说：“这种人在圣人眼中，就好比那些总是容易被小技小能所拘束的小官小吏，其结果只能是身心劳累不堪。再说，虎豹就因为自身的花纹才招致猎杀，猿猴就因为灵便才招致束缚，这样的人怎能跟明王有得比呢？”

阳子居怦然心动，追问道：“那请问明王究竟是怎么个做法？”

老聃回答说：“明王的做法是，功绩福泽到了全天下但好像又不是出自他自己，教化施与到了全世界但老百姓并不感到有所依靠，总之，他不会在任何有形层面受到名称的束缚，他只依顺万物自身所喜欢的样子，始终站在深不可测的大道一边，逍遥遨游于对一个一个的有形存在的超越之中。”

五

【文本归元】

郑有神巫曰季咸，知人之生死存亡，祸福寿夭，期以岁月旬日，若神。郑人见之，皆弃而走。

列子见之而心醉，归以告壶子曰：“始吾以夫子之道为至矣，则又有至焉者矣。”

壶子曰：“吾与汝既其文，未既其实，尔固得道与？众雌而无雄，尔又奚卵焉？尔以道与世抗，必信。夫故使人得而相汝，尝试与来，以予示之。”

明日列子与之见壶子，出而谓列子曰：“嘻，子之先生死矣，弗活矣，不以旬数矣。吾见怪焉，见湿灰焉。”

列子入，泣涕沾襟，以告壶子。壶子曰：“向吾示之以地文，萌乎不震不止，是殆见吾杜德机也。尝又与来。”

明日，又与之见壶子，出而谓列子曰：“幸矣，子之先生遇我也，有瘳矣，全然有生矣，吾见其杜权矣。”

列子入以告壶子，壶子曰：“向吾示之以天壤，名实不入，而机发于踵，是殆见吾善者机也。尝又与来。”

明日，又与之见壶子。出而谓列子曰：“子之先生不齐，吾无得而相焉。试齐，且复相之。”

列子入，以告壶子。壶子曰：“向吾示之以太冲莫朕，是殆见吾衡气机也。鲵桓之審为渊，止水之審为渊，流水之審为渊，渊有九名，此处三焉。尝又与来。”

明日，又与之见壶子。立未定，自失而走。

壶子曰：“追之。”

列子追之不及，反以报壶子曰：“已灭矣，已失矣，吾弗及也。”

壶子曰：“向吾示之以未始出吾宗，吾与之虚而委蛇，不知其谁何，因以为递靡，因以为波流，故逃也。”

然后列子自以为未始学而归，三年不出，为其妻爨，食豕如食人，于事无与亲，雕琢复朴，块然独以其形立，纷而封哉，一以是终。

【见独】

吾与汝既其文，未既其实，尔固得道与？众雄而无雌，尔又奚卵焉？尔以道与世抗，必信

极为难解的一句话，主要是意思上难以连贯。

既应该是“既定”的既，表示动作已经完成了。文就是“文字”的文，指代事物的名称，相当于是“名副其实”的名，实就是“名副其实”的实。“众雄而无雌，尔又奚卵焉？”要看作是一个比方，雄相当于前文中的“文”，雌相当于前文中的“实”，卵相当于文实相合后所包含的道。尔以道与世抗的道，应该是特指列子自以为是的非道的道，类似口语中的“就你那水平”其实就是“没有水平”的意思。信就是“信号”的信，相当于口语中的“露出马脚”。

吾见怪焉，见湿灰焉

一定要把湿灰看作是怪的具体内涵。怪就是“怪异”的怪，湿灰就是泼了水的灰，表示象征生命特征的温度的消失，估计庄子原文本就是死灰，即“死灰复燃”的死灰，这可从前文的“子之先生死矣，弗活矣，不以旬数矣”中得到印证。

向吾示之以地文，萌乎不震不止，是殆见吾杜德机也

这句话单独理解是无法得到理解的，必须结合后面几句类似的话一同理解才能得到理解。我们把四句话放到一起看：

向吾示之以地文，萌乎不震不止，是殆见吾杜德机也。

向吾示之以天壤，名实不入，而机发于踵，是殆见吾善者机也。

向吾示之以太冲莫朕，是殆见吾衡气机也。

向吾示之以未始出吾宗，吾与之虚而委蛇，不知其谁何，因以为递靡，因以为波流，故逃也。

根据上下文，地文、天壤和太冲莫朕都是文，都是信，都是为神巫季咸所能相到的，且不失准确性，而“未始出吾宗”是神巫季咸所相不到的，正因此，神巫季咸才感到害怕而逃之夭夭。那地文、天壤、太冲莫朕、未始出吾宗四种情形的差别在哪里呢？地文其实相当于“万物负阴而抱阳”的阴，就是有形的可见的物体，它本身没有生命，处于死寂状态。天壤的字面含义是具象的天地，壤就是“土壤”的壤，本质含义是抽象的天，就是“万物负阴而抱阳”的阳，就是生命的原始依据，它虽然名实不入，但生机先验地存在于其中。太冲莫朕就是“万物负阴而抱阳，冲气以为和”中阴阳已经开始相冲相和但还没有生出具体有形物的状态，一如受精卵已然形成但还没有发育成人的状态，也就是相对于完整的人来说，它还是一种不齐全的状态。未始出吾宗就是大道所创生的一切的物的状态，而这一切物，是任何个人都不能完全把握的。庄子通过本寓言要告诉我们的道理是，终极意义上的大道是任何个人都无法把握到的。由是可知，神巫季咸所谓的“知人之生死存亡，祸福寿夭，期以岁月旬日，若神”是根本不可信的。

那这句话本身是什么意思呢？必须结合语境理解。当壶子故意使出杜德机时，神巫季咸相到的是将死的死相。这样，杜德机就比较好理解了。杜，就是“杜绝”的杜，堵塞的意思。德，就是某一事物从道那里所分有的德性。机，就是“生机勃勃”的机，也即“天机”的机，事物发生的枢纽的意思。“善者机”“衡气机”的机都是这个意思。杜德机的具体内涵就是不震不止。不震不止又是什么意思呢？这要首先弄懂“不震不止”的词组结构。它是“不见不散”式的偏正词组还是“不理不睬”式的联合词组呢？由于联合词组是可以简缩的，而偏正词组不可以简缩，比如“不理不睬”可以简缩为“不理睬”，而“不见不散”就不能简缩为“不见散”，而“不震不止”不能简缩为“不震止”，所以，“不震不止”就最好理解为偏正词组。当壶子显示给神巫季咸是不震不止时，神巫季咸看到的正是壶子想要给他看到的将死的死相，也即没有活动的迹象。由是推知，不震不止就是没有活动迹象的意思。

其他几句的含义，请参看【今译】。

幸矣，子之先生遇我也，有瘳矣，全然有生矣，吾见其杜权矣

瘳，音 chōu，病愈的意思。杜权非常不好理解，庄子只此一用，实难确定含义。勉强解之，依据上下文，姑且将“杜”等同于上文中“杜德机”的杜，但杜德机是壶子的自用词，神巫季咸应该不知道杜德机这个东西的存在。顺此思路，权就只能理解为“权变”的权。具体到这个语境中，就是从原先看到的湿灰到现在看到了生机，这个过程就叫作杜权，也就是杜德机发生了权变。

子之先生不齐，吾无得而相焉。试齐，且复相之

关键是这个“齐”字原本究竟是“斋”还是“齐”？如果是斋，则完全没有前后语境，文章前面并没有交代壶子前两次是在“斋”后才让神巫季咸相的，那这里突然说壶子没有斋所以就无法相是不能成立的。那如果做齐又有什么根据呢？这得由“太冲莫朕”和“鲵桓之审为渊，止水之审为渊，流水之审为渊，渊有九名，此处三焉”来决定。太冲莫朕很显然就是不齐，朕就是“朕兆”的朕，就是后文“体尽无穷，而游无朕”的朕。“渊有九名，此处三焉”显然也是不齐。神巫季咸并不是一无是处，而是有很高的江湖地位，他能判断出大道之下的世俗事物的齐与不齐。

鲵桓之审为渊，止水之审为渊，流水之审为渊，渊有九名，此处三焉

据《列子·黄帝》记载，渊的九名是：“鲵旋之潘为渊，止水之潘为渊，流水之潘为渊，滥水之潘为渊，沃水之潘为渊，氿水之潘为渊，雍水之潘为渊，汧水之潘为渊，肥水之潘为渊，是为九渊焉。”陆九渊大概就是取象于此。三渊的差别是什么呢？止水、流水好理解，就是指静止不动的水和流动着的水，鲵桓就不好理解。照字面意思，“鲵桓”的鲵，就是俗称的娃娃鱼，桓就是“盘桓”的桓，鲵桓就是娃娃鱼盘桓的地方。但这跟后面的止水和流水在形式上完全不搭，所以，猜想鲵桓应该有点问题，原词很可能是桓水，这样，桓水、止水、流水就非常协调了，桓水就是盘桓的水，盘桓的水就是旋转着的水，可能也就是回水。也就是说，水无论是回旋着，还是静止着，又或是前行着，都可能形成流水，各有不同，但都有其道。

浉，查不到合适的解释，结合语境，应该指很深的水。

此处“三焉”的三，是双指，既指前面的三渊，也指前面的三机，即杜德机、善者机和衡气机。

向吾示之以未始出吾宗，吾与之虚而委蛇，不知其谁何，因以为递靡，因以为波流，故逃也

壶子是最接近大道但不是大道本身的一个人，他足以应对任何世俗意义上的所谓高人。神巫季咸就是世俗意义上的高人，壶子可以让他想看到什么就呈现什么，就如风吹草低、水流波随一般，让其摸不到北。神巫季咸再也看不到他一直以为自己能看到的确定性的东西，于是受到惊吓，落荒而逃。

成语“虚与委蛇”就来自庄子此处，但意思已经完全变质了。庄子的本意是，始终不固守任何有形之物，见招拆招，无招胜有招。

递靡，庄子独用词，字面意思无解。特定语境下，应该与“望风披靡”的披靡意思相近，意即草木随风倒伏。

波流，就是道家意义上的“随波逐流”的波流，意即随顺万物自身之道。

然后列子自以为未始学而归，三年不出，为其妻爨，食豕如食人，于事无与亲，雕琢复朴，块然独以其形立，纷而封哉，一以是终

列子原以为自己的老师壶子是世界上道行最高的人，遇到神巫季咸后，又认为神巫季咸才是世界上道行最高的人。壶子于是通过以列子为中介而让自己与神巫季咸斗法，这才让列子意识到他从壶子这里学到的原来只是文而不是实，于是幡然醒悟：道原来不是认识，而是实践。所以，他回家后三年不出，放下大男人或是人的架子，不仅为他的妻子烧火做饭，而且像对待人一样对待猪狗之类的动物，凡事都不再区分你我亲疏，修身养性努力回复到人的本初状态，一如土块一般地只显示自己的身形存在而不将自己的意愿加诸它物，即使内心里时不时冒出纠结的种子，但还是予以坚决地查封，直到老死。

“块然独以其形立，纷而封哉”就算语境十分清晰，也还是十分难解。对这类问题的最好解决办法，就是想象场景并文字直觉。

爨，音 cuàn，烧火做饭的意思。

豕，音 shǐ，本义为猪，但结合语境，明显是象征用法，指代一切动物。

【今译】

郑国有个名叫季咸的神巫，能够预卜人的生死存亡，福祸寿夭，时间可以精准到年月旬日，就像神一般存在，以至于郑国人一见到他就纷纷躲避，唯恐逃之不及。

列子见过他后为之心醉，一回来就告知壶子说：“打从一开始直到现在，我就以为老师您的道行是最高的，可现在呢，一个道行更高的人出现了。”

壶子于是说：“我能给予你的，只是道的表面，而不是道的实质，你怎么可能得道呢？就好比，有再多的雄性而没有雌性也产生不了卵一样，你都没有道的实践怎能得道呢？你以你现在所谓的道来与俗世打交道，一定会露出马脚，也就是因为这个，你才得以让季咸看准你。要不你叫他来相相我，看我如何治他。”

第二天，列子便带季咸来见壶子，季咸相过壶子后出来对列子说：“唉，你的老师快要死了，绝对没救了，十天之内必见分晓。我看见一种很怪异的东西，就如死灰一般难以复燃。”

列子进到屋里，哭得连衣服都湿了，并把刚才的情形告诉壶子。壶子说：“刚才我展示给他的是地文，它的表现形式是没有任何活动迹象，他看到的大概就是我的杜德机了。叫他再来一次。”

第二天，季咸又相了一次壶子，出来对列子说：“幸运啊，你的老师遇到我了，有希望得救了，已经完全看到生机了，我看见他的杜德机有好转了。”

列子进屋告诉壶子，壶子回答说：“刚才我展示给他看的是天壤，它的表现形式是名实不入，但生机已经发生于脚底，他看到的大概就是我的善者机了。叫他再来一次。”

第二天，列子又带季咸来见壶子。季咸出来对列子说：“你的老师显示得

不完整，我没有相的完整对象。你让你的老师试着显示一个完整的他给我吧，然后我再来相。”

列子进屋，又把刚才的情形讲给壶子听。壶子说：“刚才我展示给他的是太冲莫朕，他看到的大概就是我的衡气机了。就好比，回旋的深水处可以叫渊，静止的深水处可以叫渊，流动的深水处可以叫渊，渊其实可以有九种不同成因，这里只是其中的三个，我刚才也还只是展示我万机里的三机呢。叫他再来一次。”

第二天，列子又带季咸见了壶子。季咸还没来得及仔细相相，就失态地落荒而逃了。

壶子说：“快追。”

可是列子已经追之不及，回来报告壶子说：“他已经跑远了，我没能逮着他，我没他跑得快。”

壶子于是说：“刚才我展示给他的是天下万有中可能的一切，我跟他见招拆招，他已经完全不知道我是谁了，我就如草一般见风便伏，就如波一般随水而流，所以他才会落荒而逃。”

然后列子这才意识到自己还只是学到道的皮毛而根本没有学到道的实质，于是打道回府，三年不出，放下作为男人或是人的架子，不仅为他的妻子烧火做饭，还像对待人一般对待猪狗之类的动物，凡事都不再区分你我亲疏，尽心尽力恢复到人的纯朴状态，就如土块一般只显示自己的形体存在而不加诸自己的意志，即使内心的活跃小兔不时蹦出来纷扰自己但还是坚决地将它查封起来，就这样一直终老到死。

六

【文本归元】

无为名尸，无为谋府，无为事任，无为知主，体尽无穷，而游无朕，尽其所受于天，而无见得，亦虚而已。至人之用心若镜，不将不迎，应而不藏，故能胜物而不伤。

南海之帝为倏，北海之帝为忽，中央之帝为浑沌。倏与忽时相与遇于浑沌之地，浑沌待之甚善。倏与忽谋报浑沌之德，曰："人皆有七窍以视听食息，此独无有，尝试凿之。"日凿一窍，七日而浑沌死。

【见独】

无为名尸，无为谋府，无为事任，无为知主，体尽无穷，而游无朕，尽其所受于天，而无见得，亦虚而已。至人之用心若镜，不将不迎，应而不藏，故能胜物而不伤

一段真正意义上致广大而尽精微的话，必须整体理解才能把握其中的精义。

为名、为谋、为事、为知都是值得肯定的，但为名尸、为谋府、为事任、为知主就不值得肯定了，因为为尸、为府、为任、为主就意味着受名、谋、事、知的宰控，都不是真实世界里的真相。那该怎么办？要体尽无穷而游无朕，尽其所受于天而无见得，亦虚而已。什么意思呢？就是说世间万有无穷无尽，千万不要为某一名、某一谋、某一事、某一知所束缚，而要在知识的海洋里逍遥遨游，穷尽自己从上天那里的所受并清楚自己的局限，让自己的心灵始终保持在虚空状态。怎么理解这个虚空状态呢？要像至人那样，用心的时候一如镜子照物，既不后送也不前迎，只是真实反映外物但绝不藏留外物，所以总是能够承受外物而不妨碍外物。

疑难点是，"能胜物而不伤"的主语究竟是至人还是镜子呢？总体来说，因为至人用心若镜，所以主语是谁无关宏旨。但如果硬是要求逻辑上的严密，主语是镜子更加可靠一些，毕竟镜子才是本体，至人用心只是喻体。要是原文为"能胜物而不伤物"就不会有这个歧义了。另外，胜和伤，不能按现代汉语而要按古汉语理解，胜是"不胜其烦"的胜，伤是"无伤大雅"的伤，分别是承受和妨碍的意思。

南海之帝为倏，北海之帝为忽，中央之帝为浑沌。倏与忽时相与遇于浑沌之地，浑沌待之甚善。倏与忽谋报浑沌之德，曰："人皆有七窍以视听食息，此独无有，尝试凿之。"日凿一窍，七日而浑沌死

本寓言极为著名。未被理解的原因，是将本寓言单独看了，而没有将它看作是对前段理论的进一步具体阐释。

南海之帝和北海之帝是为名尸、为谋府、为事任、为知主的典型，他俩没有体尽无穷而游无朕，也没有尽其所受于天而无见得，既将且迎，应而有藏，导致不能因应浑沌原本的样子而最终妨碍了浑沌，也即把浑沌凿死了。

【今译】

不要只是某类名称的载体，不要只是某类谋划的府库，不要只是某类事情的担当，不要只是某类知识的主控，而要体尽上天的无穷，要在一切存在的海洋里逍遥遨游，穷尽自身从上天那里的分有，同时不受自身的约束，使自己的心灵始终处于一种空虚无待的状态。至人在使用自己心智的时候就如镜子照物，既不后送也不前迎，只是真实地反映外境但绝不将外物藏于心中，唯其如此，才能因应外物而不妨碍外物。

南海之帝为倏，北海之帝为忽，中央之帝为浑沌。倏与忽时不时会到浑沌那里小聚，浑沌每次都很好地招待了他俩。倏与忽于是共同谋划着想报答浑沌的招待之德，说："是人就有七窍，有了七窍才能视听食息，唯独浑沌没有，我们不妨为他开凿出七窍。"于是，他俩每天为浑沌开凿一窍，到了第七天，浑沌就一命呜呼了。

骈拇

【文本归元】

骈拇枝指，出乎性哉？而侈于德。附赘悬疣，出乎形哉？而侈于性。多方乎仁义而用之者，列于五藏哉？而非道德之正也。是故骈于足者，连无用之肉也。枝于手者，树无用之指也。骈枝于五藏之情者，淫僻于仁义之行，而多方于聪明之用也。

是故骈于明者，乱五色，淫文章，青黄黼黻之煌煌非乎？而离朱是已！多于聪者，乱五声，淫六律，金石丝竹黄钟大吕之声非乎？而师旷是已！枝于仁者，擢德塞性以收名声，使天下簧鼓以奉不及之法非乎？而曾、史是已！旁于辩者，累瓦结绳窜句，游心于坚白同异之间，而敝跬誉无用之言非乎？而杨、墨是已！故此皆多骈旁枝之道，非天下之至正也。

彼至正者，不失其性命之情。故合者不为骈，而跂者不为枝，长者不为有余，短者不为不足。是故凫胫虽短，续之则忧，鹤胫虽长，断之则悲。故性长非所断，性短非所续，无所去忧也。意仁义其非人情乎！彼仁人何其多忧也。且夫骈于拇者，决之则泣；枝于手者，龁之则啼。二者或有余于数，或不足于数，其于忧一也。

且夫待钩绳规矩而正者，是削其性者也；待绳约胶漆而固者，是侵其德者也；屈折礼乐，呴俞仁义，以慰天下之心者，此失其常然也。天下有常然。常然者，曲者不以钩，直者不以绳，圆者不以规，方者不以矩，附离不以胶漆，约束不以纆索。故天下诱然皆生，而不知其所以生；同焉皆得，而不知其所以得。故古今不二，不可亏也。则仁义又奚连连如胶漆纆索而游乎道德之间为哉！使天下惑也！

夫小惑易方，大惑易性。何以知其然邪？自有虞氏招仁义以挠天下也，天下莫不奔命于仁义，是非以仁义易其性与？

故尝试论之：自三代以下者，天下莫不以物易其性矣！小人则以身殉利，士则以身殉名，大夫则以身殉家，圣人则以身殉天下。故此数子者，事业不同，名声异号，其于伤性以身为殉，一也。

臧与谷，二人相与牧羊而俱亡其羊。问臧奚事，则挟策读书；问谷奚事，则博簺以游。二人者，事业不同，其于亡羊，均也。

伯夷死名于首阳之下，盗跖死利于东陵之上。二人者，所死不同，其于残生伤性，均也。奚必伯夷之是而盗跖之非乎？天下尽殉也。彼其所殉仁义也，则俗谓之君子；其所殉货财也，则俗谓之小人。其殉一也，则有君子焉，有小人焉。若其残生损性，则盗跖亦伯夷已，又恶取君子小人于其间哉！

且夫属其性乎仁义者，虽通如曾、史，非吾所谓臧也；属其性于五味，虽通如俞儿，非吾所谓甘也；属其性乎五声，虽通如师旷，非吾所谓聪也；属其性乎五色，虽通如离朱，非吾所谓明也。吾所谓臧者，非所谓仁义之谓也，臧于其德而已矣；吾所谓聪者，非谓其闻彼也，自闻而已矣；吾所谓明者，非谓其见彼也，自见而已矣。夫不自见而见彼，不自得而得彼者，是得人之得而不自得其得者也，适人之适而不自适其适者也。夫适人之适而不自适其适，虽盗跖与伯夷，是同为淫僻也。

【见独】

骈拇枝指，出乎性哉？而侈于德。附赘悬疣，出乎形哉？而侈于性。多方乎仁义而用之者，列于五藏哉？而非道德之正也

骈拇。一切过往解注几乎无一例外地解读为足拇指连第二趾，首先，这很难找到医学上的例症，而枝指就有明显的医学依据。其次，这个解读不能贯通到下文。所以，这个解读必定有误。那它的正确含义应该是什么呢？首先，天

才庄子很可能出现笔误了，但正确的应该是什么，无法确定，或许是骈趾。其次，骈拇的词性跟枝指的词性应该一样。枝指的含义毫无疑问就是多出来的手指头，结合语境，骈拇的含义自然是连着的脚趾头。至于这连着的脚趾头是脚的大拇指跟二趾头，还是二趾头跟三趾头，或是三趾头跟四趾头，或是四趾头跟五趾头，就需要医学上的例证了。

侈于德。侈，音 chǐ，“侈欲”的侈，过分的意思。德，与后面的“侈于性”的性、“列于五藏”的五藏，含义等同，指人从上天也就是道那里的自然分有。

附赘悬疣。一定要将它同“骈拇枝指”一起理解才能准确理解。也就是说，附、悬、骈、枝是同一个词性，赘、疣、拇、指是同一个词性，附赘、悬疣、骈拇、枝指，相对于人的正常情形来说，都是一种多余的病态。骈拇、枝指具体所指已然清楚，附赘和悬疣的具体所指又会是什么呢？赘，就是“赘余”的赘，比如耳朵上的附耳。疣，一种皮肤病，症状是皮肤上出现黄褐色的小疙瘩。

骈枝于五藏之情者，淫僻于仁义之行，而多方于聪明之用也

必须厘清本句话的内在结构，否则，这句话不知所云。

五藏之情，就是人的自然之情。骈枝于五藏之情，就是偏离了人的自然之情。偏离了人的自然之情的结果会怎样呢？可能导致淫僻于仁义之行，就好比多方于聪明之用也。为什么要这么理解呢？因为庄子的本义是要批驳仁义之行，而不是聪明之用。那“淫僻于仁义之行”又是什么意思呢？理解的难点在“淫僻”一词二字。淫就是“浸淫其中”的淫，僻就是“偏僻”的僻，淫僻就是浸淫在不正当的行为之中。

聪明，不能就字解字，而要看作是象征用法，其实就是“耳聪目明”的聪明，分别指代听和看。

是故骈于明者，乱五色，淫文章，青黄黼黻之煌煌非乎？而离朱是已

文章。不能望文生义，而要按古汉语理解，也即“五色文章”的文章，花纹色彩的意思。

青黄黼黻。就是《大宗师》“夫盲者无以与乎眉目颜色之好，瞽者无以与乎青黄黼黻之观”的青黄黼黻，特指绣有华美花纹的礼服。

离朱。就是《胠箧》中“灭文章，散五采，胶离朱之目，而天下始人含其明矣”的离朱，传说能“百步见秋毫之末”，视力超人的象征人物。

枝于仁者，擢德塞性以收名声，使天下簧鼓以奉不及之法非乎

擢德塞性。擢，音 zhuó，“擢用”的擢，提升的意思。塞，就是“堵塞”的塞。德、性就是“而侈于德……而侈于性”的德与性。

簧鼓。簧，就是“双簧管”“巧舌如簧”的簧。鼓，就是“敲锣打鼓”“鼓吹”的鼓。

不及之法。特指仁者所鼓吹的违背人的常情以致常人做不到的扭曲法则。

旁于辩者，累瓦结绳窜句，游心于坚白同异之间，而敝跬誉无用之言非乎

“旁于辩者”的旁，过往诸本全都作“骈”，但从后文总结句“故此皆多骈旁枝之道”逆推，应为“旁”。

累瓦结绳窜句，有认为应是“累瓦结绳，窜句棰辞”。其实，大可不必，因为原文语义已经相当完整，窜句是核心词，累瓦结绳是修饰语，相当于呕心沥血或殚精竭虑。

敝，不可解，估计原字有误。勉强为之，相当于谦辞“敝人”的敝。

跬誉，不可解，估计原词有误。勉强为之，跬即“跬步”的跬，半步的意思。古代称人行走，举足一次为跬，举足两次为步，故半步称跬。跬誉，就是不大的或是小小的荣誉。凡辩者，有所不见也。故旁于辩者，无论结果怎样，都只能带来小小的荣誉。

凫胫

野鸭的小腿。音 fú jìng。

意仁义其非人情乎！彼仁人何其多忧也。且夫骈于拇者，决之则泣；枝于手者，龁之则啼。二者或有余于数，或不足于数，其于忧一也

人情，不能理解为现代汉语的人情，而要理解为古汉语人的实情。

龁，音 hé，咬。

特别需要注意的是，泣与龁的主语一定要是仁人才能贯通上下，“其于忧一也”的主语也只能是仁人才能前后贯通。

一切版本本句话后面都有“今世之仁人，蒿目而忧世之患；不仁之人，决性命之情而饕贵富。故曰仁义其非人情乎！自三代以下者，天下何其嚣嚣也”。思虑再三，觉得其为后人感叹语可能性极大，且其意思不仅与前后有重复，而且话语要通不通，故删之为上。

屈折礼乐，呴俞仁义，以慰天下之心者，此失其常然也

“屈折”与“呴俞”都非常难以理解，勉强为之，屈折应该指的是施行礼乐时要求跪、拜、躬之类的身体行为。呴俞应该指的是宣讲仁义时要求念念有词的口头行为。这些行为在庄子看来，都是一种疲惫不堪但又迫不得已的背道行为，不符合人自然的需要。

故天下诱然皆生，而不知其所以生；同焉皆得，而不知其所以得。故古今不二，不可亏也

诱然皆生。庄子独此一用，十分难解。千沉万默，诱应该取其本义，诱导的诱。所谓诱然皆生，就是万物好像是被上天诱导而生的。

同焉皆得。庄子独此一用，十分难解。千沉万默，同应该是“同源”的同。所谓同焉皆得，就是万物都从上天这同一个源头获得自身。

夫小惑易方，大惑易性

非常经典的精微句子，但过往理解都存有重大疑问，这个疑问主要是指把“方”理解为方向。人的方向与人的性情相比，哪个更难改变呢？显然是方向。人一生的发展，发展方向才是第一位的。任何人，发展方向错了，都一定没有大的成就。正确的发展方向，一定就先验地包含了性情的正确发展。所以，小惑是不可能有那么大的力量的。故此，方应该是“方术”“方法”的方。

问臧奚事，则挟策读书；问谷奚事，则博簺以游

挟策与博簺明显是对语，挟策显然是动宾结构，就是手拿书本，由此演推，博簺也应是动宾结构。博，就是“博弈”的博。簺，音 sài，古代一种赌博性游戏，诸版本原字为“塞”，古“塞”“簺”通。

吾所谓臧者，非所谓仁义之谓也，任其性命之情而已矣

本句原接于“吾所谓臧者，非所谓仁义之谓也，臧于其德而已矣”之后，慎思之，明辨之，应该属冗余句，故删之。

余愧乎道德，是以上不敢为仁义之操，而下不敢为淫僻之行也

原为本篇的最后一句，很可能是后人的读后感，删之为上。

【今译】

连着的脚趾头，多出的手指头，难道是天生的吗？明显背离了人的天然情状啊。附庸的赘肉，凸出的疣结，难道也是天生的吗？明显也背离了人的天然情状啊。同样的道理，那些想方设法到处推行仁义的行为，难道是人的内心先验就具有的吗？明显不是人的道德天然就内在的啊。所以说，把脚趾头连起来的，只不过是没有用的连肉。那手掌旁枝生的指头，完全就是没有用的东西。那些偏离于人的常情而浸淫于原本就不是人天然就有的仁义行为，就好比想方设法去增加耳朵和眼睛天然的正常功能啊。

所以说，那些想增加眼睛的正常功能的，其实就是搅乱了正常的五色，迷乱了正常的纹彩，那些看上去无比高大上的华丽官服不就是这样的吗？离朱就是其中的典型。那些想增加耳朵的正常功能的，搅乱了正常的五声，迷乱了正常的六律，那些金石丝竹黄钟大吕之声不就是这样的吗？师旷就是其中的典型。那些致力于本不存在于人的内心的仁义的人，试图拔高或是堵塞人的天性借以获取名声，一天到晚到处蛊惑人们去奉行常人根本就无法奉行的扭曲律法不就是这样的吗？曾、史就是其中的典型。那些献身辩术，呕心沥血遣词造句，醉心于坚白同异之间而事实上只不过是获得了那么一点点小荣小誉不就是这样的吗？杨、墨就是其中的典型。所有的这些偏离正道的行为，其实都不是天下该有的行为。

天下原本该有的行为，是不偏离人的正常的性情。只有这样，即使是合并在一块的也不是多余，即使是分离着的也不算是旁支，就好比，那些原本就长得长的不是多余，原本就长得短的也不是不足。所以说，野鸭的小腿虽然很短，但要是人为加长就会使它烦扰，野鹤的小腿虽然很长，但要是人为砍短就会使它悲痛。因此，不去人为地将天生就长的折断，将天生就短的加长，也就没有什么要去担心的了。想必仁义就是这样一种不是人天生就有的性情吧！那些所谓的仁人们，他们一天到晚总是处于一种怎样的忧心之中啊！即使是连着的脚趾头，要是要去掉它，他们也会为之哭泣。即使是多余的手指头，要是要剪除它，他们也会为之哀号。总之，不问它原本就是多余还是不足，所谓的仁人们总是显得忧心忡忡。

再说了，要是依待外在的钩绳规矩才能显得正常的，本来就已经削减了人的本性。那些依待绳约胶漆才能粘牢的，本来就已经侵掠了人的德性。那些因殚精竭虑、呕心沥血借助礼乐仁义来规慰天下百姓而疲惫不堪的人，就是一些失去了人的常情的人。天下的一切原本都有其本来的样子。这些本来的样子就是，曲者不以钩，直者不以绳，圆者不以规，方者不以矩，粘结不以胶漆，约束不以纆索。正因此，天下万物才得以借助天道而生但又不知道如何就生了，都得于同一源头但又不知道如何就得了。这个原理无论古代还是现在，都没有什么不同，都不会有任何的亏欠。既然如此，仁义这个东西为何还要像胶漆纆索般存在于道德之中呢？仁义的存在，真是让天下人陷入了惑乱之中啊！

小的惑乱会导致人在方法上的改变，大的惑乱会导致人在性情上的改变。凭什么就知道是这样的呢？自从有虞氏以仁义为旗帜号召天下以来，天下百姓莫不奔命于仁义，这难道不是因为仁义而使人改变了人的本性吗？

所以，如果要是论证的话，可以这样说：自三代以来，全天下莫不都因外物而改变了人的常情。小人因为外物的利益而损伤了生命，士人因为外物的名声而损伤了生命，大夫因为外物的家庭而损伤了生命，圣人则因为外物的天下而损伤了生命。所有这些人，事业不同，名声各异，但就性情因生命为外物所损伤而言，则完全没有什么不同。

一个叫臧和一个叫谷的人，两个人相约一起放羊而都丢失了羊。问臧是因为什么弄丢了羊，答案是因为看书去了。问谷又是因为什么弄丢了羊，答案是因为玩耍去了。这两个人，做的事情确实不一样，但就羊弄丢了这事来说，却是一样的。

伯夷因为名声而死在了首阳，盗跖因为利益而死在了东陵。这两个人，死的原因不同，但就对生命的残害和对性情的损伤而言，其实没有什么不同。既如此，凭什么就说伯夷是对的而盗跖就不对了呢？天下人其实都在为某种目的而损伤生命啊。要是一个人因为仁义而损伤了生命，世俗的人就称其为君子。要是一个人因为财货而损伤了生命，世俗的人就斥之为小人。他们的生命都损伤了，这原本是一样的，可有的被称为君子，有的却被斥为小人。如果就对生命的残害和对性情的损伤来看，既然盗跖与伯夷无异，那为何还要用君子与小人来区分他们呢？

由是可知，要是一个人把他的性情隶属于仁义，那即使他通如曾、史，也不是我所谓的品行好。要是一个人把他的性情隶属于五味，那即使他通如俞儿，也不是我所谓的味觉好。要是一个人把他的性情隶属于五声，那即使他通如师旷，也不是我所谓的听力好。要是一个人把他的性情隶属于五色，那即使他通如离朱，也不是我所谓的视力好。我之所谓的好，不是在所谓的仁义上来说的，而是在一个人的天然德性上来说的。我之所谓的听力好，不是要听见别人能听见的东西，而是要听见自己能听见的东西。我之所谓的视力好，不是要看到别人能看见的东西，而是要看见自己能看见的东西。看不见自己该看见的而只是看见了别人能看见的，不得到自己当得到的而只是得到别人能得到的，是得人之得而不是自得其得啊，是适人之适而不是自适其适啊。要是适人之适而不是自适其适，那即使是盗跖与伯夷所作不同，但实质都一样，都是浸淫于乖僻的行为之中。

马蹄

【文本归元】

马，蹄可以践霜雪，毛可以御风寒，龁草饮水，翘尾而踛，此马之真性也。虽有峨台路寝，无所用之。及至伯乐，曰：“我善治马。”烧之剔之，刻之烙之，连之以羁馽，编之以皁栈，马之死者十二三矣！饥之渴之，驰之骤之，整之齐之，前有橛饰之患，而后有鞭策之威，而马之死者已过半矣！陶者曰：“我善治埴。”圆者中规，方者中矩。匠人曰：“我善治木。”曲者中钩，直者应绳。夫埴木之性，岂欲中规矩钩绳哉！然且世世称之曰：“伯乐善治马，而陶匠善治埴木。”此亦治天下者之过也。吾意善治天下者不然。彼民有常性，织而衣，耕而食，是谓同德；一而不党，命曰天放。

故至德之世，其行填填，其视颠颠。当是时也，山无蹊隧，泽无舟梁；万物群生，连属其乡；禽兽成群，草木遂长。是故禽兽可系羁而游，乌鹊之巢可攀援而窥。

夫至德之世，同与禽兽居，族与万物并，恶乎知君子小人哉！同乎无知，其德不离；同乎无欲，是谓素朴。素朴而民性得矣。及至圣人，蹩躠为仁，踶跂为义，而天下始疑矣。澶漫为乐，摘僻为礼，而天下始分矣。故纯朴不残，孰为牺尊！白玉不毁，孰为珪璋！道德不废，安取仁义！性情不离，安用礼乐！五色不乱，孰为文采！五声不乱，孰应六律！

【见独】

马，蹄可以践霜雪，毛可以御风寒，龁草饮水，翘尾而踛，此马之真性也。虽有峨台路寝，无所用之

“翘尾而踛”的踛，音 lù，义不可解，只能想象出马的真性是翘起尾巴奔跑的样子来后，才能将“踛”训为奔跑跳跃。

峨台路寝究竟是指称什么，找不到任何可靠依据，估计是天才庄子任性的产物。但据前“马，蹄可以践霜雪，毛可以御风寒”和后“虽有峨台路寝”的语境，可以猜测出它的大致含义，就是用来遮挡霜雪风寒的地方，很可能就是比较有气势的且就在路边很方便的马厩。

烧之剔之，刻之烙之，连之以羁馽，编之以皁栈，马之死者十二三矣

羁馽，音 jī zhí，具体含义不清楚，后人的各种解释不足信。

皁栈，音 zào zhàn，具体含义不清楚，后人的各种解释不足信。

伯乐治马的烧、剔、刻、烙，都是我们后人不太清楚的具体行为。即使我们后人不清楚这些具体行为的具体含义，但完全不妨碍我们对伯乐治马而致马死的正确理解。

一而不党，命曰天放

十分难解。勉强为之，结合语境，一应该是指与天道合一，不党，应该是指不因自己属于某一类而自封自闭。比如，圆不党于规，方不党于矩，曲不党于钩，直不党于绳，这才叫按照上天的样子绽放自己，中规矩钩绳就不是天放。

故至德之世，其行填填，其视颠颠

填填与颠颠义不可解，估计原文有误。如果文章内在逻辑严密，则填填与颠颠，对应的应该是“当是时也，山无蹊隧，泽无舟梁；万物群生，连属其乡；禽兽成群，草木遂长。是故禽兽可系羁而游，乌鹊之巢可攀援而窥。”的场景。填填对应的是：“山无蹊隧，泽无舟梁；万物群生，连属其乡；禽兽成群，草木遂长。”意思是说，大地上本没有路，人们行走时就如人填进去了一样，不着痕迹，不扰旁物。颠颠对应的是：“乌鹊之巢可攀援而窥。”意思是说，人们看东西时就像动物一般探头探脑的，一种很自然很自由的状态。

山无蹊隧，泽无舟梁；万物群生，连属其乡

蹊，小路，也即“桃李不言，下自成蹊”的蹊。

连属其乡，非常不好理解。勉强为之，连就是“连接”的连，属就是“属于”的属，其就是指代万物群生，乡就是“乡村”的乡。大概的意思是，万物因为成群成群地生长，以至于把它本属的乡镇都连接在一起了。

及至圣人，蹩躠为仁，踶跂为义，而天下始疑矣。澶漫为乐，摘僻为礼，而天下始分矣

蹩躠，音 bié xiè。

踶跂，音 dì qí。

澶漫，音 chán màn。

摘僻，音 zhāi pì。

四个词都是天才庄子任性的产物，都是不可完全理解的，只有庄子本人再世才可还原本义。但如果撇开词语本身而只从句子要求的内涵来看，则这些词的含义应该是十分清晰的，既所谓的圣人绞尽脑汁倡导仁义礼乐而导致天下人困惑并分裂。

故纯朴不残，孰为牺尊！白玉不毁，孰为珪璋

牺尊和珪璋都是一种祭器，本质上都不及纯木和白玉本身。也就是说，纯木本身就是最好的牺尊，白玉本身就是最好的珪璋。引申的含义是，道德本身就是最好的仁义，性情本身就是最好的礼乐，五声本身就是最好的音律，五色本身就是最好的文采。

夫残朴以为器，工匠之罪也；毁道德以为仁义，圣人之过也。夫马陆居则食草饮水，喜则交颈相靡，怒则分背相踢。马知已此矣！夫加之以衡轭，齐之以月题，而马知介輗、闉扼、鸷曼、诡衔、窃辔。故马之知而能至盗者，伯乐之罪也。夫赫胥氏之时，民居不知所为，行不知所之，含哺而熙，鼓腹而游。民能已此矣！及至圣人，屈折礼乐以匡天下之形，悬跂仁义以慰天下之心，而民乃始踶跂好知，争归于利，不可止也。此亦圣人之过也

这段话所包含的全部意思前文都已经具备，如果是庄子本人的，估计是他的草稿落入了正文，但这种可能性不大。所以，最有可能的是后人的摹本混入了正文，删除为上。

【今译】

马，蹄可以踩踏霜雪，毛可以抵御风寒，啃着草，饮着水，时不时翘起尾巴跳跃狂奔，马的真性就是这样。即使有高大巍峨的马厩，它也用不着。及至伯乐站出来说："我善于治马。"于是对马横加烧剔刻烙，又或是把它的头脚勒以绳索，又或是按序号把它编入某槽某棚，如此一来，马就死了十之二三。然后，又对其进行饥渴驰骤训练，使其完全吻合人的意愿，前有妆饰，后有鞭策，马不胜其扰，死伤已是大半。这就好比一个做陶器的人说："我善于治埴。"结果就是圆者中规，方者中矩。又好比一个木匠说："我善于治木。"结果就是曲者中钩，直者应绳。你想，埴也好，木也罢，它们的本性怎么可能会吻合规矩钩绳呢？但俗世间的人们祖祖辈辈都称誉说："伯乐善治马，而陶匠善治埴木。"这也是治理天下的人的过错所在啊。我以为善于治理天下的并不是这个样。老百姓都有他们不变的本性，那就是织而衣，耕而食，这是他们的共性。他们各自都符合某类大道但又不各自封闭，我们可以把它称作按上天的样子自由绽放。

所以说，在那最本真的时代里，老百姓行走路上时就好比填进了某个环境里，看东西时就如动物一般探头探脑，自由自在。那个时候，山上没有小路，也没有隧道，水边没有船只，也没有桥梁，万物一群一群地竞相生发，把各个乡镇都连成了一片，禽兽成群结队，草木也并没有因此而不生长。那个时代，禽兽可由人牵着一起游玩，鸟窝鹊巢可任由人攀爬偷看。

在那最本真的时代里，人类与禽兽一起居住，与万物一起生长，哪里知道有什么君子小人之别呢？正因为没有君子小人这类人为的区别，所以人们没有失去各自的本真。要是绝不带上人为的欲望，人就回归到了素朴状态。人们处在素朴状态下，人的天性就会自然显现。及至所谓的圣人出现，他们绞尽脑汁到处倡导仁义，鼓吹礼乐，这才导致天下百姓不仅困惑不已，而且四分五裂。所以说，要是原木不被破坏，哪里需要牺尊！要是白玉不被毁坏，哪里需要珪璋！要是道德不被废弃，哪里需要仁义！要是性情不被分离，哪里需要礼乐！要是五色不被搅乱，哪里需要文采！要是五声不被搅乱，又哪里需要六律！

胠箧

【文本归元】

将为胠箧探囊之盗而为守备，则必摄缄縢，固扃鐍，此世俗之所谓知也。然而巨盗至，则揭箧担囊而趋，唯恐缄縢扃鐍之不固也。然则向之所谓知者，不乃为大盗积者也？

故尝试论之：世俗之所谓知者，有不为大盗积者乎，所谓圣者，有不为大盗守者乎？何以知其然邪？昔者齐国邻邑相望，鸡狗之声相闻，罔罟之所布，耒耨之所刺，方二千余里。合四境之内，所以立宗庙社稷，治邑屋州闾乡曲者，何尝不法圣人哉？然而田成子一旦杀齐君而盗其国，所盗者岂独其国邪？并与其圣知之法而盗之，故田成子有乎盗贼之名，而身处尧舜之安，小国不敢非，大国不敢诛，则是不乃窃齐国并与其圣知之法以守其盗贼之身乎？故跖之徒问于跖曰："盗亦有道乎？"跖曰："何适而无有道邪？夫妄意室中之藏，圣也；入先，勇也；出后，义也；知可否，知也；分均，仁也。五者不备而能成大盗者，天下未之有也。"由是观之，善人不得圣人之道不立，跖不得圣人之道不行。天下之善人少而不善人多，则圣人之利天下也少而害天下也多。

圣人不死，大盗不止，虽重圣人而治天下，则是重利盗跖也。为之斗斛以量之，则并与斗斛而窃之；为之权衡以称之，则并与权衡而窃之；为之符玺以信之，则并与符玺而窃之；为之仁义以矫之，则并与仁义而窃之。何以知其然邪？彼窃钩者诛，窃国者为诸侯，诸侯之门而仁义存焉，则是非窃仁义圣知邪？

彼圣人者，天下之利器也，非所以明天下也。故绝圣弃知，大盗乃止；擿玉毁珠，小盗不起；焚符破玺，而民朴鄙；掊斗折衡，而民不争；殚残天下之圣法，而民始可与论议；擢乱六律，铄绝竽瑟，塞瞽旷之耳，而天下始人含其聪矣；灭文章，散五采，胶离朱之目，而天下始人含其明矣。毁绝钩绳而弃规

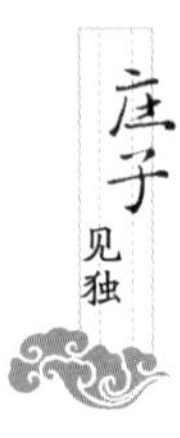

矩，攦工倕之指，而天下始人有其巧矣。削曾、史之行，钳杨、墨之口，攘弃仁义，而天下之德始玄同矣。彼人含其明，则天下不铄矣；人含其聪，则天下不累矣；人含其知，则天下不惑矣；人含其德，则天下不僻矣。彼曾、史、杨、墨、师旷、工倕、离朱者，皆外立其德而爚乱天下者也，法之所无用也。

子独不知至德之世乎？当是时也，民结绳而用之，甘其食，美其服，乐其俗，安其居，邻国相望，鸡狗之声相闻，民至老死而不相往来。若此之时，则至治已。今遂至使民延颈举踵曰“某所有贤者”，赢粮而趋之，则内弃其亲而外去其主之事，足迹接乎诸侯之境，车轨结乎千里之外，则是上好知之过也！上诚好知而无道，则天下大乱矣！何以知其然邪？夫弓弩毕弋机变之知多，则鸟乱于上矣；钩饵罔罟罾笱之知多，则鱼乱于水矣；故天下每每大乱，罪在于好知。故天下皆知求其所不知而莫知求其所已知者，皆知非其所不善而莫知非其所已善者，是以大乱。甚矣，夫好知之乱天下也，自三代以下者是已！

【见独】

将为胠箧探囊之盗而为守备，则必摄缄縢，固扃鐍，此世俗之所谓知也。然而巨盗至，则揭箧担囊而趋，唯恐缄縢扃鐍之不固也

本句原文为：“将为胠箧探囊发匮之盗而为守备，则必摄缄縢，固扃鐍，此世俗之所谓知也。然而巨盗至，则负匮揭箧担囊而趋，唯恐缄縢扃鐍之不固也。”归元后的文本将“发匮”和“负匮”两词删除了。理由一，它本身不增加句子任何含义，也不增加句子任何美感，相反，它显得非常冗余。理由二，从缄縢和扃鐍两词的具体内涵逆推，它所对应的应该是囊跟箧，并没有对应到匮。

胠箧，音 qū qiè，根据探囊的词性结构，胠应该作动词用，具体究竟是什么意思，不得而知。传统将其解注为从旁边打开，没有任何依据，完全无法让人信服。如果结合语境想象场景，胠箧应该就是口语中翻箱倒柜的意思。

缄縢，音 jiān téng，具体含义非常不清晰，只能根据语境猜测为绳索之类的捆绑物，对应前文中的囊。

扃鐍，音 jiōng jué，具体含义也是非常不清晰，根据语境猜测，应该是箱柜上的锁具，对应前文中的箧。

揭箧担囊而趋，趋就是“趋走”的趋，快走的意思，这个容易理解，难以理解的是揭箧担囊。换种问法是，如果箧是箱柜，囊是布袋，箧是如何揭而囊又是如何担的？无法细究，只能把它大致理解为肩挑手扛。

昔者齐国邻邑相望，鸡狗之声相闻，罔罟之所布，耒耨之所刺，方二千余里。合四境之内，所以立宗庙社稷，治邑屋州闾乡曲者，何尝不法圣人哉

鸡狗之声相闻的声，原文为音。严格意义上说，音与声不能混同，《礼记・乐记》对之做了很好地区分：“凡音者，生人心者也。情动于中，故形于声；声成文，谓之音。”故鸡狗只能发声而不能发音。

合四境之内，原文为“阖四竟之内”，到现时已经没有必要在正文中出现这些可能本就为后人写错了的字句。古汉语很多通假字的源头，很可能原本是后人抄写错误，完全没有必要跟后来的人去区分这些完全没有意义的东西。比如，后文中的“何尝”就是根据这个原理从曷尝改过来的。

罔罟，音 wǎng gǔ，渔猎的网具。

耒耨，音 lěi nòu，犁与锄。

邑屋州闾乡曲，高度怀疑传统对这六字的解读，事实上，即使对这六字的具体所指完全没有认知，但丝毫不影响对文本的理解，故最好保持原样不动好。

十二世有齐国

原接于“小国不敢非，大国不敢诛”之后，一是因为它本身就没有什么特别含义，二是因为实在不知道它究竟是什么含义，所以删除为好，且删除后对文本理解不产生任何影响。

为之斗斛以量之，则并与斗斛而窃之；为之权衡以称之，则并与权衡而窃之；为之符玺以信之，则并与符玺而窃之；为之仁义以矫之，则并与仁义而窃之

斗斛，音 dǒu hú，两种量器，十斗曰斛。

权衡，秤锤和秤杆。

符玺，音 fú xǐ，印信。符，古代朝廷传达命令或征调兵将用的凭证。玺，自秦代以后专指帝王的印。

矫，即“矫正”的矫。

尝试论之：世俗之所谓至知者，有不为大盗积者乎？所谓至圣者，有不为大盗守者乎？何以知其然邪？昔者龙逢斩，比干剖，苌弘胣，子胥靡，故四子之贤而身不免乎戮

这段话原在“故跖之徒问于跖曰”之前，现予以坚决删除。理由有三，其一，“尝试论之：世俗之所谓至知者，有不为大盗积者乎？所谓至圣者，有不为大盗守者乎？何以知其然邪？”与前文重复，且是完全没有必要的重复。其二，“昔者龙逢斩，比干剖，苌弘胣，子胥靡，故四子之贤而身不免乎戮”所要表达的含义与上下文不搭且本身的含义也非常不明，很可能是后人的旁注。其三，它的存在，隔开了原本义理连贯的两个寓言。

故曰：唇竭则齿寒，鲁酒薄而邯郸围，圣人生而大盗起。掊击圣人，纵舍盗贼，而天下始治矣。夫川竭而谷虚，丘夷而渊实。圣人已死，则大盗不起，天下平而无故矣

这段话原位于“则圣人之利天下也少而害天下也多”与“圣人不死，大盗不止”之间，删除的理由有二：一是它本身的含义非常含混且无解，二是它跟前后语境非常不搭。

故逐于大盗，揭诸侯，窃仁义并斗斛权衡符玺之利者，虽有轩冕之赏弗能劝，斧钺之威弗能禁。此重利盗跖而使不可禁者，是乃圣人之过也。故曰：“鱼不可脱于渊，国之利器不可以示人。”

本段文字原介于“则是非窃仁义圣知邪”与“彼圣人者，天下之利器也”之间，删除的理由，一是它与前后语境不搭，二是它本身不好理解。后人感想混入正文的可能性极大。

故曰：大巧若拙

原接于“而天下始人有其巧矣”之后，明显是后人的感言旁入正文，故删除。

攦工倕之指

攦，音 lì，折断的意思。

工倕，结合语境，应该是指手艺极好的人。

彼曾、史、杨、墨、师旷、工倕、离朱者，皆外立其德而爚乱天下者也，法之所无用也

爚乱，音 yuè luàn，爚的本义为火光，这里的寓意应该是指这些人因在世俗社会彰显自己的特长而导致天下人心中产生惑乱。

昔者容成氏、大庭氏、伯皇氏、中央氏、栗陆氏、骊畜氏、轩辕氏、赫胥氏、尊卢氏、祝融氏、伏牺氏、神农氏

原接于"子独不知至德之世乎"之后，明显是后人的注释旁入正文，且它本身没有任何含义，徒增累赘，故予删除。

夫弓弩毕弋机变之知多，则鸟乱于上矣；钩饵罔罟罾笱之知多，则鱼乱于水矣

原文为："夫弓弩毕弋机变之知多，则鸟乱于上矣；钩饵罔罟罾笱之知多，则鱼乱于水矣；削格罗落罝罘之知多，则兽乱于泽矣；知诈渐毒、颉滑坚白、解垢同异之变多，则俗惑于辩矣。"之所以做简化处理，一是因为简化处理后作者欲要表达的意思已然足够，二是删除的两句本身非常不好理解。既然既不好理解，又没有什么作用，那为什么要拘泥于本就不那么确定是庄子原文的字句呢？文以载道，只要道显现了，文怎么样不必过于拘谨。

毕弋，毕为捕兽所用之网，弋为射鸟所用的系绳之箭。

罾笱，音 zēng gǒu，泛指渔具。罾，古代一种用木棍或竹竿做支架的方形渔网。笱，竹制的捕鱼器具，口大窄颈，腹大而长，鱼能入而不能出。

故上悖日月之明，下烁山川之精，中堕四时之施，惴耎之虫，肖翘之物，莫不失其性

这段话原本紧接在"是以大乱"之后，现予以删除，理由有三。其一，这段话所要表达的意思，紧挨的前文就已经表达过。其二，它明显隔离了前后语句的连贯性。其三，它本身的措辞用字晦涩难懂，比如，惴耎、肖翘究竟何

意，几乎完全无解。

舍夫种种之民而悦夫役役之佞，释夫恬淡无为而悦夫啍啍之意，啍啍已乱天下矣

非常怪里怪气的一句话，后人感言旁入正文的可能性极大，必须予以删除。

本章要么不是庄子原著，要么是后人太多感言混入正文。归元后的文本，无论义理的连贯性还是逻辑的清晰性，都有了极大的提高，且文章的整体思想未有任何损失。

【今译】

那些为防范盗贼翻箱倒柜探囊取物而做的防范工作，一定是想方设法扎紧布袋，锁牢箱柜，这就是世俗意义上所谓的对盗贼加以防范的知识。可是，要是碰上真正的江湖大盗，他在肩挑手扛这些盗窃之物快速逃离现场的时候，最担心的莫过于布袋扎得不紧，箱柜锁得不牢。如此一来，原先那些所谓的防盗知识，不就反倒成了大盗的积储吗？

要是尝试来申论一番的话，可以这样说：既然世俗所谓的防盗知识可以成为大盗的积储，那所谓的圣人，是不是就可以成为大盗的守护呢？怎么就知道会是这个样子的呢？历史上的齐国可谓是邻邑相望，鸡狗之声相闻，渔猎之所到，犁锄之所耕，方圆两千余里。整个齐国所辖范围，无论是立宗庙社稷，还是对各个地方进行管控，哪方面不是依照圣人之法来施行的呢？可是，待田成子杀了齐国国君并进而盗走他的国家，他所盗走的哪里只是他的国家呢？而是连同齐国一直以来所采信的圣人之法也盗去了。正因此，田成子就算有了盗贼之名，但事实上就如尧舜一般地安泰无惧，小国不敢非议，大国不敢征讨，这难道不是窃取齐国并连同它所采信的圣人之法而为田成子事实上的盗贼之身守护吗？所以，跖的徒弟就曾请教跖："盗亦有道吗？"跖回答说："怎么会没有道呢？估摸要盗的地方有什么东西，叫圣。率先入室，叫勇。出逃垫后，叫义。知道哪些要拿哪些不要拿，叫知。分配公平，叫仁。这五个方面的素质如果不能同时具备，要想成为顶级大盗，是绝没有可能的。"由是观之，任何能干的人如果不能获得圣人之道就不能成功，就好比跖不能得到圣人之道就不能成功一样。可天下能干的人毕竟是少数，而不能干的人却是多数，如此，圣人之道所能利泽的只能是天下人中的少数，而它所妨碍的却是天下人的多数。

要是所谓的圣人不被根绝，那以圣人之名而行大盗之实的事就一定不会停止，这种情形下还要借重圣人来治理天下，则只能是更加有利于盗跖一般的人而已。你如果为之斗斛以量之，他就并与斗斛而窃之；你如果为之权衡以称之，他就并与权衡而窃之；你如果为之符玺以信之，他就并与符玺而窃之；你如果为之仁义以矫之，他就并与仁义而窃之。怎么就知道会是这个样子的呢？那些盗窃到小钩的获得的是诛杀，而那些盗窃到国家的却转身成为一方诸侯，且是有仁义之名的诸侯，这难道不是对仁义圣知的盗窃吗？

那些所谓的圣人，其实是天下的杀器，而不是让天下人变得明智。所以，只有弃绝了那些所谓的圣知，大盗才不会到处猖獗。只有捣毁了那些所谓的珠玉，小盗才不会蜂起。只有烧毁了那些所谓的符玺，百姓才会回归到本真。只有摔碎了那些所谓的斗衡，百姓才不会纷争。只有破除天下那些所谓的圣法，百姓才可能自由地评长论短。唯有抛弃六律，决绝竽瑟，塞耳师旷，天下才能够保证每个人保有的只是自己的耳朵。唯有灭文章，散五采，胶目离朱，天下才能够保证每个人保有的只是自己的眼睛。唯有毁弃钩绳规矩，碎指工倕，天下才能够保证每个人保有的只是自己的灵巧。总之，唯有彻底清除曾、史式的行为方式，封杀杨、墨式的口头主张，把仁义彻底丢在一边不要，天下人的德性才能得以与大道合一。要是人人保有的都只是他们自己的眼睛，那天下百姓就不会目光迷离了。要是人人保有的都只是他们自己的耳朵，那天下百姓就不会疲惫不堪了。要是人人保有的都只是他们自己的知识，那天下百姓就不会迷乱不解了。要是人人保有的都只是他们自己的德性，那天下百姓的行为就不会离奇乖张了。曾、史、杨、墨、师旷、工倕、离朱这些所谓的大人物，到处推销他们自己的德性而把天下搅得混乱不堪，百姓要是效法他们简直就得不到任何好处。

你难道不知道最好的世道是什么样子的吗？那个时期，老百姓生活朴素得可以用绳子来记事，他们喜欢的是自己的食物，爱好的是自己的衣饰，乐享的是自己的风俗，安心的是自己的住地，相邻两国即使近得连鸡鸣狗叫都能听到，但他们各自的百姓直到老死也不会你来我往地打打杀杀。也只有这样的时代，才算得上是治理的最高境界。现在倒好，老百姓被弄得伸长脖子踮起脚跟说“某个地方有个大贤人”，于是他们自负粮食前往取经，结果是，内则抛弃了自己的双亲，外则撂荒了自己的主业，他们的足迹遍布天下，如果有车的，竟然还会远赴千里之外，这都是统治者自以为是而造成的过错啊。统治者如果真的总是自以为是而不知道真道何在，天下就必定会陷入大乱。怎么就知道会是这样子的呢？你看那关于弓弩毕弋机变的知识多了，鸟不就在天空乱飞吗？你看那关于钩饵罔罟罾笱的知识多了，鱼不就在水里乱游吗？同样道理，天下每每发生的大乱，都错在统治者对知识的自以为是上。所以说，当人们都去探究他们所不知道的而不去探究他们已经知道的，或者说当他们都知道去否定他们所认为不好的而不知道去否定他们自以为已经是好的，天下就必定会陷入大乱。统治者因为好知而导致天下大乱的，三代以下全都这样啊！

在宥

一

【文本归元】

闻在宥天下，不闻治天下也。在之也者，恐天下之淫其性也；宥之也者，恐天下之迁其德也。天下不淫其性，不迁其德，有治天下者哉？昔尧之治天下也，使天下欣欣焉人乐其性，是不恬也；桀之治天下也，使天下瘁瘁焉人苦其性，是不愉也。夫不恬不愉，非德也。非德也而可长久者，天下无之。

人大喜邪，毗于阳，大怒邪，毗于阴，阴阳并毗，使人喜怒失位，居处无常，思虑不自得，中道不成章，于是乎天下始乔诘卓鸷，而后有盗跖、曾、史之行。故举天下以赏其善者不足，举天下以罚其恶者不给。故天下之大，不足以赏罚。自三代以下者，匈匈焉终以赏罚为事，彼何暇安其性命之情哉！故君子苟能无解其五藏，无擢其聪明，尸居而龙见，渊默而雷声，神动而天随，从容无为而万物炊累焉，吾又何暇治天下哉！

【见独】

闻在宥天下，不闻治天下也

从后面紧接的句子可以看出，在宥不是一个单一词，而是跟治相对应并跟治含义相反的两个独立字，原文本应断句为："闻在、宥天下，不闻治天下也。"但考虑到标题为"在宥"而不好为"在、宥"，故还是采取传统形式。单从语境看，在跟宥的意思应该是一样，"宥"的原字很可能就是"有"，估计是后人为高深前人起见，故意改"有"为"宥"，遂致意思不明不白。其实，"在"跟"有"的意思很简单，就是"存在""保有"的在跟有，表示一种天然的存在状态。

昔尧之治天下也，使天下欣欣焉人乐其性，是不恬也；桀之治天下也，使天下瘁瘁焉人苦其性，是不愉也。夫不恬不愉，非德也

从本句中可以明显看出，庄子在这里所使用的的德跟性完全是一回事，之所以要不同，是为了增加措辞上的韵律感。

不恬跟不愉看上去原本应该是近义词，但在文中，好像是反义词。因为乐其性的结果是不恬，苦其性的结果是不愉，乐跟苦明显相反。如果原文没有错误，则恬应该是其本义，安静的意思，愉也应该是其本义，和悦的意思。也就是说，人之德性具有安静、和悦的天然属性。统治者如果不是在、宥天下而是治天下，比如欣欣焉乐其性或是瘁瘁焉苦其性，则人的这种天然属性就会遭到破坏，其结果就是乱了天下，手段跟目标背离。

人大喜邪，毗于阳，大怒邪，毗于阴，阴阳并毗，使人喜怒失位，居处无常，思虑不自得，中道不成章，于是乎天下始乔诘卓鸷，而后有盗跖、曾、史之行

原文为："人大喜邪，毗于阳；大怒邪，毗于阴。阴阳并毗，四时不至，寒暑之和不成，其反伤人之形乎！使人喜怒失位，居处无常，思虑不自得，中道不成章，于是乎天下始乔诘卓鸷，而后有盗跖、曾、史之行。"归元后的文本删除了"四时不至，寒暑之和不成，其反伤人之形乎"。删除的部分是怎么窜入文中的，不得而知，但其隔离了上下文则是极其明显的，且其本身作为人阴阳并毗的结果，则是完全没有可能的。

毗，音 pí，含义十分不明确。正常情况下，人的阴阳应该是平衡的，人的大喜或是大怒有可能导致阴阳失衡。以此推之，从毗的毗邻义中，我们可以引申出偏离的含义。结合语境来说，人大喜会导致偏离正常的阳气，人大怒会导致偏离正常的阴气。阴阳二气要是同时或是交相偏离了正常状态，又会反过来"使人喜怒失位，居处无常，思虑不自得，中道不成章"。

居处无常的主语是人的喜怒而不是人，似乎过往注本大都未能明确此点。

思虑不自得，指不能按照自身的能力去思虑，而是跟着别人走，其含义十分近似于口语中的"脑袋长在别人的脖子上了"。

中道不成章，中道就是击中了道，不成章就是没有完整性和原理性。意思是说，即使偶然吻合了某一方面的道，但因为大喜大怒，也不知道为何就吻合了那一方面的道。

乔诘卓鸷，庄子独创词，无法知道其准确含义。勉强为之，只能就字解字。乔，就是“乔装打扮”的乔，作假的意思。诘，就是“诘难”的诘，谴责的意思。卓，就是“卓异”的卓，可引申出自以为是的意思。鸷，本义为凶猛的鸟，如鹰、雕等，这里用来形容人的凶猛。

自三代以下者，匈匈焉终以赏罚为事，彼何暇安其性命之情哉！故君子苟能无解其五藏，无擢其聪明，尸居而龙见，渊默而雷声，神动而天随，从容无为而万物炊累焉，吾又何暇治天下哉

原文为：“自三代以下者，匈匈焉终以赏罚为事，彼何暇安其性命之情哉！而且说明邪，是淫于色也；说聪邪，是淫于声也；说仁邪，是乱于德也；说义邪，是悖于理也；说礼邪，是相于技也；说乐邪，是相于淫也；说圣邪，是相于艺也；说知邪，是相于疵也。天下将安其性命之情，之八者，存可也，亡可也。天下将不安其性命之情，之八者，乃始脔卷獊囊而乱天下也。而天下乃始尊之惜之。甚矣，天下之惑也！岂直过也而去之邪！乃齐戒以言之，跪坐以进之，鼓歌以儛之。吾若是何哉！故君子不得已而临莅天下，莫若无为。无为也，而后安其性命之情。故贵以身于为天下，则可以托天下；爱以身于为天下，则可以寄天下。故君子苟能无解其五藏，无擢其聪明，尸居而龙见，渊默而雷声，神动而天随，从容无为而万物炊累焉，吾又何暇治天下哉！”删除的部分明显隔断了归元后文本本身所具有的极其显明的义理连贯性和简明清晰性。尤须指明的是，删除部分的风格和义理都与庄学大异。

无解其五藏，解就是“解散”的解，五藏就是人的内在性情的象征说法。

无擢其聪明，擢就是“擢升”的擢，聪明就是人的外在才智的象征说法。

炊累，庄子独创词，庄子不再世，没人能知道它的确切含义。结合语境，应该是指万物按其自性竞相勃发的样子。

【今译】

只听说过要因顺天下的，没听说过要治理天下的。之所以要因顺天下，是担心天下人因不因顺而改变了他们原本的性情。之所以要因顺天下，是担心天下人因不因顺而改变了他们原本的德行。天下人要是没有改变他们原本的性情和原本的德行，天下哪里还需要什么治理呢？历史上尧治理天下的结果是，天下人太过乐享于他们的性情了，这就导致了性情的不安静。桀治理天下的结果是，天下人太过苦楚于他们的性情了，这就导致了性情的不和悦。性情的不安静和不和悦，不是性情的本来状态。人的性情不在其本来状态而天下还能持久太平的，天底下根本就不可能有这回事。

人要是大喜过度，就会偏离正常的阳气。要是大怒过度，就会偏离正常的阴气。如果阳气和阴气交相偏离，人就会当喜不喜，当怒不怒，或是当喜反怒，当怒反喜，也即喜怒失去了它们正常的位置。其结果是，由于人的所思所虑不是出自内心，即使偶尔做对了事情，也是不知道事情的缘由。到了这种地步，天下人就会表现出各种乖离行为，或弄虚作假，或相互诘难，或自矜自夸，或咄咄逼人，于是乎诸如盗跖、曾、史之类的人物就粉墨登台，肆掠天下。这样一来，即使竭尽全部力量来奖赏天下善行也心有不及，竭尽全部力量来惩罚天下恶行也力有未逮。自夏商周三代以降，天下人纷纷陷入奖赏与惩罚这类事务当中而难以自拔，谁还会有闲暇去安享各自原本的天性呢？所以说，要是一个真正的人能不脱离其本心，能不拔助其耳目，即便静若死尸也如飞龙在天，即便默若深井也如雷鸣当头，无论何种念头都追随天道，从容无为而让万物都按其自性竞相勃发，我又哪里还有闲心去治理天下呢？

二

【文本归元】

崔瞿问于老聃曰：“不治天下，安藏人心？”

老聃曰：“汝慎无撄人心。人心排下而进上，上下囚杀，其热焦火，其寒凝冰，其疾俯仰之间而再抚四海之外。其居也，渊而静；其动也，悬而天。偾骄而不可系者，其唯人心乎！昔者黄帝始以仁义撄人之心，尧、舜于是乎股无胈，胫无毛，愁其五藏以为仁义，矜其血气以规法度，然犹有不胜也。尧于是放讙兜于崇山，投三苗于三峗，流共工于幽都，此不胜天下也。夫施及三王，而天下大骇矣。下有桀、跖，上有曾、史，而儒墨毕起。于是乎喜怒相疑，愚知相欺，善否相非，诞信相讥，而天下衰矣。大德不同，而性命烂漫矣。天下

好知，而百姓求竭矣。于是乎斧锯制焉，绳墨杀焉，椎凿决焉。天下每每大乱，罪在攖人心。”

【见独】

人心排下而进上，上下囚杀，其热焦火，其寒凝冰，其疾俯仰之间而再抚四海之外

原文为：“人心排下而进上，上下囚杀，淖约柔乎刚强，廉刿雕琢，其热焦火，其寒凝冰，其疾俯仰之间而再抚四海之外。”删除部分不仅本身完全不可解，而且被删除后，文章显得更加紧凑、连贯，义理也更加清晰、完整。

排下而进上，非常难解但又很可能是非常有思想内涵的一句话，理解的难点在五个字没有一个字可以有明确的含义以做定位用。千沉百思，从上下囚杀逆推，“而”字应该是类似“小而美”的表转折而非“多而杂”的表并列。如果“而”字的表转折义可以先行确定，则下与上就不应该是表并列而应该是表因承。如果这个又可以确定，则排就不是“排斥”的排，而是“排序”的排，由此进就可以理解为“进取”的进。上与下的意思不能从语境中得出，只能从现实生活中对人的行为进行观察并沉思得出。就个人的观察和沉思而言，没有人与生俱来就有一种“高高在上”的心理感觉，相反，都一定程度上与生俱来就有一种“地位低下”的心理感觉，哪怕出身于皇家贵族。但同时，无论出身于什么家庭，任何正常的人都有一颗进取之心，都希望能获得好的社会地位以获得世人的尊重。这种与生俱来的卑下心理跟与生俱来的上位心理就在人心这个囚笼里不停地厮杀。

偾骄而不可系者，其唯人心乎

偾骄，语境太小且系庄子独创词，几乎无解。勉强为之，从语境看，这明显是一句总结语，它的具体内涵很可能就是概括前面人心的各种表现形式。偾，音 fèn，紧张而奋起的样子。骄，骄矜的意思。

昔者黄帝始以仁义攖人之心，尧、舜于是乎股无胈，胫无毛，愁其五藏以为仁义，矜其血气以规法度，然犹有不胜也

原文为：“昔者黄帝始以仁义攖人之心，尧、舜于是乎股无胈，胫无毛，以养天下之形。愁其五藏以为仁义，矜其血气以规法度，然犹有不胜也。”很明显，“以养天下之形”与语境不搭，纯属冗余。

股无胈，股指大腿，自胯至膝盖的部分。胈，音 bá，指肌肉。

胫无毛，胫，音 jìng，指小腿，从膝盖到脚跟的一段。

夫施及三王，而天下大骇矣，下有桀、跖，上有曾、史，而儒墨毕起

三王具体所指不清，根据语境，猜想可能指的是夏商周三代。

下与上，非常不好理解。勉强为之，将它们理解为动词，下指否定，上指肯定。唯其如此，义理才能贯通。

大德不同，而性命烂漫矣。天下好知，而百姓求竭矣

大德不同，“不同大德”的倒装，意思是不与大德也即天然的德性相同一。

烂漫，不能看作是“天真烂漫”的烂漫，而要看作是烂与漫。烂就是“腐烂”的烂，漫就是水过多而四处横流的漫。

天下好知，其具体内涵就是指类似前面所列举的如喜怒、愚知、善否、诞信等，这些其实是因人而异的，但世俗的人往往己是而人非，其结果就是，老百姓被这些人为的东西搞得精疲力竭。

天下每每大乱，罪在撄人心

“每每”的原词为“脊脊”，完全无解，现据《胠箧》篇中的“故天下每每大乱，罪在于好知”归元。

本句后紧接有：“故贤者伏处大山嵁岩之下，而万乘之君忧栗乎庙堂之上。今世殊死者相枕也，桁杨者相推也，形戮者相望也，而儒墨乃始离跂攘臂乎桎梏之间。噫，甚矣哉！其无愧而不知耻也甚矣！吾未知圣知之不为桁杨椄槢也，仁义之不为桎梏凿枘也，焉知曾、史之不为桀、跖嚆矢也！故曰：绝圣弃知，而天下大治。”明显是后人评语旁入正文，纯属狗尾续貂，故必须删除。归元后的文本干净利落，一气呵成。

【今译】

崔瞿请教于老聃：“要是不治理天下，那怎么才能安定人心？”

老聃回答说：“你千万不要轻易去撄扰人心。人心初创之时就被安排在卑下之位但同时又趋于向上进取，卑下之位和向上进取这对矛盾一直会在人心灵的牢囚里相互厮杀，它热时可以热到将火把点燃，冷时又可以冷到把水结冰，它快到可以在一俯一仰之间就周遍寰宇。它安静时，一如深渊。它启动时，一飞冲天。最变动不居而又骄矜自是难以把控的，就是人心这个东西了。历史上黄帝开以仁义撄扰人心之先河，其后尧、舜把大腿上的肉和小腿上的毛都累没了，殚精竭虑推行仁义，呕心沥血制定法度，结果还是力有未逮。尧于是把讙兜流放到崇山，把三苗充边到三峗，把共工发配到幽都，这都是力有未逮的铁证啊。待仁义再被施行到夏商周三代，则天下已经被它撄扰得惊骇不已，否定仁义的有桀、跖之流，肯定仁义的有曾、史之辈，而儒墨之类的学说风起云涌。其结果，无论傻瓜还是聪明人都相互欺骗，无论正确的还是错误的都相互否定，无论撒谎的还是诚信的都相互嘲讽，这样的天下哪能不衰败呢？人们的行为要是不追求与终极大道相一致，其所表现出的性情就五花八门。要是每个人都以为自已能无所不知，那天下百姓就会被弄得精疲力竭，到头来各式各样类似斧锯、绳墨、椎凿等之类的刑具就会加诸天下。天下常常陷入大乱之中，其罪恶之源就在于撄扰人心。”

三

【文本归元】

黄帝立为天子十九年，令行天下，闻广成子在于空同之上，故往见之，曰：“我闻吾子达于至道，敢问至道之精。吾欲取天地之精，以佐五谷，以养民人，吾又欲官阴阳以遂群生，为之奈何？”

广成子曰：“尔所欲问者，物之质也；尔所欲官者，物之残也。自尔治天下，云气不待族而雨，草木不待黄而落，日月之光益以荒矣。尔佞人之心翦翦者，又奚足以语至道！”

黄帝退，捐天下，筑特室，席白茅，闲居三月，复往邀之。广成子南首而卧，黄帝顺下风膝行而进，再拜稽首而问曰：“闻吾子达于至道，敢问治身奈

何而可以长久？”

广成子蹶然而起，曰：“善哉问乎！来，吾语汝至道：至道之精，窈窈冥冥；至道之极，昏昏默默。无视无听，抱神以静，形将自正。必静必清，无劳汝形，无摇汝精，乃可以长生。慎汝内，闭汝外，多知为败。我为汝遂于大明之上矣，至彼至阳之原也；为汝入于窈冥之门矣，至彼至阴之原也。天地有官，阴阳有藏，慎守汝身，物将自壮。我守其一以处其和，故我修身千二百岁矣，吾形未常衰。”

黄帝再拜稽首曰：“广成子之谓天矣！”

【见独】

闻广成子在于空同之上

广成子的名字显然是有含义的，寓含大成的意思，子是对贤人的尊称。

空同，有人试图将之改写为“崆峒”，显然是没有抓到庄子在这里使用此词的意图。“空同”的空，指的就是虚空，同指的就是与道同一，也即文中“大德不同”“大同乎涬溟”的同。

尔佞人之心翦翦者，又奚足以语至道

佞人，巧言令色、工于谄媚的人。

翦翦，音 jiǎn，庄子独用法，含义十分不明确。勉强为之，结合语境理解，应该是形容佞人的心就如羽毛一般飘舞不定，类似于《逍遥游》中提到的有蓬之心。

至道之精，窈窈冥冥；至道之极，昏昏默默。无视无听，抱神以静，形将自正。必静必清，无劳汝形，无摇汝精，乃可以长生。慎汝内，闭汝外，多知为败。我为汝遂于大明之上矣，至彼至阳之原也；为汝入于窈冥之门矣，至彼至阴之原也。天地有官，阴阳有藏，慎守汝身，物将自壮

原文为：“至道之精，窈窈冥冥；至道之极，昏昏默默。无视无听，抱神以静，形将自正。必静必清，无劳女形，无摇女精，乃可以长生。目无所见，耳无所闻，心无所知，女神将守形，形乃长生。慎女内，闭女外，多知为败。我为女遂于大明之上矣，至彼至阳之原也；为女入于窈冥之门矣，至彼至阴之原也。天地有官，阴阳有藏，慎守女身，物将自壮。”删除的一句话是：“目无所见，耳无所闻，心无所知，女神将守形，形乃长生。”之所以要删除，是因为它所包含的意思，前后文都已经包含，明显重复。

致广大而尽精微的一段话，对非庄子灵魂分有者而言，简直就是天书。

理解这段话的关键，是要在意念上将这段话同前面黄帝的三问贯通起来。黄帝的三问是：（1）至道是什么？（2）吾欲取天地之精，以佐五谷，以养民人，吾又欲官阴阳以遂群生，为之奈何？（3）敢问治身奈何而可以长久？广成子这段话是一并回答了黄帝分两次提出的这三问。

首先，广成子回答说至道是“窈窈冥冥、昏昏默默”。

然后，广成子接着刚才的问回答如何才可以长生：“必静必清，无劳汝形，无摇汝精，乃可以长生。”

最后，广成子回答黄帝之前问的如何治理天下的问题：“天地有官，阴阳有藏，慎守汝身，物将自壮。”

三者是有内在的逻辑关系的。至道是如何治身和治天下的终极依据，治身是治天下的首要前提。

那至道（至道之精和至道之极其实就是至道，这么用没有实质意义的需要，仅仅是使文字表达上更具有整齐的节奏美）的“窈窈冥冥、昏昏默默”又怎么理解呢？正如快快乐乐就是快乐，高高兴兴就是高兴，窈窈冥冥其实就是窈冥，昏昏默默其实就是昏默。这样，至道的内在属性就可以用四个字来表达，即窈、冥、昏、默。窈，本义为幽深。道不可见，但真实存在，一定是幽深的。冥，本义为幽暗。道不可见，但真实存在，一定是幽暗的。昏，本义黄昏，表日已下沉，寓意光而不耀。默，就是“静默”的默，不作声，不说话，类似孔子所说的：“天何言哉？四时行焉，百物生焉，天何言哉？”

真正的君王就应该法天贵真，所以，广成子给黄帝的治身之道就是效法至道。既然至道是窈冥昏默，你相应的治身之道就是与至道合一，具体做法就是“必静必清，无劳汝形，无摇汝精”，唯其如此，才可以长生。静就是安安静静，清就是清清白白，劳就是“劳累”的劳，摇就是“摇荡”的摇，形指身体，精指精神。要是能结合《知北游》一段话来理解至道，可能会更明白些：“夫道，窅然难言哉！将为汝言其崖略：夫昭昭生于冥冥，有伦生于无形，精

神生于道，形本生于精，而万物以形相生。”

知道至道的内在属性是什么了，又知道如何治身了，那治理天下就易如反掌了，一如老子所言：若烹小鲜。天下人有天下人自身的道，你守住了自己，又守住了至道，你就为天下人树立了榜样，天下万有事实上都被至道所规定着，只要你不去加以人为地破坏，百姓都将会按其自性自然地绽放并安定。既如此，那天下也就将得到大治，一如莽莽的原始森林。

“天地有官，阴阳有藏，慎守汝身，物将自壮”明显是对“吾欲取天地之精，以佐五谷，以养民人，吾又欲官阴阳以遂群生，为之奈何”的精准回答。

慎汝内，慎不是“谨慎”的慎，古同顺，依顺的意思，估计是顺的误抄。这句话的意思大致等于，心灵是最宝贵的财富，守住心灵是最宝贵的品质。

本自然段原文最后尚有一小段：广成子曰：“来！余语汝：彼其物无穷，而人皆以为有终；彼其物无测，而人皆以为有极。得吾道者，上为皇而下为王；失吾道者，上见光而下为土。今夫百昌皆生于土而反于土。故余将去汝，入无穷之门，以游无极之野。吾与日月参光，吾与天地为常。当我缗乎，远我昏乎！人其尽死，而我独存乎！”原寓言已经非常完整，这一段纯属多余，故删除。

【今译】

黄帝治理天下已经有十九个年头了，一直以来都能令行天下，一天他听说广成子来到了空同这地方，于是前往拜会，他问：“我听说您老人家已经达到了道的最高境界，能问问道的最高境界究竟是什么样吗？我问的目的是想借此以取天地之精，以佐五谷，以养民人，我还想通过对阴阳的管治以驾驭我的全部子民，您认为这行得通吗？”

广成子回答说：“你所想要问的，是事情的内在本质。可你想要管的，却是事情的外在形式。自从你治理天下以来，云气还没有凝聚就变成雨水了，草木还没有枯黄就落到地上了，太阳和月亮的光芒也是越来越暗淡了。你的心好比工于谄媚的人那样飘忽不定，就这样子哪里还够资格来探讨道的最高境界！”

黄帝回去后，将天下授让给了他人，又特地建了一间屋子，只睡在由茅草铺垫的床上，闲居三个月之后，再去空同拜会广成子。广成子那时正头南脚北躺卧着，黄帝从广成子脚下方膝行而进，再拜稽首而问道：“我听说您老人家已经达到了道的最高境界，那请问怎么对待生命而长命百岁？”

广成子闻言鱼跃而起，说："这回问的问题可真好啊！快过来，让我告诉你什么才是道的最高境界：道的最高境界，看上去幽深昏暗，默然无声。你要是能视而不见，听而不闻，聚精会神并回归根性，你的生命就将自然而然趋向正常。然后，你再进一步，将心灵彻彻底底安放在本性之上，不要让你的身体有任何的劳累，也不要让你的精神有任何的摇荡，这样你就可以长命百岁了。你要坚守的只是你先天就有的品质，不是你先天就有的品质一定要将之排除在外，追求你能力之外的知识一定会导致失败。现在，就让我将你成功地带到大明这里来吧，这里可是至阳的原产地。让我将你成功地带到幽深昏暗这里来吧，这里可是至阴的原产地。天地有它自己的管治方式，阴阳有它自己安放的地方，你要做的只不过是依顺你从上天那里所分有的自身，其结果就是万物都将按其自性成长壮大。我始终坚守道的最高境界并始终保持与它合一，所以我现在即便已经一千两百岁了，但身体依然没有任何衰败。"

黄帝再次伏地叩首说："广成子您老人家可以说是真正的天人啊！"

四

【文本归元】

云将东游，过扶摇之枝而适遭鸿蒙，鸿蒙方将拊髀雀跃而游。云将见之，倘然止，贽然立，曰："叟何人邪？叟何为此？"

鸿蒙拊髀雀跃不辍，对云将曰："游！"

云将曰："朕愿有问也。"

鸿蒙仰而视云将曰："吁？"

云将曰："天气不和，地气郁结，六气不调，四时不节。今我愿合六气之精以育群生，为之奈何？"

鸿蒙拊髀雀跃掉头曰："吾弗知！吾弗知！"

云将不得问。又三年，东游，过有宋之野，而适遭鸿蒙。云将大喜，行趋

而进曰："天忘朕邪？天忘朕邪？"再拜稽首，愿闻于鸿蒙。

鸿蒙曰："浮游不知所求，猖狂随心所欲，游诸鞅掌，以观无妄，朕又何知？"

云将曰："朕也自以为猖狂，而民随予所往，朕也不得已于民。今则民之放也，愿闻一言。"

鸿蒙曰："乱天之经，逆物之情，玄天弗成，解兽之群而鸟皆夜鸣，灾及草木，祸及止虫。噫！治人之过也。"

云将曰："然则吾奈何？"

鸿蒙曰："噫！毒哉！仙仙乎归矣！"

云将曰："吾遇天难，愿闻一言。"

鸿蒙曰："噫！心养！汝徒处无为而物自化。堕尔形体，吐尔聪明，伦与物忘，大同乎涬溟。解心释神，莫然无魂。万物芸芸，各复其根，各复其根而不知，浑浑沌沌，终身不离。若彼知之，乃是离之。无问其名，无窥其情，物固自生。"

云将曰："天降朕以德，示朕以默，躬身求之，乃今得也。"再拜稽首，起辞而行。

【见独】

云将东游，过扶摇之枝而适遭鸿蒙，鸿蒙方将拊髀雀跃而游。云将见之，倘然止，贽然立，曰："叟何人邪？叟何为此？"

云将的名字是否有寓意，不是太明显，庄子可能的意图是，即便是云之王也只是云而已，都没能清晰地意识到自己的根性何在。

扶摇之枝，具体含义不是很明显，但庄子的意图很明显。云将东游是在扶摇之枝这个地方看到鸿蒙雀跃而游的。什么意思呢？就是说鸿蒙游的是扶摇之枝，扶摇之枝就是随风摇摆的树枝，象征自然而然。

鸿蒙的名字寓意极为明显，寓意大智若愚。从后文看，鸿蒙其实不是什么都不知道，而是知道至道以及治身治天下之道。鸿就是“鸿篇巨制”的鸿，大的意思。蒙就是“蒙学”的蒙，因年幼而无知的样子，一如老子所言的赤子。

拊髀，手拍大腿的意思。拊，音 fǔ，拍，古同抚。髀，音 bì，大腿。

徜然止，形容云将遇到鸿蒙在扶摇之枝拊髀雀跃而游时想停下来探个究竟，但心存疑惑。徜就是“徜徉”的徜，徘徊的样子。

贽然立，难点在“贽”字的理解上。从云将后面对鸿蒙的问话看，云将已经从鸿蒙的拊髀雀跃而游这一行为中看到了一丝让他感到值得尊重的东西，他不自觉地产生了敬意。在一番徘徊犹豫之后，他还是停了下来并恭敬地站在一旁。贽的本义是古时初次求见人时所送的礼物，可以引申为恭敬。

又三年，东游，过有宋之野，而适遭鸿蒙

如果扶摇之枝有寓意，则相应地“有宋之野”也应该有寓意。它的可能的寓意是指代庄子，因为据说庄子就是宋国的在野之人。

天忘朕邪？天忘朕邪

从后面鸿蒙的回答看，朕指的不是云将，而是云将所问的问题。云将一直被它自己的问题所困扰，在他心中好像只有他曾经遇到过的鸿蒙才能解答，所以，当三年后他重遇鸿蒙时，显得非常激动，一连问了两次：“您难道忘了我问过的问题吗？”

浮游不知所求，猖狂随心所欲，游诸鞅掌，以观无妄

浮游，估计是庄子为了跟“猖狂”二字搭配而选定的一个词，其含义应该近似逍遥游。

猖狂，一个常见词的不常见义，从语境分析，应该就是指很有激情很投入的样子。

游诸鞅掌，庄子独用语，太过偏僻，含义难以精准把握。勉强为之，结合《庚桑楚》中的“鞅掌之为使”，猜想大概就是滚滚红尘的意思。

以观无妄，“以”字后省去的宾语就是前面的“浮游不知所求，猖狂随心所欲，游诸鞅掌”，观就是观察，无妄就是这个真实的世界。世界一点都不虚妄，它有自己永恒不变的存在，这个存在就是天道。

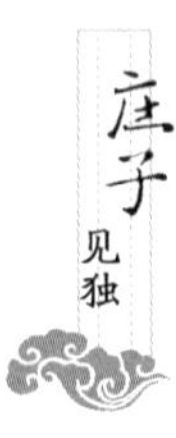

毒哉！仙仙乎归矣

非常不好理解的一句话，估计原文有误。千思万虑，毒应该是鸿蒙对云将“今我愿合六气之精以育群生”的治理理念的评判。基于这个评判，鸿蒙都不太愿意跟他过多交流，于是劝云将说，你还是赶快回去吧，不要再在这里耽误时间了。“仙仙”的含义很不好解，估计原字有误，后人不解，便一错百错了。

心养！汝徒处无为而物自化。堕尔形体，吐尔聪明，伦与物忘，大同乎涬溟。解心释神，莫然无魂。万物芸芸，各复其根，各复其根而不知，浑浑沌沌，终身不离。若彼知之，乃是离之。无问其名，无窥其情，物固自生

对非庄子灵魂的分有者来说，又是一段天书。

心养，自身内涵完全等同于《人间世》的心斋，心斋的具体内涵为“一若志！无听之以耳而听之以心，无听之以心而听之以气。耳止于听，心止于符。气也者，虚而待物者也。唯道集虚。虚者，心斋也。”相应地，心养的具体内涵就是后面紧接着的这一大段。对比两段话，本质含义完全一致。

堕尔形体，象征说法，意即放下对自己个人形体的执念。

吐尔聪明，象征说法，意即放下对自己个人才智的执念。

伦与物忘，伦非常不好理解，唯一较为靠谱的理解思路是，将伦同物并列起来，物是一切存在的总称，伦要与物忘，就是总物中的某一类物要合同于总物，而伦的本义恰恰就是类的意思。总括起来说，这句话的思想价值就是万物齐一。

涬溟，音 xìng míng，庄子独创词，字面意思无解。结合语境并结合庄子思想体系，其含义应该等同于浑沌，至道的一种状态。

解心释神，解就是“解散”的解，释就是“释放”的释。

莫然无魂，字面意思无解，只能结合庄子思想体系并结合这里的语境才能勉强理解。莫然，一切皆空的样子，莫的意思为没有。

天降朕以德，示朕以默，躬身求之，乃今得也

天在这里是指上天还是指鸿蒙呢？从语境看，显然指鸿蒙。由于鸿蒙是天的象征，所以，天在这里应该是双关。

本章最后部分原为：“世俗之人，皆喜人之同乎己而恶人之异于己也。同于己而欲之，异于己而不欲者，以出乎众为心也。夫以出乎众为心者，何尝出乎众哉？因众以宁，所闻不如众技众矣。而欲为人之国者，此揽乎三王之利而不见其患者也。此以人之国侥幸也。几何侥幸而不丧人之国乎？其存人之国也，无万分之一；而丧人之国也，一不成而万有余丧矣！悲夫，有土者之不知也！夫有土者，有大物也。有大物者，不可以物。物而不物，故能物物。明乎物物者之非物也，岂独治天下百姓而已哉！出入六合，游乎九州，独往独来，是谓独有。独有之人，是之谓至贵。

大人之教，若形之于影，声之于响，有问而应之，尽其所怀，为天下配。处乎无响，行乎无方。挈汝适复之，挠挠以游无端，出入无旁，与日无始。颂论形躯，合乎大同。大同而无己。无己，恶乎得有有。睹有者，昔之君子；睹无者，天地之友。

贱而不可不任者，物也；卑而不可不因者，民也；匿而不可不为者，事也；粗而不可不陈者，法也；远而不可不居者，义也；亲而不可不广者，仁也；节而不可不积者，礼也；中而不可不高者，德也；一而不可不易者，道也；神而不可不为者，天也。故圣人观于天而不助，成于德而不累，出于道而不谋，会于仁而不恃，薄于义而不积，应于礼而不讳，接于事而不辞，齐于法而不乱，恃于民而不轻，因于物而不去。物者莫足为也，而不可不为。不明于天者，不纯于德；不通于道者，无自而可；不明于道者，悲夫！何谓道？有天道，有人道。无为而尊者，天道也；有为而累者，人道也。主者，天道也；臣者，人道也。天道之与人道也，相去远矣，不可不察也。”

这么长的一段话要被删除，是需要勇气的。勇气是对对的认知和坚持。好的文章要结构紧凑，主题鲜明，义理深刻，归元后的文本就满足这些特征，而被删除的部分破坏了这些特征，后人旁注入正的可能性极大。

【今译】

云将到东边游玩时，在扶摇之枝碰巧遇到鸿蒙，鸿蒙正拍着大腿像鸟雀一般跳跃玩耍。云将看了看，犹犹豫豫地停下脚步，恭敬地站立到一旁问道：“请问您是哪里人啊？您来这里干吗呢？”

鸿蒙继续拍着大腿像鸟雀一般跳跃玩耍，看也没看一眼云将就答道：“游玩啊！”

云将于是又说：“我有个问题想请教一下。”

鸿蒙这才抬头看着云将说：“什么问题呢？”

云将说："天气不和，地气郁结，六气不调，四时不节。现在我想聚集六气的精华以养育我治下的生民，请问我该怎么做才好？"

鸿蒙拍着大腿一边如鸟雀跳跃一边回头说："我哪能知道！我哪能知道！"

云将没有获得问题的答案。三年后它前往东边游玩，这次来到了有宋之野，又恰巧遇到鸿蒙。云将大喜，立马跑上去问道："您老人家难道忘记了我的问题吗？您老人家难道忘记了我的问题吗？"再一次伏地叩首，希望鸿蒙能给出答案。

鸿蒙说："我到处游玩而并不探究什么，激情满怀地随心所欲，我在滚滚红尘中逍遥自在，我就是在以这种心态来对待这个客观世界的，我哪能知道你所问问题的答案呢？"

云将应答道："我也自认为我如您一般激情满怀地随心所欲，可是老百姓愿意跟着我走，我是不得已才去治理百姓的啊。现在我不想再去治理他们了，请给我指点。"

鸿蒙说："要是天道被搅乱了，物情被违逆了，就是天王老子来了也不成，这就好比兽类要是受到了攻击就连鸟都会夜里发出叫声一般，不但草木会遭受灾害，而且虫子也会遭到祸患。唉，治人的过错也是如此啊！"

云将追问："这样的话，那我该怎么做？"

鸿蒙说："唉，你原来的那一套简直就是毒药啊！你还是赶紧回去吧。"

云将说："我要再遇到您老人家已经很难了，您还是教教我吧。"

鸿蒙于是说："唉，心养！就是说，你只需要简简单单无为而治而让万物自化就可。更具体点说就是，不要执念于你自己个人的体力，也不要执念于你个人的才智，你要跟天下人所有人一道，共同浸淫于涬沌大道之中。抛开你个人的情性，放下你个人的心神，就仿佛一切都处在空虚当中而没有了灵魂。万物不管它怎样的竞相勃发，各自都会回复到它们的根性上去，各自回复到它们的根性上而不自以为知，涬涬沌沌，昏昏默默，直到老死亦皆如是。你要是以为你对这个过程了然于胸了，那就又与大道偏离了。只有当你不去追问它为何就要这么表达，也不去试图看懂它为何就是这么回事，那万物就可以始终按照它自身的方式茁壮成长。"

云将说："您老人家不仅开启了我的心智，还告知我不要以言语为大道，现我躬身以求，终于获知了我想要的答案。"云将于是再一次伏地叩首，然后起身告辞回家。

天地

一

【文本归元】

天地虽大，其化均也。万物虽多，其治一也。人卒虽众，其主君也。君原于德而成于天。故曰：玄古之君天下，无为也，天德而已矣。以道观言而天下之名正，以道观分而君臣之义明，以道观能而天下之官治，以道泛观而万物之应备。

夫子曰：“夫道，覆载万物者也，洋洋乎大哉！君子不可以不刳心焉。无为为之之谓天，无言言之之谓德，爱人利物之谓仁，不同同之之谓大，行不崖异之谓宽，有万不同之谓富。若然者，藏金于山，藏珠于渊，不利货财，不近贵富，不乐寿，不哀夭，不荣通，不丑穷，不以一世之利为己私分，不以王天下为己处显。万物一府，死生同状。”

【见独】

天地虽大，其化均也。万物虽多，其治一也。人卒虽众，其主君也。君原于德而成于天。故曰：玄古之君天下，无为也，天德而已矣

理解这段话的关键，在揣摩到本段话的重心。本段话的重心无疑是人世间的君王如何治理天下。人没有智慧，人向天学习才有智慧。那天的智慧如何表现呢？就是均，就是一，就是始终均衡、始终如一的意思。天地无论多么大，万物无论多么多，它始终都是按照恒定的法则来进行变化和治理的。同样，人再怎么多，它作为一个类，也需有属于人自身的社会规范。所以，作为人主的君王也要像天地中的万物那样，始终按照上天的法则来治理天下，不要有任何人为的色彩。

以道观言而天下之名正，以道观分而君臣之义明，以道观能而天下之官治，以道泛观而万物之应备

这段话原话的完整版为：“以道观言而天下之名正，以道观分而君臣之义明，以道观能而天下之官治，以道泛观而万物之应备。故通于天地者，德也。行于万物者，道也。上治人者，事也。能有所艺者，技也。技兼于事，事兼于义，义兼于德，德兼于道，道兼于天。故曰：古之畜天下者，无欲而天下足，无为而万物化，渊静而百姓定。《记》曰：通于一而万事毕，无心得而鬼神服。”

被删除的部分明显是后人的旁注，且是错误的旁注。理由一，《庄子》里不是所有带“故”字的文字都是后人的旁注，但很多是，这里的就属是。理由二，“通于天地者，德也。行于万物者，道也”显示德的地位比道高，明显不符合庄子道至高无上的基本思想。理由三，“技兼于事，事兼于义，义兼于德，德兼于道，道兼于天”显示道之上又有天，且文中天的用意又不知何在，由此可以推断，旁注者基本不知庄子思想是谓何物。理由四，“古之畜天下者，无欲而天下足，无为而万物化，渊静而百姓定”明显跟“玄古之君天下，无为也，天德而已矣”义理重复。

理解这段话的关键，是心里先要有主语概念。这段话的主语是什么呢？理性高度发达的人才能一眼看出，它就是君。历史上的万千解注，竟无一人看出。只有君以道观，才会产生天下之名、君臣之义、天下之官和万物之应的感觉。离开君的主语，这段话无的放矢，不知所云。那么，君要观什么呢？观的是言、分、能，以此类推到天下万物。因此，本句的结构应该是分总结构，以道观言、以道观分、以道观能都是分句，“以道泛观而万物之应备”则是最终的结论。

夫子曰

究竟具体指谁，于文章的正确理解关系不大。如果硬是要求个明白，指老子比较合适，因为庄子在很多地方将老子尊称为夫子。但如果这篇文章不是庄子本人所写而是庄子弟子所写，则当是指庄子。鉴于庄子的文章义理一向高远，伪作的可能性极小，所以，这里的夫子具体指老子相对来说要好些。有人说指的是孔子，那庄子本人就只能笑笑了事。

君子不可以不刳心焉

理解这句话的关键在理解庄子思想中的心。在庄子看来，任何个人的心都是道的分有，都是道的局部。一个人要想与大道合一，就必须在坚守自己的心之后超越自己的心。《人间世》“一若志！无听之以耳而听之以心，无听之以心而听之以气。耳止于听，心止于符。气也者，虚而待物者也。唯道集虚。虚者，心斋也”是对人心相对于道最清晰最完整的阐释。

刳心，其实就是心斋。刳，音 kū，本义剖。

故执德之谓纪，德成之谓立，循于道之谓备，不以物挫志之谓完。君子明于此十者，则韬乎其事心之大也，沛乎其为万物逝也

这段话原紧接在“有万不同之谓富”之后。现删除，理由一，“故”字明显隔断了原文的形式逻辑，因为后面的“十者”要求前面的“十”必须是并列的而非因果的。理由二，本身义理不通，也不知道其在文章的作用是什么。相反，文本归元后，义理清晰，逻辑严密。

有万不同之谓富

真正的富有是心中涵有大自然所创造的一切。“有万不同”似乎不太好理解，其实很简单，就是万有不同。万有虽然不同，但都为上天所创，都是平等的，我们不应该对之有贵贱之分，《齐物论》对之已经有过充分论证。

藏金于山，藏珠于渊

象征性说法，并不是说要把金藏到山里去，也不是说要把珠藏到渊里去，而是说要把金和珠还归到它们本来就该在的地方，即天然的地方。至于金是否天然就必定在山里，珠是否天然就必定在渊里，这是不能追问的问题。诚如《天道》篇中所说：“书不过语，语有贵也。语之所贵者，意也。”不可死于句下。

夫子曰：“夫道，渊乎其居也，漻乎其清也，金石不得无以鸣，故金石有声，不考不鸣。万物孰能定之！夫王德之人，素逝而耻通于事，立之本原而知通于神，故其德广。其心之出，有物采之。故形非道不生，生非德不明。存形穷生，立德明道，非王德者邪！荡荡乎忽然出，勃然动，而万物从之乎！此谓

王德之人。视乎冥冥，听乎无声。冥冥之中，独见晓焉。无声之中，独闻和焉。故深之又深而能物焉，神之又神而能精焉。故其与万物接也，至无而供其求，时骋而要其宿，大小、长短、修远。”

整一大段必须予以删除。理由一，好的文章是有内在完美结构的。本节第一部分论述说君王要以道观，接着第二部分就解释说道是什么。到此，结构已然十分完善。如果再加一段论道是什么且论的道竟然还不知是什么，就完全没有必要了，纯属狗尾续貂。理由二，整段话无论怎么理解，都无法贯通。理由三，《庄子》诚然有很多独用词，但有些词却非常通用，比如道、德、圣人、王、君子等，据本章语境，“王德之人”应该就是圣人、王，但除了此处外，庄子再无其他地方使用它。

不以一世之利为己私分，不以王天下为己处显

原文为：“不拘一世之利以为己私分，不以王天下为己处显，显则明。”两句明显应该是对语，“不以王天下为己处显”肯定性要强些，故最好改前句，改动后句子的意思其实未变，但形式上要明白清晰很多。“显则明”三字不明所以，无奈之下，只能一删了事。

【今译】

天地再怎么大，它演化的规则始终是均衡的。万物再怎么多，它运行的法则始终是如一的。人们再怎么众，它统治的主人始终是君王的。所谓君王的，其实只不过是忠于万物的德性而呈现万物为上天所赋的样子。所以说，真正的君王对天下的统治是无为而治，完全依顺上天的德性罢了。君王要是以道来考察言语则天下的名分就会正确，要是以道来考察等级则君臣的地位就会明晰，要是以道来考察能力则天下的官员就能臣服，要是以道来考察一切则万物都有应对之道。

我的老师老子曾这么说过：“道这个东西呢，它覆盖并承载着一切，不可不谓大啊！一个真正的人要想跟它合一就不可不超越自身。所谓超越自身，就是无为为之而跟天相一致，无言言之而跟德相一致，爱人利物而跟仁相一致，不同同之而跟大相一致，行不乖离而跟宽相一致，有万不同而跟富相一致。唯其如此，一个人才会将金子藏在山里，将珠子藏在水里，不贪财图利，不趋炎附势，不以长寿为乐，不以夭折为哀，不以通达为荣，不以穷迫为丑，不以他所处的时代来私利自己，不以称王天下来显摆自己。万物原本就是一个整体，死生原本就没有差异。”

二

【文本归元】

黄帝游乎赤水之北，登乎昆仑之丘而南望，还归，遗其玄珠，使知索之而不得，使离朱索之而不得，使喫诟索之而不得也，乃使罔象，罔象得之。黄帝曰：“异哉，罔象乃可以得之乎？”

【见独】

本寓言本身语境太小，无法借助其本身而得到理解，字面意不是太大，寓意又难弄清楚，好难。但可以肯定，本寓言是一定成立的，其寓意是一定有的。

本寓言的核心人物是黄帝。黄帝在庄子里的人物定位是什么呢？是与大道合一的人还是追求大道但没有达致大道的人呢？显然是后者。《知北游》说得十分清楚：“黄帝曰：‘彼其真是也，以其不知也。此其似之也，以其忘之也。予与若终不近也，以其知之也。’狂屈闻之，以黄帝为知言。”从这个意义上说，黄帝是一定会“遗其玄珠”的，但他会“登乎昆仑之丘而南望”，也即其求道之心永远不死。那他怎么求呢？可以以知求，可以以离朱求，可以以喫诟求，可以以罔象求。求的结果呢，知求不到，离朱求不到，喫诟求不到，但罔象可以求到。为什么呢？要得到可能的正确答案，就只能借助于想象的翅膀再加理性的动用了。

首先，知在庄子心目中的地位是不高的，知不知才高。所以，知是不能找到玄珠的。

其次，离朱在庄子心目中的地位也不高，《骈拇》中庄子有说：“是故骈于明者，乱五色，淫文章，青黄黼黻之煌煌非乎？而离朱是已。”所以，离朱是不能找到玄珠的。很明显，离朱的能力跟色相关，也即跟眼睛相关。据传说，他是神话中视力最好的人。

再次，喫诟能找到玄珠吗？得先理解喫诟是什么。从知、离朱、罔象的词性看，喫诟也一定是个拟人化了的人。那他是个什么人呢？由于喫诟是庄子的独用词且是单一独用词，我们无法借助其他语境来理解它。没有办法的情况下，我们只能借助文字本身的会意功能。从喫诟的字形看，可能与口相关，喫即是古语吃，诟即是“诟病”的诟，骂的意思。所以，喫诟很可能就是呼应离朱的含义而来的，即言语的意思。或者更准确点说，就是最会说话的人。

最后，单从罔象的词形上看就能看到这个词意思的十之八九。罔在上古时期的最常用义就是无、没有的意思，象就是“形象”的象。所以，罔象其实就是无象。知有象，离朱有象，喫诟有象，罔象无象。大道无象，所以，无象的罔象能找到无象的大道，也即玄珠。

整个寓言可以用《知北游》的一段进行阐释：“道不可闻，闻而非也。道不可见，见而非也。道不可言，言而非也！知形形之不形乎！道不当名。”

【今译】

黄帝到赤水的北边巡游，登上昆仑山向南眺望，回到家里时才发现遗失了玄珠，于是派知前往寻找但没能找到，派离朱前往寻找没能找到，派喫诟前往寻找还是没能找到，最后只好派罔象前往寻找，而罔象竟然找到了。黄帝说：“奇怪呀！只有罔象才能找到吗？”

三

【文本归元】

尧之师曰许由，许由之师曰啮缺，啮缺之师曰王倪，王倪之师曰被衣。尧问于许由曰：“啮缺可以配天乎？吾藉王倪以要之。”许由曰：“殆哉，岌乎天下！啮缺之为人也，聪明睿知，其性过人，而又乃以人更天。彼审乎禁过，而不知过之所由生，与之配天乎？彼且乘人而无天，方且本身而异形，方且尊知而火驰，方且为绪使，方且为物絯，方且应众宜，方且与物化而未始有恒，夫何足以配天乎！虽然有族有祖，可以为众父而不可以为众父父。”

【见独】

啮缺可以配天乎？吾藉王倪以要之

理解的难点在“配天”。但因为配天一词的语境很大，所以还是能把握到它的准确含义的。如果将配天理解为与天道相配，则“吾藉王倪以要之”完全没有逻辑支撑。所以，这里配天的天显然指的就是天子之位。

许由是庄子所讴歌的得道人物，啮缺明显是一个非得道人物，但啮缺是许由的老师，形式逻辑矛盾，但义理逻辑却是十分严密，不这样天道就不能最好表达。

给数以敏

原紧接在“聪明睿知”之后，一切过往解释都没有任何根据，且本词在句中的重要性很低，故从避免不必要的麻烦起见，删除为上。

而又乃以人更天

原文为“而又乃以人受天”，无法理解，现改“受”为“更”，意思就清晰多了。“受”跟“更”字形相近，误抄的可能性极大。

而又乃，三字本身十分不好理解，但结合语境，却是十分清晰的。而，就是“然而”的而，“又”即是又的意思，“乃”乃语气词，无义，起调节音节作用。

彼且乘人而无天，方且本身而异形，方且尊知而火驰，方且为绪使，方且为物絯，方且应众宜，方且与物化而未始有恒，夫何足以配天乎

理解这段话的关键是要在脑海中先把啮缺这个不合天道的形象鲜活出来。很多庄子虚拟的人物名字是有寓意的，啮缺就是一个有明显寓意的人物，意即被啮而缺了一块，全书共有11处提到啮缺，每一处都寓意求道而未得道的状态。正因为啮缺求道之心强烈，才会让尧“吾藉王倪以要之”。又正因为他没有得道，才会“彼且乘人而无天，方且本身而异形，方且尊知而火驰，方且为绪使，方且为物絯，方且四顾而物应，方且应众宜，方且与物化而未始有恒，夫何足以配天乎”。

乘人而无天，意思是依据自己个人的情性而非天道去行事。

本身而异形，意思是以自身为本位而以他人为异端，本、异作动词用。

尊知而火驰，意思是只依凭自己所知道的而鲁莽地行动。火驰，有作“北驰”的，不通。具体准确含义不是十分清楚，大致含义应该是清楚的，就是火急火燎的意思。

为绪使，意思是为烦琐的事情所役使。任何不是顺应天道的人为行为，都将为烦琐所役使。绪，就是“千头万绪”“心绪如麻”的绪，本义为丝的头，引申义为琐碎。

为物絯，意思是为外物所牵累。絯，音 gāi，拘束、约束。

方且四顾而物应，原紧接在“方且为物絯”之后，仅从字面意义上看，它好像是“方且为物絯，方且应众宜”的合一。从文章的简洁性需要出发，删除为宜。

应众宜，意思是凡他着手处理的事情都要适宜。

与物化而未始有恒，这句话的核心含义不是与物化而是未始有恒。

虽然有族有祖，可以为众父而不可以为众父父

原文为：“虽然，有族有祖，可以为众父而不可以为众父父。治，乱之率也，北面之祸也，南面之贼也。”删除部分与语境完全不搭，为后人旁注入正的可能性极大。

庄子不再世，本句无确解，现勉强为之。

有族有祖，这明显是肯定啮缺的话，含义非常类似于现代口语中的有头有脸。但具体如何理解族和祖，却是十分困难。根据语境，祖的具体含义基本可以肯定，就是被衣，要不然“王倪之师曰被衣”就没有落脚点。王倪是祖还是族呢？义理逻辑要求他必须是族，要不然本句无解。疑难点在于，王倪是庄子讴歌的得道人物，比如《应帝王》中的王倪，用族指称他时，跟“族庖月更刀”的族相抵牾。但即使相抵牾，也不能证明这个解读就一定不对，因为庄子里很多人物的形象就是前后相抵牾的，比如黄帝、孔子等。

众父之地位其实就是族跟祖之下的地位，这个地位的人，充其量也就是一个家族一个部落的父王而已，但如果要成众王之王，也即要成为众族长或是众酋长的王，就不行了，要众父父才行。众父父其实就是王中之王，也即文中“配天”的天。

【今译】

尧的老师叫许由，许由的老师叫啮缺，啮缺的老师叫王倪，王倪的老师叫被衣。尧请教许由说："啮缺可以配当天子吗？我想叫他的老师王倪出面请他出山以治理天下。"许由说："危险啊，天下可得遭殃了！我的老师啮缺这个人，要聪明有聪明，要睿智有睿智，其个人情性确有超乎常人的地方，但他却又总是以人代天。他虽然对各种本该禁止的过错颇能审察，但并不知道他所要禁止的过错究竟是如何产生的，这样的人难道能够配当天子吗？就他这种人，眼里只有人而没有天，他必将是只有他自身而没有别人，必将是只凭一己之知而火急火燎，必将是为琐事所役使，必将是为外物所牵累，必将是事事贪求完美，必将是虽然能够与物俱化但却始终不能持之以恒，就他怎么能够配当天子呢？虽然啮缺有王倪和被衣这样的师尊，但也只适合担当一般的首领而不能配当天子。"

四

【文本归元】

尧观乎华，华封人曰："嘻，圣人！请祝圣人，使圣人寿。"尧曰："辞。""使圣人富。"尧曰："辞。""使圣人多男子。"尧曰："辞。"封人曰："寿、富、多男子，人之所欲也，汝独不欲，何邪？"尧曰："多男子则多惧，富则多事，寿则多辱。是三者，非所以养德也，故辞。"封人曰："始也我以汝为圣人邪，今然君子也。天生万民，必授之职。多男子而授之职，则何惧之有？富而使人分之，则何事之有？夫圣人，鹑居而鷇食，鸟行而无彰。天下有道，则与物皆昌。天下无道，则修德就闲。千岁厌世，去而上仙，乘彼白云，至于帝乡，三患莫至，身常无殃，则何辱之有？"封人去之，尧随之曰："请问。"封人曰："退已！"

【见独】

华封人

据《周礼》，封人为地官（古代六官之一）司徒的属官，掌守帝王社坛及京畿的疆界。其时尧是否是天下共主也即是否是华封人的主，寓言没有交代。单从寓言本身看，庄子的意图应该是想说尧只是众父而不是众父父，因为尧乘人而无天。

夫圣人，鹑居而鷇食，鸟行而无彰。天下有道，则与物皆昌。天下无道，则修德就闲。千岁厌世，去而上仙，乘彼白云，至于帝乡，三患莫至，身常无殃，则何辱之有

整句话都是为了清晰阐释“寿何辱之有”的。

鹑居而鷇食，鸟行而无彰。结合语境，意思十分清楚，即圣人高寿后无论住的还是吃的都已经非常简单，即使出门也不会给他人带来什么麻烦。问题是，这个必定正确的意思如何从句中出来呢？鸟行而无彰很直观因而很好理解，鹑居而鷇食就一点都不直观因而很不好理解了。勉强为之，鹑，音 chún，即鹌鹑，一种形体很小的动物，所需的居住面积自然很小，鹑居应该寓意人老了后对居住面积大小的无要求。鷇，音 kòu，指刚出生还不能自己觅食的小鸟，只能有什么吃什么，寓意人老了后对食物种类的无要求。

与物皆昌。结合天下有道的前置条件，意指万物都能按其本来的样子展开。昌就是“昌盛”的昌，本义为善、正当，完全合乎语境需要。

修德就闲。结合天下无道的前置条件，它的意思完全等同于《缮性》：“不当时命而大穷乎天下，则深根宁极而待……危然处其所而反其性。”

千岁厌世。庄子不再世，无解。姑妄为之，指圣人临死之前那一刻的心理状态。厌世，不是厌倦今生，而是满足今生。厌的本义是吃饱，会意义是满足，与贪得无厌的厌同义。世就是“一生一世”的世。

千岁厌世，去而上仙，乘彼白云，至于帝乡，三患莫至，身常无殃。特指圣人如果死去之后可能的去处和状态。

退己

照一切过往解读，就是退下、回去的意思，这在逻辑上看上去似乎没有什么不通，但如果动用理性细细考究，尧刚开始在华封人眼中是圣人，只是通过一段对话后才明白不是，只是君子。但即使只是君子，当尧“请问”时，封人也不至于说出“退己”这么居高临下没有礼貌的话。

错误出在什么地方呢？《养生主》里的“殆己”就一直被误注为“殆已”而致文章义理不通，这里是同样的错误，不是“退已”而是“退己”。那退己又是什么意思呢？就是本章第七自然段的忘己。另外，庄子心斋、心养等都是退己思想的换形表达。

【今译】

尧到华地游览，华地的一位封人说：“啊，圣人来了。请让我为圣人祝福，祝圣人长寿。”尧回答说：“算了吧。”“那就祝圣人富有。”尧又回答说：“算了吧。”“那就祝圣人多男子。”尧还是回答说：“算了吧。”封人于是说：“长寿、富有、多男子可都是人们所想要的啊，您却偏偏不想要，为什么呀？”尧回答说：“男子多了担心就会多，财富多了事情就会多，寿命长了屈辱就会多。这三样东西，并不是用来涵养德性的，所以我才都要推辞掉。”封人于是说：“刚开始我还以为您是真正的圣人呢，现在看来只不过是君子罢了。上天无论创生多少生民，都会赋予其相应的职责。您要是多生了男子而同时又赋予他们相应的职责，那又有什么可担心的呢？您要是有很多财富而同时又让人们共同享用，那又哪会有事情的繁多呢？对于长寿的圣人来说，不仅住的像鹌鹑一样要求不高，而且吃的也像雏鸟一样有什么吃什么，即使出门也会像飞鸟飞过一样不会留下什么踪影。天下要是有道，他就跟万物一道自我绽放。天下要是无道，他就深根宁极悠哉乐哉。人生的终点即使来临，他也感到非常的满足，因为他可以想象自己就如仙人一般，腾云驾雾去到极乐世界，那里什么祸患都没有，终其一生都不会遇到任何灾难，请问您所谓的屈辱又在哪里呢？”封人说完后就转身离去，尧跟在他的后面说：“能告诉我该怎么做吗？”封人说：“退出自己就行了。”

五

【文本归元】

尧治天下，伯成子高立为诸侯。尧授舜，舜授禹，伯成子高辞为诸侯而耕。禹往见之，则耕在野。禹趋就下风，立而问焉，曰："昔尧治天下，吾子立为诸侯。尧授舜，舜授予，而吾子辞为诸侯而耕，敢问其故何也？"子高曰："昔者尧治天下，不赏而民劝，不罚而民畏。今子赏罚而民且不仁，德自此衰，刑自此立，后世之乱自此始矣！夫子阖不行邪？无落吾事！"俋俋乎耕而不顾。

【见独】

伯成子高

明显是庄子的虚拟人名，寓意也十分明确，一个与大道合一的理想人格者。

夫子阖不行邪？无落吾事

原文为："夫子阖行邪？无落吾事！"

阖，因为庄子最本真的原文已不可考，所以，这个地方究竟是"阖"还是"阖不"，已经不好定论，导致后人有将阖解释为"为什么"的，有将阖解释为"为什么不"的。如果阖只有一个可以肯定下来即为什么的含义，则这里就漏了一个不字。

落，音 là，义同"丢三落四"的落或"落了一天的活"的落，丢掉或耽误的意思。

俋俋

庄子单一独用词，兼之此处语境太小，无法准确解读其含义。此种情况下如果必须给出一个可靠答案的话，只能借助纯粹理性能力了。

伯成子高是尧舜两代君王的大臣，完全可以想象得到，到禹时伯成子高已经很老了。很老"辞为诸侯而耕"，当禹前往拜问时，正在耕地的他，看上去毫无疑问就是一个力不从心的老人形象。庄子在“耕而不顾”前有意加“俋俋乎”修饰语，是要强调指出，伯成子高宁愿力不从心耕地也不愿违背自己的良知而辅佐自己价值上不认同的君王。所以，结合“俋”的字形兼其会意含义（邑下为跪着的人形），它的准确含义应该是表示十分吃力的样子。

【今译】

尧治理天下的时候，伯成子高被册封为诸侯。尧传位给舜，舜又传位给禹，伯成子高这时便辞去诸侯之职而回乡耕地。禹决定前往拜会，伯成子高那时正在地里干活。禹从伯成子高的下风处走近，待站好后才开口问道：“过去尧在当政的时候，您老人家被立为诸侯。尧把王位传给舜，舜又把王位传给了我，可是您老人家便辞去诸侯之职而回乡耕地来了，能讨教一下这其中的缘故吗？”子高说：“过去尧治理天下时，没有任何奖赏而老百姓都听劝告，没有任何处罚而老百姓都知敬畏。现如今轮到你时你用尽奖罚而老百姓还是不仁不义，道德就从你这里开始衰败，刑罚就从你这里开始确立，后世的祸乱也就跟着从你这里开始。你还是赶紧点离开这里吧，不要耽误了我的农事。”子高说完便继续吃力地埋头农活而不再理会禹了。

六

【文本归元】

泰初有无，无有无名。

一之所起，有一而未形。

未形者有分，且然无间谓之命。

命动而生物，物成生理谓之形。

形体保神，各有仪则谓之性。

性修反德，德至同于初。

同乃虚，虚乃大。

【见独】

泰初有无，无有无名

泰初应该就是“太初”，当指天地最开始的时候。如果是指天地还没有开始的时候，则必须接受万物完全从一个完全没有的状态中生成而来，而这是完全没有可能的。事实上，泰初是有无的，无不是没有，而是万物的永恒状态，是使可见世界可思的那个存在。

无有无名，非常难以理解，但必须理解。单从字面看，有两种可能的理解。其一是，它的主语是“无”，承前省略了，完全形态应该是“无无有无名”。这时，“无”就是没有的意思。整句话的含义便是“无”即没有有也没有名。其二是，无论主语承前省还是没有承前省，主语都是无，整句话的意思不变。差别在于，如果是承前省，则谓语为无有，没有的意思。如果没有承前省，则谓语是有。

一之所起，有一而未形

原文为：“一之所起，有一而未形，物得以生谓之德。”

为什么要删除“物得以生谓之德”呢？为直观起见，本段做了每句单独成段处理。处理后的文本一眼就可以看出它其实是一段顶真文字。所谓顶真，就是一种修辞方法，用前面结尾的词语或句子作下文的起头。

一之所起，意思是一正是从这样的无中产生。一，指万物浑然一体的最原始状态。

未形者有分，且然无间谓之命

未形者，指还不是可见的状态，这种状态下其实万物已然有分别在其中，相当于可见世界的类。每一类的每一个又都是一个完整不可分割的整体，就叫作命。这里的命其实就是“命运”的命，一种为上天所注定的存在。

命动而生物，物成生理谓之形

“命”字原文为“留”，有将“留”通假“流”而作流动解的，其实都不通。唯有将本段做顶真文本理解才能合乎逻辑地将“留”改为“命”。

根据语境，这里的命其实非常相当于“万物互阴而抱阳”的阳，阳是生命的原动力，一切可见之物都是由它而生成。万物也正是由于有命在其中才能有理，也即可以被理解。否则，世界便会显得杂乱无章。

形体保神，各有仪则谓之性

句中的神其实就是万物天然的属性，这种属性都是一种有法则的存在。

仪则，意思不是太明晰，应该就是“凡仪态都合乎法则”的缩略形式。

性修反德，德至同于初

理解这句话的关键在会意到初其实就是“泰初”的初。

同乃虚，虚乃大

理解这句话的关键，就是要将“虚”对应到前文中的“无”，“大”对应到前文中的“泰初”。

合喙鸣。喙鸣合，与天地为合。其合缗缗，若愚若昏，是谓玄德，同乎大顺

过往版本都在本段末尾有这段话。这段话明显跟语境不搭，也不知它究竟想要表达什么，后人旁注入正的可能性极大，故予删除。删除后的文本一气呵成，一如《老子》，堪称经文中的经文。

【今译】

天地最开始的时候处于一种绝对无的状态，连无的名称都没有。

整体就是在这种无的状态中产生出来的，它即使产生出来也还是没有形体。

虽然没有形体但分别已经存在于其中，已经不能再分割的就叫作命。

命本身具有的自动性能生成可见的物，可见的物都有其原理就叫作形。

形如果能保有它的基本属性，则其所显示出的基本法则就叫性。

所谓的性修只不过是回到万物的德性，德性的最高境界就是与泰初合一。

与泰初合一了，就虚空了。虚空了，也就真正大了。

七

【文本归元】

夫子问于老聃曰：“有人治道若相放，可不可，然不然。若是则可谓圣人乎？”老聃曰：“是胥易技系，劳形怵心者也。丘，予告若尔所不能闻与尔所不能言：凡有首有趾无心无耳者众，有形者与无形无状而皆存者尽无。其动止也，其死生也，其废起也，此又非其所以也。有治在人，忘乎物，忘乎天，其名为忘己。忘己之人，是之谓入于天。”

【见独】

有人治道若相放

“治道”的治，相当于“治学”的治，研究的意思。“放”字十分难解，但如果能紧密结合后句“可不可，然不然”的话，还是将就可解，它很可能就是“放任自流”的放的意思。因为照常理，可可、然然才是正常状态，而可不可、然不然就不是正常状态。现在有人因为治道而主张可不可、然不然这种不正常状态，自然就有点像放任自流了。

辩者有言曰：离坚白，若县寓

这句话原紧接在“然不然”之后，现予删除，原因很简单，就是既不知道它想要干什么，又不知道它究竟是什么。而删除后，原文的意思已然完足。

执留之狗成思，猿狙之便自山林来

这句话原紧接在“劳形怵心者也”之后，现予删除，原因很简单，就是既不知道它想要干什么，又不知道它究竟是什么。而删除后，原文的意思已然完足。

凡有首有趾无心无耳者众，有形者与无形无状而皆存者尽无。其动止也，其死生也，其废起也，此又非其所以也。有治在人，忘乎物，忘乎天，其名为忘己。忘己之人，是之谓入于天

必须把这段话理解为是针对“有人治道若相放，可不可，然不然。若是则可谓圣人乎”所做的回答，尽管这应该是很当然并且是很明显。遗憾的是，明白并这么做的人几乎没有。

治道如果只是“可不可，然不然”必定是不行的，那行的是什么呢？就是“忘乎物，忘乎天”，也即忘己。只有能够忘己的人，才能配称圣人。可现实情况是什么样的呢？是“凡有首有趾无心无耳者众，有形者与无形无状而皆存者尽无”。白话过来就是说，有人的形貌而没有人的情性是大多数，有人的形貌而又能跟大道合一的人则一个都没有。所以，如果要他们知道动其实就是止，死其实就是生，废其实就是起，则就为他们的能力所不能及。那又该怎么办呢？要是有人想真正治道，就应该忘记一切的存在，包括物的存在和天的存在。一句话，忘掉了自己的存在其实也就忘记了一切的存在。只有忘记了自己存在的人，才能真正地与大道合一。

【今译】

孔子曾经请教老子说：“有人在治道的时候主张放任自流，也就是说，肯定不肯定的，赞同不赞同的。如果这样则算得上是圣人吗？”老子说：“小官小吏而已，这种人容易为小技小能所羁绊，不是身体劳累就是心神疲困。孔子，让我来告知你一些你从来就没有听说过或是你永远都说不出来的话：我们人世间有人的样貌而又没有人的情性占绝大多数，有人的样貌而又能跟大道合一的人则一个都没有。所以，如果要他们知道动其实就是止，死其实就是生，废其实就是起，则就为他们的能力所不能及。要是有人想真正治道，就应该忘记一切的存在，包括物的存在和天的存在，这就叫忘记自己的存在。只有忘记了自己存在的人，才能配称与大道合一。”

八

【文本归元】

将闾葂见季彻曰："鲁君谓葂也曰：'请受教。'辞不获命，既已告矣，未知中否，请尝荐之。吾谓鲁君曰：'必服恭俭，拔出公忠之属而无阿私，民孰敢不辑！'"季彻局局然笑曰："若夫子之言于帝王之德，犹螳螂之怒臂以当车轶，则必不胜任矣！且若是，则其自为处危，其观台多物，将往投迹者众。"将闾葂覤覤然惊曰："葂也汒若于夫子之所言矣！虽然，愿先生之言其风也。"季彻曰："大圣之治天下也，摇荡民心，使之成教易俗，举灭其贼心而皆进其独志，若性之自为，而民不知其所由然，欲同乎德而心居矣！"。

【见独】

民孰敢不辑

"辑"字比较难以理解，因为它的"辑睦"也即"和睦"含义现代汉语中已经很少用到。

局局然

非常难以理解但其实完全能够理解的一个修饰词。

"局"是一个会意字，从口，从尺，尺表示规矩法度，口易出错，故以尺相拘束。《诗・小雅・正月》"不敢不局"正是用的这层意思，季彻局局然笑也恰好就是这层意思。正因为季彻不敢不局，所以才言犹未尽，导致将闾葂覤覤然惊曰："葂也汒若于夫子之所言矣！虽然，愿先生之言其风也。"

且若是，则其自为处危，其观台多物，将往投迹者众

具体含义把握不准，导致句读十分困难，因为句读也可以是这样的："且若是，则其自为处，危其观台，多物将往，投迹者众。"这样的句读义理同样无法彻底贯通。两相权衡，还是取归元后这种。

理解的关键点，在将句子看成是一个因果关系从句，即“其自为处危，其观台多物”是果，“将往投迹者众”是因。那“其自为处危，其观台多物”又是什么意思呢？如果原文没有文字错误的话，就只能就字解字了。其，当然就是指鲁君了。自为处危，就是自己把自己放到一个危险的境地。观台，就是鲁君的君位。多物，就是多事。

投迹，估计就是投身、投诚的古代说法。

覤覤然

音 xì，庄子单一独用词，无法把握其准确含义，大意为惊恐的样子。

大圣之治天下也，摇荡民心，使之成教易俗，举灭其贼心而皆进其独志，若性之自为，而民不知其所由然，欲同乎德而心居矣！

理解的关键点不在于句子本身，句子本身不难理解，而在于它是针对“必服恭俭，拔出公忠之属而无阿私，民孰敢不辑”而做的正面回答。

摇荡民心。民心很可能因为世俗的长期流弊而已经处于休眠状态，大圣这时需要先把它激活。

举灭其贼心而皆进其独志。靠形式逻辑其实是无法理解这句话的，必须靠纯粹理性的义理逻辑。前“其”指的不是民而是君，后“其”才指的是民，这句话是从君与民两方面对比来讲的。《老子见微》第 65 章是这个思想的绝妙印证：

古之为道者，非以明民也，将以愚之也
民之难治也，以其知也
故以知知邦，邦之贼也
以不知知邦，邦之德也
恒知此两者，亦稽式也
恒知稽式，是谓玄德
玄德深矣，远矣，与物反矣，乃至大顺

欲同乎德而心居矣。必须明白欲不是民的谓语，而是同乎德的主语。心居就是心里安宁的意思，是欲同乎德的必然结果。

若然者，岂兄尧、舜之教民，溟涬然弟之哉

原紧接在“而民不知其所由然”之后，明显是后人的评语，且是义理不通的评语，故必须予以删除。删除后的归元文本义理完足，浑然天成。

【今译】

将闾葂拜会季彻说：“鲁君曾经对我说：‘请多多指教’，我做了推辞但没有被接受，于是便径直进言了，也不知道进言得对不对，现说来给你听听。我是这样跟鲁君说的：‘你自己一定要谦恭节俭，同时选拔那些公正忠诚的人而不带你自己的偏私，这样就没有老百姓敢不安分的了。’”季彻不以为然地笑着回答说：“你所说的话相对于帝王应该的德性来说，就好比螳螂怒臂以当车，一定是胜任不了的。如果鲁君真的按你的建议去行动，则他必定会把自己陷入非常危险的境地，他每天会有忙不完的事务，因为前往投诚的人会络绎不绝。”将闾葂闻言后大惊失色，说：“我确实对您刚才所说的话感到非常茫然！但不管怎样，我还是非常希望先生您把话说得更明白些。”季彻于是说：“真正的君王治理天下，要做的是激活民众自己的心灵，使他们自己成就自己的教化并改变自己的习俗。也就是说，要将为君者自己的贼心彻底消灭干净，同时将民众各自独有的性情都激发出来，就好像他们的性情自动就这样而不知道如何就会这样。当民众的想法和他们各自的内在德性相一致时，他们的心自然而然就安定下来了。”

九

【文本归元】

子贡南游于楚，反于晋，过汉阴，见一丈人方将为圃，凿隧而入井，抱瓮而出灌，搰搰然用力甚多而见功寡。子贡曰：“有械于此，一日浸百畦，用力甚寡而见功多，夫子不欲乎？”为圃者仰而视之曰：“奈何？”曰：“凿木为机，后重前轻，挈水若抽，速如溢汤，其名为槔。”为圃者忿然作色而笑曰：“吾闻之吾师，有机械者必有机事，有机事者必有机心。机心存于胸中则纯白

不备，纯白不备则神生不定，神生不定者，道之所不载也。吾非不知，羞而不为也。”子贡瞒然惭，俯而不对。有间，为圃者曰：“子奚为者邪？”曰：“孔丘之徒也。”为圃者曰：“子非夫博学以拟圣，於于以盖众，独弦哀歌以卖名声于天下者乎？汝方将忘汝神气，堕汝形骸，而庶几乎！尔身之不能治，而何暇治天下乎！子往矣，无乏吾事。”子贡卑陬失色，规规然不自得，行三十里而后愈。其弟子曰：“向之人何为者邪？夫子何故见之变容失色，终日不自反邪？”曰：“始吾以为天下一人耳，不知复有夫人也。吾闻之夫子：事求可，功求成，用力少，见功多者，圣人之道。今徒不然。执道者德全，德全者形全，形全者神全。神全者，圣人之道也。托生与民并行而不知其所之，汒乎淳备哉！功利机巧必忘夫人之心。若夫人者，非其志不之，非其心不为。虽以天下誉之，得其所谓，謷然不顾。以天下非之，失其所谓，傥然不受。天下之非誉无益损焉，是谓全德之人哉！我之谓风波之民。”反于鲁，以告孔子。孔子曰：“彼假修浑沌氏之术者也，识其一不知其二，治其内而不治其外。夫明白入素，无为复朴，体性抱神，以游世俗之间者，汝将固惊邪？且浑沌氏之术，予与汝何足以识之哉！”

【见独】

见一丈人方将为圃

原文的“圃”后有一“畦”字，根据前后文，这个“畦”字一定是误抄的结果，所以一定要删除。

圃，音 pǔ，种植菜蔬、花草、瓜果的园子。

搰搰然

音 hú，准确含义无解。传统将其解注为用力的样子，明显跟后面的“用力甚多”意思相重复，所以说它其实没有任何根据，唯一的根据是解注者们自己的臆想。如果臆想可以作为根据，那世界就没有真理一说了。遗憾的是，过

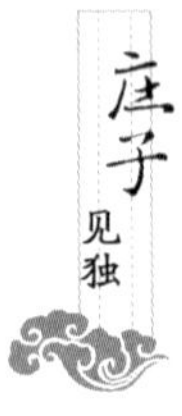

往几乎全部老庄解注读本，到处都充满臆想。更为遗憾的是，官学民三界都把这称誉为百家争鸣。爱因斯坦要是看见这样一个百家争鸣的世界，一定恨死这个世界了。

如果借助理性的想象，“搰”应该是个拟声词，相当于“呼呼作响”的呼呼。《庄子》中如果无伪作，则其文字是写在秦统一文字之前，所以用“搰搰”来拟声十分正常。而且，就这里的情景需要而言，丈人是一个“执道者德全，德全者形全，形全者神全”的人，他精神饱满，干起活来自然颇有力感，用“搰搰”来形容丈人的力感兼声感是十分贴切的。

瞒然

音 mán，传统将其解注为惭愧貌，实在让人顿感惭愧。那正确的解注会是什么呢？得从“瞒”字的本义入手。瞒的本义是，眼睑低，闭目貌。这个本义极其贴合这里的情景需要。子贡先是信心满满，眼睛睁得大大的，听闻丈人之言后，立马眼睑下垂，闭目沉思，好鲜活的场景。庄子乃顶级文字高手，用词虽然极其简明但绝不失却生动形象。还是让《秋水》篇中庄子自己的话来说好了：“且夫知不知是非之竟，而犹欲观于庄子之言，是犹使蚊负山，商蚷驰河也，必不胜任矣。”

子非夫博学以拟圣，於于以盖众，独弦哀歌以卖名声于天下者乎

这话明显是针对孔子说的，但行文逻辑则是针对子贡，估计庄子一时笔误。但由于场景就在那，从种菜老头的心里所想出发，子的具体所指必是孔子无疑。

於于

庄子不再世，无解。勉强为之，应该是指没有什么实质内含的话语，相当于《骈拇》中所指辩者的“累瓦结绳窜句，游心于坚白同异之间”的无用之言。

卑陬

音 bēi zōu，惭愧不安的样子。

规规

原文为“顼顼”，音 xù，庄子单一独用词，无解。用“规规”，一是它切合这里的场景需要，二是它有《庄子》自身的依据。《秋水》篇中有：“于是埳井之蛙闻之，适适然惊，规规然自失也。”《庚桑楚》篇中有：“若规规然若丧父母。”

傥然

本义为洒脱不拘，不拘于俗，极其切合这里语境的需要。

识其一不知其二

极其简单的字面意思，但并不简单的内在含义。其，虚词。“一”特指“浑沌氏之术”；“二”特指“浑沌氏之术”之外的其他一切世俗的术。这句话与“真理的唯一性”价值完全等同。无奈世俗之人总是主张“不识其一知其二”。呜呼！

且浑沌氏之术，予与汝何足以识之哉

《德充符》有段话可以印证：

无趾语老聃曰：“孔丘之于至人，其未耶！彼何宾宾以学子为？彼且祈以諔诡幻怪之名闻，不知至人之以是为己桎梏耶？”

老聃曰：“胡不直使彼以死生为一条，以可不可为一贯者，解其桎梏，其可乎？”

无趾曰：“天刑之，安可解？”

【今译】

子贡来到南方的楚国旅游，在返回晋国途经汉阴时，看见一位老头正准备打理菜园。他先是开凿一条水沟通到井边，然后抱着一个水罐装水进行灌溉。他虽然干得虎虎生风，很是卖力，但功效并不是很好。子贡禁不住说：“有这么个机械，它一天可以灌溉百块像你这样的菜园，所需力气很小但功效很高，您老人家不想要吗？”种菜老头抬头看了看子贡说：“怎么做到的？”子贡说：“这是一个用木头制成的机械，后重前轻，从井里提水就如抽水一般，快得就好比滚汤外溢，它的名字叫槔。”种菜老头脸色一变，随即笑着回答说：“我从我的老师那里听说过，但凡有机械存在的地方就有机事，有机事存在的地方就有机心。机心存在于胸中就会导致人心不纯粹自然，人心不纯粹自然就会导致心神不得安定。要是心神不得安定，那大道就无法在心中存留。我并不是不知道使用机械，而是因为感到羞愧才不去做的。”子贡眼睑下垂，油然生愧，低下头什么话也不说。过了一会儿，种菜老头又问，“请问你是干什么的？”子贡说：“孔子的学生。”种菜老头说：“你的老师不就是那位自以为博学到可以同圣人比肩，说着一些不着边际但颇能哗众取宠的话，一个人独自弹着琴弦唱着哀歌在天下到处卖弄名声的人吗？你还是赶快抛却你那副自以为是的神情，同时放下你那自我中心意识，或许这样你还有救。你连自己都管理不好，你拿什么去治理天下啊！你还是快点走开吧，不要耽误了我种菜。”子贡羞愧得面无人色，心里紧巴得好像失去了自我，大概走了三十里地后才回过神来。他的弟子问：“刚才那个老头是干什么的呢？您见过他后竟然成了这副样子，直到现在还不能恢复正常啊？”子贡说：“原来我以为只有孔子才是天下第一人，哪里知道竟然还有这样的高人。我听孔老夫子说过：事以可为目的，功以成为目的，所费力气少，所得功效多，就是圣人之道。现在看起来不是这样了。只有坚守大道的人才能德性完备，只有德性完备的人才能身形完备，只有身形完备的人才能神情完备。一个人只有神情完备，才配称圣人之道。这个老头把他的生活安放在与普通民众完全等同的位置而不去刻意探究为何就是这样，真是神情完备之人啊！功利机巧一定完全不存在于他的心中。他这样的人，凡不合他志趣的都不去追求，凡不合他心灵的都不去作为。即使全天下人都赞誉他并赞誉得对，他也傲然不接受赞誉。即使全天下人都指责他并指责得不对，他也坦然不理会指责。只有能够做到即使全天下人的指责和赞誉都不能改变他什么的人，才算得上是真正的全德之人啊！我等只不过是风波之民。”回到鲁国后，子贡把这段经历告知了孔子。孔子说：“这可是个潜心修炼浑沌氏之术的人啊，一旦识别到什么是真正的道之后就不再想知道道之外的其他什么了，他所在意的只是事情内在的本质而非外在的形式。你要是也做到了‘明白入素，无为复朴，体性抱神，以游世俗之间者’，你难道还会为之感到惊讶吗？可是，浑沌氏之术，哪是你我这等根器的人所能洞悉的啊！”

十

【文本归元】

谆芒将东之大壑，适遇苑风于东海之滨。苑风曰：“子将奚之？”曰：“将之大壑。”曰：“奚为焉？”曰：“夫大壑之为物也，注焉而不满，酌焉而不竭，吾将游焉！”苑风曰：“夫子无意于横目之民乎？愿闻圣治。”谆芒曰：“圣治乎，官施而不失其宜，拔举而不失其能，毕见其情事而行其所为，行言自为而天下化，手挠顾指四方之民莫不俱至，此之谓圣治。”

【见独】

原文本段的后半部分为：“愿闻德人。”曰：“德人者，居无思，行无虑，不藏是非美恶。四海之内共利之之谓悦，共给之之谓安。怊乎若婴儿之失其母也，傥乎若行而失其道也。财用有余而不知其所自来，饮食取足而不知其所从，此谓德人之容。”“愿闻神人。”曰：“上神乘光，与形灭亡，是谓照旷。致命尽情，天地乐而万事销亡，万物复情，此之谓混溟。”

千推万敲，只有删除这部分后，文本才自成一体，且义理完足。更何况，删除部分无论如何都无法贯通，且义理乖离，后人伪作的可能性极大。

谆芒将东之大壑

看上去无关痛痒的一句话，其实是用来交代谆芒的圣人身份的，因为他平时就徜徉在大壑也就是“注焉而不满，酌焉而不竭”的大海里。这里，大海是大道的象征。

横目之民

庄子不再世，无解。千揣万度，“横目”应该是指苑风对民众难以管治的不满和无奈。正是这种不满和无奈，才导致他去追问谆芒什么是圣治。横，“横眉冷对”或“横行霸道”的横。

官施而不失其宜，拔举而不失其能，毕见其情事而行其所为，行言自为而天下化，手挠顾指四方之民莫不俱至，此之谓圣治

非极度精细之人不能独自体察出这段话的极度精微之处。这段话其实包含圣治的五个层次。第一层，制度设置问题。第二层，官员选拔问题。第三层，实情摸查问题。第四层，民众自由问题。第五层，考核标准问题。

官施而不失其宜。政治制度设置的关键在时宜。官施，古指官府颁发政令设置官职，也即政治制度设置。官，即《在宥》“吾又欲官阴阳以遂群生，为之奈何”的官，管控的意思。施，即措施。

拔举而不失其能。拔举人才的关键在才干。拔举，选拔推荐的意思。能，指一个人的天赋才能。

毕见其情事而行其所为。摸查情况的关键在完全。毕即完全的意思。

行言自为而天下化。民众行动与言语的关键在自由。

手挠顾指四方之民莫不俱至。检验结果正确与否的关键是民心。手挠顾指，庄子独创但没有流传开来的词语，意思其实很简单，就是用手指指一指，用眼神看一看，形容当事各方行动之间的极度默契或适应。

【今译】

谆芒正在前往东边大海的路上，恰巧于东海之滨遇到了苑风。苑风问：“您打算去哪里啊？”谆芒说：“要去大海呢。”苑风又问：“去大海干什么呢？”谆芒说：“大海它呀，你怎么灌也灌不满，怎么舀也舀不干，我想到那里去游玩游玩。”苑风于是说：“您难道不想想那些极度难治的民众吗？我想听听您关于圣治的看法。”谆芒于是回答说：“所谓圣治呀，制度设置要合乎时宜，选拔人才要依凭才干，摸查情况要彻底再采取相应行动，民众行动和言语都发自内心，天下自会教化，君王仅凭手指眼示天下民众就全都自愿归顺，这就叫圣治。”

十一

【文本归元】

门无鬼与赤张满稽观于武王之师，赤张满稽曰：“不及有虞氏乎！故罹此患也。”门无鬼曰：“天下均治而有虞氏治之邪？其乱而后治之与？”赤张满

稽曰："天下均治之为愿，而何计以有虞氏为！有虞氏之药疡也，秃而施髢，病而求医，孝子操药以修慈父，其色燋然，圣人羞之。至德之世，不尚贤，不使能，上如标枝，民如野鹿，端正而不知以为义，相爱而不知以为仁，实而不知以为忠，当而不知以为信，蠢动相使而不以为赐，是故行而无迹，事而无传。"

【见独】

不及有虞氏乎！故罹此患也

看上去十分简单其实十分难以确定意思的一句话。

首先，有虞氏是谁呢？有解注说是指舜，这肯定是不对的，因为庄子有很多地方提到舜，没有必要在这里单独用有虞氏来代替舜。据查，有虞氏应该是舜的祖先。

其次，不及怎么理解呢？武王之师怎么就不及有虞氏了呢？单从文本中是完全看不出不及的具体内涵的。

最后，武王之师跟"罹此患"如何相关联？

千沉百思后，庄子极其隐晦的用词还是能够明白其中十之八九的。原来，这武王之师一词本身就是一种象征，武象征武力，师象征军队，一如庄子虚拟一些人名之包含某种寓意，比如伯成子高、被衣等。有虞氏没有使用武力，也没有军队，所以，武王之师自然就不及有虞氏了。武王之师意味着使用武力并存在军队，使用武力并存在军队自然就有杀戮就有供养，民众自然就会因此而遭遇患难了。但有虞氏也没有怎么了不起，因为他是"乱而后治"，虽然没有使用武力和供养军队。

如果以庄解庄，则有虞氏的身份定位十分清楚：

《应帝王》：有虞氏不及泰氏。有虞氏其犹臧仁以要人，亦得人矣，而未始出于非人。

《田子方》：有虞氏死生不入于心，故足以动人。

有虞氏之药疡也，秃而施髢，病而求医，孝子操药以修慈父，其色燋然，圣人羞之

本句句读有些困难，但意思弄明白后，句读自然就好办了。那它的意思又是什么呢？一旦能在脑海中意念出有虞氏和孝子是并行关系，就非常容易把握句子的整体含义了。句子的整体含义是，如果有虞氏治理天下可以比方为治疗痈疮的话，则有虞氏治疗痈疮就好比头秃了再种植假发、生病了再看医生一般，都是“行而有迹，事而有传”。这类看上去很有贤德很有能力的行为，其实跟一个孝顺的孩子拿着各种药物充满爱心地侍候已经病倒了的慈父是没有任何差别的，圣人会为这种行为感到羞愧。

疡，音 yáng，本义为痈疮。传统将其解注为头疮，明显是受到后面“秃”字影响的结果。类似这种臆想出来的关联，在老庄解注中比比皆是，且几乎无人细究。

髢，音 dí，假发。

其色燋然

色自然是指脸色，但燋具体指什么，就不是十分明显，需细细考究。因为，它可能是形容孝子侍奉慈父而身心疲累的样子，也可能是形容孝子看到慈父病了因爱而内心着急的样子。但从后文“圣人羞之”的语境看，后一种解读应该更好些。

标枝

一看就明白、一想就不明白的一个词，大意是用来形容在上之君不动如高高在上的树冠，但这个意思怎么能从标枝这个词中出来呢？仅凭标枝本身是读不出这层语境所必需的意思的，只能想象它只是一种象征。

标，就是“标与本”的标，本义为树木的末端。

蠢动相使而不以为赐

几乎所有版本都写作“蠢动而相使不以为赐”，这在形式上明显不合前后语境，误抄的可能性极大。后人太固守古人的文字，且太看重古人。古人有高人，但高人再高，也只是人，错误在所难免。所以，一些明显的错误我们后人还是要有足够的勇气予以坚决纠正。唯其如此，我们才对得起将来后人对我们作为古人的称呼。

蠢动相使，庄子单一独用词，比较难以理解。勉强为之，应该是指人出于本性而相互依赖的自然行动。人为上天所赋的才干比较单一，但人的需求却是十分多样。十分多样的需求如何在才干比较单一的天定条件下得到合理满足呢？大自然为人们安排了相使的意欲和能力，这就迫使人组成一个社会。正因此，人的本质是各种社会关系的总和。

【今译】

门无鬼与赤张满稽在同时看到武王的军队后，赤张满稽就说："连有虞氏都赶不上！所以才会遭此战乱之祸。"门无鬼说："是天下本就好好的才有有虞氏的治理呢，还是天下乱糟糟之后才有有虞氏的治理？"赤张满稽回答说："天下好好的本就是民众的愿望，哪里还需要考虑有虞氏的治理不治理！有虞氏治理天下一如他去治疗痈疮，头秃了才去种植假发，生病了才去求助医生，这种做法其实跟一个孝顺的孩子拿着各种药物充满爱心地侍候已经病倒了的慈父是没有任何差别的，圣人会为这种行为感到羞愧。真正好的世道是，不崇尚所谓的贤人，不使用所谓的能人，在上之君静如树冠，在下之民动如野鹿，人们行为端正但并不知道是义，相互友爱但并不知道是仁，诚实以待但并不知道是忠，言辞妥当但并不知道是信，相互依赖但并不知道是赐，正因此，人们的行为没有明显的痕迹，所做的事情也没有流传下来。"

十二

【文本归元】

孝子不谀其亲，忠臣不谄其君，臣、子之盛也。亲之所言而然，所行而善，则世俗谓之不肖子。君之所言而然，所行而善，则世俗谓之不肖臣。而未知此其必然邪？世俗之所谓然而然之，所谓善而善之，则不谓之谄谀之人也！然则俗故严于亲而尊于君邪？谓己谄人，则勃然作色。谓己谀人，则怫然作色。而终身谄人也，终身谀人也，合譬饰辞聚众也，是终始本末不相坐。垂衣

裳，设采色，动容貌，以媚一世，而不自谓谄谀。与夫人之为徒，通是非，而不自谓众人也，愚之至也。知其愚者，非大愚也。知其惑者，非不惑也。大惑者，终身不解。大愚者，终身不灵。三人行而一人惑，所适者，犹可致也，惑者少也。二人惑则劳而不至，惑者胜也。而今也以天下惑，予虽有祈向，不可得也，不亦悲乎！大声不入于里耳，《折杨》《皇华》则嗑然而笑，是故高言不止于众人之心。至言不出，俗言胜也。以二缶钟惑，而所适不得矣。而今也以天下惑，予虽有祈向，其庸可得邪！知其不可得也而强之，又一惑也！故莫若释之而不推。不推，谁其比忧！厉之人，夜半生其子，遽取火而视之，汲汲然唯恐其似己也。

【见独】

本段虽然有“大声不入于里耳”“高言不止于众人之心。至言不出，俗言胜也”等极其出彩的至理名言，但整体文风实在太过俗气，必非庄子手笔，故不解不译。

十三

【文本归元】

百年之木，破为牺樽，青黄而文之，其断在沟中。比牺樽于沟中之断，则美恶有间矣，其于失性一也。桀跖与曾史，行义有间矣，然其失性均也。且夫失性有五：一曰五色乱目，使目不明。二曰五声乱耳，使耳不聪。三曰五臭熏鼻，使鼻困惾。四曰五味浊口，使口厉爽。五曰趣舍滑心，使性飞扬。此五者，皆生之害也，而杨墨乃始离跂自以为得，非吾所谓得也。夫得者困，可以为得乎？则鸠鸮之在于笼也，亦可以为得矣。

【见独】

桀跖与曾史

分别指称夏桀、盗跖、曾参、史鳅（qiū）。

使鼻困惾

原文为“困惾中颡”，庄子单一独用词，庄子不再世，无解。根据前后文，应该是“使鼻困惾”。惾，音 zōng，壅塞。

历爽

庄子单一独用词，根据语境，应该就是不爽的意思。历在此处的含义不清，估计用字有误，或是抄写有误。

趣舍滑心

庄子单一独用词，无解。勉强为之，应该是取舍乱心。

离跂

指踮起脚跟。

鸠鸮

音 jiū xiāo。具体所指不详，但不影响对文章的理解。一般来说，鸠指鸠鸟，鸮即俗称的猫头鹰。

且夫趣舍声色以柴其内，皮弁鹬冠搢笏绅修以约其外。内支盈于柴栅，外重纆缴，睆睆然在纆缴之中而自以为得，则是罪人交臂历指而虎豹在于囊槛，亦可以为得矣

本自然段最后一部分，明显是后人旁注入正，必须删除。

【今译】

将一块百年的上好木头加工成祭祀用的酒樽，然后再在其表面刷上青黄之类的花纹，其余部分就被丢弃到沟里了。如果将祭祀用的酒樽和丢弃在沟里的断木相比的话，则一美一丑的差别就会很明显。但是，就其两者都失去了各自

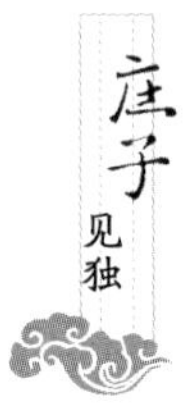

的本性来说却是一样的。桀跖与曾史四人，其各自行为的价值差别也很明显，但就他们都失去了各自的本性来说也是一样的。总起来说，失去本性有五种方式：一是色彩多了视力就迷乱，使眼睛看不清楚。二是声音多了听力就迷乱，使耳朵听不明白。三使气味多了嗅觉就迷乱，使鼻子受到拥塞。四是味道多了味觉就迷乱，使口舌受到损伤。五是取舍多了心性就迷乱，使心性漫天飞扬。这五个方面，都是对生命本性的伤害，可杨墨却殚精竭虑投身其中而自以为是得，这其实根本就不是我所谓的得。如果得带来的是困，还称得上是得吗？那样的话，鸠鸮即使被关到笼子里，也可以算是得了。

天道

一

【文本归元】

天道运而无所积，故万物成。圣道运而无所积，故海内服。明于天，通于圣，六通四辟于帝王之德者，其自为也，昧然无不静者矣。静而圣，动而王，无为也而尊，朴素而天下莫能与之争美。

【见独】

本节原文如下：

天道运而无所积，故万物成。帝道运而无所积，故天下归。圣道运而无所积，故海内服。明于天，通于圣，六通四辟于帝王之德者，其自为也，昧然无不静者矣！圣人之静也，非曰静也善，故静也，万物无足以挠心者，故静也。水静则明烛须眉，平中准，大匠取法焉。水静犹明，而况精神！圣人之心静乎，天地之鉴也，万物之镜也。夫虚静恬淡寂漠无为者，天地之平而道德之至也。故帝王圣人休焉。休则虚，虚则实，实则伦矣。虚则静，静则动，动则得矣。静则无为，无为也，则任事者责矣。无为则俞俞。俞俞者，忧患不能处，年寿长矣。夫虚静恬淡寂漠无为者，万物之本也。明此以南乡，尧之为君也。明此以北面，舜之为臣也。以此处上，帝王天子之德也。以此处下，玄圣素王之道也。以此退居而闲游，江海山林之士服。以此进为而抚世，则功大名显而天下一也。静而圣，动而王，无为也而尊，朴素而天下莫能与之争美。夫明白于天地之德者，此之谓大本大宗，与天和者也。所以均调天下，与人和者也。与人和者，谓之人乐。与天和者，谓之天乐。

庄子曰："吾师乎，吾师乎！齑万物而不为戾，泽及万世而不为仁，长于上古而不为寿，覆载天地、刻雕众形而不为巧。"此之谓天乐。故曰：知天乐者，其生也天行，其死也物化。静而与阴同德，动而与阳同波。故知天乐者，无天怨，无人非，无物累，无鬼责。故曰：其动也天，其静也地，一心定而王天下。其鬼不崇，其魂不疲，一心定而万物服。言以虚静推于天地，通于万物，此之谓天乐。天乐者，圣人之心以畜天下也。

夫帝王之德，以天地为宗，以道德为主，以无为为常。无为也，则用天下而有余。有为也，则为天下用而不足。故古之人贵夫无为也。上无为也，下亦无为也，是下与上同德，下与上同德则不臣。下有为也，上亦有为也，是上与下同道，上与下同道则不主。上必无为而用下，下必有为为天下用。此不易之道也。故古之王天下者，知虽落天地，不自虑也。辩虽雕万物，不自说也。能虽穷海内，不自为也。天不产而万物化，地不长而万物育，帝王无为而天下功。故曰：莫神于天，莫富于地，莫大于帝王。故曰：帝王之德配天地。此乘天地，驰万物，而用人群之道也。

本在于上，末在于下，要在于主，详在于臣。三军五兵之运，德之末也。赏罚利害，五刑之辟，教之末也。礼法度数，刑名比详，治之末也。钟鼓之音，羽旄之容，乐之末也。哭泣衰絰，隆杀之服，哀之末也。此五末者，须精神之运，心术之动，然后从之者也。末学者，古人有之，而非所以先也。君先而臣从，父先而子从，兄先而弟从，长先而少从，男先而女从，夫先而妇从。夫尊卑先后，天地之行也，故圣人取象焉。天尊地卑，神明之位也。春夏先，秋冬后，四时之序也。万物化作，萌区有状，盛衰之杀，变化之流也。夫天地至神矣，而有尊卑先后之序，而况人道乎！宗庙尚亲，朝廷尚尊，乡党尚齿，行事尚贤，大道之序也。语道而非其序者，非其道也。语道而非其道者，安取道哉！

是故古之明大道者，先明天而道德次之，道德已明而仁义次之，仁义已明而分守次之，分守已明而形名次之，形名已明而因任次之，因任已明而原省次之，原省已明而是非次之，是非已明而赏罚次之，赏罚已明而愚知处宜，贵贱履位，仁贤不肖袭情。必分其能，必由其名。以此事上，以此畜下，以此治物，以此修身，知谋不用，必归其天。此之谓大平，治之至也。故书曰："有形有名。"形名者，古人有之，而非所以先也。古之语大道者，五变而形名可举，九变而赏罚可言也。骤而语形名，不知其本也。骤而语赏罚，不知其始也。倒道而言，迕道而说者，人之所治也，安能治人！骤而语形名赏罚，此有知治之具，非知治之道。可用于天下，不足以用天下。此之谓辩士，一曲之人也。礼法数度，形名比详，古人有之。此下之所以事上，非上之所以畜下也。

之所以敢于删除这么一大段文字，理由一，本篇非常类似《养生主》，开头一段是卮言，非常简短的经文，然后几段寓言是对卮言进行申论。理由二，被删除部分整体上是典型的儒家文风，思想上儒家痕迹更是一览无余，但它明显跟庄子一贯主张相违背。比如："春夏先，秋冬后，四时之序也。"一句，按庄子理念，春夏秋冬始卒若环，哪里有什么先后之别？理由三，庄子行文简洁而不失深邃，但删除部分行文极其烦冗且整体义理粗俗，尽管局部也不失深邃，比如："故古之王天下者，知虽落天地，不自虑也。辩虽雕万物，不自说也。能虽穷海内，不自为也。天不产而万物化，地不长而万物育，帝王无为而天下功。""骤而语形名，不知其本也。骤而语赏罚，不知其始也。倒道而言，迕道而说者，人之所治也，安能治人！骤而语形名赏罚，此有知治之具，非知治之道。可用于天下，不足以用天下。此之谓辩士，一曲之人也。"理由四，删除部分存在明显的义理重复。比如："静而与阴同德，动而与阳同波。故知天乐者，无天怨，无人非，无物累，无鬼责。"明显与《刻意》："静而与阴同德，动而与阳同波。不为福先，不为祸始。感而后应，迫而后动，不得已而后起。去知与故，遁天之理。故无天灾，无物累，无人非，无鬼责。"相重复。其实，还有许多理由，这里就不烦举了。

无所积

结合前面的"运"字，它的意思其实非常浅白，就是没有任何淤积，后文更是一字一珠地阐释了这个基本道理："夫道，于大不终，于小不遗，故万物备。"

明于天，通于圣

正是基于这六个字，才将前面的"帝道运而无所积，故天下归"删除了。另外，"帝道运而无所积，故天下归"与"圣道运而无所积，故海内服"看不出任何实质差别。

天与圣分别是天道与圣道的省略。

六通四辟于帝王之德者

六通四辟，传统将其解注为"上下四方和春秋四时"，不能算错，但也不能算对。结合语境需要，它的意思其实很清楚，就是时空里的一切存在。

帝王之德者，一定要紧密结合语境的需要理解。它的意思其实很清晰，就是"明于天，通于圣"的人。

昧然

语境实在太小，十分难以理解。但如果根据庄子整体思想且结合这里的语境需要，还是将就可以理解的。昧的本义为昏暗不明，在庄子看来，道始终是昏暗不明的，诚如《知北游》所说："夫昭昭生于冥冥"。"冥冥"就是对道的描述，冥的本义也是昏暗不明。

静而圣，动而王，无为也而尊，朴素而天下莫能与之争美

理解这句话的关键，是清晰把握到这句话的主语是"明于天，通于圣"的"帝王之德者"。

【今译】

正因为天道一直运行而没有任何淤积，万物才得以生成。正因为圣道一直运行而没有淤积，海内才得以臣服。明白了天道是什么，通悉了圣道又为何，则对于这类具有帝王品性的人来说，时空里的一切存在在它自我运行时，莫不被看作是都昏昏然回归到了它们各自的本性。正因此，具有帝王品性的人静则为圣，动则称王，即使无为而为也备受尊重，即使朴素无华也没有人能与其媲美。

二

【文本归元】

昔者舜问于尧曰："天王之用心何如？"尧曰："吾不敖无告，不废穷民，苦死者，嘉孺子而哀妇人，此吾所以用心已。"舜曰："美则美矣，而未大也。"尧曰："然则何如？"舜曰："天德而出宁，日月照而四时行，若昼夜之有经，云行而雨施矣！"尧曰："胶胶扰扰乎！子，天之合也。我，人之合也。"故古之王天下者奚为哉？天地而已矣。

【见独】

舜问于尧

从寓言的整体安排看，舜对尧的问显然不是无意无知而问，而是有意有知而问。所以，句中的“问”一定是考问的意思。

天王

从后面的对答来看，天王特指天然的王或是真正的王。

不敖无告

敖，应该是“傲”的通假或是误抄，傲的本义为傲慢无理。

无告，指有苦无处诉的人。

天德而出宁

非常隐晦的一句话，但纯粹理性的充分动用，还是将就可解，它其实是一个不见自明的先天判断，即上天的德性先天地就表现出一种宁静有序的状态，也是后面三句的总括句。

天德，上天的德性，即自然的德性。

出宁，出即“出现”的出，宁即“宁静”的宁。

胶胶扰扰

在没有更可靠文本的前提下，只能就字解字。单从“胶胶扰扰”字面给人的直观感受看，它一定是个不好的价值判断。所以，它非常可能是尧对自己原先理念的价值否定。在庄子看来，胶是一种人为的行为，正如《德充符》中所说：“不斫，恶用胶？”既然人为胶了，自然就扰了。

夫天地者，古之所大也，而黄帝、尧、舜之所共美也

原紧接在“胶胶扰扰乎！子，天之合也。我，人之合也”之后，现删除，理由一，句子本身不合语境。寓言中不需要黄帝出场，但后人感言让他出场就十分自然。理由二，寓言本身明显将尧舜做了区分，尧为人，舜为天。所以，“尧、舜之所共美也”没有义理承接。理由三，它本身意欲表达的义理，后句已经完全包含其中。

【今译】

有一次舜考问尧："你说真正的君王该如何用心呢？"尧回答说："我不无视求告无门的人，不抛弃一无所有的人，悲悯死者，嘉勉孩幼，哀怜妇人，这就是我的用心所在。"舜回应说："这么做好是好，但远远不够。"尧追问："那如何才够？"舜说："上天表现出来的德性本来就安宁无扰，日月自然地照耀着，四季自然地运行着，就好比白天和黑夜有规律地交替着，云雨自然而然地就都有了。"尧说："我原来真是太过人为而胶胶扰扰了！您，天之合啊。我，人之合啊。"所以说，那些真正称王天下的人是怎么用心的呢？只不过是效法天地罢了。

三

【文本归元】

孔子西藏书于周室，子路谋曰："由闻周之征藏史有老聃者，免而归居，夫子欲藏书，则试往因焉。"孔子曰："善。"往见老聃，而老聃不许，于是翻六经以说。老聃中其说，曰："大谩，愿闻其要。"孔子曰："要在仁义。"老聃曰："请问仁义，人之性邪？"孔子曰："然。君子不仁则不成，不义则不生。仁义，真人之性也，又将奚为矣？"老聃曰："请问何谓仁义？"孔子曰："兼爱无私，此仁义之情也。"老聃曰："意，几乎后言！夫兼爱，不亦迂夫！无私焉，乃私也。夫子若欲使天下无失其牧乎，则天地固有常矣，日月固有明矣，星辰固有列矣，禽兽固有群矣，树木固有立矣。夫子亦放德而行，遁道而趋，已至矣！又何偈偈乎揭仁义，若击鼓而求亡子焉！意，夫子乱人之性也。"

【见独】

征藏史

庄子单一独用词，确定义无解。根据语境，它的大致意思应该相当于负责国家书籍征藏的官员。

试往因焉

确定义无解，只能就字解字。试往就是试图前往，因就是“因顺”的因，即借助老子而将书藏于周室。

大谩

庄子单一独用词，只能借助语境理解为太过枝蔓。

君子不仁则不成，不义则不生

含义非常隐晦的一句话。理解的关键在区分什么是仁什么是义之后，相应地区分什么是成什么是生。可是，这本身就是一个巨大的难题。在没有办法的情况下，我们只能靠纯粹理性，在绝对理念的引导下，借助纯粹逻辑而获得纯粹答案。绝对理念是，任何人的行为都是个体性和社会性的合一，君子也必定如此。当讲仁时，对象是主体。当讲义时，对象是客体。主体是个人，客体是社会。于是，成的对象是个人，生的对象是社会。如果这个分析成立，则这句话的意思是，君子如果不仁就不能成就自己，如果不义就不能成就他人。生就是“生出”“生成”的生。

又将奚为矣

还是非常隐晦的一句话。反反复复熟念后，它的意思相当于口语中的“又还能是什么呢？”

兼爱无私，此仁义之情也

原文为：“中心物恺，兼爱无私，此仁义之情也。”现删除“中心物恺”四字，理由一，它本身是什么意思，无人能给出合乎理性的答案。理由二，后文要求这四个字不应该存在，因为老子根本就没有理睬这四个字，但极其贴合地回答了“兼爱无私”四个字。

几乎后言

“老聃中其说”的换形表达。

夫子若欲使天下无失其牧乎

几乎一切过往解注都在此句后用问号，遂导致义理虽然相差不大但十分不连贯。牧，治的意思，即长治久安。

偈偈乎

音 jié jié，含义模糊，无解。勉强为之，相当于呕心沥血、殚精竭虑、苦口婆心等。

【今译】

孔子想去西边将自己编撰的书本藏到周王室，子路出主意说：“我听说周王室有个征藏官名叫老聃的，现在已退休在家，老师您如果想要藏书，不妨先去拜访一下他老人家。”孔子说：“好主意。”于是前往拜会老子，可老子并没有答应，孔子便向老子解说他所编撰的六经。老子打断他的解说说道：“太啰唆了，说说要点。”孔子于是说：“要点就在仁义。”老子问：“你所说的仁义是人的天性吗？”孔子说：“当然。君子要是不仁就不能成就自己，要是不义就不能成就他人。仁义，就是人的天性，不然还能是什么呢？”老子又问：“那你所谓的仁义其内涵是什么啊？”孔子回答说：“兼爱无私，这就是仁义的本质。”老子最后说：“唉，别再说什么了！一说兼爱，就已经迂曲了。一说无私，就已经偏私了。你如果真的想要天下长治久安，则天地本来就有它固有的恒常，日月本来就有它固有的光明，星辰本来就有它固有的序列，禽兽本来就有它固有的群落，树木本来就有它固有的地盘啊。你所要做的只不过是‘放德而行，遁道而趋’罢了，哪里需要你一天到晚叽叽歪歪地到处宣讲仁啊义啊什么的，就好比一边敲着锣鼓一边要找回正要逃离你的人。唉，你这一套根本就是在惑乱人的本性啊。”

四

【文本归元】

士成绮见老子而问曰：“吾闻夫子圣人也，固不辞远道而来愿见，百舍重趼而不敢息。今吾观子非圣人也，鼠壤有余蔬而弃妹，不仁也！生熟不尽于前，而积敛无崖。”老子漠然不应。士成绮明日复见，曰：“昔者吾有刺于子，今吾心正却矣，何故也？”老子曰：“夫巧知神圣之人，吾自以为脱焉。昔者子呼我牛也而谓之牛，呼我马也而谓之马。苟有其实，人与之名而弗受，再受其殃。吾服也恒服，吾非以服有服。”士成绮雁行避影，履行遂进，而问修身若何。老子曰：“尔容崖然，尔目冲然，尔颡頯然，尔口阚然，尔状峨然，似系马而止也，动而持，发而机，察而审，知巧而睹于泰，凡以为不信。边竟有人焉，其名为窃。”

【见独】

本寓言一定是庄子的寓言，但文本传抄中应该出了问题，且是无法修补的问题。这些问题是：一，“鼠壤有余蔬而弃妹，不仁也！生熟不尽于前，而积敛无崖。”跟老子究竟有什么关联？本节本篇找不到，《庄子》全书也找不到，其他散逸文字还是找不到。二，“鼠壤有余蔬而弃妹”“吾心正却矣”“动而持，发而机，察而审，知巧而睹于泰，凡以为不信。边竟有人焉，其名为窃。”等，完全无法理解。三，无法准确把握本寓言的寓意。

有鉴于此，本节暂作保留，不解不译。

五

【文本归元】

老子曰：“夫道，于大不终，于小不遗，故万物备。广乎其无不容也，渊乎其不可测也。刑德仁义，神之末也，非至人孰能定之！夫至人有世，不亦大乎，而不足以为累。天下奋柄而不与之偕，审乎无假而不与物迁。极物之真，能守其本。故外天地，遗万物，而神未尝有所困也。通乎道，合乎德，退仁义，摈礼乐，至人之心有所定矣！”

【见独】

于大不终，于小不遗，故万物备

这里的大与小不是理性概念，而是知性概念，特指物的大与小，这是由“故万物备”所决定了的。所谓理性概念，指概念所指的对象不可见。所谓知性概念，指概念所指的对象可见。比如，人是知性概念，而灵魂就是理性概念，因为人可见而灵魂不可见。

刑德仁义，神之末也，非至人孰能定之

这是一句承上启下的话，所以一定要在语境中理解它。所谓承上，指“刑德仁义”只是“万物”之一。所谓启下，指至人才能定它。接着便说至人是什么人，是心有所定的人。定在哪里呢？定在道上。

所以，本卮言极其完整，可谓经文中的经文。

天下奋柄而不与之偕，审乎无假而不与物迁

奋柄，庄子单一独用词，具体含义无解。如果原文不误，则它的可能含义当指世人为生计而忙碌奔波的样子。

无假，从后面的“物”字就可以逆推出它道的含义，含义同《德充符》“审乎无假而不与物迁，命物之化而守其宗者也”的无假完全等同。

【今译】

老子说：“对道而言，东西再大也不会终止它，东西再小也不会遗漏它，正因此，没有什么东西不会完备。道是如此的广大，以至于没有什么能不被包容，道是如此的深邃，以至于没有什么能对其测量。刑德仁义这些道之残余的东西，如果不是至人谁还能确定它究竟是什么东西啊！至人心中的世界真可谓是大呀，但再大也不会让至人感到心累。世人无论怎样忙碌奔波他都不动如山，他始终皈依大道而绝不随外物的改变而改变。其原因，就是他已经极尽了物的本真，且能始终坚守这个本真。所以，至人在将天地和万物都虚空心外后，他的神就没有了任何疲困。如此看来，无论是通达大道还是契合德性，无论是辞退仁义还是摒弃礼乐，至人的心始终都安定在大道之上啊。”

六

【文本归元】

世之所贵道者，书也。书不过语，语有贵也。语之所贵者，意也。意有所随，意之所随者，不可以言传也，而世因贵言传书。世虽贵之，我犹不足贵也，为其贵非贵也。故视而可见者，形与色也。听而可闻者，名与声也。悲夫！世人以形色名声为足以得彼之情。夫形色名声，果不足以得彼之情，则知者不言，言者不知，而世岂识之哉！

桓公读书于堂上，轮扁斫轮于堂下，释椎凿而上，问桓公曰：“敢问公之所读者，何言邪？”公曰：“圣人之言也。”曰：“圣人在乎？”公曰：“已死矣。”曰：“然则君之所读者，古人之糟粕已夫！”桓公曰：“寡人读书，轮人安得议乎！有说则可，无说则死！”轮扁曰：“臣也以臣之事观之。斫轮，徐则甘而不固，疾则苦而不入，不徐不疾，得之于手而应于心，口不能言，有数存乎其间。臣不能以喻臣之子，臣之子亦不能受之于臣，是以行年七十而老斫轮。古之人与其不可传也死矣，然则君之所读者，古人之糟粕已夫！”

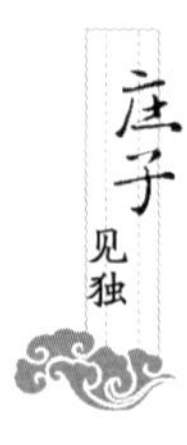

【见独】

研轮，徐则甘而不固，疾则苦而不入，不徐不疾，得之于手而应于心，口不能言，有数存乎其间

一看就懂细究难懂的一句话。难懂的原因，是斫轮这门技艺中对快慢的精准把握及其结果我们不懂。文字的诡异之处是，明明就知道文字本身所不能完全表达的信息，偏偏就能被表达对象所完全接收，前提是接收方本身有相同或相似的经验。比如，本寓言里我们明明就"口不能言"斫轮到底怎么就"徐则甘而不固，疾则苦而不入，不徐不疾，得之于手而应于心"了，但完全不影响我们知道"有数存乎其间"，这就够了，就意味着我们懂了，因为我们即使不斫轮，但类似由斫轮所产生的心理感觉其实任何一个理性的人都有过。

【今译】

世人都是借助书本来表示对道的重视的。其实，书本只不过是话语而已，话语也有它自己所重视的。话语所重视的，就是意思。意思又有它所需要追随的，它所要追随的，其实是不可通过话语来传递的，但世人却是通过重视话语来传递书本。世人虽然对书本很看重，但我并不那么看重，因为世人所看重的其实没有那么值得看重。本来，凡是能够看得见的，不过是形状与颜色罢了。凡是能够听得到的，不过是名称与声音罢了。可悲的是，世人以为通过形状、颜色、名称、声音就可以认知到大道。要是形状、颜色、名称、声音并不能通达大道的话，则"知者不言，言者不知"。可这个道理又哪里是世人所能知晓的呢？

桓公在堂上读书，轮扁在堂下斫轮。轮扁把椎凿放下后，走近堂上问桓公："斗胆问下君王您正在读的书，是谁说的话？"桓公说："圣人说的话。"轮扁又问："圣人还活着吗？"桓公说："已经过世了。"轮扁于是说："如此说来，君王您所读的，不过是古人的糟粕罢了。"桓公说："我可是作为君王在读书，你一个斫轮的人怎能妄下评判？有说则可，无说则死！"轮扁于是说："我就以我斫轮这事为例来跟您说说。我在斫轮时，手慢了轮就会'甘而不固'，手快了轮就会'苦而不入'，不慢不快，得之于手而应之于心，嘴里虽然说不清楚，但轮子却是刚刚好。我无法将我的技艺告知我的孩子，我的孩子也无法从我这里拿走我的技艺，就因为这个，我现今都七十岁了却还不得不在您这里斫轮。既然书的作者和作者的技艺都已经死了，君王您所读的，自然就是古人的糟粕了。"

天运

一

【文本归元】

天其运乎，地其处乎，日月其争于所乎，孰主张是？孰维纲是？孰居无事而行是？

云者为雨乎，雨者为云乎，孰隆施是？孰居无事而劝是？

风起北方，一西一东，在上彷徨，孰嘘吸是？孰居无事而拂是？

敢问何故？

巫咸袑曰：“来，吾语汝，天有六极五常。帝王顺之则治，逆之则凶，九州之事，治成德备，监照下土，天下戴之，此谓上皇。”

【见独】

本节一切过往版本的原文样式是：

“天其运乎？地其处乎？日月其争于所乎？孰主张是？孰维纲是？孰居无事推而行是？意者其有机缄而不得已乎？意者其运转而不能自止邪？云者为雨乎？雨者为云乎？孰隆施是？孰居无事淫乐而劝是？风起北方，一西一东，在上彷徨。孰嘘吸是？孰居无事而披拂是？敢问何故？”巫咸袑曰：“来，吾语女。天有六极五常，帝王顺之则治，逆之则凶。九洛之事，治成德备，监照下土，天下戴之，此谓上皇。”

归元后改动的地方有：

1. 本节对话没有问话者，却有答话者，有点奇怪。原文如果没有遗漏，则问话者应该是作者自己。答话者巫咸袑踏空而来，且名字的含义不清不楚，迫不得已的情况下，清晰起见，还是去掉问话者的双引号为好。

2. “天其运乎，地其处乎，日月其争于所乎”“云者为雨乎，雨者为云乎”都由原先的问号改为逗号。理由一，三问明显是排比的，也应该是排比的，想必作者写作时也想写成排比。但是，“风起北方，一西一东，在上彷徨”明显

就不能用问号。根据排比的一致性要求，前两句自然要用逗号而不是问号。理由二，从语境中作者的意图看，“天其运乎，地其处乎，日月其争于所乎”“云者为雨乎，雨者为云乎”也不宜用问号，作者心目中这些现象明显是一种不言自明的规律性存在，他在意的不是这些现象，而是这些现象的规律性，所以才有后面的连续发问。而且，后文中“天有六极五常”则明显规定了前文的语境含义。另外，“天有六极五常”后面必须用句号，“逆之则凶”后面必须用逗号，否则，全句义理上难以贯通。

3. 改“孰居无事推而行是”为“孰居无事而行是”，推字无论就本句自身还是就跟后面句式一致来说，都是冗余的。

4. 改“孰居无事淫乐而劝是”为“孰居无事而劝是”，淫乐一词不仅本身含义不清，而且语境也不需要。

5. 改“孰居无事而披拂是”为“孰居无事而拂是”，根据语境，披拂含义模糊，强解为吹拂，纯属臆想，完全没有根据。但如果只保留拂，则含义极其清晰，且完全符合语境需要。

6. 删除了“意者其有机缄而不得已乎？意者其运转而不能自止邪？”旁注入正的可能性极大。关键是，语境不需要这样的提问，答案原本就安排在巫咸祒的回答里。

7. 改“吾语女”为“吾语汝”。《庄子》中很多所谓的通假字纯粹就是后人的附会，明显是抄错了的原因，却看作是通假字。这类改动还很多，有些地方因为实在嫌啰唆，就直接省略而不提了。比如《庄子》中有大量将“尔”抄错为“而”，然后将“而”通假为“尔”的，本书就直接改过来了而不再做任何说明。

8. 改“九洛之事”为“九州之事”。理由是，九洛不知所云。那些所谓九洛指“九州聚落之事”或是“九畴之事”都是毫无根据的胡解妄说。

必须特别指出的是，庄子诚然是天才中的天才，但这绝不意味着他写的文章就完美无缺。从人的纯粹理性对完美性有天然要求这个原则出发，我们后人完全有理由更应该有勇气对《庄子》做智慧而谨慎的改动。更何况，《庄子》存续几千年，误抄、漏抄、旁注入正的可能性都极大。所以，我们后人如果死守庄子的文字，就完全不吻合庄子本人“得鱼忘筌、得意忘言”的思想主张。

天其运乎，地其处乎，日月其争于所乎

非常非常难以理解的一句话，只能勉强为之。

天其运乎，地其处乎。天不是我们平常所说的“天空”的天，而是指看不见的，使得一切可见得以存在的那个有规律性、目的性和美感性的天。按柏拉图的话说，你抬头是看不到天的，只有低头才能看到。也就是说，天不是眼睛能看见的，而是心灵才能看见的。相应地，地不是指地球，而是指为上天所创的一切可见天体。天上的太阳、月亮和星星等，都是地。天是运动着的，地是静止着的。天是地的灵魂，灵魂是一切生命体运动的唯一根源。西方“动者恒静，静者恒动”的哲学思想是这一观点的极好印证。

日月其争于所乎。“争于所”三字实在太难理解。就“争”字来说，可能是作者从地球上看太阳和月亮时，直观的感觉是太阳和月亮白天和黑夜交相出现，故好像是争，拟人用法。就“所”字来说，它的含义应该是《老子见微》第 33 章“不失其所者久也”的所，指一个东西该在的地方。所以，争于所的意思，很可能是争着运行在各自的固有轨道上。

孰隆施是？孰居无事而劝是

隆施和劝都非常不好理解，估计原文有误。勉强为之，“隆施”的隆可能对应的是“雨者为云乎”，指雨使云成隆起状，施可能就是成语“云行雨施”的施，对应的是“云者为雨乎”。劝，只能想象它在句中是拟人用法，将云和雨当作是劝勉的对象，以使它们能在隆与施交相运行的过程中呈现出某种规律并实现某种目的。

彷徨

本义为徘徊、游荡，正切合这里的语境需要。

六极五常

传统将之解注为：“六极指东、西、南、北、上、下，五常即五行，指金、木、水、火、土。”这明显不合语境需要。六极五常如果是这个含义，则“帝王顺之则治，逆之则凶”完全没有义理承接，逻辑上是讲不通的。那六极五常到底是什么意思呢？庄子不再世，无人能解。但根据人的纯粹理性对绝对理念的渴求，即使庄子不再世，六极五常的大致含义其实还是有解的，它应该指的是天有它内在的有机结构和恒常性。帝王只有顺应天的有机结构和恒常性，才能使天下长治久安。否则，就会招致天下大乱。

治成德备

庄子单一独用词，意思虽然不是很清晰，但语境在，望文生义就可解，意即天下大治且德性完备，特指人的治理跟上天的规律相一致。

监照下土

关键是它的主语不清晰。是帝王还是治成德备？抑或是其他？且琢且磨，觉得用帝王做主语更可靠些。

【今译】

天是运动着的，地是静止着的，日月是各安其运行轨迹的，谁在主导这些呢？谁在维持这些呢？又是谁闲来无事在推行这些呢？

云生成了雨，雨又生成了云，谁在那里托起拍落它们？又是谁闲来无事在劝勉它们？

风本来在北边生起，可它却忽东忽西地在天空飘荡不止，谁在吐纳着这些？又是谁闲来无事在吹拂这些？

能斗胆问一下所有这些究竟是怎么回事吗？

巫咸祒回答说："来，让我来告诉你吧，这是因为上天自有它固有的结构和恒常的法则。帝王要是依顺它们，天下就将太平，要是违逆它们，天下就将凶险。只有当帝王在人世间将天下所有事务都处理得完全合乎天道时，全天下人才会真正拥戴他，这才算是真正的帝王。"

二

【文本归元】

商大宰荡问仁于庄子。庄子曰："虎狼，仁也。"曰："何谓也？"庄子曰："父子相亲，何为不仁？"曰："请问至仁。"庄子曰："至仁无亲。"大宰曰：

“荡闻之，无亲则不爱，不爱则不孝。谓至仁不孝，可乎？”庄子曰：“不然。夫至仁尚矣，孝固不足以言之。夫南行者至于郢，北面而不见冥山，是何也？则去之远也。故曰，以敬孝易，以爱孝难。以爱孝易，而忘亲难。忘亲易，使亲忘我难。使亲忘我易，兼忘天下难。兼忘天下易，使天下兼忘我难。夫德遗尧、舜而不为也，利泽施于万世，天下莫知也，岂直太息而言仁孝乎哉！夫孝悌仁义，忠信贞廉，此皆自勉以役其德者也，不足多也。”

【见独】

虎狼，仁也

极富深意但极易被忽视的一句双关语。庄子在这里用虎狼也有仁做比方，其实就是旗帜鲜明地表面其对仁的态度：虎狼是也。

至仁无亲

一定要在意念中将其同“父子相亲”前后贯通起来。

至仁不孝

不要将不孝看作一个名词，而要看作是动词。

不然

注意，庄子这里没有用“不可”以呼应前面的“可乎？”差别在哪里呢？如果用不可，就意味着“至仁不孝”是不对的。如果用不然，则没有要否定“至仁不孝”，只是说不能这么说。也就是说，“至仁不孝”这个说法不好，它并不是“至仁无亲”的逻辑必然。因为，“夫至仁尚矣，孝固不足以言之”。

此非过孝之言也，不及孝之言也

此句原紧接在“孝固不足以言之”之后，明显是后人对“夫至仁尚矣，孝固不足以言之”所做的错注而误被抄入正文的结果。其实，“夫南行者至于郢，北面而不见冥山，是何也？则去之远也”才是对“夫至仁尚矣，孝固不足以言之”的正确解释。

故曰

故在这里不是所以的意思，而是“故旧”的故，旧时的意思。

以敬孝易，以爱孝难。以爱孝易，而忘亲难。忘亲易，使亲忘我难。使亲忘我易，兼忘天下难。兼忘天下易，使天下兼忘我难

这段话被几乎全部过往注家看作是对孝的深刻阐释，而庄子的本意只是想论证孝无论怎样都无法达到至仁境界，也即“夫至仁尚矣，孝固不足以言之”。

这段话的重心在最后一句“使天下兼忘我难”上，前面的话都只是起铺垫作用。所谓铺垫作用，是指前面的事再怎么在理，到最后也只是那样，达不到最高境界。

故曰：至贵，国爵屏焉。至富，国财屏焉。至愿，名誉屏焉。是以道不渝

原紧接在“不足多也”之后，其义理跟寓言完全不搭，明显是后人的错误感言旁入正文的结果。

【今译】

商大宰荡问仁于庄子。庄子说：“虎狼就是仁啊。”大宰说：“什么意思？”庄子说：“虎狼父子相亲，怎么能说不是仁呢？”大宰又问：“那就请教一下至仁好了。”庄子说：“至仁无亲。”大宰说：“我听说过，无亲就不爱，不爱就不孝。说至仁不孝，可以吗？”庄子说：“两回事。至仁是一个很高的境界，孝是无论如何都无法将它说清楚的。就好比，一个人往南走直至郢地，回头北望而看不见冥山，这是什么原因呢？因为隔得实在太远了啊。旧时有这么种说法，以敬孝易，以爱孝难。以爱孝易，而忘亲难。忘亲易，使亲忘我难。使亲忘我易，兼忘天下难。兼忘天下易，使天下兼忘我难。要是一个人的德性能将尧舜所谓的仁孝放到一边置之不理，同时又能将真正的利泽惠及千秋万代，即使全天下人都根本不知道他的存在，他又哪里会去长吁短叹什么仁孝之事呢？其实，孝悌仁义也好，忠信贞廉也罢，这些都只不过是一个人的自我嘉勉并导致自我枷锁罢了，实在不值得推崇。”

三

【文本归元】

北门成问于黄帝曰："帝张《咸池》之乐于洞庭之野，吾始闻之惧，复闻之怠，卒闻之惑，荡荡默默，乃不自得。"帝曰："汝殆其然哉！吾奏之以人，徵之以天，行之以礼义，建之以太清。四时迭起，万物循生。一盛一衰，文武伦经。一清一浊，阴阳调和，流光其声。蛰虫始作，吾惊之以雷霆。其卒无尾，其始无首。一死一生，一偾一起，所常无穷，而一不可待。汝故惧也。吾又奏之以阴阳之和，烛之以日月之明。其声能短能长，能柔能刚，变化齐一，不主故常。在谷满谷，在坑满坑。涂郤守神，以物为量。其声挥绰，其名高明。是故鬼神守其幽，日月星辰行其纪。吾止之于有穷，流之于无止。子欲虑之而不能知也，望之而不能见也，逐之而不能及也。傥然立于四虚之道，倚于槁梧而吟：'目知穷乎所欲见，力屈乎所欲逐，吾既不及，已夫！'形充空虚，乃至委蛇。汝委蛇，故怠。吾又奏之以无怠之声，调之以自然之命。故若混逐丛生，林乐而无形，布挥而不曳，幽昏而无声。动于无方，居于窈冥，或谓之死，或谓之生。或谓之实，或谓之荣。行流散徙，不主常声。世疑之，稽于圣人。圣也者，达于情而遂于命也。天机不张而五官皆备。此之谓天乐，无言而心说。故有焱氏为之颂曰：'听之不闻其声，视之不见其形，充满天地，苞裹六极。'汝欲听之而无接焉，而故惑也。乐也者，始于惧，惧故祟。吾又次之以怠，怠故遁。卒之于惑，惑故愚。愚故道，道可载而与之俱也。"

【见独】

本节文字必须是一个思想天才兼音律天才才能读通。本人学有不足，力有不及，智有不逮，甘拜下风。

四

【文本归元】

孔子西游于卫，颜渊问师金曰："以夫子之行为奚如？"师金曰："惜乎！尔夫子其穷哉！"颜渊曰："何也？"师金曰："夫刍狗之未陈也，盛以箧衍，巾以文绣，尸祝斋戒以将之。及其已陈也，行者践其首脊，苏者取而爨之而已。将复取而盛以箧衍，巾以文绣，游居寝卧其下，彼不得梦，必且数眯焉。今尔夫子亦取先王已陈刍狗，聚弟子游居寝卧其下，故伐树于宋，削迹于卫，穷于商周，是非其梦邪？围于陈蔡之间，七日不火食，死生相与邻，是非其眯邪？夫水行莫如用舟，陆行莫如用车。以舟之可行于水也，而求推之于陆，则没世不行寻常。古今非水陆与？周鲁非舟车与？今蕲行周于鲁，是犹推舟于陆也，劳而无功，身必有殃。且子独不见夫桔槔者乎？引之则俯，舍之则仰。彼，人之所引，非引人者也，故俯仰而不得罪于人。夫三皇五帝之礼义法度，不矜于同而矜于治。故西施病心而矉其里，其里之丑人见而美之，归亦捧心而矉其里。其里之富人见之，坚闭门而不出。贫人见之，挈妻子而去。彼知矉美而不知矉之所以美。惜乎，尔夫子其穷哉！"

【见独】

惜乎

很是不好把握其准确含义，是痛惜呢？还是惋惜？抑或是可惜？根据语境，理解为怜惜似乎最是恰当。

夫刍狗之未陈也，盛以箧衍，巾以文绣，尸祝斋戒以将之。及其已陈也，行者践其首脊，苏者取而爨之而已

刍狗，传统一般将其解注为古代祭祀时用草扎成的狗。但考究祭祀仪式，用狗作牺牲似乎史书没有记载，所以，它很可能为刍姁之误，姁有美女的意思，刍姁即古代祭祀时用草扎成的美女。不过，无论原文是刍狗还是刍姁，对正确理解文本的影响并不大。

箧衍，估计抄写有误，衍字在这里无解，箧，箱子。

文绣，刺绣华美的丝织品或衣服。

苏者，估计抄写有误，无解。勉强为之，根据语境，大意是捡拾柴草的人。

爨，音 cuàn，烧火做饭。

数眯

估计原文抄写有误，字面意思无解。根据语境，大意是迷乱不堪的意思。数，表示多。眯，古通“迷”。

伐树于宋，削迹于卫，穷于商周

应该有相应的历史典故，但史书记载不清，不知真相究竟如何。由于语境清晰，即使不知真相究竟如何，也不影响对文本义理的准确把握。

没世不行寻常

没世，终其一生。

寻常，古代长度单位，八尺为寻，十六尺为常。

彼未知夫无方之传，应物而不穷者也

原紧接在“身必有殃”之后。虽然这句话本身很有思想内涵，但它极有可能是后人的感言被误抄入正文。因为它明显隔断了文意，所以必须删除。

故譬三皇五帝之礼义法度，其犹柤梨橘柚邪！其味相反而皆可于口。故礼义法度者，应时而变者也。今取猨狙而衣以周公之服，彼必龁啮挽裂，尽去而后慊。观古今之异，犹猨狙之异乎周公也

原紧接在“不矜于同而矜于治”之后，现予以删除。理由一，所删文字本身的全部意思原文中都已包含。仅凭此，就知道后人感言入正的可能性极大。理由二，所删文字本身不仅用词粗糙，而且所打比方也甚是不当，比如“古今之异，犹猨狙之异乎周公”。庄子遣词用句极为考究，不可能犯这等低级错误。

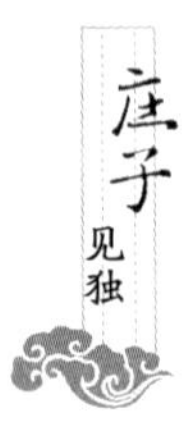

理由三，唯有将其删除后，原文才义理连贯，一气呵成。

【今译】

孔子往西游历到了卫国，颜渊拜问师金说："我老师这趟卫国之行可能会怎样呢？"师金说："我有点怜惜他呢，你老师一定会陷入困境之中。"颜渊问："为什么呀？"师金于是说："你看那刍狗在还没有献祭前，用箱子装着，用锦绣盖着，尸祝虔诚地恭迎着。但一旦献祭过后，走路的人就可以践踏它的头身，捡拾柴火的人就取它来生火做饭。要是有人将已经献祭过的刍狗收拾好重新装进箱子，盖以锦绣，然后无所事事一天到晚就睡卧在它旁边，那他就不仅会噩梦连连，而且会迷乱不堪。现今你老师的所为也就相当于取来先王已献祭过的刍狗，聚集起一班弟子无所事事一天到晚睡卧在它旁边，就好比过去他伐树于宋，削迹于卫，穷于商周，这不是噩梦又是什么？围于陈蔡之间，七日不火食，死生相与邻，这不是迷乱又是什么？再说了，在水面行走最好用船，在陆地行走最好用车。船本来是在水面行走的，要是将它推到陆地行走，则一个人终其一生也走不了多远。古今之别不就是水陆之别吗？周鲁之别不就是船车之别吗？现在你老师一心想将周朝的做法搬到鲁国来，这跟推舟于陆没有什么两样啊，其结果不仅劳而无功，而且必定会招来祸害。你难道没有见过桔槔吗？引之则俯，舍之则仰。是俯是仰，都取决于人自己，而不是桔槔，所以桔槔永远都不会得罪人。三皇五帝所实行的礼义法度，看重的不是内容相同而是天下太平。过去有个叫西施的人，她因为心口疼而在村子里总皱着眉头，村子里有个丑女见了，觉得很美，回家后也捂着心口而皱着眉头。结果呢，村里的富人看到后，都闭门不出。穷人看到后，都携妻带子赶紧逃开。丑女只知道皱眉好看但不知道为什么皱眉会好看。所以说，我有点怜惜他呢，你老师一定会陷入困境之中。"

五

【文本归元】

孔子行年五十有一而不闻道，乃南之沛见老聃。老聃曰："子来乎？吾闻子，北方之贤者也！子亦得道乎？"孔子曰："未得也。"老子曰："子恶乎求

之哉？”曰：“吾求之于度数，五年而未得也。”老子曰：“子又恶乎求之哉？”曰：“吾求之于阴阳，十有二年而未得也。”老子曰：“然。使道而可献，则人莫不献之于其君。使道而可进，则人莫不进之于其亲。使道而可以告人，则人莫不告其兄弟。使道而可以与人，则人莫不与其子孙。然而不可者，无它也，中无主而不止，外无正而不行。由中出者不受于外，圣人不出。由外入者无主于中，圣人不隐。其心以为不然者，天门弗开矣。”

【见独】

度数

虽然难解，但语境在，还是可以获得确解。语境是，通过度数是不能得道的，通过阴阳也是不能得道的，只有心中先有某个道，才能得到这个道。也就是说，道是人心中先天就有的，不是后天人为注入的。既然阴阳的大致含义是清楚的，也即世界是由可见的阴和不可见的阳构成的，那度数就当是指可见的阴那部分。没有哲学天赋的人是无法理解这个说法的，尽管这个说法非常对。借用《秋水》中的话来说就是：“夫精粗者，期于有形者也。无形者，数之所不能分也。不可围者，数之所不能穷也。可以言论者，物之粗也。可以意致者，物之精也。言之所不能论，意之所不能察致者，不期精粗焉。”度数，完全等同于这里的精粗，意谓对有形世界的计量。

中无主而不止，外无正而不行。由中出者不受于外，圣人不出。由外入者无主于中，圣人不隐

思想极为深刻的一段话，只是一般人理解起来会极其困难。理解的突破点不在这里，这里的文字因实在太具美感而太过隐晦，而在柏拉图和康德那里，那里的文字因非常通俗而十分浅白。柏拉图和康德都认为，大自然是一个有规律有目的的存在，这些规律和目的都要通过人来展现。人凭什么就能展现这些规律和目的呢？因为大自然预先就在人心里置入了规律和目的。但是，并不是每个人都分有大自然的全部规律和目的，而是每个人只分有大自然某一方面的规律和目的。所以，不是任何人都能理解大自然的任何方面。相应地，也不是任何人都能理解任何人，只有同类的人才能相互理解，只有分有了大自然某些规律和某些目的的人才能理解大自然相应的那些规律和目的。人不对，即便是圣人降临，也无法将某个规律和目的告知给某个人。必须特别指出的是，任何仅凭这些文字就想理解这个道理的人，都将劳而无功，必须千沉百默并证诸经验事实后才能心领神会，心悦诚服。孔子因为其德天杀，所以是无法理解这个道理的。

中，就是后文的心。

主，就是个人从上天那里所分有的道，即德性。

外，就是个人德性之外的其他全部德性。

正，指外境跟个人德性正相对应的德性。

隐，必须在语境中来理解这个字，隐的本义是藏匿、不显露。

名，公器也，不可多取。仁义，先王之蘧庐也，止可以一宿而不可久处，觏见而多责。古之至人，假道于仁，托宿于义，以游逍遥之虚，食于苟简之田，立于不贷之圃。逍遥，无为也。苟简，易养也。不贷，无出也。古者谓是采真之游。以富为是者，不能让禄。以显为是者，不能让名。亲权者，不能与人柄，操之则栗，舍之则悲，而一无所鉴，以窥其所不休者，是天之戮民也。怨、恩、取、与、谏、教、生、杀八者，正之器也，唯循大变无所湮者为能用之。故曰：正者，正也

这段还算有点思想内涵的话原紧接在“圣人不隐”之后，现予以删除。理由一，原寓言问答分明，义理清晰，浑然一体，这段话置于其中，完全不知所云。理由二，这段话本身的义理就非常不连贯，简直就是支离破碎，尽管单句看有些还很在理，比如：“以富为是者，不能让禄。以显为是者，不能让名。亲权者，不能与人柄，操之则栗，舍之则悲。”理由三，这段话的存在，让“其心以为不然者，天门弗开矣”变得莫名其妙。但如果删除这段话，则它作为老子对孔子之所以未能得道的终极回答就是点睛之笔了。

其心以为不然者，天门弗开矣

这句话明显是老子针对孔子未得道的原因而做出的结论性回答。意思是说，孔子你求道求之度数而不得，求之阴阳而不得，原因无它，就是你的天分不够，上天根本就没有在你心中安放大道，所以，你无论怎么求也是求不得的。对此，《德充符》有相同论断：

老聃曰："胡不直使彼以死生为一条，以可不可为一贯者，解其桎梏，其可乎？"

无趾曰："天刑之，安可解？"

【今译】

孔子都五十一岁了还没能通闻大道，于是决定前往南边沛地拜会老子。老子问："是你来了？我早就听闻过你的大名，可是北方的大贤人啊！大贤人得道了没？"孔子说："没有呢。"老子问："那你是怎么求道的呢？"孔子说："我求之于一切有形的存在，但求了五年并没能求到。"老子又问："那你接着又是怎么求道的呢？"孔子说："我求之于由阴阳所构成的世界整体，花了十二年光阴但依旧没能求到。"老子最后说："你本来就会这样。要是道可以献，则人人都会将其献于君王。要是道可以进，则人人都会将其进于亲人。要是道可以告人，则人人都会将其告知兄弟。要是道可以与人，则人人都会将其给予子孙。可事实上这些都做不到，原因无它，就是个人心中要是没有分有道的某种德性则道就无法在其心中驻留，外境要是跟个人心中德性不相对应则道就无法在外展开行动。个人心中的德性如果要向外输出但如果外境没有相应的德性呼应，那即便是圣人也无法将之对外输出。要是外境的某个德性想进入个人内心但个人内心并不分有这种德性，那即便是圣人也无法将之藏匿到个人内心。总之，要是个人内心天生就不认为是那样子的，那就是老天爷来了也没什么用。"

【文本归元】

孔子见老聃而语仁义。老聃曰："夫播糠眯目，则天地四方易位矣。蚊虻噆肤，则通昔不寐矣。夫仁义憯然，乃愤吾心，乱莫大焉。吾子使天下无失其朴，吾子亦放风而动，总德而立矣！又奚杰杰然若负建鼓而求亡子者邪！夫鹄不日浴而白，乌不日黔而黑。黑白之朴，不足以为辩。名誉之观，不足以为

广。泉涸，鱼相与处于陆，相呴以湿，相濡以沫，不若相忘于江湖。”

【见独】

播糠眯目

单看本句，含义不是太清晰。有两种可能的理解，一是播糠时眼睛半眯着，一是播糠时糠进入了眼睛。哪个对呢？结合语境看，含义非常清晰，后面的对。因为，眯目、噆肤、愤心三者是有因承关系的，前者为后者起铺垫用。

噆

音 zǎn，叮咬。

夫仁义憯然，乃愤吾心

憯，音 cǎn，本义为悲痛、伤心。传统将其解注为同“惨”，不通。

愤，传统将其解注为“愦”的误抄，不可取，愤才吻合这里的语境需要。愤的本义是郁结于心、憋闷。

吾子使天下无失其朴，吾子亦放风而动，总德而立矣

不要纠结于字面，它的意思完全等同于《天地》的“行言自为而天下化”，也完全等同于《天道》的“夫子若欲使天下无失其牧乎？则天地固有常矣，日月固有明矣，星辰固有列矣，禽兽固有群矣，树木固有立矣。夫子亦放德而行，遁遁而趋，已至矣”。

又奚杰杰然若负建鼓而求亡子者邪

杰杰然：一副自以为才智出众的样子。杰，本义为才智出众的人。

负建鼓，估计原文有误。如果不误，则是象征用法，义同《天道》“若击鼓而求亡子焉”的击鼓。负，就是“背负”的负。建鼓，商周至汉代的鼓称建鼓，宫廷祭祀等活动的重要专门乐器。

【今译】

孔子在拜会老子时谈起了仁义。老子说：“播糠时眯起的只是眼睛，结果就天地四方不是它原本的样子了。蚊虻叮咬的只是皮肤，结果人就通宵都无法安睡了。仁义刺伤的乃是人的心灵，带来的惑乱可大了。你如果真的想要天下百姓都不失去其本真，你要做的只是让他们按照各自的本性去行动且将全部的本性都绽放出来就可以了！哪里需要你自以为是似的好比擂起战鼓而去找回想要逃离你的人呢？白鹤并不是因为每天去洗浴才变白了的，乌鸦也并不是因为每天去熏染才变黑了的。它们的黑与白天生就那样子，完全不是可以辩说为何就是那样子的。你所鼓吹的仁义只是人们基于名誉而产生的观念而已，完全不值得人们去效法推广。这就好比，泉水干涸了，鱼都被晾到了岸上，鱼们与其相呴以湿，相濡以沫，不若相忘于江湖啊。”

七

【文本归元】

孔子见老聃归，三日不谈。弟子问曰：“夫子见老聃，亦将何规哉？”孔子曰：“吾乃今于是乎见龙。龙，合而成体，散而成章，乘乎云气而养乎阴阳。予口张而不能嗋，予又何规老聃哉！”子贡曰：“然则人固有尸居而龙见，渊默而雷声，发动如天地者乎？赐亦可得而观乎？”遂以孔子声见老聃，老聃方将倨堂而应，微曰：“予年运而往矣，子将何以诫我乎？”子贡曰：“夫三皇五帝之治天下不同，其系声名一也，而先生独以为非圣人，如何哉？”老聃曰：“小子少进！子何以谓不同？”对曰：“尧授舜，舜授禹，禹用力而汤用兵，文王顺纣而不敢逆，武王逆纣而不肯顺，故曰不同。”老聃曰：“小子少进，余语汝三皇五帝之治天下：黄帝之治天下，使民心一。民有其亲死不哭而民不非也。尧之治天下，使民心亲。民有为其亲杀其杀而民不非也。舜之治天下，使民心竞。民孕妇七月生子，子生五月而能言，不至乎孩而始谁，则人始有夭矣。禹之治天下，使民心变，人有心而兵有顺，杀盗非杀。余语汝，三皇五帝之治天下，名曰治之，而乱莫甚焉。尔犹自以为圣人，不可耻乎？其无耻

也！”子贡蹴蹴然，立不安。

【见独】

龙，合而成体，散而成章，乘乎云气而养乎阴阳。予口张而不能嗋，予又何规老聃哉

合而成体，散而成章。天才庄子独创的绝妙用词，一看就知道好，一想就知道对，一究就知道难。难在哪里呢？首先，龙是一种想象的虚拟存在，它怎么合？怎么散？完全没有对应形象。其次，体是什么？章又是什么？体好在哪里，章又妙在哪里，以致孔子“口张而不能嗋”？那怎么解决这个难呢？必须借助纯粹理性的充分动用。纯粹理性告诉我们，龙只是一种想象，更是一种象征。根据语境，龙是老子的象征。老子的合，自然是指从总体上看问题。老子的散，自然是从局部上分析问题。所以，体表示总体上的完整，章表示局部上的完整。孔子总是从人这个局部角度看世界，从当下的局部状况看现实，自然看不完整。而老子呢，总是从天与人这个整体角度看世界，从历史的整体状况看现实，自然看得完整。正因此，孔子才“口张而不能嗋”，不敢也无力去规劝老子。

乘乎云气而养乎阴阳。龙乘乎云气是一般人正常的想象存在，无须过多解释，它表示的是龙顺乎自然而飞，就如列子御风而行。要加以特别解释的，是养乎阴阳。孤阴不生，独阳不长。龙养乎阴阳自然就表示，龙是阴阳的合一，自然就是自然的、完整的、健康的，因而也是强大的、崇高的。这些其实都是孔子看到老子时所产生的感觉，而不是想象龙时所产生的感觉。

口张而不能嗋。很简单，就是嘴巴因张得太大而一时合不上了，对惊讶的夸张形容。嗋，音 xié，闭合的意思。

夫三皇五帝之治天下不同，其系声名一也，而先生独以为非圣人，如何哉

三皇五帝。无论从子贡还是从老子的回答看，三皇五帝都不是具体所指，而是一种象征用法，指代历史上的某些帝王。

其系声名一也。声名就是名声，一就是圣人。意即三皇五帝治理天下的方式方法虽然不同，但结果都是一样，都获得了圣人的名声。

尧授舜，舜授禹，禹用力而汤用兵，文王顺纣而不敢逆，武王逆纣而不肯顺，故曰不同

不同在哪里呢？句子简直就是白话文，十分清楚。句中提到六个王，分别是尧、舜、禹、汤、文王、武王。这六个王治理天下的方式方法的不同是，尧跟舜是一样的，是授，即禅让，或者说是和平交接班。到了禹和汤就不是授而是用力和用兵了。用力和用兵的差别在哪呢？不是太清楚。猜想的结果是，用力可能是指类似当今一些民主国家议会选举时的拳脚相加，用兵则是类似袁世凯式的借助军队来强行获取和维持政权。文王和武王从商纣王手上获取政权以治理天下的方式又不一样。文王是顺着而不敢逆，武王是逆着而不肯顺。

显然，在子贡看来，尧、舜、禹、汤、文、武周公都是以不同的方式方法治理天下而获得了相同的圣人名声。

黄帝之治天下，使民心一。民有其亲死不哭而民不非也。尧之治天下，使民心亲。民有为其亲杀其杀而民不非也。舜之治天下，使民心竞。民孕妇七月生子，子生五月而能言，不至乎孩而始谁，则人始有夭矣。禹之治天下，使民心变，人有心而兵有顺，杀盗非杀。余语汝，三皇五帝之治天下，名曰治之，而乱莫甚焉。尔犹自以为圣人，不可耻乎？其无耻也

这句话原文为："黄帝之治天下，使民心一。民有其亲死不哭而民不非也。尧之治天下，使民心亲。民有为其亲杀其杀而民不非也。舜之治天下，使民心竞。民孕妇七月生子，子生五月而能言，不至乎孩而始谁，则人始有夭矣。禹之治天下，使民心变，人有心而兵有顺，杀盗非杀。人自为种而天下耳。是以天下大骇，儒墨皆起。其作始有伦，而今乎妇女，何言哉！余语汝，三皇五帝之治天下，名曰治之，而乱莫甚焉。三皇之知，上悖日月之明，下睽山川之精，中堕四时之施，其知憯于蛎之尾、鲜规之兽，莫得安其性命之情者，而犹自以为圣人，不可耻乎？其无耻也！"

删除的句子是："人自为种而天下耳。是以天下大骇，儒墨皆起。其作始有伦，而今乎妇女，何言哉！"和"三皇之知，上悖日月之明，下睽山川之精，中堕四时之施，其知憯于蛎之尾、鲜规之兽，莫得安其性命之情者。"删除的理由是：一，句子本身措辞不明，义理不清。二，语境不需要它们的存在。三，它们的存在使原本浑然一体的文本变得支离破碎而难以理解。

理解这段话的关键点，在先明确知道黄帝、尧、舜、禹四人都是老子批评的对象。理解不到此，则文本的义理就会显得非常混乱而不可理喻。直观起见，看看四位帝王治理天下的不同方式：

黄帝：使民心一。

尧：使民心亲。

舜：使民心竞。

禹：使民心变。

不同治理方式的结果都是一个样，就一个字，乱。为什么会乱呢？民心无法使一，民心无法使亲，民心不应该使竞，民心不应该使变。那怎么办？老子在这里没有给出答案，但在别处很多地方给出了答案，那就是，“我无为而民自化”。

民有其亲死不哭而民不非也。民众的亲人死了，哭是自然的，不哭是不自然的。但因为黄帝的治理使民心一了，就导致亲人死了不哭也没有人说什么，不合自然之道。

民有为其亲杀其杀而民不非也。原文中的“杀”字应该有误，但找不到替代字。如果严格按原文的杀字解读，则只能理解为，民众有因为亲人被杀而杀人也没有人说什么，这也是不合自然之道的。

民孕妇七月生子，子生五月而能言，不至乎孩而始谁，则人始有夭矣。人正常的孕期是十月，现在因为民心竞，导致七月就生子了。小孩一般十二个月才会正常开口说话，现在因为民心竞，五个月就被迫开口说话了。小孩一般要到两岁才有区分能力，现在因为民心竞，早早就要求他们去区分谁是谁了。结果呢？夭折的事情就累累发生了。

人有心而兵有顺。估计原文有误，无解。大意可能是，人的心因为变而不纯朴了，用武力解决问题都能给出理由了，结果是，杀盗非杀。但真理是，杀盗也是杀，盗也不是想杀就可以杀的。要是盗想杀便杀，结果就是乱。

尔犹自以为圣人

原文的“尔”为“而”。如果是而，就容易产生歧义，以为是文中提到的那些王自以为是圣人。但从语境看，老子说无耻时所指的对象明显是子贡。

蹴蹴然

肃然起敬的样子。解释请回看《德充符》的第二节。

【今译】

孔子在见过老子回到家里后，三天三夜都没开口说一句话。弟子子贡好奇地问："老师您在拜会老子时，究竟给他提了什么规劝呀？"孔子说："我现在算是真正看到龙是什么了啊。龙，合起来就是一个完美整体，散开来就是一曲优美乐章，它乘乎云气而养乎阴阳。我看到老子时惊讶得连嘴巴都闭不上，哪里还能给老子提什么规劝呀！"子贡说："难道世上真的有人能安居不动而如飞龙在天，渊默无声而响彻如雷，发动起来如天运地动的吗？我也能像老师您一样得瞻一下他吗？"说完，子贡不管三七二十一就以孔子弟子的名义前去拜会老子。老子那时正好坐在大堂最里边，他语气微弱地说："我都这么大一把年纪了，你还想告诫我一些什么呀？"子贡说："三皇五帝虽然治理天下的方式方法不同，但都获得了圣人的名声，可独独您老人家不认为他们是圣人，有什么说法吗？"老子说："小子你靠近点！你所说的不同是指什么？"子贡说："尧把王位禅让给了舜，舜又把王位禅让给了禹，禹治天下用的是力，汤治天下用的是兵，文王对纣王是依顺而不敢叛逆，武王对纣王是叛逆而不肯依顺，这就是我所说的不同。"老子说："小子你再靠近点，让我来给你说说三皇五帝是怎么治理天下的：黄帝通过使民心一来治理天下，结果是民众有亲人死了哭也不哭一声，可没有人说什么。尧是通过使民心亲来治理天下，结果是有民众因亲人被杀而杀了人，也没有人说什么。舜是通过使民心竞来治理天下，民众怀孕七个月便能生下孩子，孩子五个月大小便能开口说话，还不到两岁就要求他区分这区分那，结果便是人世间出现了夭折现象。禹是通过使民心变来治理天下，结果是人有心而兵有变，杀盗非杀。我告诉你，三皇五帝对天下的治理，说是要长治久安，事实上是平添祸乱。你竟然还把这样的一些人看作是圣人，这难道不是很可耻的吗？简直就是无耻啊！"子贡听罢肃然起敬，一动不动站在那里，显得非常不安。

八

【文本归元】

孔子谓老聃曰："丘治《诗》《书》《礼》《乐》《易》《春秋》六经，自以为久矣，熟知其故矣，以干者七十二君，论先王之道而明周召之迹，一君无所钩

用。甚矣！夫人之难说也？道之难明邪？”老子曰：“幸矣，子之不遇治世之君！夫六经，先王之陈迹也，岂其所以迹哉！今子之所言，犹迹也。夫迹，履之所出，而迹岂履哉！性不可易，命不可变，时不可止，道不可壅。苟得于道，无自而不可。失焉者，无自而可。”孔子不出三月，复见，曰：“丘得之矣。久矣，夫丘不与化为人！不与化为人，安能化人。”老子曰：“可，丘得之矣！”

【见独】

幸矣，子之不遇治世之君

在老子看来，孔子的六经不被接受，是一件很幸运的事。要是世界上都是治世之君，则世道就惨了。注意，老子眼中的治世之君不是明君，而是昏君。昏君可能死守祖制，明君则与时俱化。

夫白鶂之相视，眸子不运而风化。虫，雄鸣于上风雌应于下风而风化。类自为雌雄，故风化

原紧接在“而迹岂履哉”之后。现删除，理由一，没有生物学依据。理由二，删除后完全不影响寓言本身的完整性。

乌鹊孺，鱼傅沫，细要者化，有弟而兄啼

原紧接在“丘得之矣”之后，删除的理由同上。

【今译】

孔子对老子说：“我探究《诗》《书》《礼》《乐》《易》《春秋》六经，自以为浸淫其中已经很久了，对它的内容可谓是烂熟于心，我用它们去游说过的君王达七十二位之多，向他们阐释先王之道并彰显周召之迹，可竟然没有一位君王采纳我的主张。真是过分啊！人真的有这么难以游说吗？道真的有这么难以阐明吗？”老子说：“真是太幸运了，你没有遇到食古不化的所谓治世之君！你所看重的六经，其实只不过是先王的陈迹，根本就不是迹的生成者。现你所说的那些，都是迹本身。就好比，迹是由鞋子踩出来的，迹怎么可能是鞋子本身呢！性不可易，命不可变，时不可止，道不可壅。凡事只要是跟道相一致，就没有什么是不可的。但要是跟道不相一致，就没有什么是可的。”孔子闭门三月不出，待重新看到老子后说：“我终于明白了。一直以来，我都不是与化为人！不与化为人，安能化人。”老子说：“嗯，你算是真的明白了。”

刻意

【文本归元】

刻意尚行，离世异俗，亢论怨诽，为高而已矣。此山谷之士，非世之人，枯槁赴渊者之所好也。

语仁义忠信，恭俭推让，为修而已矣。此平世之士，教诲之人，游居学者之所好也。

语大功，立大名，礼君臣，正上下，为治而已矣。此朝廷之士，尊主强国之人，致功并兼者之所好也。

就薮泽，处闲旷，钓鱼闲处，为无而已矣。此江海之士，避世之人，闲暇者之所好也。

吹呴呼吸，吐故纳新，熊经鸟申，为寿而已矣。此道引之士，养形之人，彭祖寿考者之所好也。

若夫不刻意而高，无仁义而修，无功名而治，无江海而闲，不道引而寿，无不忘也，无不有也，淡然无极而众美从之，此天地之道，圣人之德也。

故曰：夫恬淡寂漠，虚无无为，此天地之平而道德之质也。

故曰：圣人休焉。休则平易矣，平易则恬淡矣。平易恬淡，则忧患不能入，邪气不能袭，故其德全而神不亏。

故曰：圣人之生也天行，其死也物化。静而与阴同德，动而与阳同波。不为福先，不为祸始。感而后应，迫而后动，不得已而后起。去知与故，遁天之理。故无天灾，无物累，无人非，无鬼责。其生若浮，其死若休。不思虑，不豫谋。光矣而不耀，信矣而不期。其寝不梦，其觉无忧。其神纯粹，其魂不罢。虚无恬淡，乃合天德。

【见独】

刻意尚行，离世异俗，亢论怨诽，为高而已矣。此山谷之士，非世之人，枯槁赴渊者之所好也

刻意尚行，含义极其隐晦，是偏正词组还是联合词组也极不清晰，简明起见，最好把刻意理解为现代汉语中最常用的刻意含义，意指不是发自内心而是为了他人视听而所做的特意行为。尚行，根据语境，最好将尚理解为使动词，即使行为高尚。

亢论怨诽，原文为高论怨诽，现将高与“为亢而已矣”的亢做了互换。理由是，后文“不刻意而高，无仁义而修，无功名而治，无江海而闲，不道引而寿”应该不会有错，尽管“无江海而闲”不是那么合群。亢的意思也是高的意思，比如高亢、不亢不卑等。它的整体含义结合语境来说，应该是指类似东汉时期的清议派和晚清时期的清流派，这类人士的特征是，自命不凡，高谈阔论，怨气十足，诋毁他人。

枯槁赴渊者，指那些被自已所谓的自命不凡弄得形单影孤、面黄肌瘦以致最后只能投水自尽的一类人士，典型的当属与庄子差不多同时代的屈原。古代的名士多是这一类，比如魏晋时期的竹林七贤阮籍、嵇康、山涛、刘伶、阮咸、向秀、王戎等。枯槁，庄子共有四用，都指人因营养不良而身形瘦弱的样子。

语仁义忠信，恭俭推让，为修而已矣。此平世之士，教诲之人，游居学者之所好也

平世，与前文“非世之人”的“非世”一样是动宾词组。平，就是儒家所推崇的“平治天下”的平，这里意指治理。根据语境可知，游居学者教诲世人的目的就是为了平治天下。

就薮泽，处闲旷，钓鱼闲处，为无而已矣

就薮泽，就，就是“避难就易”的就，靠近的意思。薮泽，指水草茂密的沼泽湖泊地带。

为无而已矣，“无”字估计有误，与语境中高、修、治、寿的形式需要逻辑不搭。如果原文无误，则无的具体含义当等同于“无所事事”的无。

熊经鸟申

大意一看便知，指寿考者在道引时动作像熊和鸟一样。但要是入微分析，则熊的经和鸟的申的具体含义十分难解，传统将本词条解注为“古代一种导引养生之法，状如熊之攀枝，鸟之伸脚”，十分不靠谱。熊的动作十分多样，凭什么“经”就应该解注为攀枝呢？熊一定会攀枝吗？鸟的伸脚就更不好理解，很多鸟根本就没有伸脚这个动作。只能凭观察加想象了。熊经，大概就是熊经过时也就是熊行走时笨拙的样子。鸟申，大概就是鸟起飞时翅膀伸展开来的样子，古代“申”同“伸”。

静而与阴同德，动而与阳同波

静与阴相对应，动与阳相对应，阴在外，阳在内，静在外，动在内，一如西方哲学所说，原本动的东西看上去是静的，原本静的东西看上去是动的。比如花开，看得见的开放着的花其实是死的、静的，看不见的、使花得以开放才是活的、动的。

其神纯粹，其魂不罢。虚无恬淡，乃合天德

罢，有两种可能的解释，一种是作停歇解，如罢工，一种是作疲惫解，同“疲”。哪个对呢？都对。结合庄子的思想，这里的罢应该既有停歇又有疲惫的含义，意指圣人的神始终都能天然地动用，以万物应该的样子对待万物，不加人为地干预，所以没有人为的艰难和劳累。

故曰：悲乐者，德之邪也。喜怒者，道之过也。好恶者，德之失也。故心不忧乐，德之至也。一而不变，静之至也。无所于忤，虚之至也。不与物交，淡之至也。无所于逆，粹之至也。

故曰：形劳而不休则弊，精用而不已则劳，劳则竭。水之性，不杂则清，莫动则平，郁闭而不流，亦不能清，天德之象也。

故曰：纯粹而不杂，静一而不变，淡而无为，动而以天行，此养神之道也。

夫有干越之剑者，柙而藏之，不敢用也，宝之至也。精神四达并流，无所不极，上际于天，下蟠于地，化育万物，不可为象，其名为同帝。纯素之道，唯神是守。守而勿失，与神为一。一之精通，合于天伦。野语有之曰：“众人

重利，廉士重名，贤士尚志，圣人贵精。”故素也者，谓其无所与杂也。纯也者，谓其不亏其神也。能体纯素，谓之真人。

这是本章最后三部分，跟本章主旨明显不合，要么是后人旁注入正，要么是庄子其他篇章并入到此。这部分删除后，本篇前后贯通，结构紧凑，主题鲜明，浑然一体。

【今译】

刻意将自己的行为朝崇高努力，不愿融入世俗社会之中，爱发表一些自命清高的言论并带着怨气到处指责他人的不是，这只不过是为高而高罢了。这都是些躲在山谷对世事采取否定态度的人，那些把自己整的身枯形槁最后甚至因走投无路而投水自尽的人就好这个。

口口声声不离仁义忠信，行为举止恭俭推让，这只不过是为修而修罢了。这都是些世俗社会里想平治天下且从事教育的人，那些无论喜欢到处游学还是定居某一地讲学的人就好这个。

开口闭口都是大功大名，特别在意君臣上下等级关系，这只不过是为治而治罢了。这都是些在朝廷里侍奉君主想使国家变得强大的人，那些想获得功名并想并兼天下的人就好这个。

没事就到水草茂密的开阔地带以钓鱼打发时光，这只不过是无所事事罢了。这都是些对世事不理不睬而到江海边游手好闲的人，什么事都不想做的人就好这个。

长吁短吸，吐故纳新，一会儿如狗熊漫步，一会儿如飞鸟展翅，这只不过是为寿而寿罢了。这都是些想借大道之名来修炼身形的人，向往如彭祖般高寿的人就好这个。

要是能不刻意而高，无仁义而修，无功名而治，无江海而闲，不道引而寿，将一切外在都能忘怀但又能融入一切外在之中，一副坦荡到无可穷尽的样子而所有美好都不离左右，这才是天地之道、圣人之德啊！

所以说，只有恬淡寂寞到将一切外在都化为虚有而没有任何人为的痕迹时，一个人才能跟天地大道相一致并跟自身天然的内在性情相吻合。

所以说，圣人就不会刻意去为了做什么而做什么。他只不过是简单平常罢了，简单平常就能恬淡无为。既简单平常又恬淡无为，则忧患就不会侵入他的内心，邪气也难以对他进行攻击，结果就是他的全部德性都得以保全而他的全部精气都不会发生亏欠。

所以说，圣人活着的时候一切都依天而行，死去之后就与物俱化。他静的时候就如阴气聚集不动，动的时候就如阳气上下波动。他不会为了一段所谓的幸福而去开启幸福之门，更不会为了一段所谓的祸患而去制造祸患之端。他只会在有所感知后才会做出反应，只会在受到压迫时才会有所行动，逼不得已的情况下才会奋身而起。他绝不固守自己已有的知识或见地，他依顺的一定是上天本身就先在的道理。所以圣人不会遭受到什么天的灾难、物的牵累、人的非议、鬼的指责。他把生看作浮游，把死看作休息。他不去人为思虑，也不去人为预谋。他光芒四射而不耀人眼球，讲究信用而不心怀期待。他睡觉时没有梦魇，醒觉时没有忧愁。正因为他的精神与上天合一而不掺杂私念，所以他的灵魂始终在动用却一点都不会疲惫。唯有内心虚无恬淡，才能与上天所赋浑然一体。

缮性

【文本归元】

缮性于俗学以求复其初，滑欲于俗思以求致其明，谓之蔽蒙之民。

古之治道者，以恬养知，生而无以知为也，谓之以知养恬，知与恬交相养，而和理出其性。

古之人，在混芒之中与一世而得淡漠焉。当是时也，阴阳和静，鬼神不扰，四时得节，万物不伤，群生不夭，人虽有知，无所用之，此之谓至一。当是时也，莫之为而常自然。逮德下衰，及燧人、伏羲始为天下，是故顺而不一。德又下衰，及神农、黄帝始为天下，是故安而不顺。德又下衰，及唐、虞始为天下，兴治化之流，枭淳散朴，离道以为，险德以行，然后去性而从于心。心与心识知而不足以定天下，然后附之以文，益之以博，文灭质，博溺心，然后民始惑乱，无以反其性情而复其初。

由是观之，世丧道矣，道丧世矣，世与道交相丧也，道何由兴乎世，世亦何由兴乎道哉？道无以兴乎世，世无以兴乎道，虽圣人不在山林之中，其德隐矣。隐故不自隐。古之所谓隐士者，非伏其身而弗见也，非闭其言而不出也，非藏其知而不发也，时命大谬也。当时命而大行乎天下，则反一无迹。不当时命而大穷乎天下，则深根宁极而待，此存身之道也。古之存身者，不以辩饰知，不以知穷天下，不以知穷德，危然处其所而反其性，己又何为哉！

道固不小行，德固不小识。小识伤德，小行伤道。故曰：正己而已矣，乐全之谓得志。古之所谓得志者，非轩冕之谓也，谓其无以益其乐而已矣。今之所谓得志者，轩冕之谓也。轩冕在身，非性命也，物之傥来，寄也。寄之，其来不可圉，其去不可止。故不为轩冕肆志，不为穷约趋俗，其乐彼与此同，故

无忧而已矣！今寄去则不乐。由是观之，虽乐，未尝不荒也。故曰：丧己于物，失性于俗者，谓之倒置之民。

【见独】

缮性于俗学以求复其初，滑欲于俗思以求致其明，谓之蔽蒙之民

传统解注将本句句读为“缮性于俗学，以求复其初；滑欲于俗思，以求致其明，谓之蔽蒙之民”，这容易导致意思的不连贯。结合全章情性主题的语境，这句话的核心意思只有一个，那就是想借助于俗学来修缮已经被蔽蒙了的人的情性是没有可能的，就好比想借助于俗思来改变已经被蔽蒙了的人的欲望是没有可能的一样。

缮性，通过努力将已经被世俗颠倒了的人的情性再颠倒过来，以回复到人被创时的初始状态之中去。缮即“修缮”的缮，性即“情性”的性。

滑欲，滑虽是庄子的常用字，但每一处都不是太好理解。本处的滑欲明显跟缮性相对应，并明显是为更好理解缮性服务的，所以，它的意思应该是减少欲望的意思。如果这个解释成立，则滑应该就是“下滑”的滑。

古之治道者，以恬养知，生而无以知为也，谓之以知养恬，知与恬交相养，而和理出其性

传统解注本本段原话为：“古之治道者，以恬养知。生而无以知为也，谓之以知养恬。知与恬交相养，而和理出其性。夫德，和也。道，理也。德无不容，仁也。道无不理，义也。义明而物亲，忠也。中纯实而反乎情，乐也。信行容体而顺乎文，礼也。礼乐遍行，则天下乱矣。彼正而蒙己德，德则不冒，冒则物必失其性也。”

文本归元后主要改动点有两个，一是句读有明显的不同，二是删除了“夫德，和也。道，理也。德无不容，仁也。道无不理，义也。义明而物亲，忠也。中纯实而反乎情，乐也。信行容体而顺乎文，礼也。礼乐遍行，则天下乱矣。彼正而蒙己德，德则不冒，冒则物必失其性也”，被删除的部分不仅义理不通，而且明显跟庄子风格不搭，后人旁注入正的可能性极大，必须予以删除，也只有在删除后，文章才显得简明扼要，连贯流畅。

这句话明显是接着“蔽蒙之民”来说的，解决人的蔽蒙的办法显然不能靠俗学，而要靠治道，治道的具体操作过程就是“以恬养知，生而无以知为也，谓之以知养恬，知与恬交相养”，具体结果就是“和理出其性”。“和理出其性”了，人的蔽蒙就解决了。

恬，本义是安静。所谓安静，就是安于人情性的被上天所创，静即老子所说的归根状态。人天生就有一种对事物的认知能力，人只有在纯粹动用这种能力下认知的世界才是真实可信的世界，带着有了知识后的欲望去认知世界，也即俗学，就会对世界产生扭曲的认识。人终其一生如果都能做到不用俗学去认知世界，则人的本性就能得到安静，即以知养恬。

归元后文本思维逻辑极其清晰，义理也非常深刻，历史上绝大多数解庄注庄者竟然妄说本章是伪作，实在是让人唏嘘不已。

逮德下衰，及燧人、伏羲始为天下，是故顺而不一

本段本句之后共有三个“为天下”，都一定要在意念上将之与“莫之为而常自然”的莫之为对应起来才能顺畅理解。

“不一”的一，也一定要在意念上将之与前面的“此之谓至一”的一对应起来理解。

枭淳散朴，离道以为，险德以行，然后去性而从于心

枭淳散朴，枭淳太过古朴，不好理解。但如果结合“散朴”二字理解，就非常好理解了，它等同于“消纯”两字，即本词条完全可以改写成“消纯散朴”，即消散纯朴的意思。

离道以为，原文为“离道以善”，善在老子和庄子中都是褒义字，结合后面“险德以行”的行，改“善”为“为”应该是更合理些。

心，就本章整体语境而言，这里的心是指带有人的世俗欲望的心，所以，它不是那么真实可信的。

附之以文，益之以博，文灭质，博溺心

有几个字的理解非常关键：两个之、文、博。

前面的“之”指代什么呢？很明显是指“心与心识知而不足以定天下”这种情形。后面的“之”也是指这个吗？如果是，则必须将“文”跟“博”理解为描述同一个对象。但结合语境入微分析，会发现“博”其实是用来修饰“文”

的，即“博”是“文”基础上的博。用现代的现象来表述就是，中央就某事发了文件，然后地方就中央的文件不断下发新的文件，这个过程就叫博。所以，后面的“之”字，明显就指的是文。也只有作这样的理解，文章的层次感和逻辑感才能体现出来。

文，具体所指其实就是人在蔽蒙了自己的情性后认识世界过程中所产生的俗学俗思，即形诸文字但又没能真实反映客观世界的意见，它的对面是质，即事物内在的本质属性。

由是观之，世丧道矣，道丧世矣，世与道交相丧也，道何由兴乎世，世亦何由兴乎道哉

由“由是观之”可以明显看出，这里的世特指“世俗”的世，道就是前文“治道”的道。

“道何由兴乎世”的原文为“道之人何由兴乎世”，现结合语境作了文本归元。归元后，不会产生任何歧义，但形式上比归元前要美感些。

当时命而大行乎天下，则反一无迹

时命，应该就是天时的口语化。

反一无迹，就是回到“阴阳和静，鬼神不扰，四时得节，万物不伤，群生不夭，人虽有知，无所用之”的状况而不显示出任何人为的痕迹。

古之存身者，不以辩饰知，不以知穷天下，不以知穷德，危然处其所而反其性，己又何为哉

古，要一如既往地理解为“真正的”而不是“古代”的意思。

不以辩饰知，特指真正的隐士在“不当时命而大穷乎天下”时不以辩论的方式来装饰或是彰显自己的知识。

不以知穷天下，这句话要与“不以知穷德”搭配理解，天下指他人，德指自己，意思是说，隐士不要在不当时命时用自己的知识让天下人和自己陷入穷迫之中。因为这个时代里，天下人不理解自己，但你自己要知趣，自己理解自己。

道固不小行，德固不小识。小识伤德，小行伤道。故曰：正己而已矣，乐全之谓得志

这段话必须另起一段作开首语才能被正确理解，照传统解注，它跟在前段的最后面是无法理解的。

但即使这段话作开首语，也还是非常难以理解，主要是义理逻辑难以贯通。正确理解的突破点，在对“故曰：正己而已矣，乐全之谓得志”的正确理解上。那“故曰：正己而已矣，乐全之谓得志”又该如何理解呢？结合语境，理解的关键点在“乐全”。理解了乐全的语境需要后，才能知道“道固不小行，德固不小识。小识伤德，小行伤道”里的小是什么意思。也就是说，一个人没有正己，乐就不能全。乐不是乐正己后的全乐，而是乐外在的即使是轩冕的高级俗物，也是小行小识，就背离了自己的道与德。

轩冕在身，非性命也，物之傥来，寄也。寄之，其来不可圉，其去不可止。故不为轩冕肆志，不为穷约趋俗，其乐彼与此同，故无忧而已矣

轩冕，指国君或显贵者，也即文章小道小德的特指。

傥，音 tǎng，意思非常不明确，只能从它的结果是寄来推想，估计是偶然、意外的意思。

其，指代轩冕。

圉，音 yǔ，也很不好理解，但如果根据后面紧接的“止”字句看，估计跟“止”是近义词，抵御或是制止的意思。

肆志，得志的反面，即自己的心志受到肆虐。

穷约，估计为庄子首创，为穷困跟制约的合成词。

彼与此，根据语境，只能是指轩冕的有与无。

【今译】

如果想借助世俗的学问来修缮一个人的情性以使其恢复到最初的状态，就好比想借助世俗的看法来抑制一个人的欲望以使人明白欲望是怎么回事，这样的人我们可以称之为蔽蒙之民。

那些真正懂得以道来修缮情性的人，只会满足于自己的天性所能获得的知识，且终其一生都不采用世俗的观念来获得知识，这种行为我们称之为以真正的知识来涵养自己的天性，只有当一个人以真正的知识来涵养自己的天性又用自己的天性来获得真正的知识时，他的天性和他的知识才是出自他的本性。

真正意义上的人，终其一生都能与万物开初之时的状态相一致。万物开初之时，阴阳和静，鬼神不扰，四时得节，万物不伤，群生不夭，人虽然有认知万物的能力，但并不动用这种能力，这种理想状况我们姑且称之为至一，也就是人与万物合一的最高境界。也只有在这个时期，没有任何人为的东西，一切始终都是依顺万物的原貌。待德向下衰落，燧人、伏羲开始人为治理天下，天性就已经到了只是想依顺万物但事实上已经与万物不一了。待德进一步向下衰落，神农、黄帝开始人为治理天下，天下虽然安稳但已经不依顺万物了。最后，待德更进一步向下衰落，也就是唐、虞开始人为治理天下时，他们到处推广所谓治理教化之类的主张，把人们那些原本纯朴的情性消散殆尽，这种行为纯粹就是背道而驰，险德以行，到最后人们天然的情性都不见了而只能追随被欲望蔽蒙了的心。当人们都带着欲望的心来相互认知对方时，天下就已经很难安稳了，这时安稳天下的办法就只能是附加一些人为条款，人为条款之下再又附加新的人为条款。人为条款本来就会遮蔽事物的本质，而人为附加新的条款则使人心进一步倾向陷溺，然后人们就会心中充满困惑，跟着也就没有办法回复到他被创时的情性上去。

由此可知，当世俗社会丧失了天道，天道又丧失了世俗社会，世俗社会和天道交相丧失时，天道又怎么可能兴盛于世俗社会，世俗社会又怎么可能去兴盛天道呢？当天道不能在世俗社会兴盛，世俗社会又不能去兴盛天道时，即便圣人没有隐居到山林之中去，他的大德也还是隐蔽不见了。所以说隐蔽并不是圣人自己隐蔽。真正的隐士，并不是将他的身子藏起来而不让别人看见，也不是不开口而将他的话不说出来，更不是不向世俗社会布道，而只是时机不对。时机对的时候，圣人就会向全天下人布道，并且因为完全吻合万物本初而不着痕迹。时机不对的时候，圣人所能做的就只能如大树深根深埋地下一般隐忍不出以等待时机，这是圣人迫不得已的存身之道。那些真正知道存身之道的人，是绝不会在时机不对时用争辩的方式来装扮自己的真知，也不会用自己的真知让世俗社会的人感到窘迫，更不会让自己的真知伤害到自己的德性，他只是战战兢兢地守在他该在的地方而回复到他自己的本真状态，他怎么可能会去人为地做些什么呢！

道本来就不是用来小打小闹的，德本来也不是用来小知小识的。小知小识会伤害到大德，小打小闹会伤害到大道。所以说，人的大道大德只能是指把自己回复到上天初创时的样子，能够享受到他天然应该享受到的全部乐趣才说得上是得志。真正意义上的所谓得志，并不是指大富大贵，而是指再也不能享受到更多的乐趣罢了。可当下人们所谓的得志，竟然指的就是大富大贵。大富大贵在身，并不是人天生就有的，而只不过是一个外来物在人身上的偶然降落，属于暂时寄居之类的东西。暂时寄居的东西，来的时候你不可抗拒，去的时候你也不能阻止。所以说，不要因为想要大富大贵而肆虐你的真心，也不要因为想避免穷困受限而趋世附俗，而应该无论大富大贵有无与否你都要感到快乐，只有这样才不会有什么忧愁！可现实的情形是，人们会为失去一个暂时寄居的东西而闷闷不乐。如果是这样的话，那即使它确实就能带来快乐，但也不可长久。所以说，要是因为外物而丧失了自己，又或是因为世俗而丧失了本性，那就是名副其实的倒悬之民了。

秋水

一

【文本归元】

秋水时至，百川灌河，泾流之大，两涘诸崖之间，不辩牛马。于是焉河伯欣然自喜，以天下之美为尽在己。顺流而东行，至于北海，东面而视，不见水端，于是焉河伯始旋其面目，望洋向若而叹曰："野语有之曰：'闻道百，以为莫己若者。'我之谓也。且夫我尝闻少仲尼之闻而轻伯夷之义者，始吾弗信，今我睹子之难穷也。吾非至于子之门，则殆矣，吾长见笑于大方之家。"北海若曰："井蛙不可以语于海者，拘于虚也。夏虫不可以语于冰者，笃于时也。曲士不可以语于道者，束于教也。今尔出于崖涘，观于大海，乃知尔丑，尔将可与语大理矣。天下之水，莫大于海，万川归之，不知何时止而不盈，尾闾泄之，不知何时已而不虚，春秋不变，水旱不知，此其过江河之流，不可为量数，而吾未尝以此自多者。自以比形于天地，而受气于阴阳，吾在天地之间，犹小石小木之在大山也，方存乎见少，又奚以自多！"

河伯曰："然则吾大天地而小豪末，可乎？"北海若曰："否。夫物，量无穷，时无止，分无常，终始无故。是故大知观于远近，故小而不寡，大而不多，知量无穷。证向今故，故遥而不闷，掇而不跂，知时无止。察乎盈虚，故得而不喜，失而不忧，知分之无常也。明乎坦涂，故生而不说，死而不祸，知终始之不可故也。计人之所知，不若其所不知。其生之时，不若未生之时。以其至小，求穷其至大之域，是故迷乱而不能自得也。由此观之，又何以知毫末之足以定至细之倪，又何以知天地之足以穷至大之域！"

河伯曰："世之议者皆曰：'至精无形，至大不可围。'是信情乎？"北海若曰："夫自细视大者不尽，自大视细者不明。夫精粗者，期于有形者也。

无形者，数之所不能分也。不可围者，数之所不能穷也。可以言论者，物之粗也。可以意致者，物之精也。言之所不能论，意之所不能察致者，不期精粗焉。”

河伯曰：“若物之外，若物之内，恶至而倪贵贱？恶至而倪小大？”北海若曰：“以道观之，物无贵贱。以物观之，自贵而相贱。以俗观之，贵贱不在己。以差观之，因其所大而大之则万物莫不大，因其所小而小之则万物莫不小。以功观之，因其所有而有之则万物莫不有，因其所无而无之则万物莫不无。以趣观之，因其所然而然之则万物莫不然，因其所非而非之则万物莫不非。默默乎河伯，汝恶知贵贱之门，小大之家！”

河伯曰：“然则我何为乎？何不为乎？吾辞受趣舍，吾终奈何？”北海若曰：“以道观之。何贵何贱，是谓反衍，无拘尔志，与道大蹇。何少何多，是谓谢施，无一尔行，与道参差。兼怀万物，其孰承翼，是谓无方，万物一齐，孰短孰长。道无终始，物有死生。不恃其成，一虚一盈，不位乎其形。年不可举，时不可止，消息盈虚，终则有始。是所以语大义之方，论万物之理也。物之生也，若骤若驰，无动而不变，无时而不移。何为乎，何不为乎？夫固将自化。”

河伯曰：“然则何贵于道邪？”北海若曰：“知道者必达于理，达于理者必明于权，明于权者不以物害己。至德者，火弗能热，水弗能溺，寒暑弗能害，禽兽弗能贼。非谓其薄之也，言察乎安危，宁于祸福，谨于去就，莫之能害也。”

【见独】

秋水时至，百川灌河，泾流之大，两涘诸崖之间，不辩牛马

秋水，不是指秋天的水，而是借用秋天的美喻指大水的美，用法同“暗送秋波”的秋波。因为，在北方是不大可能在秋天发这么大的水的，即使是在庄子时代北方的环境没有被破坏的情况下。

时至，指大水按期到来，寓意万物自有其内在的规律性。

两涘诸崖，原文为“两涘渚崖”。现做改动，理由一，原文不通。涘（sì）、渚（zhǔ）、崖都有水边的意思，前加“两”后取其中任何一个即可。取全部，词法不允。改动后，其构词法完全等同于七零八落或排山倒海。理由二，为了跟必定不会错的“今尔出于崖涘”的崖涘相一致。

河伯

虚拟人名，寓意河之最大者。伯，就是“伯仲叔季”的伯，表示最大。《人间世》的蘧伯玉、南伯子綦等都是这种用法。河伯虽不是得道者，但他是爱道者，故庄子对他的定位是，河而非海仍为伯。

本寓言以河伯的由心发问和北海若的高妙回答而构成一个完美整体。河伯在意识到自己的“见笑于大方之家”并在聆听到北海若的精辟见解后，环环相扣而发出五问：

1. 然则吾大天地而小豪末，可乎？
2. 至精无形，至大不可围，是信情乎？
3. 若物之外，若物之内，恶至而倪贵贱？恶至而倪小大？
4. 然则我何为乎？何不为乎？吾辞受趣舍，吾终奈何？
5. 然则何贵于道邪？

大方之家

像这类为庄子所独创但已经为后人耳熟能详的词语，是不必过分考究它的究竟含义的。它的大致含义就是指把握了大道的人。

计四海之在天地之间也，不似礨空之在大泽乎？计中国之在海内不似稊米之在太仓乎？号物之数谓之万，人处一焉。人卒九州，谷食之所生，舟车之所通，人处一焉。此其比万物也，不似豪末之在于马体乎？五帝之所连，三王之所争，仁人之所忧，任士之所劳，尽此矣！伯夷辞之以为名，仲尼语之以为博。此其自多也，不似尔向之自多于水乎

这段乍看上去很有庄子韵味的话原紧接在“又奚以自多”后。现删除，理由一，它所欲表达的道理，前文都已经表达得再清楚不过，完全无须再啰里啰唆。理由二，整个寓言归元后如珠峰耸立，至高无上，且洁白无瑕，无与伦比，这段话明显就是一位喜欢拾人牙慧者的旁注和感言。理由三，它严重隔断了上下文基于“天地”的密切联系。

然则吾大天地而小豪末，可乎

一定要在意念中将这一问建立在“自以比形于天地，而受气于阴阳，吾在天地之间，犹小石小木之在大山也，方存乎见少，又奚以自多！”的基础之上。

夫物，量无穷，时无止，分无常，终始无故。是故大知观于远近，故小而不寡，大而不多，知量无穷。证向今故，故遥而不闷，掇而不跂，知时无止。察乎盈虚，故得而不喜，失而不忧，知分之无常也。明乎坦涂，故生而不说，死而不祸，知终始之不可故也

非天才中的天才，绝无可能写出如此空前绝后且精彩绝伦的思想。面对这样的思想，我们后人不要说批驳，就是连推崇都很难够格。

其一，一定要将物看作是跟道相对的一个概念，后文“然则何贵于道邪？”的道极其明显地划定了这里物的形而下范围，也即具象意义上的“天地和毫末”范围。

其二，这段话是在对物之道做分析论证，而不是对道本身做分析论证。意识不到这点，就无论如何都把握不到它的精妙含义。

其三，“量无穷，时无止，分无常，终始无故”的主语都是物，尽管这极其明显，完全无须说明，奈何因为句子所包含的道理实在太超出一般人的抽象能力，所以多数人其实是意识不到的。单从过往解注看，就知道那些解注者脑海中完全没有这个意识。

其四，“量无穷，时无止，分无常，终始无故”是对“大天地而小豪末”的直接正面否定。也就是说，天地再大，毫末再小，但因为天地和毫末作为物，同样都“量无穷，时无止，分无常，终始无故”，所以，你不应该也无法以天地为大而以毫末为小。

其五，“是故大知观于远近，故小而不寡，大而不多，知量无穷。证向今故，故遥而不闷，掇而不跂，知时无止。察乎盈虚，故得而不喜，失而不忧，知分之无常也。明乎坦涂，故生而不说，死而不祸，知终始之不可故也”是对“夫物，量无穷，时无止，分无常，终始无故”的解释说明。所以，脱离物的主题而对这段话进行理解，就会显得空洞无物，玄妙难解。

其六，作为有形存在的物，认识它的四个方面，就认识了它的全部。这个全部就是，从空间上来说，物无穷无尽。从时间上来说，物无止无息。从分合上来说，物无常无恒。从终始上来说，物无故无定。天地也好，毫末也罢，概莫能外。所以，你大不了天地，也小不了毫末。大了天地，小了毫末，就是错。

其七，那怎么就知道"夫物，量无穷，时无止，分无常，终始无故"是绝对对的呢？因为有大知。大知就是真人。有真人然后有真知。大知又是怎么去认识这个真知的呢？观于远近而知"小而不寡，大而不多"、证向今故而知"遥而不闷，掇而不跂"、察乎盈虚而知"得而不喜，失而不忧"、明乎坦涂而知"生而不说，死而不祸"。

其八，"小而不寡，大而不多"无须过多解释，只需在脑海中想象出再大的圆跟再小的圆都包含完全相等的圆周点数就行了。也就是说，圆周上的点数不因圆小而少，也不因圆大而多。需要特别指出的是，"小而不寡，大而不多"的主语不是大知，而是物。"遥而不闷，掇而不跂""得而不喜，失而不忧""生而不说，死而不祸"的主语都是物，只不过物被拟人化了。否则，义理逻辑不通，物不会因为人的认识不同而呈现不同，它始终保持它自身。

其九，"遥而不闷，掇而不跂"再多解释也解释不清，只能靠纯粹理性借助纯粹理念去逻辑推演。这句话明显是对应时间来说的，遥一看就跟时间相关联，即遥远的未来的意思，但掇（duō）如何跟时间相关联呢？掇是本字吗？如果是，则只能取掇的本义拾取。那拾取怎么就能跟时间关联上呢？纯粹理念要求我们将拾取同近在眼前的事相关联。这样，遥就跟掇关联上了。遥表示时间上的远，掇表示时间上的近。要真如此，庄子干吗不直接就用"近"字呢？遥跟掇勉强解释通后，闷跟跂又怎么理解呢？或者说，闷跟遥、跂跟掇怎么就能如寡跟小、多跟大一样相一致起来呢？真是即使踮起脚跟也还是让人郁闷啊。解决的思路是，首先将跂看作是闷的反义词。闷就是"闷闷不乐"的闷，那跟闷闷不乐相反的词会是什么呢？兴高采烈应该算。那"跂"跟兴高采烈能关联起来吗？如果说跂字就是本字的话，天才庄子可能是想借助人在兴高采烈时的行为表现来形容这种心情了。这种行为表现就是人在高兴时有时会手舞足蹈，足蹈可能就是跂。跂作动词用时，指抬起脚后跟站着，它在本句是动词形容词化。

最后，关于坦涂的理解，根据形式逻辑，它必须在词性上同远近、今故、盈虚相一致。那怎么才能相一致呢？显然在对涂的理解上，涂应该是坦的反义词。涂有可能是坦的反义词吗？要曲一下。老子说，曲则全。怎么曲呢？从生灵涂炭的涂曲过来。涂炭的涂，表示泥涂。所谓泥涂，就是不坦。正如《长征》所说："五岭逶迤腾细浪，乌蒙磅礴走泥丸。"

夫精，小之微也。垺，大之殷也，故异便。此势之有也

原紧接在"自大视细者不明"之后，明显是后人的旁注入正，且它本身不清不楚，不明不白，置于文中，隔断文义，必须删除。

是故大人之行，不出乎害人，不多仁恩。动不为利，不贱门隶。货财弗争，不多辞让。事焉不借人，不多食乎力，不贱贪污。行殊乎俗，不多辟异。为在从众，不贱佞谄。世之爵禄不足以为劝，戮耻不足以为辱。知是非之不可为分，细大之不可为倪。闻曰：'道人不闻，至德不得，大人无己。'约分之至也

原紧接在"不期精粗焉"之后，现予删除。对于到此已经大致熟悉《庄子》的人来说，似乎无须再给出理由。对于到此还是对《庄子》了无感觉的人来说，似乎更加无须给出理由，因为即使给出理由，也等同于没有给出理由。

至细之倪

明白它跟"至大之域"是对语就行了。倪，"端倪"的倪，端或边际的意思。

昔者尧、舜让而帝，之、哙让而绝。汤、武争而王，白公争而灭。由此观之，争让之礼，尧、桀之行，贵贱有时，未可以为常也。梁丽可以冲城而不可以窒穴，言殊器也。骐骥骅骝一日而驰千里，捕鼠不如狸狌，言殊技也。鸱鸺夜撮蚤，察毫末，昼出瞋目而不见丘山，言殊性也。故曰：盖师是而无非，师治而无乱乎？是未明天地之理，万物之情也。是犹师天而无地，师阴而无阳，其不可行明矣！然且语而不舍，非愚则诬也！帝王殊禅，三代殊继。差其时，逆其俗者，谓之篡夫。当其时，顺其俗者，谓之义之徒。

原紧接在"则趣操睹矣"之后，删除的理由同上上。

以道观之，物无贵贱。以物观之，自贵而相贱。以俗观之，贵贱不在己。以差观之，因其所大而大之则万物莫不大，因其所小而小之则万物莫不小。以功观之，因其所有而有之则万物莫不有，因其所无而无之则万物莫不无。以趣观之，因其所然而然之则万物莫不然，因其所非而非之则万物莫不非。默默乎河伯，汝恶知贵贱之门，小大之家

原文为："以道观之，物无贵贱。以物观之，自贵而相贱。以俗观之，贵贱不在己。以差观之，因其所大而大之，则万物莫不大。因其所小而小之，则万物莫不小。知天地之为稊米也，知毫末之为丘山也，则差数睹矣。以功观之，因其所有而有之，则万物莫不有。因其所无而无之，则万物莫不无。知东西之相反而不可以相无，则功分定矣。以趣观之，因其所然而然之，则万物莫不然。因其所非而非之，则万物莫不非。知尧、桀之自然而相非，则趣操睹矣。默默乎河伯，女恶知贵贱之门，小大之家！"

删除的句子是："知天地之为稊米也，知毫末之为丘山也，则差数睹矣。""知东西之相反而不可以相无，则功分定矣。""知尧、桀之自然而相非，则趣操睹矣。"

删除的理由是：以道观、以物观、以俗观、以差观、以功观、以趣观这六观明显形式上一致，相应地，它们所在的句子形式上也应该一致。现在，前三观没有类似被删除的话，猜想是后人想通过形而下来解释说明形而上。所以，被删除的话的全部道理都包含在前文之中。文以简明扼要为贵，《庄子》尤钟简明扼要，故还是删除为好。

以道观之。何贵何贱，是谓反衍，无拘尔志，与道大蹇。何少何多，是谓谢施，无一尔行，与道参差。兼怀万物，其孰承翼，是谓无方，万物一齐，孰短孰长。道无终始，物有死生。不恃其成，一虚一盈，不位乎其形。年不可举，时不可止，消息盈虚，终则有始。是所以语大义之方，论万物之理也。物之生也，若骤若驰，无动而不变，无时而不移。何为乎，何不为乎？夫固将自化

原文为："以道观之，何贵何贱？是谓反衍。无拘尔志，与道大蹇。何少何多？是谓谢施。无一尔行，与道参差。严严乎若国之有君，其无私德。繇繇乎若祭之有社，其无私福。泛泛乎其若四方之无穷，其无所畛域。兼怀万物，其孰承翼？是谓无方。万物一齐，孰短孰长？道无终始，物有死生。不恃其成。一虚一盈，不位乎其形。年不可举，时不可止。消息盈虚，终则有始。是所以语大义之方，论万物之理也。物之生也，若骤若驰。无动而不变，无时而不移。何为乎，何不为乎？夫固将自化。”

改动的地方主要有两点。一是标点符号，具体做了什么样的改动，不服且有兴趣的读者可以自行去一一对照。二是删除了“严严乎若国之有君，其无私德。繇繇乎若祭之有社，其无私福。泛泛乎其若四方之无穷，其无所畛域”，删除的理由是，“是谓反衍”“是谓谢施”“是谓无方所在”三句明显是并列句，没有理由只在其中一句中加一段并无思想含义而只是比方的话。

以道观之，这是对“然则我何为乎？何不为乎？吾辞受趣舍，吾终奈何？”一言以概之的回答，简明，直接，正确，所以必须用句号，其后文字只是对这个答案进行进一步的解释说明。河伯最后问：“然则何贵于道邪？”则更是极其明显地表明应该这么断句。

反衍，同谢施和无方一样，本身都不好理解，但语境在，大致含义还是非常清晰的。反衍，指贵贱是可能相互转化的。谢施，指多少也是可能相互转化的。无方，指万物一齐，长短没有什么固定的模式。

无拘尔志，与道大蹇。它理应跟“无一尔行，与道参差”义理逻辑一致。但是，“无一尔行，与道参差”本身不是太能肯定其内在的义理逻辑。它究竟是“不要固守你某一行为，而要跟参差不齐的大道相一致”呢，还是“不要固守你某一行为，而与大道不相一致”呢？如果蹇（jiǎn）是本字不误，因蹇的本义为跛足，则它跟“不要固守你某一行为，而与大道不相一致”要更相一致些。其实，只要意思把握到了，哪种表达都可以。诚如《天道》所言：“书不过语，语有贵也。语之所贵者，意也。”

故曰：‘天在内，人在外，德在乎天。’知天人之行，本乎天，位乎得，踯躅而屈伸，反要而语极。”曰：“何谓天？何谓人？”北海若曰：“牛马四足，是谓天。落马首，穿牛鼻，是谓人。故曰：‘无以人灭天，无以故灭命，无以得殉名。谨守而勿失，是谓反其真。’

原紧接在“莫之能害也”之后，现删除。理由一，本身要通不通，不是思想作品应有的要通必通品质。理由二，原寓言义理已然完足，根本不需要这些多余的废话。

【今译】

大水如约而至，百川都往大河灌水，大河因此水量大涨，以至于河岸之间都看不清对岸是牛是马。面对此等情景，河伯欣然自喜，以为全天下所有的美景都在自己这里了。待顺流而东，来到北海，向东而望，看不到水的终端，立马不再欣喜，而是眼望大海对着北海若叹息说："民间有这么种说法，'要是听闻过的道理足够多了，就以为没人能赶得上自己。'这其实说的就是我呀！我曾经听说过孔子并不是最有学问的人而伯夷也并不是最讲义气的人，开始我还不信，现在我看到你这一眼根本就看不到边的样子，我算是信了。我要是没有到您这里来过，我就真的危险了啊，我会永远为大方之家所嘲笑的。"北海若说："井里的青蛙是不可以同它讲什么是大海的，因为它拘束于它所在的空间。夏天的虫子是不可以同它讲什么是冰凌的，因为它受限于它所在的时间。狭隘的人士是不可以同他讲什么是大道的，因为他束缚于他所受的教化。现今你从小小河边而来，看到了茫茫大海，你已经意识到了自己的浅陋，你现在可是一个可以讲议大道的人了啊。天下的水体，就算大海最大了。即使万川都流入其中，也完全不知道它什么时候才止而不盈。即使它有尾闾不断泄漏，也完全不知道它什么时候才已而不虚。真可谓是春秋不变、水旱不知啊。这才是它超越江河的地方，完全不可借助于量数来描述，而我从来就没有以此自多过。我一直以为，要是拿我的形体同天地相比，或是拿我的精气同阴阳相比，我在天地之间，就好比小石小木在大山之中，心头念叨的只是太少，哪里还会以此自多呢！"

河伯于是问："如果是这样子的话，那我以天地为大而以毫末为小，可以吗？"北海若回答说："不可以的。凡物，从空间上来说无穷无尽，从时间上来说无止无息，从分合上来说无常无恒，从终始上来说无故无定。所以说，真正的有道之人通过对物之远近的观察，看到物并不因为细小就寡少，也并不因为巨大就众多，所以就知道物在空间上是无穷无尽的。通过对物之今故的证实，看到物并不因为远在未来就郁闷，也并不因为近在眼前就热烈，所以就知道物在时间上是无止无息的。通过对物之盈虚的考察，看到物并不因为得到什么就喜悦，也并不因为失去什么就忧愁，所以就知道物在分合上是无常无恒的。通过对物之坦涂的探究，看到物并不因为活着就美好，也并不因为死去就灾难，所以就知道物在终始上是无故无定的。严格考究起来，人所能知道的是比不上他所不能知道的，就好比人活着的时光比不上人没活的时光一样。人是这样的极度渺小，而物却是这样的极度宏大，人如果想要穷尽物，必定是走向迷乱不堪而失去了自己。由此观之，人怎么就能确定毫末就足以表示最小的存在，又怎么就能确定天地就足以表示最大的存在呢？”

河伯于是问：“天底下的人都这么说：‘最精微的存在是无形的，最宏大的存在是不可围的。’这话确定对吗？”北海若回答说：“从小处往大处看是很难看到尽头的，从大处往小处看是很难看得明白的。我们平常所说的精粗，是建立在有形之物的基础之上的。无形的存在，数字是不能对之进行分辨的。不可围的存在，也是数字所不能穷尽的。可以用言语来论说的，只能是物之粗。可以用意念来冥想的，只能是物之精。既不能用言语来论说，也无法用意念来冥想的，就不是建立在物的精粗之上了。”

河伯于是问：“无论从物与物之间的关系来说，还是从物自身内部的关系来说，要怎样才能区分出物的贵贱？又怎样才能区分出物的大小呢？”北海若回答说：“从道的角度看，一切物并没有什么贵贱。从物的角度看，一切物都是自贵而相贱。从俗的角度看，贵贱不由自己说了算。从差的角度看，顺着一个物的大而以之为大则万物都大，顺着一个物的小而以之为小则万物都小。从功的角度看，顺着一个物的有而以之为有则万物都有，顺着一个物的无而以之为无则万物都无。从趣的角度看，顺着一个物的对而以之为对则万物都对，顺着一个物的错而以之为错则万物都错。别再说了，河伯，你哪能区分出什么是贵什么是贱，又哪能区分出什么是大什么是小啊！”

河伯还是继续追问：“要是这样子的话，那我哪些该做？哪些又不该做呢？一个人总得处在辞受取舍的情境当中，我总得有一个最终的办法吧？”北海若回答说：“你从道的角度处理就可以了。物原本就没有什么贵贱之分，它们都会各自向对方转化，故不要拘泥于你自身的意志，而要与大道结伴而行。物原本就没有什么多少之分，它们也都会各自向对方转化，故不要固守于你一贯的行为，而要与大道齐头并进。你要将天下万有都纳入胸中，不要只选取其中的部分，它们没有一成不变的形式，万物都是平等的，并没有什么谁短谁长之分。道无始无终，物有生有死。你无须执着于某一成功，而要一虚一盈，不停留于某一特定形式。岁月举不胜举，时间永无停滞，万物生生死死，亦盈亦虚，终则有始。只有这样才算是言说了大义之方，论及了万物之理啊。万物一旦生成，就若骤若驰，没有什么行为不是变化着的，也没有什么时候不是移动着的。哪些该做，哪些不该做，这都要根据事物自身的变化而定啊。”

河伯最后问："既然如此，那为何单单要以大道为贵呢？"北海若回答说："因为洞悉大道的人必定能通达物理，通达物理的人必定能通晓权变，通晓权变的人不会因为外物而伤害自己。具有至高德性的人，火热不到他，水溺不到他，寒暑伤害不到他，就连禽兽都危害不到他。这并不是说他对这些不在意，而是说他能察乎安危，宁于祸福，谨于去就，所以才没有什么能伤害到他啊。"

二

【文本归元】

夔怜蚿，蚿怜蛇，蛇怜风，风怜目，目怜心。夔谓蚿曰："吾以一足趻踔而行，予无如矣。今子之使万足，独奈何？"蚿曰："不然。子不见夫唾者乎？喷则大者如珠，小者如雾，杂而下者不可胜数也。今予动吾天机，而不知其所以然。"蚿谓蛇曰："吾以众足行，而不及子之无足，何也？"蛇曰："夫天机之所动，何可易邪？吾安用足哉！"蛇谓风曰："予动吾脊胁而行，则有似也。今子蓬蓬然起于北海，蓬蓬然入于南海，而似无有，何也？"风曰："然，予蓬蓬然起于北海而入于南海也，然而指我则胜我，鰌我亦胜我。虽然，夫折大木，蜚大屋者，唯我能也。"故以众小不胜为大胜也。为大胜者，唯圣人能之。

【见独】

一则失败寓言，无论原作出自庄子本人还是他人。理由如下：

1. 寓言本身残缺。"夔怜蚿，蚿怜蛇，蛇怜风，风怜目，目怜心"要求后文必须涉及目和心，但事实上没有。即便原文有而只是被后人无意遗弃，也照样不能证明本寓言的失败性，因为二、三、四、五的问题仍然存在。

2. 义理无法统一。怜训作什么才好呢？如果训为怜悯，则从"吾以众足行，而不及子之无足，何也？"看，无论如何都看不出蚿对蛇的怜悯。如果训为羡慕，则没有任何训诂根据。现有的根据，都是训者自己的臆想。即使将怜臆想为羡慕，寓言义理仍无法统一。

3. 主旨很不明显。寓言必须要有明确的主旨。本寓言的主旨是什么呢？从寓言本身看，显然是“以众小不胜为大胜也”，但这个主旨其实跟整个寓言的逻辑环完全不相连接。如果主旨是“万物自足，不必羡慕他者”的怜，则“然，予蓬蓬然起于北海而入于南海也，然而指我则胜我，鰌我亦胜我。虽然，夫折大木，蜚大屋者，唯我能也”就完全不着怜的调。

4. 比方很不恰当。“子不见夫唾者乎？喷则大者如珠，小者如雾，杂而下者不可胜数也”是完全无法比方“动吾天机”的。

5. 前言不搭后语。蚿在回答夔时就已经知道：“今予动吾天机，而不知其所以然。”接着蚿在追问蛇时，马上就自我矛盾地说：“吾以众足行，而不及子之无足，何也？”

综上所述，本寓言不解不注不译。对错误用心，就是对用心犯罪。

三

【文本归元】

孔子游于匡，宋人围之数匝，而弦歌不辍。子路入见，曰：“何夫子之娱也？”孔子曰：“来，吾语汝。我讳穷久矣，而不免，命也。求通久矣，而不得，时也。当尧、舜而天下无穷人，非知得也。当桀、纣而天下无通人，非知失也，时势适然。夫水行不避蛟龙者，渔父之勇也。陆行不避兕虎者，猎夫之勇也。白刃交于前，视死若生者，烈士之勇也。知穷之有命，知通之有时，临大难而不惧者，圣人之勇也。由，处矣！吾命有所制矣！”无几何，将甲者进，辞曰：“以为阳虎也，故围之。今非也，请辞而退。”

【见独】

本寓言理当连同上则寓言一并删除，但奈何删除根据不是十分充足，故还是暂且保留。

本寓言对于任何一个想读敢读《庄子》且已读庄至此的人来说，想必不存在理解上的任何困难，故不解不注不译。

四

【文本归元】

公孙龙问于魏牟曰："龙少学先王之道，长而明仁义之行，合同异，离坚白，然不然，可不可，困百家之知，穷众口之辩，吾自以为至达已。今吾闻庄子之言，茫然异之。不知论之不及与？知之弗若与？今吾无所开吾喙，敢问其方。"公子牟隐机太息，仰天而笑曰："子独不闻夫埳井之蛙乎？谓东海之鳖曰：'吾乐与！出跳乎井干之上，入休乎缺甃之崖，赴水则接腋持颐，蹶泥则没足灭跗。环视虾蟹与科斗，莫吾能若也。且夫擅一壑之水，而跨埳井之乐，此亦至矣。夫子奚不时来入观乎？'东海之鳖左足未入，而右膝已絷矣。于是逡巡而却，告之海曰：'夫千里之远，不足以举其大。千仞之高，不足以极其深。禹之时，十年九潦，而水弗为加益。汤之时，八年七旱，而崖不为加损。夫不为顷久推移，不以多少进退者，此亦东海之大乐也。'于是埳井之蛙闻之，适适然惊，规规然自失也。且夫知不知是非之竟，而犹欲观于庄子之言，是犹使蚊负山，商蚷驰河也，必不胜任矣。且夫知不知论极妙之言，而自适一时之利者，是非埳井之蛙与？且彼方跐黄泉而登大皇，无南无北，奭然四解，沦于不测。无东无西，始于玄冥，反于大通。子乃规规然而求之以察，索之以辩，是直用管窥天，用锥指地也，不亦小乎？子往矣！且子独不闻夫寿陵余子之学于邯郸与？未得国能，又失其故行矣，直匍匐而归耳。今子不去，将忘子之故，失子之业。"公孙龙口呿而不合，舌举而不下，乃逸而走。

【见独】

合同异，离坚白

名家的两个代表性观点。“合同异”是试图通过逻辑论证把事物的同和异合而为一，“离坚白”是试图通过逻辑论证把事物的坚与白离而为二。公孙龙是名家的代表性人物，《天下》篇将其定性为：“公孙龙辩者之徒，饰人之心，易人之意，能胜人之口，不能服人之心，辩者之囿也。”

吾乐与！出跳乎井干之上，入休乎缺甃之崖，赴水则接腋持颐，蹶泥则没足灭跗。环视虾蟹与科斗，莫吾能若也。且夫擅一壑之水，而跨埳井之乐，此亦至矣

原文为：“吾乐与！出跳梁乎井干之上，入休乎缺甃之崖，赴水则接腋持颐，蹶泥则没足灭跗，还视虷蟹与科斗，莫吾能若也。且夫擅一壑之水，而跨跱埳井之乐，此亦至矣。”

改动的地方：1. 改“跳梁”为“跳”，以使与休形式上相一致。2. 改“还视”为“环视”，以使场景清晰。3. 改“虷蟹”为“虾蟹”，以使跟常识相一致。4. 改“跨跱”为“跨”，以使与擅形式上相一致。所有改动都只是为了使形式更为完美和完整，内容其实没有任何改变。

缺甃，残缺的井壁。甃，音 zhòu，以砖瓦砌的井壁。

接腋持颐，象征用法，类同从头到脚。理解这个词的关键点不在词本身，而在词在句中所起的作用。很显然，这个词是用来表示在井蛙看来井里的水之多的，多到可以把井蛙的整个身子都可以淹没。腋，本义为胳肢窝。颐，本义为下巴。

没足灭跗，同接腋持颐一样，也是象征用法。跗，音 fū，指脚背。

埳井，浅井，埳，音 kǎn，古同坎。

于是埳井之蛙闻之，适适然惊，规规然自失也

非常不好理解的一句白话。规规然的含义在《天地》篇九中已有解释，大意是紧巴紧巴的意思。适适然呢？只能根据语境借助纯粹理性才可能获得可能正确答案。这里的语境是，坎井之蛙听过东海之鳖对大海之乐的描述后，应该是听懂了并表示赞同，所以它会认同东海之鳖的大海之乐。这个认同，很可能就是这里适适然所要表达的。但同时，大海之乐是坎井之蛙从没有听闻过的，所以，它认同的同时还感到非常惊讶。

商蚷

庄子单一独用词，尽管它究竟对应今天哪种虫子已不可解，但完全不影响对文本的解读。蚷，音 jù。

且夫知不知论极妙之言，而自适一时之利者，是非埳井之蛙与

论极妙之言，即庄子之言。

自适一时之利者，即作为辩者的公孙龙之言。

且彼方跐黄泉而登大皇，无南无北，奭然四解，沦于不测。无东无西，始于玄冥，反于大通

这句话是对庄子之言的描述。

彼，指庄子之言。

跐黄泉而登大皇，义同俗语中的上天入地，意指无所不包。跐，音 cī，本义为踏踩。

奭然四解，形容全方位解惑的盛大貌。奭，音 shì，本义为盛大。奭为会意兼形声字，从大，从皕（bì），皕即二百，表示多。

沦于不测，指落脚于不测。不测，就是大道，也即大通。

余子

过往解注都将其解注为未成年人，明显不符这里的语境需要。如果硬要找依据，则“周代兵役制度规定每户以一人为正卒，余者为羡卒，即余子。《周礼·地官·小司徒》：‘凡国之大事，致民；大故，致余子。’”较为靠谱。

其实，根据语境需要，将余子直接理解为一个叫余子的人最为恰当。

口呿

指口张开。呿，音 qū。

【今译】

公孙龙向魏牟请教：“我从小就学习先王之道，长大后又明白了仁义之行，现我不仅能将万物的同异论说得合而为一，还能将石头的坚白论说得一分为二，当别人以为不对时我可以论证它对，当别人以为不行时我可以论证它行，我能使百家都困惑于他们的所知，能使众口都穷困于他们的辩论，我自以为我已经达到了学问的最高境界。可今天我在听过庄子的言论后，内心十分茫然于他跟我的巨大差异。不知道这究竟是我的论说能力不及他呢，还是我的学问赶不上他？现我竟然到了无法开口说话的地步，想斗胆请教一下其中的原因。”公子牟先是深坐靠椅长叹一声，接着又仰天而笑说：“你难道没有听说过坎井之蛙的故事吗？有天坎井之蛙对东海之鳖说：‘我过得可快乐啦！我一出井就可以跳到井干之上，一入井就可以坐在井壁之崖，我要是落入水里则井水就可以淹没我的整个身躯，我要是踏入泥中则井泥就可以盖过我的整个脚背。环顾我周围的虾蟹和蝌蚪，没有一个能同我相比。要说能独占一壑之水且又能独霸坎井之乐，这已是最高境界了。要不哪天您过来体验体验？’东海之鳖过来体验时，左脚还没能完全踏入井里，右膝就已经被绊住了。于是东海之鳖只得逡巡而却，并一边向坎井之蛙讲述大海：‘用千里之远不足以形容它的浩大，用万仞之高不足以形容它的深渊。禹在的时候，十年中有九年发大洪水，也不见大海的水增多。汤在的时候，八年中有七年是大旱天，也不见大海的岸线降低。不为顷久推移，不以多少进退，这可是东海的大乐啊。’坎井之蛙听闻此言后，暗自赞许但同时惊骇不已，心里紧绷紧绷的若有所失。再说，公子你要是知道你其实并不知道是非对错之所在而就想要体察庄子的言论，那就跟蚊子想要扛起大山而爬虫想要涉过大河没有两样，一定是难以胜任的。并且，你要是知道你其实并不知道极其高妙的言论而只是贪图一时一地的好处，这不是坎井之蛙又是什么？庄子的言论上天入地，无南无北，无所不包，本于大道，无东无西，始于玄冥，反于大通，而你却紧巴紧巴地求之以察，索之以辩，就好比一个人用一根小管去观看浩天而用一个小锥去钻探大地，这不也显得太小家子气了吗？你还是赶快回去吧！你难道没有听说过寿陵有个叫余子的人前往邯郸学步的典故吗？他在还没有学到邯郸国步之前，就已经忘记了自己原先的走法，到最后只好爬着回去。你要是现在还不回去，你也一样会忘记你的故技，同时会失去你自己本有的专业。”公孙龙听罢惊讶到连嘴巴都合不拢、舌头也收不回的地步，一如脱兔般赶忙逃离。

五

【文本归元】

庄子钓于濮水，楚王使大夫二人往先焉，曰：“愿以境内累矣！”庄子持竿不顾，曰：“吾闻楚有神龟，死已三千岁矣，王巾笥而藏之庙堂之上。此龟者，宁其死为留骨而贵乎？宁其生而曳尾于涂中乎？”二大夫曰：“宁生而曳尾于涂中。”庄子曰：“往矣！吾将曳尾于涂中。”

【见独】

愿以境内累矣

这并不是俗世人的话语，而是俗世人根据庄子的一贯言行顺着庄子的心意而说出的。也就是说，在庄子看来，庙堂之事就是累，河水旁边钓鱼才是闲。

吾闻楚有神龟，死已三千岁矣

神龟一词就已经决定了“死已三千岁矣”的准确内涵，它是指龟死时已经有三千岁了而不是指龟死了已经三千年了。苟使龟是夭折的，则不论它死了有多少年，哪怕是十万年，也谈不上神。所以，神龟一定是指龟在死时已经在泥泞中打滚了三千年。也唯有作这等理解，寓言的寓意才能成立。

巾笥

名词作动词用，即用巾包裹，藏入箱箧，表示非常用心的样子。笥，音sì，本义为一种盛饭食或衣服的竹器。

【今译】

楚王听说庄子一直在濮水边钓鱼闲玩，便派了两位朝廷大员先行前往表达邀请之意：“希望先生能出山辅佐天下。”庄子拿着钓竿头也不回地回答说：“我听说楚国有只神龟，死的时候已经三千岁了，后被楚王用心包裹好并供奉在庙堂之上。请问这只神龟是宁愿死去变为留骨而被供奉着，还是宁愿活着而拖着尾巴在泥泞中打滚呢？”两位朝廷大员同时说：“当然是宁愿活着而拖着尾巴在泥泞中打滚。”庄子于是说：“那就请回去吧！我还是宁愿拖着尾巴在泥泞中打滚。”

六

【文本归元】

惠子相梁，庄子往见之。或谓惠子曰：“庄子来，欲代子相。”于是惠子恐，搜于国中三日三夜。庄子往见之，曰：“南方有鸟，其名为鹓鶵，子知之乎？夫鹓鶵发于南海而飞于北海，非梧桐不栖，非练实不食，非醴泉不饮。于是鸱得腐鼠，鹓鶵过之，仰而视之曰：‘吓！’今子欲以子之梁国而吓我邪？”

【见独】

鹓鶵

音 yuān chú，传说中与鸾凤同类的鸟。

练实

庄子单一独用词，准确含义不清。但根据语境，将练训为白，将练实解为白色的果实，即使错也错不远。练有白、素色的意思，比如练巾、练衣即指白色的头巾或白色的布衣。

醴泉

指像甜酒一般甜的泉水。醴，甜酒。

鸱

音 chī，本义为一种凶猛的鸟，如老鹰、鸢鹰等。

【今译】

惠施在梁国做宰相时，庄子想去看望一下故友。于是有人向惠施进言说：“庄子这次来，是想要取代你的相位。”惠施听后十分惶恐，于是在梁都搜了庄子三天三夜。庄子径直前往面见惠施，说：“南方有种叫鹓鶵的鸟，你知道吗？这种鸟每当从南海飞往北海时，不是梧桐它就不栖息，不是素实它就不吃食，不是甘泉它就不饮用。可是，有只老鹰在得到了一只已经腐烂了的老鼠而当鹓鶵在它头上飞过时，老鹰抬起头对着鹓鶵大声尖叫：‘吓！’现在你是想以梁国的相位来吓我吗？”

七

【文本归元】

庄子与惠子游于濠梁之上。庄子曰：“鲦鱼出游从容，是鱼之乐也。”惠子曰：“子非鱼，安知鱼之乐？”庄子曰：“子非我，安知我不知鱼之乐？”惠子曰“我非子，固不知子矣。子固非鱼也，子之不知鱼之乐，全矣！”庄子曰：“请循其本。子曰‘汝安知鱼乐’云者，既已知吾知之而问我，我知之濠上也。”

【见独】

鲦鱼出游从容，是鱼之乐也

从整个寓言的寓意看，这句话的关键词“从容”从来就没有被充分重视过，进而导致整个寓言的寓意被严重扭曲，以为庄子在强词夺理。

鲦鱼，俗称白鲦（tiáo），体长，侧扁，银白色，性活泼，善跳跃，常在水面结群往来，迅速游动，中国淡水均产。

请循其本。子曰‘汝安知鱼乐’云者，既已知吾知之而问我，我知之濠上也

正确理解本寓言寓意的关键句。

庄子这里的回答亦庄亦谐。谐的是，庄子通过安的双重含义而巧妙地转换了逻辑。安既有怎么的意思，也有哪里的意思。庄的是，鱼乐与不乐，是有天定标准的，诚如《齐物论》所说："因是因非，因非因是。是以圣人不由而照之于天，亦因是也。"鱼如果从容出游，则证明鱼活在自己的天道里，否则会四处逃窜，因为鱼绝不会假装从容。活在自己的天道里，就必定是乐。万物皆然，绝无例外。现在，从容出游的庄子看到从容出游的鱼，自然就知道鱼一定是快乐的，无论形式逻辑还是事理逻辑都完美无缺。相反，惠施离开事理逻辑而单从纯粹逻辑出发，得出自以为是但经不起事实检验的结论，其行为一如《天下》篇所评："饰人之心，易人之意，能胜人之口，不能服人之心，辩者之囿也……惠施不能以此自宁，散于万物而不厌，卒以善辩为名。惜乎！惠施之才，骀荡而不得，逐万物而不反，是穷响以声，形与影竞也，悲夫！"

【今译】

庄子同惠施一起游览于濠水桥上。庄子说："鲦鱼出游得这么从容，这就是鱼的快乐啊。"惠施接话说："你又不是鱼，你怎么就知道鱼是快乐的呢？"庄子说："你又不是我，怎么就知道我不知道鱼是快乐的呢？"惠施说："我不是你，确实不知道你啊。你确实也不是鱼，你就不知道鱼是快乐的，这不说得很完全了吗！"庄子说："请回到你说话的起始点上来吧。当你说'你从哪里知道鱼是快乐的'这话时，你可是已经知道我知道鱼是快乐的而问的我，我是在濠水边上知道的啊。"

至乐

一

【文本归元】

天下有至乐无有哉？有可以活身者无有哉？夫天下之所尊者，富贵寿善也。所下者，贫贱夭恶也。所乐者，安逸厚味美服好色音声也。所苦者，身不得安逸，口不得厚味，形不得美服，目不得好色，耳不得音声。若不得者，则大忧以惧，其为形也亦愚哉！夫富者，苦身疾作，多积财而不得尽用，其为形也亦外矣！夫贵者，夜以继日，思虑善否，其为形也亦疏矣！人之生也，与忧俱生，寿者惛惛，久忧不死，何之苦也！其为形也亦远矣！烈士为天下见善矣，未足以活身，吾未知善之诚善邪？诚不善邪？若以为善矣，不足活身，以为不善矣，足以活人，诚有善无有哉？今俗之所为与其所乐，吾又未知乐之果乐邪？果不乐邪？吾观夫俗之所乐，举群趣者，硁硁然如将不得已，而皆曰乐者，吾未之乐也，亦未之不乐也。果有乐无有哉？吾以无为诚乐矣，又俗之所大苦也。天下是非果未可定也？无为可以定是非。至乐活身，唯无为几存。请尝试言之：天无为以之清，地无为以之宁。故两无为相合，万物皆化生。芒乎芴乎，而无从出乎！芴乎芒乎，而无有象乎！万物职职，皆从无为殖。

【见独】

今奚为奚据？奚避奚处？奚就奚去？奚乐奚恶

原紧接在“有可以活身者无有哉？”之后。考量全章行文逻辑，这句话很是多余，后人妄加的可能性不大，应该是庄子原文，但不管怎样，删除后文本才更加简明合理，故予删除。

所下者，贫贱夭恶也

原在“所乐者，安逸厚味美服好色音声也”之后，现据文脉修正。

所乐者，安逸厚味美服好色音声也

原文为：“所乐者，身安厚味美服好色音声也。”现据“所苦者，身不得安逸，口不得厚味，形不得美服，目不得好色，耳不得音声”文脉修正。

故曰：“忠谏不听，蹲循勿争。”故夫子胥争之，以残其形。不争，名亦不成

原紧接在“足以活人”之后，明显是后人的感言误入正文，故予删除。

硁硁然

原文为“誙誙然”，无解。现改为硁硁然，是因为它非常契合这里的语境需要，想必庄子原文就为硁硁然，后人误抄而为誙誙然。硁硁，音 kēng kēng，形容一个人见识浅薄又非常固执的样子。请结合《论语・子路第十三》理解：

子贡问曰：“何如斯可谓之士矣？”子曰：“行己有耻，使于四方，不辱君命，可谓士矣。”

曰：“敢问其次。”曰：“宗族称孝焉，乡党称弟焉。”

曰：“敢问其次。”曰：“言必信，行必果，硁硁然小人哉！抑亦可以为次矣。”

曰：“今之从政者何如？”子曰：“噫！斗筲之人，何足算也？”

故曰：“至乐无乐，至誉无誉。”

原紧接在“又俗之所大苦也”之后，明显是后人误评误注并被再后来人误抄的结果，故必须予以删除。

天下是非果未可定也？无为可以定是非

原文为：“天下是非果未可定也。虽然，无为可以定是非。”根据文脉修正。

至乐活身

绝非什么“至极的欢乐可以活身”这种完全不顾语境的胡乱解读，而是要紧扣前文“天下有至乐无有哉？有可以活身者无有哉？”来解读，即无论至乐还是活身的意思。

芒乎芴乎，而无从出乎！芴乎芒乎，而无有象乎！万物职职，皆从无为殖

因为芴的意思无法清晰解读（又见《天下》），所以，“芒乎芴乎，而无从出乎！芴乎芒乎，而无有象乎！”也无法清晰解读。万物职职，庄子单一独用词，但其语境含义极其清晰，就是万物各尽其职，也即各按自性生长。有过往权威注家将其解读为“繁多貌”并收录到《汉语字典》，完全不能理喻。

殖，“生殖”“养殖”的殖，滋生的意思。

故曰：“天地无为也而无不为也。”人也孰能得无为哉

原紧接在“皆从无为殖”之后，明显是旁注入正，故予删除。

【今译】

天下到底有至乐还是没有呢？到底能活身还是不能呢？天下人之所看重的，就是富贵寿善。之所鄙视的，就是贫贱夭恶。之所乐享的，就是安逸、厚味、美服、好色、音声。之所苦楚的，就是身不得安逸，口不得厚味，形不得美服，目不得好色，耳不得音声。要是这些都得不到，就会大忧大愁以至于惊恐害怕，这样对待自己的生命真是太愚蠢了！就富人来说，辛辛苦苦地忙个不停，到头来其所积攒的财富根本就不能完全享用，这样对待自己的生命真是太表面了。就贵人来说，一天到晚陷溺于思虑到底是对还是不对？这样对待自己的生命也真是太疏忽了。人生一世，忧愁与生俱来，长命百岁以至老眼昏花，还一直陷在忧愁之中而死不了，这是一件多么痛苦的事！这样对待自己的生命也真是太漫长了。烈士确实为天下所称善，但又不足以让自己活身，我不知道这样的称善是否就真的值得称善，还是根本就不值得称善？如果说值得称善，它不足以让自己活身。如果不值得称善，它又足以让他人活身，这其中究竟有善在还是没有呢？现今世俗之人的行为与其所追求的快乐，我真的不知道它究竟是真的就快乐呢，还是真的就不快乐？就我个人的观察来说，世俗之乐只不过是一群人的共同爱好，大多见识浅薄而又非常固执，认为不这样就不快乐，其实它只不过是大家都说那很快乐而已，我就看不出其中的快乐，也看不出其中的不快乐。那世上究竟有没有快乐呢？我以为无为才是真正的快乐，但世俗之人认为无为很苦。天下是非真的就不可以确定吗？无为就可以确定是非。无论至乐还是活身，唯有无为才能达到目的。请尝试言之：上天就因为无为才得以清静，大地就因为无为才得以安宁。所以天地无为之两相结合，万物也就生生不息了。天地混芒飘忽，而完全不知道它们是从哪里产生！天地飘忽混芒，而完全不知道它们的样子究竟怎样！但万物能够在其中按其自性生生不息，都只是因为无为才滋生出来。

二

【文本归元】

庄子妻死，惠子吊之，庄子则方箕踞鼓盆而歌。惠子曰："与人居，长子老身，死不哭亦足矣，又鼓盆而歌，不亦甚乎！"庄子曰："不然。是其始死也，我独何能无慨！然察其始而本无生。非徒无生也，而本无形。非徒无形也，而本无气。杂乎芒芴之间，变而有气，气变而有形，形变而有生，今又变而之死，是相与为春秋冬夏四时行也。人且偃然寝于巨室，而我噭噭然随而哭之，自以为不通乎命，故止也。"

【见独】

箕踞

音 jī jù，庄子单一独用词，意即踞得像箕一样，构词法完全等同于蛇行、虎步、树立等。箕即"簸箕"的箕，踞的本义为蹲坐。有所谓权威注家将其解注为"古人席地而坐把两腿像八字形分开"，并被收录进《汉语字典》，真是莫名其妙，天下哪有像八字形分开的簸箕呢？

偃然

仰卧的样子。偃，音 yǎn，本义为仰卧。

噭噭然

庄子单一独用词，单从词本身看，无解。结合语境，应该的含义是一副哭哭啼啼的样子。噭，音 jiào，古同“叫”。

【今译】

庄子的妻子死了，惠施前往吊唁，庄子则正坐如一个大簸箕在那鼓盆而歌。惠施说：“你与你妻子一起生活，她为你生养孩子，与你一同慢慢变老，现在她死了你不哭倒也罢了，还在这里鼓盆而歌，你不是太过分了点吗？”庄子说：“不是这样子的。我妻子刚刚去世的时候，我怎能独独没有任何感伤！可要是从起始点来看，她原本就没有任何生命。非但没有任何生命，连形体都没有。非但形体没有，连气息都没有。想必她原本就杂居于混芒飘忽之间，经由某种变化而有了气息，气息再经由某种变化而有了形体，形体经由某种变化才有了生命，现今她只不过是经由再一轮变化而死了，这其实就是与春夏秋冬四季一同运行啊。我妻子已经安然仰卧于天地之间，而我还要表现出一副哭哭啼啼的样子，自以为这是对命运的不通达，所以才没再哭哭啼啼了啊。”

三

【文本归元】

支离叔与滑介叔观于冥伯之丘，俄而瘤生其左肘，其意蹶蹶然。支离叔曰：“子恶之乎？”滑介叔曰：“亡，予何恶！生者，假借也。假之而生生者，尘垢也。死生为昼夜。且吾与子观化而化及我，我又何恶焉！”

【见独】

昆仑之虚，黄帝之所休

原紧接在“冥伯之丘”之后，极大可能是后人对“冥伯之丘”进行解注而被更后来人抄入正文的结果，故予删除。

冥伯

显然是庄子的虚拟地名，隐喻有道之地。

其意蹶蹶然

原文为“其意蹶蹶然恶之”，从文脉看，“恶之”很明显应该去除，估计是后人误抄的结果。蹶蹶，音 juéjué，惊动的样子。

【今译】

支离叔与滑介叔在冥伯之丘观游，不一会儿一个瘤子从滑介叔左肘生了出来，滑介叔不意间表现出有点惊动的样子。支离叔于是问：“你难道厌恶它吗？”滑介叔回答说：“没有，我怎么会厌恶它！任何一种生成，都只是一种假借。任何一种假借，都如同尘垢而已。死生就好比昼夜交替。况且，我跟你正在冥伯之丘考察万物的转化，现在这个转化恰就落到了我身上，我又怎么可能厌恶它呢！”

四

【文本归元】

庄子之楚，见空髑髅，髐然有形。撽以马捶，因而问之，曰：“夫子贪生失理而为此乎？将子有亡国之事斧钺之诛而为此乎？将子有不善之行愧遗父母妻子之丑而为此乎？将子有冻馁之患而为此乎？将子之春秋故及此乎？”于是语卒，援髑髅，枕而卧。夜半，髑髅见梦曰：“子之谈者似辩士，诸子所言，皆生人之累也，死则无此矣。子欲闻死之说乎？”庄子曰：“然。”髑髅曰：“死，无君于上，无臣于下，亦无四时之事，从然以天地为春秋。虽南面王乐，不能过也。”庄子不信，曰：“吾使司命复生子形，为子骨肉肌肤，返子父母、妻子、闾里、知识，子欲之乎？”髑髅深矉蹙额曰：“吾安能弃南面王乐而复为人间之劳乎！”

【见独】

髑髅

音 dū lóu，庄子单一独用词，字面义不明，根据文脉，其含义应该是指死人的头盖骨。

髐然有形

含义极其不明，也不知道它在文中想表达什么。髐，xiāo。

敲以马棰

原文为“撽（qiào）以马捶”，估计是抄写错误。马棰，也不知道是什么东西。如果理解为马鞭，则敲字没有着落，因为马鞭不能敲。有将马棰解读为马杖的，但马杖又不知道是什么东西。结合语境的义理需要，解读为用马杖敲击，勉强能够成立。

【今译】

庄子去楚国，路上看到一个骷髅，很有骷髅的样子。他用马杖敲了敲，顺便又问了问，说：“你是因贪生而失理才落到这种地步的吗？你是因遭遇国家灭亡而惨遭杀戮才落到这种地步的吗？你是因做错了什么事对不起父母妻子才落到了这种地步的吗？你是因饥寒交迫才落到这种地步的吗？你是年寿已尽才落到这种地步的吗？”庄子说完后，便把骷髅当枕头睡了下来。夜半时分，骷髅给庄子送梦说：“你刚才所说的都好比辩士之言，你所说的那些话，都是活人的苦累，死人就没有这个。你想听听关于死人的说法吗？”庄子说：“当然想。”骷髅于是说：“人要是死了，上则无君，下则无臣，也没有春夏秋冬四时之事，只是简简单单以天地为春秋就行了。即使是南面称王的国君，其快乐也不过如此。”庄子不信，说：“我让司命把你复活，重新给你骨肉肌肤，重新给你父母、妻子、邻里、故旧，你想要吗？”骷髅深深地皱起眉头说：“我怎么能放弃如同国君般的快乐而回复到人世间的劳苦中去呢？”

五

【文本归元】

颜渊东之齐，孔子有忧色。子贡下席而问曰：“小子敢问：回东之齐，夫子有忧色，何邪？”孔子曰：“善哉汝问！昔者管子有言，丘甚善之，曰‘褚小者不可以怀大，绠短者不可以汲深。’吾恐回与齐侯言尧舜黄帝之道，而重以燧人神农之言，彼将内求于己而不得，不得则惑，人惑则死。且汝独不闻邪？昔者海鸟止于鲁郊，鲁侯御而觞之于庙，奏《九韶》以为乐，具太牢以为膳，鸟乃眩视忧悲，不敢食一脔，不敢饮一杯，三日而死。此以己养养鸟也，非以鸟养养鸟也。夫以鸟养鸟者，宜栖之深林，游之坛陆，浮之江湖，食之鳅鲦，随行列而止，逶迤而处。彼唯人言之恶闻，奚以夫譊譊为乎！《咸池》《九韶》之乐，张之洞庭之野，鸟闻之而飞，兽闻之而走，鱼闻之而下入，人卒闻之，相与还而观之。鱼处水而生，人处水而死。彼必相与异，其好恶故异也。故先圣不一其能，不同其事，名止于实，义设于适。”

【见独】

褚小者不可以怀大，绠短者不可以汲深

褚，音 zhǔ，囊、袋的意思。

绠，音 gěng，本义为井绳。

夫若是者，以为命有所成而形有所适也，夫不可损益

原紧接在“绠短者不可以汲深”之后，很可能是庄子原文，也很可能是后人的旁注。不管哪种情况，都以删除为上，因为它本身并没有任何思想含义，充其量只是对“褚小者不可以怀大，绠短者不可以汲深”的进一步阐释。

彼将内求于己而不得，不得则惑，人惑则死

请结合《天运》下面段落一并理解：

使道而可献，则人莫不献之于其君。使道而可进，则人莫不进之于其亲。使道而可以告人，则人莫不告其兄弟。使道而可以与人，则人莫不与其子孙。然而不可者，无它也，中无主而不止，外无正而不行。由中出者不受于外，圣人不出。由外入者无主于中，圣人不隐。其心以为不然者，天门弗开矣。

管子与齐侯，正如养鸟之人与鸟，管子所言之理，并非齐侯所需，齐侯就会惑，就会死。这里的死也不应该是一般意义上的肉体死亡，更多的是指灵魂不能得道的枯竭状态，与鸟儿不能“栖之深林，游之坛陆”的状态一样。

譊譊

庄子单一独用词，本身含义不明。结合语境，它的含义应该指称类似“觞之于庙，奏《九韶》以为乐，具太牢以为膳”等唠哩唠叨不合自然需要的行为。譊，音 náo。

彼必相与异，其好恶故异也

根据文脉，彼一定不能指代鱼和人，而一定要指代颜渊和齐侯。

是之谓条达而福持

原紧接在“义设于适”之后，后人旁注入正的可能性极大，且因其本身并没有任何思想价值，故删除为宜。

【今译】

颜渊要到东面的齐国去，孔子一副忧虑的样子。子贡离开座席问孔子说：“学生敢问：颜回要到东面的齐国去，老师您一副忧虑的样子，为什么呢？”孔子说：“你问得好呀！管子曾经说过一句话，我非常赞同，他说‘袋子小了不可以装进大家伙，井绳短了不可以打吊深井水’，我担心的是颜回对齐侯宣讲什么尧舜黄帝之道，然后又再用燧人神农的话来印证，当齐侯在内心深处找不到对应的时候，就会感到很困惑，齐侯困惑了，就会死。你难道没有听说吗？曾经有一只海鸟飞落到了鲁郊，鲁侯把它抓了起来并供奉在庙堂里，奏《九韶》给它听，奉牛羊猪给它吃，可海鸟目光迷离，既忧且悲，一口肉都不敢吃，一杯水都不敢喝，三天后就死去了。这纯粹是以己养鸟，而不是以鸟养鸟啊。如果是以鸟养鸟，那最好是让鸟栖息在深林，游走在沙洲，漂浮在江湖，吃食小鱼虾，止息于鸟群，自由自在。鸟就算是人说的话都讨厌听到，哪里还会接受人这些罗里吧嗦的行为呢？《咸池》《九韶》之类的乐曲，要是在洞庭之野来演奏，鸟听到了就会飞走，兽听到了就会逃离，鱼听到了就会下入，但要是人听到了，却会围上来观看。鱼在水里就生，人在水里就死。颜回跟齐侯一定会很不相同，他们的好恶也一定会很不相同。所以说，先圣从来不会只肯定人们能力的整齐划一，也不会叫人们去做同样的事情，他知道名称要跟实际相吻合，任何意义只存在于恰当之中。”

六

【文本归元】

列子行，食于道，从见百岁髑髅，攓蓬而指之曰：“唯予与汝知而未尝死、未尝生也。若果养乎？予果欢乎？”种有几，得水则为继，得水土之际则为蛙之衣，生于陵屯则为陵舄，陵舄得郁栖则为乌足，乌足之根为蛴螬，其叶为胡蝶。胡蝶胥也化而为虫，生于灶下，其状若脱，其名为鸲掇。鸲掇千日为鸟，其名为干余骨。干余骨之沫为斯弥，斯弥为食醯。颐辂生乎食醯，黄軦生乎九猷，瞀芮生乎腐蠸，羊奚比乎不箰久竹生青宁，青宁生程，程生马，马生人，人又反入于机。万物皆出于机，皆入于机。”

【见独】

完全不知所云，估计也不是《庄子》原文，故不解不译。

达生

一

【文本归元】

达生之情者，不务生之所无以为。达命之情者，不务命之所无奈何。养形必先之以物，物有余而形不养者有之矣。存生必先无离形，形不离而生亡者有之矣。生之来不能却，其去不能止。悲夫！世之人以为养形足以存生，而养形果不足以存生，则世奚足为哉！虽不足为而不可不为者，其为不免矣！夫欲免为形者，莫如弃事。弃事则无累，无累则正平，正平则与彼更生，更生则几矣！

【见独】

达生之情者，不务生之所无以为。达命之情者，不务命之所无奈何

粗看很容易理解，细究却极难清晰的一句话。如要清晰，首先，生跟命要作明确区分，生是“生死”的生，命是“命运”的命。其次，达生是一个专有名词，不宜理解为动宾词组。最后，不能把两句看作是平行关系，而应是前主后次关系，次是对主的解释说明。

存生必先无离形

原文为“有生必先无离形”，根据文脉，有生应该是存生的误抄。

与彼更生

完全等同于《天下》的“与物宛转”。

事奚足弃而生奚足遗？弃事则形不劳，遗生则精不亏。夫形全精复，与天为一。天地者，万物之父母也。合则成体，散则成始。形精不亏，是谓能移。精而又精，反以相天

原紧接在“更生则几矣”之后，明显是后人的旁注入正，且本身不通不畅，故予删除。

【今译】

达生的真实含义，是不要去做原本就做不到的事，就好比达命的真实含义，是不要去做命中注定根本就无可奈何的事。以为养形必定要以物为先决条件，可物即便有余也还是不能实现养形的目的，这种情况是存在的啊。以为存生必定要以无离形为先决条件，可形即便从未离也还是不能实现保存生命的目的，这种情况也是存在的啊。人之生，要来时无法推却，要去时无法阻止。可悲的是，世俗之人以为养形便足以存生，但要是养形并不足以存生，则世俗之人的所作所为又有什么必要呢！虽没必要但又不可不为，这才导致了不得不去养形啊！如果真的想避免受制于形，最好的办法莫如弃事。弃事了就能不疲累，不疲累就能心正气平，心正气平就能与物宛转，与物宛转就差不多接近达生了！

二

【文本归元】

子列子问关尹曰："至人潜水不窒，蹈火不热，行乎万物之上而不慄，请问何以至于此？"关尹曰："是纯气之守也，非知巧果敢之列。居，予语汝。凡有貌象声色者，皆物也，物与物何以相远？夫奚足以至乎先？是形色而已，则物之造乎不形，而止乎无所化。夫得是而穷之者，物焉得而止焉！彼将处乎不淫之度，藏乎无端之纪，游乎万物之所终始，壹其性，养其气，合其德，以通乎物之所造。夫若是者，其天守全，其神无隙，物奚自入焉！夫醉者之坠车，虽疾不死。骨节与人同而犯害与人异，其神全也。乘亦不知也，坠亦不知也，死生惊惧不入乎其胸中，是故逆物而不慴。彼得全于酒而犹若是，而况得全于天乎？至人藏于天，故物莫之能伤也。"

【见独】

潜水不窒

原文为“潜行不窒”，现改行为水。理由一，它应该跟“蹈火不热”相偶。理由二，《大宗师》有“若然者，登高不慄，入水不濡，入火不热”可供借鉴。

凡有貌象声色者，皆物也，物与物何以相远？夫奚足以至乎先？是形色而已，则物之造乎不形，而止乎无所化。夫得是而穷之者，物焉得而止焉

非天才庄子不足以出此真言，非庄子灵魂分有者不足以解此真言。

首先，要厘清这段话的外在文脉。它显然是对“至人潜水不窒，蹈火不热，行乎万物之上而不慄，请问何以至于此？”的回答，而不是单独另外表述一个与语境没有关系的道理。所以，“貌象声色”是针对“至人”“水”“火”说的，这些都是物。但作为物的至人，竟然可以“潜水不窒，蹈火不热，行乎万物之上而不慄”，也就是说，同为物的至人竟然可以不受水、火等“物”的“化”，这怎么可能呢？但事实上，至人确实就“潜水不窒，蹈火不热，行乎万物之上而不慄”，原因是至人能超越物而“纯气之守也”，一如“醉者之坠车”，“其神全也”。

然后，要厘清这段话的内在逻辑。“凡有貌象声色者，皆物也，物与物何以相远？夫奚足以至乎先？”是对物物关系的发问，“是形色而已，则物之造乎不形，而止乎无所化。夫得是而穷之者，物焉得而止焉！”是对发问的回答，“夫得是而穷之者，物焉得而止焉！”是对回答的评判。请借助【今译】加深对解读的理解。由于这段话的思想极其深邃，所以务必要反反复复千沉百默才能理解到位。当然，有些人无论如何都无法理解到位。灵魂使然，不必沮丧。

以通乎物之所造

“潜水不窒，蹈火不热，行乎万物之上而不慄”就是“通乎物之所造”的表现形式。

逆物而不慑

原文为“迕物而不慴（shè）”，几乎无法理解，估计是抄写错误。后人解注时，多将“迕”通假“逆”，“慴”通假“惧”，完全没有必要。汉字的通假文化，大多是一种假文化，是对错误的纵容。

复仇者，不折镆干。虽有忮心者，不怨飘瓦，是以天下平均。故无攻战之乱，无杀戮之刑者，由此道也。不开人之天，而开天之天。开天者德生，开人者贼生。不厌其天，不忽于人，民几乎以其真

原紧接在“故物莫之能伤也”之后，明显与语境不搭，也猜想不出它为何就会出现在此处，更兼其义理不通，逻辑不明，故坚决予以删除。文本归元后，义理完足，形式完美。

至人藏于天

原文为“圣人藏于天”，根据文脉，前有“至人潜水不窒”，所以这里的圣人应该是至人之误。

【今译】

子列子问关尹说：“至人潜水不会窒息，蹈火不会烧伤，行乎万物之上而不会感到害怕，请问他为什么可以达到如此境地呢？”关尹说：“这是因为至人能守住自己的纯真之气，而不是有什么知巧果敢之类的东西。你坐下来，我对你详细说说。凡是有貌象声色的，都是物，物跟物能相差多远呢？物怎么能先于物而存在呢？凡物都只不过是形色而已，所以物必定要从非物中来，也必定要在非物前打住。至人得知并穷尽了这个道理，物怎么能阻挡得了至人的行为啊！至人一直坚守在事物合适的范围之内，藏身在事物无尽的纲纪之中，遨游在万物的全部过程里，坚守自己的天性，颐养自己的真气，密合自己的德性，借此以通透万物天造的样子。至人做到了这些，他的天性是完备的，他的精神是无缝的，物怎能侵入到他！就好比，醉酒者从车上摔了下来，虽会受伤但并不会死。他的骨节与非醉者几乎相同，但所受的伤害与非醉者不同，原因就是他的精神处于完备之中。也就是说，醉酒者怎么上车的他自己不知道，怎么摔下的他自己也不知道，死生惊惧因而都没能进入到他的内心，所以即使他违逆了物情也不会感到害怕。人的精神仅因为醉酒就可以保全，更何况因为顺应天道了呢？至人就是因为把自己藏身在天道里，所以万物都伤害不到他。”

三

【文本归元】

仲尼适楚，出游林中，见佝偻者承蜩，犹掇之也。仲尼曰：“子巧乎！有道邪？”曰：“我有道也。五六月累丸二而不坠，则失者锱铢。累三而不坠，则失者十一。累五而不坠，犹掇之也。吾处身也，若橛株之枸。吾执臂也，若槁木之枝。虽天地之大，万物之多，而唯蜩翼之知。吾不反不侧，不以万物易蜩之翼，何为而不得！”孔子顾谓弟子曰：“用志不分，乃凝于神，其佝偻丈人之谓乎！”

【见独】

见佝偻者承蜩，犹掇之也

要在语境中理解佝偻者的隐晦含义。照常理，佝偻者行动不便，捕蝉困难，但因为“有道”，他在捕蝉时却好像顺手将蝉捡拾起来一样。其思想含义，就是神比形重要，也即“用志不分，乃凝于神”。

佝偻，音 gōulǚ，弯腰驼背。

承蜩，意即粘蝉，这种古老的捕蝉方式现在还经常出现，本人曾在广州大学城亲眼见过。承字估计有误，怎么也训不出语境所需要的含义，但这并不影响对文本的理解。蜩，音 tiáo，即古语蝉。

掇，音 duō，本义为拾取。

五六月累丸二而不坠，则失者锱铢。累三而不坠，则失者十一。累五而不坠，犹掇之也

“五六月”三字十分费解，估计原文有丢失，或是庄子拟文不当。正确的拟文应该是这样子的：“五六月累丸二而不坠，则失者锱铢。七八月累三而不坠，则失者十一。九十月累五而不坠，犹掇之也。”或应该是这样子的：“五六月累丸二而不坠者，则失者锱铢。累三而不坠者，则失者十一。累五而不坠者，犹掇之也。”前一种可以用来说明佝偻者累丸的时间长，后一种可以用来说明佝偻者累丸的天赋高。按庄子的整体思想，当是指佝偻者的天赋高。事实上，也只有天赋高的人才能真正地“用志不分”。

若橛株之枸

原文为“若蹶株拘”，明显有误。因为，它首先在形式上应该与“若槁木之枝”一致，然后应该可以被理解。如果是“若蹶株拘”，就无法理解。遗憾的是，即使修改为“若橛株之枸”，也只是在形式上求得了一致，但意义还是不太能清晰理解，主要是枸无法训出跟语境相合的意思出来。橛株的意思也是不太能肯定，据传统解注，它指小木桩，这个意思将就能吻合这里的语境需要。

不反不侧

原本有十分清晰的语境含义，无奈没有一个注家有正确解读，简直难以思议！反，显然指蜩的反面，也即佝偻者的后面。侧，显然指蜩的两侧，也即佝偻者的两侧。

【今译】

孔子到楚国去，在一片树林里游览时，看到一位驼背老头在粘蝉，粘得就如捡取一般。孔子问：“您真是粘蝉高手呀！有什么说法吗？”驼背老头说：“我有说法啊。一个人要是经过五六个月的练习，在杆头上连放两球而不掉落的，失手的次数就不多。在杆头上连放三球而不掉落的，十次也就失手一次。但要是在杆头上连放五球都不掉落的，那粘蝉就可以如同捡取一般了。我站立的时候，就如木桩扎进地里。我拿杆的时候，就如枯木伸出旁枝。天地即使再大，万物即使再多，但我眼里只有蝉翼。我绝不往后看，也绝不左右看，总之，当一切都改变不了我对蝉翼的注意时，难道还能不粘得就如捡取一般吗！”孔子回头对弟子们说：“当心思没有任何分散的时候，神也就凝聚起来了，说的就是驼背老头这样的人啊！”

四

【文本归元】

颜渊问于仲尼曰：“吾尝济乎觞深之渊，津人操舟若神。吾问焉曰：‘操舟可学邪？’曰：‘可。善游者数能。若乃夫没人，则未尝见舟而便操之也。’吾问焉而不吾告，敢问何谓也？”仲尼曰：“善游者数能，忘水也。若乃夫没人之未尝见舟而便操之也，彼视渊若陵，视舟若履，万方陈乎前而不得入其舍，恶往而不暇！以瓦注者巧，以钩注者惮，以黄金注者殙。其巧一也，而有所矜，则重外也。凡外重者内拙。”

【见独】

吾尝济乎觞深之渊，津人操舟若神

济，“同舟共济”的济，渡的意思。

觞深，非常陌生且隐晦的一个词，但因为语境在，其含义是可以依凭纯粹理性推导出来的，即又陡又深。陡的意思从哪里来呢？只能从“觞”字里来。怎么来呢？觞的本义为盛酒器，天下盛酒器莫不都是陡的。如果不做是解，则“津人操舟若神”“万方陈乎前而不得入其舍”都将因没有背景而不能理解。

津人，渡船的船夫。

善游者数能

乍一看上去几乎无法理解，以为原文有文字缺失，但熟读并理解了文本后，其含义还是非常清晰的，无须做任何文字补加，它明显是接“操舟可学邪？”的语气说的。所以，数能，就是操舟不多几次就能了。

若乃夫没人之未尝见舟而便操之也，彼视渊若陵，视舟若履，万方陈乎前而不得入其舍，恶往而不暇

原文为：“若乃夫没人之未尝见舟而便操之也，彼视渊若陵，视舟之覆犹其车却也。覆却万方陈乎前而不得入其舍，恶往而不暇！”

之所以敢在没有任何凭证的情况下，对如此经典做如此大的修改，实在是因为原文无论义理还是逻辑都完全不通，一个会潜水的人怎么可能就必定会把翻车不当回事？再者，“会潜水的人”难道会比“善游者”更高明？善游者不会潜水？分析错误产生的原因，应该是后人不解“没人”，或是将“没人”错解为“会潜水的人”，于是将原文中的“若履”修改为“之覆”，再后人还是因为不解文本，就对“视舟之覆”又作注“犹其车却也”。至于覆却，则完全是错上加错的结果。

正确理解文本的关键，在理解“没人”。理解没人的关键，在将没人跟忘水的义理接应上。结合庄子总体思想，没人即忘人，根本就不是什么“会潜水的人”这么水的解释。那到底是忘记什么的人呢？如果将“没人”解读为忘记自己的人，这句话和前文意思的前后逻辑关系就不太清楚。但将“没人”解读为“忘记周围存在的人”，前后语义就非常畅通。正是因为忘记深渊和舟，才能“视渊若陵，视舟若履，万方陈乎前而不得入其舍”。

【今译】

颜渊问孔子：“我曾经在一个又陡又深的渡口渡河，摆渡船夫的操舟能力就如神一般。我于是问他：‘你这样的操舟能力可以通过学习学到吗？’船夫说：‘可以呀。善游者只要操舟几次就可以学到这种能力。但要是没人，则即使从没有看到过船都可以操得如我一样。’我问他原因但他没有告诉我，请问他说的话究竟是什么意思呢？”孔子说：“所谓善游者只要操舟几次就可以学到这种能力，是指善游者能忘却水的存在。所谓要是没人则即使从没有看到过船都可以操得如他一样，是指一个忘记了周围存在的人，能把陡深的渊水看作只是山丘，能把渡船看作只是脚穿的鞋子，不论外在如何变化，他都始终不放心上，他到哪里不是闲庭信步！以瓦作赌注的时候就会尽显技巧，以钩作赌注的时候就会有所忌惮，以黄金作赌注的时候就会头昏眼花。赌技都一样，之所以心里会有所拘谨，就是因为太看重外在。大凡太过看重外在，便会导致内心笨拙。”

五

【文本归元】

田开之见周威公，威公曰：“吾闻祝肾养生，吾子与祝肾游，亦何闻焉？”田开之曰：“开之操拔篲以侍门庭，亦何闻于夫子！”威公曰：“田子无让，寡人愿闻之。”开之曰：“闻之夫子曰：‘善养生者，若牧羊然，视其后者而鞭之。’”威公曰：“何谓也？”田开之曰：“鲁有单豹者，岩居而水饮，不与民共利，行年七十而犹有婴儿之色，不幸遇饿虎，饿虎杀而食之。有张毅者，高门县薄，无不走也，行年四十而有内热之病以死。豹养其内而虎食其外，毅养其外而病攻其内。此二子者，皆不鞭其后者也。”

【见独】

吾闻祝肾养生

原文为“吾闻祝肾学生”，明显是笔误。从形式看，将“学习养生”简缩为“学生”就极不合理。从实质看，如果祝肾只是学习养生，则没有理由让威公去向一个学习养生的人学习。

拔篲

音 bá huì，庄子单一独用词，字面含义极为不明。过往注家一概将其解为扫帚，虽然完全没有根据，但适合这里的语境需要。

高门悬薄

原文为“高门县薄”，古“县”通“悬”。根据语境，其构词法应该类似大街小巷。高门可能指富贵人家，悬薄可能指小户人家。悬薄的反义词应该是殷厚。

仲尼曰："无入而藏，无出而阳，柴立其中央。三者若得，其名必极。夫畏涂者，十杀一人，则父子兄弟相戒也，必盛卒徒而后敢出焉，不亦知乎！人之所取畏者，衽席之上，饮食之间，而不知为之戒者，过也！"

原位于段末，现予以删除。理由一，它的义理跟前文无法搭上。乍一看，"无入而藏"当针对单豹而说，"无出而阳"当针对张毅而说。但仔细一想，前者可能成立，后者无法成立。因为，张毅的出可以理解，即"高门县薄，无不走也"，但张毅的阳就无法理解。更何况，这段话的内部义理逻辑也不清楚，"夫畏涂者，十杀一人，则父子兄弟相戒也，必盛卒徒而后敢出焉，不亦知乎！"跟前后句子如何关联呢？如果内部义理没有问题的话，这段话其实是可以单独成章的。理由二，文本归元后，形式完整，义理完足。

【今译】

田开之见周威公，威公问："我听说祝肾精于养生，你跟祝肾常在一块游玩，有听到什么吗？"田开之说："开之只是拿着扫把为祝肾干些打扫门庭的杂活，能听到什么啊！"威公说："田子就不要谦让了，我是真心想听听。"开之说："我听祝肾先生说过：'所谓的善于养生，就好比牧羊，看到哪只羊掉队了就对它甩鞭子。'威公问：'什么意思啊？'"田开之最后回答说："鲁国有个叫单豹的人，居住在岩洞里，吃食在水草边，不与他人争名利，七十岁了长得还像一个小孩。不幸的是，他遇到了一只饿虎，饿虎把他杀死并把他给吃了。另有一个叫张毅的人，无论豪门大户还是殷实小家，他都来往，但他四十岁时就因为得了内热病而去世了。单豹保养了他的内在但老虎吃掉了他的肉体，张毅保养了他的外在但疾病攻破了他的内心。这两个人的行为，就都属于不对掉队甩鞭子。"

六

【文本归元】

祝宗人玄端以临牢荚，说彘曰："汝奚恶死？吾将三月豢汝，七日戒，三日斋，藉白茅，加汝肩尻乎雕俎之上，则汝为之乎？"为彘谋，曰不如食以糟

糠而措之牢荚之中。自为谋，则苟生有轩冕之尊，死得于腞楯之上、聚偻之中则为之。为彘谋则去之，自为谋则取之，其所异彘者何也？

【见独】

本寓言虽寓意明确，但行文晦涩，措辞用字雕琢太甚，远不及《秋水》下面的寓言：

庄子钓于濮水，楚王使大夫二人往先焉，曰："愿以境内累矣！"庄子持竿不顾，曰："吾闻楚有神龟，死已三千岁矣，王巾笥而藏之庙堂之上。此龟者，宁其死为留骨而贵乎？宁其生而曳尾于涂中乎？"二大夫曰："宁生而曳尾于涂中。"庄子曰："往矣！吾将曳尾于涂中。"

千思百虑，觉得此文必是后人山寨之作，故不解不译。

七

【文本归元】

桓公田于泽，管仲御，见鬼焉。公抚管仲之手曰："仲父何见？"对曰："臣无所见。"公返，诶诒为病，数日不出。齐士有皇子告敖者，曰："公则自伤，鬼恶能伤公！夫忿滀之气，散而不返，则为不足；上而不下，则使人善怒；下而不上，则使人善忘；不上不下，中身当心，则为病。"桓公曰："然则有鬼乎？"曰："有。沈有履，灶有髻。户内之烦壤，雷霆处之。东北方之下者，倍阿鲑蠪跃之。西北方之下者，则泆阳处之。水有罔象，丘有峷，山有夔，野有彷徨，泽有委蛇。"公曰："请问委蛇之状何如？"皇子曰："委蛇，其大如毂，其长如辕，紫衣而朱冠，其为物也恶，闻雷车之声则捧其首而立，见之者殆乎霸。"桓公辴然而笑曰："此寡人之所见者也。"于是正衣冠与之坐，

不终日而不知病之去也。

【见独】

诶诒

音 ēi yí，庄子单一独用词，字面义无解。根据语境，其含义应该相当于长吁短叹，或是自言自语。

夫忿滀之气，散而不返，则为不足；上而不下，则使人善怒；下而不上，则使人善忘；不上不下，中身当心，则为病

非常难以理解的一句话，主要原因有二。其一，忿滀的语境含义不清晰。其二，其所包含的病理，因找不到合理的经验对应而显得无法理解。理论上，不能理解的道理不构成道理，正如不能理解的思想不构成思想一样。

根据文本，桓公的病显然是因为忿滀之气不上不下，中身当心。而忿滀之气的来由，显然是桓公看到了委蛇。桓公看到委蛇生病了，怎么就是忿滀之气了呢？按传统注解，滀的语境含义还比较清晰，就是郁结，但忿的语境含义就十分不清晰了。过往注家大多将其解注为愤怒，明显离开语境自说自话。“忿滀”的解读应该另辟路径。“忿”可解读为心绪纷乱，“滀”则可解读为聚集，也就是忿和滀是一组反义字构成的词语，一个人的魂魄不正是有忿有滀吗？也就是说，忿滀之气，指魂魄。魂飞魄散，也就是散而不返，就会不足。往后推，只要魂魄上而不下、下而不上、不下不上，都会使人处于病态。其实这段话的最后包含一个寓言，当管仲给桓公解释清楚了鬼为何物时，桓公对自己所见到的鬼有所了解，也就心安，病也就好了。也就是说，一个人的灵魂如果要处于健康状态，应该对其所见所闻清楚明了，无惑才能无惧。心无惧才能身无病。

沈有履，灶有髻。户内之烦壤，雷霆处之。东北方之下者，倍阿鲑蠪跃之。西北方之下者，则泆阳处之。水有罔象，丘有峷，山有夔，野有彷徨，泽有委蛇

字面义完全无法理解。庆幸的是，即便如此，但一点都不影响文本的正确解读。

其为物也恶，闻雷车之声则捧其首而立

正确解读恶的含义很关键。有注家这样断句："其为物也，恶闻雷车之声，则捧其首而立。"这在语法上是完全讲不通的。其实，桓公就是因为看到了委蛇捧其首而立才诶诒为病的。试想，有几个人亲眼看到一个鬼一样的东西捧着自己的脑袋站在那里能不吓出一身病来呢？所以，文本归元后，恶的语境含义也就清晰了，就是"凶恶"的恶。

需要提请注意的是，雷车之声就是桓公田猎时管仲御车的声音，即车的声音就如打雷，委蛇正是听到这个声音才捧其首而立的。

辴然

庄子单一独用词，字面义无解。过往注家将其解注为喜悦貌并广为接受，其实没有任何字理依据。其构词法显然与"怵然""蹴然"完全等同，怵、蹴都好解释，辴（zhěn）就不好解释。遗憾的是，虽然明知辴字用得有问题，但就是没有能力修正。

【今译】

桓公到一湖泽处打猎，管仲为他驾车，他在车上竟然看到了鬼。桓公拉着管仲的手说："仲父您有看到什么没？"管仲说："我没有看到什么啊。"桓公回到家里后，一天到晚长吁短叹的，以致生出了病，好几天都不曾露面。齐国有个叫皇子告敖的士人，说："桓公您这是自己伤到了自己，鬼怎么能伤到您呢！郁结之气要是散而不返，就会导致人的气力不足；要是上而不下，人就容易发怒；要是下而不上，人就容易遗忘；要是不上不下，郁结在身体的正当中，人就会生病。"桓公于是问："请问这世上有鬼吗？"皇子告敖说："有啊。沈地有履鬼，灶地有髻鬼，家里之烦壤地有雷霆鬼，东北方之下地有倍阿鲑蠪鬼，西北方之下地有泆阳鬼，水边有罔象鬼，丘陵有峷鬼，山里有夔鬼，荒野有彷徨鬼，湖泽有委蛇鬼。"桓公又问："请问委蛇鬼长得什么样？"皇子回道："委蛇鬼嘛，其大就如同车轮，其长就如同车辕，穿着紫色衣服而戴着红色帽子，它的样子看上去非常凶猛，要是听到雷声般的车声，就会捧着自己的脑袋站立在那里，见到这个场景的人，很可能就是一位霸主。"桓公辴然而笑说："这正是我所见过的场景啊！"于是整理好自己的衣服，同皇子一同坐了下来。不到一天，桓公的病就不知不觉好了。

八

【文本归元】

纪渻子为王养斗鸡。十日而问："鸡已乎？"曰："未也，方虚骄而恃气。"十日又问，曰："未也，犹应响景。"十日又问，曰："未也，犹疾视而盛气。"十日又问，曰："几矣，鸡虽有鸣者，已无变矣，望之似木鸡矣，其德全矣。异鸡无敢应者，返走矣。"

【见独】

方虚骄而恃气、犹应响景、犹疾视而盛气、望之似木鸡矣

明显四个不同的层次，没有读懂四个层次的分别，就没有读懂此寓言。

虚骄而恃气，字面意思就是没有本钱的骄矜，只依恃一股子斗气，相当于虚张声势或是匹夫之勇。

犹应响景，字面意思是对外在的响声做出反应，相当于被他人牵着鼻子走。

疾视而盛气，字面意思是能审视对方但盛气十足，相当于沉不住气。

望之似木鸡，字面意思是不为对方表象所动，相当于《养生主》的"官知止而神欲行"。

【今译】

纪渻子为某一国君驯养斗鸡。过了十天，国君问："鸡可以斗了吗？"纪渻子说："不可以，鸡尚有虚假的骄矜，只依恃一股子斗气。"过了十天国君又问，纪渻子说："还是不可以，鸡对对方的声响尚会做出反应。"过了十天国君又问，纪渻子说："差不多可以了，别的斗鸡无论怎么叫唤，它都完全不为所动，它看上去就好像一只木鸡，它的全部德性都已经集聚起来了。别的斗鸡根本就不敢应战，一看就退回去了。"

九

【文本归元】

孔子观于吕梁，悬水三十仞，流沫四十里，鱼鳖之所不能游也。见一丈夫游之，以为有苦而欲死也，使弟子并流而拯之。数百步而出，被发行歌而游于塘下。孔子从而问焉，曰："吾以子为鬼，察子则人也。请问蹈水有道乎？"曰："亡，吾无道。吾始乎故，长乎性，成乎命。与脐俱入，与汩偕出，从水之道而不为私焉。此吾所以蹈之也。"孔子曰："何谓始乎故，长乎性，成乎命？"曰："吾生于陆而安于陆，故也。长于水而安于水，性也。不知吾所以然而然，命也。"

【见独】

悬水三十仞，流沫四十里

从下文"数百步而出，被发行歌而游于塘下"看，估计原文有误，主要是里字可能有误，但不知道正确的应该是什么。当然，也可能是文学的夸张手法，一如"飞流直下三千尺"。

仞，古代长度单位，周制八尺，汉制七尺。

吕梁

不是单一名词，而是合成词，即吕水的堤堰。也只有设想孔子是站在堤堰之上，才能合理地看到"悬水三十仞，流沫四十里"以及"数百步而出，被发行歌而游于塘下"。

梁的本义为水桥，也有堤堰的意思。

鼋鼍

音 yuán tuó，原位于鱼鳖之前，明显为冗余词，故予删除。那为什么不删除鱼鳖呢？因为它简明很多。庄子为文的鲜明特点之一，就是简明，尽管他的书很可能是世界上最难懂的书之一。

脐

漩涡的形象说法，因为漩涡跟肚脐眼的形状很像。

汩

字面义不是很清晰，但语境义很清晰，就是水从下往上涌，与漩涡反向。

吾生于陆而安于陆，故也。长于水而安于水，性也。不知吾所以然而然，命也。

极具思想含义的一段话，但同时也是极为不好理解的一段话。

“吾生于陆而安于陆，故也。”原文为“吾生于陵而安于陵，故也。”修改的根据，一是原文很可能原本就是“陆”，因形近而误；二是“生于陵”跟“长于水”不搭，但如果是“生于陆”，就不仅跟“长于水”很搭，而且跟“故”更搭。故就是“故土”的故。请结合【今译】理解。

【今译】

孔子观赏于吕水的堤堰之上，看到堤堰下方水的落差有三十仞之高，溅起的水花能流到四十里之远，就连鱼鳖等都不能在其中游动。这时他竟然看到有一男子在那里游动，孔子以为该男子遭遇了什么困苦而欲自寻短路，于是便打发弟子顺水而下想把他救起来。但是，那男子竟然就在数百步之远的地方出现了，披散着头发一边唱歌，一边游水堤堰之下。孔子跟上去问道：“我开始还以为是鬼呢，仔细看过才知道是人。请问如你这般游水有什么门道吗？”游水男子回答说：“没有啊，我没有什么门道。我只不过始乎故，长乎性，成乎命。我与漩涡一起下入，又与涌流一起上出，我完全顺从水的流向而不带一丁点儿个人的想法。这就是我所谓游水的门道。”孔子又问：“那你所谓的‘始乎故，长乎性，成乎命’到底什么意思啊？”游水男子说：“我生在陆地就安心于陆地，这就是故。我长在水里就安心于水里，这就是性。我不知道我为什么会是这样但保持这样，这就是命。”

十

【文本归元】

梓庆削木为鐻，鐻成，见者惊犹鬼神。鲁侯见而问焉，曰：“子何术以为焉？”对曰：“臣，工人，何术之有！虽然，有一焉。臣将为鐻，未尝敢以耗气也，必斋以静心。斋三日，不敢怀庆赏爵禄；斋五日，不敢怀非誉巧拙；斋七日，辄然忘吾有四肢形体也。当是时也，无公朝，其巧专而外滑消，然后入山林，观天性形躯，至矣，然后见成鐻，然后加手焉。不然则已。则以天合天，器之所以疑神者，其由是欤！”

【见独】

鐻

音jù，很难确定它究竟是个什么东西。有说为：“古代的一种乐器，夹置钟旁，为猛兽形，本为木制，后改用铜铸。”有说为：“古代悬挂钟鼓的架子两侧的柱子。”如果是前者，则单从文本中完全看不出“梓庆削木而为乐器”有何高明。如果是后者，就两根挂钟的柱子，再怎么，也谈不上“惊犹鬼神”。思来想去，估计其既非乐器，也非柱子，而是某种乐器比如钟鼓的支架。只是，这种支架并不普通，而是某种权威或是权力的象征，一如周鼎。只有这样想，才能理解“惊犹鬼神”。不过，因为寓言的寓意不在鐻上，而在鐻的制作上，所以，鐻的究竟含义即使不解，也不影响对文本的正确理解。

当是时也，无公朝，其巧专而外滑消，然后入山林，观天性形躯，至矣，然后见成鐻，然后加手焉。不然则已。则以天合天，器之所以疑神者，其由是欤

无公朝。语意极为含混，几乎不可理解。如果将其理解为没有公务，但梓庆只是一个“工人”，哪来的公务？如果根据语境需要，将其理解为心中忘却是在为朝廷做鐻，则无公朝又训不出这层意思。无可奈何之下，只能勉强接受后一种解读。

其巧专而外滑消，更加不好理解的一句话，估计原文有误。照字面硬译，它的含义就是，专注于技艺本身而不受外界的干扰。

观天性形躯，观察制造鐻的材质和形状。注意，形躯应该跟天性相连，而不能跟至矣相连。因为，不是形躯至矣就可以了，而是天性形躯至矣才可以。

见成鐻，原文为“成见鐻”，估计为抄写时的笔误。意思是心中看见现成的鐻，也即成竹在胸的意思，其实就是构思。

不然则已，其前不能用逗号。如果是逗号，容易导致它只是修饰前句“然后加手焉”。如果是句号，则它修饰的是前段，即“臣将为鐻”至“然后加手焉”。

以天合天，前天为鐻的材质形状，后天为鐻作为制成品的完美性。有将前天理解为梓庆的自然，后天理解为鐻的自然，让人摸不着头脑。

【今译】

梓庆用木头造鐻，鐻造出来之后，看见它的人都惊为鬼斧神工。鲁侯在接见梓庆时不禁问道：“您是用什么道术把它给造出来的啊？”梓庆对答说：“我，只是一个手工艺人，哪有什么道术！不过呢，有一小点心得体会。我在造鐻之前，一点都不敢耗损我的元气，我一定会斋戒以使心境宁静。斋戒的第三天，我就不敢心怀庆赏爵禄；斋戒的第五天，我就不敢心怀非誉巧拙；斋戒的第七天，我就几乎彻底忘怀我有四肢形体。但当到了此时，我心中才没有了任何为朝廷造鐻的念头，一门心思只专注在造鐻的技艺之中，完全消除外界的干扰。然后，我就深入林中，察看造鐻所需要的材质和形状。等选到了合适的材质和形状，我就事先在心中构筑出鐻的完美样子，然后我再对鐻进行加工制作。所有这些如果缺少一环，我就绝不开始。所以，鐻的材质形状天然地就跟鐻的完美样子相一致，以至于鐻看上去就如鬼斧神工，道理就在这里。”

十一

【文本归元】

东野稷以御见庄公，进退中绳，左右旋中规。庄公以为造父弗过也，使之钩百而返。颜阖遇之，入见曰：“稷之马将败。”公密而不应。少焉，果败而

返。公曰："子何以知之？"曰："其马力竭矣而犹求焉，故曰败。"

【见独】

造父

古代一位善于御马的人。

钩百而返

含义极为晦涩，估计原文有误。过往注家多将其解读为转一百圈再回来，完全没有语境，也不合常识。多大的圈子呢？要是就在原地打转，一百圈恐怕对于任何一匹马来说，都不是一件难事。借助纯粹理性，猜想"百"字后面基于马的常规能力省略了"里"，比如"日行千里，夜行八百"就是专门用来形容马的行走速度的。如果猜想成立，则钩百当是指前行一百里然后再钩折回来，所以它的语境含义是两百里。这个理解逻辑上没有问题，但义理上有问题。难道一个善于驾马的人让马跑两百里的能力都没有吗？当然，这只是一个寓言，它的言点应该不是马，而是马力的竭与不竭。

【今译】

东野稷以其驾马技艺为庄公所接见，他驾的马进退犹如准绳，左右旋就如圆圈。庄公以为造父也不过如此，便叫东野稷驾马跑一百里然后再折返回来。颜阖见到这种情形，就去晋见庄公说："东野稷的马跑不了一百里就会回来。"庄公默不作声。没过多久，东野稷果然就驾马而返。庄公于是问颜阖："您怎么事先就知道会是这样呢？"颜阖说："我看见他的马已经没什么力气了，而他还在强求，所以一定会失败。"

十二

【文本归元】

工倕旋而合规矩，指与物化而不以心稽，故其灵台一而不桎。

【见独】

算是《庄子》最小的段落了。过往注家都将其与下章合二为一，但实在不知道如何将两章的义理有机地统一起来。无可奈何之下，让其各自单独成章。

【今译】

工倕随手就那么一画，圆的可以合规，直的可以合矩，他的手指已经能够做到与物俱化而不受自己的成心束缚，所以他的内心能够全神贯注而没有滞窒。

十三

【文本归元】

忘足，履之适也。忘腰，带之适也。忘是非，心之适也。不内变不外从，事会之适也。始乎适而未尝不适者，忘适之适也。

【见独】

始乎适而未尝不适者，忘适之适也

尽管语境非常明晰，但要透彻理解这句话颇有难度。

首先，它是一个总结句，而不是一个并列句。

其次，要将句子的内在逻辑理清楚。形式逻辑上说，忘足 = 忘腰 = 忘是非 = 不内变不外从 = 始乎适而未尝不适；履 = 带 = 心 = 事会 = 忘适。

最后，适的语境含义可能是“安适”“舒适”或是“合适”，但最好取合适，因为合适的内涵最广。思想以言辞含义最广为追求，因为它是天道，天道无所不在。

【今译】

忘记了脚的存在，说明鞋子很合适。忘记了腰的存在，说明腰带很合适。忘记了是非，说明心很合适。不内变不外从，说明事情处理得很合适。从一开始就合适到无所不合适，说明忘记合适很合适。

十四

【文本归元】

有孙休者，踵门而诧扁子曰：“休居乡不见谓不修，临难不见谓不勇，然而田原不遇岁，事君不遇世，摈于乡里，逐于州部，则胡罪乎天哉？休恶遇此命也？”扁子曰：“子独不闻夫至人之行邪？忘其肝胆，遗其耳目，彷徨乎尘垢之外，逍遥乎无为之业。今汝饰知以惊愚，修身以明污，昭昭乎若揭日月而行也。汝得全尔形躯，具尔九窍，无中道夭于聋盲跛蹇而比于人数亦幸矣，又何暇乎天之怨哉？子往矣！”孙子出，扁子入，坐有间，仰天而叹。弟子问曰：“先生何为叹乎？”扁子曰：“向者休来，吾告之以至人之德，吾恐其惊而遂至于惑也。”弟子曰：“不然。孙子之所言是邪，先生之所言非邪，非固不能惑是。孙子所言非邪，先生所言是邪，彼固惑而来矣，又奚罪焉！”扁子曰：“不然。昔者有鸟止于鲁郊，鲁君悦之，为具太牢以飨之，奏《九韶》以乐之，鸟乃始忧悲眩视，不敢饮食。此之谓以己养养鸟也。若夫以鸟养养鸟者，宜栖之深林，浮之江湖，食之以鳅鲦，则安平陆而已矣。今休，款启寡闻之民也，吾告以至人之德，譬之若载鼷以车马，乐鴳以钟鼓也，彼又恶能无惊乎哉！”

【见独】

踵门而诧扁子

原文为“踵门而诧子扁庆子”，根据后文，这里完全没有必要出现“子扁庆子”这般繁复的名字。

踵门，意思晦涩，但《孟子·滕文公上》有“踵门而告文公曰”句，有将其训为亲自上门，较为吻合这里的语境需要。

诧，音 chà，觉得奇怪的意思。

彷徨乎尘垢之外，逍遥乎无为之业

原文为："芒然彷徨乎尘垢之外，逍遥乎无事之业，是谓为而不恃，长而不宰。"综合庄子总体的行文风格和思想，去"芒然"，改"无事"为"无为"，去"是谓为而不恃，长而不宰"。估计后人误抄误注的可能性极大。

款启寡闻

款启，庄子单一独用词，单看无解。但从款启寡闻的构词法上看，它理应跟"孤陋寡闻"的构词法相同。至于含义是否也相同，就不得而知了。无奈之下，只得暂且把它看作是孤陋寡闻的同义词，毕竟这个含义比较契合这里的语境需要。

【今译】

有个叫孙休的人，亲自登门拜访扁子并十分纳闷地问："我在老家时没人说我缺少修养，面临危难时也没人说我不勇敢，但我耕田种地总是不能遇到好的年景，侍奉国君也总是不能遇到好的世道，我摈于乡里，逐于州部，难道是我得罪了上天吗？我为什么会碰到这样的命运？"扁子说："你难道没有听说过至人是怎么行事的吗？要忘其肝胆，遗其耳目，彷徨在尘垢之外，逍遥于无为之业。可现今的您，总是自以为颇有知识而去惊醒你以为的愚人，总是自以为很有修养而去晓明你以为的污人，你一副光明正大的样子就好比头顶着太阳和月亮一路前行。你现在竟然还能四肢健全，九窍无失，没有在人生中年聋盲跛蹇，完全保有正常人的样子，已经十分幸运了，你还有什么可以抱怨上天的呢？你赶快回去吧！"在将孙子送出门外后，扁子回到屋里，稍稍坐了一会儿，便仰天而叹。弟子于是问："老师您叹息什么呀？"扁子说："刚刚孙休到这里来，我告诉他的是至人之德，我担心他因为惊诧莫名以至于感到困惑啊。"弟子说："不会的。要是孙休所说的是对的，老师您所说的是错的，则错的自然就不能让对的感到困惑。要是孙休所说的是错的，老师你所说的是对的，那他本来就是因为困惑才登门拜访的，哪能怪罪老师您呢！"扁子说："不是这样的。过去有一只鸟落到了鲁国的郊区，鲁国的君王非常喜欢它，便以最好的食物喂养它，还奏以《九韶》以逗它开心，可那只鸟从此就忧悲眩视，什么都不敢吃食。这就叫按自己的方式来养鸟啊。要是以鸟的方式来养鸟，最好就是让它栖息在深林，浮游在江湖，吃食于鳅鲦，

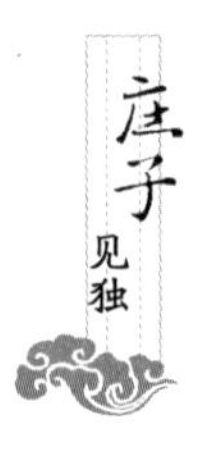

安安心心生活在陆地上就行了。现在的这个孙休，他只不过是一个孤陋寡闻之人，而我告他以至人之德，这就好比用车马来装载老鼠，用钟鼓来逗乐鸩雀，它们怎么能够不受到惊吓啊！”

山木

一

【文本归元】

庄子行于山中，见大木，枝叶盛茂，伐木者止其旁而不取也。问其故，曰："无所可用。"庄子曰："此木以不材得终其天年。"出于山，舍于故人之家。故人喜，命竖子杀雁而飨之。竖子请曰："其一能鸣，其一不能鸣，请奚杀？"主人曰："杀不能鸣者。"明日，弟子问于庄子曰："昨日，山中之木以不材得终其天年，主人之雁以不材死。先生将何处？"庄子笑曰："周将处乎材与不材之间。材与不材之间，似之而非也，故未免乎累。若夫乘道德而浮游则不然。无誉无訾，一龙一蛇，与时俱化，而无肯专为；一上一下，以和为量，浮游乎万物之祖，物物而不物于物，则胡可得而累邪！悲夫！弟子志之，其唯道德之乡乎！"

【见独】

出于山

原文为"夫子出于山"，考究上下文，夫子一词没有必要出现，要出现也应该是庄子，但庄子完全可以承前省。

昨日，山中之木以不材得终其天年，主人之雁以不材死

过往版本几乎全都为："昨日山中之木，以不材得终其天年。今主人之雁，以不材死。"根据文脉，这个断句明显逻辑混乱，今字也完全多余。

此神农、黄帝之法则也。若夫万物之情人伦之传则不然，合则离，成则毁，廉则挫，尊则议，有为则亏，贤则谋，不肖则欺，胡可得而必乎哉

原紧接在"则胡可得而累邪"之后，现予以删除。理由一，后人旁注入正

的可能性极大，段落本身明显接不上前文的文脉。理由二，段落本身的含义有点不知所云。理由三，文本归元后，形式完整，义理完足。

悲夫！弟子志之，其唯道德之乡乎

一定要在意念中将“悲夫”同“山中之木以不材得终其天年，主人之雁以不材死”对应起来，将“其唯道德之乡乎”同“乘道德而浮游”对应起来。

乡，也可能是“向”。乡的繁体字是“鄉”，向的繁体字是“嚮”，古书为竖写，所以误抄的可能性很大。巧合的是，无论是乡还是向，都不怎么影响文本的正确解读。

【今译】

庄子行于山中，看见一棵大树，长得枝繁叶茂，一位伐木者就站在树旁，可是并没砍伐它。庄子问这究竟是怎么回事，伐木者说：“它没有任何用处。”庄子说：“这棵树正是因为不材而得以终其天年。”从山中出来，庄子就舍于一个故旧家中。故旧非常高兴，叫他的儿子杀一只鹅来招待庄子。儿子请示说：“一只能叫，一只不能叫，请问杀哪一只？”主人说：“杀不能叫的那只。”第二天，弟子问庄子说：“昨天，山中的那棵树因为不材而得以终其天年，主人家的鹅因为不材而被杀。老师您打算置身何处？”庄子笑着说：“我打算置身于材与不材之间。材与不材之间，看上去对，其实不对，所以结果还是会很心累。但要是能乘道德而浮游就不一样了。没有称誉也没有诋毁，可以是龙也可以是蛇，一切都随时间的改变而改变，不固守于某个特定的方式；可以是上也可以是下，一切都以合乎时宜为考量，浮游在万物开始的地方，驾驭万物而不被万物所驾驭。如此一来，怎么可能还会心累呢！昨天的事真是悲剧啊！弟子们可要牢牢记住，只有道德才是心灵的故乡！”

二

【文本归元】

市南宜僚见鲁侯，鲁侯有忧色。市南子曰：“君有忧色，何也？”鲁侯曰：“吾学先王之道，修先君之业，敬鬼尊贤，亲而行之，无须臾离，然不免

于患，吾是以忧。”市南子曰：“君之除患之术浅矣！夫丰狐文豹，栖于山林，伏于岩穴，静也；夜行昼居，戒也；虽饥渴隐约，犹旦于江湖之上而求食焉，定也。然且不免于罔罗机辟之患，是何罪之有哉？其皮为之灾也。今鲁国独非君之皮邪？吾愿君刳形去皮，洗心去欲，而游于无人之野。南越有邑焉，名为建德之国。其民愚而朴，少私而寡欲，知作而不知藏，与而不求其报，不知义之所适，不知礼之所将，猖狂妄行，乃蹈乎大方，其生可乐，其死可葬。吾愿君去国捐俗，与道相辅而行。”君曰：“彼其道远而险，又有江山，我无舟车，奈何？”市南子曰：“君无形倨，无留居，以为舟车。”君曰：“彼其道幽远而无人，吾谁与为邻？吾无粮，安得而至焉？”市南子曰：“少君之费，寡君之欲，虽无粮而乃足。君其涉于江而浮于海，望之而不见其崖，愈往而不知其所穷，送君者皆自崖而反，君自此远矣！故有人者累，有于人者忧。吾愿去君之累，除君之忧，而独与道游于大漠之国。”

【见独】

吾学先王之道，修先君之业，敬鬼尊贤，亲而行之，无须臾离，然不免于患，吾是以忧

原文为：“吾学先王之道，修先君之业；吾敬鬼尊贤，亲而行之，无须臾离居。然不免于患，吾是以忧。”

归元的理由是，如果不删除“敬鬼尊贤”前的吾，则“无须臾离”看上去就只是修饰“吾敬鬼尊贤，亲而行之”了。如此一来，“吾学先王之道，修先君之业”就没有了着落，融入不到文中去。删除吾后，则“无须臾离”明显就是修饰前面的四句，进而前面的四句是完全并列句也就清晰可见了。否则，语义含混，逻辑杂乱。至于改“离居”为“离”，很简单，就是因为一个“离”字已经足够。有注家将“居”看作句末语气词哉，进而又将“哉”训为之，实在没有必要，属于冗注。冗注的原因，就是太过死守文字，而不顾及义理和逻辑。

丰狐文豹

字面义非常不好理解。从后文“其皮为之灾也”看，其语境含义应该是指丰肥的狐狸和带花纹的豹子。也就是说，只有很丰肥的狐狸和带花纹的豹子的皮才会总招致猎杀。

虽饥渴隐约，犹怛于江湖之上而求食焉，定也

原文为：“虽饥渴隐约，犹旦 / 且胥疏于江湖之上而求食焉，定也。”

饥渴隐约，就是隐隐约约感到饥渴。过往注家将其解读为饥渴难耐，真不知道难耐的意思是从哪里来的。

怛，音 dá，痛苦、畏惧的意思，与《大宗师》：“叱！避！无怛化！”的怛完全等同。原文的“旦 / 且胥疏”完全无解。错误的原因，猜想后世注家先是觉得旦（其实很可能是怛的残缺）不好理解，便改“旦”为“且”。然后，觉得句子谓语不完足便又故作深奥妄加动词“胥疏”。再后来注家因泥于古人而不敢越雷池一步，强将胥疏解读为疏远。如果胥疏就是疏远，则同一句子中的“求食焉”就没有符合逻辑的语境。

吾愿君刳形去皮，洗心去欲，而游于无人之野

刳形去皮，一定要在语境中理解形与皮，它显然就是特指鲁国。刳，音 kū，义同《天地》“君子不可以不刳心焉”的刳，本义为剖。

洗心去欲，义同《知北游》：“疏瀹尔心，澡雪尔精神，掊击尔知。”

无人之野，即后文的“大漠之国”。“无人”跟后文的“有人”要相对应。

猖狂妄行，乃蹈乎大方

要是望文生义，“猖狂妄行”怎么看也不是一种美德。相反，它会被认为是一种没有修养的表现形式。但很显然，这里的语境含义，要求它必须是一种美德。那它的含义究竟是什么呢？它其实跟《庚桑楚》“吾闻至人，尸居环堵之室，而百姓猖狂，不知所如往”猖狂的含义完全一样，就是逍遥自在的样子。妄行，就是“不知所如往”。

蹈乎大方，即行走于大道之中。蹈，音 dǎo，指朝某方向走、行。

君无形倨，无留居，以为舟车

形倨，形应该还是“刳形去皮”的形，特指鲁国。倨，音 jù，本义为傲慢。结合语境，形倨应该指作为鲁国国君的傲慢。

留居，应该特指对鲁国的留恋。

舟车，原文为“君车”。接前文语气，应该为舟车，因为君完全可以承前省略。

吾无粮

原文为“吾无粮，我无食”，语义明显重复。错误产生的原因不明，显然不是误注误抄的结果。

君其涉于江而浮于海，望之而不见其崖，愈往而不知其所穷，送君者皆自崖而反，君自此远矣

理解这句话的难点有三。

其一，“涉于江而浮于海，望之而不见其崖”不是一种实指，而是一种隐喻，隐喻“无人之野”或是“大漠之国”，也即大道。只有大道才“愈往而不知其所穷”。

其二，“送君者皆自崖而反”也是隐喻，隐喻无人，也即鲁侯现在身边的人都不会出现在他身边了。有人在身边就会有忧，无人了自然就不忧。除忧正是本寓言的主题。

其三，“君自此远矣”完全不是过往注家所谓的“君自此远离了”的意思，这样完全脱离语境的胡解乱读都应该“自此远矣”。正确的解读是，鲁侯你自此以后就远离你身边的人了，即送君者。唯有这样的解读，才能跟后文的“故有人者累，有于人者忧”文脉贯通。

故有人者累，有于人者忧

原文为：“故有人者累，见有于人者忧。故尧非有人，非见有于人也。”

删除的地方有二。其一，删除了“见”。有见，句子无解；无见，正是庄子唯美风格。其二，删除了“故尧非有人，非见有于人也”，明显是后人的旁注入正。

这句话非常难以理解。理解的难点在“有人者”和“有于人者”的语境含

义。借助纯粹理性能力，我们大概能够想到，有人者应该指统治者，有于人者应该指统治者当中类似鲁侯这样的人，即“学先王之道，修先君之业，敬鬼尊贤，亲而行之，无须臾离。或者类似范仲淹所说的“先天下之忧而忧，后天下之乐而乐”的为政者，或者相当于马克思主义的群众路线。

【今译】

市南宜僚晋见鲁侯，鲁侯看上去忧心忡忡。市南子于是问：“鲁侯您忧心忡忡，请问是什么原因啊？”鲁侯说：“我潜心学习先王之道，修行先君之业，敬奉鬼神尊重贤人，凡事也都亲力亲为，一刻都不敢耽误，但结果还是免不了产生祸患，我就因为这个而忧心忡忡。”市南子说：“鲁侯您消除忧心的办法真是太表浅了啊！您看那丰肥的狐狸和斑斓的豹子，它们栖息在山林里，躲伏在岩洞中，真可谓懂得静安啊；夜里行动白天休眠，真可谓懂得戒备啊；虽饥渴时隐时现，还是非常畏惧到江湖上去寻食觅物，真可谓懂得稳妥啊。但它们还是没能逃脱罔罗机辟带来的祸患，难道是它们本身有什么过错吗？不过是它们的毛皮招来的灾难罢了。现在，鲁国难道不就是您的毛皮吗？我希望您能真心去掉鲁国这身毛皮，洗心革面，清心寡欲，遨游到无人之野的地方去。南越有个都城，名字叫建德之国。那里的民众愚钝而朴实，少私而寡欲，只知道劳作而不知道收藏，只晓得付出而不求得回报，不知道所谓的义究竟适合在哪里，也不知道所谓的礼将要运用到何方，他们无拘无束地逍遥于天地，就这样行走在大道之中，活着的时候有地方可乐，死去的时候有地方可葬。我真心希望鲁侯您能抛去您的国家，捐弃您的俗套，与大道并肩前行。”鲁侯说：“你所说的那个地方道路又远又险，还有江山阻隔，我没船没车，怎么到达啊？”市南子说：“您不要倨傲于您的国君之位，也不要留恋您的鲁国故土，这样您就有了自己的船车了。”鲁侯说：“你所说的那个地方道路幽远而没有路人，我将与谁相伴而行啊？我还没有粮食，我怎么可能到达得了那里呢？”市南子说：“您少些花费，少些欲望，则即使没有粮食，您也能丰衣足食。您要是真的能涉于江而浮于海，你就会看到江海其实是看不到边的，越往前走就越不知道它的彼岸在哪里。这样，恭送您的人全都会从无涯的江海中中途折返，您从此也就跟他们自动远离了！所以说，统治人的人会觉得心累，为被统治的人着想就会心忧。我真心希望能去除鲁侯您的心累，解除您的心忧，最终使您与大道一起，遨游于大漠之国。”

三

【文本归元】

方舟而济于河，有虚船来触舟，虽有惼心之人，不怒。有一人在其上，则呼张歙之。一呼而不闻，再呼而不闻，于是三呼也，则必以恶声随之。向也不怒而今也怒，向也虚而今也实。人能虚己以游世，其孰能害之！”

【见独】

方舟而济于河

字面义十分清晰，就是船将要摆渡过河的意思，其中方的用法与《在宥》“鸿蒙方将拊脾雀跃而游”的方完全等同。无奈过往注家，大多盲从前人毫无理由的“并行的两只船”或“两只船合并在一块”的解注，简直无可理喻。还有就是，这个寓言明显单独成章，可过往注家大多将其并在前章最后，导致义理完全不知所云。

惼心

庄子单一独用词，字面义无解。汉语字典中所谓的心胸狭隘含义，就来自这里，这个含义明显不合这里的语境需要。如果这里本身就是错的，则字典中的含义一定是错的。正确的会是什么呢？考诸语境，它的含义应该是脾气暴躁。

呼张歙之

含义极难清晰，主要是“张歙”两字不好理解。张歙的字面义为张开与闭合，明显不合这里的语境需要。千沉百默，它的原文应该是“呼张呼歙之”，即对对方大呼大叫。歙，音 xī。

【今译】

设想有只正在渡河的船，当遇到一只空船快要撞上它时，即使是一个性情急躁的人，也不会心生怒火。但要是空船上有一个人在，则就会对船大呼大叫。一次没听到，就会再呼叫。再呼没听到，还会连着呼叫。到连着呼叫时，必定会恶语相加。过去不怒而现在发怒，原因就是过去船上没人而现在船上有人。由此可知，人要是能放空自己而遨游人世，谁能加害到他呢？

四

【文本归元】

北宫奢为卫灵公赋敛以为钟，为坛乎郭门之外，三月而成上下之悬。王子庆忌见而问焉，曰："子何术之设？"奢曰："一之，无敢设也。奢闻之：'既雕既琢，复归于朴。'侗乎其无识，傥乎其怠疑，其送往而迎来；来者勿禁，往者勿止；从其强梁，随其曲附，因其自穷，故朝夕赋敛而毫毛不挫。"

【见独】

北宫奢为卫灵公赋敛以为钟，为坛乎郭门之外，三月而成上下之悬

赋敛，一个字面义十分简明但语境义极为含混的词。赋敛的字面义为征收捐税，明显不合这里的语境需要。从后文看，它的语境含义应该是劳役赋敛，即出工出力而不是出钱。

钟，不知道到底是什么钟，过往注家将其解注为"编钟"，似乎没有特别让人信服的理由。根据"为坛乎郭门之外，三月而成上下之悬"这个语境，它应该是指悬挂在祭坛里的大撞钟。同时，它应该是以钟指代钟楼。

坛，本义为土筑的高台，用于祭祀、会盟等。

上下之悬，如果钟的解读不误，则上下之悬明显指钟楼的上下两层。过往注家将其解注为编钟的支架，完全不知道根据在哪里。

一之，无敢设也

原文为："一之间，无敢设也。"猜想"间"是受熟词"之间"的影响而产生的笔误，也可能是后世注家因不解原文语义而导致死守原文的结果。

一之，动宾结构，用法与《人间世》“一若志”相同，平等对待的意思，具体内涵就是：“来者勿禁，往者勿止；从其强梁，随其曲附，因其自穷。”这个行为的思想依据是：“侗乎其无识，傥乎其怠疑，其送往而迎来。”

无敢设也，省略句，完整的句子是“无敢设术也”。

侗乎其无识，傥乎其怠疑，其送往而迎来

原文为：“侗乎其无识，傥乎其怠疑；萃乎芒乎，其送往而迎来。”

删除“萃乎芒乎”的理由是，首先，它既不可解，也没有必要，删除后句子无论形式还是内容都完美无缺。其次，它极有可能是后人对“侗乎其无识，傥乎其怠疑”作的糊涂解注。

侗乎，字面义不解，义同《庚桑楚》的“能侗然乎”。如果“侗”是一个形意字，则它的含义是同人。同人，也即下个寓言中的“还与众人”，刚好符合这里的语境需要。

傥乎，义同《天地》“以天下非之，失其所谓，傥然不受”或《田子方》“文侯傥然，终日不言”的傥然，不拘于俗的样子。

怠疑，字面义完全不解。思来想去，它应该就是无所疑，与“无识”相对应。又或是，它应该跟本篇下一章的“意怠”是同一个意思，相当于口语中的“难得糊涂”。

从其强梁，随其曲附，因其自穷，故朝夕赋敛而毫毛不挫

原文为：“从其强梁，随其曲傅，因其自穷，故朝夕赋敛而毫毛不挫，而况有大涂者乎！”

归元的地方有两处。一，改“傅”为“附”。理由是，曲傅完全不能理解，曲附将就能够理解。二，删除“而况有大涂者乎”，它明显是后人的感叹语，且是在并不知道原文含义情况下的虚妄感叹语。文本归元后，形式完足，义理流畅。

强梁，主语显然应该是人，即甘愿赋敛的人。再结合强梁强壮有力的本义，应该指甘愿出工出力且体力强健的人。

曲附，明显是强梁的反面，即不那么甘愿赋敛且体力不那么强健的人。

因其自穷，修饰“从其强梁，随其曲附”，是对前两句现象的理论提升，意即完全依顺他们自身的样子。

【今译】

北宫奢为卫灵公征召劳力建造祭祀用的大撞钟钟楼，将钟楼的地基设在郭门之外，三个月的时间就建起了钟楼的上下两层。王子庆忌看到这种情形不禁想问，于是说："您设计了什么特别的方法吗？"北宫奢说："平等对待来建造的人而已，哪敢设计什么特别的方法。我听说过：'既要雕也要琢，但更要回复到朴。'我侗侗然表现出一副无知无识的样子，傥傥然呈现出一副昏昏默默的姿态，要走的就恭送，要来的就迎接；要来的绝不拒绝，要走的绝不禁止。顺从那些身强力壮的，依随那些勉力而为的。总之，因顺他们各自力量的大小。唯其如此，才一天到晚都在征召劳工但劳工觉得自己连毫毛都没伤及。"

五

【文本归元】

孔子围于陈蔡之间，七日不火食。大公任往吊之，曰："子几死乎？"曰："然。""子恶死乎？"曰："然。"任曰："予尝言不死之道。东海有鸟焉，其名曰意怠。其为鸟也，翂翂翐翐，而似无能；引援而飞，迫胁而栖；进不敢为前，退不敢为后；食不敢先尝，必取其绪余。是故其行列不斥，而外人卒不得害，是以免于患。直木先伐，甘井先竭。子其意者饰知以惊愚，修身以明污，昭昭乎如揭日月而行，故不免也。昔吾闻之大成之人曰：'自伐者无功。'功成者堕，名成者亏，孰能去功与名而还与众人！纯纯常常，乃比于狂。削迹捐势，不为功名。是故无责于人，人亦无责焉。至人不闻，子何喜哉！"孔子曰："善哉！"辞其交游，去其弟子，逃于大泽，衣裘褐，食杼栗，入兽不乱群，入鸟不乱行。鸟兽不恶，而况人乎！

【见独】

意怠

明显是庄子的虚拟鸟名，用法同“啮缺”“狂接舆”等完全等同，意思就是：“翂翂翐翐，而似无能；引援而飞，迫胁而栖；进不敢为前，退不敢为后；食不敢先尝，必取其绪余。”过往注家所谓燕子的解读，完全没有任何依据，但凭一支笔臆想而已。

翂翂翐翐

音 fēn fēn zhì zhì，也不知道对不对，因为它太单一了，单一到没有任何其他语境可供参考。其含义更是无从下手，过往“飞行缓慢迟钝的样子”的解注，纯属瞎猜，没有任何字理依据。可惜的是，这里也提供不出任何哪怕瞎猜意义上的解读，【今译】中懵懵懂懂的译法，很有点懵懵懂懂，根据仅在后文的“而似无能”，不足为法。

引援而飞，迫胁而栖

单从字面看，完全无解，终极原因是这种鸟我们从来不曾见过。如果非要给出一个解释，则只能借助语境，猜想它的应该含义是，前有鸟引后有鸟援它才会飞，四面都是鸟它才会栖息。

必取其绪余

原文为“必取其绪”。加“余”字的理由有二。其一，形式上最好跟前句一致。其二，单绪字含义不清晰，加余字后含义才清晰。加余的根据是，《让王》有：“道之真以治身，其绪余以为国家，其土苴以治天下。”

功成者堕，名成者亏，孰能去功与名而还与众人

原文为：“功成者堕，名成者亏，孰能去功与名而还与众人！道流而不明居，德行而不名处。”删除的理由是，删除部分不仅含义含混不清，且明显跟语境不合，隔断前后文脉，后人旁注入正的可能性极大。

极为精微且极度费解的一句话，非庄子灵魂分有者，绝无可能仅凭自身之力理解到位。理解的难点，当然是对庄子整体思想的心领神会，融会贯通。理解的突破口，在对句中“成”字的理解。非庄子灵魂分有者，一定会想当然地认为，成就是“成就”或“成功”的成，且对这个理解不会有丝毫怀疑，尽管理解者本人必定会在自己心里对整句话的理解表示怀疑。其实，句中的成，就是《老子见微》第 40 章“大器免成”（传统误传为大器晚成，完全经不起理性的严苛拷问，也毫无思想价值）的成，也即“墨守成规”的成。“大器免成”又是什么意思呢？就是真正的为器之道不为任何成规所束缚的意思。所以，整句话的意思是说，死守现成的功绩就会导致毁坏（堕的本义为毁坏），死守已有的名声就会带来亏欠，谁能去除既有的功绩与名声，而重新返回到普普通通的一员中去！也只有作这种解读，义理上才能同下文“纯纯常常，乃比于狂。削迹捐势，不为功名”相贯通。

纯纯常常，乃比于狂。削迹捐势，不为功名

纯纯常常，纯即“纯真”或“纯粹”的纯，常即“恒常”的常。

乃比于狂，“比”即“比肩”的比，狂即“猖狂”的狂。而猖狂，即前文“猖狂妄行，乃蹈乎大方”的猖狂，也即“不知义之所适，不知礼之所将。”

削迹捐势，其实就是还与众人。结合语境来说，“子其意者饰知以惊愚，修身以明污，昭昭乎如揭日月而行，故不免也”的“饰知以惊愚”“修身以明污”“揭日月而行”就是迹与势，就该削与捐。

【今译】

孔子被围困在陈国和蔡国交界的地方，长达七天都没能吃到一顿热饭。大公任前去慰问，说：“您都快饿死了吧？”孔子说：“是啊。”大公任又问：“您不想死吧？”孔子说：“当然。”大公任说：“那我就给你讲讲不死之道。东海有一种鸟，它的名字叫意怠。就其作为鸟来说，它有点懵懵懂懂，好像很没能力的样子；它要前后都有鸟才肯飞行，四周都有伴才肯栖息；它进的时候从不走在最前，退的时候从不落到最后；它吃食时始终不敢先尝，只吃别人吃剩下了的。所以，它在任何鸟群里都不会受到排斥，而外人也都加害不到它，它也因此而免遭了灾难。树木直了就会首先遭到砍伐，井水甜了就会首先招致枯竭。可您呢，总是自以为颇有知识而去惊醒你以为的愚人，总是自以为很有修养而去晓明你以为的污人，你一副光明正大的样子就好比头顶着太阳和月亮一路前行，所以你才会招致现在的这个灾难。我曾从一位世外高人那里听说过：‘夸张地显示个人的才干是难有功绩的。’死守现成的功绩就会导致毁坏，死守已有的名声就会带来亏欠，谁能去除既有的功绩与名声，而重新返回到普普通通的一员中去！所以，您最好始终保持一颗纯真的心，不要为义礼之类的规则所束缚。总之，您要坚决去除您的那套行为，丢掉您的那套主张，不要对功名孜孜以求。唯其如此，您才对他人没有苛责，他人也就不会去苛责您。至人是不求闻达的，可您为什么偏偏就喜欢闻达呢！”孔子说：“讲得真好！”于是不再游说天下，告别自己的弟子，隐居到了荒野之中，穿的是粗衣糙布，吃的是粗茶淡饭，入兽不乱群，入鸟不乱行。自此以后，连鸟兽都不讨厌孔子，那人就更不讨厌他了。

六

【文本归元】

孔子问子桑户曰：“吾再逐于鲁，伐树于宋，削迹于卫，穷于商周，围于陈蔡之间。吾犯此数患，亲交益疏，徒友益散，何欤？”子桑户曰：“子独不闻假人之亡欤？林回弃千金之璧，负赤子而趋。或曰：‘为其布欤？赤子之布寡矣。为其累欤？赤子之累多矣。弃千金之璧，负赤子而趋，何也？’林回曰：‘彼以利合，此以天属也。’夫以利合者，迫穷祸患害，相弃也；以天属者，迫穷祸患害，相收也。夫相收之与相弃亦远矣。且君子之交淡若水，小人之交甘若醴。君子淡以亲，小人甘以绝。彼无故以合者，则无故以离。”孔子曰：“敬闻命矣！”徐行而归，绝学捐书，弟子无揖于前，其爱益加进。异日，桑户又曰：“舜之将死，乃命禹曰：‘汝戒之哉！形莫若缘，情莫若率。’缘则不离，率则不劳。不离不劳，则不求文以待形。不求文以待形，固不待物。”

【见独】

子桑户

原文为“子桑雽”。鉴于“雽”的发音为 hū，且没有任何含义，而子桑雽肯定就是《大宗师》的子桑户，故完全没有必要用一个完全没有任何实质内涵但完全可被替代的陌生人名。

亲交益疏，徒友益散

本寓言可以被理解的关键句。抓不到这个关键句，则本寓言的寓意就莫名其妙。也就是说，孔子困惑的不是“再逐于鲁，伐树于宋，削迹于卫，穷于商周，围于陈蔡之间”，而是他遭遇这些困境后，“亲交益疏，徒友益散”。也正是基于这种困惑，庄子给出了“形莫若缘，情莫若率”的终极答案。具体说就是，孔子的困惑，在于他没有意识到他的亲交和徒友跟他原本就不是一路人。要是真是一路人，就会不离不劳。要真是不离不劳，就无须“求文以待形”。

为其布欤？赤子之布寡矣。为其累欤？赤子之累多矣

这句话几乎不可理解。就因为这个几乎不可理解，本人曾高度怀疑这个寓言是否就是庄子的手笔。但从寓言的文风和遣词看，非天才庄子无人有能力为之。

几乎不可理解的原因，就在“布”与“累”两字的理解上。如果将布理解为赤子身上穿的衣服，则“赤子之布寡矣”就能完全理解，且表达生动中见深刻。如果将布理解为布币，则“赤子之布寡矣”就完全不能理解。如果选能完全理解的前者，则又导致“为其累欤”完全不能理解。因为这里的累，根据文脉只能理解为累赘。如果只能理解为累赘，则谁会理解“为了累赘”呢？总之，按常规思路解注，无论怎么分析，这句话都有违常理。

出于对庄子的真心热爱，这里拟为庄子打一个圆场，方家大可一笑了之。

布就是指小孩身上的布料，小孩身上的布料当然不多，尤其跟“千金之璧”比起来，更是微不足道。累是什么呢？很是关键。考校累的本义为绳索，它的语境含义很可能就是用绳索背负赤子。那“赤子之累多矣”怎么能接上文脉呢？鉴于“为其布欤？赤子之布寡矣”是一句玩笑话，“为其累欤？赤子之累多矣”自然也是一句玩笑话。那后面这句玩笑话的笑点在哪里呢？就在累字上。累有双重含义，前“累”就是累的本义绳索，后“累”就是累的引申义束缚。这种修辞手法，口语或书面语都经常用到，叫双关。所谓双关，就是在一定的语言环境中，利用词的多义或同音的条件，有意使语句具有双重意义，言在此而意在彼。比如，东边日出西边雨，道是无晴却有晴。所以，这句话今译过来就是，难道是为了小孩身上的布料吗？小孩身上的布料不可谓不少啊。难道是为了背小孩的绳索吗？小孩身上的绳索不可谓不多啊。

彼无故以合者，则无故以离

这是一句语境中的话，是对“亲交益疏，徒友益散，何欤？”的回答，无奈过往万千注家竟然没有哪怕一个人看通过。所以，不能随随便便就将它抽象到思想高度，尽管它确实可以抽象到思想高度，但那只是思想极具启示作用的表现。

徐行而归

原文为“徐行翔佯而归”。翔佯之所以被删，一是因为它无法理解，二是因为它没有必要。之所以说它没有必要，是因为即使它通假“徜徉”，也与语境不合。徜徉有且仅有两个含义，一是自由自在地行走，明显不合这里的语境需要；二是心神不宁，这个含义原本就包含在徐行之中。孔子之所以会徐行，即慢慢行走，就是因为他听闻子桑户的话后，心神不宁，步履沉重。

形莫若缘，情莫若率

非天才庄子不能如此简洁优美地言说如此深刻的思想。

形莫若缘，形就是特指一个个具体的人及其与他人之间的社会关系，包括但不限于前文提及的亲交、徒友等，比如孔子所说的君臣、父子、夫妇、兄弟、朋友等；缘就是典型意义上“随缘”的缘。《人间世》“形莫若就”正是“形莫若缘”的反面。

情莫若率，情就是“性情”的情，率就是“率真”的率。

不求文以待形

求，“要求”的求。

文，“文质彬彬”的文，质的表象，比如一切所谓的文法礼制等。

待，“对待”的待。

形，各种具体事务。

【今译】

孔子问子桑户说：“我在鲁国两次被驱逐出境，在宋国连曾歇荫过的树都被铲倒，在卫国连走过的路都被清扫，在商周穷迫到无路可走，在陈国和蔡国被围困在国境线上。我遭受到了这么多的患难，亲戚、故旧日益疏远，弟子、朋友日益离散，这是为什么呀？”子桑户说：“您难道没有听说过有个关于假国逃难人的故事吗？这个故事的主人翁名叫林回，他放弃了价值千金的玉璧，只是将孩子用绳索绑好背负而逃。有人问他：‘你是为了孩子身上的那些布料吗？孩子身上的布料没有多少啊。你是为了孩子身上的那些绳索吗？孩子身上的绳索可是很多啊。就你这种放弃价值千金的玉璧，只是将孩子用绳索绑好背负而逃，理由在哪里啊？’林回说：‘价值千金的玉璧跟我只是因为利益才结合到一块，我的孩子跟我却是因为天性而结合在一块的啊。’凡是因为利益而结合在一块的，当遭遇穷祸患害时，就会相互抛弃；凡是因为天性而结合在一块的，当遭遇穷祸患害时，就会相互收留。相互收留跟相互抛弃原本就相差很远啊。再说，君子之交淡若水，小人之交甘若醴。君子关系虽然寡淡但总是倾向亲恰，小人关系虽然甘浓但总是倾向决绝。您的那些所谓的亲交和徒友原本跟您就是无故结合在一块的，自然也就无故而分离了。”孔子说：“完全领会到你所说的话了！”于是步履沉重地走回家里，不再四处讲学，也不再死抠书本，弟子也不必在他跟前拱手作揖，但弟子对他的敬重反倒日益加进。过了几天，桑户又对孔子说：“舜帝在临死之前，几乎以命令式的口吻对禹说：‘你一定要引以为戒啊！任何个人就其与他人相处来说最好就是随缘，就其自己的性情来说最好就是率真。’随缘就不易分离，率真就不易劳累。不易分离又不易劳累，那就无须借助任何所谓的文法礼制来对待任何人世事务。当无须借助任何所谓的文法礼制来对待任何人世事务时，自然也就无须依待外在环境了。”

七

【文本归元】

庄子衣大布而补之以麻，系履而过魏王。魏王曰：“何先生之惫邪？”庄子曰：“贫也，非惫也。士有道德不能行，惫也。衣弊履穿，贫也，非惫也，此所谓非遭时也。王独不见夫腾猿乎？其得楠梓榆樟也，揽蔓其枝而王长其间，虽后羿蓬蒙不能眄睨也。及其得柘棘枳枸之间也，危行侧视，振动悼栗，

此筋骨非有加急而不柔也，处势不便，未足以逞其能也。今处昏上乱相之间而欲无惫，奚可得邪？”

【见独】

庄子衣大布而补之以麻，系履而过魏王

原文为：“庄子衣大布而补之，正緳系履而过魏王。”

之所以做如是修改，主要是因为原文的“正緳（xié）”二字实在无法理解，过往注家也没有一人试图在此做清晰解读，都含混而过，明显是因为不理解。鉴于“緳”也即麻或麻绳的意思，正麻系履又不能理解，遂大胆将“正”修改为“以”，“緳”简化为“麻”，并将以麻归为上句。归元后的文本，不但形式简洁，而且含义完全可以按常规理解。这不是胡改乱编，而是基于真爱而试图正本清源。

大布，几乎过往全部注家都将其解读为粗布，这无论如何都不能让高度理性的人信服。汉语字典上所谓大布就是粗布的解释，十有八九根据就来自这里，这是典型的“以不征征，其征也不征”（《列御寇》）。其实，大布的原始含义宽幅的棉制土布，非常适合这里的语境需要，它应该是相对于丝绸等高级布料而言说的。另外，猜想作者还想通过衣大布的直观形象告诉读者，庄子穿的不是一件成衣，而只是披一块大布。这样，庄子的穷就跃然纸上。

系履，鞋子本来是穿而不是系，用系，说明鞋子已经烂到没有鞋帮了，只能用绳子之类的东西绑在脚上，其文学手法与衣大布完全相同。

楠梓榆樟

原文为“楠梓豫章”。豫章完全不能理解，恰好它又有同音字“榆樟”，且榆樟无论形式还是内涵都非常契合这里的语境需要，遂改之。

虽后羿蓬蒙不能眄睨也

原文为：“虽羿、蓬蒙不能眄睨也。”从语韵和形式美感上看，都应该补上“后”字，估计原文就有后，只是后人抄漏了而已。

蓬蒙，传说为后羿的徒弟，精于射箭。

眄睨，音 miàn nì，斜视，表示轻慢。

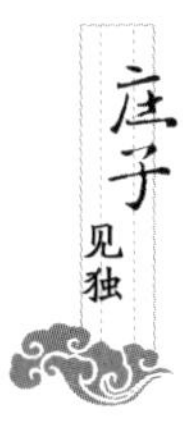

柘棘枳枸

音 zhèjízhījǔ，乔灌木和荆棘木之类的植物。与“楠梓榆樟”相对，前为猴子天然生存的地方，此为猴子非天然生存的地方。

危行侧视，振动悼栗，此筋骨非有加急而不柔也

无法一一考察字面含义。诡异的是，这完全不影响对文本的粗浅理解，可能是因为它本身完全没有任何思想含义吧。所以，不解不译。

此比干之见剖心征也夫

原位于段末，后人旁注入正的可能性极大。即使是庄子原文，也还是删除为宜。因为删除后，文本显得更加完整而紧凑。

今处昏上乱相之间而欲无惫，奚可得邪

一定要看清楚其中的义理逻辑。这句话的主语只能是庄子，庄子的贫是真实的，庄子的惫也是真实的。庄子贫的表现是：“衣大布而补之以麻，系履而过魏王。”庄子惫的表现是：“处势不便，未足以逞其能也。”魏王误判了庄子的贫和惫，故遭到庄子的反驳。

【今译】

庄子身着一块土制的棉布，上面还用麻布打了一块补丁，鞋子是用带子绑在脚上穿着的，就这样从魏王身前走过。魏王于是问：“先生您怎么疲困到这种地步啊？”庄子说：“我这是贫穷，不是疲困。士有道德不能行，才叫疲困。衣服鞋子破烂点，只是贫穷，而不是疲困，这就是所谓的生不逢时啊。魏王您难道没有见到过那上下腾跃的猴子吗？当它生长在楠梓榆樟之中时，揽蔓其枝而自由自在，即便是后羿蓬蒙都不能小看它。但当它生长在柘棘枳枸之中时，则危行侧视，振动悼栗，此筋骨非有加急而不柔也，而是处势不便，不能充分地表现它的能力啊。现今我处在昏上乱相之中，要想不疲困，怎么可能呢？”

八

【文本归元】

孔子穷于陈蔡之间，七日不火食。左据槁木，右击槁枝，而歌炎氏之风，有其具而无其数，有其声而无宫角。木声与人声，犁然有当于人之心。颜回端拱还目而窥之。仲尼恐其广己而造大也，爱己而造哀也，曰：“回，无受天损易，无受人益难，无始而非卒也，人与天一也。夫今之歌者其谁乎！”

回曰：“敢问无受天损易。”仲尼曰：“饥渴寒暑，穷桎不行，天地之行也，运物之泄也，言与之偕逝之谓也。为人臣者，不敢去之。执臣之道犹若是，而况乎所以待天乎？”“何谓无受人益难？”仲尼曰：“始用四达，爵禄并至而不穷。物之所利，乃非己也，吾命有在外者也。君子不为盗，贤人不为窃。吾若取之，何哉？故曰：鸟莫知于鷾鸸，目之所不宜处不给视，虽落其实，弃之而走。其畏人也而袭诸人舍。社稷存焉尔！”“何谓无始而非卒？”仲尼曰：“化其万物而不知其禅之者，焉知其所终？焉知其所始？正而待之而已耳。”“何谓人与天一也？”仲尼曰：“有人，天也。有天，亦天也。人之不能有天，性也。圣人晏然体逝而终矣！”

【见独】

原文一定有误，但显然是庄子的手笔。限于能力，不知所云，故不解不译，有待后世高人。

九

【文本归元】

庄周游于雕陵，睹一异鹊自南方来。翼广七尺，目大运寸，感周之颡而集于栗林。庄周曰："此何鸟哉！翼广不逝，目大不睹。"蹇裳躩步，执弹而留之。睹一蝉方得美荫而忘其身。螳螂执臂而搏之，见得而忘其形。异鹊从而利之，见利而忘其真。庄周怵然曰："噫！物固相累，二类相召也。"捐弹而返走，虞人逐而谇之。庄周返入，三日不庭。蔺且从而问之："夫子何为顷间甚不庭乎？"庄周曰："吾守形而忘身，观于浊水而迷于清渊。且吾闻诸夫子曰：'入其俗，从其令。'今吾游于雕陵而忘吾身，异鹊感吾颡集于栗林而忘真，栗林虞人以吾为戮，吾所以不庭也。"

【见独】

庄周游于雕陵，睹一异鹊自南方来

原文为："庄周游于雕陵之樊，睹一异鹊自南方来者。"

现删除"之樊"和"者"。理由是，者字明显多余，之樊二字则没有语境，也没有用处，后文"今吾游于雕陵而忘吾身"可以印证。

蹇裳躩步

蹇裳，用手提起衣裳。蹇，音 qiān。

躩步，快步向前。躩，音 jué。

翼广不逝，目大不睹

原文为："翼殷不逝，目大不睹。"现据前文"翼广七尺，目大运寸"修改。殷本身也有大的意思，但这里没有必要仅为了文字的参差感而造成理解上的麻烦。

这句话看上去十分容易理解，导致过往注家几乎没有一人试图去用心理解。它的语境含义其实十分清晰，那就是这只鸟虽然翅膀很宽但飞得不高，眼睛虽然很大但看得不清，根据是它落地时几乎触到了庄子的额头。

螳螂执臂而搏之

原文为“螳螂执翳而搏之”，执翳完全不可理解，但执臂则因螳臂当车众所周知而非常容易理解，翳臂因字形相近而误抄的可能性很大。

物固相累，二类相召也

一看就是一句极具思想性的话语。可惜的是，理解起来难度极大，难点在“累、召”二字的解读上。难点的突破口显然不在句子本身，而在它所概括的自然现象。就文本所指的自然现象而言，显然就是“睹一蝉方得美荫而忘其身。螳螂执臂而搏之，见得而忘其形。异鹊从而利之，见利而忘其真”。反复参悟文本所指的自然现象，累的语境含义应该是“牵累”的累，召的语境含义应该是“召祸”的召。

二类，异类的意思。

不庭

含义不是很明确，只能根据语境，勉强理解为不出门庭。

吾守形而忘身，观于浊水而迷于清渊

前句是本体，后句是喻体。也就是说，守形就好比观于浊水，忘身就好比迷于清渊。

入其俗，从其令

估计原文有误，但不知道正确的应该是什么。

今吾游于雕陵而忘吾身，异鹊感吾颡集于栗林而忘真，栗林虞人以吾为戮，吾所以不庭也

原文为：“今吾游于雕陵而忘吾身，异鹊感吾颡，游于栗林而忘真，栗林虞人以吾为戮，吾所以不庭也。”

修改的理由是，“吾所以不庭也”的原因明显有三，那就是“吾游于雕陵

而忘吾身”“异鹊感吾颡集于栗林而忘真”和“栗林虞人以吾为戮”。如果“异鹊感吾颡集于栗林而忘真”断句为“异鹊感吾颡，游于栗林而忘真”，则逻辑就一点都不清晰。再者，根据前文语境，异鹊显然不是“游于栗林”而是“集于栗林”。

集于栗林，集字用法怪异，估计是借用了集本有“群鸟栖止于树上”的含义。栗林，应该是板栗树林。

虞人，古代掌管山泽苑囿等之类的官员。

以吾为戮，估计原文有误。如果无误，则其应该的语境含义是“把我当作羞辱的对象”。戮，音 lù，羞辱的意思。比如《左传·文公六年》“贾季戮臾骈”的戮就训为羞辱。

【今译】

庄周在雕陵游玩，看到一只怪鸟从南边飞来。这只怪鸟翼展足有七尺宽，眼径足有一寸大，它几乎从庄周的额头上飞过而落到了一片栗林里。庄周心里嘀咕：“这是只什么鸟啊！翅膀这么宽却飞得这么不高，眼睛这么大却看得这么不清。”于是顺手提起衣服就快步靠上前去，手拿弹弓留意起怪鸟的动静。这时，庄周看到一只知了正因为获得了一片好的树荫而完全忘记了自身。一只螳螂高举着前臂正想搏杀这只知了，感觉自己快要得手，完全忘记了自身。那只怪鸟从螳螂后面跟着，看到有利可图，也完全忘记了自身。庄周内心猛然一惊，暗忖道：“噫！万物原来都是相互牵累着的，不同种类的生物都会相互召害。”于是丢掉手中的弹弓赶紧往回走，看园人跟在他后面对庄周骂骂咧咧。庄周回到家里，随后三天都没有踏出门庭一步。蔺且走到庄周面前问：“老师您怎么突然之间就不出门庭一步了呢？”庄周说：“我守着外物却忘却了自身，就好比看到了浊水而迷失了清渊。再说，我曾从一位老人家那里听说过：‘到了不同风俗的地方，就要遵守那里的禁令。’这次我在雕陵游玩而忘记了自身，怪鸟触到了我的额头落到栗林而忘记了自身，栗林的看园人又把我羞辱了一番，我这才不愿踏出门庭了啊。”

十

【文本归元】

阳子之宋，宿于逆旅。逆旅人有妾二人，其一人美，其一人恶，恶者贵而美者贱。阳子问其故，逆旅小子对曰："其美者自美，吾不知其美也。其恶者自恶，吾不知其恶也。"阳子曰："弟子记之！行贤而去自贤，安往而不爱哉！"

【见独】

逆旅小子

含义甚是不明，但并不影响文本的正确解读。勉强为之，大概指旅舍里的店小二。

行贤而去自贤

原文为"行贤而去自贤之行"，句法不通，遂据前文"其美者自美"行文格式修改。

行贤，主谓结构而非动宾结构，即行为贤良。

【今译】

阳子到宋国去，在一家旅馆里住了下来。旅馆店主有两个小妾，一个人长得好看，一个人长得不好看，长得不好看的受到店主宠爱，长得好看的受到店主冷落。阳子问其中的原因，旅馆里的小二回答说："好看的那个人自以为自己好看，我也就看不到她的好看了。不好看的那个人自以为自己不好看，我也就看不到她的不好看了。"阳子说："弟子们记好了！行为贤良而不要自以为贤良，到哪里都会受到爱戴啊！"

田子方

一

【文本归元】

田子方侍坐于魏文侯，数称谿工。文侯曰：“谿工，子之师邪？”子方曰：“非也，无择之里人也。称道数当，故无择称之。”文侯曰：“然则子无师邪？”子方曰：“有。”曰：“子之师谁邪？”子方曰：“东郭顺子。”文侯曰：“然则夫子何故未尝称之？”子方曰：“其为人也真，人貌而天虚，缘而葆真。清而容物，物无道，正容以悟之，使人之意也消。无择何足以称之！”子方出，文侯傥然，终日不言。召前立臣而语之曰：“远矣，全德之君子！始吾以圣知之言仁义之行为至矣。吾闻子方之师，吾形解而不欲动，口钳而不欲言。吾所学者，直土埂耳！夫魏真为我累耳！”

【见独】

其为人也真，人貌而天虚，缘而葆真。清而容物，物无道，正容以悟之，使人之意也消

本寓言的核心句。不理解本句，就不理解本寓言。可惜的是，过往解注，无一理解到本寓言。

理解本句的关键点有二。一在断句。归元文本的断句，是唯一可理解的正确断句，其他各种断句都将导致文本无法正确解读。比如：“其为人也真。人貌而天虚，缘而葆真，清而容物。物无道，正容以悟之，使人之意也消。”又比如：“其为人也真，人貌而天，虚缘而葆真，清而容物。物无道，正容以悟之，使人之意也消。”二在理解“为人”和“使人”两词。为人，不是指待人接物，而是指作为人，是其的同位语。使人，不是使他人怎样，而是役使或指使他人。怎么就知道应该是这样呢？因为文侯后来说：“夫魏真为我累耳！”意思是说，文侯作为君王，他一直在役使或指使他人。不这样理解，则本寓言前后义理严重脱节。

其为人也真，真即《大宗师》“古之真人”的真。

人貌而天虚，如果只看这话的字面，是无法达到正解的，必须结合庄子整体思想才能获得正解。它的含义，其实几乎等同于《德充符》“有人之形，无人之情。有人之形，故群于人。无人之情，故是非不得于身。渺乎小哉，所以属人也。傲乎大哉，独成其天。”

缘而葆真，缘作动词用，宾语承前省，即“人貌而天虚”，其本身的含义同《养生主》“缘督以为经”的缘，因顺的意思。葆真的含义，类似《齐物论》的葆光。

清而容物，清，即《老子见微》第26章“重为轻根，清为躁君”的清，清楚明白的意思。容，即《老子见微》第16章“知常，容”的容。这个词，不是老庄思想的真正精研者，是极难把握到其中的思想精髓的。

正容以悟之，正容，即端正态度。理解这句话的关键，是理解“之”字，它其实是指代“物无道”的。

使人之意也消，一定要在语境中理解，它是修道“清而容物，物无道，正容以悟之”的自然结果，即役使或是指使他人的意愿彻底消失。

请结合【今译】和下面这段话深度理解本寓言：

我无权去评判他人的生活，我只能为自己作出判断。意义与实在并非隐藏于事物的背后，而是寓于事物自身，寓于事物的一切现象。当一个人能够如此单纯，如此觉醒，如此专注于当下，毫无疑虑地走过这个世界，生命真是一件赏心乐事。人只应服从自己内心的声音，不屈从于任何外力的驱使，并等待觉醒那一刻的到来。这才是善的和必要的行为，其他的一切均毫无意义。

——德国作家赫尔曼·黑塞《悉达多》

文侯傥然

非常难以把握到其准确含义的一句话。结合语境，它应该是指文侯作为君王，曾经一直以“圣知之言仁义之行”思想来作为自己的行动指南，但在听了田子方对他老师东郭顺子的评价后，自己顿时便失去了对既有观念的信奉，陷入“傥然”的状态之中去了。傥然，就是《天地》“以天下非之，失其所谓，傥然不受”的傥然，傥的本义为洒脱不拘，不拘于俗。

召前立臣

完全无解，估计原文有误。如果原文无误，则勉强根据字面意，大概就是指召来贴身近臣。

远矣，全德之君子！始吾以圣知之言仁义之行为至矣

很容易产生歧义的一句话。思来想去，觉得还是将远看作是“始吾以圣知之言仁义之行为至矣”与“全德之君子”相比较的结果为好。

形解

语境极小，含义极含混。本应与口钳为对语，但找不到对应的解释。无奈之下，只得选择“古语解通懈”的解释，懈怠的意思。

土埂

原文为土梗，其含义一直被广泛接受为“泥塑的偶像”，真不知根据在哪里，更不知道它怎么就能符合这里的语境需要。其实，文脉就要求这里用土埂，不管作者是不是庄子，其含义就应该是土坑。埂的本义为小坑。

【今译】

田子方侍奉魏文侯闲聊，其间多次称赞谿工。文侯问：“谿工，你的老师吗？”子方说：“不是，只是我的一个邻里。他在提到道的时候，有很多地方很是恰当，所以我才称赞他。”文侯又问：“难道你没有老师吗？”子方说：“有啊。”文侯说：“你的老师是谁呢？”子方说：“东郭顺子啊。”文侯问：“那为什么你根本就不曾称赞他？”子方说：“他这个人太真人了，虽然长着人的样貌但好比天空一样的清虚，且始终就这样以保有他的本真。他对外境清楚明白但始终心怀宽容，要是外境不合大道，他就端正自己的心态，认认真真地去体悟它到底是怎么回事，以彻底打消指使他人的念头。就这样的人，我哪有资格去称赞他！”子方走后，文侯顿时失去头绪，整天一句话都不想说。不过后来他还是把他最贴身的一位近臣叫过来说：“相对于有全德的君子来，一直以‘圣知之言仁义之行’为最高行为准则的我，真是相差太远了啊！我在听过子方老师的事迹后，整个人就陷入了懈怠之中而根本就不想走动，我的嘴巴就好像被钳住了一样而根本就不想说话。我过去所学的，简直就是小土坑啊！

而魏国也确实成了我的累赘！”

二

【文本归元】

温伯雪子适齐，舍于鲁。鲁人有请见之者，温伯雪子曰：“不可。吾闻中国之君子，明乎礼义而陋于知人心。吾不欲见也。”至于齐，返舍于鲁，是人也又请见。温伯雪子曰：“往也蕲见我，今也又蕲见我，是必有以振我也。”出而见客，入而叹。明日见客，又入而叹。其仆曰：“每见之客也，必入而叹，何耶？”曰：“吾固告子矣，中国之君子，明乎礼义而陋乎知人心。昔之见我者，进退一成规一成矩，从容一若龙一若虎。其谏我也似子，其道我也似父，是以叹也。”仲尼见之而不言。及出，子路曰：“夫子欲见温伯雪子久矣，今也见之而不言，何邪？”仲尼曰：“若夫人者，目击而道存矣，亦不可以容声矣！”

【见独】

温伯雪子

庄子虚拟人名，每个字的选取都有其庄学含义。子表示尊敬，雪就是《知北游》“澡雪尔精神”的雪，伯就是表辈分次序“伯仲叔季”的伯，温即雪的对立面。它的大致含义应该就是，一个使人温暖、受人尊敬、已经通过澡雪心灵而达致大道的人。

必有以振我

必须结合“中国之民，明乎礼义而陋乎知人心。昔之见我者，进退一成规一成矩，从容一若龙一若虎。其谏我也似子，其道我也似父”理解。振，就是“振聋发聩”的振。

进退一成规一成矩，从容一若龙一若虎

“明乎礼义”的具体表现形式。这种形式在温伯雪子看来，明显不合乎人的天性，真正的人在心底里其实不愿意去这么做的。所以，温说“中国之君子”“陋于知人心”。

【今译】

温伯雪子到齐国去的时候，中途在鲁国歇了歇脚。鲁国有人请求拜见，温伯雪子说：“不行。我听说鲁国的君子，虽说对礼仪明明白白，但对人心却糊里糊涂。我不想见他。”到了齐国后，回家途中又在鲁国歇了歇脚，同一个人又请求拜见。温伯雪子说：“我来的时候就请求见我，现在又请求见我，他一定有什么要告谏我的。”于是答应见客，但见过后回到家里叹息不已。第二天相见后，回到家里还是叹息不已。他的仆从问：“你每次见过这位客人后，回到家里必定会叹息不已，为什么呢？”温伯雪子回答说：“我本就告诉过你，鲁国的君子，虽说对礼仪明明白白，但对人心却糊里糊涂。比如刚刚请求拜见我的这个人，无论进见还是告退，都中规中矩，还刻意表现出一副如龙似虎的从容姿态。他劝谏我就好比儿子，教导我就好比父亲，我就因为这个才叹息的啊。”孔子在拜见温伯雪子时一句话也没说。待出门后，子路问：“老师您想拜见温伯雪子已经很久很久了，可您在真见到他时却一句话都不说，为什么呀？”孔子回答说：“就温伯雪子这样的人，只需眼睛一瞟就知道道存在于他身上，哪里还容得下说话的声音！”

三

【文本归元】

颜渊问于仲尼曰：“夫子步亦步，夫子趋亦趋，夫子驰亦驰。夫子奔逸绝尘，而回瞠若乎后矣！”仲尼曰：“回，何谓邪？”曰：“夫子步亦步者，夫子言亦言也。夫子趋亦趋者，夫子辩亦辩也。夫子驰亦驰者，夫子言道回亦言道也。及夫子奔逸绝尘而回瞠若乎后者，夫子不言而信，不比而周，无器而民滔

乎前，而回不知所以然而已矣。”仲尼曰：“恶！可不察欤！夫哀莫大于心死，而人死亦次之。日出于东方而入于西极，万物莫不比方。有首有趾者，待是而后成功，是出则存，是入则亡。万物亦然，有待也而死，有待也而生。吾一受其成形，效物而动，日夜无隙，而不知其所终，知命不能规乎其前，丘以是日徂。吾终身与汝交一臂而失之，可不哀欤？汝殆著乎吾所著也，彼已尽矣，而汝求之以为有，是求马于唐肆也。吾服汝也甚忘，汝服吾也甚忘。虽然，汝奚患焉！虽忘乎故吾，吾有不忘者存。”

【见独】

就寓言的构思和立意而言，非天才庄子不足以为此绝美妙文。遗憾的是，如果完全照搬原文，则寓言不可完全清晰解读。过往各版本此寓言文本原样大致是这样的：

颜渊问于仲尼曰：“夫子步亦步，夫子趋亦趋，夫子驰亦驰，夫子奔逸绝尘，而回瞠若乎后矣！”夫子曰：“回，何谓邪？”曰：“夫子步亦步也，夫子言亦言也；夫子趋亦趋也，夫子辩亦辩也；夫子驰亦驰也，夫子言道，回亦言道也；及奔逸绝尘而回瞠若乎后者，夫子不言而信，不比而周，无器而民滔乎前，而不知所以然而已矣。”仲尼曰：“恶！可不察与！夫哀莫大于心死，而人死亦次之。日出东方而入于西极，万物莫不比方。有目有趾者，待是而后成功。是出则存，是入则亡。万物亦然，有待也而死，有待也而生。吾一受其成形，而不化以待尽。效物而动，日夜无隙，而不知其所终。薰然其成形，知命不能规乎其前，丘以是日徂。吾终身与汝交一臂而失之，可不哀与？女殆著乎吾所以著也。彼已尽矣，而女求之以为有，是求马于唐肆也。吾服女也甚忘，女服吾也甚忘。虽然，女奚患焉！虽忘乎故吾，吾有不忘者存。”

改动的地方详解如下：

1.“夫子驰亦驰”句后改逗号为句号。理由是，句号前后句子用意明显不同。句号前句子的用意旨在衬托后面句子，即句号前面的句子所表达的现象

是颜渊自己能明白的，而句号后面的句子所要表达的现象是颜渊自己不能明白的，也正因此，才有颜渊之问。

2. “夫子步亦步也”“夫子趋亦趋也”“夫子驰亦驰也”的也，全都改成“者”字。其理由，一是本身的义理逻辑需要，二是“及奔逸绝尘而回瞠若乎后者”本身就提示了要用“者”字。三句之所以是“也”不是“者”，估计是后人因不解原文而误加误抄的结果。

3. 只有作“夫子步亦步者，夫子言亦言也。夫子趋亦趋者，夫子辩亦辩也。夫子驰亦驰者，夫子言道回亦言道也。及夫子奔逸绝尘而回瞠若乎后者，夫子不言而信，不比而周，无器而民滔乎前，而回不知所以然而已矣。”这样的断句，文本才有可能被理解。

4. 改“可不察与”“可不哀与”的“与”为“欤”，本来可以不改，因为古“与”“欤”可以通假，但其实可能是误抄，然后再解读为通假。句中的“女”也全都改为了“汝”，道理也是如此。

5. 在“及奔逸绝尘而回瞠若乎后者”和“而不知所以然而已矣”两句中分别加了主语夫子和回，以使表达更为清晰。

6. 改“日出东方而入于西极”为“日出于东方而入于西极”。只有补加于字，才能清晰地将它所包含的出跟入同“是出则存，是入则亡”的出跟入联系起来。

7. “有首有趾者，待是而后成功”句后一定要是逗号，如果是句号，则必然导致“是出则存，是入则亡”因缺少主语而不可理解。

8. 改“吾一受其成形，不化以待尽。效物而动，日夜无隙，而不知其所终。薰然其成形，知命不能规乎其前，丘以是日徂。”为“吾一受其成形，效物而动，日夜无隙，而不知其所终，知命不能规乎其前，丘以是日徂。”理由是，“不化以待尽”明显不合语境需要。《齐物论》：“一受其成形，不化以待尽。与物相刃相磨，其行尽如驰而莫之能止，不亦悲乎！”也极其清晰地否定了“不化以待尽”的错误观念。而之所以要删除“薰然其成形”，是因为它明显跟“吾一受其成形”的语义相重复。

9. 改“汝殆著乎吾所以著也”为“汝殆著乎吾所著也”。理由是，所著跟所以著明显有本质不同，前者表现象，后者表现象的原因，语境需要的是现象而不是现象的原因。

及夫子奔逸绝尘而回瞠若乎后者，夫子不言而信，不比而周，无器而民滔乎前，而回不知所以然而已矣

奔逸绝尘，一定要将其同步亦步、趋亦趋、驰亦驰结合理解，才能获得其真实含义。步的本义为信步，趋的本义为快步走，驰的本义为车马疾行。由此，奔逸绝尘如果也说其本义，则应该就是奔走到脚不沾尘土。显然，这些都是象征用法，以一种可见的具象行为来形容一种不可见但可思的抽象现象。同样道理，言亦言也、辩亦辩也、夫子言道回亦言道也，同“夫子不言而信，不比而周，无器而民滔乎前”的关系，也是这种象征用法。

瞠若乎后，在后面干瞪着眼睛，表示有心无力。瞠，音 chēng，瞪着眼睛。

不言而信，什么也不说就可以取得他人的信任。

不比而周，谁都不拉拢就可以取得他人的忠信。比即“朋比为奸”的比，周即《礼记·缁衣》“自周有终”的周，忠信的意思。《论语·为政》有“君子周而不比，小人比而不周”的说辞，因为没有语境，导致百家解注皆有其理。但如果参照庄子这里的用法，则似乎只有这一种解注才是对的，因为它必须跟不言而信的含义相对应。

无器而民滔乎前，器的本义为器具，但这个本义这里用不上。根据语境，它的含义应该很清晰，就是权力、财富等非精神性的东西。滔，本义为水势盛大的样子，非常适合这里的语境需要，象征民众如潮水一般归往。

恶！可不察欤

恶，文言叹词，表示惊讶。有注家竟然将其解读为“可恶”，真是太可恶了。

可不察欤，一定要结合语境解读，它的用法同口语“可不是”完全等同，不是表否定，而是表肯定。意思是说，颜渊你可真能观察呀！

夫哀莫大于心死，而人死亦次之

本身不难理解，但其在语境中的作用不好理解。其实，它是起承前启后作用的。所谓承前，就是结束“恶！可不察欤！”的文脉。所谓启后，就是开启后面“日出于东方而入于西极，万物莫不比方。有首有趾者，待是而后成功，是出则存，是入则亡。万物亦然，有待也而死，有待也而生。吾一受其成形，效物而动，日夜无隙，而不知其所终，知命不能规乎其前，丘以是日徂。吾终

身与汝交一臂而失之，可不哀欤？”意念中如果能将前后两个哀字连接起来，启后的作用也就一目了然了。

日出于东方而入于西极，万物莫不比方。有首有趾者，待是而后成功，是出则存，是入则亡。万物亦然，有待也而死，有待也而生。吾一受其成形，效物而动，日夜无隙，而不知其所终，知命不能规乎其前，丘以是日徂。吾终身与汝交一臂而失之，可不哀欤

本寓言的核心段落，非心思缜密、想象丰富之人，理解起来会觉得极其困难。

日出于东方而入于西极。起兴用法，是为了回答颜回“及夫子奔逸绝尘而回瞠若乎后者，夫子不言而信，不比而周，无器而民滔乎前，而回不知所以然而已矣”之问而预设的比喻。也就是说，孔子我为什么能“不言而信，不比而周，无器而民滔乎前”呢，就是因为我仿效了太阳“出于东方而入于西极”的自然之道。“日出于东方而入于西极”的结果，自然是“不言而信，不比而周，无器而民滔乎前”。

万物莫不比方，价值判断语，意思是说，太阳底下一切生命都要仿效太阳“出于东方而入于西极”的自然之道。

有首有趾者，从后面的成功一词看，它的含义应该是特指人。

是出则存，是入则亡，很不好理解。根据语境勉强为之，是应该指太阳，出跟入应该就是“出于东方而入于西极”的出跟入，存与亡应该相当于“日出而作日落而息”的作与息。

有待也而死，有待也而生，“待”字后面都省略了“日”字。

吾一受其成形，其，语气词，无义。意思是，我一旦生成为形体。

效物而动，物即前句“成形”的形。

不知其所终，其，指“吾一受其成形”的形。

知命不能规乎其前，命，“命运”的命。规，“规划”的规。其，指太阳。前，时间上的前面。意思是说，我知道我的命运不能在太阳出入之前就预先规划好。

丘以是日徂，徂，音 cú，本义为往、去。庄子单一独用词，字面义无解。根据语境，可将其理解为“丘以日徂是”，它的可能含义应该是与日俱往，即随同太阳的出入而出入。

吾终身与汝交一臂而失之，一定要在意念中将其看作假设句。意思是说，我终其一生与你要是同这个道理只有一臂之差却没有察觉到它。之，指孔子刚刚言说的道理。

唐肆

庄子单一独用词，字面义无解。根据语境勉强为之，唐应该是指某个完全不可能有马存在的地方，但过往解注为空，不知根据何在。肆即“肆廛（chán）”的肆，街市、店铺的意思。

吾服汝也甚忘，汝服吾也甚忘

《德充符》“故德有所长，而形有所忘，人不忘其所忘，而忘其所不忘，此谓诚忘”是这句话的最好解注。结合语境理解，服为“信服”的服，句子的意思是说，孔子所信服的正是颜渊所忘记的，颜渊所信服的正是孔子所忘记的。孔子一直信服的是非“著”，颜渊曾经信服的是“所著”，即显著的存在。具体到语境，所谓非著，就是奔逸绝尘或是“不言而信，不比而周，无器而民滔乎前”，所谓所著，就是步、趋、驰或是言、辩、言道。

虽然，汝奚患焉！虽忘乎故吾，吾有不忘者存

这句话不是接全章说的，而仅仅是接“吾服汝也甚忘，汝服吾也甚忘”说的。意思是说，虽然“吾服汝也甚忘，汝服吾也甚忘”，但你并不需要忧虑什么。因为，你忘记的只是那个过去了的我，而现在的我还有你忘记不了的存在。

这句话十分不好理解。要获得清晰理解，最好在“忘乎故吾”前和“吾有”后加“汝”，即“虽汝忘乎故吾，吾有汝不忘者存”。

【今译】

颜渊问于孔子说：“老师您信步我也信步，老师您快走我也快走，老师您疾行我也疾行。但当老师您奔逸绝尘时，我就只能在后面干瞪眼了！”孔子说：“回，想问什么呢？”颜渊说：“所谓老师您信步我也信步，是说老师您如何说话我也如何说话。所谓老师您快走我也快走，是说老师您如何辩论我也如何辩论。所谓老师您疾行我也疾行，是说老师您言说大道我也言说大道。所谓老师您奔逸绝尘，我就只能在后面干瞪眼了，是说老师您什么都不说就能取信于人，谁都不拉拢就能取结于人，没有任何位财就能让民众潮水般地汇聚到您跟前，我只是很不明白为什么会是这个样子罢了。”孔子说：“哦！你可真会观察呀！对人来说，哀莫大于心死，真死了倒还在其次。太阳从东边出来然后又从西边落下，万物都在仿效这种运转。尤其对于有眼有脚的人来说，更是要仿效这个才能获得成功，日出而作，日落而息。万物的生生死死也是如此，都得依待太阳的东出西入。我从受道成形的那天起，就仿效我自己的形体不断变化，日日夜夜从无间断，完全不知道它究竟什么时候才是尽头，我也知道我的命运不能在太阳出入之前就预先规划好，所以我就始终与日俱往。要是我终其一生与你同这个道理只有一臂之差却没能察觉到它，岂不很是悲哀？你的问题在于你只看见我所表现出的显而易见的地方，当我表现出的显而易见的地方已经消失不见时，你还在那里孜孜以求，以为它还在那里，这就好比到完全没有马的市场去求取马匹啊。我所服膺的正是你所完全忘记了的，你所服膺的又恰是我所完全忘记了的。不过即便如此，你也不必有什么忧虑！因为你忘记的只是那个过去了的我，而现在的我还有你忘记不了的存在。”

四

【文本归元】

孔子见老聃，老聃新沐，方将披发而干，蛰然似非人。孔子便而待之。少焉见，曰：“丘也眩欤？其信然欤？向者先生形体掘若槁木，似遗物离人而立于独也。”老聃曰：“吾游心于物之初。”孔子曰：“何谓邪？”曰：“心困焉而不能知，口辟焉而不能言，尝为汝议乎其将：至阳肃肃，至阴赫赫。肃肃出乎天，赫赫发乎地，两者交通成和而物生焉，或为之纪而莫见其形。消息盈虚，一晦一明。日改月化，莫见其功，生有所乎萌，死有所乎归，始终相返乎无端，而莫知乎其所穷。”孔子曰：“请问游是。”老聃曰：“夫得是，至美至乐也。”孔子曰：“愿闻其方。”曰：“草食之兽，不疾易薮。水生之虫，不疾易

水。行小变而不失其大常也，喜怒哀乐不入于胸次。夫天下也者，万物之所一也。得其所一而同焉，则四肢百体将为尘垢，死生终始将为昼夜，而况得丧祸福之所介乎！弃隶者若弃泥涂，知身贵于隶也，贵在于我而不失于变。且万化而未始有极也，夫孰足以患心！”孔子曰：“夫子德配天地，而犹假至言以修心。”老聃曰：“不然。夫水之于流也，无为而才自然矣。至人之于德也，不修而物不能离焉。若天之自高，地之自厚，日月之自明，夫何修焉！”孔子出，以告颜回曰：“丘之于道也，其犹醯鸡欤！微夫子之发吾覆也，吾不知天地之大全也。”

【见独】

蛰然

原文为“慹（zhé）然”，无解。过往注家将其解注为不动的样子，简直是完全的废话。估计原文就是蛰然，是蛰的繁体字“蟄”的误传误抄而已。蛰，音 zhé，本义为动物冬眠，藏起来不食不动，非常符合这里的语境需要。

便而待之

本来浅白到完全无须解注的一句话，只因过往解注几乎全都认同便解为屏即屏蔽，才不得不出面啰唆一下。试想，都被屏蔽了，哪里还能说出“向者先生形体拙若槁木，似遗物离人而立于独也”的话？其实，便的语境含义非常清晰，就是“近便”的便。意思是说，孔子就站在老子旁边等着。

拙若槁木

原文为“掘若槁木”，明显是笔误，没有必要用通假来解注。

似遗物离人而立于独也

就句子本身看，独的含义就是“遗物离人”。如果借用《老子见微》第 25 章，则独的含义就是：“有物昆成，先天、地生。绣呵缪呵，独立而不垓，可以为天、地母。”

至阳肃肃，至阴赫赫。肃肃出乎天，赫赫发乎地，两者交通成和而物生焉，或为之纪而莫见其形

原文为：“至阴肃肃，至阳赫赫。肃肃出乎天，赫赫发乎地，两者交通成和而物生焉，或为之纪而莫见其形。”之所以要将阴阳位置互换，是因为天属阳，地属阴，这是常识。也只有互换后，文本才可理解。

肃肃，必须结合语境且结合老庄的整体思想，才能正确把握。把握后的结果是，赫就是“显赫”的赫，肃就是“肃静”的肃。

两者交通成和而物生焉。《老子见微》第41章是对本句的最好解注：“天下之物生于有，有生于无。道，生一一，生二二，生三三，生万物。万物负阴而抱阳，冲气以为和。”两者本可以指天与地，但结合《老子》，则只能指阴与阳。

或为之纪而莫见其形。“或”字的理解有点难度，有人将其解注为“或许”的或，但明显不通。结合“为之纪而莫见其形”理解，它的应该含义是有人。或为有人，是古汉语的常用义。

日改月化，莫见其功，生有所乎萌，死有所乎归，始终相返乎无端，而莫知乎其所穷

原文为：“日改月化，日有所为而莫见其功。生有所乎萌，死有所乎归，始终相返乎无端，而莫知乎其所穷。”改动的地方有两处，一是“日有所为而”被删。理由是，“日有所为”明显是一个智力低下的注庄者对“日改月化”进行了解注，后人不解这个解注，就又在这个解注后加连词“而”。二是“莫见其功”后改句号为逗号，以使义理紧凑、顺畅。

非是也，且孰为之宗

原紧接在“其所穷”之后，明显是后人的感叹语。必须删除，文本才义理紧凑，形式美感。

得至美而游乎至乐，谓之至人

原紧接在“至美至乐也”之后，明显是后人的评语。必须删除，文本才义理紧凑，形式美感。

不疾易薮

不担心薮发生改变。薮，音 sǒu，本义为水少而草木茂盛的湖泽。

死生终始将为昼夜

原文“而死生终始将为昼夜，而莫之能滑”，错误出现的原因不明。只是文本必须做归元处理，形式和义理才能跟语境一致。

弃隶者若弃泥涂，知身贵于隶也，贵在于我而不失于变

如以庄子自身印证，则有《让王》：“不以所用养害所养。”如以老子印证，则有第 13 章：“吾所以有大患者，为吾有身也，及吾无身，有何患？故贵为身于为天下，若可以橐天下矣。爱以身为天下，若可以寄天下矣！”

已为道者解乎此

原紧接在“夫孰足以患心”之后，明显是后人的评语，故予删除。

古之君子，孰能脱焉

原紧接在“而犹假至言以修心”，明显是后世一腐儒因完全不懂原文而妄发的感叹语，必须删除。

夫水之于流也，无为而才自然矣

原文为：“夫水之于汋也，无为而才自然矣。”如果是汋（zhuó），则文本完全无法理解。根据语境，“流”应该是一个非常适合的字。

醯鸡

庄子单一独用词，无解。因为此词无解，导致整句都非常难以清晰解读。幸好，即使整句不能清晰解读，但大致意思还是非常清晰的。醯，音 xī，用于保存蔬菜、水果、鱼蛋、牡蛎的净醋或加香料的醋。

【今译】

孔子拜见老子时，老子刚洗完头，正披散着头发等待晾干，看上去就如动物在冬眠而不像人。孔子就站在老子旁边待着。不一会儿，他对着老子说：

“是我眼花了呢？还真的就是这样啊？刚才您老人家身体看上去笨拙得就如枯死了的树木，又仿佛遗物离人而处于一种完全独立的境地。”老子说：“刚才我的心思遨游在物之初了。”孔子说：“什么意思啊？”老子说：“我的心思被困住了而不能认知，我的嘴巴张开着而不能说话，现我只尝试着为你说个大概：至阳隐静而不见，至阴显赫在眼前。隐静而不见的出乎天，显赫在眼前的出乎地，阴与阳交通成和而万物也就产生出了。有人想把这个过程给记录下来，可是根本就看不到它的原形。它（物之初）时消时息，且盈且虚，一晦一明。它日改月化，没有任何人看见它如何运作，万物就不仅出生有它的萌芽之地，死亡有它的归往之所，而且开始与终结都一并会返回到没有终端的地方，没有任何人能知道它（物之初）的尽头究竟在哪里。”孔子说：“请问遨游在物之初的感觉如何？”老子说：“遨游在物之初的感觉，美到极致，也乐到极致啊。”孔子说：“想听听如何才能遨游在物之初。”老子说：“以草为食的兽类，是不会担心它所食草类的变化的。以水为生的虫类，是不会担心它所栖水体的变化的。也就是说，外境变化要是小到没有失去它本身的天道，那喜怒哀乐就不会进入它们的内心去。天下万物其实是一体的。要是身为万物之一而把这万物之一看作是跟万物一体，则四肢百体都只不过如同尘垢，死生终始也只不过如同昼夜，哪里还会对得丧祸福耿耿于怀！要是抛弃隶属于身体的东西如同抛弃烂泥一般，知道身体比隶属身体的要远为珍贵，则珍贵什么就取决于你自己，进而也就不会随隶属之物的改变而改变了。再说，万物都处在生化之中，从来就不知道它的极限在哪，人能有什么可以忧心的！”孔子说：“您老人家已经德配天地了，还这么依凭大道之言以修养心性。”老子说：“你说得不对。水就它的流性而言，无为才能回到它原本的样子。至人就他的德性而言，无须刻意修养他的心性，就能够成为物自身的样子。就好比，天是自然而然的远高，地是自然而然的博厚，日月是自然而然的光明，它们哪里需要什么修养！”孔子出门后，就这么对颜回说：“孔子我在真正的大道面前，就好比坛子里的一只小虫啊！要不是老子替我揭开坛子的盖子，我根本就无法知道天地原本就非常完备啊。”

五

【文本归元】

庄子见鲁哀公，哀公曰：“鲁多儒士，少为先生方者。”庄子曰：“鲁少儒。”哀公曰：“举鲁国而儒服，何谓少乎？”庄子曰：“周闻之，儒者冠圜冠者知天时，履句屦者知地形，缓佩玦者事至而断。君子有其道者，未必为其服也。为其服者，未必知其道也。公固以为不然，何不号于国中曰：‘无此道而为此服者，其罪死！’”于是哀公号之五日，而鲁国无敢儒服者，独有一丈夫儒服而立乎公门。公即召而问以国事，千转万变而不穷。庄子曰：“以鲁国而儒者一人耳，可谓多乎？”

【见独】

儒者冠圆冠者知天时，履方履者知地形，绶佩玦者事至而断

圆冠，儒者戴的圆形帽子。原文为“圜”，音 yuán。

方履，儒者穿的方形鞋子。原文为“句履”，明显系笔误。古人相信天圆地方。

佩玦，有缺口的环形佩玉。玦，音 jué，半环形有缺口的佩玉，古代常用以赠人表决绝。这里明显是借佩玉缺口的断为“事至而断”的断，典型的中国庸俗文化。

【今译】

庄子拜见鲁哀公，哀公说：“鲁国儒士很多，愿意学习先生学问的人很少。”庄子说：“鲁国的儒士其实很少。”哀公说：“全鲁国都穿的儒服，怎么能说很少呢？”庄子说：“我听说，凡是戴着圆帽的儒者就说明他知道天时，凡是穿着方鞋的儒者就说明他知道地形，凡是佩挂断玉的儒者就说明他事至而断。一个人要是真的有某种道行，未必要用服饰来显示。而用服饰来显示的，也未必就有某种道行。君王您要是不信，何不号令全鲁国说凡是没有儒学之道而着儒学之服的，一律处死！”于是哀公在全国号令五天，鲁国几乎无人再敢

身着儒服，只有一大男子身着儒服并立于哀公门前。哀公把他召进屋里并问以国事，其人应答千转万变而没有穷尽。庄子说："就凭鲁国只有一个儒者，能说鲁国儒者很多吗？"

六

【文本归元】

百里奚爵禄不入于心，故饭牛而牛肥，使秦穆公忘其贱，与之政也。

【见独】

有虞氏死生不入于心，故足以动人

原文最后一句，明显是后人的读后感误入了正文，故予删除。

【今译】

百里奚从来不把爵位俸禄放入心中，才把牛养得肥肥胖胖的，使秦穆公忘记了他的卑贱身份，而把国家的政务交由他处理。

七

【文本归元】

宋元君将画图，众史皆至，受揖而立，舐笔和墨，在外者半。有一史后至者，儃儃然不趋，受揖不立，因之舍。公使人视之，则解衣磅礴。君曰："可矣，是真画者也。"

【见独】

一个立意非常清晰且极具思想价值的寓言，只可惜话语展开得不是很好。

1. 画图的含义不清晰，画什么图呢？在哪里画？这个开头如果不清楚，则后文“舐笔和墨，在外者半”“因之舍”“解衣磅礴”会跟着不清楚。

2. 史字怎么训也训不出画师的意思，但语境很显然要求史就是画师。

3. “在外者半”想说明什么呢？想说明画师来得多吗？可寓意不需要这个。

4. “因之舍”怎么理解？舍指哪里？是宋元君要画图的地方还是真画者的家里？如果是前者，则画师怎么就知道要画图的地方？如果是后者，该画师干吗还要来受揖，又怎么知道要画什么？

儃儃然不趋

儃儃然，庄子单一独用词，字面义无解。从“不趋”的意思逆推，它的可能含义应该是从容不迫的样子。儃，音 tǎn。

不趋，不快步迎上去。其他画师在受揖于宋元君时，都自觉不自觉地快步迎上去，以表示尊敬。“趋”的本义为快步走。

解衣磅礴

原文为“解衣般礴裸”，明显错陋不堪，这句话的含义要在语境中带想象才能理解，即画师光着膀子在笔走龙蛇。磅礴，音 bàng bó，气势盛大的样子。

【今译】

宋元君将要画图，众画师都按时到来，在接受宋元君的拱手礼后，就退到一边排队站立，或润笔，或磨墨，人多到有一半都要排到门外去了。有一画师姗姗来迟，一副从容的样子，并没有快步走向宋元君，在受过宋元君的拱手礼后，也没有站到一旁去排队，而是径直就进了画室。宋元君派人前去打探，则发现那人已光着膀子在那里挥毫泼墨。宋元君说：“可以啊，这才是真正的画师。”

八

【文本归元】

文王观于臧，见一丈人钓，而其钓莫钩。文王欲举而授之政，而恐大臣父

兄之弗安也。欲终而释之，而不忍百姓之无天也。于是旦而属之大夫曰："昔者寡人梦见良人，黑色而髯，乘驳马而偏朱蹄，号曰：'寓尔政于臧丈人，庶几乎民有瘳乎！'"诸大夫蹴然曰："先君王也。"文王曰："然则卜之。"诸大夫曰："先君之命，王其无它，又何卜焉。"遂迎臧丈人而授之政。典法无更，偏令无出。三年，文王观于国，则列士坏植散群，长官者不成德，斔斛不敢入于四境。文王于是焉以为太师，北面而问曰："政可以及天下乎？"臧丈人昧然而不应，泛然而辞，朝令而夜循，终身无闻。

【见独】

文王观于臧，见一丈夫钓，而其钓莫钩

原文为："文王观于臧，见一丈夫钓，而其钓莫钓。非持其钓有钓者也，常钓也。"改动的地方有两处，一是改"莫钓"为"莫钩"，二是删除"非持其钓有钓者也，常钓也"。对于后者，被删部分明显是后人因不解"而其钓莫钓"而对其作的错误解注。那"而其钓莫钩"应该的正确解注会是什么呢？这里拟借用一下一个白话传说：

姜尚的钓法奇特，短干长线，线系竹钩，不用诱饵之食，钓杆也不垂到水里，离水面有三尺高，并且一边钓鱼一边自言自语："姜尚钓鱼，愿者上钩。"一个叫武吉的樵夫，看到姜子牙不挂鱼饵的直鱼钩，嘲讽道："像你这样钓鱼，别说三年，就是一百年，也钓不到一条鱼。"姜尚说："你只知其一，不知其二。曲中取鱼不是大丈夫所为，我宁愿在直中取，而不向曲中求。我的鱼钩不是为了钓鱼，而是要钓王与侯。"

黑色而髯，乘驳马而偏朱蹄

髯，音 rán，本义为两颊上的长须。

驳马，毛色斑驳之马。

偏朱蹄，字面义太含混，无解。勉强为之，偏指单边，朱蹄指朱红马蹄。

三年，文王观于国，则列士坏植散群，长官者不成德，斔斛不敢入于四境

原文为："三年，文王观于国，则列士坏植散群，长官者不成德，斔斛不敢入于四境。列士坏植散群，则尚同也。长官者不成德，则同务也。斔斛不敢入于四境，则诸侯无二心也。"被删部分明显是后人的错误解注而误入了正文。

列士，类似列国的词语结构，意思是各级官员。

坏植散群，类似摧枯拉朽、拉帮结派等的词语结构。所以，植的含义跟群应该相近似。意思是说，打碎各级官员的各个山头。

不成德，理解的关键在"成"字，成即"墨守成规"的成。意思是说，不固守自己的德性，含义完全等同于《德充符》的"德不形"，或《大宗师》的"当而不自得也"，也与老子"大器免成"的思想完全吻合。

斔斛不敢入于四境，象征用法，类似于现今讲的"不对外输出意识形态""不将自己的评判标准强加给它国"。正因此，才有后文的"'政可以及天下乎？'臧丈人昧然而不应，泛然而辞，朝令而夜循，终身无闻。"斔斛，音yǔ hú，类似尺寸、斤两等词语结构，中国古代计量单位。

颜渊问于仲尼曰："文王其犹未邪？又何以梦为乎？"仲尼曰："默，汝无言！夫文王尽之也，尔又何论刺焉！彼直以循斯须也。"

原位于篇末。从形式上看，应该不是后人的妄加。但从义理上说，这段话必须删除。要是不删除，则这个寓言的寓意就看不见了。要是删除，则寓言的寓意就非常清晰，那就是："'政可以及天下乎？'臧丈人昧然而不应，泛然而辞，朝令而夜循，终身无闻。"这个寓意可以用《德充符》"国无宰，寡人传国焉。闷然而后应，泛然而若辞。寡人丑乎，卒授之国。无几何也，去寡人而行"印证。

【今译】

文王在臧地视察的时候，看见一位老人在钓鱼，可他钓鱼没有使用钓钩。文王便想把国政委托给他，但又担心大臣和亲人心有不安。想作罢，又不忍百姓没有好的长官。于是选定某个早朝嘱咐大臣们说："有一次我梦见一位良人，他面色黝黑，长须飘飘，乘着一匹毛色斑驳且单边红蹄的马，号令我说：'把你的国政委托给臧地一位老人，我们国家的老百姓就有救了！'"诸大夫肃然起敬说："这是先君王啊。"文王说："这样的话，最好再占卜一下。"诸大夫

说："既然是先王的命令，那君王您就不要再作它想了，又何必再用占卜呢。"于是便把臧丈人迎入朝中并授以国政。臧丈人典章法规一旦颁发就不随意更改，各种政令都是公正无偏。三年过后，文王巡视全国，各级官员无人再敢自立山头，长官们无人囿于自个德性，各种风俗不对邻国输出。文王于是打算拜丈人为太师，便恭敬地问丈人："您的这整一套可以遍及全天下吗？"臧丈人含含糊糊并没有直接回应，泛泛地说了一些话，早上还在处理政务，晚上就逃匿了，从此再无他的消息。

九

【文本归元】

列御寇为伯昏无人射，引之盈贯，措杯水其肘上，发之，适矢复沓，方矢复寓。当是时，犹象人也。伯昏无人曰："是射之射，非不射之射也。尝与汝登高山，履危石，临百仞之渊，若能射乎？"于是无人遂登高山，履危石，临百仞之渊，背逡巡，足二分垂在外，揖御寇而进之。御寇伏地，汗流至踵。伯昏无人曰："夫至人者，上窥青天，下潜黄泉，挥斥八极，神气不变。今汝怵然，尔于射也殆矣夫！"

【见独】

盈贯

即满贯，本义指钱币穿满绳子，比喻达到了极限。贯的本义为穿钱的绳子。

适矢复沓，方矢复寓

非常不好理解的一句话，估计原文有误。如果原文无误，则适矢应该指已经射出去的箭，方矢指将要射出去的箭。复沓应该指箭都堆在一块，即射在同一点上。沓，音 dá，指堆在一起的或逐个叠放的薄的东西。复寓应该指箭一只接一只搭放到弓上。

象人

结合语境，它的含义极其清晰，就是面不改色心不跳，或就是后文特意用来对比的“神气不变”，用以描述列御寇的射术之高。它的反面是不象人，即“御寇伏地，汗流至踵”，也即口语中说的面无人色。

背逡巡，足二分垂在外，揖御寇而进之

必须想象出场景才能精准理解。从“揖御寇而进之”看，伯昏无人显然是面对列御寇的。这样，背逡巡肯定是指往背后退着走，足二分垂在外，肯定是指脚板有一半悬空在外。逡巡，音 qūn xún，退着走。二分，语意模糊。但如果取分的本义一分为二，则语意清晰，就是脚的一半。

有恂目之志

原紧接在“今汝怵然”之后，明显是后人对怵然的解注且是不可理解的解注，故必须删除。

尔于射也殆矣夫

原文为：“尔于中也殆矣夫！”根据文脉，“中”没有来由，但如果是“射”，则前呼后应，浑然一体，必对无疑。

【今译】

列御寇为伯昏无人表演射术，他拉满弓箭，一只手肘上还放上一杯水，射击时，已经射出去的箭都射中在同一个位置，正要射出的箭是一支连着一支。当是时，他神气不变，完全就一个正常的人。伯昏无人说：“你这是射之射，不是不射之射。我要是跟你一起上登高山，脚踩危石，临百仞之渊，你还能射吗？”于是无人真的就上登高山，脚踩危石，临百仞之渊，背朝后退，双脚的一半对外悬空，双手恭请御寇前来射箭。御寇顿时拜服在地，汗都流到了脚后跟。伯昏无人说：“就至人来说，他上窥青天，下潜黄泉，挥斥八极，神气不变。现看你这副惊恐害怕的样子，你要再射几乎是没可能了啊！”

十

【文本归元】

肩吾问于孙叔敖曰："子三为令尹而不荣华，三去之而无忧色。吾始也疑子，今视子之鼻间栩栩然，子之用心独奈何？"孙叔敖曰："吾何以过人哉！吾以其来不可却也，其去不可止也。吾以为得失之非我也，而无忧色而已矣。我何以过人哉！且不知其在彼乎？其在我乎？其在彼邪亡乎我，在我邪亡乎彼。方将踌躇，方将四顾，何暇至乎人贵人贱哉！"仲尼闻之曰："古之真人，知者不得说，美人不得滥，盗人不得劫，伏羲不得友。死生亦大矣，而无变乎己，况爵禄乎！"

【见独】

令尹

春秋战国时楚国执政官名，相当于宰相。后泛称县、府等地方行政长官。

栩栩然

完全等同于《齐物论》的"栩栩然"，意即就如栩一样真实。

且不知其在彼乎？其在我乎？其在彼邪亡乎我，在我邪亡乎彼。方将踌躇，方将四顾，何暇至乎人贵人贱哉

很不好理解的一段话，主要是句中的"其"和"彼"具体所指十分不明。千思百虑，取其指荣华，彼指"人贵人贱"的人，即他人。全句的意思大概是说，我不知道荣华这事是取决于他人呢，还是取决于我？要是取决于他人就与我无关，要是取决于我就与他人无关。我只是想要精神从容一些，眼界开阔一些，哪里还有闲工夫去在乎他人对我的贵贱评价呢！从语境看，并结合《养生主》"提刀而立，为之四顾，为之踌躇，善刀而藏之"，将"踌躇"解注为从容自得比较好。四顾也不是太好理解，应该是象征义，类似前文"挥斥八极"

的八极，象征视野开阔。

伏羲不得友

原文为“伏羲黄帝不得友”，无论从形式还是从义理看，都需要删除黄帝。

若然者，其神经乎大山而无介，入乎渊泉而不濡，处卑细而不惫，充满天地，既以与人己愈有

原位于文末，明显是后人的读后感，与语境也明显不搭，故予删除。

【今译】

肩吾问于孙叔敖说：“您三次就职令尹而没有荣华，三次去职令尹而没有忧色。开始时我对您的表现还有些怀疑，现在从您的鼻间可以看出它竟然就是真实可信的，您的用心究竟有什么过人之处呢？”孙叔敖说：“我哪有什么过人之处啊！我只是以为令尹之职要来时我无法推却，令尹之职要去时我无法阻止。我以为它的得失由不得我，所以才没有忧色罢了。我哪有什么过人之处啊！再说，我不知道荣华这事是取决于他人呢，还是取决于我？要是取决于他人就与我无关，要是取决于我就与他人无关。我只是想要精神从容一些，眼界开阔一些，哪还有闲工夫去在乎他人对我的贵贱评价呢！”孔子听闻后说：“真正的有道之士，知者无法说动他，美人无法诱惑他，盗人无法劫持他，伏羲无法结交他。死生可谓是人生最大的事情了，他如果连这个都不在乎，那爵位俸禄等就更不在乎了！”

十一

【文本归元】

楚王与凡君坐，少焉，楚王左右曰“凡亡”者三。凡君曰：“凡之亡也，不足以丧吾存。夫凡之亡不足以丧吾存，则楚之存不足以存存。由是观之，则凡未始亡而楚未始存也。

【见独】

夫凡之亡不足以丧吾存，则楚之存不足以存存

理解这句话的关键在理解这个寓言的寓意。这个寓言的寓意是在国家与国君关系中，国家是国家，国君是国君，国家在国君未必就在，国君在国家未必就在。对有道之国君而言，国家在与不在并不重要，重要的是自己在与不在。请结合《山木》“今鲁国独非君之皮邪？吾愿君刳形去皮，洒心去欲，而游于无人之野”和本篇开首段“夫魏真为我累耳”一并理解。

如果将本句补足为：“夫凡国之亡不足以丧吾存，则楚国之存不足以存王存。”就非常好理解了。

【今译】

楚国的国王与凡国的国王坐在一块，很短一段时间里，楚王的左右就说了三次“凡国将被灭亡”。凡君于是说：“凡国的灭亡，不足以丧亡我的存在。既然凡国的灭亡不足以丧亡我的存在，则楚国的存在也不足以保证楚王的存在。由是观之，则凡国未必就曾灭亡过而楚国也未必就曾存在过。”

知北游

一

【文本归元】

知北游于玄水之北，登隐弅之丘，而适遭无为谓焉。知谓无为谓曰："予欲有问乎若：何思何虑则知道？何处何服则安道？何从何道则得道？三问而无为谓不答也。非不答，不知答也。知不得问，返于白水之南，登狐阕之上，而睹狂屈焉。知以之言也问乎狂屈。狂屈曰："唉！予知之，将语若。"中欲言而忘其所欲言。知不得问，返于帝宫，见黄帝而问焉。黄帝曰："无思无虑始知道，无处无服始安道，无从无道始得道。"知问黄帝曰："我与若知之，彼与彼不知也，其孰是邪？"黄帝曰："彼无为谓真是也，狂屈似之，我与汝终不近也。"知谓黄帝曰："吾问无为谓，无为谓不应我，非不我应，不知应我也。吾问狂屈，狂屈中欲告我而不我告，非不我告，中欲告而忘之也。今予问乎若，若知之，奚故不近？"黄帝曰："彼其真是也，以其不知也。此其似之也，以其忘之也。予与若终不近也，以其知之也。"狂屈闻之，以黄帝为知言。

【见独】

知北游于玄水之北，登隐弅之丘，而适遭无为谓焉

理解这句话的关键，在首先把握句中人名地名的义理合一。玄水之北、隐弅之丘、无为谓三者都寓含同样的意思，即大道之所在。"玄水之北"本身的玄、水、北在《庄子》中都隐喻道。隐弅，类似玄水构词法，亦隐喻道。弅，音 fèn，隆起之地。

何思何虑则知道？何处何服则安道？何从何道则得道

注意思、虑跟知的搭配，处、服跟安的搭配，从、道跟得的搭配。具体到思跟虑、处跟服、从跟道有何细微区别，需读者个人去细考慢究了。

知不得问，返于白水之南，登狐阕之上，而睹狂屈焉

白水之南是玄水之北的对语，为狐阕之地。所谓狐阕之地，就是人对道不怀疑的地方。对道不怀疑的狂屈，正住在这个地方。狐就是“狐疑”的狐，阕是庄子特意将“缺”写成“阕”，以增加美感，并非通假。

夫知者不言，言者不知，故圣人行不言之教。道不可致，德不可至。仁可为也，义可亏也，礼相伪也。故曰：‘失道而后德，失德而后仁，失仁而后义，失义而后礼。’礼者，道之华而乱之首也。故曰：‘为道者日损，损之又损之，以至于无为。无为而无不为也。’今已为物也，欲复归根，不亦难乎！其易也其唯大人乎！生也死之徒，死也生之始，孰知其纪！人之生，气之聚也。聚则为生，散则为死。若死生为徒，吾又何患！故万物一也。是其所美者为神奇，其所恶者为臭腐。臭腐复化为神奇，神奇复化为臭腐。故曰：‘通天下一气耳。’圣人故贵一。

原紧接在“我与汝终不近也”之后，现予删除。理由是，其一，与语境明显不合，隔断了文章固有的文脉。其二，本身义理杂乱，估计先是一个好老好庄的人以老解庄，再后又有人对解注做了注解，遂致错上加错，离题万里。

【今译】

知到北方游历时来到了玄水的北面，并登上了一个叫隐弅的小山坡，在那里碰巧遇到无为谓。知于是问无为谓：“我有个问题想问你：要怎么思索怎么考虑才能知晓大道？怎么处身怎么遵循才能安心大道？怎么跟随怎么谋路才能获得大道？”知一连问了三次而无为谓一次都没有回答。不是不回答，而是不知道如何回答。知得不到答案，就又回到了白水的南面，并登上了一个叫狐阕的小山坡，在那里知看到了狂屈。知于是就以先前的三问问于狂屈。狂屈说：“哦！这个我知道，让我来告诉你。”狂屈心中明明想说但终究还是把答案给忘了。知得不到答案，就又回到了黄帝所在的地方，看见黄帝后就问了同样的问题。黄帝说：“没有思索没有考虑始可知晓大道，没有处身没有遵循始可安心大道，没有跟随没有谋路始可获得大道。”知再问：“我和你算是懂了，无为谓和狂屈算是不懂，那到底谁对呢？”黄帝回答说：“无为谓算是真懂，狂屈算是似懂，我和你终究算是不懂。”知于是又问：“我问无为谓，无为谓不回答我，不是不回答我，而是不知道如何回答我。我问狂屈，狂屈心里明明想告诉我但终究没能告诉我，不是不告诉我，而是想告诉我但把答案给忘了。现在我来问你，你都把答案告诉我了，怎么又说我和你终究算是不懂呢？”黄帝最后说：“无为谓算真懂，是因为他不知道答案啊。狂屈算是似懂，是因为他忘记了答案啊。我跟你终究算是不懂，是因为我们知道答案啊。”狂屈听说后，认为黄帝说得很对。

二

【文本归元】

天地有大美而不言，四时有明法而不议，万物有成理而不说。圣人者，原天地之美而达万物之理。是故至人无为，大圣不作，观于天地之谓也。今彼神明至精，与彼百化，死生方圆，莫知其根也。遍然而万物，自古以固存。六合为巨，未离其内。秋豪为小，待之成体。天下莫不沉浮，终身不故。阴阳四时运行，各得其序。惛然若亡而存，油然不形而神，万物畜而不知。此之谓本根，可以观于天矣！

【见独】

天地有大美而不言，四时有明法而不议，万物有成理而不说

对于这种多一字则嫌多，少一字则嫌少的经典句子，对它的最好解读，是将它烂熟于心。一旦烂熟于心后，就直白得不能再直白了。

需要特别指出的是，“大美”的大，不是“大小”的大，而是“至大无外”“无所不包”的大，即至小到至大一切的大大小小。以一棵梨树为例。梨树的大美，不是指梨树很大而美，而是指梨树所包括的美的一切，美的梨干，美的梨枝，美的梨叶，美的梨花，美的梨味，美的梨姿，美的梨形，美的梨韵等。总之，不管你看见或是看不见，听见或是听不见，想到或是想不到，梨树本身所拥有的美的一切，就是梨树的大美。万物皆然。天地的大美，就是美的汪洋大海。

圣人者，原天地之美而达万物之理。是故至人无为，大圣不作，观于天地之谓也

一定要把这句话同前面一句话紧紧地扣在一块理解，千万不可脱离开来！圣人是什么人呢？就是法天贵真的人（《渔父》）。天、真是什么呢？就是有大美而不言，有明法而不议，有成理而不说。圣人体天察地，无为且不作，仅仅顺应天地的大美、四时的明法、万物的成理就可以了。

今彼神明至精，与彼百化，死生方圆，莫知其根也。遍然而万物，自古以固存。六合为巨，未离其内。秋豪为小，待之成体。天下莫不沉浮，终身不故。阴阳四时运行，各得其序。惛然若亡而存，油然不形而神，万物畜而不知

这段乍看上去如一袋马铃薯互不相融的话，其实是水乳交融的，关键在理解没理解。而理解这段话的关键，是将模糊的主语大道清晰地在脑海中显示出来。

今彼神明至精，今，相当于发语词夫。彼，指大道。神明至精，指大道神明到精微以致几乎无法言说的地步。

与彼百化，与，“与虎谋皮”的与，和、跟的意思。彼，指万物。百化，与千变万化同义。

死生方圆，即死、生、方、圆，主语为“与彼百化”的彼，即万物，承前省。

莫知其根也，没有人知道它的根本在哪。其，指万物的死生方圆。

遍然而万物，自古以固存。主语为大道。遍然，指大道无所不在。一如《老子见微》第 62 章所言：“道者，万物之注也。”

天下莫不沉浮，终身不故。天下，指天下万物。终身不故，主语为大道，理解不到这一点，就不能理解这句话本身。

惛然，惛，音 hūn，古同昏，义同下文“昭昭生于冥冥”的冥，昏暗的样子。

油然，同“油然而生”的油然，很自然的样子。

【今译】

天地有真正的美而不自我表达，四时有明确的法而不自我议论，万物有现成的理而不自我宣扬。所谓的圣人，其实就是效法天地的这种大美，（四时的这种明法），万物的这种成理。所以，所谓至人的无为，大圣的不作，说的就是对天地观察的结果。大道神明，至精至微，与物宛转，以致万物无论死生，无论方圆，都没人能知道它究竟是怎么回事。大道遍布于万物之中，自时间开始以来就一直这么存在着。六合算是够大了，还是只能在它的内部。秋毫算是够小了，还是只能靠它才能生成。天下万物无不生生死死，但大道始终不会改变自身。阴阳四时虽然既运且行，但都因为大道而获得自身的运行秩序。大道昏昏默默，看上去好像没有但真实存在，它虽然没有形体但自然而然地就很起作用，万物都为它所含蓄但完全意识不到它的存在。这才叫作本根，借助它，就可以观看天下万有了！

三

【文本归元】

啮缺问道乎被衣，被衣曰："若正汝形，一汝视，天和将至。摄汝知，一汝度，神将来舍。德将为汝美，道将为汝居，汝瞳焉如新生之犊而无求其故。"言未卒，啮缺睡寐。被衣大悦，行歌而去之，曰："形若槁骸，心若死灰，真其实知，不以故自持。昧昧晦晦，无心而不可与谋，彼何人哉！"

【见独】

啮缺问道乎被衣

啮缺是庄子的虚拟人名，意为被啮而缺了一块，但他是一位爱道求道者，有时候是与大道合一的象征，比如本节。有时候是没有合道的象征，比如《天地》：

尧之师曰许由，许由之师曰啮缺，啮缺之师曰王倪，王倪之师曰被衣。尧问于许由曰："啮缺可以配天乎？吾藉王倪以要之。"许由曰："殆哉，岌乎天下！啮缺之为人也，聪明睿知，其性过人，而又乃以人更天。彼审乎禁过，而不知过之所由生，与之配天乎？彼且乘人而无天，方且本身而异形，方且尊知

而火驰，方且为绪使，方且为物絯，方且应众宜，方且与物化而未始有恒，夫何足以配天乎！虽然有族有祖，可以为众父而不可以为众父父。”

从后文被衣对啮缺问道的回答看，句中的道显然不是指道本身，而是指达道的路径，与“何从何道则得道”的前一个道含义完全等同。

若正汝形，一汝视，天和将至。摄汝知，一汝度，神将来舍。德将为汝美，道将为汝居，汝瞳焉如新生之犊而无求其故

正汝形，如何理解“正”是关键。所谓正，就是事物本来的样子，即便它外形是歪的。事实上，大自然的一切生命都是弯弯曲曲的，没有任何完全方正的生命存在。如果这样还是不能正确理解“正”，那《庚桑楚》里的“全汝形”比较好地解释了“正汝形”的正。

一汝视，如何理解“一”是关键，它其实就是《人间世》的“若一志”的一，一的含义最简明最精准的解释，是庄子《达生》里的一句话：“用志不分，乃凝于神。”

天和将至，天和是什么呢？它明显就是“啮缺问道乎被衣”的答案。完整点说就是，啮缺问被衣，如何才能求得道呢？被衣说，你要是能“正汝形，一汝视”，就能求得道了。所以，天和就是道。后句“神将来舍”的神，也就是道。如果要将天和具体化一些，则天造一切物都是组合的，从哲学上说是阴阳相冲相和，从物理上说是元素排列组合。

摄汝知，难点在对“摄”字的理解上。从对“正”字的解释当中，是可以找到摄的可靠含义的，它其实就是“统摄”的摄，与全的含义等同。

一汝度，难点在对“度”字的理解上。“正汝形，一汝视，天和将至。”与“摄汝知，一汝度，神将来舍。”明显是对语。所以，度的含义应该与视的用法相当。形跟视相配，都指外在。知跟度相配，都指内在。由是几乎可以肯定，度就是“审时度势”的度（duó），揣度的意思。

德将为汝美，用法类似于口语“花儿为你笑，鸟儿为你叫。”

道将为汝居，总结论。就是说，被衣告诉啮缺，只要你这么做了，道就可以在你身上停留了，也即道就可以求得了。请注意，所谓道就可以求得了，只是语言上一种不得已的表达法，并不意味着人就与大道合一了。本篇的第一、第四部分都有极为到位的深刻论述。

汝瞳焉如新生之犊而无求其故，瞳就是“瞳孔”的瞳。新生之犊，无须照字面义解为初生的小牛，而应根据语境理解为初生的小孩。无求其故，无，不要的意思。其，指“德将为汝美，道将为汝居”。故，“缘故”的故。整句话的意思是说，你的眼睛看上去就好比初生的婴孩，不必去追问这到底是为什么。单凭此句，是很难理解这句话的深邃的，要在整体上理解大自然或是庄子才可。比如，《在宥》中就有说：“万物芸芸，各复其根，各复其根而不知。浑浑沌沌，终身不离。若彼知之，乃是离之。无问其名，无窥其情，物固自生。”又比如，本篇的一、二部分。

形若槁骸，心若死灰，真其实知，不以故自持。昧昧晦晦，无心而不可与谋，彼何人哉

形若槁骸，指啮缺睡着了时身体就好比一动不动的枯骨。槁骸，音 gǎo hái，枯骨。

心若死灰，指啮缺睡着了时心灵就好比无知无觉的死灰。死灰，就是火灭后的冷灰。

真其实知，这句话要跟后面的“不以故自持”结合起来理解才行。也就是说，“不以故自持”是对“真其实知”的进一步阐释。换一种说法是，真其实知是什么意思呢？就是不要坚持自己过去的固有看法，而要随顺外物的变化而变化，这是道对人的本质要求。

昧昧晦晦，就是一个简单的形容词，用来形容啮缺睡寐时不与外物相勾接的深睡状态，义同《在宥》“至道之极，昏昏默默。无视无听，抱神以静，形将自正。”

无心而不可与谋。无心就是心若死灰的状态。不可与谋，义同《天下》的“不谋于知”。

【今译】

啮缺向被衣求问得道之法，被衣说：“你得将你的全部身体都调用起来，眼睛只专注于你所看到的对象，道的各个方面就自然而然地显现出来了。同时你还得将你的全部心灵都统摄起来，心智只专注于你揣度的对象，道的神明自然而然也就来到了你家。当德为你显示它自身的美时，道就停留在你身上了，你的眼睛看上去就如同新生的婴孩，无须去探究这其中的终极原因。”被衣话

还没说，啮缺就已经睡着了。被衣十分高兴，一边唱着一边走开，说："身体就好比那枯干的尸骨，心灵就好比那熄灭的冷灰，他在意的只是他真正能够知道的，而不矜持于他自己曾经的固有想法。昏昏默默，完全一副心不在焉的样子，根本就没有办法同他谋划什么，那是怎样的一个人啊！"

四

【文本归元】

舜问乎丞："道可得而有乎？"曰："汝身非汝有也，汝何得有夫道！"舜曰："吾身非吾有也，孰有之哉？"曰："是天地之委形也。性非汝有，是天地之委和也。命非汝有，是天地之委顺也。子非汝有，是天地之委蜕也。故行不知所往，处不知所持，食不知所味，天地之强阳气也，又胡可得而有邪！"

【见独】

性非汝有，是天地之委和也。命非汝有，是天地之委顺也。子非汝有，是天地之委蜕也

原文为："生非汝有，是天地之委和也。性命非汝有，是天地之委顺也。子孙非汝有，是天地之委蜕也。"现改"生"为"性"，改"性命"为"命"，改"子孙"为"子"。理由一，形式一致性的需要。身"是天地之委形也"是肯定的，后面的性、命、子最好跟它相一致，并且能够相一致。理由二，照原文，身、生、性命三者的关系极为不清晰，似乎三词的含义都一样。但从义理逻辑上看，和、顺、蜕三词的义理明显不一样。文本归元后，身指身体，是接"吾身非吾有也，孰有之哉？"说的。性，即"性情"的性。命，即"命运"的命。性跟命的差别是，性指人本身所具有的能力、作用等，命指人能力、作用等的大小。比如，每个人都有读书写字的能力，这就是性。但每个人读书写字的能力都不一样，这就是命。人的身若硬要做区分，就是性、命、子三个组成部分。和配对性，是指人的能力和作用是多方面的，自然是和。所谓和，就是指人多方面的能力和作用有机地结合在一块。顺配对命，不是太能理解，估计原文有误。如果无误，则顺同《大宗师》“且夫得者，时也。失者，顺也。安时而处顺，哀乐不能入也”的顺。蜕配对子，非常好理解，就是人的孩子只不过是天地委托给人一种蜕变方式而已。

【今译】

舜向丞讨教说：“道是可以获得并保有的吗？”丞回答说：“你的身体都不是你的，你怎么可能获得并保有道！”舜追问说：“我的身体不是我自己的，那它是谁的？”丞回答说：“是天地在形体上对你的托付啊。你的全部能力都不是你所能拥有，只不过是天地将它们有机地结合在你身上而已。你无论怎样的能力都不是你所能拥有，只不过是天地对你能力的顺应而已。你的孩子也不是你所能拥有，他们只不过是天地通过你而进行的蜕变而已。所以，你无法知道你最终走向哪里，你无法知道你最终该固守什么，你也无法知道最终什么才是最好吃的，它们都只是天地间不断运行变化的气而已，你怎么可能获得并保有道呢？”

五

【文本归元】

孔子问于老聃曰：“今日宴闲，敢问至道。”老聃曰：“汝斋戒，疏瀹尔心，澡雪尔精神，掊击尔知。夫道，窅然难言哉！将为汝言其崖略：夫昭昭生于冥冥，有伦生于无形，精神生于道，形本生于精，而万物以形相生。其来无迹，其往无崖，无门无房，四达之皇皇也。邀于此者，四肢强健，思虑恂达，耳目聪明，其用心不劳，其应物无方。天不得不高，地不得不广，日月不得不行，万物不得不昌，此其道与！且夫博之不必知，辩之不必慧，圣人以断之矣！若夫益之而不加益，损之而不加损者，圣人之所保也。渊渊乎其若海，魏魏乎其终则复始也，运量万物而不匮，万物皆往资焉，此其道与！”

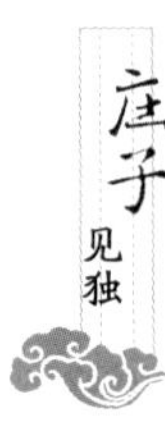

【见独】

宴闲

原文为“晏闲”，应是误抄的结果。将晏闲强解为安闲，没有任何可以服人的依据。但如果是宴闲，自然而然就有安闲的意思了。宴就是“宴席”的宴，本义为聚会在一起喝酒吃饭。宴闲，就是没有聚会，借喻为空闲。

汝斋戒，疏瀹尔心，澡雪尔精神，掊击尔知

斋戒，就是《人间世》的心斋，非祭祀之斋。“疏瀹尔心，澡雪尔精神，掊击尔知”是斋戒的具体内涵。

疏瀹，大意应该就是“疏浚河道”的疏浚。瀹，音 yuè，疏导的意思。

澡雪，庄子单一独用词，其含义就是字面义，指打扫干净。澡即“洗澡”的澡，雪即“雪洗”的雪。

掊击，就是《胠箧》“掊击圣人，纵舍盗贼，而天下始治矣”的掊击，摒弃或打碎的意思。

夫昭昭生于冥冥，有伦生于无形，精神生于道，形本生于精，而万物以形相生

意念中一定要有内在逻辑层次感，不能是一堆钻石的简单堆积。

昭昭，一切有形的存在。

冥冥，一切无形的存在。从语境看，冥冥跟无形，都指道。请注意，冥冥并不等于无形。无形相对于有形而言，冥冥相对于昭昭而言。无形多从道与物的角度言，冥冥多从道的自身角度言。

有伦，一切有序的存在。伦即“伦常”的伦，表示有序。

形本，不是形式与本质的合成词，而就是形的意思。之所以用形本，估计是韵律的需要，以跟前面的精神相称。

“形本生于精”的精，其实就是前面的精神，一如极为明显的“而万物以形相生”的形，其实就是前面的形一样。

故九窍者胎生，八窍者卵生

原紧接在“而万物以形相生”之后，明显是后人误读误注而后又被更后人误抄的结果，故予删除。

其来无迹，其往无崖，无门无房，四达之皇皇也

理解“其”指“道”，全句的意思就一目了然了。需要注意的点是，要在意念中将句子所包含的转折关系清晰起来。也就是说，“其来无迹，其往无崖”的道虽然“无门无房”，但它“四达之皇皇也”。

皇皇，通惶惶，也即“惶惶巨著”的惶惶，表示十分盛大的样子。

恂达

通达的意思。恂，音 xún，畅通。

且夫博之不必知，辩之不必慧，圣人以断之矣！若夫益之而不加益，损之而不加损者，圣人之所保也

这句话跟前面的话没有关联，只跟“敢问至道”相关联。

“博之不必知，辩之不必慧”的之，指至道。“圣人以断之”的之，指博之必知和辩之必慧。

“圣人以断之矣”与“圣人之所保也”是明显的对语，所以，断与保在这里是一对反义词，抛弃与保持的意思。

中国有人焉，非阴非阳，处于天地之间，直且为人，将反于宗。自本观之，生者，喑噫物也。虽有寿夭，相去几何？须臾之说也，奚足以为尧、桀之是非！果蓏有理，人伦虽难，所以相齿。圣人遭之而不违，过之而不守。调而应之，德也。偶而应之，道也。帝之所兴，王之所起也。人生天地之间，若白驹之过隙，忽然而已。注然勃然，莫不出焉。油然寥然，莫不入焉。已化而生，又化而死。生物哀之，人类悲之。解其天韬，堕其天帙。纷乎宛乎，魂魄将往，乃身从之。乃大归乎！不形之形，形之不形，是人之所同知也，非将至之所务也，此众人之所同论也。彼至则不论，论则不至。明见无值，辩不若默。道不可闻，闻不若塞，此之谓大得

原紧接在“此其道与”之后，现予删除。理由一，文字要通不通的，明显不合天才庄子才情。理由二，文风要顺不顺的，明显不合天才庄子风格。理由三，删除后，归元文本义理完足，浑然一体。

后人伪作误入正文的可能性极大，故不解不注。

【今译】

孔子问老子说："趁今天闲来无事，想请教老子您什么才是至道。"老子说："你得先心斋，即先将你的心智疏浚一番，将你的精神彻底清洗干净，将你过往的知识彻底砸碎。至道这个东西，原本就很深邃，非常难以用语言表达清楚，我现在只能为你说个大概：一切显明的东西都产生于幽暗之中，一切有序的东西也都产生于看不见的存在，人的精神产生于至道，人的身体又原产于精神，而万物都是以有形相生。至道的到来不会有任何痕迹，至道的离去也不会有任何际涯，它虽然无门无房，但惶惶然通达四面八方。人要是能获得至道，就会四肢强健，思虑通达，耳目聪明，用心不劳，应对万物而不会拘于任何特定方式。天要是没有至道就不能高远，地要是没有至道就不能宽广，日月要是没有至道就不能运行，万物要是没有至道就不能昌盛，这就是至道啊！再说，对道再怎么博学也未必就表示有知识，对道再怎么辨别也未必就表示有智慧，圣人看重的本不是这个！要是对至道能益之而不加益，损之而不加损，这才是圣人所要保持的。至道渊渊乎就好比大海，巍巍乎在任何终结的地方又重新开始，它推动万物运转但永远不会匮乏，万物又都最终全部归往它，这就是至道啊！"

六

【文本归元】

东郭子问于庄子曰："所谓道，恶乎在？"庄子曰："无所不在。"东郭子曰："期而后可。"庄子曰："在蝼蚁。"曰："何其下邪？"曰："在稊稗。"曰："何其愈下邪？"曰："在瓦甓。"曰："何其愈甚邪？"曰："在屎溺。"东郭子不应。庄子曰："夫子之问也，固不及质。汝唯莫必，无乎逃物。至道若是，大言亦然。周遍咸三者，异名同实，其指一也，尝相与游乎无何有之宫，同合而论，无所终穷乎？尝相与无为乎？澹而静乎？漠而清乎？调而闲乎？寥已吾志，往焉而不知其所至，来焉而不知其所止，往来焉而不知其所终，彷徨乎冯

闳。物物者与物无际，而物有际者，所谓物际者也。不际之际，际之不际者也，谓盈虚衰杀。彼为盈虚非盈虚，彼为衰杀非衰杀，彼为本末非本末，彼为积散非积散也。”

【见独】

期而后可

“期”字非常难解，估计原文有误。如果原文无误，则期的含义只能借助纯粹理性从语境中逆推。从后文庄子的回答看，期的可能含义应该跟“汝唯莫必，无乎逃物”相关联，所以它的含义大致就是期待在具体的物中得到证明才可以。

夫子之问也，固不及质

要理解这句看上去非常浅白的话，十分不易。一是因为句中问的具体所指非常不清晰，二是后面“正获之问于监市履狶也，每下愈况”十分难解。勉强为之，在将十分难解的“正获之问于监市履狶也，每下愈况”删除后，再将问的具体所指理解为“期而后可”，经过这样的迂回处理后，这句话的大致含义应该是，你问的问题，本身就触及不到道的本质。

正获之问于监市履狶也，每下愈况

原紧接在“固不及质”之后，之所以删除，是因为实在不解，但删除后又并不影响文本的正确理解，因为它只是一个比方。

传统解读没有任何可让人信服之处。没有任何现实经验可以表明，检验猪的肥瘦，最有效的方法是通过人脚往猪脚下方踩踏的方式来进行的，更何况这种方法看上去一点都不科学。正获、监市、履狶等，传统解读都大可存疑，狶解作“猪”则更是完全没有根据。

汝唯莫必，无乎逃物

这句话应该是针对“期而后可”说的。意思是说，你最好不要逼我指明道的具体所在，硬要如此的话，我只能用具体的物来表明了。

至道若是，大言亦然

只能根据语境给出具体含义。是，指代前面的“在蝼蚁”“在稊稗”“在瓦甓”“在屎溺”。大言，指真正的合道之言。

周遍咸三者，异名同实，其指一也，尝相与游乎无何有之宫，同合而论，无所终穷乎？尝相与无为乎？澹而静乎？漠而清乎？调而闲乎

这是一个小隐喻，用来解释说明前面说道“在蝼蚁”“在稊稗”“在瓦甓”“在屎溺”的合理性的。周、遍、咸三者看上去叫法不一样，就好比蝼蚁、稊稗、瓦甓、屎溺叫法不一样一样，其实是相同的。按《大宗师》的说法就是，他们都只是“假于异物，托于同体”而已。附带要提醒的是，蝼蚁、稊稗、瓦甓、屎溺是有生命梯度的，从高往下，分别代表动物、植物、矿物和废物，象征道的无所不在。

无何有之宫，即《逍遥游》《应帝王》《列御寇》的“无何有之乡”，也即天地大道。

同合而论，指周遍咸三者同在无何有之宫聚会时，自觉地将天地万物统合起来进行论述。也只有相聚于无何有之乡时，才能同合而论。同合而论的结果是，万物“无所终穷乎？尝相与无为乎？澹而静乎？漠而清乎？调而闲乎？”

无所终穷，即《在宥》“彼其物无穷，而人皆以为有终”的意思。

尝相与无为，即《大宗师》“相与于无相与，相为于无相为”的意思。

澹而静，淡定而安静。

漠而清，不是太好解，意思应该跟“澹而静”差不多，它们两句合读其实就是淡漠而清静。

调而闲，调就是“协调”“调和”的调，闲就是“闲暇”的闲。

寥已吾志，往焉而不知其所至，来焉而不知其所止，往来焉而不知其所终，彷徨乎冯闳

原文为：“寥已吾志，无往焉而不知其所至，去而来而不知其所止，吾已往来焉而不知其所终，彷徨乎冯闳，大知入焉而不知其所穷。”无解，尤其是义理逻辑根本无法贯通。

寥已吾志，“吾志寥已”的倒装。寥已，即寥矣，寥的本义为空虚、寂静。

彷徨，即《逍遥游》“彷徨乎无为其侧，逍遥乎寝卧其下”的彷徨，逍遥自在的意思。

冯闳，庄子单一独用词，无解。根据语境勉强为之，大意应该相当于《应帝王》中的圹埌之野。闳，音 hóng，宏大的意思。

大知入焉而不知其所穷

原紧接在“彷徨乎冯闳”之后，不像后人旁注，但意思好像多余，估计是庄子自己无意犯的错误，故予删除。

物物者与物无际，而物有际者，所谓物际者也。不际之际，际之不际者也，谓盈虚衰杀。彼为盈虚非盈虚，彼为衰杀非衰杀，彼为本末非本末，彼为积散非积散也

典型的庄子风格。非天才庄子，没人能用如此风格说出如此深邃优美的话。

对普通人来说，要充分理解这段话十分困难。克服这个困难的关键点，在将这段话同前面东郭子的问和庄子的答紧密联系起来。它的整体含义，就是言说道与物的关系。

物物者与物无际。造物者就是道。道与物无际怎么理解呢？《大宗师》说：“知天之所为，知人之所为者，至矣！”现以一天为之物和一人为之物举例说明。狗是天之所为，具体的狗是物，狗之所以是狗，一定要有一个使狗得以存在的道，即狗道。那狗道与狗物如何无际呢？其实很简单，借助想象，我们立马就能明白，任何一只具体的狗，与使这只狗得以存在的道，是看不出任何界限的。际就是“天际线”的际，交界的地方。车是人之所为，具体的车是物，车之所以是车，一定要有使车得以存在的道，即车道。车道存在于哪里呢？当然存在于人身上，只有人才能造出车，大自然本身并没有车。人关于车的道，其实还是大自然预先就安排在人身上。否则，人也就不可能有车道，就好比猪再怎么努力心中也不会有车道一样。但人的车道于任何一辆具体的物的车，能找到它们之间的具体界限吗？找不到。这就叫物物者与物无际。

而物有际者，所谓物际者也。凭常识，我们都直观感觉到物是有边际的。但这个边际，不是道与物之间的边际，而是物与物之间的边际。

不际之际，际之不际者也，谓盈虚衰杀。这句话必须做整体理解，才不会出现根本性差错。“不际之际，际之不际者也”是句子的主语，“谓盈虚衰杀”

是句子的谓语。不际表示道，际表示物，之做动词。不际之际，就是道作用于物。际之不际，就是物归往道。这个主语的含义，其实就是《老子见微》第01章的伟大思想："玄之有玄，众眇之门。"意思是说，无跟有相冲相和，是天下万有的原始产门。衰杀的构词方式，看上去同盈虚、本末、积散的互为反义不调，但因为找不到或是想不到更好的表达方式，且它并不影响文本的正确解读，所以还是保留它的原始模样为好。

【今译】

东郭子向庄子发问说："你所说的大道，究竟存在于哪里呢？"庄子说："无所不在啊。"东郭子说："一定得说出具体在什么地方才可以的。"庄子说："在蝼蚁。"东郭子说："怎么会是在这么低下的地方？"庄子说："在稊稗。"东郭子说："怎么会是在越来越低下的地方了？"庄子说："在瓦甓。"东郭子说："怎么越说越离谱了啊？"庄子说："在屎溺。"东郭子不接话了。庄子于是说，"你所提的问题，本来就触及不到道的实质。你最好不要这样问，这样问了，那答案就只能是这些具体的物。大道本来就是这个样子，相应的言说也必须跟着就是这个样子，这就好比周、遍、咸三名，看上去名称不同，其实质都是一样，指称的都是同一个东西。当周、遍、咸曾相约于无何有之宫游历时，从万物总和的角度看，它们难道不是无所终穷的吗？难道不是相与无为的吗？难道不是淡漠而清静的吗？难道不是相互协调而闲暇的吗？我钟意于辽阔无际，出发时不知究竟要走向哪里，归来时不知究竟要留在哪里，我往往来来不知道何时才是尽头，我逍遥自在于广漠之野。就好比，造物主与它所造的物没有际限一般。而所谓凡物都有际限的说法，说的只是物与物之间的际限。当大道作用于物，而物又归往大道时，就形成了所谓的盈虚衰杀。大道造成了盈虚但它自身并没有盈虚，大道造成了衰杀但它自身并没有衰杀，就仿佛大道造成了本末但它本身并没有本末，大道造成了积散但它本身并没有积散一样。"

七

【文本归元】

妸荷甘与神农学于老龙吉。神农隐几，阖户昼瞑。妸荷甘日中奓户而入曰：“老龙死矣！”神农拥杖而起，嚗然放杖而叹曰：“天知予僻陋，故弃予而死。已矣！夫子无所发予之狂言而死矣夫！”弇堈吊闻之，曰：“夫体道者，天下之君子所系焉。今于道，秋豪之端万分未得处一焉，而犹知藏其狂言而死，又况夫体道者乎！视之无形，听之无声，于人之论者，谓之冥冥，所以论道而非道也。”

【见独】

妸荷甘与神农学于老龙吉

这句话本身不难理解，但很重要，后面句子要建立在老龙吉是妸荷甘和神龙的老师的基础之上才能充分理解。

神农隐几，阖户昼瞑

全是象征用词。

神农，虚拟人名，显然不是历史上传说的那个神农。神隐喻道的神性，一如前文所言：“油然不形而神。”

隐几，就是《齐物论》“南郭子綦隐几而坐，仰天而嘘，嗒焉似丧其偶”的隐几，意为不无慵懒地紧贴靠背椅坐着。

阖户昼瞑，就是《应帝王》“泰氏，其卧徐徐，其觉盱盱。一以己为马，一以己为牛。其知情信，其德甚真，而未始入于非人”所描述的情景。

奓户

庄子单一独用词。奓，音 zhà，打开的意思，估计是用脚踹开。庄子之所以用奓而不用推，可能是想表达妸荷甘与神龙同学于老龙吉门下而没有落入俗套。后文婀荷甘称老龙吉为老龙而不是老师，可以说是印证。

天知予僻陋

原文为“天知予僻陋谩诞”，猜想谩诞是后人注解误入正文的结果，因为从文中完全看不出神龙的谩诞之处，更何况谩诞本身的含义就十分不清晰，汉语字典将其解注为浮夸虚妄，确实很浮夸虚妄。

天，神龙对老龙吉的尊称，用法同《在宥》“天忘朕邪？天忘朕邪”的天。

狂言

以俗观，很多真人之真言被视为狂言，请重温《逍遥游》的这段话：

肩吾问于连叔曰：“吾闻言于接舆，大而无当，往而不返。吾惊怖其言，犹河汉而无极也。大有径庭，不近人情焉。”

连叔曰：“其言谓何哉？”

“曰‘藐姑射之山，有神人居焉。肌肤若冰雪，绰约若处子。不食五谷，吸风饮露。乘云气，御飞龙，而游乎四海之外。其神凝，使物不疵疠而年谷熟。’吾以是狂而不信也。”

弇堈吊

音 yǎn gāng diào，明显是庄子虚拟的人名，明显有寓意隐含在其中，但“弇堈”两字实在太过诡异，所以无法清晰解读。勉强为之，弇的含义为盖，堈古同缸，吊即吊唁，那么其隐含的寓意当是指一位将自己埋在水缸里的隐士前往吊唁，体道者的象征，相当于《则阳》中的陆沉者。

【今译】

婀荷甘和神龙同拜于老龙吉门下。一天神龙正不无慵懒地紧贴靠背椅坐着，关起大门白天在那昏昏大睡。婀荷甘正午时分一脚将门踹开进屋说：“老龙死啦！”神龙先是拄着拐杖站了起来，接着又嘌的一声将拐杖扔下，不无叹息道：“老龙这是知道我天份谫陋，才舍我而去的啊。完了！老师还没来得及将他的大道之言启发给我就离我而去了！”弇堈吊听闻到这事后，说：“体悟大道这事儿，大凡天下称得上君子的人都心有所系。现今老龙吉对于大道，就连相当于秋毫末端的万分之一都没有达到，但他还是知道把他所知道的关于大道之言封藏起来而死去，那真正体悟到大道的人就更不用说了。大道看上去没有形状，听上去没有声音，相对于人们对它的论述而言，可谓是深之又深，幽之又幽，所以凡是论说出来的道一定不是大道。”

八

【文本归元】

泰清问乎无穷，曰：“子知道乎？”无穷曰：“吾弗知。”又问乎无为，无为曰：“吾知道。”曰：“子之知道，亦有数乎？”曰：“有。”曰：“其数若何？”无为曰：“吾知道之可以贵、可以贱、可以约、可以散，此吾所以知道之数也。”泰清以之言也问乎无始，曰：“若是，则无穷之弗知与无为之知，孰是而孰非乎？”无始曰：“弗知深矣，知之浅矣。弗知内矣，知之外矣。”于是泰清仰而叹曰：“弗知乃知乎，知乃弗知乎！孰知弗知之知？”无始曰：“道不可闻，闻而非也。道不可见，见而非也。道不可言，言而非也。知形形之不形乎？道不当名。”

【见独】

吾弗知

原文为“吾不知”，根据语境，将全段的“弗”跟“不”统一做了修改，以使形式逻辑和义理逻辑完全一致。弗跟不在《老子》中是有明显区分的，弗表示绝对不，其否定含义比不要强烈而明确。

子之知道，亦有数乎

数字非常不好解，估计原文有误。如果原文无误，则将其解读为“数字”的数，则后面的回答牛头不对马嘴。千沉万默，数的用法应该跟《逍遥游》“未数数然也”的前个“数”相同，数说的意思，表列举。

知形形之不形乎？道不当名

“形形之不形”乃典型的庄子用语，其含义和用法与《大宗师》“生生者不生”及下文“物物者非物”完全等同。形形，使有形之物有形。不形，即无形。道不当名的意思是说，任何名都只是在表达有形之物，而不能表达无形之物。道是无形之物，所以道永远不可能与任何具体的名完全相当。

无始曰：“有问道而应之者，不知道也。虽问道者，亦未闻道。道无问，问无应。无问问之，是问穷也。无应应之，是无内也。以无内待问穷，若是者，外不观乎宇宙，内不知乎大初。是以不过乎昆仑，不游乎太虚。”

原紧接在“道不当名”之后，现予删除。理由一，连用两“无始曰”不合常理，要么是后人旁注入正，要么是庄子原文中间有缺失。理由二，文本本身含义并不十分清晰。理由三，删除后，归元文本自成一体，义理完足。

【今译】

泰清向无穷发问，说：“你懂得道吗？”无穷说：“完全不懂。”于是泰清又去问无为，无为说：“我懂。”泰清追问：“既然你懂，那道有可以列举的地方吗？”无为说：“当然有。”泰清又问：“那列举出来的话会是怎样？”无为说：“我懂道是可以贵、可以贱、可以约、可以散的，这就是我所懂得的对道的列举。”泰清于是把这些对话拿去问无始，说：“如果这样的话，那无穷的完全不懂与无为的懂，到底谁是对的谁又是错的呢？”无始说：“说完全不懂的才是深邃啊，说懂的只是停留在表面。说完全不懂的是指道的本质，说懂的只是指道的表象。”于是泰清仰天而叹说：“不懂才是真懂啊，懂反是不懂啊！谁懂不懂之懂啊？”无始最后说：“道是不可以听得到的，可以听得到的就一定不是道。道是不可以看得见的，可以看得见的就一定不是道。道是不可以说得到的，说得到的就一定不是道。知道使有形得以存在的形一定是无形的吗？所以道不会与任何名称完全相当。”

九

【文本归元】

光曜问乎无有曰：“夫子有乎？其无有乎？”光曜不得问而熟视其状貌，窅然空然，终日视之而不见，听之而不闻，搏之而不得也。光曜曰：“至矣，其孰能至此乎！予能有无矣，而未能无有也。及为无有矣，何从至此哉？”

【见独】

光曜

庄子虚拟人名，意为像光一样真实存在但让人能看得见，反衬无有真实存在但不能让人看见。

窅然，即前文“夫道，窅然难言哉”的窅然，表深眇而不可见。

予能有无矣，而未能无有也。及为无有矣，何从至此哉？

原文为：“予能有无矣，而未能无无也。及为无有矣，何从至此哉？”“无无”无缘无故插了进来，完全不可理解。改为“无有”后，则义理逻辑极其清晰可读。

“无有”的思想含义，应该完全等同于“无何有”。“有无”跟“无有”的区别在哪里呢？有无是本来就没有某个东西但想象有这个东西，无有是有某个东西但淡忘这个东西，意即《山木》中所说的：“浮游乎万物之祖，物物而不物于物，则胡可得而累邪！”

【今译】

光曜问无有说：“无有您究竟是有呢，还是只是把有看作没有？”光曜因没有得到回答，便想仔细察看一下无有到底是什么模样，结果是一片深幽虚空的样子，无论怎么看都看不见，怎么听都听不到，怎么摸都摸不着。光曜于是感叹说：“到顶了啊，谁还能达到这种境界？我能做到把没有看作有，但做不到把有看作没有。要做到把有看作没有，能有什么办法做到呢？”

十

【文本归元】

大马之捶钩者，年八十矣，而不失豪芒。大马曰：“子巧欤！有道欤？”曰：“臣有守也。臣之年二十而好捶钩，于物无视也，非钩无察也。是用之者假不用者也，以长得其用。”

【见独】

子巧欤！有道欤

不宜标点为：“子巧欤？有道欤？”因为巧是肯定了的，道是对巧的原因的追问。

臣有守也

有守可谓是老子、庄子共同推崇的伟大思想，守其实就是恒，恒是对对的坚持。圣人与凡人的主要差别，不在智商高下，而在对对的守与不守。

好捶钩

“好”应读作 hǎo，“好坏”的好。如果读作 hào，“喜好”的好，则必须论证喜好一个东西就能把一个东西做好，其实现实并不是这么回事。比如，喜好打球的人并不一定能把球打好。好（hǎo）是好（hào）的结果，不好（hào）不能好（hǎo）。但仅好（hào）而不守，不一定就有好（hǎo）的结果。天下有多少自诩高才的人爱好老庄，但真正能读好用好老庄思想的人，能有几个呢？屈指可数，几近于无。

于物无视也，非钩无察也

《达生》有最好的解注：“虽天地之大，万物之多，而唯蜩翼之知。吾不反不侧，不以万物易蜩之翼，何为而不得！”

而况乎无不用者乎！物孰不资焉

原紧接在”以长得其用“之后，现予删除。理由一，句子本身在语境中完全不可解，一定是后人误读而误注的结果。理由二，删除后，归元文本义理完足。

是用之者假不用者也，以长得其用

这本身是一句升华语，但最好回到原文中理解。是用之者，指捶钩。不用者，指于物无视，非钩无察。长得其用，指年八十而不失豪芒。

【今译】

大马家里有一个锤钩的老头，已经八十高龄了，但所锤出的钩子分毫不差。大马说："您真是巧夺天工啊！这其中有道吗？"锤钩老头回答说："我只是有所坚守罢了。我二十岁的时候就能把钩锤得很好了，原因就是一直坚守，当我在锤钩的时候，我根本就不看别的任何物。这就是说，凡需要用心之处，就一定不得在其他地方用心，这样才能持久用心。"

十一

【文本归元】

冉求问于仲尼曰："未有天地可知乎？"仲尼曰："可，古犹今也。"冉求失问而退。明日复见，曰："昔者吾问'未有天地可知乎？'夫子曰'可，古犹今也。'昔日吾昭然，今日吾昧然，敢问何谓也？"仲尼曰："昔之昭然也，神者先受之。今之昧然也，且又为不神者求邪？无古无今，未有子孙而有子孙，可乎？"冉求未对。仲尼曰："已矣，末应矣！不以生生死，不以死死生，死生有待邪，皆有所一体。有先天地生者物邪？物物者非物，物出不得先物也，犹其有物也。"

【见独】

"未有天地可知乎？"仲尼曰："可，古犹今也。"冉求失问而退

由于本节整体十分难懂，导致这句看上去十分简单的对话也十分难懂。

很难抓到冉求的问点在哪里。单从字面上看，他想问的是天地之前的状况是否可知。但从孔子的回答上看，似乎并不如此。孔子回答的古跟今究竟是什么意思呢？"古犹今也"能回答"未有天地可知乎？"这个问题吗？从后文看，冉求开始以为孔子回答了自己的问题，回去一想，觉得孔子又没有回答自己的问题。当冉求再来问孔子时，孔子知道冉求自己解决不了自己的困惑，于是代冉求做了回答。但这个回答本身，冉求是否能够听懂，文本没有交代，遂导致全文十分难懂。

从全文整体考察这句话，未有天地只能是道。从孔子回答说"古犹今也"看，也只有道是从古到今都始终不变。但这个理解要贯通全文，十分困难。

昔之昭然也，神者先受之。今之昧然也，且又为不神者求邪

难点在神者和不神者究竟指代什么？反反复复考校语境，昨天冉求明白是因为冉求为自己的神者求答案，今天冉求不明白是因为冉求为自己的不神者求答案。那冉求的神者和不神者各会是什么呢？千默万想，只能将冉求的神者看作是冉求的心灵，不神者看作是冉求的理性。这太过晦涩。如果以男女爱情打一个比方，可能会好懂些。真正的爱情，也即纯粹基于心灵的爱情，是无须拷问为什么就会爱上对方，这就叫神者先受之。而世俗的爱情，也即基本基于功利的爱情，是需要拷问对方的世俗条件才会决定去不去爱对方，这就叫为不神者求之。当冉求开始问孔子"未有天地可知乎？"时，冉求心中其实有一个他自己意识不到的答案，那就是："可，古犹今也。"当他的老师孔子告知他这个答案时，冉求以为自己的答案得到了认同或是印证，于是失问而退。但人的理性有一种追求真理的自动性，冉求回去一想，觉得未有天地跟天地不是一回事，未有天地是道，天地是物，那作为今物的天地跟古道的未有天地，到底会是什么关系呢？于是心中又产生了困惑。按《徐无鬼》中的说法，就是"神者不自许也"。作为老师的孔子，其实在这个语境中，也就是庄子的代言人，试图为冉求解决这个困惑。

无始无终

原紧接在“无古无今”之后，应该是后人误读误注而被更后人误入正文的结果。因为根据语境，它明显冗余。

不以生生死，不以死死生，死生有待邪，皆有所一体。有先天地生者物邪？物物者非物，物出不得先物也，犹其有物也

典型的庄子风格。但因为文本整体旨意十分难懂，导致这里的断句极其艰难。归元文本的断句，只能算是一家之言了。

理解“不以生生死，不以死死生，死生有待邪，皆有所一体”的关键，是要充分意识到它是在论证未有天地跟天地也即道跟物的关系。

理解“有先天地生者物邪？物物者非物，物出不得先物也，犹其有物也”的关键，是要充分意识它是对“未有天地可知乎”的终极回答。“先物”的物，其实指的是道，即《老子见微》第 25 章“有物昆成，先天、地生”的物。“犹其有物也”的其，应该指道。犹，不合语境，无解。要么犹字误用，要么这里解读错误。

犹其有物也无已，圣人之爱人也终无已者，亦乃取于是者也

原紧接在“犹其有物也”之后，明显是后人不解原文而做的误读误注，故予删除。

【今译】

冉求问他的老师孔子：“没有天地之前的状况可以知晓吗？”孔子说：“当然可以，因为古今都一样。”冉求无法再发问就退了回来。第二天他再去拜会孔子，说：“昨天我问‘没有天地之前的状况可以知晓吗’，老师您说‘当然可以，因为古今都一样’，昨天我觉得答案很对，可今天我对答案又产生了疑惑，想问一下这是怎么回事呢？”孔子回答说：“昨天你觉得答案对，是因为你心灵原本就有答案。今天你对答案又产生了疑惑，是因为你的理性想为其探个究竟。要是没有古也没有今，那就好比没有子孙而又有了子孙，这可能吗？”冉求答不上来。孔子于是说，“算了，不用你回答了。天地不会因为万物生来生去就死掉，也不会因为万物死来死去就活着，万物的死生其实都有所依待，都原本就是一体的。难道会有比天地还要先生的物吗？主宰物的一定不会是物，任何物的出生都不可能先于物物者，只有有了物物者才有了天地万物。”

十二

【文本归元】

颜渊问乎仲尼曰：“回尝闻诸夫子曰：‘无有所将，无有所迎。’回敢问其游。”仲尼曰：“古之人外化而内不化，今之人内化而外不化。与物化者，一不化者也。安化安不化，安与之相靡，必与之莫多，圣人处物不伤物。不伤物者，物亦不能伤也。唯无所伤者，为能与人相将迎。”

【见独】

本节原文为：

颜渊问乎仲尼曰：“回尝闻诸夫子曰：‘无有所将，无有所迎。’回敢问其游。”仲尼曰：“古之人外化而内不化，今之人内化而外不化。与物化者，一不化者也。安化安不化，安与之相靡，必与之莫多。狶韦氏之囿，黄帝之圃，有虞氏之宫，汤武之室。君子之人，若儒墨者师，故以是非相赍也，而况今之人乎！圣人处物不伤物。不伤物者，物亦不能伤也。唯无所伤者，为能与人相将迎。山林与，皋壤与，使我欣欣然而乐与！乐未毕也，哀又继之。哀乐之来，吾不能御，其去，弗能止。悲夫，世人直为物逆旅耳！夫知遇而不知所不遇，能能而不能所不能。无知无能者，固人之所不免也。夫务免乎人之所不免者，岂不亦悲哉！至言去言，至为去为。齐知之，所知则浅矣！”

显然，这样的文字，要是庄子再世，必会哭晕在厕所。

【今译】

颜渊问他的老师孔子：“我曾听老师您说过，无有所将，无有所迎，我想问问老师究竟该怎么做才是。”孔子说：“真正的有道之人，始终依顺外物的改变而改变，但内心始终不会改变。非有道之人相反，内心始终处在变动之中，应对外物却始终不变。能够做到与物俱化的人，一定是内心能始终坚守某种不变之道。那究竟该做改变还是不该做改变，与外物又如何相处，办法一定不能太多，就学圣人跟外物相处永不妨碍外物就可以了。你不妨碍外物，外物就不会妨碍你。只有对外物不构成妨碍，才能与人相将迎。”

庚桑楚

【文本归元】

老聃之役有庚桑楚者，偏得老聃之道，以北居畏垒之山。其臣之画然知者去之，其妾之挈然仁者远之，拥肿之与居，鞅掌之为使。居三年，畏垒大穰。畏垒之民相与言曰：“庚桑子之始来，吾洒然异之。今吾日计之而不足，岁计之而有余，庶几其圣人乎！胡不相与尸而祝之，社而稷之乎？”庚桑子闻之，南面而不释然。弟子异之。庚桑子曰：“弟子何异于予！夫春气发而百草生，正得秋而万宝成。夫春与秋，岂无得而然哉？天道已行矣。吾闻至人尸居环堵之室，而百姓猖狂不知所如往。今以畏垒之细民，而窃窃焉欲俎予于贤人之间，我其杓之人邪？吾是以不释于老聃之言。”弟子曰：“不然。夫寻常之沟，巨鱼无所还其体，而鲵鳅为之利。步仞之丘，巨兽无所隐其躯，而孽狐为之祥。且夫尊贤授能，先善与利，自古尧舜以然，而况畏垒之民乎！夫子亦听矣！”庚桑子曰：“小子来！夫函车之兽，介而离山，则不免于网罟之患。吞舟之鱼，荡而失水，则蚁能苦之。故鸟兽不厌高，鱼鳖不厌深。夫全其形性之人，藏其身也，不厌深眇而已矣！且夫二子者，又何足以称扬哉！是其于辩也，将妄凿垣墙而殖蓬蒿也。简发而栉，数米而炊，察察乎又何足以济世哉！举贤则民相轧，任知则民相盗。之数物者，不足以厚民。民之于利甚勤，子有杀父，臣有杀君，正昼为盗，日中穴阫。吾语汝，大乱之本，必生于尧舜之间，其末存乎千世之后。千世之后，其必有人与人相食者也。”

南荣趎蹴然正坐曰：“若趎之年者已长矣，将恶乎托业以及此言邪？”庚桑子曰：“全汝形，抱汝性，无使汝思虑营营。若此三年，则可以及此言矣！”南荣趎曰：“目之与形，吾不知其异也，而盲者不能自见。耳之与形，吾不知其异也，而聋者不能自闻。心之与形，吾不知其异也，而狂者不能自得。形之与形亦辟矣，而物或间之邪，欲相求而不能相得？今谓趎曰‘全汝形，抱汝性，无使汝思虑营营。’趎勉闻道达耳矣！”庚桑子曰：“辞尽矣。越鸡不能伏鹄卵，鲁鸡固能矣！鸡之与鸡，其德非不同也，有能与不能者，其才固有巨小也。今吾才小，不足以化子，子胡不南见老子？”南荣趎赢粮，七日七夜至老子之所。老子曰：“子自楚之所来乎？”南荣趎曰：“唯。”老子曰：“子何与人偕来之众也？”南荣趎惧然顾其后。老子曰：“子不知吾所谓乎！”南荣趎俯而惭，仰而叹，曰：“今者吾亡吾答，因失吾问。”老子曰：“何谓也？”南荣趎曰：“不知乎人谓我朱愚，知乎反愁我躯。不仁则害人，仁则反愁我身。不义则伤彼，义则反愁我己。我安逃此而可？此三言者，趎之所患也，愿因楚而问之。”老子曰：“向吾见若眉睫之间，吾因以得汝矣，今汝又言而信之。若规规然若丧父母，揭竿而求诸海也，汝亡人哉！惘惘乎，汝欲反汝情性而无由入，可怜哉！”

南荣趎请入就舍，召其所好，去其所恶，十日自愁，复见老子。老子曰：“汝自洒濯，孰哉郁郁乎然，而其中津津乎犹有恶也？”南荣趎曰：“里人有病，里人问之，病者能言其病，病者犹未病也。若趎之闻大道，譬犹饮药以加病也，趎愿闻卫生之经而已矣。”老子曰：“卫生之经，能抱一乎！能勿失乎！能无卜筮而知吉凶乎！能止乎！能已乎！能舍诸人而求诸己乎！能翛然乎！能侗然乎！能儿子乎！行不知所之，居不知所为，与物委蛇而同其波，是卫生之经已。”南荣趎曰：“然则是至人之德乎？”曰：“非也。夫至人者，相与交食乎地而交乐乎天，不以人物利害相撄，不相与为怪，不相与为谋，不相与为事，翛然而往，侗然而来。”曰：“然则是至乎？”曰：“未也。吾固告汝曰‘能儿子乎！’儿子动不知所为，行不知所之，身若槁木而心若死灰。若是者，祸亦不至，福亦不来。祸福无有，恶有人灾也！”

【见独】

老聃之役有庚桑楚者，偏得老聃之道，以北居畏垒之山。其臣之画然知者去之，其妾之挈然仁者远之，拥肿之与居，鞅掌之为使

看上去并无疑难的句子，其实疑点、难点颇多。任何粗糙的解读，都会严重扭曲对文本的理解。事实上，过往注解都太过粗糙了。

役，“役徒”“杂役”的役。就老子的思想主张而言，它应当没有役使的意思。过往注家大多将其解读为学徒或是门生，没有文字自身的依据，故不取。结合本句本身，庚桑楚并非老子的学生，只是老子家里一个打杂的人。或许正因此，才有后面“偏得老聃之道”一说。

偏得，过往注家有将其解读为独得，也是没有文字自身依据。结合语境，它的含义清晰肯定，就是“偏听”“偏信”的偏，不全面的意思。

以北居畏垒之山，“以”字后面省略了“之”字，指代“偏得老聃之道”。

其臣之画然知者去之，臣，必须结合后面的“妾”字一同理解，才能正确理解。在君主时代，臣既可以指官吏，也可以指百姓。结合语境，看不出庚桑楚是畏垒的君主。所以，这里的臣应该是指百姓。画然，十分难解。结合知者理解，其含义应该是指就像一幅画一般清晰可见，即现在所说的画面感。什么意思呢？因为在老庄看来，所谓的知者是不存在的，知不知才是无上境界。所以，就像眼前的一幅画清晰可见的知者是不存在的。如果有人自以为是画然知者，则有道之人就会自觉远离他。“去之”的去，主语是庚桑楚，千万不能理解为画然知者。把主语理解为画然知者的，一定是没有正确理解“去之”的之，之才是指画然知者。紧接其后的远之，也一定要作如是理解。

挈然仁者，它一定是“画然知者”的对语。“画然知者”的画可以做出清晰且合乎语境的解读，“挈”字很难做到，估计原字有误。如果原字无误，且正是庄子的心血之用，则“挈”作为“画”的对语，应该就是“契”。或许原文就是“契”，后人误抄为“挈”，然后又说古“挈”通假“契”。如果这个纯粹推理能够成立，则挈然仁者的意思就是说，就好比遵守契约一般死守仁义的人。

拥肿，只要能充分动用理性，就一眼能看出画然知者、挈然仁者、拥肿、鞅掌是平行用词，只不过后两者是前两者的反面而已。如果庄子措辞是严谨且严密的，则拥肿应该是画然知者的反义词，即大智若愚的意思，鞅掌应该是挈然仁者的反义词，即放德而行的意思。

洒然

很不好清晰理解的一个词。过往注家将其解注为惊貌，等于没有解释，简直令人洒然异之。那正确的解读会是什么呢？首先，这个洒字应该有误。其次，要是这个洒字无误，则应选取“洒水”“洒泪”的洒，即使水或其他东西分散地落下。引申开来，则是指很多同类东西一同行动。结合语境，洒然异之当是指大家就像水泼一般同时感到惊异。

尸而祝之，社而稷之

含义非常简单明确，就是把庚桑楚作保护神供奉起来，就如把关羽和张飞供奉为门神一般。

尸居环堵之室

尸居，义同《在宥》“尸居而龙见”的尸居，也即后文“身若槁木而心若死灰”的意思。

环堵，形容尸居的房子很小且自成一体。环，就是四周的意思。堵，古代墙壁的面积单位，古代用板筑法筑土墙，五板为一堵，板的长度就是堵的长度，五层板的高度就是堵的高度。

窃窃焉欲俎予于贤人之间，我其杓之人邪

原文为：“窃窃焉欲俎豆予于贤人之间，我其杓之人邪？”之所以要删除豆，一个原因是一个“俎”字已经够用，另一个原因是删除“豆”字后句子顺口很多。

杓之人，语境太小，难以清晰理解。根据语境勉强为之，其含义应该等同于榜样。杓，音 biāo，古代指北斗七星柄部的三颗星。

夫寻常之沟，巨鱼无所还其体，而鲵鳅为之利。步仞之丘，巨兽无所隐其躯，而孽狐为之祥

原文为：“夫寻常之沟，巨鱼无所还其体，而鲵鳅为之制。步仞之丘陵，巨兽无所隐其躯，而孽狐为之祥。”现改“制”为“利”，并删除“丘陵”的陵。前者的理由是，“制”字难以理解，且跟后面的祥不搭，估计制是利的误认误抄。后者的理由是，沟与丘应该相对而用。

寻常，古代长度单位，八尺为寻，十六尺为常，形容小。

步仞，古代长度单位，五尺为步，八尺为仞。与寻常是对语，也是形容小。

先善与利

构词法应当与尊贤授能完全等同。若如是，则“先”与“与”都应该作动词。正如“尊贤授能”无须再解读一样，“先善与利”也应该无须再解读。庄子很多话，陌生才需要解读，熟悉了其实完全无须过分解读。

介而离山

与“荡而失水”明显是对语。所以，介的含义要从荡的含义中启发而来。荡，结合语境，只能理解为游荡。意思是说，不管多么大的鱼，即使是很有游荡能力的鱼，要是失去了水体，就连蚂蚁都可以使它苦恼。由此，过往将“介”解读为独自，一定会是错误的。那正确的会是什么呢？其实，它的语境含义十分清晰，就是其本义铠甲的意思，一种用来防身的武器，《田子方》“其神经乎大山而无介”的介也是同样意思。

是其于辩也，将妄凿垣墙而殖蓬蒿也。简发而栉，数米而炊，察察乎又何足以济世哉

必须借助语境才能正确理解。

是其于辩也，意即要是对其进行辩论的话。

妄凿垣墙而殖蓬蒿，究竟是指把垣墙毁掉代以种植蓬蒿呢，还是指就在垣墙上种植蓬蒿？只要结合语境，毫无疑问是指后者。因为，将蓬蒿种植在垣墙上而不是土地里，一定会失败的。

简发而栉，数米而炊。从后面的察察用词看，这两个极具美感且富含思想的造句，大意是十分清楚的。栉，音 zhì，本义为梳子、篦子的总称。

穴阫

在墙上打洞，跟为盗相对而用。阫，音 péi，墙的意思。

奔蜂不能化藿蠋

原紧接在“辞尽矣”之后。从文脉上看，明显是冗句，删除为上。

今者吾亡吾答，因失吾问

原文为：“今者吾忘吾答，因失吾问。”改“忘”为“亡”的理由是，其一，南荣趎对老子“子何与人偕来之众也？”的答显然不存在忘不忘这回事。但如果是亡，就合乎情理，亡的古义为无，即南荣趎心中没有老子所问问题的答案。其二，亡跟失无论义理还是形式都更相称一些。

向吾见若眉睫之间，吾因以得汝矣

一定要在意念中将这句话同“子何与人偕来之众也？”对应起来。

惘惘乎

心情迷茫的样子。

汝自洒濯，孰哉郁郁乎然，而其中津津乎犹有恶也

原文为：“汝自洒濯，孰哉郁郁乎然，而其中津津乎犹有恶也？夫外韄者不可繁而捉，将内揵。内韄者不可缪而捉，将外揵。外内韄者，道德不能持，而况放道而行者乎！”之所以做这样的修正，理由一，从后面的回答看，删除后的归元文本，语气上更加顺畅，且义理没有任何丢失。理由二，被删部分，没有任何可让人信服的解读。理由三，被删部分虽然看上去遣词造句雄浑古朴，但仔细考校，又绝非庄子风格，估计是好事者卖弄才情而将其生硬地插入文中。

洒濯，很显然是对南荣趎“召其所好，去其所恶”过程的夸赞，意思跟《知北游》“疏瀹尔心，澡雪尔精神”等同。

郁郁，跟后文的“津津”一样，都是对南荣趎“召其所好，去其所恶”结果的评判。郁郁就是“郁郁不乐”的郁郁，津津就是“津津有味”的津津，表程度。

里人有病，里人问之，病者能言其病，病者犹未病也。若趎之闻大道，譬犹饮药以加病也，趎愿闻卫生之经而已矣

义理上很难接上文脉的一段话。庄子的思路大致是这样的：

南荣趎前往老子处问道，所问的问题是："不知乎人谓我朱愚，知乎反愁我躯。不仁则害人，仁则反愁我身。不义则伤彼，义则反愁我己。我安逃此而可？"可是，他从老子那里获得的回答是："若规规然若丧父母，揭竿而求诸海也，汝亡人哉！惘惘乎，汝欲反汝情性而无由入，可怜哉！"南荣趎更加不解，便索性"请入就舍，召其所好，去其所恶"。但十日过去了，他仍然"自愁"，于是便复见老子。老子看出南荣趎"津津乎犹有恶也"，南荣趎被点中了愁点，便说出了这段话。意思是说，里弄里有人病了，里弄的人前去探问，要是生病的人能明明白白告诉他人他的病情，说明生病的人病得还不是很严重。可是南荣趎呢，他相对于大道来说也是一个病人，但他在听闻大道后，就好比吃药后病反倒更严重了。他于是改弦易辙，想问问卫生之经，即养生大道。要真正理解这段有点过长的解释，最好借用一下《在宥》一段也有点过长的寓言：

黄帝立为天子十九年，令行天下，闻广成子在于空同之上，故往见之，曰："我闻吾子达于至道，敢问至道之精。吾欲取天地之精，以佐五谷，以养民人，吾又欲官阴阳以遂群生，为之奈何？"

广成子曰："尔所欲问者，物之质也；尔所欲官者，物之残也。自尔治天下，云气不待族而雨，草木不待黄而落，日月之光益以荒矣。尔佞人之心翦翦者，又奚足以语至道！"

黄帝退，捐天下，筑特室，席白茅，闲居三月，复往邀之。广成子南首而卧，黄帝顺下风膝行而进，再拜稽首而问曰："闻吾子达于至道，敢问治身奈何而可以长久？"

广成子蹶然而起，曰："善哉问乎！来，吾语汝至道：至道之精，窈窈冥冥；至道之极，昏昏默默。无视无听，抱神以静，形将自正。必静必清，无劳汝形，无摇汝精，乃可以长生。慎汝内，闭汝外，多知为败。我为汝遂于大明之上矣，至彼至阳之原也；为汝入于窈冥之门矣，至彼至阴之原也。天地有官，阴阳有藏，慎守汝身，物将自壮。我守其一以处其和，故我修身千二百岁矣，吾形未常衰。"

黄帝再拜稽首曰："广成子之谓天矣！"

儿子终日嗥而嗌不嗄，和之至也。终日握而手不掜，共其德也。终日视而目不瞚，偏不在外也

原紧接在“能儿子乎！”之后，明显跟文脉不搭，后人旁注入正的可能性极大，故予删除。

翛然

义同《大宗师》“翛然而往，翛然而来而已矣”中的翛然。请回看《大宗师》相应解读部分。

侗然

与大家打成一片的样子。请参看《寓言》中的寓言六。

非也。夫至人者，相与交食乎地而交乐乎天，不以人物利害相撄，不相与为怪，不相与为谋，不相与为事，翛然而往，侗然而来

原文为：“非也。是乃所谓冰解冻释者能乎。夫至人者，相与交食乎地而交乐乎天，不以人物利害相撄，不相与为怪，不相与为谋，不相与为事，翛然而往，侗然而来，是谓卫生之经已。”删除了“是乃所谓冰解冻释者能乎”和“是谓卫生之经已”。删除的理由是，就前句来说，它明显隔断了文脉，且本身义理不清不楚。就后句来说，它跟前面同样的句子相冲突，且不合文脉，合文脉的说法应该是“是谓至人之德”。

相与交食乎地而交乐乎天，应该是个拆分句，是“相与交食、交乐乎天地”的拆分，即相与吃食、快乐于天地之间的意思。

要精到把握这句话的深刻含义，一定要在意念中将它同南荣趎的问“不知乎人谓我朱愚，知乎反愁我躯。不仁则害人，仁则反愁我身。不义则伤彼，义则反愁我己。我安逃此而可？此三言者，趎之所患也，愿因楚而问之”结合起来。

身若槁木

原文为“身若槁木之枝”，之枝明显冗余，故予删除。

宇泰定者，发乎天光。发乎天光者，人见其人。人有修者，乃今有恒。有恒者，人舍之，天助之。人之所舍，谓之天民。天之所助，谓之天子。学者，学其所不能学也。行者，行其所不能行也。辩者，辩其所不能辩也。知止乎其所不能知，至矣！若有不即是者，天钧败之。备物以将形，藏不虞以生心，敬中以达彼，若是而万恶至者，皆天也，而非人也。不足以滑成，不可内于灵台。灵台者有持，而不知其所持，不可持者也。不见其诚己而发，每发而不当，业入而不舍，每更为失。为不善乎显明之中者，人得而诛之。为不善乎幽间之中者，鬼得而诛之。明乎人明乎鬼者，然后能独行。眷内者，行乎无名。眷外者，志乎期费。行乎无名者，唯庸有光。志乎期费者，唯贾人也，人见其跂，犹之魁然。与物穷者，物入焉。与物且者，其身之不能容，焉能容人！不能容人者无亲，无亲者尽人。兵莫憯于志，镆铘为下。寇莫大于阴阳，无所逃于天地之间。非阴阳贼之，心则使之也。

道通其分也。其分也成也，其成也毁也。所以恶乎分者？其分也以备。所以恶乎备者？其有以备。故出而不反，见其鬼。出而得，是谓得死。灭而有实，鬼之一也。以有形者象无形者而定矣！出无本，入无窍。有所出而无本者有实，有所入而无窍者有长。有实而无乎处，有长而无乎本标。有实而无乎处者，宇也。有长而无乎本标者，宙也。有乎生，有乎死。有乎出，有乎入。入出而无见其形，是谓天门。天门者，无有也。万物出乎无有。有，不能以有为有，必出乎无有，而无有一无有。圣人藏乎是。

古之人，其知有所至矣。恶乎至？有以为未始有物者，至矣，尽矣，弗可以加矣！其次以为有物矣，将以生为丧也，以死为反也，是以分已。其次曰始无有，既而有生，生俄而死。以无有为首，以生为体，以死为尻。孰知有无死生之一守者，吾与之为友。是三者虽异，公族也。昭、景也，著载也。甲氏也，著封也。非一也？

有生黬也，披然曰移是！尝言移是，非所言也。虽然，不可知者也。腊者之有膍胲，可散而不可散也。观室者周于寝庙，又适其偃焉！为是，举移是。请尝言移是：是以生为本，以知为师。因以乘是非，果有名实。因以己为质，使人以为己节，因以死偿节。若然者，以用为知，以不用为愚。以彻为名，以穷为辱。移是，今之人也，是蜩与学鸠同于同也。蹍市人之足，则辞以放骜，兄则以妪，大亲则已矣。故曰：至礼不人，至义不物，至知不谋，至仁无亲，至信辟金。彻志之勃，解心之谬，去德之累，达道之塞。贵富显严名利六者，

勃志也。容动色理气意六者，谬心也。恶欲喜怒哀乐六者，累德也。去就取与知能六者，塞道也。此四六者不荡胸中则正，正则静，静则明，明则虚，虚则无为而无不为也。

道者，德之虚也。生者，德之光也。性者，生之质也。性之动谓之为，为之伪谓之失。知者，接也。知者之所不知，犹睨也。动以不得已之谓德，动无非我之谓治，名相反而实相顺也。羿工乎中微而拙乎使人无己誉。圣人工乎天而拙乎人。夫工乎天而俍乎人者，唯全人能之。唯虫能虫，唯虫能天。全人恶天，恶人之天，而况吾天乎人乎！一雀适羿，羿必得之，或也。以天下为之笼，则雀无所逃。是故汤以胞人笼伊尹，秦穆公以五羊之皮笼百里奚。是故非以其所好笼之而可得者，无有也。介者拸画，外非誉也。胥靡登高而不惧，遗死生也。复慴不愧而忘人，忘人，因以为天人矣！故敬之而不喜，侮之而不怒者，唯同乎天和者为然。出怒不怒，则怒出于不怒矣。出为无为，则为出于无为矣！欲静则平气，欲神则顺心。有为也欲当，则缘于不得已。不得已之类，圣人之道。

文章的最后部分，无论就文风还是义理，都与天才庄子的灵动风格格格不入，几乎可以肯定是后人的伪作，故不解、不注、不译。删除后的归元文本，浑然天成。

【今译】

老子门人中有个叫庚桑楚的，习得了老子的部分道术，心怀这些道术，他迁居到了北边的畏垒之山。百姓中大凡自以为对所有事情都如画面般清晰可知的，他就保持距离。侍妾中大凡自以为对仁义之道要像遵守契约一般遵守的，他就有意疏远。结果伴随在他身边的都是一些看上去昏昏默默的人，为他跑腿的都是一些看上去放德而行的人。过了三年，畏垒竟然获得了大丰收。畏垒的老百姓见面就说："庚桑子刚来那会儿，我们大家几乎全都对他不以为然。现在看来，他的所为要是按日来计就倍显不足，但要是按年来计就绰绰有余，想必他就是所谓的圣人吧！我们为什么不索性就把他当圣人供奉起来？"庚桑子听闻这事后，面朝南面心里很不是滋味。他的弟子觉得很是奇怪。庚桑子于是说："你们哪里需要对我的行为感到奇怪！春天的气息一旦发生而百草也就跟着生出来了，但当秋季来临时而丰收的果实也就接着生成。春天和秋季，难道没有原因就会如此吗？只不过是背后的天道在运行啊。我听说真正的有道之人，安居在斗室之中，而百姓乐乐呵呵地逍遥自在都好像不知要归向哪里。现在就畏垒的这些小老百姓，竟然私下里说要把我当贤人供奉起来，我难道天生就是作表率之类的人吗？就因为这个，我一想起老子的话心里就惴惴不安。”弟子说：“可不能这么说。同一条小水沟，巨鱼连个转身的地方都没有，小小的泥鳅就觉得很便利。同一个小山坡，巨兽连个藏身的地方都没有，小小的狐狸就觉得很吉祥。再说，尊贤授能，先善与利，自尧舜以来就是这样，畏垒的这些老百姓就更不用说了！老师您还是听从他们吧！”庚桑子说：“小子你走近点！嘴能含车的巨兽，无论有多么好的鳞甲护身，要是离开了山林，就难免有罗网之患。口能吞舟的巨鱼，无论有多么好的游荡能力，要是失去了水体，就连蚂蚁都可以使它痛苦。所以说，鸟兽不厌高，鱼鳖不厌深啊。真正懂得保全形性的人，在隐藏自身时，也就不厌深眇罢了。再说尧舜那两人，又有什么值得称扬的呢！硬要给他辨个明白，只不过是妄图在城墙上开凿土地而种植蓬蒿罢了。一根一根地梳头发，一粒一粒地煮米饭，就这么一副琐碎苛察的样子，又哪能治理好天下呢！抬举贤人则老百姓就会相互倾轧，任用知者则老百姓就会相互偷盗。无论抬举贤人还是任用知者，这些做法都不足以让老百姓变得淳厚。老百姓对于利益十分敏感，有儿子为了利益而杀害父亲的，有臣子为了利益而杀害君王的，有大白天从事偷盗的，有正中午挖墙行窃的。我告诉你，大乱的源头，一定产生于尧舜之间，其流毒则出现在千世之后。千世之后，必定会出现人与人交相吃食的现象。”

南荣趎肃然起敬，端坐好了后才问：“像我这样年纪已经一大把了的人，不知道要怎么做才能达到您所言及的境界呢？”庚桑子说：“保全你的形体，守住你的性情，不要让自己一天到晚思来想去。就这样三年，你就可以达到我所言及的境界了啊！”南荣趎说：“眼睛就其外形来说，我不知道它们的差别在哪里，可盲人确实就看不见。耳朵就其外形来说，我不知道它们的差别在哪里，可失聪者确实就听不见。心脏就其外形来说，我不知道它们的差别在哪里，可疯子确实就得不到。外形跟外形显然是分开着的，难道有东西搁在它们之间，使得你怎么相求但总是不能得到吗？您刚才对我说：‘保全你的形体，守住你的性情，不要让自己一天到晚思来想去。’我只是耳朵勉强听说了这个大道而已啊！”庚桑子说：“我已经无话可说了。越鸡孵不了鸿鹄的蛋，鲁鸡却本来就能！鸡跟鸡，它们的德性本来没有什么不同，之所以能孵不能孵，就是因为它们的才能有大有小。我的才能小了点，不足以教化到你，你为什么不到南边去拜见一下老子呢？”南荣趎备足粮草，花了七天七夜才赶到老子的住处。老子说：“你是从庚桑楚那里过来的吧？”南荣趎说：“正是。”老子说：“你怎么同这么多人一起来啊？”南荣趎惊恐地回头看了看。老子说：“你没有听懂我说的话呀！”南荣趎低下头，深感愧疚，然后又抬起头，叹息说：“刚才我没能回答上您的问题，进而连我自身的问题都丢失了。”老子说：“什么问题？”南荣趎说：“我要是不去了解他人，他人就会说我愚笨，要是去了解他人却又会苦愁到我自身。我要是对他人不仁慈就会伤害到他人，要是对他人仁慈却又会苦愁到我自身。我要是对他人不义气就会伤害到他人，要是对他人讲义气却又会苦愁到我自身。我怎么才能逃离开这种两难困境呢？我所忧患的，就是我刚才所说的这三件事，我希望能借庚桑楚的名义请教一下您。”老子说：“刚才我只是通过你的眉锁看到了你内心的左右不是，现在通过你的这番话，我更加确信了我之前的判断。你一副规规矩矩的样子，就好像父母死了似的，这不跟你仅想借助一根杆子就想求得对大海的认知一样吗？你真是个丢失了自己的人啊！就你这副迷迷茫茫的样子，即使想重返你的本性也会找不到路径，可怜呀！”

南荣趎请求就在老子处住下来，唤醒心中自以为的喜好，去除心中自以为的厌恶，十天下来还是苦愁不堪，于是只得再去拜会老子。老子说：“你都自己洗心革面了，为何还是这么一副郁郁寡欢的样子，且心中还杂念着这么多的厌恶呢？”南荣趎说：“里弄里有人病了，里弄的人前去探问，要是生病的人能明明白白告知他的病情，说明生病的人病得还不是那么严重。可南荣趎我呢，在听闻到大道后，就好比服药后病反倒更严重了，我现在只想从您这里听听关于养生的大道算了。”老子说：“养生方面的大道，要能抱神守一啊！要能始终抱神守一啊！要能不经由占卜就知道事情的吉凶啊！要能在恰当的地方暂停啊！要能在恰当的时候结束啊！要能舍弃他人而主要依靠自己啊！要能生来死去都如一片羽毛飘来飘去啊！要能跟大家打成一片啊！要能如婴幼儿一般啊！行走时不知道究竟去向何方，安居时不知道究竟在干什么，与物宛转就好比随波逐流，这就是养生大道。”南荣趎又问：“可以说这就是至人的品性吗？”老子回答说：“不可以的。至人的品性，他与大家一起在天地之中结伴饮食，共享快乐，他与他人它物不因利害而相冲互突，他不会认为他人的行为很是奇怪，同时也不被他人认为自己的行为很是奇怪，他不与任何人一起密谋，也不同任何人产生事端，他就像天空中的一片羽毛飘来飘去。”南荣趎最后问："这就真的达到最高境界了吗？"老子回答说："没有啊。我先前就告知过你说要能如婴幼儿一般啊！婴幼儿动的时候总是不知道他自己究竟在动什么，走的时候总是不知道自己要走向哪里，他的身子就如死去了的槁木，而他的心思就如熄灭了的冷灰。要是达到了这般境界，那灾祸就不会降临，福分也不会到来。要是灾祸和福分都没有了，那哪里还会有什么所谓的人灾啊！"

徐无鬼

一

【文本归元】

徐无鬼因女商见魏武侯，武侯劳之曰："先生病矣？苦于山林之劳，故乃肯见于寡人？"徐无鬼曰："我则劳于君，君有何劳于我。君将盈嗜欲，长好恶，则性情病矣；君将黜嗜欲，掔好恶，则耳目病矣。我将劳君，君有何劳于我！"武侯超然不对。少焉，徐无鬼曰："尝语君吾相狗也。下之质，执饱而止；中之质，若视日；上之质，若亡其一。吾相狗又不若吾相马也。吾相马，直者中绳，曲者中钩，方者中矩，圆者中规，是国马也，而未若天下马也。天下马有成材，若恤若失，若丧其一。若是者，超轶绝尘，不知其所。"武侯大悦而笑。徐无鬼出，女商曰："先生独何以说吾君乎？吾所以说吾君者，横说之则以《诗》《书》《礼》《乐》，纵说之则以《金板》《六韬》，奉事而大有功者不可为数，而吾君未尝启齿。今先生何以说吾君，使吾君悦若此乎？"徐无鬼曰："吾直告之吾相狗马耳。"女商曰："若是乎？"曰："子不闻夫越之流人乎？去国数日，见其所知而喜；去国旬月，见所尝见于国中者而喜；及期年也，见似人者而喜矣！不亦去人兹久，思人兹深乎？夫逃虚空者，藜藋柱乎鼪鼬之径，长位其空，闻人足音跫然而喜矣，又况乎昆弟亲戚之謦咳其侧者乎！久矣夫，莫以真人之言謦咳吾君之侧乎！"

【见独】

先生病矣？苦于山林之劳，故乃肯见于寡人

要正确理解这句话，关键在正确标点。过往几乎全部注家都是这样标点的："先生病矣，苦于山林之劳，故乃肯见于寡人。"这明显跟整个寓言的氛

围不合，进而导致寓言的寓意几乎不可把握。

君将盈嗜欲，长好恶，则性情病矣；君将黜嗜欲，罢好恶，则耳目病矣

原文为："君将盈耆欲，长好恶，则性命之情病矣；君将黜耆欲，掔好恶，则耳目病矣。"

修改的地方有三处：其一，将"耆"归元为"嗜"。原文很可能原本就是"嗜"，只是后人误抄为"耆"而已，完全没有必要搞通假。其二，将"则性命之情病矣"归元为"则性情病矣"。这不仅是"则耳目病矣"形式的要求，更是其本身义理的要求。其三，将"掔"归元为"罢"。要说根据，"掔"字的语境含义完全无选，而"罢"字则因其天然与"黜"相伴并完全吻合语境而有选。再者，盈、长为近义词，罢、黜也恰好为近义词。

武侯超然不对

透彻理解"超然"二字，是理解本寓言寓意的关键所在。本寓言的寓意是，凡人，即使贵尊为王，都喜欢听真人之言。武侯虽然是侯，但更是人，也喜欢听真人之言。可是，他身边的人平时都没有把他首先看作是人，而首先把他看作是侯，所以，言说的多是些《诗》《书》《礼》《乐》《金板》《六韬》之类的非真人之言。当徐无鬼对武侯言说"君将盈嗜欲，长好恶，则性情病矣；君将黜嗜欲，罢好恶，则耳目病矣"劝诫之类的话时，武侯早已经听腻了，也不想辩驳什么，自然也就超然不对了。

下之质，执饱而止；中之质，若视日；上之质，若亡其一

原文为："下之质，执饱而止，是狸德也；中之质，若视日；上之质，若亡其一。"只要不跪在前人面前，任何理性的人，一看就知道"是狸德也"是后人旁注，理当删除。

至于句子本身的含义，甚是不解，估计原文有误，尤其是"若视日"，几乎可以肯定有误，【今译】只是一家之言。不过，即使不解，也不影响对文本的整体理解，因为它本身并非寓言的重心。

吾相狗又不若吾相马也

不若断然不能解注为不如，只能解注为不相若，即不一样。只要反反复复琢磨，参透寓言的整体，就能看出文本没有任何想要表达徐无鬼相狗不如相马的意思。而如果不若是不一样，则它的语境含义极其清晰。相狗是：“下之质，执饱而止；中之质，若视日；上之质，若亡其一。”相马是：“直者中绳，曲者中钩，方者中矩，圆者中规，是国马也，而未若天下马也。天下马有成材，若恤若失，若丧其一。若是者，超轶绝尘，不知其所。”两者明显不一样。

吾相马，直者中绳，曲者中钩，方者中矩，圆者中规，是国马也，而未若天下马也。天下马有成材，若恤若失，若丧其一。若是者，超轶绝尘，不知其所

“直者中绳，曲者中钩，方者中矩，圆者中规”是形容马步的轨迹，说明马可以按照人的要求行走。只是，这种在世俗人看来的所谓好马，其实只是国马，而不是天下马。天下马与国马的不同又在哪里呢？国马只是满足人的要求，天下马却是实现它自身的禀赋，即成材，也即它现成的材质。

若恤若失，若丧其一。非常不好理解，尤其是恤、失二字很没有来由。勉力为之，它的语境含义应该是，它好像很忧愁又好像很失落的样子，又好像没有某种一定要有的能力。如果说天下马是马中的天才的话，则它同人中的天才有相同的特征。自诩天才的德国哲学家叔本华说，所有的天才都有一个共同的特征，那就是好像很忧愁又好像很失落。恤的本义为忧愁，失为“怅然若失”的失，一即“一定”的一。

超轶绝尘，形容奔跑得极快。轶，车辙。超轶，指后车超过前车。绝尘，脚不沾尘土。

不知其所，不知其所以然。

武侯大悦而笑

本寓言中的武侯其实是一个很有道心的人，他渴望真人之言。当徐无鬼说天下马“若恤若失，若丧其一。超轶绝尘，不知其所”时，简直说到武侯的心坎里去了，他自然就大悦而笑，其实是会心一笑。也即是说，武侯内心深处真切地意识到自己不愿是国马，而愿是天下马。

夫逃虚空者，藜藋柱乎鼪鼬之径，长位其空，闻人足音跫然而喜矣，又况乎昆弟亲戚之謦咳其侧者乎！久矣夫，莫以真人之言謦咳吾君之侧乎

很显然要把这段话看作是喻言，即把武侯比喻为逃虚空者。

藜藋柱乎鼪鼬之径，比喻说法，即野草长得连老鼠都爬不进来了。藜藋，音 lí diào，野草藤蔓之类的植物。鼪鼬，音 shēng yòu，庄子单一独用词，可能指老鼠中的一种，找不到确凿的依据。

长位其空，原文为“良位其空”，无解，估计是繁体字“長”跟“良”形近而误的原因。意思是说，逃虚空的人，一直就处于一种听不到任何人的声音的地方。正因此，才“闻人足音跫然而喜矣”。

闻人足音跫然而喜矣，跫然修饰的是足音而不是喜，这可以由“跫”字的字形直观感觉到。跫，音 qióng，估计是庄子独创字，用来形容人的某种脚步声。可惜的是，究竟是哪种脚步声，鉴于对脚步声缺乏研究或观察，难以言定。

謦咳，音 qǐng ké，借指谈笑。

【今译】

徐无鬼应女商之请前去看望魏武侯，魏武侯以一副慰劳的口气对徐无鬼说：“先生难道是病了？抑或是待在山林里劳作太苦了，才肯来看望我一下？”徐无鬼回答说：“是我来慰劳国君您，国君您有什么可慰劳我的呢。国君您要是嗜欲过度，又或是好恶过头，则性情就会出现问题；国君您要是嗜欲压抑，又或是好恶消减，则耳目就会出现问题。所以，是我来慰劳国君您，国君您其实没什么可慰劳我的！”武侯听后一副超脱的样子，没有做出任何表示。过了一会儿，徐无鬼说：“还是让我来给国君您说说我相狗的事吧。下等资质的狗，吃饱就打止了；中等资质的狗，好像会抬头看看太阳；上等资质的狗，好像没有什么特定的特征。我相狗跟我相马，又很不相同。我相马，如果马步直可中绳，曲可中钩，方可中矩，圆可中规，那就只是国马，而不是天下马。天下马有它自身的样子，看上去好像有些忧愁有些失落，又或是好像丧失了某种特有的能力。只有这样的马，才能超轶绝尘，也无法知道它为什么就是如此。”武侯听后高兴得不禁大笑了起来。徐无鬼从武侯那里出来后，女商问：“先生您跟我的国君究竟说了些什么啊？我过去跟我的国君所说的，要么是《诗》《书》《礼》《乐》，要么是《金板》《六韬》，我奉国君之命而成就的功业也多到数不过来，但国君连一次都未笑过。现在您究竟对国君说了些什么，竟然让我的国君高兴得大笑了起来？”徐无鬼说：“我只不过对国君说了些我相狗相马之类的事情而已。”女商说：“真是这样吗？”徐无鬼说：“您难道没有听说过一位越国流亡者的典故吗？当他离开故国只有几天的时候，看到曾经熟知的人就很高兴；当他离开故国以十天月计的时候，看到曾经在故国见过的人就很高兴；当他离开故国要是以年计的时候，只要看到好像故国的人就很高兴！这不说明一个人要是离开故人越久，对故人的思念就越强烈吗？对于一个逃到完全虚空之地的人来说，野草藤蔓长得连老鼠都无法通过，长年累月都处在一种空无一人的状态，要是听到人的哪怕是一丝的脚步声，就会很高兴，更别提要是有亲朋好友在身边说笑了！真是太久太久了啊，没有人以真人之言在国君武侯身边说笑了！”

二

【文本归元】

徐无鬼见武侯，武侯曰：“先生居山林，食芧栗，厌葱韭，以摈寡人，久矣夫！今老耶？其欲干酒肉之味耶？其寡人亦有社稷之福耶？”徐无鬼曰：“无鬼生于贫贱，未尝敢饮食君之酒肉，将来劳君也。”君曰：“何哉！奚劳寡人？”曰：“劳君之神与形。”武侯曰：“何谓也？”徐无鬼曰：“天地之养也一，登高不可以为长，居下不可以为短。君独为万乘之主，以苦一国之民，以养耳目鼻口，夫神者不自许也。唯君所不病之，何也？”武侯曰：“欲见先生久矣！吾欲爱民而为义偃兵，其可乎？”徐无鬼曰：“不可。爱民，害民之始也；为义偃兵，造兵之本也。君自此为之，则殆不成。凡成美，恶器也。君虽为义，几且伪哉！形固造形，成固有伐，变固外战。君亦必无盛鹤列于丽谯之间，无徒骥于锱坛之宫，无藏逆于得，无以巧胜人，无以谋胜人，无以战胜人。夫杀人之士民，兼人之土地，以养吾私与吾神者，其战不知孰善？胜之恶乎在？君勿若已矣。修胸中之诚以应天地之情而勿撄，夫民死已脱矣，君将恶乎用夫偃兵哉！

【见独】

先生居山林，食芧栗，厌葱韭，以摈寡人，久矣夫！今老耶？其欲干酒肉之味耶？其寡人亦有社稷之福耶

芧栗，从葱与韭明显是两种食物看，芧与栗也应该是两种食物。芧，音xù，与《齐物论》“狙公赋芧”的芧完全等同，具体所指无考。但根据语境，一定是人和猴都能吃的一种食物。栗，应该就是指的板栗。

厌葱韭，厌，本义为吃饱。葱韭，与芧栗一起，统指素菜，明显与荤菜“酒肉之味”相对应。

今老耶，语义较为含混。结合语境需要，将其理解为告老归朝比较好。徐无鬼一直隐居山林，现在来看武侯，武侯打趣说，是不是老了，想归朝养老。

其寡人亦有社稷之福耶，打趣兼委婉语，意即徐无鬼是不是想回朝协助武侯治理天下。

天地之养也一，登高不可以为长，居下不可以为短

一句极具思想性且极其通俗易懂的话，非天才庄子不足以为之。

这句话的含义极其清晰，即作为登高的武侯和作为居下的国民，其在天地之养上，是完全等同的。也就是说，天地给予任何人的需求大致是差不多的，不会因为他是君王就给他的需求多一些，也不会因为他是国民就给他的需求少一些。

夫神者，好和而恶奸。夫奸，病也，故劳之

原紧接在“夫神者不自许也”后，后人旁注入正的可能性很大，兼之它本身完全解释不通，故予以删除。删除后的文本，自然，流畅。

唯君所不病之

原文为“唯君所病之”，补“不”，前后义理逻辑才能贯通。

君虽为义

原文为“君虽为仁义”，据前文“为义偃兵”，“仁”字明显误入。

形固造形，成固有伐，变固外战

非天才庄子，不足以如此深刻而简明地言说如此真人之言。

理解这句话的关键，首要在弄清句子的内在逻辑结构。“形固造形”明显是“成固有伐，变固外战”的思想基础，“成固有伐，变固外战”明显是“形固造形”思想的现实演绎。

形固造形，形，一切可见的存在，包括貌似不可见的人的行为。固，必定。造，“矫揉造作”的造。整个词的意思是说，任何一种有形的存在都一定会致使另一种有形存在的出现。比如，爱民是一种有形存在，它一定会致使另一种有形存在也即害民的出现，为义亦然。

成固有伐，成，“成功”的成。伐，《徐无鬼》“之狙也，伐其巧，恃其便以敖予，以至此殛也”的伐，炫耀的意思，相当于“尔强以仁义绳墨之言炫暴人之前者”的炫。

变固外战，一定要在语境中理解。变，明显就是成的反义词，不成的意思；战，明显就是针对武侯为义偃兵来说的。

君亦必无盛鹤于丽谯之间，无徒骥于锱坛之宫，无藏逆于得，无以巧胜人，无以谋胜人，无以战胜人

无盛鹤于丽谯之间，原文为“无盛鹤列于丽谯之间”，它明显应该与“无徒骥于锱坛之宫”形式一致。盛鹤，庄子单一独用词，造词怪异，含义难解但勉强可解，它与“徒骥”应该词性相同，属动宾结构。徒骥的意思是走马，即训练骑兵，喻意练兵。所以，盛鹤的语境含义应该是训练步兵，也喻意练兵。士兵训练时一排排站立在那里，看上去就像一排排鹤群站立在那里，故曰盛鹤。盛，音 chéng，做动词用，把东西放进去的意思。比如，盛饭。丽谯，就字面义说，只能将就理解为华丽的高楼，也恰好符合语境需要。但如果结合锱坛一起理解，则最好将丽谯和锱坛理解为专有名词，即楼名和宫名。

无藏逆于得，类似于不要施连环计，不要设套中套，也可理解为打着某种旗号而干着某种勾当。俾斯麦统一德国，属于典型的藏逆于得。

无以巧胜人，应该的做法是，以道服人。巧，止可一宿，不可长久。

无以谋胜人，《德充符》说“圣人不谋”。

无以战胜人，形固造形，成固有伐，变固外战。战是某种不成的结果。

君勿若已矣

原文为“君若勿已矣”，明显错误。错误的原因，可能先是误抄，后是注家盲从误抄，然后代代相传，直至当今。

【今译】

徐无鬼拜见魏武侯，武侯说：“先生一直隐居山林，满足于芧栗葱韭等素菜的吃食之中，把我撂在一边，已经很久了啊！现在是想回朝养老吗？抑或是想尝尝朝中酒肉的味道？又或是想协助寡人治理天下？”徐无鬼说：“无鬼我生于贫贱，哪敢奢想吃食武侯您的酒肉，我只是来慰劳慰劳国君罢了。”武侯说：“什么呀！您想慰劳我什么啊？”无鬼说：“慰劳您的神与形啊。”武侯说：“什么意思？”徐无鬼说：“天地给予人的需求大致是一样的，不会因为他是君王就给他多一些，也不会因为他是国民就给他少一些。国君您只是一国之主，竟然要以一国之民的劳苦，来供养您一人的耳目鼻口，您的灵魂其实是不会接受的。可是现在国君您竟然并不为这个担心，这是为什么啊？”武侯说：“想拜见先生已经很久了！我想爱民，也想为义偃兵，不知道可不可以？”徐无鬼说：“不可以的。爱民，是害民的开始；为义偃兵，是开启战端的源头。国君您要是真这么做，很可能达不到目的。任何想当然认为美好的东西，都有可能成为作恶的工具。国君您虽然想为义偃兵，但这很可能形同虚伪！任何一种有形的存在都一定会致使另一种有形存在的出现，这另一种有形存在要是成功了，就会导致自我夸耀，要是不成功，就会导致对外战争。国君您一定不要在丽谯之间检阅步兵，也不要在锱坛之宫演练骑兵，不要在任何获得之中暗藏其他目的，不要以技巧去取胜他人，不要以谋略去取胜他人，不要以战争去取胜他人。那些通过杀戮他国的士民、兼并他国的土地以供养自己一己之私和一己之神的战争行为，真不知道它的好处在哪里？所谓的胜利又表现在哪里？国君您还是不要搞什么爱民而为义偃兵的事了。国君您要是能修胸中之诚以应天地之情，且始终保持不变，则国民就已经脱离死亡远远的了，哪里还用得着您去为义偃兵呢！”

三

【文本归元】

黄帝将见大隗乎具茨之山，方明为御，昌寓骖乘，张若、謵朋前马，昆阍、滑稽后车。至于襄城之野，七圣皆迷，无所问途。适遇牧马童子，问途焉，曰：“若知具茨之山乎？”曰：“然。”“若知大隗之所存乎？”曰：“然。”黄帝曰：“异哉小童！非徒知具茨之山，又知大隗之所存。请问为天下？”小童曰：“夫为天下者，亦若此而已矣，又奚事焉！予少而自游于六合之内，予适有瞀病，有长者教予曰：‘若乘日之车而游于襄城之野。’今予病少痊，予又且复游于六合之外。夫为天下，亦若此而已，予又奚事焉！”黄帝曰：“夫为天下者，则诚非吾子之事。虽然，请问为天下。”小童辞。黄帝又问。小童曰：“夫为天下者，亦奚以异乎牧马者哉！亦去其害马者而已矣！”黄帝再拜稽首，称天师而退。

【见独】

骖乘

古代乘车时居右边陪乘的人。想象出来的画风应该是，黄帝、方明和昌寓同坐一辆车，方明坐在最前面，驾驭马车，黄帝和昌寓并排坐在方明后面，且昌寓坐在黄帝的右边。骖，音 cān。

夫为天下者，亦若此而已矣，又奚事焉

很简单也很清晰的一句话，可过往注家硬是注得含含糊糊，不知所云。而所谓的很简单也很清晰，指的是句中“此”的含义很明确，很具体，就是“予少而自游于六合之内，予适有瞀病，有长者教予曰：‘若乘日之车而游于襄城之野。’今予病少痊，予又且复游于六合之外。”对比“夫为天下者，亦奚以异乎牧马者哉！亦去其害马者而已矣！”两段话表达治理天下的共同点就是，去除对天下有害的东西就可以了。比如说我们的食品安全和环境污染治理问题，根本不需要这个专家那个权威指东导西，很简单，去除对食品有害的和对环境有害的就可以了。因为，大自然预先就将安全食品和清静环境造给了人类，人类只需要爱护好大自然原本的样子就行了，又奚事焉！

夫为天下者，则诚非吾子之事。虽然，请问为天下

黄帝之所以会问这句话，说明黄帝没有明白牧马童子已经给出的答案："予少而自游于六合之内，予适有瞀病，有长者教予曰：'若乘日之车而游于襄城之野。'今予病少痊，予又且复游于六合之外。"正因此，"小童辞"。小童是寓意人名，小童肯定不小，只是看上去小，就好比《达生》所说的"行年七十而犹有婴儿之色"，所以黄帝才会说："异哉小童！非徒知具茨之山，又知大隗之所存。请问为天下。"也正因此，【今译】黄帝对小童的称呼，先是为你，后是为您。

瞀病

明显是比喻说法，其本义是眼睛看不清楚。任何人只要是"游于六合之内"，就一定会不知道如何治理天下。只有"游于六合之外"的人，才知道如何治理天下，即去除害天下者就可以了。瞀，音 mào，目眩或眼花的意思。

乘日之车

象征说法，与《田子方》"日出东方而入于西极，万物莫不比方""丘以是日徂"的用法完全等同。

【今译】

黄帝要到具茨之山去拜见大隗，方明为他驾车，昌寓陪坐其右，张若、謵朋骑马护前，昆阍、滑稽驾车卫后。到了襄城之野，这七个所谓的圣人全都迷了路，也不知道到哪里去打听。这时，恰好遇到一位牧马童子，于是便问："小童你知道具茨之山在哪里不？"牧马童子说："知道呀！""那你知道那里有位叫大隗的人吗？"牧马童子说："知道呀！"黄帝说："你这位小童真是不同凡响呀！非但知道具茨之山在哪里，还知道那里有位叫大隗的人。那请问您，怎样才能治理好天下？"小童说："要说治理天下，也这么做就行了，没别的什么事！我小时候在六合之内自在遨游，后来得了眼睛看不清的疾病，有位长者教导我说：‘你最好还是乘坐大道之车到襄城之野去遨游遨游。’现在，我那眼睛看不清的疾病刚刚痊愈，就又遨游到六合之外去了。要说治理天下，也这么做就行了，我没做别的什么事！”黄帝说：“治理天下，确实也不关小童您什么事。但即便如此，我还是想再请教您，到底怎么治理天下。”小童默不作声。黄帝继续追问。小童说：“所谓治理天下这事，跟我的牧马其实没有什么不同啊！也就是把我对马有害的行为去掉就可以了！”黄帝再拜稽首，口称小童天师而退。

四

【文本】

知士无思虑之变则不乐；辩士无谈说之序则不乐；察士无凌谇之事则不乐：皆囿于物者也。招世之士兴朝；中民之士荣官；筋国之士矜雅；勇敢之士奋患；兵革之士乐战；枯槁之士宿名；法律之士广治；礼乐之士敬容；仁义之士贵际。农夫无草莱之事则不比；商贾无市井之事则不比；庶人有旦暮之业则劝；百工有器械之巧则壮。钱财不积则贪者忧，权势不尤则夸者悲，势物之徒乐变。遭时有所用，不能无为也，此皆顺比于岁，不物于易者也。驰其形性，潜之万物，终身不反，悲夫！

【见独】

庄子的文风最讲究参差之中见灵动，像这种通过句子的整齐划一而看上去很有气势的行文，肯定不是庄子的手笔，故不解、不注、不译。

五

【文本归元】

庄子曰："射者非前期而中，谓之善射，天下皆羿也，可乎？"惠子曰："可。"庄子曰："天下非有公是也，而各是其所是，天下皆尧也，可乎？"惠子曰："可。"庄子曰："然则儒墨杨秉四，与夫子为五，果孰是耶？或者若鲁遽者耶？其弟子曰：'我得夫子之道矣！吾能冬爨鼎而夏造冰矣！'鲁遽曰：'是直以阳召阳，以阴召阴，非吾所谓道也。吾示子乎吾道。'于是乎为之调瑟，废一于堂，废一于室，鼓宫宫动，鼓角角动，音律同矣！夫或改调一弦，于五音无当也，鼓之，二十五弦皆动，未始异于声而音之君已！且若是者耶？"惠子曰："今乎儒墨杨秉，且方与我以辩，相拂以辞，相镇以声，而未始吾非也，则奚若矣？"庄子曰："齐人蹢子于宋者，其命阍也不以完，其求钘钟也以束缚，其求唐子也而未始出域，有遗类矣夫！楚人寄而蹢阍者，夜半于无人之时而与舟人斗，未始离于岑而足以造于怨也。"

【见独】

应该是庄子的手笔，寓意也非常好，只是原文实在太多疑误点，以致费尽心力也未能有点滴突破，不得不遗憾放弃，期待后世高人突破之。

六

【文本归元】

庄子送葬，过惠子之墓，顾谓从者曰："郢人垩墁其鼻端若蝇翼，使匠人斫之。匠石运斤成风，听而斫之，尽垩而鼻不伤，郢人立不失容。宋元君闻

之，召匠石曰：‘尝试为寡人为之。’匠石曰：‘臣则尝能斫之。虽然，臣之质死久矣！’自夫子之死也，吾无以为质矣，吾无与言之矣！”

【见独】

垩墁

原文为“垩慢”，明显错误。其为主谓结构，意即石灰被涂抹到什么东西上。垩，音 è，本义为白色土，其实应该就是石灰，可用来粉饰墙壁。墁，音 màn，涂抹。

臣之质死久矣

单从句子本身看，质显然就是指“运斤成风，听而斫之，尽垩而鼻不伤”这门技艺。离开句子看，质就是某种事物的本质。任何本质都离不开形式，而形式的构成绝对不可能是单一的，只能是复合的，一如一顿好饭离不开好的厨艺和好的原料。这个寓言里，匠石拥有好的厨艺，郢人就是好的原料。离开了郢人这个好的原料，匠石就是有再高的厨艺，也做不出“运斤成风，听而斫之，尽垩而鼻不伤”这道好菜。所以，质的语境含义，其实就是指匠石“运斤成风，听而斫之，尽垩而鼻不伤”这门技艺。

自夫子之死也，吾无以为质矣，吾无与言之矣

全部过往注家因无法正确理解前一句的“质”，相应地也就理解不了这句话中的“质”，都以为这句话的质，指的就是惠施，这怎么可能呢？在庄子眼里，惠施就是一个不折不扣的辩者，是庄子完全不能认同的人。全《庄子》里任何一篇提及惠施的地方，惠施都是一个负面人物，怎么可能唯独到了这里，庄子就把他当作自己的知音了呢？所以，过往注家对质的理解一定有误。那正确的理解应是什么呢？很清晰，就是庄子言的这门技艺。言的技艺，并不是一门什么特别高大上的技艺。相反，它是一门比较低级的技艺。正如《齐物论》所说：“夫言非吹也。言者有言，其所言者特未定也，果有言耶？其未尝有言耶？其以为异于鷇音，亦有辩乎？其无辩乎？”请回看《齐物论》的相应部分。整句话的意思是说，自惠施死去以后，我再也不能展现我言的技艺了，我已经没有言说的对象了。换句话说，惠施死了，庄子没人过招了，就如同好人

没有坏人可以过招了。

【今译】

庄子送葬，恰好从惠施的墓地经过，于是他回头对后边的人说：“曾经有一位郢人，鼻子上不小心被抹上了石灰，石灰薄得就好比苍蝇的翅膀，他想让匠石给削下来。匠石拿起斧头抡得呼呼作响，仅凭听觉就把郢人鼻尖上的石灰给削了下来，但郢人的鼻子却是毫发无伤，郢人也立在那里一动不动，面不改色。宋元君听闻这事后，就把匠石召进宫里说：‘你尝试着也跟我来一次。’匠石说：‘我那次确实能削。不过，我那次所表现出的技艺早就不存在了！’自从惠施死去之后，我就再也不能表现出言说的技艺了，我已经没有了言说的对象！”

七

【文本归元】

管仲有病，桓公往问之曰：“仲父之病病矣，可不讳云，至于大病，则寡人恶乎属国而可？”管仲曰：“公谁欲与？”公曰：“鲍叔牙。”曰：“不可。其为人洁廉，善士也。其于不己若者，不比之；又一闻人之过，终身不忘。使之治国，上且钩乎君，下且逆乎民。其得罪于君也将弗久矣！”公曰：“然则孰可？”对曰：“勿已，则隰朋可。其为人也，上忘而下伴，愧不若黄帝，而哀不己若者；其于国有不闻也，其于家有不见也。勿已，则隰朋可。”

【见独】

隰朋

历史真实人物，春秋时齐国大夫，曾与管仲、鲍叔牙等辅佐齐桓公，齐国大治。隰，音 xí。

上忘而下伴

原文为“上忘而下畔”，据语境的确定需要归元。畔没有伴的含义，估计是误抄。正确理解这句话的最好方式，是将其同“上且钩乎君，下且逆乎民”联系起来。

以德分人谓之圣，以财分人谓之贤。以贤临人，未有得人者也。以贤下人，未有不得人者也

原紧接在“而哀不己若者”之后，明显是后人的旁注入正，故予删除。

【今译】

管仲有病，桓公前去慰问说：“仲父的病已经很严重了，如果可以不忌讳说的话，则仲父百年之后，我可以把国政托付给谁？”管仲说：“国君打算托付给谁呢？”桓公说：“鲍叔牙。”管仲说：“不可以的。鲍叔牙这个人清正廉洁，算是一个好人。但他对于不如自己的人，不愿意与之共事；还有就是，他一旦听闻到了某人的过错，就一生都不能忘怀。要是让他来治理国家，上则与国君钩怨，下则与民众逆心。他得罪于国君将是分分钟的事。”桓公又问：“这么说的话，那谁合适呢？”管仲说：“不得已的话，则隰朋合适。隰朋这个人，他总是能让君上忘记他的存在，又总是能让手下跟他一条心，他愧疚于自己比不上黄帝，也体谅手下比不上自己；他对国家事务能听而有所不闻，就好比一个人对家庭事务能视而有所不见一样。不得已的话，则隰朋最合适不过了。”

八

【文本归元】

吴王浮于江，登乎狙之山。众狙见之，恂然弃而走，逃于深蓁。有一狙焉，委蛇攫搔，见巧乎王。王射之，敏给搏捷矢，王命相者趋射之。狙既死，王顾谓其友颜不疑曰：“之狙也，伐其巧，恃其便以敖予，以至此殛也。戒之

哉！嗟乎！无以汝色骄人哉！”颜不疑归而师董梧，以锄其色，去乐辞显，三年而国人称之。

【见独】

恂然弃而走，逃于深蓁

恂然，恐惧的样子。恂，音 xún，义同《齐物论》“木处则惴栗恂惧”的恂。

弃而走，放弃猴子所在的猴山逃走。

深蓁，喻指密林深处等隐蔽之地。蓁，音 zhēn，草木茂盛的样子。

委蛇攫搔

庄子单一独用词，字面义晦涩。据语境猜测，它应该是偏正词组，委蛇是对攫搔的修饰，形容猴子若无其事地抓物搔痒。攫搔，音 jué sāo。

敏给搏捷矢

大致含义很清晰，但要一一阐释每个字的语境含义，则几乎不可能。它的语境大致含义是，猴子表现得十分敏捷，同飞驰而来的箭搏击玩要。

狙既死

原文为“狙执死”且属前句。反复推敲，估计其中的“既”因“执”形近而误，且如果它属前句，则义理逻辑不是太清晰合理。

【今译】

吴王在长江游玩时，登岸上了一座猴山。山上的猴子看到他们来了，都吓得放弃了各自的领地，逃到密林深处躲了起来。但其中有一只猴子，若无其事地搔首弄姿，在吴王前面显摆各式灵巧。吴王于是乎拿箭射它，这只猴子敏捷地同飞驰而来的箭搏击玩要，吴王于是命令他的随从一齐向猴子射击。猴子死了后，吴王回头对颜不疑说：“这只猴子，夸耀它的灵巧，依凭它的敏捷，不把我放在眼里，以至于有了这等下场。可得引以为戒啊！嗟乎！千万记得不要以你的神色傲视他人啊！”颜不疑听后一回到家里便拜董梧为师，锄除他那曾经傲视他人的神色，与他一贯的享乐和高调也作彻底诀别。仅仅过了三年，他就赢得了全国百姓的赞誉。

九

【文本归元】

南伯子綦隐几而坐，仰天而嘘。颜成子游入见曰：“夫子，物之尤也。形固可使若槁骸，心固可使若死灰乎？”曰：“吾尝居山穴之中矣。当是时也，田禾一睹我而齐国之众三贺之。我必有之，彼故知之；我必卖之，彼故鬻之。若我而不有之，彼恶得而知之？若我而不卖之，彼恶得而鬻之？嗟乎！我悲人之自丧者，吾又悲夫悲人者，吾又悲夫悲人之悲者，其后而日远矣！”

【见独】

物之尤也

物中最优异的。尤，本义为最优异。

我必有之

原文为“我必先之”，据后文“若我而不有之”归元。

我悲人之自丧者，吾又悲夫悲人者，吾又悲夫悲人之悲者，其后而日远矣

这是一句看上去普普通通、平平常常的话，但思想极其深邃，要精准把握，实属不易。

从整个寓言的设计看，寓言的核心在告诉人们，人一定要自我管控。否则，就会自丧，就会不知不觉沦为他人的工具。人更要在反省中超越，否则就会陷入在自我否定之中而无法自拔。

自丧者，要在语境中理解，它其实就是指的南伯子綦自己，而不是一般空泛意义上的人。同理，悲人者、悲（动词）也都是指的南伯子綦自己。唯有这么理解，“其后而日远矣”才能被正确理解，寓言的寓意也才可以得到显明。

其后而日远矣，全部过往注家都注得含糊不清。其实，结合语境，它的含义是很清晰的，就是其后越来越远离陷入在悲的境地中，即不再悲来悲去，而是自然而然地就“形若槁骸、心若死灰”。

【今译】

南伯子綦不无慵懒地紧贴靠背椅坐着，抬起头长长地嘘了口气。颜成子游进门拜见南伯子綦说：“老师，您可以算得上是众人中最优异的一个了。形体真的可以达致如同槁木，而心神真的可以达致如同死灰吗？”南伯子綦回答说：“我过去曾居住在一个山洞里边。那个时候，田禾只是来看过我一次而已，但齐国的大众竟然三番五次前往祝贺他。这说明一定是我先有了某个名声，他才会知道我的这个名声；一定是我先出卖了这个名声，他才会购买到这个名声。要是我没有某个名声，他怎么能够知道这个名声呢？要是我没有出售这个名声，他怎么能够买到这个名声呢？嗟乎！我悲叹我对自我的丧失，我又悲叹我这个悲叹的人，我又悲叹我这个悲叹的人的悲叹，也正是在此之后，我才一天一天地远离了悲叹。”

十

【文本归元】

仲尼之楚，楚王觞之，孙叔敖执爵而立，市南宜僚受酒而祭曰：“古之人乎！于此言已。”曰：“丘也闻不言之言矣，未之尝言，于此乎言之：市南宜僚弄丸而两家之难解，孙叔敖甘寝秉羽而郢人投兵，丘愿有喙三尺：彼之谓不道之道，此之谓不言之辩。故德总乎道之所一，而言休乎知之所不知，至矣。道之所一者，德不能同也。知之所不能知者，辩不能举也。名若儒墨而凶矣。故海不辞东流，大之至也。圣人并包天地，泽及天下，而不知其谁氏。是故生无爵，死无谥，实不聚，名不立，此之谓大人。狗不以善吠为良，人不以善言为贤，而况为大乎！夫为大不足以为大，而况为德乎！夫大备矣，莫若天地。

然奚求焉，而大备矣！知大备者，无求，无失，无弃，不以物易己也。反己而不穷，循古而不摩，大人之诚！”

【见独】

原文文辞很是有些错乱之感，以致完全抓不到寓言的寓意，故不解、不注、不译。

十一

【文本归元】

子綦有八子，陈诸前，召九方歅曰：“为我相吾子，孰为祥。”九方歅曰：“梱也为祥。”子綦瞿然喜曰：“奚若？”曰：“梱也将与国君同食以终其身。”子綦索然出涕曰：“吾子何为以至于是极也！”九方歅曰：“夫与国君同食，泽及三族，而况父母乎！今夫子闻之而泣，是御福也。子则祥矣，父则不祥。”子綦曰：“歅，汝何足以识之而梱祥耶！尽于酒肉，入于鼻口矣。尔何足以知其所自来？吾未尝为牧而牂生于奥，未尝好田而鹑生于宎，若勿怪，何耶？吾所与吾子游者，游于天地。吾与之邀乐于天，吾与之邀食于地；吾不与之为事，不与之为谋，不与之为怪；吾与之乘天地之诚而不以物与之相撄，吾与之一委蛇而不与之为事所宜。今也然有世俗之偿焉？凡有怪征者，必有怪行，殆乎非我与吾子之罪，几天与之也！吾是以泣也。”无几何而使梱之于燕，盗得之于道，全而鬻之则难，不若刖之则易。于是乎刖而鬻之于齐，适当渠公之街，然身食肉而终。

【见独】

九方歅

虚拟人名，寓意全方位淤塞，类似《应帝王》里的神巫季咸。歅，音yān，淤塞、凝滞的意思。

瞿然

惊视的样子。瞿，音 qú，本义为惊视的样子。

索然

即“索然无味”的索然。

汝何足以识之而梱祥耶？尽于酒肉，入于鼻口矣，尔何足以知其所自来

汝何足以识之而梱祥耶，文字有点绕口，原文应该是“汝何足以识梱之祥耶”。考虑到对原文能不改动就尽量不改动的原则，遂保持原样。同一件事，祥与不详，会因人认识的高下而有不同的判断。本寓言里，九方歅看到的只是梱与国君同食的结果，故谓之祥。子綦看到是梱没有与国君同食的缘由但有同食的结果，故谓之不详。梱，音 kǔn，应该是天才庄子为本寓言的需要而特创的一个形意字，一木自由，一木受困，终为不详。庄子很可能是姓名学的始祖，且从《庄子》一书整体看，远非姓名学大师曹雪芹所及。所谓姓名学，就是以人物为目标，依据文字的音、形、义、意、数的原理，找出最适合名字并对其目标论证其特定吉凶及变化趋势。

尽于酒肉，入于鼻口矣。字面义不通，估计原文有误。据文脉猜想，“尽”应该就是“吾子何为以至于是极也”的“极”，“尽”恰好也有“极”的意思，比如，尽头、自尽等。【今译】只是勉力为之的结果，不足尽信。

牂生于奥

牂，音 zāng，母羊。奥，房屋的西南角。

鹑生于宎

鹑，音 chún，鹌鹑的简称。宎，音 yǎo，房屋的东南角。

适当渠公之街，然身食肉而终

原文肯定有误，但不知道正确的究竟是什么。幸运的是，该寓言结构完整，文脉清晰，即使这句话完全不解，也丝毫不影响寓言寓意的明确与深刻。【今译】只作参考，没有文字上的依据。

【今译】

子綦共有八个孩子，他把这八个孩子全都拉出来站好，叫九方歅过来说："帮我替他们看看相，看谁最吉祥。"九方歅看后说："梱最吉祥。"子綦又惊又喜，问："怎么说？"九方歅说："梱将会同国君一起饮食，直至终老。"子綦顿觉索然无味，哭着说："梱这孩子究竟干了什么啊，以至于遭此厄运！"九方歅说："您的孩子梱将会同国君一起饮食，三族都将受惠，更别说他的父母了！可现在的您一听到这事，竟然哭了起来，这是跟福分过不去啊。真可谓为子则吉祥，为父则不详。"子綦说："歅，您对梱的吉祥哪里谈得上有什么深入了解啊！梱直至终老都能饮食酒肉，这只不过是鼻口之福啊！但您并没有深入了解到这事的来由！就好比，我从没有放牧而家里出现了母羊，从没有打猎而家里出现了鹌鹑，您竟然不觉得奇怪，为什么啊？我教导我的孩子们所要遨游的，是遨游于天地。也就是说，我教导他们要从上天那里获得快乐，要从大地那里获得食物；我从不教导他们耽于人事，从不教导他们玩弄权谋，从不教导他们标新立异；我教导他们要顺应天地实情而不要用物事与之抵触，我教导他们要始终与物宛转而不要以自身俗事为适宜。现今怎么可能会有世俗的报偿呢？凡有奇怪的征兆，必伴以奇怪的行为，看来这事不是我和孩子梱的过错，几乎可以肯定是上天的安排！我就是因为这个才哭泣的啊。"没过多久，子綦让梱去燕国一趟，梱在途中被强盗俘获，强盗认为要是让梱保有全身去卖会比较困难，不如砍掉他的双脚再卖会比较容易。于是梱被砍去了双脚并被卖到了齐国，之后正好在渠公身边当差，果然跟国君一起饮食酒肉直至终老。

十二

【文本归元】

啮缺遇许由曰："子将奚之？"曰："将逃尧。"曰："奚谓耶？"曰："夫尧，畜畜然仁，吾恐其为天下笑，后世其人与人相食欤！夫民，不难聚也，爱之则亲，利之则至，誉之则劝，致其所恶则散。爱利出乎仁义，捐仁义者寡，利仁义者众。夫仁义之行，唯且无诚，且假乎禽贪者器，是以一人之断制利天下，譬之犹一瞥也。夫尧知仁人之利天下也，而不知其贼天下也，夫唯外乎仁者知之矣。"

【见独】

畜畜然

庄子单一独用词，字面义无解。勉力为之，它的语境含义应该是顺顺从从的样子。比如，《礼记·祭统》有说："孝者，畜也。顺于道，不逆于伦，是之为畜。"又比如，《书·盘庚中》有说："汝共作我畜民。"两句中的畜，都可训为顺从。

爱利出乎仁义，捐仁义者寡，利仁义者众

爱利，一定要清晰地意识到，它就是"爱之则亲，利之则至"的爱与利。

捐，难以肯定原文是否就是此字，因为它的语境含义十分晦涩难解。勉力为之，取捐献的捐较好，即献身的意思。

制利

庄子独创词，词形和词义都类似于造福或施惠。

夫尧知仁人之利天下也，而不知其贼天下也，夫唯外乎仁者知之矣

原文为："夫尧知贤人之利天下也，而不知其贼天下也，夫唯外乎贤者知之矣。”根据文脉，将句中的贤归元为仁。

【今译】

啮缺路上偶遇许由说：“许君要去哪啊？”许由说：“只是要逃离尧而已。”啮缺又问：“怎么回事呢？”许由说：“尧一副对仁义恭恭顺顺的样子，我担心他将成为天下人的笑话，我还担心他的后世会出现人吃人的现象！天下的民众，其实是不难聚拢的。你爱护他们，他们就亲近你，你造福他们，他们就归附你，你赞誉他们，他们就听你劝导，你造成对他们的伤害他们就离开你。但要是爱护和造福的出发点是仁义，则献身仁义的人就会很少，利用仁义的人就会很多。再说，仁义这种行为，它天然就缺乏真诚，它还会为畜生一般的贪婪者提供工具，这简直就是以一个人的决断来造福整个天下，这就如同想通过一个人的眼睛来看通整个世界。尧只知道仁人对天下人带来的好处，而不知道仁人对天下人带来的害处，只有超越仁人的人才能深刻地认识到这一点。”

十三

【文本归元】

有暖姝者，有濡需者，有卷娄者。所谓暖姝者，学一先生之言，则暖暖姝姝而私自说也，自以为足矣，而未知未始有物也。是以谓暖姝者也。濡需者，豕虱是也，择疏鬣自以为广宫大囿，奎蹄曲隈，乳间股脚，自以为安室利处。不知屠者之一旦鼓臂布草操烟火，而己与豕俱焦也。此以域进，此以域退，此其所谓濡需者也。卷娄者，舜也。羊肉不慕蚁，蚁慕羊肉，羊肉羶也。舜有羶行，百姓悦之，故三徙成都，至邓之虚而十有万家。尧闻舜之贤，举之童土之地，曰：“冀得其来之泽。”舜举乎童土之地，年齿长矣，聪明衰矣，而不得休归，所谓卷娄者也。是以神人恶众至，众至则不比，不比则不利也。故无所甚亲，无所甚疏，抱德炀和，以顺天下，此谓真人。

于蚁弃知，于鱼得计，于羊弃意。以目视目，以耳听耳，以心复心。若然者，其平也绳，其变也循。古之真人！以天待之，不以人入天，古之真人！得之也生，失之也死；得之也死，失之也生。药也，其实堇也，桔梗也，鸡壅也，豕零也，是时为帝者也，何可胜言！

【见独】

文辞生硬，义理散乱，必非天才庄子手笔，故不解、不注、不译

十四

【文本归元】

句践也以甲楯三千栖于会稽，唯种也能知亡之所以存，唯种也不知其身之所以愁。故曰：鸱目有所适，鹤胫有所节，解之也悲。故曰：风之过，河也有损焉；日之过，河也有损焉；请只风与日相与守河，而河以为未始其撄也，恃源而往者也。故水之守土也审，影之守人也审，物之守物也审。故目之于明也殆，耳之于聪也殆，心之于殉也殆，凡能其于府也殆，殆之成也不给改。祸之长也兹萃，其反也缘功，其果也待久。而人以为己宝，不亦悲乎！故有亡国戮民无已，不知问是也。故足之于地也践，虽践，恃其所不蹍而后善博也；人之知也少，虽少，恃其所不知而后知天之所谓也。知大一，知大阴，知大目，知大均，知大方，知大信，知大定，至矣！大一通之，大阴解之，大目视之，大均缘之，大方体之，大信稽之，大定持之。尽有天，循有照，冥有枢，始有彼。则其解之也似不解之者，其知之也似不知之也，不知而后知之。其问之也，不可以有崖，而不可以无崖。颉滑有实，古今不代，而不可以亏，则可不谓有大扬搉乎！阖不亦问是已，奚惑然为！以不惑解惑，

复于不惑，是尚大不惑。

【见独】

文辞生硬，义理散乱，必非天才庄子手笔，故不解、不注、不译。

则阳

一

【文本归元】

则阳游于楚，夷节言之于王，王未之见，夷节归。则阳见王果曰："夫子何不谈我于王？"王果曰："我不若公阅休。"则阳曰："公阅休奚为者邪？"曰："冬则戳鳖于江，夏则休乎山樊。有过而问者，曰：'此予宅也。'夫夷节已不能，而况我乎！夫夷节之为人也，无德而有知，不自许，以之神其交，固颠冥乎富贵之地，非相助以德，相助消也。夫楚王之为人也，形尊而严，其于罪也，无赦如虎，非夫佞人正德，其孰能挠焉。夫圣人，其穷也使家人忘其贫，其达也使王公忘爵禄而化卑；其于物也与之为娱矣，其于人也乐之通而保己焉。故或不言而饮人以和，与人并立而使人化，父子之宜。彼其乎归居，而一闲其所施。其于人心者，若是其远也，故曰'待公阅休'。"

【见独】

则阳见王果曰："夫子何不谈我于王？"

原文为："彭阳见王果曰：'夫子何不谭我于王？'"

文本归元的理由是，完全没有必要把同一个人在没有任何特别需要的情况下写成两个不同的名字，而"谭"也完全没有必要通过通假而解读为"谈"（谭的本义为谈）。后辈对前人的最好尊重，是将前人的思想发扬光大，而不是对前人的文字顶礼膜拜。

冬则戳鳖于江，夏则休乎山樊。有过而问者，曰：'此予宅也。'

这不是简简单单对事实的陈述，而是通过对事实的陈述，指明公阅休是一个怎样的人，即一个类似圣人身份的人，一个"其于人心者，若是其远也"的人，一个可以仅凭自己的"正德"就可能将则阳引荐给"形尊而严，其于罪也，无赦如虎”的楚王的人。

戳鳖，字面义为用鱼叉刺鳖，但事实上显然不是如此，应该是用鱼叉刺一切江中可吃的动物，比如鱼虾等。

山樊，估计“樊”字是错别字，原字应该是什么，也是想不出来。樊，音fán，本义为篱笆。如果庄子的原字就是“樊”，则山樊当然就是指山上的篱笆，也即公阅休自己在山上扎的一个篱笆以供自己在夏天使用。

吾又不若夷节

原紧接在“而况我乎！”之后，明显是冗句，跟前面句子意思重叠，故予删除。也只有删除，文本才显得流畅，自然。

夫夷节之为人也，无德而有知，不自许，以之神其交，固颠冥乎富贵之地，非相助以德，相助消也

原文为：“夫夷节之为人也，无德而有知，不自许，以之神其交，固颠冥乎富贵之地。非相助以德，相助消也。夫冻者假衣于春，暍者反冬乎冷风。”

之所以要删除“夫冻者假衣于春，暍者反冬乎冷风”是因为它不仅本身不可理解，而且它在句子中的作用也完全不必要。

夫夷节之为人也，最好理解为夷节这个人，即夷节之作为人，而不要理解为夷节的为人。如果再比对“夫楚王之为人也”看，就更加可以肯定这个解读的唯一正确性了。

无德而有知，因为整个寓言写得很是含混不清，所以，它的准确含义很不好把握。现根据语境，在基本肯定夷节属于“佞人”（有口才而不正派的人）的情况下，将无德理解为没有道德，将有知理解为有世俗的知识。

不自许，指夷节虽然有世俗的知识，但他并不自我赞许，较为谦卑。世界上到处都是夷节类型的人。

以之神其交，之，指不自许。如果指“无德而有知，不自许”，则必须假定夷节自己认为自己就是无德，而这是完全不可能的。夷节类型的人，是绝无可能认为自己是无德的人。相反，他们从内心深处认为自己是有德的人。柏拉图说得好，没有人故意犯错，只是因为无知才犯错。

固，如果原文就是此字，则其语境含义应该为副词，执意或坚决地的意思。

颠冥，庄子单一独用词，字面义无解，其语境含义应该相当于“混迹江湖”的混迹，即隐蔽本来面目混杂在某种场合。

非相助以德，相助消也。完整的句子应该是：“非相助以德，相助消德也。”翻译过来就是，不是因为相互帮助将人己的德性绽放，而是因为相互帮助将人己的德性消灭。

其孰能挠焉

原文为“其孰能桡焉”，一定是因误抄而被误读为通假。

夫圣人

原文为“故圣人”，文脉完全不通。

其于人也乐之通而保己焉

原文为“其于人也乐物之通而保己焉”，“物”字如果不是误入而原本就有，则文本无解。

彼其乎归居，而一闲其所施

唯有将其同“冬则擉鳖于江，夏则休乎山樊。有过而问者，曰：‘此予宅也。’”对应起来，文本才能清晰理解。所以，彼指的就是公阅休。前“其”，语助词，无义；后“其”，指公阅休。

【今译】

则阳到楚国游历，托夷节把自己举荐给楚王，楚王没能接见他，夷节只得打道回府。则阳于是拜见王果说：“先生何不把我推荐给楚王呢？”王果说：“托我不如托公阅休。”则阳说：“公阅休是干什么的啊？”王果说：“他冬天在江边叉鱼，夏天在山樊休息。有路人问他这是怎么回事，他就会说：‘这原本就是我的家呀。’”既然夷节都不能把你举荐给楚王，那我就更不行了。夷节他这个人，虽然德性不怎么好，但学识还是不错，也不喜欢吹嘘自己，就凭这个，他广泛交游，一天到晚混迹于富贵之地。只是，在与他人的互助关系里，他促成的不是各自德性的绽放，而是各自德性的消亡。再说，楚王这个人，他地位尊贵，表情严肃，对于他人的过错，几乎完全难以宽恕。他人要是不能巧舌如簧或是光明正大，就很难说得动他。不过，就圣人来说，当他穷困的时候，他能让家人忘却自身的穷困。当他显达的时候，他能让王公忘却自身的尊贵和财富而变得谦卑；圣人就其对物的态度而言，他能从物中获得快乐。就其对人的态度而言，他乐意同他人保持沟通但同时不失去自己。所以，圣人即使不说话也能与他人相处和睦，仅通过平等待人就能使人受到感化，就好比非常友好的父子关系一样。公阅休这个人的日常生活，总是处在一种清静无为的状况之中。他跟普通人的心思比起来，相差可不是一点点，所以说‘托我不如托公阅休’。”

二

【文本归元】

圣人达绸缪，周尽一体矣，而不知其然，性也。复命摇作而以天为师，人则从而命之也。忧乎知，而所行恒无几时，其有止也，若之何！生而美者，人与之鉴，不告则不知其美于人也。若知之，若不知之，若闻之，若不闻之，其可喜也终无已，人之好之亦无已，性也。圣人之爱人也，人与之名，不告则不知其爱人也。若知之，若不知之，若闻之，若不闻之，其爱人也终无已，人之安之亦无已，性也。旧国旧都，望之畅然。虽使丘陵草木之缗入之者十九，犹之畅然，况见见闻闻者也，以十仞之台县众间者也。

冉相氏得其环中以随成，与物无终无始，无几无时。日与物化者，一不化者也。阖尝舍之！夫师天而不得师天，与物皆殉，其以为事也，若之何！夫圣人，未始有天，未始有人，未始有始，未始有物，与世偕行而不替，所行之备而不洫，其合之也，若之何！汤得其司御门尹登恒，为之傅之，从师而不囿，得其随成，为之司其名，之名赢法。得其两见，仲尼之尽虑，为之傅之。容成氏曰："除日无岁，无内无外。"

【见独】

完全不知所云，几乎可以肯定不是庄子的手笔，故不解、不注、不译。

三

【文本归元】

魏莹与田侯牟约，田侯牟背之，魏莹怒，将使人刺之。公孙衍闻而耻之，曰：“君为万乘之君也，而以匹夫从仇。衍请受甲二十万，为君攻之，虏其人民，系其牛马，使其君内热发于背，然后拔其国。”季子闻而耻之，曰：“筑十仞之城，城者既十仞矣，则又坏之，此胥靡之所苦也。今兵不起七年矣，此王之基也。衍，乱人也，不可听也。”华子闻而丑之，曰：“善言伐齐者，乱人也；善言勿伐者，亦乱人也；谓‘伐之与不伐乱人也’者，又乱人也。”君曰：“然则若何？”曰：“君求其道而已矣。”惠子闻之，而见戴晋人。戴晋人曰：“有所谓蜗者，君知之乎？”曰：“然。”“有国于蜗之左角者，曰触氏；有国于蜗之右角者，曰蛮氏。时相与争地而战，伏尸数万，逐北旬有五日而后反。”君曰：“噫！其虚言与？”曰：“臣请为君实之。君以意在四方上下有穷乎？”君曰：“无穷。”曰：“知游心于无穷，而反在通达之国，若存若亡乎？”君曰：“然。”曰：“通达之中有魏，于魏中有梁，于梁中有王，王与蛮氏有辩乎？”君曰：“无辩。”客出而君惝然若有亡也。惠子见，君曰：“客，大人也，圣人不足以当之。”惠子曰：“夫吹管也，犹有嗃也；吹剑首者，吷而已矣。尧舜，人之所誉也，道尧舜于戴晋人之前，譬犹一吷也。”

【见独】

犀首

原在公孙衍之前，鉴于季子、华子、惠子前都不带修饰语，且犀首一词极为生僻，故删除为宜。

忌也出走，然后挟其背，折其脊

原紧接在“然后拔其国”之后，完全不理解为何会出现这样跟主题完全无关的句子，故删除为上。

胥靡

战国时代对一种家内男性奴隶的称谓，因被用绳索连着强制劳动，故名。来源于刑徒，主要从事筑城等土木工程。

客出而君惝然若有亡也。惠子见

原文为：“客出而君惝然若有亡也。客出，惠子见。”后一“客出”明显冗余，故删除。另外，惠子见当属后句。

惝然若有亡，等值于怅然若失。惝，音 chǎng，失意的样子。

夫吹管也，犹有嗃也；吹剑首者，吷而已矣。尧舜，人之所誉也，道尧舜于戴晋人之前，譬犹一吷也

非常不好理解的一段话。关键的关键，很难确定“嗃”和“吷”本身的含义及其各自的主语是什么。过往注家几乎全都将“嗃”的主语看作是管，将“吷”的主语看作是剑首。这在形式逻辑上没有问题，但在义理逻辑上，则与“尧舜，人之所誉也，道尧舜于戴晋人之前，譬犹一吷也”接不上。所以，反反复复推敲，基本可以肯定，“嗃”和“吷”的主语，都是指吹的人，就好比“客，大人也，圣人不足以当之”的主语是王而不是客一样。

管，应该是指任意管状物，而非特指“管乐”的管。

嗃，音 xiào，语境含义应该是使劲吹并发出很大的声音。

剑首，含义不是很明确，最好照字面义解，就是剑尖。之所以要吹剑尖，大概是指用极小的气吹试剑尖，看它究竟有多锋利。由于没有经验，只能凭想象，要是用极小的一口气也即一吷就能让剑尖发出声音，则剑就很锋利，锋利是剑好与不好的标志之一。

吷，音 xuè，语境含义应该是指用极小的气吹。

【今译】

魏莹与田侯牟订立盟约，田侯牟后来背离了盟约，魏莹非常愤怒，想派人刺杀田侯牟。公孙衍听说后很是不耻，说："魏王作为一国国君，竟然像一介匹夫去报仇雪恨。还不如让我带领二十万将士，替国君前去攻打齐国，俘获齐国的人民，牵走齐国的牛马，逼使田侯牟内心燥热难安，然后再消灭他的国家。"季子听说后很是不耻，说："好不容易才能筑起十仞高的城墙，既然已经筑成了十仞高的城墙，又要把它毁坏，这就是劳工辛苦的原因所在。现在魏国已经七年没有发生过战争了，这正是魏国的立国根基。公孙衍，纯属一个捣乱的人，魏王您可千万不要听他的。"华子听说后很是不耻，说："极力主张攻打齐国的人，纯属一个捣乱的人；极力主张不要攻打齐国的人，也是一个纯属捣乱的人；而说'攻打或是不攻打都是捣乱的人'，也纯属捣乱的人。"魏王于是问："那该怎么办？"华子说："魏王去考究一下这事的道在哪里就可以了。"惠子听说后，就将戴晋人引荐给魏王。戴晋人进见魏王说："有一种叫蜗牛的东西，魏王您可曾听说过？"魏王说："当然。""有个位于蜗牛左角的国家，叫触氏；还有一个位于蜗牛右角的国家，叫蛮氏。触氏和蛮氏常常因为争夺地盘而发动战争，死去的人数以万计，乘胜追击一方要花上十天半月才能凯旋。"魏王说："噫！虚构的吧？"戴晋人于是说："那就请让我为国君您验实它。国君您认为四方上下有穷尽吗？"魏王说："没有。"戴晋人说："既然知道四方上下没有穷尽，那要是就舟车可以通达的国家来说，岂不就好像存在又好像不存在？"魏王说："当然。"戴晋人说："可以通达的国家有个魏国，魏国里边有块领地叫大梁，大梁里边有个国君叫魏王，魏王您与蛮氏有什么区别吗？"魏王说："的确没有什么区别。"戴晋人出门后，魏王怅然若失。惠子前往晋见，魏王说："这位客人，堪称大人啊，就连圣人的名号都不足以配享他。"惠子最后说："要想吹响一根管子，得吹出很大的一口气；但要是想试探剑尖锋利与否，只需吹出极小一口气就行了。尧舜，是人们所公认了的，但如果要把尧舜拿到戴晋人面前来说事，那就好比对剑尖吹出极小一口气罢了。"

四

【文本归元】

孔子之楚，舍于蚁丘之浆，其邻有夫妻臣妾登极者，子路曰：“是何为者邪？”仲尼曰：“是圣人仆也。是自埋于民，自藏于畔，其声销，其志无穷，其口虽言，其心未尝言，方且与世违，而心不屑与之俱。是陆沉者也，是其市南宜僚邪？”子路请往召之。孔子曰：“已矣！彼知丘之著于己也，知丘之适楚也，以丘为必使楚王之召己也，彼且以丘为佞人也。夫若然者，其于佞人也，羞闻其言，而况亲见其身乎！尔何以为存！”子路往视之，其室虚矣。

【见独】

孔子之楚，舍于蚁丘之浆

孔子之楚，从后文“知丘之适楚也”看，当是指孔子在去楚国的路上，而不是已经到了楚国。

蚁丘之浆，过往注家几乎毫无例外地将“浆”解读为卖浆人家，实在不知道其根据在哪里。从语境需要出发，似乎将浆直接理解为地名更好。

登极者

语境实在太小，完全无法准确把握其精准含义。庆幸的是，它不是寓言的核心句子，所以，即使作含混解读，比如解读为登上屋顶，也完全不影响对寓言的正确把握。

是何为者邪

原文为：“是稯稯何为者邪？”删除稯稯的理由有二。其一，它本身极为生僻，且含义无人能说清楚，说不清楚就不如不说。其二，从后文“是圣人仆也”看，完全没有要针对稯稯回答的意思，但很明显就是针对“是何为者邪？”所作的回答。稯，音 zǒng，过往解注为聚集的意思，其根据就是解注者对这句话的理解，没有其他任何可作参考的凭据，孤证不信。

陆沉者

比喻说法，形容一个人像沉在水里一样沉在陆地里。

彼知丘之著于己也

仔细考究后的结论是，他知道我孔丘是一个追求闻达的人。理由有三，其一，著本身就有“著名”的意思。其二，孔丘和市南宜僚是一对价值追求相反的人，既然市南宜僚追求的是陆沉，则孔丘追求的就是显达。其三，《山木》中对孔子的追求有明确说明：“至人不闻，子何喜哉！”

【今译】

孔子去楚国时，半路在一个叫蚁丘之浆的地方住了下来，其邻家的夫妻臣妾一时都登上了屋顶，子路于是问：“他们这是要干什么呀？”孔子说：“他们都是某位圣人的仆从。这位圣人将自己埋身在民间，或说是将自己隐藏在田园，他虽然没发出任何声音，但他的志趣却是指向无穷，他即使有时口中说出了什么，但他的心里却其实什么也没有说，他的观念与世俗社会格格不入，他的内心也不屑与世俗社会同流合污。这是一个陆沉者啊，不就是市南宜僚吗？”子路便请示孔子想去召见他。孔子说：“还是算了吧！他都知道我是一个追求闻达的人，他知道我要去楚国，以为我一定会使楚王召见他，他原本就以为我只是佞人一个。既然如此，对于我这样一个佞人来说，他连听到我所说的话都感到羞耻，更别说亲眼看到我本人了！你怎么能以为他还在屋里呢！”子路前往打探，市南宜僚的屋子果然已经空无一人！

五

【文本归元】

长梧封人问子牢曰：“君为政焉勿卤莽，治民焉勿灭裂。昔予为禾，耕而卤莽之，则其实亦卤莽而报予；耘而灭裂之，其实亦灭裂而报予。予来年变

齐，深其耕而熟耰之，其禾蘩以滋，予终年厌飧。”庄子闻之曰：“今人之治其形，理其心，多有似封人之所谓，遁其天，离其性，灭其情，亡其神，以众为。”

【见独】

灭裂

字面义无解，估计原文有误。根据文脉，它的语境内含为：“遁其天，离其性，灭其情，亡其神，以众为。”

予来年变齐，深其耕而熟耰之，其禾蘩以滋，予终年厌飧

变齐，字面义无解，估计原文有误。如果将“齐”通假为“剂”，也还是找不到“剂”字可包含的合适选项。根据语境需要，它的含义应该为改变方式方法。

耰，音 yōu，用耰松土并使土块细碎。

蘩以滋，字面义无解，估计原文有误。如果原文无误，勉力为之，则“蘩”应该为“繁”的古体，“以”应该为语助词，“滋”应该为滋长。

厌飧，吃饱。厌，满足的意思。飧，音 sūn，本义为晚上的饭食，后泛指熟食、饭食。

以众为

语境义十分直接而清晰，就是大众的行为，也即卤莽而灭裂。

故卤莽其性者，欲恶之孽为性，萑苇蒹葭始萌，以扶吾形，寻擢吾性。并溃漏发，不择所出，漂疽疥痈，内热溲膏是也

原位于段末，明显是后人的读后感，且是非常拙劣的故弄玄虚式的读后感，故予坚决删除。删除后的归元文本，形式完美，义理完足。

【今译】

长梧封人对子牢说：“国君您处理政务千万不要鲁莽，治理民众也千万不要灭裂。我曾经种过庄稼，我在耕种的时候鲁莽地对待庄稼，则庄稼也用鲁莽来回答我；我在耕种的时候灭裂地对待庄稼，则庄稼也用灭裂来回答我。后来我改变了耕种方式方法，不但深其耕，而且熟其耰，则庄稼滋长得不胜繁茂，以致我一年到头都有饭吃。”庄子听后说：“当今天下人在对待自己的身心时，跟长梧封人的说法非常类似，逃避天理，偏离本性，剿灭真情，丧失心灵，一如普通大众总是鲁莽而灭裂。”

六

【文本归元】

柏矩学于老聃，曰：“请之天下游。”老聃曰：“已矣！天下犹是也。”又请之，老聃曰：“汝将何始？”曰：“始于齐。”至齐，见辜人焉，推而强之，解朝服而幕之，号天而哭之，曰：“子乎！子乎！天下有大灾，子独先罹之。曰‘莫为盗，莫为杀人。’荣辱立然后睹所病，货财聚然后睹所争。今立人之所病，聚人之所争，穷困人之身，使无休时，欲无至此得乎？古之君人者，以得为在民，以失为在己；以正为在民，以枉为在己。故一形有失其形者，退而自责。今则不然，匿为物而愚不识，大为难而罪不敢，重为任而罚不胜，远其途而诛不至。民知力竭，则以伪继之。日出多伪，民安取不伪！夫力不足则伪，知不足则欺，财不足则盗。盗窃之行，于谁责而可乎？”

【见独】

见辜人焉，推而强之，解朝服而幕之

几乎无法理解，估计原文有误，但不知道正确的究竟是什么，现勉力为之。

辜人，根据古俗而受到惩处的人。辜，音 gū，本义是根据古俗惩处。古字族汉字都与过去的、或旧时的之义有关。从文脉看，本寓言里所谓的古俗，其实就是今俗：“匿为物而愚不识，大为难而罪不敢，重为任而罚不胜，远其涂而诛不至。”只不过当权者把今俗说成是古俗而已。再根据“盗窃之行，于谁责而可乎？”看，柏矩看到的这位辜人，应该是因为“财不足则盗”而被处死的。

推而强之，原文必定有误。【今译】非正确答案，纯粹为了译文完整起见。

朝服，过往注家几乎全都将其解注为柏矩身上穿的衣服，但这个解注的根据在哪里呢？柏矩的身份十分不明确，他哪来的朝服？所以，从文本本身出发，只能将朝服理解为辜人身上的囚服，囚服应该也算朝服的一种，尽管这个说法本身也没有什么根据，但至少逻辑上过得去。

子独先罹之

原文为“子独先离之”，“离”的繁体字为“離”，“離”“罹”估计因形近而误。

欲无至此得乎

“此”的含义必须清晰化，即“莫为盗，莫为杀人”的盗与杀人。

民安取不伪

原文为“士民安取不伪”，根据“以得为在民，以失为在己；以正为在民，以枉为在己”及“民知力竭，则以伪继之”，士字明显误入。

【今译】

柏矩求学于老聃门下，说：“请允许我到天下去游历游历。”老聃说：“有什么好游历的！天下到处都差不多。”柏矩再次请求，老聃于是说：“你打算以哪国为第一站？”柏矩说：“打算以齐国为第一站。”到了齐国，看见一个因盗窃被处死了的人，他强行推开围观的人群，将死人的囚服解下并覆盖在死人的身上，然后号天大哭着说：“你呀！你呀！天下有大灾，就你最先受。人们口口声声说‘不要盗窃，不要杀人’，可荣辱一旦确立就能看见它所带来的弊端，货财一旦集聚就能看见它所带来的争执。当今天下硬是树立起必然带来弊端的荣辱，聚集起必然带来争执的货财，这就必然会穷困人们的身心，使人们永远处于一种无法休养生息的境地，要想没有盗窃和杀人，怎么可能呢？一个真正意义上的统治者，把成绩都归因于民众，把过失都归因于自己；把正确的都归因于民众，把错误的都归因于自己。也正因此，一旦有任何方面出现过失，统治者都退而自责。可现今就不是这样，统治者隐藏事情的真相以愚弄不知情的人，加大任务的难度以治罪不敢接受任务的人，加重任务的分量以惩罚无法胜任任务的人，拉长路途的距离以诛杀不能按时达到的人。当民众的才智和能力都耗尽了的时候，民众就必定要以作假来应对。当统治者每天的所为多是在作假时，民众怎能不选择作假！力量不足就必定作假，才智不足就必定欺骗，财力不足就必定盗窃。盗窃这种行为，究竟该问责谁才算可以呢？”

七

【文本归元】

蘧伯玉行年六十而六十化，未尝不始于是之，而卒诎之以非也，未知今之所谓是之非五十九非也。万物有乎生而莫见其根，有乎出而莫见其门。人皆知其知之所知，而莫知恃其知之所不知而后知，可不谓大疑乎？已乎已乎！且无所逃，此所谓然欤？然乎？

【见独】

诎

音 qū，本义为言语钝拙。庄子这个字用得极为精妙，用以形容对原先深以为然的东西不那么以为然也不那么以为不然，与寓言的核心句“此所谓然欤？然乎？”有极好的呼应。请结合《寓言》的这个寓言一起理解：

庄子谓惠子曰：“孔子行年六十而六十化。始时所是，卒而非之。未知今之所谓是之非五十九非也。”惠子曰：“孔子勤志服知也。”庄子曰：“孔子谢之矣，而其未之尝言也。孔子云：夫受才乎大本，复灵以生。鸣而当律，言而当法。利义陈乎前，而好恶是非直服人之口而已矣。使人乃以心服而不敢蘁，立定天下之定。已乎已乎！吾且不得及彼乎！”

万物有乎生而莫见其根，有乎出而莫见其门

这句看上去前不着村后不着店的话，其语境作用其实非常清晰，就是为整个寓言的寓意提供坚不可摧的自然哲学基础。

人皆知其知之所知，而莫知恃其知之所不知而后知，可不谓大疑乎

极具思想价值的一句话。其所欲表达的核心意思是，人们并不知道人必须仰赖于人完全无法知道的认识能力然后才能有认识。这个问题柏拉图和康德都回答得很清楚。柏拉图认为，学习就是回忆，就是回忆起灵魂曾在天国里见过的真正存在；康德认为，人要认识认识，就得对理性进行一番审视，看看什么是在理性认识能力之内的，什么又是在理性认识能力之外的。请结合“万物有乎生而莫见其根，有乎出而莫见其门”一起理解。

人皆知，原文为“人皆尊”，据后文“而莫知”归元。

知之所不知，方便理解起见，最好把它简单直接地理解为大道。

已乎已乎！且无所逃，此所谓然欤？然乎

几乎无法理解，现根据庄子整体思想和本寓言文脉勉力为之。

已乎已乎，应该同《寓言》“已乎已乎！吾且不得及彼乎！”的相同，就是“不说了不说了”的意思。

且无所逃，逃什么呢？这是关键。按就近原则，逃“人皆知其知之所知，而莫知恃其知之所不知而后知”较为恰当。

此所谓然欤？然乎。原文为：“此所谓然与然乎？”完全无解。现将“与”字按庄子对它的通常用法改为语气词“欤”，并在其后按问句断句，遂将就可解。意思是说，这难道就是所谓的对吗？真的吗？请回头参看《齐物论》《寓言》相关部分。

【今译】

蘧伯玉在其六十年的生命历程里，一直处于一种与时俱化的境地之中，未必不是在开始的时候以为对的，到后来便吞吞吐吐又以为不对了，也未必知道现在所认为的对不就是他五十九岁时所认为的不对。万物都在生长，但就是看不到它终极的根；万物都有出处，但就是看不到它终极的门。人们都知道人的认知能力所能认知的东西，但并不知道正是凭借人的认知能力所不能知道的然后才能有认知，这难道不是一个大大的疑问吗？不说了不说了，没人能逃脱这个疑问，这难道就是所谓的对吗？真的吗？

八

【文本归元】

仲尼问于太史大弢、伯常骞、狶韦曰："夫卫灵公饮酒耽乐，不听国家之政；田猎毕弋，不应诸侯之际。其所以为灵公者，何邪？"大弢曰："是因是也。"伯常骞曰："夫灵公有妻三人，同滥而浴。史鳅奉御而进所，搏币而扶翼。其慢若彼之甚也，见贤人若此其肃也，是其所以为灵公也。"狶韦曰："夫灵公也，死，卜葬于故墓不吉，卜葬于沙丘而吉。掘之数仞，得石椁焉。洗而视之，有铭焉，曰：'不冯其子，灵公夺而里之。'夫灵公之为灵也久矣！之二人何足以识之！"

【见独】

耽乐

原文为"湛乐"，字面义无法解读，遂在完全不影响文义的前提下，将其归元为现今通用且简明易懂的耽乐。

毕弋

与《胠箧》"夫弓弩毕弋机变之知多，则鸟乱于上矣"的毕弋完全等同。毕为捕兽所用之网，弋为射鸟所用的系绳之箭。此处的毕弋其实就是田猎。

夫灵公有妻三人，同滥而浴。史鳅奉御而进所，搏币而扶翼

同滥而浴，虽然语义清楚，但滥字实在太烂，完全无法找到合适的选项，估计原文有误。

史鳅，实有历史人物，卫灵公时担任祝史，负责卫国对社稷神的祭祀。

鳅，音 qiū。

奉御而进所，非常难以把握其准确含义，只能按字面义来理解，即奉召而来到卫灵公的所在地。

搏币而扶翼，极度晦涩的文字表达。幸好，借助史鳅祝史官的实有身份，通过想象，大致能看到这样一幅画风：当史鳅奉召来到卫灵公所在地进行祭祀时，卫灵公肃穆地接过史鳅手上拿的币帛之类的祭祀物品，小心翼翼地护卫着史鳅进行祭祀。

石椁

石制的外棺。椁，音 guǒ，套在棺材外面的大棺材。

不冯其子，灵公夺而里之

尽管这句话应该是本寓言的核心句，遗憾的是，完全无法抓到它的思想含义。

不冯其子，无须依靠他的儿子。冯，依凭，古常用义。

夺而里之，含义甚是不明。如果原文无错，则只能望文生义。夺就是“夺取”的夺，里就是“里面”的里，之指代石槨。

【今译】

孔子问于太史大弢、伯常骞、狶韦三人说：“卫灵公这个人饮酒作乐，不理国家朝政；宁愿四处打猎，也不回应各路诸侯的交际请求。但他死后竟然被谥为灵公，这是为什么呀？”大弢回答说：“就因为他是这样的一个人才被谥为灵公的啊。”伯常骞回答说：“灵公有过三个妻子，还跟她们同时一起洗浴。但当史鳅奉命觐见灵公时，灵公不仅亲自接过史鳅手上的祭品，还小心翼翼地陪侍在史鳅旁边。他可以怠慢他的妻子们到哪种地步，也可以在接见贤人时恭敬到这种地步，这就是他被谥为灵公的原因啊。”狶韦回答说：“卫灵公这个人，死的时候，占卜说葬于祖墓会不吉祥，要葬到沙丘去才会吉祥。于是便在沙丘里挖了一个好几仞深的坑，在其中发现了一个石制外棺。当把石制外棺洗刷干净再来看时，上面竟然刻有铭文是这么说的：‘无须依靠他的儿子，灵公将会拿到这个石棺并把自己装在里面。’所以说，灵公之所以被谥为灵公，是早就为上天所安排好了的！就凭大弢和伯常骞那两个人，怎么能体认到这一点呢！”

九

【文本归元】

少知问于大公调曰："何谓丘里之言？"大公调曰："丘里者，合十姓百名而为风俗也，合异以为同，散同以为异。今指马之百体而不得马，而马系于前者，立其百体而谓之马也。是故丘山积卑而为高，江河合水而为大，大人合并而为公。是以自外入者，有主而不执；由中出者，有正而不距。四时殊气，天不赐，故岁成；五官殊职，君不私，故国治；文武殊材，大人不赐，故德备；万物殊理，道不私，故无名。无名故无为，无为而无不为。时有终始，世有变化，祸福淳淳，至有所拂者而有所宜；自殉殊面，有所正者有所差。比于大泽，百材皆度；观于大山，木石同坛。此之谓丘里之言。"少知曰："然则谓之道足乎？"大公调曰："不然。今计物之数，不止于万，而期曰万物者，以数之多者号而读之也。是故天地者，形之大者也；阴阳者，气之大者也；道者为之公。因其大以号而读之则可也，已有之矣，乃将得比哉！则若以斯辩，譬犹狗马，其不及远矣。"少知曰："四方之内，六合之里，万物之所生恶起？"大公调曰："阴阳相照相盖相治，四时相代相生相杀。欲恶去就，于是桥起。雌雄片合，于是庸有。安危相易，祸福相生，缓急相摩，聚散以成。此名实之可纪，精之可志也。随序之相理，桥运之相使，穷则反，终则始，此物之所有。言之所尽，知之所至，极物而已。睹道之人，不随其所废，不原其所起，此议之所止。"少知曰："季真之莫为，接子之或使。二家之议，孰正于其情，孰偏于其理？"大公调曰："鸡鸣狗吠，是人之所知。虽有大知，不能以言读其所自化，又不能以意其所将为。斯而析之，精至于无伦，大至于不可围。或之使，莫之为，未免于物而终以为过。或使则实，莫为则虚。有名有实，是物

之居；无名无实，在物之虚。可言可意，言而愈疏。未生不可忌，已死不可阻。死生非远也，理不可睹。或之使，莫之为，疑之所假。吾观之本，其往无穷；吾求之末，其来无止。无穷无止，言之无也，与物同理。或使莫为，言之本也，与物终始。道不可有，有不可无。道之为名，所假而行。或使莫为，在物一曲，夫胡为于大方！言而足，则终日言而尽道；言而不足，则终日言而尽物。道，物之极，言默不足以载。非言非默，议有所极。”

【见独】

应该是庄子的手笔，大致意思也能把握，但才智所限，完全无法通畅解读，唯有期待后世高人为之。

外物

一

【文本归元】

外物不可必，故龙逢诛，比干戮，箕子狂，恶来死，桀纣亡。人主莫不欲其臣之忠，而忠未必信，故伍员流于江，苌弘死于蜀，藏其血，三年而化为碧。人亲莫不欲其子之孝，而孝未必爱，故孝己忧而曾参悲。木与木相摩则燃，金与火相守则流，阴阳错行，则天地大骇，于是乎有雷有霆，水中有火，乃焚大槐。有甚忧两陷而无所逃。螴蜳不得成，心若县于天地之间，慰暋沈屯，利害相摩，生火甚多，众人焚和，月固不胜火，于是乎有僓然而道尽。

【见独】

生拼硬凑，故弄玄虚，义理杂乱，不知所云，定非庄子手笔，故不解、不注、不译。颇感遗憾的是，这段是本篇的篇首，且包含文章的标题，就这么断然去除，内心有些不适。

二

【文本归元】

庄周家贫，故往贷粟于监河侯。监河侯曰:“诺。我将得邑金，将贷子三百金，可乎?”庄周忿然作色曰:“周昨来，有中道而呼者，周顾视车辙，中有鲫鱼焉。周问之曰:‘鲫鱼来，子何为者耶?’对曰:‘我，东海之波臣也，君岂有斗升之水而活我哉?’周曰:‘诺。我且南游吴越之王，激西江之水而迎子，可乎?’鲫鱼忿然作色曰:‘吾失我常处，我无所处，我得斗升之水然活耳。君乃言此，曾不如早索我于枯鱼之肆。’”

【见独】

邑金

封邑的租赋税金。

忿然作色

由于愤怒而变了脸色。

鲫鱼

原文为“鲋鱼”，估计原本就是鲫鱼的误抄，后世注家因不知鲋鱼究竟是什么鱼，遂又将鲋鱼解读为鲫鱼，这纯粹就是无事找事。当然，就寓言本身的语言需要来说，或许作为虚拟的鲋鱼之名，更符合庄子本人的行文意图。

波臣

庄子单一独用词，字面义无解，大概的语境含义，应该与《天地》篇中的“风波之民”近似。

我且南游吴越之王

“王”有作“土”的，孰对孰错，取决于对“游”字的解读。游有游历、游说两种含义，两种含义相对应于“土”与“王”，逻辑上都可通，但义理上会有显著不同。鉴于庄子本人不太可能“激西江之水而迎子”，而游说吴越之王后，就很有可能，故取“王”而去“土”。

【今译】

庄周因为家里贫穷，就前往监河侯家里去借贷。监河侯说：“当然可以。我马上就可以收取到封邑的租赋税金，到时候我就借贷给你三百金，你看怎样？”庄周愤然变脸说：“我昨天来时，路上有听到一个呼声，回头一看，原来是车辙中有一条鲫鱼。我于是问鲫鱼：‘鲫鱼你过来，你想要干什么啊？’鲫鱼回答说：‘我，原本是东海的一位波臣，您能否有斗升之水以救我的命啊？’我说：‘当然可以。我正要去游说吴越的君王，我到时劝他把西江之水引过来救你，你看怎样？’鲫鱼愤然变脸说：‘我已经失去了我的常态，我没有地方可以活了，现我只要斗升之水就能活啊。您如果这么说，还不如早早到市场的死鱼堆里去找我好了。'”

三

【文本归元】

任公子为大钩巨缁，五十犗以为饵，蹲乎会稽，投竿东海，旦旦而钓，期年不得鱼。已而大鱼食之，牵巨钩，陷没而下，骛扬而奋鳍，白波若山，海水震荡，声侔鬼神，惮赫千里。任公子得若鱼，离而腊之，自制河以东，苍梧已北，莫不厌若鱼者。已而后世辁才讽说之徒，皆惊而相告也。夫揭竿累，趋灌渎，守鲵鲋，其于得大鱼难矣！是以未尝闻任氏之风，欲其可与经于世亦远矣！

【见独】

巨缁

明显应该跟大钩相对应，语境含义应该指巨大的钓线。缁，音 zī，本义为帛黑色。从语境看，钓线黑不黑显然没有任何关系。

犗

音 jiè，本义为阉割过的牛。就语境需要看，应该就是指牛，至于牛阉没阉，完全无关宏旨。

骛扬而奋鳍

想象出的画面应该是，吞食了大钩的大鱼在巨缁的拉扯下，扬起鱼翅和摆动鱼尾奋力前行。骛，音 wù，乱跑，奔驰。鳍，音 qí，本义为鱼类和某些其他水生动物的类似翅或桨的附肢，原文为“鬐”，明显是误抄，绝非通假字。

离而腊之

分割开来并制成腊鱼。离就是“分离”的离，腊就是“腊肉”的腊。

辁才讽说

字面义无解，估计原文有误。过往注家各式解读均毫无语义根据，不足为信。【今译】照抄，读者根据语境自个领会。

夫揭竿累，趋灌渎，守鲵鲋，其于得大鱼难矣

原文为："夫揭竿累，趋灌渎，守鲵鲋，其于得大鱼难矣！饰小说以干县令，其于大达亦远矣。"被删部分语境作用不清晰，影响对文本的清晰解读，后人旁注入正的可能性极大，故删除为上。

竿累，小钓竿小钓线。杆累明显与大钩巨缁对应。累的本义为绳索。

灌渎，小渠小沟。灌渎，音 guàn dú，灌溉用的沟渠。

鲵鲋，音 ní fù，泛指小鱼，明显应该与大鱼相对应。

是以未尝闻任氏之风，欲其可与经于世亦远矣

原文为："是以未尝闻任氏之风俗，其不可与经于世亦远矣！"明显不通，估计先是抄写者将原就没有标点分隔的"风欲"误看为风俗，后世注家觉得文句不通，就又擅自添加"不"字以求通顺，其实还是不通顺，哪有一人之为而为风俗的呢？又哪有对"不可与经于世"进行赞美的呢？

【今译】

任公子手持大钩巨缁，用五十头牛作钓饵，人虽蹲坐在会稽，钓竿却甩到了东海，每天就这么钓着，好几年都没有钓到一条鱼。后来终于有条大鱼上钩了，它牵着任公子的巨大鱼钩，潜入到了水下，扬起双鳍并摆动尾巴奋力前行，其激起的水花就若山一般高，连东海的海水都被震荡起来了，发出的声音一如鬼神，就算在千里之远的人都会感到害怕。任公子钓到这条鱼后，把它切成小块并制成腊鱼，自制河以东，苍梧已北，没有人不饱食过这条鱼的。后世一些辁才讽说之徒，都对此惊叹不已并奔走相告。一个人要是只拿着个小杆小线，又只是来到小渠小沟，还死守着小虾小鱼，要想钓到大鱼也太难了啊！所以说，没有听说过任公子钓鱼风格的人，要想经天纬地安邦治国，那简直是遥不可及啊！

四

【文本归元】

儒以《诗》《礼》发冢。大儒胪传曰：“东方作矣，事之何若？”小儒曰：“未解裙襦，口中有珠。”“《诗》固有之曰：‘青青之麦，生于陵陂。生不布施，死何含珠为？’接其鬓，压其顪，尔以金锥控其颐，徐别其颊，无伤口中珠。”

【见独】

胪传

庄子单一独用词，语境太小，含义极不清晰。【今译】不译，也因其完全不影响对寓言的正确理解。

裙襦

音 qún rú，裙子与短袄。

接其鬓，压其顪，尔以金锥控其颐，徐别其颊，无伤口中珠

这明显是发冢经验极其丰富的大儒对小儒所说的指导性话语。想象出的画面是，为了取出且不损伤死尸口中的珠宝，要做的正确动作是，一手扯着死尸的鬓发，一脚踩着死尸的胡须，一手用专用盗墓金属小锥敲控死尸的下巴，慢慢地将死尸的两颊分开。

鬓，音 bìn，脸旁靠近耳朵的头发。

顪，音 huì，下巴上的胡须。或许为庄子所独创独用，字面义无解。

锥，原为椎，跟金字似乎不搭，遂改“椎”为“锥”。当然，硬说古“椎”通“锥”也无妨。

控，小心把控。

颐，音 yí，本义下巴。

颊。音 jiá，本义为面颊，脸的两侧从眼到下颌部分。

【今译】

儒者会引用《诗》《礼》来盗墓。大儒胪传说："天都快亮了，事情进行得怎样了？"小儒说："还没来得及解开裙子与短袄呢，但看到死尸口中有一颗珠子。"大儒说："《诗》书上原本就有这么个说法：'青青之麦，生于陵陂。生不布施，死何含珠为？'你用一只手扯着他的鬓发，用一只脚踩着他的胡须，然后用小锥敲控他的下巴，慢慢地将他的两颊分开，千万不要伤着了他口中的珠子。"

五

【文本归元】

老莱子之弟子出薪，遇仲尼，反以告，曰："有人于彼，修上而趋下，末偻而后耳，视若营四海，不知其谁氏。"老莱子曰："是丘也，召而来。"仲尼至。曰："丘，去汝躬矜与汝容知，斯为君子矣。"仲尼揖而退，蹙然改容而问曰："业可得进乎？"老莱子曰："夫不忍一世之伤而傲，万世之患，抑固窭耶？亡其略弗及耶？惠以欢为傲，终身之丑，中民之行焉耳，相引以名，相结以隐。与其誉尧而非桀，不如两忘而闭其所誉非。"

【见独】

有人于彼，修上而趋下，末偻而后耳，视若营四海，不知其谁氏

修上而趋下，过往注家几乎全都将其解注为对孔子外貌的描绘，说是上身长而下身短，这显然既没有任何外在事实依据，也没有任何内在义理需要。根据"丘，去汝躬矜与汝容知，斯为君子矣"这个语境，它应该是指孔子对长上恭修而对晚下趋附，这跟孔子对礼的主张完全一致。

末偻而后耳，正是孔子礼教主张的行为写照，即孔子总是一副谦卑地弓着背且跟在他人后面的样子。耳，不是耳朵，而是文言句末语气词，古汉语常用义。

视若营四海，指孔子的眼光就好像要经营四海似的，表明孔子外表谦恭而内心高傲，一副要救赎天下的样子。

不知其谁氏，原文为“不知其谁氏之子”，之子可要可不要，不要。

蹙

音 cù，本义为紧迫，急促。

夫不忍一世之伤而傲，万世之患，抑固窭耶？亡其略弗及耶？惠以劝为傲，终身之丑，中民之行焉耳，相引以名，相结以隐

原文多为：“夫不忍一世之伤，而鹜万世之患。抑固窭耶？亡其略弗及耶？惠以欢为，鹜终身之丑，中民之行进焉耳！相引以名，相结以隐。”

差别一，断句。主要是“傲”字的位置问题。根据文脉，傲显然是孔子的一种行为，是老莱子所要否定的。所以，傲要重点凸显出来；差别二，“鹜”归元为“傲”。古“鹜”“傲”相通，没有必要在简体字里混杂着古异体字；差别三，“劝”误抄为“欢”。如果是欢，则因完全没有语境而导致文本不可理解。如果是劝，则其语境根据是“修上而趋下，末偻而后耳”。劝欢的繁体为勸歡，当对文本的义理缺乏理解时，便容易因为形体的相近而产生误抄和误读；差别四，“行进”归元为“行”，进字毫无疑问多余。

傲，对应于孔子的“躬矜”与“容知”，也即引以为傲的意思。

窭，音 jù，本义为贫穷得无法备礼物，后泛指贫穷。

亡其，连词，抑或，还是。

反无非伤也，动无非耶也，圣人踌躇以兴事，以每成功。奈何哉，其载焉终矜尔

原位于段末。现予以删除，理由有三。其一，无论形式还是义理，都跟语境不搭；其二，本身不知所云，或许是本人理解不到位，但实在是无法理解到位；其三，删除后的归元文本，形式完足，义理清晰，寓意完美。

誉非

原文有为单字“誉”的，有为双字“非誉”的。现归元为“誉非”，是为了跟“与其誉尧而非桀”的誉与非相一致。

【今译】

老莱子的弟子出门捡拾柴火，路上看到过孔子，回来就把这事告知老莱子说：“有这么一个人，他看上去对长上都谦恭有加，对晚下都和蔼可亲，总弓着个背走在他人的后头，但他的眼神一副经营天下的样子，不知道他究竟是谁。”老莱子说：“是孔子，去把他叫过来。”孔子被叫了过来。老莱子说：“孔丘啊，你还是把你身上的那副矜持和博学的表情去掉吧，只有这样才配得上君子的称号。”孔子先是双手作揖然后就退到一旁，赶紧改容易色问老莱子说：“那我如何做才能获得进阶呢？”老莱子说：“你以容忍不了一世的伤害而引以为傲，则会导致万世的祸患，这究竟是你天生的智力不够呢，还是你后天的方略不及？你以施惠他人以劝诫而引以为傲，这其实是你一生的丑行，这只不过是中等智力的人的行径罢了，他们要么以名声相招引，要么以私利相交结。你与其总是赞誉尧而非议桀，不如把他们两个都忘个精光而不再有任何的赞誉与非议。”

六

【文本归元】

宋元君夜半而梦人被发窥阿门，曰：“予自宰路之渊，为清江使河伯之所，渔者余且得予。”元君觉，使人占之，曰：“此神龟也。”君曰：“渔者有余且乎？”左右曰：“有。”君曰：“令余且会朝。”明日，余且朝。君曰：“渔何得？”对曰：“且之网得白龟焉，其圆五尺。”君曰：“献若之龟。”龟至，君再欲杀之，再欲活之。心疑，卜之。曰：“杀龟以卜，吉。”乃刳龟，七十二钻而无遗策。仲尼曰：“龟神能见梦于元君，而不能避余且之网；知能七十二钻而无遗策，不能避刳肠之患。如是，则知有所困，神有所不及也。”

【见独】

阿门

过往注家一律认同旁门或侧门的解读，真的不知道根据在哪里。就错误的

可避免性而言，将阿门看作是一个专有名词比较好，即一个叫阿门的可能用来祭祀的地方。

宰路之渊

很可能是庄子特意安排的一个隐喻，即一路被宰的深渊。因为无论是谁，都逃不出“知有所困，神有所不及也”的困境，都注定会陷入在被宰的深渊里，一如耶稣又或是庄子。

龟神能见梦于元君，而不能避余且之网；知能七十二钻而无遗策，不能避刳肠之患

龟神，原文为“神龟”。根据文本龟神能怎样龟知又能怎样的为文意图归元。

遗策，原文为“遗筴”，“筴”应该是“策”的别字或是误抄。

刳肠，剖腹摘肠。刳，音 kū，从中间破开再挖空。

虽有至知，万人谋之。鱼不畏网而畏鹈鹕。去小知而大知明，去善而自善矣。婴儿生，无硕师而能言，与能言者处也

原位于段末，不知所云，且与寓言整体完全不搭，不知道怎么就混入了正文。删除后的归元文本，义理完足，形式完整。

【今译】

宋元君夜半梦见有个人披头散发在偷窥阿门，还说：“我自宰路之渊来，原本是作为清江的使者去出使河伯的，有个叫余且的渔夫中途把我给网走了。”宋元君醒来后，叫人对这事进行占卜，占卜人说：“这是只神龟。”宋元君说：“渔夫中有叫余且的吗？”左右说：“有。”宋元君说：“叫余且来见。”第二天，余且见宋元君。宋元君问：“你最近网得了什么吗？”余且说：“我网得了一只白龟，龟身有五尺那么大。”宋元君说：“把你网得的白龟献上来。”白龟献上后，宋元君几次想杀掉它，又几次想放生它。因为心有所疑，便叫人对它进行占卜。占卜的人说：“把白龟杀掉用来占卜，大吉。”于是白龟被杀，七十二次占卜七十二次灵验。孔子说：“白龟的神能给宋元君送梦，却不能躲避余且之网；白龟的知能七十二次占卜七十二次灵验，却不能躲避刳肠之患。

由此看来，任何所谓的知都有它困顿的时候，任何所谓的神都有它不及的时候啊。”

七

【文本归元】

惠子谓庄子曰：“子言无用。”庄子曰：“知无用而始可与言用矣。夫地非不广且大也，人之所用容足耳，然则厕足而垫之致黄泉，人尚有用乎？”惠子曰：“无用。”庄子曰：“然则无用之为用也，亦明矣。”

【见独】

然则侧足而堑之致黄泉，人尚有用乎

原文为：“然则厕足而垫之致黄泉，人尚有用乎？”

归元的地方有二。其一，改“厕”为“侧”；其二，改“垫”为“堑”。估计都是因不能理解原文而产生的抄误。堑，音 qiàn，作动词用时，挖掘壕沟、通道等的意思。

【今译】

惠施对庄子说：“你的话没有用。”庄子说：“知道没有用才开始可以言说有用啊。大地并不是不广大，人能用得上的只不过是脚下那一小块，但如果把脚下那一小块旁边的地都挖到黄泉深处去，你脚下那一小块还能有用吗？”惠施说：“没有用。”庄子于是说：“这么说来，那没有用之为有用，也就很明确了啊。”

八

【文本归元】

庄子曰："人有能游，且得不游乎！人而不能游，且得游乎！夫流遁之志，决绝之行，噫其非至知厚德之任与！覆坠而不反，火驰而不顾。虽相与为君臣，时也，易世而无以相贱。故曰：至人不留行焉。夫尊古而卑今，学者之流也。且以狶韦氏之流观今之世，夫孰能不波！唯至人乃能游于世而不僻，顺人而不失己。彼教不学，承意不彼。"

目彻为明，耳彻为聪，鼻彻为颤，口彻为甘，心彻为知，知彻为德。凡道不欲壅，壅则哽，哽而不止则跈，跈则众害生。物之有知者恃息。其不殷，非天之罪。天之穿之，日夜无降，人则顾塞其窦。胞有重阆，心有天游。室无空虚，则妇姑勃谿；心无天游，则六凿相攘。大林丘山之善于人也，亦神者不胜。

德溢乎名，名溢乎暴，谋稽乎誸，知出乎争，柴生乎守，官事果乎众宜。春雨日时，草木怒生，铫鎒于是乎始修，草木之倒植者过半而不知其然。

静默可以补病，眦搣可以休老，宁可以止遽。虽然，若是劳者之务也，非佚者之所未尝过而问焉；圣人之所以骇天下，神人未尝过而问焉；贤人之所以骇世，圣人未尝过而问焉；君子所以骇国，贤人未尝过而问焉；小人所以合时，君子未尝过而问焉。

演门有亲死者，以善毁爵为官师，其党人毁而死者半。尧与许由天下，许由逃之；汤与务光，务光怒之；纪他闻之，帅弟子而蹲于窾水，诸侯吊之。三年，申徒狄因以踣河。

【见独】

义理杂乱，湖拼海凑，故作高深，定非天才庄子手笔，故不解、不注、不译。

九

【文本归元】

筌者所以在鱼，得鱼而忘筌；蹄者所以在兔，得兔而忘蹄；言者所以在意，得意而忘言。吾安得夫忘言之人而与之言哉！

【见独】

通俗易懂，无须任何解注。即便完全不懂筌、蹄的究竟含义，但终究还是能得意而忘言。吾安得夫忘言之人而与之言哉！

寓言

一

【文本归元】

寓言十九。重言十七。卮言日出，和以天倪。

寓言十九，藉外论之。亲父不为其子媒，亲父誉之，不若非其父者也。非吾罪也，人之罪也。与己同则应，不与己同则反。同于己为是之，异于己为非之。

重言十七，所以己言也，是为耆艾年先矣。而无经纬本末以期耆艾者，是非先也。人而无以先人，无人道也。人而无人道，是之谓陈人。

卮言日出，和以天倪，因以曼衍，所以穷年。不言则齐，齐与言不齐，言与齐不齐也，故曰言无言。言无言，终身言，未尝言。终身不言，未尝不言。有自也而可，有自也而不可。有自也而然，有自也而不然。恶乎然？然于然。恶乎不然？不然于不然。恶乎可？可于可。恶乎不可？不可于不可。物固有所然，物固有所可。无物不然，无物不可。非卮言日出，和以天倪，孰得其久！万物皆种也，以不同形相禅，始卒若环，莫得其伦，是谓天均。天均者，天倪也。

【见独】

寓言十九。重言十七。卮言日出，和以天倪

首先，断句要正确。过往断句都为："寓言十九，重言十七，卮言日出，和以天倪。"这会导致理解上的巨大偏差。

其次，寓言、重言、卮言庄子都给出了定义，完全不需要在文本之外再去探究它们的究竟含义。寓言是"藉外论之"，重（zhòng）言是"所以己言"，卮言是"和以天倪"。所谓藉外论之，就是不用自己的话证明自己的话对，而要借助他者的话证明自己的话对，就好比做父亲的不能做自己儿子的媒人而要他人做一样。所谓所以已言，就是为自己的话找权威根据。这个权威根据，就是指说话有经纬本末的耆艾。耆艾，就是年先，即老年人。究竟多老才算老年人，文中没有交代，我们也没必要深究，因为文章已经交代得很清楚，耆艾就是有经纬本末认知的老年人。那些将耆解读为六十岁将艾解读为五十岁的，其实没有什么根据，纯属以讹传讹。所谓和以天倪，就是所说的话要和客观实在完全相一致。其含义，跟《齐物论》“是以圣人不由，而照之于天”完全等同。天倪又是什么意思呢？凡天造之物，既是一体的，又是分离的，就如人体，是分与合的对立统一。这个分与合对立统一中的分，就是倪，自然的分际。

最后，十九、十七的含义究竟如何理解？如果将十九、十七理解为寓言和重言占《庄子》全书篇幅的比例，一则完全没有思想含义，二则完全没有事实上的依据，无论怎么算，也算不出寓言占《庄子》一书十分之九的篇幅、重言占十分之七的篇幅。如果将十九、十七理解为寓言和重言的可信度，则何谓可信，是个很大的问题。教义在教徒心里是很可信的，但教义很可靠吗？未必。庄子说这话的意图显然是，寓言的可靠度是十分之九，重言的可靠度是十分之七，唯有和以天倪的卮言，其可靠度是十分之十。为什么要用卮言来指称言的绝对可靠性呢？显然要先理解卮的原始含义，就好比要理解金玉良言先要理解金玉的原始含义一样。卮，一种古代盛酒的圆形器皿，不灌酒就空仰着，灌满酒就倾斜，没有一成不变的常态。

不言则齐，齐与言不齐，言与齐不齐也，故曰言无言。言无言，终身言，未尝言。终身不言，未尝不言

看上去极其简明的一段话，却并不易懂。要想充分理解它，除了回头反复再看《齐物论》相关部分外，更主要的是要静思默想，心性体会。

事物原本是道通为一的，人类如果不用言语去表达它，则自然齐一，这是《齐物论》的核心思想之一。但如果人类一旦用言语去表达原本齐一的事物，就很可能产生不齐，这种现象就叫“齐与言不齐，言与齐不齐也”。所以，如果要使言与言说的事物相一致，就必须是“言无言”，就好像没有言说它一样。只有这样的言，才是真言。要是言说的是真言，则即使一生都在言，但事实上没有言，因为言与事物完全相一致。即使一生都不言，但事实上并不是没有言，因为不是所有的事物都可以言。

非卮言日出，和以天倪，孰得其久

一定要在意念上将这句话同“卮言日出，和以天倪，因以曼衍，所以穷年”相呼应。

万物皆种也，以不同形相禅，始卒若环，莫得其伦，是谓天均。天均者，天倪也

一定要明白这句话是用来解释说明“非卮言日出，和以天倪，孰得其久”的。即，为什么说“非卮言日出，和以天倪，孰得其久”呢？因为“万物皆种也，以不同形相禅，始卒若环，莫得其伦，是谓天均”。

一切有形存在都是种子，只是形式上相互转化而已，且环环相扣，连绵不绝，难分终始，这是上天的造化。以一棵松树为例，松子是松芽的种子，松芽是松苗的种子，松苗是松根的种子，松根是松干的种子，松干是松枝的种子，松枝是松叶的种子，松枝是松花的种子，松花是松果的种子，松果是松子的种子，松子又是整棵松树的种子。或者，更准确点说是，松树任何形态的存在都是其任一形态的种子。整个过程，每个形式都是种子，都有不同的形式，环环相扣，先后莫辩，这就是自然的分际。如果要对松树这个事物进行言说，就必须随着松树的变化而变化，而不能死守松树的某一阶段言说松树。这个言说的本身，就是卮言。

【今译】

寓言的可靠度是十分之九。重言的可靠度是十分之七。卮言不固守某种形式，随着外境的变化而变化，跟客观世界的自然分际完全相一致。

之所以说寓言的可靠度是十分之九，是因为寓言必须借由事物本身之外的道理来论证自身。就好比，亲生的父亲不能为自己的儿子说媒，因为亲生的父亲所说儿子的好话，不如不是亲生的父亲所说的好话可信。这不是亲生父亲的错，是人的错。人都是与自己看法相同的就应和，不与自己看法相同的就反对。跟自己的看法相同就肯定它，跟自己的看法不同就否定它。

之所以说重言的可靠度是十分之七，是因为重言是用来作为自己所说的话的权威依据的，而这又是因为重言是出自耆艾之年的老年人。要是耆艾之年的老年人所说的话没有经纬本末与之匹配，那他就不配称为先人。人要是到老都不能成为先人，则就谈不上有人之道。没有人之道的人，就只能称之为陈人。

卮言是随着外境的变化而时刻变化的，它始终跟客观世界的自然分际相一致，借助于卮言而应对一切事物，就可以确保一生的言说都确凿可靠。客观世界要是没有言语介入，则万物就本来是齐一的。齐一与言语显然不是齐一的，言语跟齐一也显然是不齐一的，所以才说要言无言。要是能做到言无言，则即使终其一生都在言，也是未尝言。即使终其一生都不言，也未尝不言。客观存在的一切事物，都有其可的依据，也有其不可的依据。有其对的依据，也有其不对的依据。怎么才算对呢？因为对而对。怎么才算不对呢？因为不对而不对。怎么才算可呢？因为可而可。怎么才算不可呢？因为不可而不可。万物本来都有它对的道理，万物本来都有它可的道理。没有什么物是不对的，也没有什么物是不可的。要不是卮言随顺外物的变化而时刻变化，以使言语跟客观存在相一致，那谁能使自己言说的话总是可靠呢！一切有形的存在物都是它物的种子，都只是以不同的形式相互转化而已，环环相扣，莫辩终始，莫分其类，这就叫天均。所谓天均，其实就是天倪，也就是客观世界的自然分际啊。

二

【文本归元】

庄子谓惠子曰："孔子行年六十而六十化，始时所是，卒而非之，未知今之所谓是之非五十九非也。"惠子曰："孔子勤志服知也。"庄子曰："孔子谢之矣，而其未之尝言也。孔子云：'夫受才乎大本，复灵以生，鸣而当律，言而当法。利义陈乎前，而好恶是非直服人之口而已矣。使人乃以心服而不敢蘁立，定天下之定。'已乎已乎！吾且不得及彼乎！"

【见独】

孔子行年六十而六十化，始时所是，卒而非之，未知今之所谓是之非五十九非也

理解这句话的关键不在这句话本身，而在这句话在全段中所起的作用。这句话明显是为了衬托起见，用以说明有些看上去很对的行为其实是错的。也就

是说，当庄子说孔子“行年六十而六十化，始时所是，卒而非之，未知今之所谓是之非五十九非也”时，庄子没有赞美孔子的意思。相反，庄子是在埋汰孔子，说孔子说是说，行是行，说与行没能统一。惠施本来就是一个辩者，自然听不懂庄子的话，才会赞美性地应和说：“孔子勤志服知也。”接下来，庄子通过对惠施回答的否定，而将人应该的行为呈现出来。

如果印证可以说明道理成立的话，则《知北游》可以印证：“古之人外化而内不化，今之人内化而外不化。”这里的孔子显然是外化内也化，没有定则，故不对。接下来的曾子再仕而心再化寓言也说明曾子一直处在化中而有哀，故不对。

孔子勤志服知也

字面意思非常不好理解。只能凭借纯粹理性经由纯粹逻辑推理，才能推导出这句话的可能含义：孔子真是一个努力有志于服从知识的人啊。显然，惠施对庄子的话做了错误的理解，以为庄子是在赞美孔子行年六十而六十化，其实庄子的意思很明确，孔子尽管已经六十岁了，还是没能实现他要“定天下之定”的思想主张。

夫受才乎大本，复灵以生，鸣而当律，言而当法

极具思想价值的一句话。非天才庄子，无人能说出如此简美却如此深邃的话。

本句的主语明显是人。才，就是“才华”的才。大本，就是大道，就是大自然。复灵以生，就是指人不灭的灵魂借助人的肉身重生。鸣而当律要与言而当法一体理解，说的是同一个意思，起强调作用。鸣、言就是说，律、法就是“律法”的拆分。

使人乃以心服而不敢强立，定天下之定

必须把这句话同全章贯通起来才能理解。“使人乃以心服而不敢强立”显然是针对“直服人之口而已矣”说的，“定天下之定”显然是针对“始时所是，卒而非之”说的。使，“假使”的使。强，过往解注本多作蘁（wù），无解，猜想是强缺损后的误抄。即使不是误抄，根据语境需要，也还是用“强”字较好，它的含义同《渔父》“故强哭者，虽悲不哀。强怒者，虽严不屯。强亲者，虽笑不和”的强，强行的意思。

“定天下之定”的含义是极其明确的。它既是对“始时所是，卒而非之”的否定，也是对“鸣而当律，言而当法”的肯定。

吾且不得及彼乎

过往解注几乎全都将“彼”理解为孔子，意思是说庄子比不上孔子。其实，弄懂了全章后，彼的含义非常清晰，就是“夫受才乎大本，复灵以生，鸣而当律，言而当法。利义陈乎前，而好恶是非直服人之口而已矣。使人乃以心服而不敢强立，定天下之定”所包含的道理。

【今译】

庄子对惠施说：“孔子六十年的认识生涯里总是处于一种变动不居的状态，起初以为对的东西，后来就又认为不对了，他不知道他六十岁时所认为的对是否就是他五十九岁时所认为的不对啊。”惠施接话说：“孔子真是一个努力献身于真知的人啊。”庄子回答说：“孔子会谢绝你的这个赞美的，只不过他不能当面跟你说罢了。孔子曾经这样说过：‘一个人从大道那里分有自己的才干，借助人的肉身而将人的灵魂得以复活，无论说什么都应该符合上天的定则。当利义出现在眼前时，人所表现出来的好恶是非只不过是让人口服而已矣。要是使人能够心服而不敢强力言说什么，则就能以定则使天下安定了。’不说了不说了，这个我也是做不到啊！”

三

【文本归元】

曾子再仕而心再化，曰：“吾及亲仕，三釜而心乐。后仕，三千锺而不洎，吾心悲。”弟子问于仲尼曰：“若参者，可谓无所悬其罪乎？”曰：“既已悬矣！夫无所悬者，可以有哀乎？彼视三釜三千锺，如鸟雀蚊虻相过乎前也。”

【见独】

一个寓意很明确但文本设计很失败的寓言。败点主要是：

1. 及亲、三釜、三千锺、洎、罪等的含义都非常不明确，也无法在语境中求得贯通。尤为大忌的是，在如此短小的行文中，及与洎（jì，本义指往锅里添水。）对用，釜与锺对用，乐、悲、罪、哀对用，让人丈二和尚摸不着头脑。

2. 逻辑非常混乱。如果义理逻辑要自洽，文本必须改成这样：

曾子再仕而心再化，曰："吾及亲仕，三釜而心乐。不及亲仕，三千釜而心悲。"弟子问于仲尼曰："若参者，可谓无所悬其罪乎？"曰："既已悬矣！夫无所悬者，可以有哀乎？彼视及亲与不及，如鸟雀蚊虻相过乎前也。"

3. 文本重心究竟落在及亲与不洎之不同上，还是落在三釜与三千锺之不同上？曾子哀的是三釜与三千锺，还是及亲与不洎？从寓言的前半部分看，显然哀的是及亲与不洎。而从寓言的后半部分看，显然哀的三釜与三千锺。所以，寓言的前后部分显然是义理不一致的。

【今译】

文本不通，无法译，故不译。

四

【文本归元】

颜成子游谓东郭子綦曰："自吾闻子之言，一年而野，二年而从，三年而通，四年而物，五年而来，六年而鬼入，七年而天成，八年而不知死、不知生，九年而大妙。生有为，死也。劝公以其私，死也有自也，而生阳也，无自也。而果然乎？恶乎其所适，恶乎其所不适？天有历数，地有人据，吾恶乎求之？莫知其所终，若之何其无命也？莫知其所始，若之何其有命也？有以相应

也，若之何其无鬼邪？无以相应也，若之何其有鬼邪？”

【见独】

庄子所著之文尽管因深邃而看上去略显晦涩，但一旦贯通理解之后，基本都是简明流畅的。这段文字既不简明，也不流畅，十有八九是后人伪劣之伪作，故不解、不译。

五

【文本归元】

罔两问于景曰：“若向也俯而今也仰，向也括撮而今也被发，向也坐而今也起，向也行而今也止，何也？”景曰：“搜搜也，奚稍问也！予有而不知其所以。予，蜩甲也，蛇蜕也，似之而非也。火与日，吾屯也。阴与夜，吾代也。彼，吾所以有待邪，而况乎以无有待者乎！彼来则我与之来，彼往则我与之往，彼强阳则我与之强阳。强阳者，又何以有问乎！”

【见独】

本寓言的寓意跟《齐物论》八完全等同，只是文本有所不同而已。《齐物论》的文本简明清晰，这里的文本虽也简明，但不清晰。既然两寓言的寓意完全一样，这里就不对不清晰的文本做无谓的解读了。

六

【文本归元】

阳子居南之沛，老聃西游于秦。邀于郊，至于梁而遇老子。老子中道仰天而叹曰：“始以汝为可教，今不可也。”阳子居不答。至舍，进盥漱巾栉，脱

屦户外，膝行而前，曰："向者弟子欲请夫子，夫子行不闲，是以不敢。今闲矣，请问其故。"老子曰："尔睢睢盱盱，尔谁与居！大白若辱，盛德若不足。"阳子居蹴然变容曰："敬闻命矣！"其往也，舍者迎将，其家公执席，妻执巾栉，舍者避席，炀者避灶。其反也，舍者与之争席矣！

【见独】

盥漱巾栉

音 guàn shù jīn zhì，应该分别指洗手器皿、漱口用具、洗脸毛巾和梳头梳子。

睢睢盱盱

音 suī suī xū xū，意思不是很明确。根据语境，大意应该是指一个人眼睛直视，显出一副高高在上的样子。

大白若辱，盛德若不足

《老子见微》第 40 章有类似句子："大白如辱，广德如不足。"白话说就是，至白之道，就好像有所亏欠一样。至大之德，就好像不很完足一样。

蹴然

肃然起敬的意思，请回看《德充符》二的解注。

其往也，舍者迎将，其家公执席，妻执巾栉，舍者避席，炀者避灶。其反也，舍者与之争席矣

往与反构成对语，要结合语境才能清晰理解。往，指阳子居"闻命"于老子之前。反，指阳子居"闻命"于老子之后。

舍者迎将，结合语境，这里的舍者明显包括了阳子居南之沛所住的旅舍的主人和伙计。迎将，就是迎送的意思。

其家公执席，妻执巾栉。其家本身语意不明。结合语境，应该指旅舍的主人。

舍者避席，这里的舍者显然是相对其家来说的，指旅店的伙计。席，座席。

炀者避灶，炀，音 yáng，指向火取暖。灶，音 zào，结合炀的含义，当指取暖的炉灶。

舍者与之争席矣，可以照直理解为店里的伙计都与之争抢座席，形象表达阳子居不再睢睢盱盱，而是乐与大家一起生活，也可以将原话改为“舍者争与之席矣”后理解，结果都一样。

【今译】

阳子居南行到沛地，老聃恰好西行到秦国。阳子居于是邀约老聃在秦国郊区相见，到了梁地终于见着了老子。老子在回到阳子居住处的路上仰天而叹说：“刚开始我还以为你是一个可以教化的人，现在看来不是这样的啊。”阳子居听后默不作声。回到住处，给老子奉上全部洗漱用品后，阳子居把鞋子脱在户外，跪着来到老子面前，说：“之前回来的路上我就想请教您老人家，但那时要赶路，所以就不敢问了。现在您老人家闲了下来，我想请问那其中的究竟。”老子说：“你看你那副高高在上、目中无人的样子，你能跟谁相处得来啊！真正的白，就好像有所亏欠一样。盛大的德，就好像不很完足一样。”阳子居肃然起敬、改容易色说：“完全领会到您老人家的话了！”在此之前，店里的人无论是迎阳子居进门还是送阳子居出门，一般都是店里的男主人给他搬凳子椅子，店里的女主人给上毛巾梳子，伙计们让给他座位，烤火的人让给他炉子。自那以后，店里无论谁，都争着想跟他坐一块了。

让王

一

【文本归元】

尧以天下让许由，许由不受。又让于子州支父，子州之父曰：“以我为天子，犹之可也。虽然，我适有幽忧之病，方且治之，未暇治天下也。”夫天下至重也，而不以害其生，又况他物乎！唯无以天下为者，可以托天下也。舜让天下于子州之伯，子州之伯曰：“予适有幽忧之病，方且治之，未暇治天下也。”故天下大器也，而不以易生。此有道者之所以异乎俗者也。舜以天下让善卷，善卷曰：“余立于宇宙之中，冬日衣皮毛，夏日衣葛絺。春耕种，形足以劳动；秋收敛，身足以休食。日出而作，日入而息，逍遥于天地之间，而心意自得。吾何以天下为哉！悲夫，子之不知余也。”遂不受，于是去而入深山，莫知其处。舜以天下让其友石户之农，石户之农曰：“捲捲乎，后之为人，葆力之士也。”以舜之德为未至也，于是夫负妻戴，携子以入于海，终身不返也。

【见独】

幽忧

原文连续两次出现，不太可能出错，但字面义十分不解。勉力为之，应该与隐忧近似，因为隐幽原本就是一个类似黑暗由近义字合成的词。

葛絺

音 gé chī，用细葛布制成的衣服。葛的本义为一种植物，纤维可以织布。絺的本义为细葛布。

休食

完全不知何意，估计原文有误。

捲捲乎，后之为人，葆力之士也

语境太小，完全不知所云，【今译】不译。

【今译】

尧打算把天下让给许由，许由没有接受。又打算把天下让给子州支父，子州支父说："想让我做天子，还是可以的。只是，我刚好患有一种说不清道不明的病，我正在对它进行治疗，没有闲暇功夫去治理天下啊。"天下可以说是最为贵重的东西了，连天下都不可以妨碍一个人的生命，何况其他东西呢！只有那些不把天下作为自己目标追求的人，才可以把天下托付给他。舜想把天下让给子州之伯，子州之伯说："我刚好患有一种说不清道不明的病，我正在对它进行治疗，没有闲暇功夫去治理天下啊。"所以，即便是天下这么重要的东西，都不能用来换取生命。这就是有道之士跟世俗之人不同的地方。舜想把天下让给善卷，善卷说："我立足在宇宙之中，冬天里以皮毛为衣，夏天里以细布为衣。当春天需要耕种的时候，我的身体足以让我劳动；当秋天需要收割的时候，我的身体足以让我休食。我太阳出来时就出去劳作，太阳落山时就回家休息，我逍遥于天地之间，心意都获得了自我满足。我哪里需要什么天下来让我作为！悲哀啊，您真的不知道我到底是谁。"善卷于是没有接受舜的让给，离家出走逃到深山隐居去了，没人知道他究竟住在哪里。舜想把天下让给他的朋友石户之农，石户之农说："捲捲乎，后之为人，葆力之士也。"石户之农以为舜的德性还没有达到最高境界，于是夫负妻戴，连同他的孩子一起逃到海外去了，终其一生再没有回来过。

二

【文本归元】

大王亶父居邠，狄人攻之。事之以皮帛而不受，事之以犬马而不受，事之以珠玉而不受，狄人之所求者土地也。大王亶父曰："与人之兄居而杀其弟，与人之父居而杀其子，吾不忍也。子皆勉居矣！为吾臣与为狄人臣奚以异？且吾闻之，不以所用养害所养。"因杖策而去之，民相连而从之，遂成国于岐山

之下。夫大王亶父可谓能尊生矣。能尊生者，虽贵富不以养伤身，虽贫贱不以利累形。今世之人居高官尊爵者，皆重失之，见利轻亡其身，岂不惑哉！

【见独】

亶父

历史实有人物，据说是周朝的始祖，但这里应该是庄子为寓言寓意的需要而特意选取的，意为真诚之父。亶，音 dǎn，实在，诚信。

邠

音 bīn，古地名。

【今译】

大王亶父居住在邠地时，受到狄人的攻伐。大王奉上皮帛不被接受，奉上犬马不被接受，奉上珠玉还是不被接受，狄人所要的其实是土地。大王亶父于是说："要是因为想与他人的兄长居住一起而致使他们的弟弟被杀害，或是因为想与他人的父辈居住在一起而致使他们的子女被杀害，这是我所不能忍心的。你们大家还是勉强就住在原地吧！你们作为我的臣民和作为狄人的臣民其实能有什么不同呢？再者，我听说过，不要用所用养的去伤害所要养的。"于是他真的就拄着拐杖离开了邠地，但他的臣民也浩浩荡荡都跟着他离去，遂在岐山之下建立起一个新的国家。大王亶父可以说是能尊重生命的人了。能尊重生命的人，即便贵富也不会因为所用养而伤害身体，即便贫贱也不会因为利益而疲累身体。可当今世上那些高官尊爵的人，全都特别担心失去高官尊爵，一看到有利可图就把身体抛到了一边，这岂不是很迷惑么！

三

【文本归元】

越人三世弑其君，王子搜患之，逃乎丹穴。而越国无君，求王子搜，不得，从之丹穴。王子搜不肯出，越人熏之以艾，乘以王舆。王子搜援绥登车，

仰天而呼曰：“君乎，君乎，独不可以舍我乎！”王子搜非恶为君也，恶为君之患也。若王子搜者，可谓不以国伤生矣！此固越人之所欲得为君也。

【见独】

弑

音 shì，本义为古代统治阶级对子杀父、臣杀君的称呼。

援绥

手抓登车的绳子。绥，音 suí，本义为借以登车的绳索。

【今译】

越人出现过三次弑君事件，作为王子的搜很是担心，于是便逃到一个山洞里躲了起来。后来越国没有了国君，越人便试图找回王子搜，但没找到，最后来到山洞才找到。王子搜不肯从山洞里出来，越人就用艾草将王子搜熏了出来，强迫他坐上王车。当王子搜不得不手抓车绳登上王车时，他仰天而呼说：“王位啊，王位啊，您为什么独独不肯放过我呢！”王子搜并不是厌恶作为国君，而是厌恶作为国君所带来的祸患。像王子搜这样的人，可以算得上不因为国君之位而妨碍生命啊！而这正是越人最想要的国王。

四

【文本归元】

韩魏相与争侵地。子华子见昭僖侯，昭僖侯有忧色。子华子曰：“今使天下书铭于君之前，书之言曰：‘左手攫之则右手废，右手攫之则左手废，然而攫之者必有天下。’君能攫之乎？”昭僖侯曰：“寡人不攫也。”子华子曰：“甚善！自是观之，两臂重于天下也。身又重于两臂。韩之轻于天下亦远矣！今之所争者，其轻于韩又远，君固愁身伤生以忧戚不得也？”昭僖侯曰：“善哉！教寡人者众矣，未尝得闻此言也。”子华子可谓知轻重矣！

【见独】

自是观之，两臂重于天下也

由“自是观之”决定，“两臂重于天下也”后面必须是句号。

今之所争者，其轻于韩又远，君固愁身伤生以忧戚不得也

这句话明显是为呼应“韩魏相与争侵地。子华子见昭僖侯，昭僖侯有忧色”而说的，所以，“其轻于韩又远”后不能是句号，“君固愁身伤生以忧戚不得也”后不能是问号。固，很可能是何的误抄。

【今译】

韩国与魏国竞相争夺对方的土地。子华子去拜见昭僖侯时，昭僖侯因此而面带忧色。子华子说：“假如让天下人当着您的面写下铭文，铭文说：‘胆敢左手拿走铭文的就废掉右手，胆敢右手拿走铭文的就废掉左手，不过胆敢拿走铭文的就将拥有天下。’国君您会拿走铭文吗？”昭僖侯说：“我是绝对不会去拿的。”子华子于是说：“太对了！由此可见，人的两只手比天下要来得贵重。人的身体又比两手来得贵重。韩国相对于天下来说，要轻得太多了！现今您跟韩国所要争夺的那些地方，比起整个韩国来说，又要轻得太多了，国君您为何还要为它去愁身伤生以致忧戚不得呢？”昭僖侯说：“太对了啊！给我指教的人太多了，但从来没有人这么说过。”子华子可谓是真正知道轻重的人啊！

五

【文本归元】

鲁君闻颜阖得道之人也，使人以币先焉。颜阖守陋闾，粗布之衣而自饭牛。鲁君之使者至，颜阖自对之。使者曰：“此颜阖之家欤？”颜阖对曰：“此阖之家也。”使者致币。颜阖对曰：“恐听谬而遗使者罪，不若审之。”使者还，返审之，复来求之，则不得矣！故若颜阖者，真恶富贵也。故曰：“道之真以治身，其绪余以为国家，其土苴以治天下。”由此观之，帝王之功，圣人之余

事也，非所以完身养生也。今世俗之君子，多危身弃生以殉物，岂不悲哉！凡圣人之动作也，必察其所以之与其所以为。今且有人于此，以随侯之珠弹千仞之雀，世必笑之，是何也？则其所用者重而所要者轻也。夫生者，岂特随侯珠之重哉！

【见独】

陋闾

很破旧的里巷。闾，音 lǘ，原指里巷的大门，后指人聚居处，二十五家为一闾。

道之真以治身，其绪余以为国家，其土苴以治天下

真，要结合绪余和土苴一起才能获得真正理解，大意相当于核心价值。

绪余，很难就字面义解释清楚，因为道不是一个具体物，它的绪余不好把握，所以只能去意会，大致相当于核心价值下的附加价值。绪余的本义为蚕茧抽丝后留在茧上的残丝，后借指事物之残余或主体之外所剩余者。

土苴，字面义无解，估计原文有误，大意相当于残渣。苴，音 chá，指枯草。

还是不好理解。打一个比方，以大米为例。大米的真是当饭吃，大米的绪余是酿酒或是做其他食物，大米的土苴是酿酒后的酒糟或是做其他食物后剩下的残渣。

必察其所以之与其所以为

句中两个“所以”就是“知其然而不知其所以然”的所以，表原因或缘由。

随侯之珠

类似于和氏璧的实有之物，表示价值连城，词语“珠联璧合”的珠跟璧，指的就是随侯之珠和和氏璧，它们有“春秋二宝”之称。

【今译】

鲁国的国君听说颜阖是一个得道之人，便差人先去给颜阖送些币帛类的礼物。颜阖住在一个很破旧的巷子里，穿着一件粗布衣服正在给牛喂食。鲁君的使者到来时，颜阖很自然地出面接待。使者问："这是颜阖的家吗？"颜阖回答说："这正是颜阖的家。"于是使者将币帛等礼物送上。颜阖说："你恐怕是听错了，为了使你不致遭受责罚，你最好还是回去再核实一下。"使者于是就真的回去了，经核实，就又来求见颜阖，但颜阖已经不在了！像颜阖这类的人，是打心眼里不喜欢富贵。所以有这么个说法："道的核心价值在治身，道的附加价值在治国，道的残余价值在治天下。"由此可见，所谓帝王般的功绩，只不过是圣人的业余之事，是不可以用来完身养生的。可当今世俗社会里那些所谓的君子，大多是危身弃生而陷溺在物欲之中，这难道不是很悲哀吗！圣人所要做的一切事情，莫不先审察事情的目的以及处理事情的方式。现在假若有人有这么个做法，即以随侯之珠去弹杀高空之鸟，世人一定会取笑他，为什么呢？因为其所花费的很贵重，而其所获得的却很轻贱。就生命来说，它难道不比随侯之珠要来得更贵重吗！

六

【文本归元】

子列子穷，容貌有饥色。客有言之于郑子阳者，曰："列御寇，盖有道之士也，居君之国而穷，君无乃为不好士乎？"郑子阳即令官遗之粟。子列子见使者，再拜而辞。使者去，子列子入，其妻望之而拊心曰："妾闻为有道者之妻子，皆得佚乐。今有饥色，君过而遗先生食，先生不受，岂不命邪？"子列子笑，谓之曰："君非自知我也，以人之言而遗我粟；至其罪我也，又且以人之言，此吾所以不受也。"其卒，民果作难而杀子阳。

【见独】

拊心

拍胸，表示悲痛、激动等。拊，音 fǔ，本义为抚摸。

君过而遗先生食

过，“过问”的过，表示关心。

遗，给予，馈赠。

【今译】

子列子很穷，穷到一脸饥色的地步。有客人将这事告知郑国国君子阳，说：“列御寇，算得上是有道之士啊，他居住在您治下的国家却陷入贫穷之中，国君您难道是一位不喜欢有道之士的人吗？”子阳于是马上命令官员给列御寇家里送去粮食。子列子见到使者后，一再拜谢，坚辞不受。使者离开后，子列子回到屋里，他的妻子眼睛盯着他，手捶胸口激动地说：“我听说有道之士的妻小，全都可以过得安逸快乐。现在家人全都面带饥色，国君过问并馈赠我们粮食，可你竟然不接受，这难道是我们的注定吗？”子列子一边笑一边说：“国君本人对我并不了解，只是因为听了别人的话才馈赠我粮食。要是哪天他怪罪起我来，也会因为听了别人的话，这才是我不接受的原因啊。”后来，郑国百姓果然作难而杀死了子阳。

七

【文本归元】

楚昭王失国，屠羊说走而从于昭王。昭王返国，将赏从者，及屠羊说。屠羊说曰：“大王失国，说失屠羊；大王返国，说亦返屠羊。臣之爵禄已复矣，又何赏之有。”王曰：“强之。”屠羊说曰：“大王失国，非臣之罪，故不敢伏其诛；大王返国，非臣之功，故不敢当其赏。”王曰：“见之。”屠羊说曰：“楚国之法，必有重赏大功而后得见。今臣之知不足以存国，而勇不足以死寇。吴

军入郢，说畏难而避寇，非故随大王也。今大王欲废法毁约而见说，此非臣之所以闻于天下也。”王谓司马子綦曰：“屠羊说居处卑贱而陈义甚高，子为我延之以三旌之位。”屠羊说曰：“夫三旌之位，吾知其贵于屠羊之肆也；万锺之禄，吾知其富于屠羊之利也。然岂可以贪爵禄而使吾君有妄施之名乎？说不敢当，愿复返吾屠羊之肆。”遂不受也。

【见独】

三旌之位

字面义无解，估计“旌”字有误。按历史事实，旌可能是“卿”的误抄。有注家说旌就是“珪”，与文理不合，故不取。

【今译】

楚昭王失去了国家，屠羊说逃难时跟随着昭王。昭王重获国家后，想要嘉奖跟随过他的人，这其中就包含有屠羊说。不料屠羊说说：“大王失去了国家，我也跟着失去了屠羊；大王重获了国家，我也跟着重获了屠羊。我的好处都已经恢复了，哪里还需要什么嘉奖。”昭王说：“那就强行嘉奖给他。”屠羊说说：“大王失去了国家，并非我有什么过错，所以我不愿接受什么惩罚；大王重获了国家，也并非我有什么功劳，所以我也不敢接受什么奖赏。”昭王说：“那就召他来见。”屠羊说说：“楚国的一贯做法是，一定要有重大的奖赏或是重大的功劳才能获得君王的接见。但现今的我，就其知识来说不足以让国家存活，就其勇气来说不足以杀死敌寇。吴国的军队侵入郢地，我只不过是害怕灾难而逃避敌寇而已，并非是因为要跟随大王。现在大王想废法毁约而召见我，这是我从来不曾听说过的事。”昭王于是对司马子綦说：“屠羊说虽然地位低下，但所说的话甚是高明，你去负责把他延聘为三旌之位。”屠羊说说：“三旌之位，我知道它比做屠羊的买卖要贵重多了；万锺之禄，我知道它比从屠羊中获得的利益要多多了。难道就因为这个，我可以贪图爵禄而让我的君王蒙受妄施之名吗？我真的不敢接受三旌之位，我只愿重新做回我的屠羊买卖。”于是什么也没有接受。

八

【文本归元】

原宪居鲁，环堵之室，茨以生草，蓬户不完，桑以为枢；瓮牖二室，褐以为塞；上漏下湿，正坐而弦歌。子贡乘大马，中绀而表素，轩车不容巷，往见原宪。原宪华冠縰履，杖藜而应门。子贡曰："嘻！先生何病？"原宪应之曰："宪闻之，无财谓之贫，学而不能行谓之病。今宪贫也，非病也。"子贡逡巡而有愧色。原宪笑曰："夫希世而行，比周而友，学以为人，教以为己，仁义之慝，舆马之饰，宪不忍为也。"

【见独】

原宪居鲁，环堵之室，茨以生草，蓬户不完，桑以为枢；瓮牖二室，褐以为塞；上漏下湿，正坐而弦歌

环堵之室，就是《庚桑楚》里的环堵之室，形容房子很小且自成一体。环，就是四周的意思。堵，古代墙壁的面积单位，古代用板筑法筑土墙，五板为一堵，板的长度就是堵的长度，五层板的高度就是堵的高度。

茨以生草，屋顶用长草盖成。茨，音 cí，本义为用芦苇、茅草盖屋顶。生草，字面义不明，字典中的长草义符合这里的语境需要。但生草怎么就有长草的含义，就不得而知了。

蓬户不完，用蓬草编成的门户很不完整。

桑以为枢，用桑树做成的户枢。枢，音 shū，门上的转轴。

瓮牖二室，褐以为塞。字面义不明。借助想象，应该是指用破坛子砌成房子的窗户，用粗麻布隔出房子的两间屋子。瓮，音 wèng，本义为陶制盛器。牖，音 yǒu，本义为窗户。褐，音 hè，粗布或粗布衣服。

正坐，原文为"匡坐"，无解，估计"匡"是"正"的误抄。有注家将匡坐解注为正坐，完全没有必要。

中绀而表素

字面义甚是晦涩。本寓言有好几处类似这样的遣词造句，让人甚是怀疑其是否就是天才庄子的手笔。《庄子》义理虽然极度深刻，但遣词造句大多简明。结合语境及后文“舆马之饰”勉力为之，它的主语不是子贡所穿的衣服或是乘坐的轩车，而是子贡所乘的大马，即大马身上披着一块里衬红青而表面素白的布。绀，音 gàn，指红青或是微带红的黑色。

华冠縰履

字面义完全不解。勉力为之，大意指帽儿破鞋儿破，但缺少文字依据。

逡巡

逡巡，音 qūn xún，退着走。

夫希世而行，比周而友，学以为人，教以为己，仁义之慝，舆马之饰，宪不忍为也

希世而行，根据语境和字面义勉力为之，意为稀罕世俗的眼光而行动。

比周而友，根据语境和字面义勉力为之，意为不问是非曲直到处滥交朋友。比，即“比比皆是”的比，周即“周遍”的周。

学以为人，学习是为了胜过他人（学习本应该是为了超越自己）。

教以为己，教学是为了养活自己（教学本应该是为了成就他人）。

仁义之慝，以仁义为幌子干坏事。慝，音 tè，会意字，从匿，从心，即把心隐藏起来，存有邪念。

舆马之饰，明显针对“子贡乘大马，中绀而表素，轩车不容巷”而说的，意即以车马来装扮自己。

【今译】

原宪居住在鲁国，房子只有方丈大小，屋顶是用茅草盖的，门户是用蓬草编的，门轴是用桑树做的；仅有的两间房子，窗户是用破坛子砌的，中间是用粗布隔开的；尽管上漏下湿，但原宪却端坐在屋里弹弦而歌。子贡乘着一匹大马，马上还覆着一块布，布的里衬红青而表面素白，马车大得连街巷都容不下，他是来看望原宪的。原宪则衣冠不整，拄着拐杖出门接待。子贡说：“嘻！

先生得了什么病？”原宪应答说：“我听说过，没有钱财就叫贫，学而不能行就叫病。我这副样子只能叫贫，不能叫病啊。”子贡赶紧往后退了几步且面带愧色。原宪笑着说：“顾忌世俗而行动，不做筛选而交友，为胜他人而学习，为活自己而教书，假借仁义而为恶，装饰车马而荣己，这是我根本就不忍心去做的事啊。”

九

【文本归元】

曾子居卫，缊袍无表，颜色肿哙，手足胼胝，三日不举火，十年不制衣。正冠而缨绝，捉襟而肘见，纳屦而踵决。曳纵而歌《商颂》，声满天地，若出金石。天子不得臣，诸侯不得友。故养志者忘形，养形者忘利，致道者忘心矣。

【见独】

非庄子手笔，且寓言没有任何新意，故不解、不注、不译。

十

【文本归元】

孔子谓颜回曰：“回，来！家贫居卑，胡不仕乎？”颜回对曰：“不愿仕。回有郭外之田五十亩，足以给饘粥；郭内之田十亩，足以为丝麻；鼓琴足以自娱，所学夫子之道足以自乐也。回不愿仕。”孔子愀然变容，曰：“善哉，回之意！丘闻之：‘知足者，不以利自累也；审自得者，失之而不惧；行修于内者，无位而不怍。’丘诵之久矣，今于回而后见之，是丘之得也。”

【见独】

饘粥

稠粥。饘，音 zhān，稠粥。

愀然

脸色严肃的样子。愀，音 qiǎo，脸色改变，多指悲伤、严肃。

怍

音 zuò，惭愧。

【今译】

孔子对颜回说："回，你过来！你家境贫寒且身份卑贱，怎么就不去做官呢？"颜回说："不想做官。我在城外有五十亩地，足以有饭吃；在城内有十亩地，足以有衣穿；鼓琴足以自娱，跟您学习大道足以自乐啊。我不想做官。"孔子立马脸色变得严肃起来，说："颜回你这个想法，简直太对了！我听说过：'知道满足的人，不会因为利益而让自己疲累；审察自己想要什么的人，不会因为失去什么而感到害怕；注重内心修养的人，不会因为没有爵位而感到羞愧。'我熟读这些话已经很长一段时间了，直到今天才在颜回你这里看到实证，这真是我的一大收获啊！"

十一

【文本归元】

中山公子牟谓詹子曰："身在江海之上，心居乎魏阙之下，奈何？"詹子曰："重生。重生则利轻。"中山公子牟曰："虽知之，未能自胜也。"詹子曰："不能自胜则从，神无恶乎！不能自胜而强不从者，此之谓重伤。重伤之人，无寿类矣！"魏牟，万乘之公子也，其隐岩穴也，难为于布衣之士，虽未至乎道，可谓有其意矣！

【见独】

魏阙

本指古代宫门外两边高耸的楼观，这里喻指跟江海相对的庙堂。

【今译】

中山公子牟对詹子说：“人在江海之上，心在庙堂之高，怎么办？”詹子说：“看重生命。对生命看重了，利益就显得轻微了。”中士公子牟说：“道理虽然懂，但就是做不到啊。”詹子说：“做不到就顺从，你的内心便不会有厌恶之情！做不到而强行不顺从，这就叫双重伤害。受到双重伤害的人，没有人能活到天寿！”魏牟，国王的儿子，他在洞穴隐居，比起一般的平民百姓来说，要难多了，他虽然还没有达到大道的境界，但他对大道还是很向往啊！

十二

【文本归元】

孔子穷于陈蔡之间，七日不火食，藜羹不糁，颜色甚惫，而弦歌于室。颜回择菜，子路、子贡相与言曰：“夫子再逐于鲁，削迹于卫，伐树于宋，穷于商周，围于陈蔡；杀夫子者无罪，藉夫子者无禁。弦歌鼓琴，未尝绝音，君子之无耻也若此乎？”颜回无以应，入告孔子。孔子推琴，喟然而叹曰：“由与赐，细人也。召而来，吾语之。”子路、子贡入。子路曰：“如此者，可谓穷矣！”孔子曰：“是何言也！君子通于道之谓通，穷于道之谓穷。今丘抱仁义之道以遭乱世之患，其何穷之为？故内省而不穷于道，临难而不失其德。天寒既至，霜雪既降，吾是以知松柏之茂也。陈蔡之隘，于丘其幸乎。”孔子削然返琴而弦歌，子路扢然执干而舞。子贡曰：“吾不知天之高也，地之下也！”古之得道者，穷亦乐，通亦乐，所乐非穷通也。道德于此，则穷通为寒暑风雨之序矣。

【见独】

藜羹不糁

用藜菜做的羹，其中不掺米粒。藜，音 lí，一年生草本植物，嫩叶可吃。羹，音 gēng，用蒸煮等方法做成的糊状、冻状食物。糁，音 sǎn，米粒。

喟然

深深叹气的样子。喟，音 kuì。

细人也

绝非小人的意思。据常识，应该相当于口语中的“小屁孩”，形容幼稚、不成熟或不懂事。

削然

完全无法对应到某种情景，估计原文有误，【今译】不译。

扢然执干而舞

完全无法对应到任何场景，估计原文有误，【今译】不译。

故许由娱于颍阳，而共伯得乎丘首

原位于篇末，后人感言的可能性极大，狗尾续貂，故予删除。

【今译】

孔子在陈国和蔡国的交界处走投无路，弄得七天都揭不开锅，所熬的藜羹连一粒米都没有，脸色看上去甚是疲惫，但孔子依然在屋子里扶弦而歌。颜回在一边择菜，子路和子贡在一边嘀咕：“我们的老师再逐于鲁，削迹于卫，伐树于宋，穷于商周，围于陈蔡；喊杀老师的人不被治罪，欺凌老师的人不被禁止。可我们的老师还是弦歌鼓琴，不曾停歇，作为一个君子来说，还有比这更令人羞耻的吗？”颜回无言以对，就转身去告知孔子。孔子推开木琴，长长地叹了一口气说：“子路和子贡，都小屁孩一个。把他俩叫过来，我有话说。”子路、子贡被叫了进来。子路说：“老师您落到这等境地，确实就是穷啊！”孔子说：“说的什么话！如果说君子通于道才算通的话，那只有穷于道才算穷。

现如今我怀抱仁义之道以遭乱世之患，怎么能算是穷呢？所以说，当一个人的内心能够不穷于道时，他面临困难也就不会失去品德。就好比，当天寒来临了，霜雪降落了，人们才能知道只有松柏才是茂盛的。陈蔡之地的遭遇，对我来说其实是一种幸运啊。”孔子说完便削然回到琴边，继续扶弦放歌，子路随即扢然执干而舞。子贡则说：“我真是不知道天有多高，地有多下啊！”那些真正得道的人，穷的时候开心，通的时候也开心，开心不开心并不随穷通而变化。只要道德还在，则穷通就只不过如同寒暑风雨交相变化罢了。

十三

【文本归元】

舜以天下让其友北人无择，北人无择曰：“异哉，后之为人也，居于畎亩之中，而游尧之门。不若是而已，又欲以其辱行漫我。吾羞见之。”因自投清泠之渊。

【见独】

跟庄子的重生思想完全背离，也跟庄子的逍遥游思想完全背离，百分百不是庄子手笔，故不解、不注、不译。

十四

【文本归元】

汤将伐桀，因卞随而谋，卞随曰：“非吾事也。”汤曰：“孰可？”曰：“吾不知也。”汤又因瞀光而谋，瞀光曰：“非吾事也。”汤曰：“孰可？”曰：“吾不知也。”汤曰：“伊尹何如？”曰：“强力忍垢，吾不知其他也。”汤遂与伊尹谋伐桀，克之。以让卞随，卞随辞曰：“后之伐桀也谋乎我，必以

我为贼也；胜桀而让我，必以我为贪也。吾生乎乱世，而无道之人再来漫我以其辱行，吾不忍数闻也！”乃自投椆水而死。汤又让瞀光，曰：“知者谋之，武者遂之，仁者居之，古之道也。吾子胡不立乎？”瞀光辞曰：“废上，非义也；杀民，非仁也；人犯其难，我享其利，非廉也。吾闻之曰：‘非其义者，不受其禄；无道之世，不践其土。’况尊我乎！吾不忍久见也。”乃负石而自沈于庐水。

【见独】

跟庄子的重生思想完全背离，也跟庄子的逍遥游思想完全背离，百分百不是庄子手笔，故不解、不注、不译。

十五

【文本归元】

昔周之兴，有士二人处于孤竹，曰伯夷、叔齐。二人相谓曰：“吾闻西方有人，似有道者，试往观焉。”至于岐阳，武王闻之，使叔旦往见之，与盟曰：“加富二等，就官一列。”血牲而埋之。二人相视而笑，曰：“嘻，异哉！此非吾所谓道也。昔者神农之有天下也，时祀尽敬而不祈喜；其于人也，忠信尽治而无求焉，乐与政为政，乐与治为治，不以人之坏自成也，不以人之卑自高也，不以遭时自利也。今周见殷之乱而遽为政，上谋而行货，阻兵而保威，割牲而盟以为信，扬行以悦众，杀伐以要利，是推乱以易暴也。吾闻古之士，遭治世不避其任，遇乱世不为苟存。今天下暗，周德衰，与其并乎周以污吾身也，不如避之，以洁吾行。”二子北至于首阳之山，遂饿而死焉。

【见独】

血牲而埋之

字面义清楚，就是在盟约上涂抹牲血，并将它埋在地下，但这个古怪的行为，想要说明什么呢？又或是这里的解读不到位？

上谋而行货

含义十分晦涩，最好就字解字。上谋应该是指与上层人士合谋，行货应该指对上层人士进行行贿。

阻兵而保威

含义十分不明，估计“阻”字有误。勉力为之，估计“阻”是“组”的误抄。

若伯夷、叔齐者，其于富贵也，苟可得已，则必不赖。高节戾行，独乐其志，不事于世。此二士之节也

原位于篇末，明显是后人感言，且文脉不畅，故予坚决删除。删除后的归元文本，形式完整，义理完足。

【今译】

过去周朝兴盛的时候，有两位住在孤竹的士人，分别叫伯夷和叔齐。二人商议着说：“听说西方有那么一个人，看上去很有道行，不妨过去看看。”当二人来到岐阳时，武王听说了，便派遣叔旦前往探望，并送给他俩一份盟书说：“加富二等，就官一列。”还在盟书上涂上牲血并将之埋在地下。二人互相看了对方一眼，说：“嘻，不是这样啊！这不是我们原来所设想的他们的道行。过去神农当政天下的时候，每个时节的祭祀都毕恭毕敬但并不祈求什么；其对于治下的百姓，都忠信尽治但对他们并没有什么要求，他们高兴参与政治就参与政治，高兴参与治理就参与治理，不借他人的失败来成就自己，不借他人的卑贱来拔高自己，不借他人遭遇的不良时机而谋取私利。可现今的周朝看到殷朝发生了动乱，就急着想谋取它的政权，与殷朝的上层进行合谋并对他们进行贿赂，组织起军队以保证自身的威望，以割牲而盟的方式获取对方的信任，推行某种行为以取悦民众，四处杀伐以获得某些好处，这简直就是以制造

动乱来代替暴力啊。那些真正的有道之士，要是遇到治世就不会逃避他的责任，要是遇到乱世就不会苟且生存。这里的天下这么黑暗，周朝的德行又这么衰败，与其在周朝待下去玷污了我们的身体，还不如离开周朝，以洁净我们的行为。”二人于是北行而去到了首阳之山，最终饿死在那里。

盗跖

一

【文本归元】

孔子与柳下季为友，柳下季之弟名曰盗跖。盗跖从卒九千人，横行天下，侵暴诸侯，穴室抠户，驱人牛马，取人妇女，贪得忘亲，不顾父母兄弟，不祭先祖。所过之邑，大国守城，小国入堡，万民苦之。孔子谓柳下季曰："夫为人父者，必能诏其子；为人兄者，必能教其弟。若父不能诏其子，兄不能教其弟，则无贵父子兄弟之亲矣。今先生，世之才士也，弟为盗跖，为天下害，而弗能教也，丘窃为先生羞之。丘请为先生往说之。"柳下季曰："先生言为人父者必能诏其子，为人兄者必能教其弟，若子不听父之诏，弟不受兄之教，虽今先生之辩，将奈之何哉？且跖之为人也，心如涌泉，意如飘风，强足以拒敌，辩足以饰非，顺其心则喜，逆其心则怒，易辱人以言。先生必无往。"孔子不听，颜回为驭，子贡为右，往见盗跖。

盗跖乃方休卒徒太山之阳，脍人肝而餔之。孔子下车而前，见谒者曰："鲁人孔丘，闻将军高义，敬再拜谒者。"谒者入通。盗跖闻之大怒，目如明星，发上指冠，曰："此夫鲁国之巧伪人孔丘非邪？为我告之：尔作言造语，妄称文武，冠枝木之冠，带死牛之胁，多辞缪说，不耕而食，不织而衣，摇唇鼓舌，擅生是非，以迷天下之主，使天下学士不返其本，妄作孝悌而侥幸于封侯富贵者也。子之罪大极重，疾走归！不然，我将以子肝益昼餔之膳。"

孔子复通曰："丘得幸于季，愿望履幕下。"谒者复通，盗跖曰："使来前！"孔子趋而进，避席反走，再拜盗跖。盗跖大怒，两展其足，案剑瞋目，声如乳虎，曰："丘，来前！若所言顺吾意则生，逆吾心则死。"

孔子曰："丘闻之，凡天下有三德。生而长大，美好无双，少长贵贱见而皆悦之，此上德也；知维天地，能辩诸物，此中德也；勇悍果敢，聚众率兵，此下德也。凡人有此一德者，足以南面称孤矣。今将军兼此三者，身长八尺二寸，面目有光，唇如激丹，齿如齐贝，音中黄钟，而名曰盗跖，丘窃为将军耻不取焉。将军有意听臣，臣请南使吴越，北使齐鲁，东使宋卫，西使晋楚，使为将军造大城数百里，立数十万户之邑，尊将军为诸侯，与天下更始，罢兵休卒，收养昆弟，共祭先祖。此圣人才士之行，而天下之愿也。"

盗跖大怒，曰："丘，来前！夫可规以利而可谏以言者，皆愚陋恒民之谓耳。今长大美好，人见而悦之者，此吾父母之遗德也，丘虽不吾誉，吾独不自知邪？且吾闻之，好面誉人者，亦好背而毁之。今丘告我以大城众民，是欲规我以利而恒民畜我也，安可久长也！城之大者，莫大乎天下矣。尧舜有天下，子孙无置锥之地；汤武立为天子，而后世绝灭；非以其利大故邪？且吾闻之，古者禽兽多而人少，于是民皆巢居以避之，昼拾橡栗，暮栖木上，故命之曰有巢氏之民。古者民不知衣服，夏多积薪，冬则炀之，故命之曰知生之民。神农之世，卧则居居，起则于于，民知其母，不知其父，与麋鹿共处，耕而食，织而衣，无有相害之心，此至德之隆也。然而黄帝不能致德，与蚩尤战于涿鹿之野，流血百里。尧舜作，立群臣，汤放其主，武王杀纣。自是之后，以强陵弱，以众暴寡。汤、武以来，皆乱人之徒也。今子修文武之道，掌天下之辩，以教后世，缝衣浅带，矫言伪行，以迷惑天下之主，而欲求富贵焉。盗莫大于子，天下何故不谓子为盗丘，而乃谓我为盗跖？子以甘辞说子路而使从之，使子路去其危冠，解其长剑，而受教于子，天下皆曰孔丘能止暴禁非。其卒之也，子路欲杀卫君而事不成，身菹于卫东门之上。子路菹此患，上无以为身，下无以为人，是子教之不至也。子自谓才士圣人邪，则再逐于鲁，伐树于宋，削迹于卫，穷于商周，围于陈蔡，不容身于天下。子之道岂足贵邪？世之所谓贤士，莫若伯夷叔齐。伯夷叔齐辞孤竹之君，而饿死于首阳之山，骨肉不葬。世之所谓忠臣者，莫若王子比干、伍子胥。子胥沉江，比干剖心。此二子者，世谓忠臣也，然卒为天下笑。自上观之，至于子胥、比干，皆不足贵也。丘之所以说我者，若告我以鬼事，则我不能知也；若告我以人事者，不过此矣，皆吾所闻知也。今吾告子以人之情，目欲视色，耳欲听声，口欲察味，志气欲盈。人上寿百岁，中寿八十，下寿六十，除病疾死丧忧患，其中开口而笑者，一月之中不过四五日而已矣。天与地无穷，人死者有时。操有时之具，而托于无穷之间，忽然无异骐骥之驰过隙也。不能悦其志意养其寿命者，皆非通道者也。丘之所言，皆吾之所弃也。亟去走归，无复言之！子之道，狂狂汲汲，诈巧虚伪事也，非可以全真也，奚足论哉！”

孔子再拜趋走，出门上车，执辔三失，目芒然无见，色若死灰，据轼低头，不能出气。归到鲁东门外，适遇柳下季。柳下季曰：“今者阙然，数日不见，车马有行色，得微往见跖邪？”孔子仰天而叹曰：“然！”柳下季曰：“跖得无逆汝意若前乎？”孔子曰：“然。丘所谓无病而自灸也，疾走撩虎头，编虎须，几不免虎口哉！”

【见独】

脍人肝而餔之

估计原文有误，盗跖只是被逼为盗，跟吃食人肝这等有违人性的劣行应该没有任何关系，寓言寓意的需要也没有必要用这么夸张的手法来衬托盗跖的盗亦有道。脍，音 kuài，本义为细切的肉鱼。餔，音 bū，本义为申时（15–17时）食。

冠枝木之冠，带死牛之胁

含义甚是晦涩，百思不得其解，【今译】不译。

恒民畜我也

语义含混，估计原文有误。要是原文无误，则勉力为之，畜取其本义，即牛鼻被牵着，说明是已被人类驯服豢养的家畜，寓意驯服。

卧则居居，起则于于

确切义不知，估计原文并非如此，【今译】只是其大致义。

缝衣浅带

结合前面“冠枝木之冠，带死牛之胁”对孔子的揶揄，这里应该指孔子的穿着破旧，暗讽孔丘的落魄，而非指儒家的儒服。从浅字逆推，缝应该是指“缝补”的缝。

再逐于鲁，伐树于宋，削迹于卫，穷于商周，围于陈蔡

原文为“再逐于鲁，削迹于卫，穷于齐，围于陈蔡”，据《山木》《让王》修改。

世之所高，莫若黄帝。黄帝尚不能全德，而战于涿鹿之野，流血百里。尧不慈，舜不孝，禹偏枯，汤放其主，武王伐纣，文王拘羑里。此六子者，世之所高也。孰论之，皆以利惑其真而强返其情性，其行乃甚可羞也

原紧接在“子之道岂足贵邪？”之后，应该为后人妄加，与语境不合，故予删除。

鲍焦饰行非世，抱木而死。申徒狄谏而不听，负石自投于河，为鱼鳖所食。介子推至忠也，自割其股以食文公，文公后背之，子推怒而去，抱木而燔死。尾生与女子期于梁下，女子不来，水至不去，抱梁柱而死。此六子者，无异于磔犬、流豕、操瓢而乞者，皆离名轻死，不念本养寿命者也

原紧接在“骨肉不葬”之后，与语境不合，明显将“世之所谓贤士，莫若伯夷叔齐。伯夷叔齐辞孤竹之君，而饿死于首阳之山，骨肉不葬”同“世之所谓忠臣者，莫若王子比干、伍子胥。子胥沉江，比干剖心”隔离，且其本身历史事实不清，在寓言中又看不出有任何思想上的作用，故予坚决删除。删除后的归元文本，逻辑清晰，结构紧凑，义理完足。

病疾

原为“病痍”或“病瘦”，都不合常理，且跟语境不搭。

狂狂汲汲

字面义完全无解，根据语境需要，将其理解为叽叽歪歪似乎八九不离十。

辔

音 pèi，本义为驾驭牲口用的缰绳。

轼

音 shì，本义为设在车厢前面供人凭倚的横木。

阙然

字面义不解，估计原文有误，【今译】勉力为之，不足为据。

【今译】

孔子与柳下季是好友，柳下季有个弟弟名叫盗跖。盗跖手下有一只九千人的队伍，横行天下，侵暴诸侯，打家劫舍，驱人牛马，取人妇女，贪得忘亲，不顾父母兄弟，不祭先祖。所过之处，大国守城，小国入堡，百姓无不苦不堪言。孔子对柳下季说：“为人父亲，必定能够劝诫子女；为人哥哥，必定能够教导弟弟。要是父亲不能劝诫他的子女，哥哥不能教导他的弟弟，那父子兄弟也就没有那么贵重了。现在的您，可谓是当今的有识之人，可你的弟弟竟顶盗跖之名，危害天下，而您却没能好好教导他，我私下里为您这事感到羞愧。我想请您允许我替您前去劝说劝说。”柳下季说：“孔老先生您说为人父亲的必定能够劝诫子女，为人哥哥的必定能够教导弟弟，但要是子女不听从父亲劝诫，弟弟不接受哥哥教导，即便如您这般雄辩滔滔，又将为之奈何啊？再说，我弟弟这个人，心如涌泉，意如飘风，强则足可抗拒敌人，辩则足可掩饰是非，你顺着他的心他就高兴，你逆着他的心他就恼怒，很容易就用言语羞辱他人。孔老先生您最好还是别去。”孔子不听，让颜回为他驾车，子贡跟随左右，往见盗跖。

盗跖那时率领他的队伍驻扎在太山南边，正吃食着由人肝作为原材料的菜

的晚餐。孔子下车继续前行，拜见守门人说：“鲁人孔丘，闻将军高义，特来拜见将军，敬请通告。”守门人于是进去通告。盗跖听说后不禁大怒，眼睛射出明星般的光芒，头发都快把帽子顶起来了，说：“这难道不就是鲁国那个巧舌如簧伪善不真的孔丘吗？你替我转告他：‘你作言造语，对文王武王妄加称誉，冠枝木之冠，带死牛之胁，啰啰唆唆说一些错漏百出的话，不耕而食，不织而衣，摇唇鼓舌，擅生是非，不仅迷惑了天下的君主，还使天下的学子背离了天性，妄作孝悌而心存封侯富贵之念想。你的过错简直是达到了极点，赶快回去！要不然，我将用你的心肝为我打一餐牙祭。’”

孔子再次通报说：“我有幸与柳下季先生结为好友，真心希望能够拜见跖将军。”守门人又去通告，盗跖说：“那就让他进来！”孔子赶紧进门，进到座席旁边时又退后几步，再次对盗跖行拜见礼。盗跖仍在大怒，两脚叉开，手按佩剑，怒目而视，声如乳虎，说：“孔丘，你再往前点！你所说的话要是顺我的意就还好，要是逆我的心你就得去死。”

孔子说：“我听说过，天底下有三种德行。天生就高大英俊，美好无双，少长贵贱一旦看到就都会喜欢，这是上等的德行；见识能够网罗天地，能力能够辩分万物，这是中等的德行；勇敢彪悍，决断果敢，聚众率兵，这是下等的德行。任何人只要分有其中一种，就足以南面称孤。现在将军您同时兼有这三种德行，身长八尺二寸，面目有光，唇如激丹，齿如齐贝，音如黄钟，而名曰盗跖，我私下里为将军取名盗跖很是羞愧。将军要是有意听我一句，我将南使吴越，北使齐鲁，东使宋卫，西使晋楚，使为将军造大城数百里，立数十万户之邑，尊将军为诸侯，与天下更始，罢兵休卒，收养昆弟，共祭先祖。这才是圣人才士应该的德行，也是天下人共同的心愿啊。”

盗跖大怒，说：“孔丘，你再往前点！凡是可以用利益进行规劝且可以用言语进行进谏的人，都只不过一些愚陋的平民百姓罢了。现在的我，高大英俊，凡是看到过我的人都喜欢我，这只是我父母的遗传而已，你即使不赞誉我，我难道自己还能不知道吗？况且，我听说过，喜欢当面赞誉的人，也喜欢背后诋毁人。现在你劝告我要建造大城，聚集民众，这是想借用利益来对我进行规劝，想把我当作平民来看而已，这怎么可能得逞！要说建造大城，没有比天下更大的大城了。尧舜都有过天下，可他的子孙连置放锥子的地方都没有；汤武立为天子，而后世绝灭；这难道不都是因为其中的利益太大了的缘故吗？我还听说过，古时候禽兽多而民众少，于是民众为了逃避禽兽而在树上巢居，白天才去捡拾食物，晚上就回到树上栖息，所以才叫作有巢氏之民。那个时候，民众也不知道要穿衣服，一到夏天就积攒柴火，到了冬天就用柴火做饭取暖，所以才叫作知生之民。神农在世的时代，人们睡卧时安安稳稳，起来时懒懒洋洋，民知其母，不知其父，与麋鹿共处，耕而食，织而衣，无有相害之心，这才是至德的象征。然而黄帝不能遵循天德，与蚩尤战于涿鹿之野，流血百里。尧舜作，立群臣，汤放其主，武王杀纣。自是之后，以强凌弱，以众暴寡。汤、武以来，天下全都是些乱人之徒。现今的你，说是修文武之道，掌天下之辩，以教后世，其实不过是穿着破衣旧裤，到处矫言伪行，以迷惑天下的君主，想求取个人的富贵。要说盗贼，谁都比不过你，可天下为什么不把你叫作盗丘，反倒把我叫作盗跖了呢？你用花言巧语让子路跟随了你，还让子路摘掉高帽，解除长剑，而受教于你，以致天下人都说孔丘能止暴禁非。可结果呢，子路想杀卫君而没杀成，反倒自己在卫国的东门被剁成了肉酱。子路遭此大难，上无以为身，下无以为人，这都是你教导不到位的结果。你自吹才士圣人，却再逐于鲁，伐树于宋，削迹于卫，穷于商周，围于陈蔡，不容身于天下。你所推崇的道难道还值得推崇吗？世俗所谓的贤士，没人比得上伯夷叔齐的了。伯夷叔齐辞别孤竹之君，而饿死在首阳之山，连尸骨都没被埋葬。世俗所谓的忠臣，没人比得上王子比干、伍子胥的了。子胥沉江，比干剖心。这两个人，确实就是世俗社会所认为的忠臣，但最终沦为天下人的笑柄。从上面所举的事例看，包括子胥、比干，全都不足推崇。你所用来劝说我的，如果说的是鬼事，则我原本就不能知晓；如果说的是人事，也就这样了，都是我所听说过的。现在就让我给你说说人的本真，眼睛想看到美色，耳朵想听到美声，口舌想尝到美味，志气想得到满足。人生在世，上寿百岁，中寿八十，下寿六十，除病疾死丧忧患，其中开口而笑者，一月之中不过四五日而已矣。天与地无穷，人死者有时。操有时之具，而托于无穷之间，短暂得就好比白驹过隙。不能悦其志意，养其寿命，都是没能通达大道的人。你所说的那些道理，都是我所要完全抛弃的。你还是赶快回去吧，不要再说什么了。你的那套道理，叽叽歪歪的，也就诈巧虚伪而已，根本不能保全人的本真，哪里还值得谈论！”

孔子一再拜谢后赶紧离开，出门上车，手中的缰绳连掉了三次，眼光一片茫然，脸色一如死灰，手扶车前横木，低垂着头，不能出气。回到鲁国东门外时，恰好遇到柳下季。柳下季说：“好几天都没有见着孔子您了，您的车马看

上去好像刚从外地回来，莫非是去见了趟我弟弟？”孔子说：“是呀。我真是无病而自灸啊，急急忙忙赶去撩拨虎头，捋弄虎须，差一点就落入了虎口。”

二

【文本归元】

子张问于满苟得曰：“盍不为行？无行则不信，不信则不任，不任则不利。故观之名，计之利，而义真是也。若弃名利，反之于心，则夫士之为行，不可一日不为乎！”满苟得曰：“无耻者富，多信者显。夫名利之大者，几在无耻而信。故观之名，计之利，而信真是也。若弃名利，反之于心，则夫士之为行，抱其天乎！”子张曰：“昔者桀、纣贵为天子，富有天下。今谓臧聚曰：‘汝行如桀、纣。’则有怍色，有不服之心者，小人所贱也。仲尼、墨翟，穷为匹夫，今谓宰相曰‘子行如仲尼、墨翟。’则变容易色，称不足者，士诚贵也。故势为天子，未必贵也；穷为匹夫，未必贱也。贵贱之分，在行之美恶。”满苟得曰：“小盗者拘，大盗者为诸侯。诸侯之门，义士存焉。昔者桓公小白杀兄入嫂，而管仲为臣；田成子常杀君窃国，而孔子受币。论则贱之，行则下之，则是言行之情悖战于胸中也，不亦拂乎！故《书》曰：‘孰恶孰美，成者为首，不成者为尾。’”子张曰：“子不为行，即将疏戚无伦，贵贱无义，长幼无序。五纪六位，将何以为别乎？”满苟得曰：“尧杀长子，舜流母弟，疏戚有伦乎？汤放桀，武王杀纣，贵贱有义乎？王季为适，周公杀兄，长幼有序乎？儒者伪辞，墨子兼爱，五纪六位，将有别乎？且子正为名，我正为利。名利之实，不顺于理，不监于道。吾日与子讼于无约，曰‘小人殉财，君子殉名，其所以变其情、易其性则异矣；乃至于弃其所为而殉其所不为则一也。’故曰：无为小人，反殉而天；无为君子，从天之理。若枉若直，相而天极。面

观四方，与时消息。若是若非，执而圆机。独成而意，与道徘徊。无转而行，无成而义，将失而所为。无赴而富，无殉而成，将弃而天。比干剖心，子胥抉眼，忠之祸也；直躬证父，尾生溺死，信之患也；鲍子立干，申子不自理，廉之害也；孔子不见母，匡子不见父，义之失也。此上世之所传、下世之所语以为士者，正其言，必其行，故服其殃、离其患也。”

【见独】

义理不畅，史实难证，庄子手笔的可能性不大，不解、不注、不译。

三

【文本归元】

无足问于知和曰：“人卒未有不兴名就利者。彼富则人归之，归则下之，下则贵之。夫见下贵者，所以长生安体乐意之道也。今子独无意焉，知不足邪？意知而力不能行邪？故推正不妄邪？”知和曰：“今夫此人，以为与己同时而生，同乡而处者，以为夫绝俗过世之士焉，是专无主正，所以览古今之时、是非之分也。与俗化世，去至重，弃至尊，以为其所为也。此其所以论长生安体乐意之道，不亦远乎！惨怛之疾，恬愉之安，不监于体；怵惕之恐，欣欣之喜，不监于心。知为为而不知所以为。是以贵为天子，富有天下，而不免于患也。”无足曰：“夫富之于人，无所不利。穷美究势，至人之所不得逮，贤人之所不能及。侠人之勇力而以为威强，秉人之知谋以为明察，因人之德以为贤良，非享国而严若君父。且夫声色滋味权势之于人，心不待学而乐之，体不待象而安之。夫欲恶避就，固不待师，此人之性也。天下虽非我，孰能辞之！”知和曰：“知者之为，故动以百姓，不违其度，是以足而不争，无以为

故不求。不足故求之，争四处而不自以为贪；有余故辞之，弃天下而不自以为廉。廉贪之实，非以迫外也，反监之度。势为天子，而不以贵骄人；富有天下，而不以财戏人。计其患，虑其反，以为害于性，故辞而不受也，非以要名誉也。尧、舜为帝而雍，非仁天下也，不以美害生；善卷、许由得帝而不受，非虚辞让也，不以事害己。此皆就其利、辞其害，而天下称贤焉，则可以有之，彼非以兴名誉也。”无足曰：“必持其名，苦体绝甘，约养以持生，则亦久病长厄而不死者也。”知和曰：“平为福，有余为害者，物莫不然，而财其甚者也。今富人，耳营钟鼓管籥之声，口惬于刍豢醪醴之味，以感其意，遗忘其业，可谓乱矣；侅溺于冯气，若负重行而上阪，可谓苦矣；贪财而取慰，贪权而取竭，静居则溺，体泽则冯，可谓疾矣；为欲富就利，故满若堵耳而不知避，且冯而不舍，可谓辱矣；财积而无用，服膺而不舍，满心戚醮，求益而不止，可谓忧矣；内则疑劫请之贼，外则畏寇盗之害，内周楼疏，外不敢独行，可谓畏矣。此六者，天下之至害也，皆遗忘而不知察。及其患至，求尽性竭财单以反一日之无故而不可得也。故观之名则不见，求之利则不得。缭意绝体而争此，不亦惑乎！”

【见独】

义理虽然颇有庄味，但文笔滞涩，应该不是庄子手笔，不解、不注、不译。

说剑

【文本归元】

昔赵文王喜剑，剑士夹门，而客三千余人，日夜相击于前，死伤者岁百余人，好之不厌。如是三年，国衰，诸侯谋之。太子悝患之，募左右曰："孰能说王之意止剑士者，赐之千金。"左右曰："庄子当能。"太子乃使人以千金奉庄子。庄子弗受，与使者俱往见太子，曰："太子何以教周，赐周千金？"太子曰："闻夫子明圣，谨奉千金以币从者。夫子弗受，悝尚何敢言。"庄子曰："闻太子所欲用周者，欲绝王之喜好也。使臣上说大王而逆王意，下不当太子，则身刑而死，周尚安所事金乎？使臣上说大王，下当太子，赵国何求而不得也！"太子曰："然。吾王所见，唯剑士也。"庄子曰："诺。周善为剑。"太子曰："然吾王所见剑士，皆蓬头突鬓，短后之衣，瞋目而语，王乃悦之。今夫子必儒服而见王，事必大逆。"庄子曰："请治剑服。"治剑服三日，乃见太子。太子乃与见王，王脱白刃待之。庄子入殿门不趋，见王不拜。王曰："子欲何以教寡人，使太子先？"曰："臣闻大王喜剑，故以剑见王。"王曰："子之剑何能禁制？"曰："臣之剑，十步杀一人，千里不留行。"王大悦之，曰："天下无敌矣。"庄子曰："夫为剑者，示之以虚，开之以利，后之以发，先之以至。愿得试之。"王曰："夫子休，就舍待命，令设戏请夫子。"王乃校剑士七日，死伤者六十余人，得五六人，使奉剑于殿下，乃召庄子。王曰："今日试使士敦剑。"庄子曰："望之久矣！"王曰："夫子所御杖，长短何如？"曰："臣之所奉皆可。然臣有三剑，唯王所用，请先言而后试。"王曰："愿闻三剑。"曰："有天子剑，有诸侯剑，有庶人剑。"王曰："天子之剑何如？"曰："天子之剑，以燕谿石城为锋，齐岱为锷，晋卫为脊，周宋为镡，

韩魏为铗，包以四夷，裹以四时，绕以渤海，带以常山，制以五行，论以刑德，开以阴阳，持以春夏，行以秋冬。此剑直之无前，举之无上，案之无下，运之无旁，上决浮云，下绝地纪。此剑一用，匡诸侯，天下服矣。此天子之剑也。”文王芒然自失，曰：“诸侯之剑何如？”曰：“诸侯之剑，以知勇士为锋，以清廉士为锷，以贤良士为脊，以忠圣士为镡，以豪桀士为铗。此剑直之亦无前，举之亦无上，案之亦无下，运之亦无旁，上法圆天以顺三光，下法方地以顺四时，中和民意以安四乡。此剑一用，如雷霆之震也，四封之内，无不宾服而听从君命者矣。此诸侯之剑也。”王曰：“庶人之剑何如？”曰：“庶人之剑，蓬头突鬓，短后之衣，瞋目而语，相击于前，上斩颈领，下决肝肺。此庶人之剑，无异于斗鸡，一旦命已绝矣，无所用于国事。今大王有天子之位，而好庶人之剑，臣窃为大王薄之。”王乃牵而上殿。宰人上食，王三环之。庄子曰：“大王安坐定气，剑事已毕奏矣！”于是文王不出宫三月，剑士皆伏毙其处也。

【见独】

然吾王所见剑士，皆蓬头突鬓，短后之衣，瞋目而语，王乃悦之。今夫子必儒服而见王，事必大逆

原文为：“然吾王所见剑士，皆蓬头突鬓，垂冠，曼胡之缨，短后之衣，瞋目而语难，王乃说之。今夫子必儒服而见王，事必大逆。”

删除“垂冠，曼胡之缨”的理由是，垂冠与蓬头相冲突，曼胡之缨无法理解。就文理而言，它们也完全没有必要。

“瞋目而语难”的难，应该是误入，删除后，句子无论形式还是义理，都跟前后语境更加相称。

儒服，应该不是指儒家样式的服饰，而是指跟剑服相对的比较儒柔的服饰。

王脱白刃待之

过往注家多解注为大王抽出剑来等待庄子，甚是不妥。结合语境看，白刃应该是指赵文王手中拿着正在操练的剑，脱就是“脱手”的脱，即赵文王知道庄子与太子要来，丢下手中正在操练的剑。

十步杀一人，千里不留行

原文为：“十步一人，千里不留行。”据李白《侠客行》归元。

敦剑

估计原文有误。如果无误，则敦取其本义投掷，即比剑。敦，音 dūn，形声字，从攴，表示与以手持械的动作有关。

御杖

从语境看，一定是指执剑。但文章为什么不直接用执剑呢？估计是作者想刻画一个行为虽然粗俗但内心向往雅致的赵文王。如果赵文王内心对雅致没有追求，则庄子无论如何都无法说服赵文王。

以燕谿石城为锋，齐岱为锷，晋卫为脊，周宋为镡，韩魏为铗

锋，语境义为剑尖。

锷，音 è，语境义为剑刃。

脊，音 jǐ，本义为背中间的骨头，语境义为剑脊，就是剑的龙骨，有增强剑身强度的作用，还可以调整剑身的重量分布，使之均匀。

镡，音 xín，语境义为剑鼻，就是剑柄与剑身连接处两旁突出的部分。

铗，原文为夹，无解。音 jiá，语境义为剑柄。

【今译】

赵文王一度特别迷恋剑术，剑士把他的门都挤满了，剑客有三千人之多，他们日夜面对面近身搏击，尽管这导致每年一百多人的死伤，而文王仍然好之不厌。这种情况持续了三年，以致国家都走向了衰败，各路诸侯对赵国虎视眈眈。太子悝对此很是担心，于是召集左右说：“要是有谁能说服我的父王赶走那些剑士，就赐他千金赏金。”左右说：“庄子应当能够。”太子于是立马派使者给庄子奉上千金赏金。庄子没有接受赏金，而是与使者一起往见太子，说："太子有什么要赐教我的，竟然要给我千金赏金？"太子说："我听说您既明且圣，就特地奉上千金以供您的仆从使用。现在您没有接受我的赏金，我哪里还敢说什么。"庄子说："听说太子所想要用我的地方，是要彻底断绝您父王对剑术的喜好。要是我对您父王的游说逆背了您父王的心意，然后又不能实现您的愿景，那我就得受刑而死，我哪里还能享用您给的赏金？要是我说服了您的父王，又实现了您的愿景，那我从赵国索求什么而不能得到呢！"太子说："说得也是。不过，我的父王所想要看到的，就只有剑士。"庄子说："那好办。我就擅长剑术。"太子说："只是我的父王所见过的剑士，全都披头散发，胡子拉碴，衣服后襟短小，瞪大眼睛说话，父王就喜欢这个样子。现在您要是一定要穿着雅致的服装去见我的父王，事情一定会办不顺当。"庄子说："那就请您为我置办一套剑服。"三天后剑服置办完毕，庄子就去拜见太子。太子于是与庄子一起前往拜见赵文王，文王放下手中的剑接待了他俩。庄子进入殿门并没有加快脚步，看见文王时也没有行跪拜礼。文王说："您想用什么来指教寡人呢，竟然还先惊动了太子？"庄子说："我听说大王您喜好剑术，就想以剑术来拜见大王。"赵文王说："您的剑术有什么独到之处？"庄子说："我的剑术，十步杀一人，独行千里也无人能阻挡得住。"文王听后十分高兴，就说："真是天下无敌了啊。"庄子说："剑术之道，在于故意露出破绽，让对方看到有可乘之机，然后后发而先至。希望我能展示给您看看。"文王说："您先去休息一下，就待在屋里等我的命令，我要先安排一场比剑大戏，然后再请您出来比剑。"文王于是让手下的剑客比武七天，死伤六十多人后，挑选出五六人，命令他们持剑在殿下听候，叫出庄子。文王对庄子说："您今天就可以跟他们比试比试了。"庄子说："迫不及待啊！"大王说："您所使用的剑，长短如何？"庄子说："我所使用的剑，长短不论。不过，我有三剑，只有君王才配使用，请让我先说说，然后您再去试用。"大王说："很想听听您的三剑。"庄子说："有天子剑，有诸侯剑，有庶人剑。"大王问："天子之剑怎么说？"庄子回答："所谓天子之剑，就是以燕谿石城为剑尖，以齐岱为剑刃，以晋卫为剑脊，以周宋为剑鼻，以韩魏为剑柄，包以四夷，裹以四时，绕以渤海，带以常山，制以五行，论以刑德，开以阴阳，持以春夏，行以秋冬。这把剑，举之无上，案之无下，运之无旁，上决浮云，下绝地纪。此剑一用，诸侯匡正，天下归服。这就是天子之剑。"文王茫然自失，说："那诸侯之剑又当如何？”庄子说：“诸侯之剑，以知勇士为剑尖，以清廉士为剑刃，以贤良士为剑脊，以忠圣士为剑鼻，以豪桀士为剑柄。此剑直之亦无前，举之亦无上，案之亦无下，运之亦无旁，上法圆天以顺三光，下法方地以顺四时，中和民意以安四乡。此剑一用，如雷霆之震，四封之内，无不宾服而听从君命。这就是诸侯之剑。”文王又问：“那庶人之剑呢？”庄子说：“庶人之剑，剑士个个披头散发，胡子拉碴，衣服后襟短小，瞪大眼睛说话，面对面相互攻击，上斩颈领，下决肝肺。这样的庶人之剑，跟斗鸡没有什么两样，一旦失手丧命，就对国家再也起不到任何作用。现今大王您享有天子之位，却喜好庶人之剑，我私下里对大王这种行为很是看不上眼。”赵文王于是手牵庄子，走向正殿。当膳食官端上饭菜上桌时，文王围着桌子走了三圈。庄子说：“大王您还是安心坐下，平定一下气息，关于剑术的事，我已经完全启奏完了啊！”于是文王三个月没有踏出宫殿一步，从前那些剑客们全都了断在各自的住所里。

渔父

【文本归元】

孔子游乎缁帷之林，休坐乎杏坛之上。弟子读书，孔子弦歌鼓琴。奏曲未半，有渔父者，下船而来，须眉交白，披发揄袂，行原以上，距陆而止，左手据膝右手持颐以听。曲终而招子贡子路，二人俱对。客指孔子曰：“彼何为者也？”子路对曰：“鲁之君子也。”客问其族。子路对曰：“族孔氏。”客曰：“孔氏者何治也？”子路未应，子贡对曰：“孔氏者，性服忠信，身行仁义，饰礼乐，选人伦，上以忠于世主，下以化于齐民，将以利天下。此孔氏之所治也。”又问曰：“有土之君欤？”子贡曰：“非也。”“侯王之佐欤？”子贡曰：“非也。”客乃笑而还行，言曰：“仁则仁矣，恐不免其身，苦心劳形以危其真。呜呼！远哉，其分于道也！”子贡还，报孔子。孔子推琴而起，曰：“其圣人欤！”乃下求之，至于泽畔，方将杖橹而引其船，顾见孔子，还向而立。孔子反走，再拜而进。客曰：“子将何求？”孔子曰：“曩者先生有绪言而去，丘不肖，未知所谓，窃待于下风，幸闻咳唾之音，以卒相丘也。”客曰：“嘻！甚矣，子之好学也！”孔子再拜而起，曰：“丘少而修学，以至于今，六十九岁矣，无所得闻至教，敢不虚心！”客曰：“同类相从，同声相应，固天之理也。吾请释吾之所有而经子之所以。子之所以者，人事也。天子诸侯大夫庶人，此四者自正，治之美也，四者离位而乱莫大焉。官治其职，人忧其事，乃无所陵。故田荒室露，衣食不足，征赋不属，妻妾不和，长少无序，庶人之忧也；能不胜任，官事不治，行不清白，群下荒怠，功美不有，爵禄不持，大夫之忧也；廷无忠臣，国家昏乱，工技不巧，贡职不美，春秋后伦，不顺天子，诸侯之忧也；阴阳不和，寒暑不时，以伤庶物，诸侯暴乱，擅相攘伐，以残民人，礼乐不节，财用穷匮，人伦不饬，百姓淫乱，天子之忧也。今子既上无君侯有司之势，而下无大臣职事之官，而擅饰礼乐，选人伦，以化齐民，不亦太多事乎？且人有八疵，事有四患，不可不察也。非其事而事之，谓之总；莫之顾而进之，谓之佞；希意道言，谓之谄；不择是非而言，谓之谀；好言人之恶，谓之谗；析交离亲，谓之贼；称誉诈伪以败恶人，谓之慝；不择善否，两容颊适，偷拔其所欲，谓之险。此八疵者，外以乱人，内以伤身，君子不友，明君不臣。所谓四患者：好经大事，变更易常，以挂功名，谓之叨；专知擅事，侵人自用，谓之贪；见过不更，闻谏愈甚，谓之很；人同于己则可，不同于己虽善不善，谓之矜。此四患也。能去八疵，无行四患，而始可教已。

孔子愀然而叹，再拜而起，曰："丘再逐于鲁，削迹于卫，伐树于宋，围于陈蔡，丘不知所失，而罹此四谤者，何也？"客凄然变容曰："甚矣，子之难悟也！人有畏影恶迹而去之走者，举足愈数而迹愈多，走愈疾而影不离身，自以为尚迟，疾走不休，绝力而死。不知处阴以休影，处静以息迹，愚亦甚矣！子审仁义之间，察同异之际，观动静之变，适受与之度，理好恶之情，和喜怒之节，而几于不免矣。谨修尔身，慎守其真，还以物与人，则无所累矣。今不修之身而求之人，不亦外乎！"

孔子愀然曰："请问何谓真？"客曰："真者，精诚之至也。不精不诚，不能动人。故强哭者虽悲不哀，强怒者虽严不威，强亲者虽笑不和，真悲无声而哀，真怒未发而威，真亲未笑而和。真在内者，神动于外，是所以贵真也。其用于人理也，事亲则慈孝，事君则忠贞，饮酒则欢乐，处丧则悲哀。忠贞以功为主，饮酒以乐为主，处丧以哀为主，事亲以适为主。功成之美，无一其迹矣；事亲以适，不论所以矣；饮酒以乐，不选其具矣；处丧以哀，无问其礼矣。礼者，世俗之所为也；真者，所以受于天也，自然不可易也。故圣人法天贵真，不拘于俗。愚者反此，不能法天而恤于人，不知贵真，禄禄而受变于俗，故不足。惜哉，子之早湛于伪而晚闻大道也！"

孔子再拜而起曰："今者丘得遇也，若天幸然。敢问舍所在，请因受业而卒学大道。"客曰："吾闻之，可与往者，与之至于妙道；不可与往者，不知其道，慎勿与之，身乃无咎。子勉之，吾去子矣，吾去子矣！"乃刺船而去，延缘苇间。

颜渊还车，子路授绥，孔子不顾，待水波定，不闻橹音而后敢乘。子路旁车而问曰："由得为役久矣，未尝见夫子遇人如此其威也。万乘之主千乘之君见夫子，未尝不分庭抗礼，夫子犹有倨傲之容。今渔父杖橹逆立，而夫子曲腰磬折，言拜而应，得无太甚乎！门人皆怪夫子矣，渔父何以得此乎！"孔子伏轼而叹，曰："甚矣，由之难化也！湛于礼义有间矣，而朴鄙之心至今未去。进，吾语汝。夫遇长不敬，失礼也；见贤不尊，不仁也。彼非至人，不能下人。下人不精，不得其真，故长伤身。惜哉！不仁之于人也，祸莫大焉，而由独擅之。且道者，万物之所由也，庶物失之者死，得之者生，为事逆之则败，顺之则成。故道之所在，圣人尊之。今之渔父之于道，可谓有矣，吾敢不敬乎！"

【见独】

孔子游乎缁帷之林，休坐乎杏坛之上

缁帷和杏坛都只应看作是专有名词。

披发揄袂，行原以上，距陆而止

披发，披头散发。原词为"被发"，没有必要通假。

揄袂，挽起衣袖。揄，音 yú，拉，引。袂，音 mèi，衣袖。

行原以上，含义甚是不明。想象出的"原"的语境含义，应该是介于陆跟水之间，类似滩涂的狭长地带。"以上"应该对应于"而止"，所以，"以"也就是"而"义。

距陆而止，借助想象，应该指渔父跨过干枯的滩涂来到河岸上。

饰礼乐，选人伦

孔子述而不作，所以，它的含义应该是指孔子从事的只是对既有礼乐的润饰和人伦的甄选。

杖橹

即摇橹，杖，本义为执持。橹，原文为“挐”，音 rú，已弃用，古指船桨，故归元为“橹”。

还向

原文为“还乡”，没有必要通假，直接改过来更好，以免人为增加阅读困难。

曩者先生有绪言而去，丘不肖，未知所谓，窃待于下风，幸闻咳唾之音，以卒相丘也

曩，音 nǎng，本义为以往，过去。

绪言，已发而未尽的言论，即刚开了头就结了尾的言论。

咳唾之音，应该是庄子首创之词，后人据此而造出新词“咳唾成珠”，比喻言辞精当，议论高明，似乎很吻合这里的语境需要。咳唾，音 ké tuò。

相丘，对丘有所帮助。“相”在方言中有相帮的意思。

春秋后伦

完全不知所云，【今译】不译。

不亦太多事乎？

原文为：“不亦泰多事乎？”没有必要泥古而以泰太相通。

谓之总

原文为“谓之摠”，没有必要通假。摠，音 zǒng，“总”的古异体字。

慝

音 tè，本义为邪恶，恶念。

两容夹适

原文为“两容颊适”，无解。颊归元为夹后，则两容夹适的构词法完全等同于两面三刀，意即不分善恶，两边都容纳，两边都适合，或说两边都讨好。

愀然

形容神色变得严肃。愀，音 qiǎo。

碌碌

原文为“禄禄”，不解，遂归元为“碌碌”，可解。

先生不羞而比之服役而身教之

原紧接在“若天幸然”之后，完全不知所云。删除之后，语句通顺，文理清晰。

曲腰磬折

原文为“曲要磬折”，“要”“腰”没必要通假，意思是将腰弯曲得就像磬那样。

磬，音 qìng，古代打击兵器，形状像曲尺。

【今译】

孔子有次到缁帷之林游玩，休息时就坐在一座杏坛之上。他的弟子在一边读书，他自己就在那里抚琴而歌。曲子还没奏到一半，就有一位渔父，从船上下来，须眉交白，披着头发，卷着衣袖，沿着河滩而上，到了河岸就停下脚步，左手扶膝，右手托巴，用心听起孔子的曲歌来。曲歌刚一完毕，渔父就向子贡、子路招手，两人一同走了过去。渔父指着孔子说：“那是什么人啊？”子路回答说：“鲁国的一位君子。”渔父又追问孔子的家族。子路回答说：“孔氏家族。”渔父问：“那这个姓孔的人研治什么学问呢？”子路没有应答，子贡回答说：“这位姓孔的人，性服忠信，身行仁义，润饰礼乐，甄选人伦，上以忠于世主，下以化于百姓，想要以此造福天下。这就是姓孔的人所要研治的学问。”渔父接着又问：“那他是某个国家的国君吗？”子贡说：“不是。”“那就是侯王的辅佐咯？”子贡说：“也不是。”渔父于是一边笑着一边往回走，还说：“仁确实是仁，但恐怕连自身都保不了，不但会心思愁苦，而且会身体疲劳，危害到自身的本真。呜呼！这位孔氏偏离大道实在是太远了啊！”子贡回去后，将这事回报给了孔子。孔子一把将琴推开，站起身来说：“一位圣人啊！”于是立马朝河边走去，待来到河边，渔父正要摇橹开船，回头看到孔子，就转过身来站着。孔子先退了几步，然后再拱手而进。渔父问：“您有什么要说的吗？”孔子说：“刚才您老先生的话还没说完就离开了，恕我鲁钝，我没听得太懂，所以才追了上来，希望能荣幸地听到您老的高言妙语，以最终能给我带来帮助。”渔父说：“呵呵！看来您确实是一位极其好学的人啊！”孔子再次伏地叩拜然后站起身说：“我打从很小的时候就研修学问，以至于今，都有六十九个年头了，但还没有听闻到真正的教导，敢不虚心！”渔父说：“同类相从，同声相应，这是上天本来就有的道理。现在我向您解释一下我所知道的道理，并剖析一下您所研治的学问。您所研治的学问，其实就是关于人事的学问。天子、诸侯、大夫、庶人，这四类人如果都能各司其职，那天下就大治了，而这四类人如果不能各司其职，那天下就大乱了。也就是说，官员们要是能各尽其职，老百姓要是能各操其心，那天下也就太平了。所以说，田荒室露，衣食不足，征赋不属，妻妾不和，长少无序，这就是百姓要操的心；能不胜任，官事不治，行不清白，群下荒怠，功美不有，爵禄不持，这就是大夫要操的心；廷无忠臣，国家昏乱，工技不巧，贡职不美，春秋后伦，不顺天子，这就是诸侯要操的心；阴阳不和，寒暑不时，以伤庶物，诸侯暴乱，擅相攘伐，以残民人，礼乐不节，财用穷匮，人伦不饬，百姓淫乱，这就是天子要操的心。可现今的您，上没有君侯执政的权势，下没有大臣主事的职位，而您却擅自润饰礼乐，甄选人伦，以化百姓，这不是太多事了吗？再说，人有八大毛病，事有四大祸患，不可不察啊。不是你的事你却要去做，就叫总；毫无顾忌地给人进言，就叫佞。顺着对方的心意说话，就叫谄；说话对是非没有选择，就叫谀；喜欢说别人不好的地方，就叫谗；在亲朋好友之间搬弄是非，就叫贼；以虚假的称誉来打败坏人，就叫慝；不分善恶，两面讨好，暗中获取自己的利益，就叫险。这八大毛病，对别人会带去祸乱，对自己会带来伤害，君子不会跟这类人交朋友，明君不会让这类人做臣下。所谓四大祸患是指，标榜要干大事，但总是变来变去，目的就是为了获取功名，就叫叨；独断专行，不把他人当回事，就叫贪；有了过错却不改正，听到劝谏反倒变本加厉，就叫很；别人跟自己看法一样就认可，跟自己看法不一样则即使对也不对，就叫矜。这就是所谓的四大祸患。一个人只有先去除这八大毛病，杜绝这四大祸患，然后才谈得上对其进行教化。”

孔子一脸严肃地叹息着，再次伏地叩拜然后站起说：“我再逐于鲁，削迹于卫，伐树于宋，围于陈蔡，我不知道我究竟错在哪里，而竟然会遭遇这四次羞辱？”渔父面带悲悯地对孔子说：“您真是有点太难觉悟了啊！这就好比，一个人因为害怕自己的影子和足迹，想以逃跑的方式来消除它，于是跑得越多他的足迹也就越多，跑得越快他的影子也就越不离身，他还以为是自己做得不够，于是使劲地跑，到最后力气用尽，倒地而亡。他完全不知道其实只需要站在阴暗的地方就可以消除影子，坐下来休息就可以消除足迹，简直愚不可及啊！你正是因为一天到晚审仁义之间，察同异之际，观动静之变，适受与之度，理好恶之情，和喜怒之节，才遭遇到这四次羞辱啊。所以，您最好还是回到您自身的修养上去吧，谨慎地保守您自己的本真，让它物与他人都回复到各自本身，这样您就不会那么疲累了。现今的您不是去修养自身，而是去要求他人，不是很外行吗？”

孔子一脸严肃地问：“那请问什么才叫真？”渔父说：“所谓真，其实就是精诚的一种极致状态。不精不诚，不能动人。所以，强哭者虽悲不哀，强怒者虽严不威，强亲者虽笑不和，真悲无声而哀，真怒未发而威，真亲未笑而和。真在内者，神动于外，这就是贵真的道理所在。要是把它运用到人理上，事亲则慈孝，事君则忠贞，饮酒则欢乐，处丧则悲哀。忠贞以功为主，饮酒以乐为主，处丧以哀为主，事亲以适为主。要把事情做得完美，关键是要能不拘泥于形迹；事亲以适，要能不论所以；饮酒以乐，要能不选器具；处丧以哀，要能无问其礼。所谓的礼，只不过是一种世俗的行为；而真，却是受赋于上天，是自然而不可改易的。正因此，圣人法天贵真，不拘于俗。蠢人与此相反，不能效法天道，而是忧心人事，不能推崇本真，而是忙忙碌碌地受变于俗，故不足。可惜了啊，您太早陷溺到世俗的虚伪之中去而太晚才听闻到大道啊！”

孔子再次伏地叩拜然后站起身说：“今天我得遇您老先生，真是上天对我的宠幸。敢问您住在哪里，我请求能受业于您的门下，以跟随您学问大道。”渔父说：“我听说过，可与之一道前行的人，就同他一起皈依妙道；不可与之一道前行的人，就不知道他的道究竟在哪里，那就千万小心不要与他一道前行，这样才会不给自己带来麻烦。您好好琢磨琢磨吧，我要走了，我要走了！”于是撑船而去，消失在芦苇丛中。

颜渊掉转车头，子路给老师递上车绳，孔子头都不回一下，待水波消失，也听不到渔父划桨的声音后，才敢上车乘坐。子路身体靠着马车问道：“我服侍老师已经很长一段时间了，还从来没有见到过老师遇到威武如此的人。万乘之主、千乘之君在接见老师您时，老师您未尝不分庭抗礼，有时候还会流露出高傲的神色。可今天这位渔夫，只是手里拿根船橹站在您的对面，而老师您把腰弯得像把曲尺似的，言谈之间几次伏地叩拜再做回应，做得不是有点过分了吗！门人都为老师您这种行为感到非常纳闷，渔父凭什么可以得到这么高的礼遇啊！”孔子把身子倚靠在车前扶手上，一边叹息一边说：“子路你真是太难教化了啊！你浸淫于礼义之中已经有些时间了，而朴鄙之心直到今天竟然还没有完全去除。过来点，我给你说说。遇长不敬，就是失礼；见贤不尊，就是不仁。不是至人，就不能谦下对待他人。谦下对待他人如果不够精诚，就得不到他人的真心，其结果也就会给自己带来长久的伤害。可惜呀！祸莫大于人之不仁，而子路你偏偏就是不仁。再说，道是万物的缘由，万物失去了它就会死亡，得到了它就会生存，做事违逆了它就会失败，顺从了它就会成功。故道之所在，圣人尊之。刚才这位渔父，可谓是真正的有道之士，我哪敢不敬啊！”

列御寇

一

【文本归元】

列御寇之齐，中道而返，遇伯昏瞀人。伯昏瞀人曰："奚方而返？"曰："吾惊焉。"曰："恶乎惊？"曰："吾尝食于十浆而五浆先馈。"伯昏瞀人曰："若是，则汝何为惊已？"曰："夫内诚不解，形渫成光，以外镇人心，使人轻乎馈老，而齑其所患。夫浆人特为食羹之货，无多余之赢，其为利也薄，其为权也轻，而犹若是，而况于万乘之主乎！身劳于国而知尽于事。彼将任我以事，而效我以功。吾是以惊。"伯昏瞀人曰："善哉！观乎汝处已，人将保汝矣！"无几何而往，则户外之屦满矣。伯昏瞀人北面而立，敦杖蹙之乎颐。立有间，不言而出。宾者以告列子，列子提屦，跣而走，暨乎门，曰："先生既来，曾不发药乎？"曰："已矣。吾固告汝曰人将保汝，果保汝矣。非汝能使人保汝，而汝不能使人无保汝也，尔焉用之感豫出异也？必且有感。摇尔本性，又无谓也。与汝游者又莫汝告也，彼所小言，尽人毒也。莫觉莫悟，何相孰也。巧者劳而知者忧，无能者无所求。饱食而敖游，汎若不系之舟，虚而敖游者也！郑人缓也，呻吟裘氏之地，祇三年，而缓为儒，河润九里，泽及三族，使其弟墨。儒墨相与辩，其父助翟，十年而缓自杀。其父梦之曰：'使尔子为墨者，予也，阖尝视其良？既为秋柏之实矣。'夫造物者之报人也，不报其人而报其人之天。夫人以己为有以异于人，以贱其亲，齐人之井饮者相捽也。圣人安其所安，不安其所不安。众人安其所不安，不安其所安。朱泙漫学屠龙于支离益，殚千金之家，三年技成而无所用其巧。小夫之知，不离苞苴竿牍，敝精神乎蹇浅，而欲兼济道物，太一形虚。若是者，迷惑于宇宙，形累不知太初。彼至人者，归精神乎无始，而甘瞑乎无何有之乡。悲哉乎！汝为知在

毫毛而不知大宁。”

【见独】

伯昏瞀人

明显是庄子虚拟人名。从《田子方》“列御寇为伯昏无人射”看，它同伯昏无人应该是同一个人。伯昏无人的具体含义，请回看《德充符》对伯昏无人的解注。

夫内诚不解，形渫成光，以外镇人心，使人轻乎馈老，而齑其所患

非常非常不好理解的一段话，只能结合语境，勉强为之。

首先得明确整句话的主语始终是列御寇，即“内诚不解，形渫成光，以外镇人心，使人轻乎贵老”的主语是列御寇，“齑其所患”的主语也是列御寇。

“内”跟“形”相对应，内指列子的内心，形指列子表现给他人的印象。过往多数版本中，“渫”的原字为“谍”。反复推敲，觉得“谍”应该是“渫（xiè）”的误抄。因为如果是谍，则文本完全无解。渫，含义同泄。

“不解”应该是指列子的内心拘于某种身份而不能放下，其结果就是列子表现给人的印象是光，即“光而不耀”的光，相当于今天的炫酷。“成光”不是列子一种自然而然的行为，而是列子的一种带强烈主观意愿的行为，其目的是“外镇人心”，其根源是“内诚不解”。列子这种自抬身份的行为，就连“其为利也薄，其为权也轻”的浆人都能看得出来，并且用实际行动表示对他的谄媚，那“身劳于国而知尽于事”的万乘之主就更不用说了，他一定会“任我以事，而效我以功”。果真如是的话，则列子到齐国去，就会为外境所困，为国君所用。列子正是因为意识到这个问题，才“中道而返”。

轻乎馈老，原文为“轻乎贵老”，估计是“馈”误抄为“贵”，遂致语义含混不清。它的意思应该是，“五浆先馈”的那些人轻易就能辨认出列子的身份而优先给他上餐。这个理解，必须要以列御寇已经垂垂老矣为前提，但文中并没有列子已经垂垂老矣的交代。所以，老字的理解颇成问题。

“齑”的原字不清楚，如果就是“齑”，则其含义为粉碎，明显与语境不搭。如果原字是“赍（jī）”或“韲（jī）”，则同样没有适合语境的含义可供选取。由于整句话不好理解，所以，“齑”字究竟如何处理，实在找不到办法。

有人强将其解注为招致，其实完全没有根据。万般无奈之下，将就解注为招致好了。

善哉！观乎汝处已，人将保汝矣

整句话的断句非常重要，如果按传统将其断句为："善哉观乎！汝处已，人将保汝矣！"会导致文本非常难以理解。事实上，无论是本章还是《庄子》全书，断句都非常重要。

"保"的含义只能根据这里的特殊语境给出。从后面"无几何而往，则户外之屦满矣"看，列子家里聚集了很多人，这些人却又是些"小言"之人。所以，保的含义不会是因为列子受人拥戴而被保护，很可能是因为列子非常享受这种众星捧月、前呼后拥的感觉。可惜的是，列子的这种行为看似与他人打成一片，却与《寓言》篇中阳子居因听从老子的话而与他人打成一片大不相同。列子与他人打成一片是"摇尔本性""莫觉莫悟""敝精神乎蹇浅"。

敦杖蹙之乎颐

敦杖即顿杖，即人站立不动时把手杖竖来握着。蹙，音 cù，接近的意思。整句话的意思是说，伯昏瞀人将手杖支在下巴底下。

宾者以告列子，列子提屦，跣而走，暨乎门

宾者，同傧者，本义为接引客人的人。

屦，音 jù，本义为用麻、葛等制成的单底鞋，后泛指鞋。

跣，音 xiǎn，本义为赤脚。

暨，音 jì，到的意思。

非汝能使人保汝，而汝不能使人无保汝也，尔焉用之感豫出异也？必且有感。摇尔本性，又无谓也

极难准确把握含义的一句话。难点之一是断句难，这里的断句与其他所有解注本都不同。难点之二是"尔焉用之感豫出异也"非常陌生，无论借助语境还是借助他山之石，似乎都难以清晰理解。

"尔焉用之"的之，应该指"汝不能使人无保汝也"这种现象。

感豫出异，是否是这四个字构成一块，首先就无法确定。假设就这么确定，则感就是后文“必且有感”的感，其宾语就是“汝不能使人无保汝也”这个现象，其补语就是豫，快乐的意思。出异，就是表现出与他人的不同。

必且有感，是伯昏瞀人对列子必定是感豫出异了的肯定判断。列子的这种行为，动摇了他的本性，可惜列子对自己本性发生了动摇毫无察知，所以会“无谓”，也即无所谓。

巧者劳而知者忧，无能者无所求。饱食而敖游，汎若不系之舟，虚而敖游者也

理解这段话的关键，是将几个原本就是并列的词语在意念中并列起来，即把巧者、知者、无能者、虚而遨游者并列起来，把劳、忧、无所求、汎若不系之舟并列起来。中间的句号也可以用逗号，但用句号，最后一句话的意思会看得更清晰一些。

另外，“巧者劳而知者忧，无能者无所求”在本句中是起兴的作用，跟文章本身的含义并没有关联。伯昏瞀人要言说的重点，就是告知列子，“饱食而敖游，汎若不系之舟”的“虚而敖游者”，才是列子应该努力的方向，而不是整天和一群莫觉莫悟的小言之人搅和在一块。

郑人缓也，呻吟裘氏之地，祇三年，而缓为儒，河润九里，泽及三族，使其弟墨

这是伯昏瞀人为说服列子而列举的典故，过往解注本多将其同上文完全割裂开来另起一章，遂致文本很大一部分完全无法理解。

呻吟，就是“无病呻吟”的呻吟，暗讽缓的迂腐无知，自以为是。

祇，全部过往解注本都完全忽视了对“祇”字的解注，径直就将它通假为“只”(古语“衹”通“只”，请注意“衹”跟“祇”的差别)。其实，这个“祇”字用得十分精到，其含义十分清晰，就是它的本义，恭敬的意思。从语境看，缓对儒家学说恭恭敬敬足足用了三年功夫。正因此，才“河润九里，泽及三族”。

使尔子为墨者，予也，阖尝视其良？既为秋柏之实矣

语境太小，根本无法准确领会它的含义。勉强为之，这句话当是缓对其父的怨言。

阖尝，就是何尝。其，指缓。良，“优良”的良。作为儒者的缓与作为墨

者的弟，相互争辩了十年之久。十年里，缓的父亲一直站在他弟那边。而在缓看来，他弟是因为他才成为墨者的。意思是说，如果没有缓，他弟就不可能成为墨者。现在，缓与其弟发生了争辩，他的父亲是不应该十年都一直站在他弟一边的，这让他感觉他的父亲没有把他看作是良，是秋柏之实，以至于他愤恨自杀。秋柏之实，庄子单一独用词，含义不是很清楚。根据语境，大意应该是指缓对自己才干的自负，因为秋柏之实十分难得。

夫造物者之报人也，不报其人而报其人之天

非天才庄子，不能用如此简美的话语表达出如此深邃的思想。

任何伟大人物的伟大成就，无论是自然科学的还是社会科学的，就其终极意义上说，都只是上天的产物，人只是上天表达真理的工具或媒介。所以，上天不会在任何意义上帮助人的人为的方面，而只会帮助人的天生的方面。所谓天助自助者，也只是天助人天生就有的方面。比如，一个天生是高个子的人，因为后天的某种原因没有长高，那如果这个人采用科学的方法锻炼，就很可能长高。但如果一个人天生就是矮个子，那他无论采用怎样的科学方法，都无法在真正意义上长高。

原文为："夫造物者之报人也，不报其人而报其人之天，彼故使彼。""彼故使彼"明显是对前文含义的高度抽象，离开语境，就不知所云，故予以删除。事实上，"彼故使彼"也没有作为词语流传下来。

故曰：今之世皆缓也。自是有德者以不知也，而况有道者乎！古者谓之遁天之刑

原紧接在"齐人之井饮者相捽也"之后，现删除。理由一，它本身没有任何思想含义。理由二，它与前后语境不搭。理由三，它明显是后人的评语。理由四，删除后，归元文本才显紧凑。

庄子曰：知道易，勿言难。知而不言，所以之天也。知而言之，所以之人也。古之人，天而不人

原紧接在"不安其所安"之后，现删除。理由很单一但很充分，那就是它明显跟前后语境不搭。

圣人以必不必，故无兵。众人以不必必之，故多兵。顺于兵，故行有求。兵，恃之则亡

原紧接在“三年技成而无所用其巧”之后，删除的理由同上。

苞苴竿牍

音 bāo jū gān dú。意思类似于鸡毛蒜皮、柴米油盐等，形容琐碎之事。

水流乎无形，发泄乎太清

原紧接在“而甘瞑乎无何有之乡”之后，现删除。理由是，它本身义理不清不楚，后人旁注入正的可能性很大。删除后的归元文本，形式完美，义理完足。

【今译】

列御寇原本要去齐国，可在去的路上就折返了回来，回来路上遇到伯昏瞀人。伯昏瞀人问：“干吗折返回来呢？”列御寇回答：“我惊醒了。”伯昏瞀人追问：“因为什么？”列御寇回答：“我一路上有在十个地方吃饭，但有五个地方都优先给我上餐。”伯昏瞀人又问：“就这事，你怎么会被惊醒呢？”列御寇回答：“我内心确实还不曾完全开解，外在表现很有些气势凌人，目的就是为了对外能镇服他人之心，让那些五浆先馈的人轻易地就能优先给我上餐，这终究会招来祸患。浆人只不过是做些食羹类的小买卖，赚不到很多的钱，可以说他们不仅所赚利润微薄，而且其权力也非常轻微，如果他们都能这么做，那更能想象得到万乘之主会怎么做了！万乘之主可是为国操劳且事无巨细多能了然于胸啊。他一定会安置某个职位给我，并且会按照我的职位而检校我的功绩。我就是因为这个才被惊醒过来的。”伯昏瞀人说：“真是不错啊！从你对你自己行为的处理看，人们将会聚集到你身边。”没过多久，伯昏瞀人前往列御寇所住之处，看到其门外满满一地的鞋子。伯昏瞀人面朝北边站立不动，用手杖顶住自己的下巴。站了小会儿后，一言未发就打道回府了。接引客人的人立马告知列子，列子手提鞋子，光着脚丫赶忙追向门口，待到门口时，说：“老师您既然已经来了，难道不开些药方吗？”伯昏瞀人最后说：“不说也罢。我上次有对你说过，人们会聚集到你身边，现在人们果然聚集到你身边了。不是你能够让人们聚集到你身边，而是你不能让人们不聚集到你身边，你难道是

想借用这事让自己感到高兴并凸显自我吗？一定是这样的。这可动摇了你的本性啊，可你竟然对之一无所知。跟你待在一块的那些人又没有什么可以告诫你的，更何况他们那些人所说的尽是些小言小语，全都是些毒害人的东西。就你们这帮莫觉莫悟的人聚集在一块，哪里还能真正相知相识啊。灵巧的人容易陷入劳累，博学的人容易陷入忧虑，无能的人容易没有追求。但虚而遨游的人，吃饱喝足而逍遥江湖，一如没被绳索牵住的小船，随波逐流。郑国曾经有个叫缓的人，在一个叫裘氏的地方求学，醉心儒学长达三年，一如河水浸润九里，父母妻三方家族皆受其惠泽，并让他的弟弟成了墨者。他和他弟弟各自代表儒墨一方不断争辩，他的父亲站在弟弟这边，且十年来一直如此，缓实在受不了了，就选择了自杀。一天他的父亲梦见他的这位儿子对他说：‘让你儿子成为墨者的，正是我啊，可你什么时候把我看作优良的了？我可是比得上秋柏之实呀。’造物者对于人的帮助，从来就不帮助人的人为方面而只帮助人的天性方面。缓这个人自以为他所拥有的跟他人所拥有的很不一样，并拿这个低看自己的父亲，这就好比齐人共饮一井却相互斗殴啊。圣人安心于他原本就安心的，不安心于他原本就不安心的。可普罗大众呢，安心其原本就不该安心的，不安心于其原本就该安心的。就好比，一个叫朱泙漫的人，向支离益学习屠龙之技，把他的千金之家全部花光，三年技成但完全找不到用武之地。小知小识之人，一天到晚就喜欢沉溺在苞苴竿牍般的琐碎事务之中，将他的精神流放在鄙陋浅薄之处，就这样却还想兼济大道与万物，将外在与内在合而为一。就这等人，在天地之中迷迷惑惑，累死也认识不到万物的初始。那些真正的高人，将他们的精神抬升到无始之地，美美地酣睡于无何有之乡。悲剧啊！你所做的一切认知都只是些毫毛，而对于真正的大道，你却一无所知。”

二

【文本归元】

宋人有曹商者，为宋王使秦。其往也，得车数乘。王悦之，益车百乘。返于宋，见庄子曰：“夫处穷闾隘巷，困窘织屦，槁项黄馘者，商之所短也。一晤万乘之主而从车百乘者，商之所长也。”庄子曰：“秦王有疾召医，破痈溃

痤者得车一乘，舐痔者得车五乘。所治愈下，得车愈多。子岂治其痔邪？何得车之多也！子行矣！”

【见独】

槁项黄馘

槁就是“枯槁”的槁，项就是“颈项”的项，黄就是“面黄肌瘦”的黄，馘（guó）指古代战争中割取敌人的左耳以计数献功。这个词语现代人非常陌生，现代人理解它不必拘于文字，它的构词手法类似焦头烂额，含义基本等同于面黄肌瘦。

破痈溃痤

痈，音 yōng，中医指恶性肿瘤。

痤，音 cuó，指痤疮，一种皮肤病，俗称粉刺。

舐痔

以舌舔痔。

舐，音 shì，舔的意思。

痔，音 zhì，肛门因血行障碍而引起的一种病。

所治愈下，得车愈多

一定要在语境中理解。“下”显然是“舐”与“破”或“溃”比较的结果，“多”显然是“一”与“五”比较的结果。曹商之所以能得到百辆马车，不是破或溃的结果，而是舐的结果。

【今译】

宋国有个叫曹商的人，为宋王出使秦国。去的时候，他从宋王那里获得了好几辆马车。秦王见到他很高兴，又加送了近百辆马车。曹商回到宋国后，看见庄子时就说：“要说躲在穷街陋巷疲困不堪地编着草鞋，把自己搞得面黄肌瘦，这确实是我曹商的短板。要说见一次万乘之主便获得马车百辆，这确实是我曹商的长项啊。”庄子回答说：“秦王患病召请医生，凡用手挤破痈痤者，一次得车一辆，凡用舌舔治痔疮者，一次得车五辆。治病的方式越是下作，得到的马车就会越多。你难道是在替秦王医治痔疮吗？要不然哪来这么多车！一边待着去吧！”

三

【文本归元】

鲁哀公问乎颜阖曰：“吾以仲尼为贞干，国其有瘳乎？”曰：“殆哉，岌乎仲尼！方且饰羽而画，从事华辞，以支为旨，忍性以视民，而不知不信，受乎心，宰乎神，夫何足以上民！为后世虑，不若休之，难治也！”

【见独】

鲁哀公问乎颜阖

《让王》有段关于鲁公和颜阖的故事，有助于对本节的理解：

鲁君闻颜阖得道之人也，使人以币先焉。颜阖守陋闾，苴布之衣，而自饭牛。鲁君之使者至，颜阖自对之。使者曰：“此颜阖之家与？”颜阖对曰：“此阖之家也。”使者致币。颜阖对曰：“恐听谬而遗使者罪，不若审之。”使者还，返审之，复来求之，则不得已！故若颜阖者，真恶富贵也。

吾以仲尼为贞干，国其有瘳乎

贞干，指能负重任、成大事的贤才。结合语境，应该就是指国师。

瘳，音 chōu，本义为病愈。《人间世》有类似语：“愿以所闻，思其所行，庶几其国有瘳乎！”

殆哉，岌乎仲尼

将其同《天地》中下面这段话进行对比，有助于对这句话和本章节的理解：

尧之师曰许由，许由之师曰啮缺，啮缺之师曰王倪，王倪之师曰被衣。尧问于许由曰：“啮缺可以配天乎？吾藉王倪以要之。”许由曰：“殆哉，岌乎天下！啮缺之为人也，聪明睿知，其性过人，而又乃以人更天。彼审乎禁过，而不知过之所由生，与之配天乎？彼且乘人而无天，方且本身而异形，方且尊知而火驰，方且为绪使，方且为物絯，方且应众宜，方且与物化而未始有恒，夫何足以配天乎！虽然有族有祖，可以为众父而不可以为众父父。”

因为语境不同，几乎相同的话其含义会有很大不同。“殆哉，岌乎天下！”前后句应理解为平行关系，“殆哉，岌乎仲尼！”前后句应理解为因果关系。前一句可以白话为：“危险啊，天下可得遭殃了！”后一句可以白话为：“危险啊，因为仲尼本身就危险！”

方且饰羽而画，从事华辞，以支为旨，忍性以视民，而不知不信，受乎心，宰乎神，夫何足以上民

乍一看没一处难点，细一想处处是难点。

饰羽而画。大自然里任何羽毛，其本身就非常漂亮，画它时完全无须再做任何人为修饰。孔子不然，其行为有很多不合人性自然的地方，所以叫饰羽而画。

从事华辞。指孔子学说在言辞上太过花哨。

以支为旨。指孔子学说把枝节的东西当作主干。

忍性以视民。指孔子带着不忍之心看待民众，看到的不是真实的民众。

不知不信。指孔子不知道自己所坚信的观念其实是不可信的。

受乎心，宰乎神。指孔子在并不知道自己所坚信的观念其实是不可信的情况下，却坚定地把它安放在自己的内心深处。

何足以上民。指孔子如果被鲁哀公视为贞干，其实他是没有能力引领民众的。

彼宜汝欤？予颐欤？误而可矣！今使民离实学伪，非所以视民也

原紧接在“夫何足以上民”之后，现予删除。理由并不充分，毕竟这段话完全不像是后人旁注入正的结果。但如果删除，文本不但形式完美，结构紧凑，而且义理完足，逻辑顺畅。从文本能简则简的原则出发，还是删除好，更何况这段话本身几乎不知所云。

【今译】

鲁哀公向颜阖请教说："我想拜仲尼为国师，国家会有好转吗？"颜阖说："危险啊，因为仲尼本身就危险！仲尼连画一根羽毛都要加一些人为的修饰，他的言辞华而不实，错把枝节当主干，总是怀着不忍之心看待民众，他自己根本就不知道他的这些行为其实是不可信的，但他把它们牢牢地锁定在心里，这怎么可能用来引领民众呢？为后世长远着想，你最好不要拜他为国师，拜他为国师是无法使国家好转的。"

四

【文本归元】

施于人而不忘，非天布也，商贾不齿。虽以事齿之，神者弗齿。为外刑者，金与木也。为内刑者，动与过也。宵人之离外刑者，金木讯之。离内刑者，阴阳食之。夫免乎外内之刑者，唯真人能之。

孔子曰："凡人心险于山川，难于知天。天犹有春秋冬夏旦暮之期，人者厚貌深情。故有貌愿而益，有长若不肖，有慎狷而达，有坚而缦，有缓而悍。故其就义若渴者，其去义若热。故君子远使之而观其忠，近使之而观其敬，烦使之而观其能，卒然问焉而观其知，急与之期而观其信，委之以财而观其仁，告之以危而观其节，醉之以酒而观其侧，杂之以处而观其色。九征至，不肖人得矣。"

正考父一命而伛，再命而偻，三命而俯，循墙而走，孰敢不轨！如而夫者，一命而吕钜，再命而于车上舞，三命而名诸父。孰协唐许？贼莫大乎德有心而心有睫，及其有睫也而内视，内视而败矣！凶德有五，中德为首。何谓中德？中德也者，有以自好也而吡其所不为者也。穷有八极，达有三必，形有六

府。美、髯、长、大、壮、丽、勇、敢，八者俱过人也，因以是穷。缘循、偃仰、困畏，不若人三者俱通达。知慧外通，勇动多怨，仁义多责，六者所以相刑也。达生之性者傀，达于知者肖，达大命者随，达小命者遭。

【见独】

无论文风还是义理，都跟庄子有十万八千里之遥，估计是后人伪作混入，故不解、不注。

五

【文本归元】

人有见宋王者，赐车十乘，以其十乘骄睢庄子。庄子曰："河上有家贫恃苇萧而食者，其子没于渊，得千金之珠。其父谓其子曰：'取石来锻之！夫千金之珠，必在九重之渊而骊龙颔下。汝能得珠者，必遭其睡也。使骊龙而寤，汝尚奚微之有哉！'今宋国之深，非直九重之渊也。宋王之猛，非直骊龙也。子能得车者，必遭其睡也。使宋王而寤，子为齑粉夫。"

【见独】

骄睢

庄子单一独用词，原文为"骄稚"，无解。现据《寓言》"尔睢睢盱盱，尔谁与居"更改。睢，音 suī，本义为仰视。骄睢的含义，非常类似于口语中的"眼睛只朝上看"，形容一个人骄横时一副谁都看不上眼的样子。

家贫恃苇萧而食者

原文为"家贫恃纬萧而食者"。如果照搬原文，则"纬"必须训为编织，但纬并没有编织的含义可选。如果改"纬"为"苇"，则句子字面含义就非常清晰，形容家里穷到只能靠食苇萧之类的植物才能生存的地步。至于苇萧究竟

能不能食，并不重要，因为句子的主旨不是苇萧，而是穷。穷而“得千金之珠”还要“取石来锻之”，说明河上人家穷而不困，一如《天道》篇所言：“而神未尝有所困也。”

骊龙

黑色的龙，形容凶猛。骊的本义为纯黑色的马。

【今译】

有人在拜见宋王后，获赠宋王十辆马车，遂拿这十辆马车向庄子显摆。庄子说：“河上曾有一户人家，穷到要靠吃草才能生存的地步，有次他儿子潜到深水处，得到了一颗千金之珠。他的父亲对儿子说：‘拿石头把它砸了吧！凡千金之珠，一定是在九重之渊且凶猛的黑龙嘴下。你能拿到这颗珠子，一定是恰遇它睡着了。要是凶猛的黑龙一朝醒来，你连小命都会没有啊！’今宋国之深，还不止九重之渊啊。宋王之猛，还不止黑龙之凶啊。你能从他那里获赠十辆马车，一定是恰遇他睡着了。要是宋王一朝醒来，你就得粉身碎骨了啊。”

六

【文本归元】

或聘于庄子，庄子应其使曰：“子见夫牺牛乎？衣以文绣，食以刍菽。及其牵而入于太庙，虽欲为孤犊，其可得乎！”

【见独】

刍菽

音 chú shū。刍，喂牲畜的草。菽，豆的总称。

【今译】

有人想聘用庄子，庄子对来使说：“你见过祭祀用牛吧？穿的是锦绣文衣，吃的是嫩草大豆。但当被牵入太庙而作为祭品时，它即使想做回孤单的小牛，还做得到吗？”

七

【文本归元】

庄子将死，弟子欲厚葬之。庄子曰：“吾以天地为棺椁，日月为连璧，星辰为珠玑，万物为赍送，吾葬具岂不备邪？何以加此！”弟子曰：“吾恐乌鸢之食夫子也。”庄子曰：“在上为乌鸢食，在下为蝼蚁食，夺彼与此，何其偏也。以不平平，其平也不平，以不征征，其征也不征。明者唯为之使，神者征之。夫明之不胜神也久矣，而愚者恃其所见入于人，其功外也，不亦悲夫！”

【见独】

棺椁

棺，音 guān，装殓死人的器具。

椁，音 guǒ，套在棺材外面的大棺材。

连璧

并列的美玉，喻并美的人或事物。

赍送

字面意思不解，但从它与棺椁、连璧、珠玑为并列关系看，应该是一些零星的殉葬品。赍，音 jī，指把东西送给别人。

乌鸢

乌只是对鹰的修饰，其用法同白马完全等同，故不宜解注为乌鸦和老鹰，而应看作是单一的老鹰，即黑鹰。乌，“乌天黑地”的乌。鸢，音 yuān，俗称老鹰。

明者唯为之使，神者征之

必须在语境中才能正确理解这句话，也必须是思想天才才能写出这样的话。明就是“明火”的明，指眼睛看得见的存在，即形式。神就是“神明”的神，指眼睛看不见的存在，即本质。前一个“之”指神者，后一个“之”指明者。白话这句话就是，外在的东西始终为内在的东西所驱使，内在的东西始终是外在的东西的根据。结合后句：“夫明之不胜神也久矣，而愚者恃其所见入于人，其功外也，不亦悲夫！”可以确信这个理解是正确的。

【今译】

庄子就要死了，他的弟子想厚葬他。庄子说：“我以天地为棺椁，日月为连璧，星辰为珠玑，万物为赍送，我的葬品难道还不齐备吗？哪里还需要你来厚葬！”弟子回答说：“我只是担心老鹰会把老师您吃掉啊。”庄子最后说：“在上就被老鹰吃掉，在下就被蝼蚁吃掉，夺彼与此，真是太偏颇了啊。把原本就不均平的看作是均平的，那所谓的均平最终是不均平。就好比，把原本就没有根据的看作是有根据的，那所谓的根据最终是没根据。形式始终要受本质驱使，本质才是形式的根据。形式一直以来就不能战胜本质，而那些愚蠢的人总喜欢依凭自己的浅表之见要求他人，那都是些外在的功夫啊，悲剧呀！”

天下

一

【文本归元】

天下之治方术者多矣，皆以其有为不可加矣！古之所谓道术者，果恶乎在？曰："无乎不在。"曰："神何由降？明何由出？""圣有所生，王有所成，皆原于一。"

天下大乱，贤圣不明，道德不一。天下多得一察焉以自好，譬如耳目鼻口，皆有所明，不能相通，犹百家众技也，皆有所长，时有所用。虽然，不赅不遍，一曲之士也。判天地之美，析万物之理，察古人之全，寡能备于天地之美，称神明之容。是故内圣外王之道，暗而不明，郁而不发，天下之人各为其所欲焉以自为方。悲夫！百家往而不返，必不合矣！后世之学者，不幸不见天地之纯，古人之大体，道术将为天下裂。

【见独】

天下之治方术者多矣，皆以其有为不可加矣！古之所谓道术者，果恶乎在？曰："无乎不在。"曰："神何由降？明何由出？""圣有所生，王有所成，皆原于一。"

理解本段话的困难之处有两点。其一，如何将它同全章有机地连接起来？它明显是对全章的总括，全章的旨意要由它统辖。其二，如何在本段内将它看作一个内涵紧密相连的整体？

对于其一，需要读者自己借助这里的提示去对全章进行细推慢究，前后对应着反反复复看，自然就看明白了。

对于其二，首先要将方术和道术对立并统一着看。道术包含着方术，方术寓含着道术。方术并不是不对，而是不全。治方术的人其所言所行不是不对，而是不全对，是"不赅不遍，一曲之士"，是因为"往而不返"，才"不合"

大道。然后，要将“神何由降？明何由出？”的问看作是对“无乎不在”的追问，不是在主题上另起一问。意思是说，既然道“无乎不在”，那神、明又从哪里来呢？作者没有直接给出答案，但间接答案的思维逻辑是十分清楚的。那就是，圣之所生也好，王之所成也罢，包括神的降、明的出，都源于一，即都只有一个源头，那就是道术。因为，道术“无乎不在”。那神的降、明的出又怎么理解呢？它其实就是“神明降出”一词的拆解，起调节音韵作用，以使文字整体上连读起来比较顺口。神明就是后文“称神明之容”的神明。

不离于宗，谓之天人。不离于精，谓之神人。不离于真，谓之至人。以天为宗，以德为本，以道为门，兆于变化，谓之圣人。以仁为恩，以义为理，以礼为行，以乐为和，熏然慈仁，谓之君子。以法为分，以名为表，以参为验，以稽为决，其数一二三四是也，百官以此相齿。以事为常，以衣食为主，蕃息畜藏，老弱孤寡为意，皆有以养，民之理也。古之人其备乎！配神明，醇天地，育万物，和天下，泽及百姓，明于本数，系于末度，六通四辟，小大精粗，其运无乎不在。其明而在数度者，旧法、世传之史尚多有之。其在于《诗》《书》《礼》《乐》者，邹鲁之士、缙绅先生多能明之。《诗》以道志，《书》以道事，《礼》以道行，《乐》以道和，《易》以道阴阳，《春秋》以道名分。其数散于天下而设于中国者，百家之学时或称而道之。

很可能是后世儒士不满庄子没有把儒家列入《天下》篇而精心炮制的伪作，且把它置于首位。现予以删除，理由一，原文“圣有所生，王有所成，皆原于一”与“天下大乱，贤圣不明，道德不一”的“一”和“不一”，一个在段末，一个在段首，义理逻辑要求它们必须连在一起。理由二，被删除的这段，无论主旨义理还是行文风格，都与整体明显不合，且明显破坏了整体的结构感。

虽然，不该不遍，一曲之士也

该，音 gāi，就是“言简意赅”的赅，完备的意思。

曲，双重含义，其一义同《秋水》“曲士不可以语于道者，束于教也”的曲，其一义同“曲解”的曲。治方术的人都是曲解道术后的狭隘之人，所以“寡能备于天地之美，称神明之容”。

判天地之美，析万物之理，察古人之全，寡能备于天地之美，称神明之容

判、析、察要并列起来做同一词性词义理解。“判”的本义是用刀将牛分开，“析”的本义是用斧子将木头劈开。“察”的本义是仔细看，似与前两者不合。如果庄子原文不误，则“察”在这里必须理解为将“古人之全”分开来细看，也即断章取义。唯其如此，后面的“寡”字才能符合思维逻辑。

同样道理，“备”与“称”也要对应着理解。备的意思很清晰，就是“完备”的备。以此推之，称的意思应该是“相称”的称，而不应该是“称颂”的称。

“神明之容”的神，就是“神乎其技”的神，明就是“高明”的明。

从语句结构上看，这句话中出现的两个“天地之美”有细微差别，前一个“天地之美”与“万物之理”“古人之全”并列，后一个“天地之美”则以一代三，即指代天地之美、万物之理和古人之全三项，这是完全合乎语法规则的。

往而不返

从字面意思上说，“往而不返”明显是指天下各家都往方术上走而不往道术上走。从本质含义上说，明显是指各家都只在物的层面言说，而没有回到道上去。

【今译】

天下从事方术研究的人真是太多了！都以为自己所研究的方术是顶级的学问了！那所谓真正的道术，究竟又存在于哪里呢？答案是，存在于一切时空。如果道术存在于一切时空，那神明又该从哪里生成出来呢？神明都是由圣王生成出来的，且都是从道术那里所生成出来的。

但当天下大乱的时候，圣王（贤）的所生所成就难以为天下所知晓，于是道术也就难以保持它本身的样子了。天下人大多只是就道术的某一方面进行研究并沉溺于其中，就好比耳目鼻口，都有它本身的功用，但都不能相互连通，百家所进行的方术研究也是这样，都有它擅长的地方，都在某个时候能够用上。即便如此，因为它的不完不备，不普不遍，从事这类研究的人，充其量也就一个曲士罢了。他们将天地之美刀割开来，将万物之理斧劈开来，将古人之全心拆开来，所以，他们很少有人能将天地之美完全言说并行动出来，他们的行为跟神明本来的样子很难相称。正因此，内圣外王之道就一直处在黑暗之中而不能光耀天下，被压抑着而不能传播天下，而天下研究方术的人却由着各自的想法并处于自我陶醉之中。太可悲了啊！从事方术研究的人是如此之多，可他们全都沉溺于方术之中而不能回到道术层面，必定会跟道术不相一致。后世想要学习道术的人，不仅非常不幸地看不到天地之纯，而且非常不幸地看不到真正有道之人的大道，道术就因为天下人的方术研究而被割裂开来了。

二

【文本归元】

不侈于后世，不靡于万物，不晖于数度，以绳墨自矫，而备世之急，古之道术有在于是者。

墨翟、禽滑厘闻其风而说之，为之大过，已之大循。作为《非乐》，命之曰节用。生不歌，死无服。墨子泛爱兼利而非斗，其道不怒。又好学而博，不异，不与先王同，毁古之礼乐。古之丧礼，贵贱有仪，上下有等。天子棺椁七重，诸侯五重，大夫三重，士再重。今墨子独生不歌，死不服，桐棺三寸而无椁，以为法式。以此教人，恐不爱人。以此自行，固不爱己。未败墨子道。虽然，歌而非歌，哭而非哭，乐而非乐，是果类乎？其生也勤，其死也薄，其道大觳。使人忧，使人悲，其行难为也。恐其不可以为圣人之道，反天下之心，天下不堪。墨子虽独能任，奈天下何！离于天下，其去王也远矣！

【见独】

不侈于后世，不靡于万物，不晖于数度，以绳墨自矫，而备世之急，古之道术有在于是者

二到六都是类似的结构。过往它们的断句大多类似为：“不侈于后世，不靡于万物，不晖于数度，以绳墨自矫，而备世之急。古之道术有在于是者，墨翟、禽滑厘闻其风而说之。”造成这种错误的根本原因，是没有读懂第一段方术与道术的内在关系。二到六最前面一段，都是道术，是卮言。正确断句后，“古之道术有在于是者”是最显著的标志。道术因为天下人的曲解后，就变成了方术。读不懂这层意思，就不可能读懂天下至精至绝至难《天下》篇。

二到六的道术部分，思想深邃，价值极高，不分有庄子灵魂的人，或是不具哲学天赋的人，是极难读懂的。即使是颇具哲学天赋的人，如果抽象能力、想象能力、逻辑能力和分析能力没能得到很好训练并充分调用，要想透彻理解，也还是会倍感吃力。

不侈于后世，单看本身，是无法获得正确理解的。只有结合全句和本章语境，才能获得正确理解。侈，音 chǐ，“奢侈”的侈。作为道术的不侈于后世，就是要让后人不奢侈。这个解释其实有些词不达意，要结合后两句一起理解，才能理解得更透彻些。

不靡于万物，破解全句正确含义的关键句，因为全句中的其他句本身含义非常模糊，但有了本句格式定位后，其他句就有了很好的参照系。它本身的意思非常直白，就是不浪费万物。靡，音 mí，“奢靡”的靡，浪费的意思。

不晖于数度，即使有了“不靡于万物”作为参照，但因为晖和数度同时不好理解，所以还是很难理解。很难理解不等于不能理解。千沉万默，就能理解。结合本章语境，数度应该就是指的制度。“晖”字本作“晕”，本义为日月周围的光圈。借助想象和逻辑，晖在这里的意思应该是不明朗。所以，不晖于数度，应该是不使制度在执行时打折扣。其后的“以绳墨自矫”很好地贯通着这个解读。

为之大过，已之大循

必须在语境中理解为与已（yǐ），过与循。也就是说，必须把它们理解为对语。为，就是“作为”的为。已，就是“死而后已”的已。过，就是“过头”的过。循，就是“循规蹈矩”的循。意思是说，墨翟、禽滑厘这类人在治道术“不侈于后世，不靡于万物，不晖于数度，以绳墨自矫，而备世之急”时，要不就是执行得太过了，要不就是遏止得太死了，所以才走向了方术。

又好学而博，不异，不与先王同，毁古之礼乐

原文如果无误的话，则只能根据语境理解。墨子好学而博，无须解释，就

字面义。不异，应该是针对先王的礼乐有异而说的。比如，先王的丧礼“贵贱有仪，上下有等”，而墨子主张“生不歌，死无服”，自然就贵贱上下“不异”了。

黄帝有《咸池》，尧有《大章》，舜有《大韶》，禹有《大夏》，汤有《大濩》，文王有辟雍之乐，武王、周公作《武》

原紧接在“毁古之礼乐”后，明显是后人的旁注入正，故予删除。

是果类乎

“类”的含义很清晰，就是前面的道术。

其道大觳

觳，音 hú，意指恐惧。

墨子称道曰：“昔禹之湮洪水，决江河而通四夷九州也。名山三百，支川三千，小者无数。禹亲自操橐耜而九杂天下之川。腓无胈，胫无毛，沐甚雨，栉疾风，置万国。禹大圣也，而形劳天下也如此。”使后世之墨者，多以裘褐为衣，以屐蹻为服，日夜不休，以自苦为极，曰：“不能如此，非禹之道也，不足谓墨。”相里勤之弟子，五侯之徒，南方之墨者若获、已齿、邓陵子之属，俱诵《墨经》，而倍谲不同，相谓别墨。以坚白同异之辩相訾，以奇偶不仵之辞相应，以巨子为圣人。皆愿为之尸，冀得为其后世，至今不决。墨翟、禽滑厘之意则是，其行则非也。将使后世之墨者，必以自苦腓无胈、胫无毛相进而已矣。乱之上也，治之下也。虽然，墨子真天下之好也，将求之不得也，虽枯槁不舍也，才士也夫！

原紧接在“其去王也远矣”后，明显是后人的旁注入正，故予删除。删除后的归元文本，篇幅适中，逻辑清晰，义理完足。

【今译】

不使后世奢侈，不使万物浪费，不使制度走形，将这些当作绳墨自我矫正，以应对人世间的紧急之事，真正的道术就有这方面的阐述。

墨翟、禽滑厘听闻到这样的道术由衷地喜欢，但在具体操作时，不是自律太过严苛，就是律人太过死板。他们还写书《非乐》，主题就是节用。生不歌，死无服。尤其是墨子，他宣称要泛爱，要兼利，要非斗，要不怒。他还十分好学，知识非常渊博，主张贵贱上下要平等，不必跟以前的君王相同，也不必跟以前的礼乐一致。比如说，就丧礼而言，古人是贵贱有仪，上下有等的。天子的棺椁有七重，诸侯的五重，大夫的三重，士两重。可墨子硬是独自主张要生不歌，死不服，桐棺三寸而无椁，并以此作为标准硬性要求他人。他以这个去教导别人，恐怕说不上是关爱别人。他用这个去要求自己，本就谈不上关爱自己。这些当然不能败坏墨子所推崇的道术。但是，当歌而不让歌，当哭而不让哭，当乐而不让乐，是真的符合道术吗？人的一生是那么的勤苦，死时却遭遇那样的薄待，这样的道术有点太吓人。它使人忧愁，使人悲苦，要推行开来显然是十分困难的啊。它恐怕是不可作为圣人之道的，因为它反天下人之心，天下人会觉得难以承受。即便墨子自己可以做到，但他奈天下人何！一种主张要是跟天下人都脱离开来了，那它就已经远离王道（道术）了啊。

三

【文本归元】

不累于俗，不饰于物，不苟于人，不忮于众，愿天下之安宁以活民命，人我之养，毕足而止，以此白心，古之道术有在于是者。

宋钘、尹文闻其风而悦之，作为华山之冠以自表，接万物以别宥为始，语心之容，命之曰心之行，以聏合欢，以调海内，请欲置之以为主。见侮不辱，救民之斗，禁攻寝兵，救世之战，以此周行天下，上说下教，虽天下不取，强聒而不舍者也，故曰上下见厌而强见也。虽然，其为人太多，其自为太少。曰："请欲固置五升之饭足矣。""先生恐不得饱。""弟子虽饥，不忘天下。"日夜不休。曰："君子不为苛察，不以身假物。"以为无益于天下者，明之不如己也。以禁攻寝兵为外，以情欲寡浅为内，其小大精粗，其行适至是而止。

【见独】

不累于俗，不饰于物，不苛于人，不忮于众，愿天下之安宁以活民命，人我之养，毕足而止，以此白心，古之道术有在于是者

不累于俗，不被俗务所牵累，“弟子虽饥，不忘天下”是其表现形式。

不饰于物，不用外物做装扮。俗世中的物是有贵贱之分的，很多人就是借助外物，比如房子、汽车等来装扮自己。但从道的角度看，物无贵贱，道通为一。所以，宋钘等才要“作为华山之冠以自表，接万物以别宥为始”。

不苛于人，不对他人苛刻，“见侮不辱”是其表现形式。

不忮于众，不对民众狠心，“禁攻寝兵”是其表现形式。忮，音 zhì，义同《齐物论》“大勇不忮”的忮，狠的意思。

毕足而止，毕是“毕生”的毕，足是“完足”的足，与后文的“以情欲寡浅为内”遥相呼应。

作为华山之冠以自表，接万物以别宥为始，语心之容，命之曰心之行，以聏合欢，以调海内，请欲置之以为主

过往解注断句极其混乱，导致文本完全不能理解。但即使断句正确，文本仍然极难理解。

华山之冠，取象华山而作为帽子。至于宋钘、尹文为何要取象华山作为帽子以表明自己的学派主张，单从文本中是看不出所以然的，估计是他们曲解了真正的道术后不自觉产生的一种方术行为。

别宥，需借《吕氏春秋·去宥》之石以攻此处之玉：“夫人有所宥者，固以昼为昏，以白为黑，以尧为桀，宥之为败亦大矣。亡国之主，其皆甚有所宥邪！凡人必别宥，然后知。别宥则能全其天矣。”显然，别宥的含义是，同个人的囿见告别。“宥”古通“囿”。

语心之容，命之曰心之行。语就是“言说”的意思。心之容，即心容，即心要宽容。心之行，即心的运行，结合语境，也即心之道。

以聏合欢，以调海内。两个词其实是同一个意思，连用表强调。聏，音 ér，调和。

请欲置之以为主，请求天下人把他们所推崇的道术也即“心之容”作为天下人的主导思想。其实，当他们这么主张时，道术已经为他们所撕裂而为方术了。这句话很好地解释了“天下之治方术者多矣，皆以其有为不可加矣！”

见侮不辱，救民之斗，禁攻寝兵，救世之战，以此周行天下，上说下教，虽天下不取，强聒而不舍者也

这是庄子对宋尹学派的评述。宋钘、尹文倡导心之容的行为表现，就是“见侮不辱”“禁攻寝兵”。《荀子·正论篇》记子宋子说：“明见侮之不辱，使人不斗。人皆以见侮为辱，故斗矣。知见侮之为不辱，则不斗矣。”

强聒，唠叨不休。聒，音 guō，“聒噪”的聒。

曰：“请欲固置五升之饭足矣。”“先生恐不得饱。”“弟子虽饥，不忘天下。”

过往解注因断句错误而致完全不能理解。其实，这是一组小对话。大意是，宋钘对他想要游说的人说：“请你给我准备五升多的饭就够了。”被游说的人说：“先生恐怕吃不饱吧。”宋钘回答说：“我虽然吃不饱，但还是忘不了天下。”这组对话是对“其为人太多，其自为太少”的生动写照。

曰：“我必得活哉！”图傲乎救世之士哉

原紧接在“日夜不休”之后，因无法清晰解读，且思想价值不大，故予删除。删除后，文本整体没有任何损伤。

【今译】

不被俗务所牵累，不用外物来装饰，不对他人行苛刻，不对民众用狠心，唯愿天下百姓安居乐业以使生命存续，无论人我，生命的给养能够得到满足就要适可而止，以此作为内心的告白，真正的道术就有这方面的阐述。

宋钘、尹文听闻到这样的道术由衷地喜欢，于是取象华山制作帽子以象征自己的学派，应接万物时都以破除自己的成见为开始，主张人的心怀要宽容，并把心怀的宽容称之为心之道，试图用心之道使全天下人都开心，使全天下人都谐和，还请求把“心之容”作为全天下人的主导思想。他们主张即使受到欺侮也不要觉得是耻辱，这样就能使民众不陷入争斗。他们主张禁绝进攻并废除军队，这样人世间就不会有战争。他们拿这种学说周行天下，遇到君王类的人，就进行游说。遇到百姓类的人，就进行说教。即便全天下人都不相信他们那一套，他们仍旧孜孜以求而舍不得放弃。所以说，全天下人都不是很喜欢他们，他们只是在强行推行自己的学说。尽管如此，他们还总是为别人着想，而不是总是为自己着想。比如，他们说：“请给我准备五升的米饭就足够了。”

别人说："恐怕吃不饱吧。""吃不饱没关系，天下重要。"就这样，日夜不休。还说："君子为人不要太过苛察，更不要将人生建立在外物的基础之上。"他们认为，要是某个思想对天下没有好处，那与其对它进行阐明，还不如把它禁绝。他们的学说，无论从大的方面还是从小的方面来说，无论从精的方面还是从粗的方面来说，对外主张禁攻寝兵，对内主张情欲寡浅，也就如此而已。

四

【文本归元】

公而不党，易而无私，决然无主，趣物而不两，不顾于虑，不谋于知，于物无择，与之俱往，古之道术有在于是者。

彭蒙、田骈、慎到闻其风而悦之，齐万物以为首，曰："天能覆之而不能载之，地能载之而不能覆之，大道能包之而不能辩之。"知万物皆有所可，有所不可，故曰："选则不遍，教则不至，道则无遗者矣。"是故慎到弃知去己而缘不得已，泠汰于物，以为道理。曰："知不知，将薄知而后邻伤之者也。"謑髁无任，而笑天下之尚贤也。纵脱无行，而非天下之大圣。椎拍輐断，与物宛转。舍是与非，苟可以免。不师知虑，不知前后，魏然而已矣。推而后行，曳而后往。若飘风之还，若羽之旋，若磨石之隧，全而无非，动静无过，未尝有罪。是何故？夫无知之物，无建已之患，无用知之累，动静不离于理，是以终身无誉，故曰"至于若无知之物而已，无用贤圣，夫块不失道。"豪桀相与笑之曰："慎到之道，非生人之行，而至死人之理，适得怪焉。"

【见独】

公而不党，易而无私，决然无主，趣物而不两，不顾于虑，不谋于知，于物无择，与之俱往，古之道术有在于是者

现代人无论以怎样的知力去解读这段道术，都终将败下阵来。即便天才庄子重现天日，也一样不能解读得让百家心服口服。这里的解读，只能说是一家之言。尽管，就真正的学者对同一对象所做的认知而言，只是一家之言而非终极之言是一种耻辱。

公而不党，“公”跟“党”两个字的含义都不好定，也即谁都不能给谁起定位作用。相对而言，党的含义狭小些，先定党的含义。党的原字为“黨”，从黑，本义为晦暗不明。借助纯粹理性，再结合经验事实，公而不党的道术含义应该是，从事公事时不暗使手脚。当然，如果望文生义，结合结党营私、立党为公等词语，将其直接理解为用心为公但不拉帮结派也行。

易而无私，思想家作为灵界的存在，其思想总是轻易地被俗界的人所糟蹋。万幸的是，灵界不灭。是真思想，就一定要能永放光彩，无论其曾经处于一种怎样的黑暗。本句的光彩白话表达就是，不因事情的改变而谋求个人的私利。

决然无主，既然是道术，就一定要适应一切时空。在完全没有语境的条件下，只能借助理性强将本句抽象到至高无上的高度。决，“决断”的决。主，“宗主”的主。从下文“选则不遍，教则不至，道则无遗者矣”看，将本句理解为“决断时不固守某种模式”似乎不会太离谱。

趣物而不两，关键在对“趣”字含义的选取上，这里拟选取《秋水》中趣的含义：“以趣观之，因其所然而然之，则万物莫不然。因其所非而非之，则万物莫不非。”显然，趣是对事物的价值评判。

不顾于虑，不谋于知。无论老子还是庄子，对知都是持否定看法，对知不知才绝对肯定。虑与知明显是对语，所以，虑也应该是负面意义。虑的负面意义应该是忧虑。由此，这句话白话过来就是：不要因为忧虑而有所顾忌，不要因为私见而进行谋划。《应帝王》有更好的表达：“无为名尸，无为谋府，无为事任，无为知主。体尽无穷，而游无征。尽其所受乎天，而无见得，亦虚而已。至人之用心若镜，不将不迎，应而不藏，故能胜物而不伤。”

知万物皆有所可，有所不可，故曰：“选则不遍，教则不至，道则无遗者矣。”

这句话正是彭蒙、田骈、慎到对大道理解肤浅的表现形式。他们将“选”“教”与大道完全对立起来，也就导致其行为的“不选”“不教”。文章前后义理贯通非常彻底。

是故慎到弃知去己而缘不得已，泠汰于物，以为道理

道术被天下人撕裂为方术，慎到显然是其中之一。慎到方术的表现之一，就是误解“不谋于知”而弃知去己。

泠汰，音 líng tài，庄子单一独用词，字面意无解。根据语境强解，泠汰于物应该是特指慎到因误解古之道术将自己掩埋在物里而没有动用人的理性。从现实角度讲，人类历史上，不管哪个民族，都盲目崇拜各式各样僵化的物，甚至视物为神灵。殊不知，这样的民族文化是缺乏理性的“弃知”表现。

知不知，将薄知而后邻伤之者也

非常不好理解，估计原文有误。如果原文无误，则根据语境，这句话是对“慎到弃知去己而缘不得已，泠汰于物，以为道理”的进一步引证。意思是说，慎到主张弃知去己，因为他曾说过：“要是人强行去知道人原本就不能知道的，那他所知道的也只是浅薄的，这个浅薄的知道然后会反过来伤害知道者自己。”

謑髁无任，而笑天下之尚贤也。纵脱无行，而非天下之大圣

謑髁，音 xǐ kē，庄子单一独用词，字面意无解。根据语境，它明显跟“纵脱”是对语，含义也应该大致相同，不受外界约束的样子。

椎拍輐断，与物宛转

椎拍輐断，庄子单一独用词。虽然所造之词十分乖僻，但从语境和与物宛转中，词的大致含义还是很清晰的，其构词法类似于山崩地裂，其含义大致是像椎一般拍，像輐（wàn）一般断。至于椎如何拍，輐如何断，它们又如何自相适应而与物宛转，就只能去问已经死去的庄子了。思想天才的某些任性，确实给后人带来了巨大的解注麻烦。

不师知虑，不知前后，魏然而已矣

知虑，一定要在意念中将它同“不顾于虑，不谋于知”的知虑统一起来。

前后，就是“瞻前顾后”的前后。

魏然，独立不动的样子。“推而后行，曳而后往”“无知之物”“块不失道”都是印证。

田骈亦然，学于彭蒙，得不教焉。彭蒙之师曰："古之道人，至于莫之是、莫之非而已矣。其风窢然，恶可而言。"常反人，不见观，而不免于魭断。其所谓道非道，而所言之韪不免于非。彭蒙、田骈、慎到不知道。虽然，概乎皆尝有闻者也

原位于本节最后位置，狗尾续貂，故予删除。删除后，归元文本十分完足。

【今译】

不在公事中暗使手脚，不在改易中谋求私利，不在决断中固守模式，不对事物采用两套评判标准，不因为忧虑而有所顾忌，不因为私见而进行谋划，对客观事物不进行筛选，而是随顺它的变化而与之偕行，真正的道术就有这方面的阐述。

彭蒙、田骈、慎到听闻到这样的道术就由衷喜欢，把齐一万物看作是认知大道的开始，说："天能覆盖万物而不能承载万物，地能承载万物而不能覆盖万物，大道能包容万物而不能分别万物。"他们认为万物皆有其适可的地方，皆有其不适可的地方，所以又说："有所筛选就不能周遍，有所教导就不能终极，唯有依顺大道才无所遗漏。"正因为如此，慎到才主张放弃认知，去除自我，凡事听任于物，直到不得已时才去做它。他曾经说过："要是人强行去知道其原本就不能知道的，那他所知道的也只是浅薄的，这个浅薄的知道然后会反过来伤害知道者自己。"他行为乖张，嘲笑天下人对圣贤的推崇。放任自由，非议天下那些所谓的大圣。他以为人要是像椎輐一般地运作，就可以与物宛转。以为没有了是非黑白，就可以免于忧患。他不在意他人的私见，也不顾及他人的忧虑，他不会瞻前，也不会顾后，他就像土块一般岿然不动。他不被推动就不会前行，不被拖曳就不会进往。他的行为就好比大风的自然回吹，羽毛的自然盘旋，磨石的自然翻转，无论怎样都不会有什么过错，更谈不上有什么罪恶。为什么会是这样子的呢？这就好比那没有感知的物体，必定不会有基于自身的忧虑，也必定不会有用知的烦累，无论动静都有它的道理，所以慎到终其一生都没有什么毁誉。他曾经还说过："人的正确行为只不过就像没有感知的物体那样罢了，哪里需要什么圣贤，只有土块才不会丢失大道。"豪杰们都争相嘲笑慎到说："慎到所推崇的道术，根本就不是活人的行为，而是死人的道理，不怪才怪呢。"

五

【文本归元】

以本为精，以物为粗，以有积为不足，澹然独与神明居，古之道术有在于是者。

关尹、老聃闻其风而悦之，建之以常无有，主之以太一，以濡弱谦下为表，以空虚不毁万物为实。关尹曰："在己无居，形物自著。"、"其动若水，其静若镜，其应若响。"、"芴乎若亡，寂乎若清。"、"同焉者和，得焉者失。"、"未尝先人而常随人。"老聃曰："知其雄，守其雌，为天下溪。知其白，守其辱，为天下谷。"人皆取先，己独取后，曰"受天下之垢"。人皆取实，己独取虚，曰"无藏也故有余"。其行身也，徐而不费，无为也而笑巧。人皆求福，己独曲全，曰"苟免于咎"。以深为根，以约为纪，曰"坚则毁矣，锐则挫矣。"常宽容于物，不削于人。虽未至于极，关尹、老聃乎，古之博大真人哉!

【见独】

以本为精，以物为粗，以有积为不足，澹然独与神明居，古之道术有在于是者

唯有分有老庄灵魂且对《老子》《庄子》文本有过精深研究的人，才有可能正确解读这段道术。在此前提下，关键是要将本段当作一个整体理解，不能分割。也就是说，要将本、物、有积、神明总和起来看。这里的本，不是道，而是道的组成部分，相当于"建之以常无有"的无。这里的物，更不是道，也是道的组成部分，相当于"建之以常无有"的有。关尹、老聃正是基于对"以本为精，以物为粗"道术的推崇，才"建之以常无有"的。"建之以常无有"仍是道术，而非方术。这个理解还有《秋水》为证："可以言论者，物之粗也。可以意致者，物之精也。言之所不能论，意之所不能察致者，不期精粗焉。"

这个不期精粗，其实就是本段道术的“神明”，也就是关尹、老聃所主张的“太一”。有积是特指当一个人只停留于本或物也即无或有上。积就是《天道》“天道运而无所积，故万物成。圣道运而无所积，故海内服”的积，淤积的意思，其后“以空虚不毁万物为实”亦可互证。

提请注意的是，关尹、老聃不像前面几位，将道术撕裂为方术，而是很好地理解并践行了道术。只是，他们所依循的道术本身不曾“万物毕罗”，所以即便关尹、老聃已经是“博大真人”了，但还是“未至于极”。

建之以常无有，主之以太一

建与主，即建立与主张的建与主。之，特指关尹、老聃的道术。无有，即《老子见微》一书中的核心概念“无有”，其核心意思是万事万物都由无跟有冲和而成，无是万物之始，有是万物之母（《老子见微》第 01 章）。太一，老子没有太一概念，但太一的含义好像大家都心知肚明，就是道，即无跟有的合一状态。

芴乎若亡，寂乎若清

本句合关尹其他几句引语，因为没有语境，所以非常难以理解，且原文是否就是如此，也找不到对证，故不解、不注。

知其雄，守其雌，为天下溪。知其白，守其辱，为天下谷

《老子见微》第 28 章有类似句子：

知其雄，守其雌，为天下溪
为天下溪，恒德不离
恒德不离，复归于婴儿

知其白，守其黑，为天下式
为天下式，恒德不贷
恒德不贷，复归于无极

知其白，守其辱，为天下浴
为天下浴，恒德乃足
恒德乃足，复归于朴

朴，散则为器，圣人用则为官长
夫大制无割

因为两者相差很大，理解上也有巨大困难，故此处不解、不注，但《老子见微》一书有解有注。

受天下之垢

《老子见微》第80章有类似句子：

天下莫柔、弱于水，而攻坚强者莫之能先也，以其无以易之也
柔之胜刚也，弱之胜强也，天下莫弗知也，而莫之能行也
故圣人之言云：受邦之垢，是谓社稷之主，受邦之不祥，是谓天下之王
正言若反

人皆求福，己独曲全

“人皆取先，己独取后”“人皆取实，己独取虚”，都容易理解。“求福”与“曲全”是什么关系呢？全才能福，只求福并不能福，正如取后才能得先，取虚才能得实。《老子见微》第23章有类似句子：

曲则全
枉则正，洼则盈，敝则新
少则得，多则惑
是以圣人执一以为天下牧
不自视，故章
不自见，故明
不自伐，故有功
弗矜，故能长

夫唯不争，故莫能与之争
古之所谓曲全者，几语哉！诚全归之
希言自然

【今译】

把本看作只是大道的精微部分，把物看作只是大道的粗糙部分，把任何只停留在精微或是粗糙部分的行为都看作是大道的不完足，淡然地只与神明般的大道共居住，真正的道术就有这方面的阐述。

关尹、老聃听闻到这样的道术由衷地喜欢，他们把万事万物都建立在无有相冲相和的基础之上，认为大道其实就是无跟有合而为一的太一状态。在外在表现形式上，他们主张要柔弱谦下。在内在实质内容上，他们主张要空虚不毁万物。关尹曾经说过："在己无居，形物自著。""其动若水，其静若镜，其应若响。""芴乎若亡，寂乎若清。""同焉者和，得焉者失。""未尝先人而常随人。"老聃曾经也说过："知其雄，守其雌，为天下溪。知其白，守其辱，为天下谷。"世俗的人凡事都喜欢走在前面，而老子却独独喜欢走在后面，他主张"受天下之垢"。世俗的人凡事都喜欢选取实在的，而老子却独独喜欢选取虚空的，他主张"无藏也故有余"。老子的处世方式是，凡事都悠着点，这样就不会太过费劲。凡事都依循天道而行，对那些取巧的行为不免嘲笑。世俗的人凡事都喜欢求取福分，而老子却独独喜欢曲全，他主张"苟免于咎"。他还认为，深刻的才是事物的根本，简约的才是事物的纲纪，他以为"坚则毁矣，锐则挫矣"。总之，关尹、老聃始终主张要以宽容之心对待外物，对他人不能过于刻薄。关尹、老聃的道术虽然没有达到极致，但还是不愧为真正的博大真人啊！

六

【文本归元】

寂漠无形，变化无常，死与生与，天地并与，神明往与，芒乎何之，忽乎何适，万物毕罗，莫足以归，古之道术有在于是者。

庄周闻其风而悦之，以谬悠之说，无端崖之辞，时恣纵而傥，不以奇见之也。以天下为沉浊，不可与庄语。以卮言为曼衍，以重言为真，以寓言为广。独与天地精神往来，而不敖倪于万物。不谴是非，以与世俗处。其书虽瑰玮，而连犿无伤也。其辞虽参差，而諔诡可观。彼其充实，不可以已，上与造物者游，下与外死生、无终始者为友。其于本也，弘大而辟，深闳而肆。其于宗也，可谓调适而上遂矣。唯然，其应于化而解于物也，其理不竭，芒乎昧乎，未之尽者。

【见独】

寂漠无形，变化无常，死与生与，天地并与，神明往与，芒乎何之，忽乎何适，万物毕罗，莫足以归，古之道术有在于是者

要基本读懂本段道术，唯有将它同前面四个道术进行比较才有可能。前面四个道术有个很显著的共同特征，那就是道术的主语是人，而本段道术的主语明显不是人，而是世界本身：

不侈于后世，不靡于万物，不晖于数度，以绳墨自矫，而备世之急，古之道术有在于是者。

不累于俗，不饰于物，不苟于人，不忮于众，愿天下之安宁以活民命，人我之养，毕足而止，以此白心，古之道术有在于是者。

公而不党，易而无私，决然无主，趣物而不两，不顾于虑，不谋于知，于物无择，与之俱往，古之道术有在于是者。

以本为精，以物为粗，以有积为不足，澹然独与神明居，古之道术有在于是者。

寂漠无形，变化无常，死与生与，天地并与，神明往与，芒乎何之，忽乎何适，万物毕罗，莫足以归，古之道术有在于是者。

这意味着，庄子所推崇的道术，关键点不在其所推崇的道术本身怎样，而在道术的终极来源也即世界本身怎样。正因此，庄子的道术实现了真正的天人合一。对比五家学派，前三家因误解了真正的道术而降格为方术，导致太过人的行为扭曲。第四家虽然没有误解真正的道术，但过于真人，死守天道，这其实是一种可贵的真理品质，故受到庄子的真诚赞美。第五家也即庄周这一家，他在承认天道必须死守的同时，也体谅到世俗之人的局限性，所以才“独与天地精神往来，而不敖倪于万物。不谴是非，以与世俗处”。

至于这段本身的正确理解，关键点不是文字本身，而是对庄子的思想体系或对天地大道以及人世间的诸事有透彻的认知和把握。

寂漠无形，变化无常。脑海里有了主语是世界的念头，这句话就没有那么晦涩难懂了。它的意思是，世界就其本质而言，是静默的，一如所有的规律都是静默的一样（《知北游》“视之无形，听之无声”），同时又不受某一特定形式所约束（《则阳》“万物殊理”）。世界是变化的，变化虽然都有规律，但没有任何规律可以成为任何物的规律。

死与生与，天地并与，神明往与。这三句并列短语是“芒乎何之，忽乎何适”的共同主语。白话的意思就是，无论生替死换，还是天和地并，抑或神降明出。

芒乎何之，忽乎何适。芒应该就是茫然的意思，忽应该就是“飘忽”的忽。之跟适都是到的意思，古代常用义。

万物毕罗，莫足以归。即“寂漠无形，变化无常，死与生与，天地并与，神明往与，芒乎何之，忽乎何适”这个道术将任何存在都网罗进来了，但就是找不到万物的终极归宿点究竟在哪里。

荒唐之言

原紧接在“以谬悠之说”后，现予删除。理由是，它很可能是后人对“谬悠之说”的解注而被抄入了正文。

时恣纵而傥，不以奇见之也

语境太小，极其难解。勉强为之，时应该是时常的意思，恣纵应该是放任的意思。傥（tǎng）应该取其本义，洒脱不拘的意思，完全吻合前后语境的需要。奇更加不好理解，结合语境，取其本义奇异似乎较为合理。整句话的意思是说，既然世界是“寂漠无形，变化无常，死与生与，天地并与，神明往与，芒乎何之，忽乎何适，万物毕罗，莫足以归”，那人的正常行为也相应地只能且放任且不拘了，不必以奇异的眼光去看待它。

以卮言为曼衍，以重言为真，以寓言为广

要将卮言、重言、寓言同《寓言》中同样的三言统一起来，非常有难度。解决这个难度的关键，在对“为”字的理解上，一定要把为看作动词“作为”的为，相当于“为政”的为。三句话白话过来就是，以卮言的方式来展开，以重言的方式来传真，以寓言的方式来推广。

其书虽瑰玮，而连犿无伤也。其辞虽参差，而諔诡可观

字面义无解。试图借用纯粹理性结合语境逻辑推演，还是无解。

其来不蜕

原紧接在“其理不竭”之后，现予删除。理由是，它无论如何都无法理解，但删除后，文本义理却没有任何损伤。

【今译】

世界就其本质而言是静默的，且不为某一特定形式所束缚。世界是变化的，没有任何规律可以成为任何物的规律。无论生替死换，还是天和地并，抑或神降明出，它们都茫然不知归向何处，飘忽不知走向哪里，一切存在都是如此，真正的道术就有这方面的阐述。

庄周听闻到这样的道术由衷地喜欢，他以一种不合情理但意味悠长且没边没际的言辞，对世界时常表现出一种且放任且不拘的态度，并不以一种奇异的眼光看待这个世界。他认为整个人世间都沉浊不堪，无法用真正庄重的言语来与它对话。所以，他与世界的对话，是以卮言的方式来展开，以重言的方式来传真，以寓言的方式来推广。他虽然只与天地精神共往来，但对人世间的万事万物并不居高临下。他对人世间的是非黑白不加谴责，为的就是能同世俗社会友好相处。他的著作虽然瑰玮无比，但还是“连犿无伤也”。他的言语虽然参差不齐，但还是“諔诡可观”。他的道术是如此的充实，简直就无法穷尽，上与造物者一同神游，下与外死生、无终始者结为好友。他的道术就其本质而言，宏大而不失精辟，深刻而不失酣畅。就其宗旨而言，可以说完全实现了与世界的完美同一。唯其如此，将他的道术应用到现实层面去化解困境，它的道理才永远都不会穷尽，就好比那茫茫的黑暗之地，永远都看不到尽头。

七

【文本归元】

惠施多方，其书五车，其道舛驳，其言也不中，历物之意，曰："至大无外，谓之大一。至小无内，谓之小一。无厚，不可积也，其大千里。天与地卑，山与泽平。日方中方睨，物方生方死。大同而与小同异，此之谓小同异。万物毕同毕异，此之谓大同异。南方无穷而有穷。今日适越而昔来。连环可解也。我知天之中央，燕之北、越之南是也。泛爱万物，天地一体也。"惠施以此为大，观于天下而晓辩者，天下之辩者相与乐之："卵有毛。鸡有三足。郢有天下。犬可以为羊。马有卵。丁子有尾。火不热。山出口。轮不蹍地。目不见。指不至，至不绝。龟长于蛇。矩不方，规不可以为圆。凿不围枘。飞鸟之景未尝动也。镞矢之疾，而有不行不止之时。狗非犬。黄马骊牛三。白狗黑。孤驹未尝有母。一尺之棰，日取其半，万世不竭。"辩者以此与惠施相应，终身无穷。桓团、公孙龙辩者之徒，饰人之心，易人之意，能胜人之口，不能服人之心，辩者之囿也。惠施日以其知与之辩，特与天下之辩者为怪，此其柢也。然惠施之口谈，自以为最贤，曰："天地其壮乎！施存雄而无术。"南方有畸人焉，曰黄缭，问天地所以不坠不陷，风雨雷霆之故。惠施不辞而应，不虑而对，遍为万物说，说而不休，多而无已，犹以为寡，益之以怪。以反人为实，而欲以胜人为名，是以与众不适也。弱于德，强于物，其涂隩矣。由天地之道观惠施之能，其犹一蚊一虻之劳者也，其于物也何庸！夫充一尚可，曰愈贵，道几矣！惠施不能以此自宁，散于万物而不厌，卒以善辩为名。惜乎！惠施之才，骀荡而不得，逐万物而不反，是穷响以声，形与影竞走也，悲夫！

【见独】

惠施多方，其书五车，其道舛驳，其言也不中，历物之意

读不懂这句，就读不懂全段，也读不懂惠施。让人极度难以释怀的是，庄子通过《天下》篇给惠施的学说做了明确的定位，那就是："其道舛驳，其言也不中，历物之意。"奈何学术界一直以来对惠施推崇有加，一如古希腊对辩者普罗泰戈拉的推崇有加。胡适甚至高呼惠施是"伟大的辩者"！

惠施多方，从思想性上说，将"多"理解为古代的常用义推崇似乎更好。也就是说，惠施推崇方术。正因为惠施推崇方术，才会"遍为万物说，说而不休，多而无已，犹以为寡，益之以怪"，才会"其书五车"。相反，推崇道术的老庄，其书连一车都没有，《老子》五千文，《庄子》七万文。

其道舛驳，惠施推崇的不是道术，所以，这里的道，不是道术，而是道理中的方术，一如"蟹有蟹道，虾有虾道"的道。舛驳，大意是杂乱无章，前后矛盾。舛，音 chuǎn，本义为相违背。驳，就是"驳杂"的驳，本义为马毛色不纯。

其言也不中，中就是"一语中的"的中。

历物之意，它其实是用来对"其言也不中"的原因进行解释的。也就是说，惠施为什么会"其言也不中"呢？因为他的学说全都是"历物之意"，或者说是"骀荡而不得，逐万物而不反"。这句话的难点在"历"字，重心在"物"字。历，就是"历数""历览"的历，完全、周遍的意思。物，就是特指惠施学说，比如引号里全部的话，都只是在言说物，而非道。

至大无外，谓之大一……泛爱万物，天地一体也

要不是天才庄子对之有很明确的否定，后世所谓的学者们几乎全都会为惠施这些所谓的思想折服。其实，这些看上去很拽的话，全都是瞎扯。究竟怎么瞎扯了，这里就不再白扯了。真正有心弄懂的人，务必先对《庄子》融会贯通，尤其要反复研读《齐物论》《秋水》《知北游》等篇。

惠施以此为大，观于天下而晓辩者，天下之辩者相与乐之

以此为大，此，引号里的全部话语，其实就是惠施全部学说的核心"历物之意"的物。大，在庄子眼中，显然是道大，但在惠施眼中，显然不认为道大，而是万物皆大，因为"万物毕同毕异""天地一体"。诚然，庄子也会说

“万物毕同毕异”“天地一体”的话，但那是“以道观之”的结果。如果以物观之，则就不是如此了。

观于天下，主语显然是惠施，即惠施以引号里那些所谓的思想来观看天下。

晓辩者，动宾词组，即知晓辩者。

卵有毛。鸡有三足。郢有天下。犬可以为羊。马有卵。丁子有尾。火不热。山出口。轮不蹍地。目不见。指不至，至不绝。龟长于蛇。矩不方，规不可以为圆。凿不围枘。飞鸟之景未尝动也。镞矢之疾，而有不行不止之时。狗非犬。黄马骊牛三。白狗黑。孤驹未尝有母。一尺之棰，日取其半，万世不竭

必须清晰意识到的是，这些看上去颇有道理的观点，全都是被庄子否定着的，也确实就是错误的。可一直以来，诸多学者包括很多鼎鼎大名的学者，都把它们看作是中国传统文化的优秀组成部分！必也正名乎！

施存雄而无术

非常晦涩的话。但如果句读时把它放进引号内，然后再结合语境理解，还是清晰可解的。

施，就是惠施的自称。

存雄，不能就字解字，也许是惠施的口头语，不能按常规理解，猜想它的含义是惠施想表达自己雄辩滔滔的样子。

无术，因为惠施推崇的是方术，而认为他的方术才是真正的“不可加矣”，所以其他人都没有术了。

此其柢也

柢，音 dǐ，本义为树根、根柢，这里借指实质。

南方有畸人焉，曰黄缭，问天地所以不坠不陷，风雨雷霆之故

畸人，《大宗师》有明确定义：“畸人者，畸于人而侔于天。故曰：天之小人，人之君子。天之君子，人之小人也。”

问天地所以不坠不陷，风雨雷霆之故。这是畸人黄缭的道术之问，请对比《天运》首段。道术之问问的是物之质，一向自大只“历物之意”的惠施，竟然“不辞而应，不虑而对”，其结果自然只是：“骀荡而不得，逐万物而不反，是穷响以声，形与影竞，悲夫！”

弱于德，强于物，其涂隩矣

德，跟后面的物是对语，指物从大道那里所分有的自然属性。

涂，应该是“途”的误抄，被后人看作是通假。

隩，音 yù，河岸弯曲的地方，借指弯曲。

其于物也何庸

庸的含义非常不好明确，因为《庄子》里庸的主要含义有三个：

《齐物论》：唯达者知通为一，为是不用而寓诸庸。——永恒不变

《人间世》：外合而内訾，其庸讵可乎？——怎么

《德充符》：彼兀者也，而王先生，其与庸亦远矣。——平常

“怎么”的含义明显不合语境。那“永恒不变”跟“平常”取那个好呢？如果整句理解到位了，取其中任何一个都可以。如果取“永恒不变”义，则它的意思是，对于客观存在来说，它的永恒性在哪里呢？如果取“平常”义，则它的意思是，就他对物的言说来说，也太过平常了。两相权衡，后者稍胜。

夫充一尚可，曰愈贵，道几矣

因为难以理解，所以难以断句。因为难以断句，所以难以理解。这里的解注，只是一家之言。

充一尚可。惠施的方术就如各家方术，有它对的理由，但就现象整体而言，它不全，都是片面认识，或是断章取义。

曰愈贵，应该是特就惠施的“自以为最贤”来说的。

道几矣，不能望文生义，而要心性体会，从语境中把握。“几”应该理解为形容词，本义为细微，主语是惠施所理解的物。它的意思应该是说，要是以道观惠施之言的话，那它就差太远了。

惠施之才，骀荡而不得，逐万物而不反，是穷响以声，形与影竞，悲夫

再次确定惠施学说的错误性。

骀荡，像劣马一样到处游荡。骀，音 tái，劣马。

形与影竞，原文为“形与影竞走也”，修改后形式完美，实质未变。

庄子对惠施的评价，一如《列御寇》里伯昏瞀人对列御寇的评价：“小夫之知，不离苞苴竿牍，敝精神乎蹇浅，而欲兼济道物，太一形虚。若是者，迷惑于宇宙，形累不知太初。彼至人者，归精神乎无始，而甘瞑乎无何有之乡。悲哉乎！汝为知在毫毛而不知大宁。”

【今译】

惠施推崇的是方术，其著作有五车之多，他所阐述的道理，杂乱无章，前后矛盾。他的全部言说，只停留在物的层面，跟大道完全脱节。他曾说：“至大无外，谓之大一。至小无内，谓之小一。无厚，不可积也，其大千里。天与地卑，山与泽平。日方中方睨，物方生方死。大同而与小同异，此之谓小同异。万物毕同毕异，此之谓大同异。南方无穷而有穷。今日适越而昔来。连环可解也。我知天之中央，燕之北、越之南是也。泛爱万物，天地一体也。”惠施自以为他所言说的道理，才是天下最高级的，用它来观看理解天下并晓告天下喜欢辩论的人。天下喜欢辩论的人竞相用这些道理与惠施一起取乐：“卵有毛。鸡有三足。郢有天下。犬可以为羊。马有卵。丁子有尾。火不热。山出口。轮不蹍地。目不见。指不至，至不绝。龟长于蛇。矩不方，规不可以为圆。凿不围枘。飞鸟之景未尝动也。镞矢之疾，而有不行不止之时。狗非犬。黄马骊牛三。白狗黑。孤驹未尝有母。一尺之棰，日取其半，万世不竭。”喜欢辩论的人就拿这些辩题同惠施相互应答，几乎终其一生都不曾改变。桓团、公孙龙等都是一些喜欢辩论的人，他们故意掩饰别人的真心，曲解他人的意旨，能胜的只是他人的口头，能服的却不是他人的内心，这其实正是喜欢辩论的人的局限所在。惠施一天到晚就拿他的那套方术同天下人辩来辩去，其实与天下那些喜欢辩论的人都同样是些怪论，这就是他们的老底。可惠施自己却不这么认为，他以为自己才是最贤达的那个，还曾自我标榜说：“天地真是壮观呀！我惠施的雄辩天下无敌。”南方有个畸于人而侔于天的人，叫黄缭，他曾问惠施天地为什么就不坠不陷，风雨雷霆又是怎么回事。惠施想都没想就接了招，并给出了答案，还对万事万物进行演说，真是喋喋不休，没完没了，以为这还不过瘾，就在言说中增加一些奇谈怪论。他的这些做法，名义上是想胜过他人，实质上是反对他人，所以他跟大家都合不来。一个人的言论如果在德性方面表现得过弱，而在物性方面表现得过强，那他的人生路途就必定会七拐八曲了。如果借由天地之道来评判惠施的才能，他的行为就好比一蚊一虻的劳作，对于世界的认识也太过平庸了！他所言说的道理，就某一方面来看，确实有它的合理性。但如果说它比道术还来得重要，那就几乎微不足道了。惠施没能借由道术来使自己趋于宁静，相反，将自己的观点散布于万物之中而不知厌倦，最终只落得个善辩的名声。可惜呀！惠施的才能，就好比一匹劣马到处晃荡而找不到回家的路，仅停留在物的表面而不能返归大道，这纯粹就是想用声音来终止响声，用身体来跟影子赛跑，好不悲催呀！